Paris
1911

Neymarck, Alfred

Finances contemporaines

7

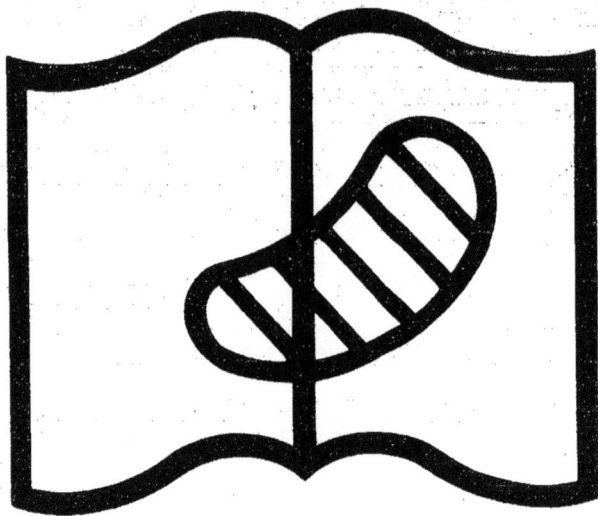

Symbole applicable
pour tout, ou partie
des documents microfilmés

Original illisible

NF Z 43-120-10

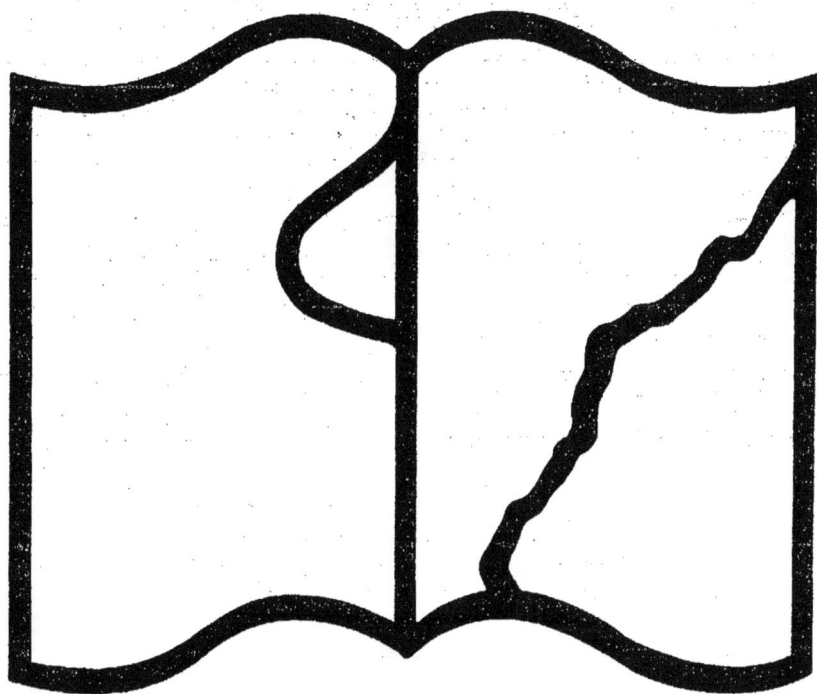

Symbole applicable
pour tout, ou partie
des documents microfilmés

Texte détérioré — reliure défectueuse

NF Z 43-120-11

ALFRED NEYMARCK

FINANCES CONTEMPORAINES

VII

L'ÉPARGNE FRANÇAISE

ET

LES VALEURS MOBILIÈRES

1872-1910

II

PARIS

FÉLIX ALCAN, ÉDITEUR

LIBRAIRIES FÉLIX ALCAN ET GUILLAUMIN RÉUNIES

108, Boulevard Saint-Germain, 108

1911

(Tous droits de traduction et de reproduction réservés.)

FINANCES CONTEMPORAINES

Autres ouvrages de M. Alfred NEYMARCK

Vice-président de la Société d'économie politique
Ancien président de la Société de statistique de Paris

APERÇUS FINANCIERS, 2 vol. grand in-8°, 1868-1873.

COLBERT ET SON TEMPS, 2 vol. grand in-8°, 1877.

TURGOT ET SES DOCTRINES, 2 vol. grand in-8°, 1885.

UN CENTENAIRE ÉCONOMIQUE, 1789-1889, 1 vol. in-8°, 1889.

VOCABULAIRE MANUEL D'ÉCONOMIE POLITIQUE, 1 vol. in-12, 1898.

RAPPORT GÉNÉRAL fait au *Congrès international des valeurs mobilières* sur son organisation et ses travaux, 1 vol. gr. in-8°, 1900.

RAPPORT SUR LA STATISTIQUE INTERNATIONALE DES VALEURS MOBILIÈRES, présenté à l'Institut international de statistique : 1er rapport : session de Berne, 1895 ; — 2e rapport : session de Saint-Pétersbourg, 1897 ; — 3e rapport : session de Christiania, 1899 ; — 4e rapport : session de Budapest, 1901 ; — 5e rapport : session de Berlin, 1903 ; — 6e rapport : session de Londres, 1905 ; — 7e rapport : session de Copenhague, 1907 ; — 8e rapport : session de Paris, 1909, insérés dans le *Bulletin de l'Institut international de statistique*, TOMES IX, XI, XII, XIII, XIV, XV, XVI, XVII.

RAPPORT adressé au Garde des Sceaux, ministre de la Justice sur LES INVENTAIRES ET BILANS, fait au nom de la Commission extraparlementaire de la réforme de la législation des sociétés, in-4°, 1903.

RAPPORT GÉNÉRAL fait à la *Commission extraparlementaire du cadastre* sur les travaux de la sous-commission des voies et moyens, in-4°, 1904.

RAPPORT SUR LES CAUSES ÉCONOMIQUES DE LA DÉPOPULATION, fait à la *Commission de la dépopulation, sous-commission de la natalité*, in-4°, 1905.

FINANCES CONTEMPORAINES. — TOME I. Trente années financières, 1872-1901 ; — TOME II. Les budgets, 1872-1903 ; — TOME III. Questions économiques et financières, 1872-1901 ; TOMES IV et V. L'obsession fiscale, 1872-1907.

ÉTUDES DIVERSES sur l'histoire, l'économie politique, les valeurs mobilières, les impôts, les chemins de fer, les travaux publics, la statistique et la législation : volumes ou brochures, 1873 à 1910.

ALFRED NEYMARCK

FINANCES CONTEMPORAINES

VII

L'ÉPARGNE FRANÇAISE

ET

LES VALEURS MOBILIÈRES

1872-1910

II

PARIS

FÉLIX ALCAN, ÉDITEUR

LIBRAIRIES FÉLIX ALCAN ET GUILLAUMIN RÉUNIES

108, Boulevard Saint-Germain, 108

1911

FORTUNE MOBILIÈRE DE LA FRANCE

LE DÉVELOPPEMENT
DE LA FORTUNE MOBILIÈRE
ET DE
L'ÉPARGNE FRANÇAISE DE 1871 A 1884 (1)

Depuis longtemps déjà, il est nécessaire de réagir contre les tendances pessimistes et les idées noires qui dominent les esprits. Ceux qui, il y a quelques années, pensaient que les ressources de notre pays étaient iné-puisables et que l'on pouvait, tout à la fois, dégrever et emprunter milliards sur milliards ne sont pas les derniers à se montrer maintenant alarmés et à s'écrier que tout est au plus mal. D'autres qui prévoyaient que nos budgets s'équilibreraient toujours par des excé-dents, commencent à s'effrayer parce que l'équilibre budgétaire est obtenu à grand'peine. Sans éprouver la confiance qui dominait partout, alors que tout le monde ne voyait que richesse et prospérité, il ne convient pas d'avoir de craintes aujourd'hui.

Trop de pessimisme.

En 1878, nous avons critiqué le grand programme de travaux publics que l'on voulait exécuter. Les 4 milliards de dépenses dont on parlait et qui devaient s'élever à 9 milliards, nous effrayaient pour l'avenir de nos

Les travaux publics.

Le programme de 1878.

(1) 1885.

finances ; nous disions que, dans la grande œuvre que
M. de Freycinet voulait entreprendre, « on ne saurait
procéder avec trop de mesure et de sagesse ; qu'il était
nécessaire de connaître la nature et la catégorie de ces
travaux, s'ils étaient productifs ou improductifs, s'ils ne
dépassaient pas les ressources actuelles du pays ». Nous

Création d'un réseau d'État. avons été hostile à la création d'un réseau d'État, au
rachat des petites compagnies, à la guerre entreprise
contre les grandes sociétés ; nous avons dit et répété
Dégrèvements. bien souvent, d'accord avec M. Léon Say, que les dégrèvements que l'on faisait sur les vins, ne profiteraient
pas au consommateur, mais nuiraient à notre budget
et lui feraient plus de mal que de bien. Puis, pendant
la période de fièvre et de spéculation inouïe qui a si
Spéculations. gnalé les années 1880-1881, que de fois n'avons-nous
pas fait appel à la prudence, à la sagesse, à la modération ?

Si nous rappelons ces faits, ce n'est pas pour nous
complaire dans une vaine satisfaction d'amour-propre :
nous voulons seulement montrer que, dans nos appréciations, nous cherchons à éviter toute réflexion
empreinte d'exagération et de parti-pris. Le devoir d'un
écrivain est de dire ce qu'il pense et de chercher à
rectifier l'opinion du public, quand cette opinion lui
paraît exagérer, en bien ou en mal, une situation.

Embarras budgétaires. Crise de 1882. Les embarras budgétaires d'aujourd'hui, la crise de
1882, nous les avons indiqués, prévus, à un moment où
peu de personnes les entrevoyaient : pourquoi ne
dirions-nous pas maintenant, avec la même franchise,
que nous ne partageons pas les alarmes de ceux qui
prétendent que le crédit de l'État est mort, que notre
marché financier n'a plus de ressources, que les cours
de nos premières valeurs de placement sont exagérés,
Notre situation demeure satisfaisante. que les places étrangères et les finances des États qui
nous entourent, sont dans une situation de beaucoup
préférable à la nôtre ?

Quelques chiffres viendront à l'appui de notre opinion.

* *

Nous avons eu l'occasion d'indiquer le chiffre énorme d'obligations fusion 1866, Nord, Midi, Orléans, Ouest et Est anciennes, mises en circulation par ces compagnies depuis 1871. Plus de 3 milliards ont été ainsi absorbés par l'épargne française depuis la guerre, et, à défaut d'autres arguments, celui-là seul suffirait à démontrer quel développement considérable ont acquis la fortune publique et l'épargne.

Mais nous avons d'autres chiffres à citer.

En nous en tenant seulement aux grandes valeurs de placement qui se trouvent dans les portefeuilles des capitalistes français et qui ont été toutes émises depuis la guerre, nous trouvons :

D'une part, les deux grands emprunts nationaux contractés en rente 5 % et formant maintenant, depuis la conversion, un chiffre de 305,399,697 francs de rentes 4 1/2 % représentant, à 109 fr., un capital de...................................... 7,619,681,540 fr.

D'autre part, les émissions de rente 3 % amortissable, s'élevant au total à 105.810.195 francs de rentes, représentent, à 81 fr., un capital de...... 2,856,875,265

Total.................. 10,476,556,805 fr.

A ces 10 milliards et demi, il conviendrait d'ajouter les 1.200 millions remis en rente amortissable aux caisses d'épargne pour la consolidation d'une partie de la dette flottante ; le montant des 158,027 obligations du Trésor émises en 1877 ; les bons de liquidation départementaux et de la ville de Paris, émis en 1874 ; les bons du Trésor actuellement en circulation. Nous ne nous éloignerons pas sensiblement de la vérité en évaluant à 2 milliards au moins le montant de ces diverses valeurs.

La ville de Paris a, elle-même, émis depuis la guerre d'importants emprunts.

12 milliards 1/2 de rentes sur l'État émis depuis 1871.

1 milliard d'obligations de la ville de Paris.

En 1871, 1,296,300 obligations représentant, au cours
de 400 francs, un capital de.............. 518,520,000 fr.

En 1875, 500,000 obligations représentant, au cours de 500 francs, un ca-
pital de... 250,000,000

En 1876, 258,065 obligations représen-
tant, au cours de 500 fr., un capital de... 129,032,500

Total........................ 897,552,500 fr.

**1 milliard d'o-
bligations de vil-
les françaises.** Les villes de province ont suivi l'exemple de la capitale. Parmi les emprunts de villes émis depuis 1871,
nous citerons ceux d'Amiens, de Bordeaux, de Constantine, de Dunkerque, de Lille, de Lyon, de Marseille, de
Tourcoing, de Versailles, etc., etc. ; puis, les emprunts
départementaux d'Alger, de Constantine, de la Gironde,
du Nord, de la Seine-Inférieure, de la Marne. Nous trouvons là encore un nombre respectable de millions que
nous nous bornons à évaluer à un milliard. Depuis 1871,
presque tous les départements, villes et communes, ont
contracté des emprunts considérables sous forme d'obligations qui ont été souscrites, pour la plupart, par les
habitants des villes, communes et départements emprunteurs.

**2 milliards
600 millions d'o-
bligations du
Crédit foncier.** Après eux, c'est le Crédit foncier qui a fait les plus
grands appels au crédit. A la fin de 1871, les obligations
émises représentaient un capital de 1 milliard 319 millions ; à la fin de 1884, les obligations en circulation
s'élèvent à environ 2 milliards 600 millions, soit une augmentation de 1 milliard 300 millions. Pendant la même
période, le capital social réalisé s'est élevé de 45 à
155 millions.

Récapitulons ces divers chiffres. Depuis 1871, les
capitalistes français ont, en chiffres ronds, souscrit ou
acheté : 12 milliards 500 millions, en titres de rente
5 %, 3 % amortissable, obligations du Trésor, etc. ; —
2 milliards en obligations de villes françaises ; — 1 milliard 500 millions en obligations et actions du Crédit

foncier. — Voilà déjà un chiffre total, bien respectable, de 16 milliards.

Ajoutons encore 3 milliards d'obligations anciennes des grandes compagnies de chemins de fer ; plus 1 milliard pour les émissions d'obligations de lignes secondaires, des obligations nouvelles des grandes compagnies, des actions et obligations des chemins de fer algériens. Nous arrivons à constater que l'épargne française a absorbé, depuis 1871, un capital de plus de 20 milliards d'obligations de tout repos, considérées comme la base de tout portefeuille solide et sérieux.

Ce n'est pas tout encore : de puissantes compagnies industrielles se sont ou créées ou développées. La Compagnie du gaz a maintenant 390,000 obligations 5 % en circulation au lieu de 136,000, en 1871 ; les Omnibus ont porté de 68,000 à 174,000 le nombre de leurs obligations 5 % en circulation et en ont créé, en outre, 37,700 à 4 %. La Compagnie transatlantique a 100,000 obligations 5 % en circulation, au lieu de 48,000. La Compagnie de Panama, soit par l'émission de ses actions, soit par l'émission de ses obligations, a déjà trouvé en France, plus de 500 millions.

Si, maintenant, nous cherchions à évaluer le nombre considérable de titres internationaux qui ont été émis et circulent en France depuis 1871, sur lesquels l'épargne française a placé de nombreuses économies, ce sont des centaines de millions qui viendraient grossir encore nos chiffres. Les chemins Lombards, Nord-Espagne, Saragosse, Andalous, Asturies, Autrichiens, Madrid-Cacérès, Portugais, Russes, Badajoz, ont placé, en France, des millions de titres.

Dans cette statistique, aussi condensée que possible, nous avons négligé à dessein toutes les valeurs à revenu variable, actions d'institutions de crédit, chemins de fer étrangers, valeurs industrielles, mines, charbonnages, compagnies d'assurances : nous n'avons pas parlé, non plus, des divers fonds d'État étrangers qui ont été placés sur notre marché. Il nous faudrait ajouter

plusieurs milliards aux chiffres précis que nous avons
cités plus haut, et de larges et longues pages pour en
faire seulement l'énumération.

Et les fonds perdus!

Si maintenant, à la suite de ces placements sérieux
qui n'ont causé à l'épargne de notre pays que satisfactions et profits, nous dressions le triste martyrologe des
capitaux engloutis dans des entreprises et sociétés de
toute nature, dans des affaires de spéculation, que de
sommes énormes grossiraient encore les chiffres que
nous venons d'établir !

*
* *

27 milliards placés depuis 1871.

Nous croyons être dans la vérité en évaluant au moins
à 27 milliards le montant des placements que les capitalistes français ont effectués, depuis la guerre, sur des
valeurs de tout repos, telles que rentes d'Etat et obligations de villes, de départements et de chemins de fer.
Ces 27 milliards peuvent rapporter environ 4 % par an,
en calculant sur les taux auxquels les emprunts ont
été émis : c'est donc un revenu d'au moins 1 milliard
100 millions qui, tous les ans, est payé à nos rentiers,
sur des valeurs qu'ils ont acquises depuis 1871.

Ces chiffres peuvent paraître exagérés. Nous ne le
croyons pas, car nous les avons puisés à des sources
officielles et, au surplus, nous avons à notre disposition, un moyen de contrôle très sûr : le relevé du
mouvement des impôts publié par le *Journal officiel*.

Contrôle de ce chiffre.

D'après le *Journal officiel* du 22 janvier 1874, la taxe
de 3 % sur le revenu des valeurs mobilières, évalué pour
l'année 1873, à 24 millions, avait produit pendant ladite
année 31.760.000 francs. Or, en 1884, cet impôt a rapporté à l'Etat 49,841,000 francs, soit, par rapport au
chiffre correspondant de l'année 1873, une augmentation de 18,081,000 francs.

Il faut donc que le revenu total annuel des valeurs
mobilières dépasse de 602.700.000 francs celui de l'année 1873, pour qu'un impôt de 3 % produise net au Trésor 18,081,000 francs de plus en 1884 qu'en 1873. Si

nous capitalisons à 4 % ce revenu supplémentaire de 602.700,000 francs, cette capitalisation représente exactement un capital de 15 milliards 67 millions et demi.

Comme les arrérages des rentes françaises, bons du Trésor, bons de liquidation, qui sont exemptés de la taxe, ne sont pas compris dans ces chiffres, il faut ajouter aux 15 milliards ci-dessus désignés, les 12 milliards que représentent, en capital, les titres de rente émis par l'État depuis 1871. Nous arrivons ainsi à obtenir mathématiquement un peu plus du chiffre de 27 milliards que nous avions évalué comme représentant le montant total des sommes placées et épargnées par les capitalistes français depuis 1871 jusqu'au 31 décembre 1884.

*
* *

Ces chiffres prouvent la vitalité et la richesse de notre pays, les ressources immenses dont il dispose.

La fortune publique s'est développée.

Malgré les discussions des partis, les crises politiques et financières, la fortune publique s'est, depuis 1871, considérablement accrue et, bon an, mal an, les capitalistes français perçoivent en revenus 1 milliard 100 millions de plus qu'ils ne recevaient avant la guerre. Ils ont économisé et placé plus de 27 milliards ; et, s'il est vrai de dire que c'est grâce aux économies réalisées avant 1870 que nous avons pu acquitter les 10 milliards dépensés pour la guerre, il est non moins juste d'ajouter que c'est grâce à l'augmentation de la fortune publique survenue depuis 1871, que nous pouvons faire face à un budget qui, pour l'État et les communes, exige annuellement 4 milliards et demi, c'est-à-dire 375 millions par mois, 12 millions et demi par jour. La France a travaillé et produit : elle a travaillé pour récupérer ce qu'elle avait perdu ; elle produit pour maintenir et développer sa prospérité, quelles que soient les défaillances passagères.

Ces chiffres prouvent encore, au point de vue financier, que, par la force même des choses, par l'afflux des

Nos valeurs monteront encore.

capitaux qui, chaque année, sont payés aux rentiers à titre d'intérêts ou de dividendes, les grandes valeurs de placement, telles que les rentes, les actions et obligations de chemins de fer, les obligations des villes et du Crédit foncier, doivent, malgré des réactions et fluctuations de cours inévitables et qui sont la conséquence de la loi de l'offre et de la demande, atteindre de plus hauts prix que ceux qu'elles cotent actuellement ; car les capitaux à placer deviennent, d'année en année, plus nombreux, alors que les émissions de titres qui conviennent à l'épargne sont de moins en moins importantes.

La baisse du revenu ne peut tomber à zéro. On voulait autrefois un revenu de 5 % pour ses placements ; ce n'est maintenant qu'avec beaucoup de difficultés qu'on rencontre des valeurs de premier ordre rapportant 4 % : on arrivera bientôt, si nous n'avons plus, comme il faut l'espérer, de ces grandes crises qui ont bouleversé notre pays en 1848, en 1870 et 1871, à se contenter de 3 1/2 et 3 %. Dans l'état actuel des faits économiques et financiers, la baisse du revenu des capitaux est inévitable. Nous ne disons pas cependant, comme d'excellents esprits le croient et le soutiennent, que le loyer de l'argent tombera à un taux excessivement réduit ; nous croyons, en effet, qu'au-dessous d'un certain chiffre qui, à notre avis, ne nous semble pas devoir être inférieur à 3 %, l'argent, ne trouvant pas de placements suffisamment rémunérateurs, ne se placera pas : on le gardera purement et simplement dans ses caisses. L'échec récent de la conversion anglaise a démontré péremptoirement que les capitalistes s'abstiennent quand ils ne trouvent pas un revenu suffisant pour compenser les risques que leur capital pourrait courir.

Quelques points d'interrogation. Au point de vue économique, bien des questions pourraient être entrevues. Quelle sera, dans un avenir prochain, quand tous ces emprunts auront été amortis, remboursés, la conséquence de cette pléthore de capitaux ?

Se créera-t-il toujours des industries et des entreprises sollicitant et absorbant les épargnes en aussi grand nombre que depuis un demi-siècle ? les États auront-ils besoin, eux-mêmes, d'émettre des emprunts aussi considérables que ceux que notre génération a vu souscrire ?

Si la crise économique, agricole, industrielle, commerciale était aussi intense qu'on le dit et le répète sur tous les tons, serait-il possible à un pays de voir sa richesse mobilière augmenter tous les ans et les cours des grandes valeurs de placement progresser sans cesse?

Qu'il nous suffise de rester sur ces points d'interrogation, la réponse nous entraînerait trop loin. Bornons-nous à conclure, comme nous avons commencé, en disant que lorsqu'une nation possède une épargne aussi puissante et des capitaux aussi nombreux, on est mal venu à dire que c'est un pays perdu, ruiné ; on a tort de lui montrer l'étranger comme exemple à suivre et à imiter, car, nulle part, on ne trouverait semblable vitalité, semblable richesse.

*
* *

Mais, venir prétendre que la fortune publique du pays s'est accrue, quand tout le monde crie misère : venir dire, avec chiffres à l'appui, que, malgré des souffrances très réelles, malgré des crises locales et particulières à certaines branches du commerce, de l'industrie, de l'agriculture, la France, prise dans son ensemble, loin d'être appauvrie, est plus riche aujourd'hui qu'elle ne l'était il y a quatorze ans ; prendre, comme base et contrôle de ces constatations, des chiffres et des documents officiels : n'est-ce pas, en vérité, heurter bien violemment des opinions contraires, trop facilement acceptées ?

De même qu'il y a quatre et cinq ans, on croyait à la perpétuité des budgets se soldant en excédent et qu'on regardait comme des pessimistes ceux qui, avec nous

On s'alarme à tort.

conseillaient la prudence et l'économie, de même, aujourd'hui, on est porté à traiter d'optimistes ceux qui pensent que, malgré des défaillances et des crises passagères, nous ne sommes pas aussi malades qu'on veut bien le dire. Il n'est pas de pays où l'on s'enthousiasme et se désespère avec autant de rapidité qu'en France.

Au surplus, pourquoi ne l'avouerions-nous pas ? Quand nous avons entrepris cette étude, amassé les matériaux et collationné les chiffres, les résultats que nous avons obtenus nous ont semblé, tout d'abord, empreints d'exagération : nous nous sommes demandé si nous n'étions pas le jouet de quelque illusion ; ce chiffre de 27 milliards qui représentait, suivant nous, le montant minimum du développement de la fortune mobilière et de l'épargne française depuis 1871, nous paraissait fantastique. Aussi, nous sommes-nous appliqué à en vérifier l'exactitude par tous les moyens dont nous pouvions disposer ; nous avons revu nos calculs et contrôlé nos documents les uns après les autres ; chaque fois, nous sommes arrivé à ce même résultat : 27 milliards.

Si un doute pouvait rester dans notre esprit, un nouveau contrôle, absolument sûr et certain, devait le dissiper : c'était la comparaison entre le revenu de 3 % des valeurs mobilières de 1873 à 1884. Nous avons fait cette comparaison et nos chiffres ont ainsi acquis une certitude absolue, mathématique. Le produit annuel de l'impôt de 3 % sur le revenu des valeurs mobilières est, en effet, un baromètre exact. Que ce baromètre vienne à hausser ou à baisser, la fortune mobilière du pays hausse ou baisse dans des proportions qu'il est aisé d'évaluer.

*
* *

Objections des pessimistes

Nous pourrions donc nous contenter de cette constatation absolument probante : mais, comme nous le disions plus haut, nous pouvons nous appuyer encore sur d'autres documents qui confirment pleinement nos affirmations et nos calculs.

On nous dit : « Vous trouvez que la fortune mobilière de la France a augmenté dans des proportions inouïes ; mais cette augmentation est le fait de la pénurie des affaires commerciales. Au lieu de garder leurs capitaux dans leurs affaires, les commerçants et les industriels ont placé leurs fonds dans des valeurs de bourse. »

On nous dit : « Vous prétendez que la fortune mobilière a augmenté et cependant voyez l'état pitoyable des recettes des chemins de fer. Si le commerce marchait, si la France était riche et prospère, est-ce que les échanges et les transports ne seraient pas plus actifs qu'ils ne le sont ? »

On nous dit encore : « Voyez combien le portefeuille de la Banque de France diminue ; combien ses escomptes sont difficiles et peu nombreux ; combien ses bénéfices se réduisent depuis trois ans. »

On nous dit enfin : « De ce chiffre de 27 milliards auquel vous évaluez le montant de l'augmentation de l'épargne française, vous n'avez pas retranché le montant des valeurs françaises achetées ou souscrites par les étrangers. »

Laissons les chiffres répondre pour nous.

Comparons et constatons.

Nous prendrons comme terme de comparaison l'année 1869 qui est une année normale et prospère et qui offre une statistique exacte.

En 1869, le commerce général de la France, importations et exportations réunies, s'est élevé à 8 milliards 2 millions. En 1882, nous obtenons un total de 10 milliards 726 millions, soit une augmentation de 2 milliards 724 millions. Donc, qu'il s'agisse d'achats ou de ventes faites à l'étranger ou provenant de l'étranger, nous avons fait plus d'affaires ; nous avons eu besoin d'une plus grande somme de capitaux pour nos transactions ; nous n'avons pu en distraire une bien grande

Commerce général de la France.

partie pour les employer en valeurs de bourse. La première objection tombe donc d'elle-même.

Recettes des chemins de fer.

Les recettes des chemins de fer? Elles étaient en 1869 de 696,472,349 francs; en 1882, elles ont atteint 1,099,136,907 fr. 13 : elles ont augmenté de 50 %. Il est vrai que fin 1884, comparées à fin 1882, les recettes subissent une diminution d'environ 40 millions ; mais que deviennent ces 40 millions en comparaison de l'augmentation formidable que nous constatons ?

Voici, d'après les chiffres qui ont été publiés en 1869 et 1882, la comparaison du produit net kilométrique des anciens réseaux des six grandes lignes.

COMPAGNIES	1869	1882	AUGMENTATION KILOMETRIQUE
Nord........	47 656	54 638	7 082
Lyon.........	33 476	41 820	8 344
Orléans .	27 608	37 693	10 085
Midi.........	24 616	53 605	29 690
Est...........	35 229	49 714	14 485
Ouest	34 737	52 608	17 871

Pendant la même période, les profits procurés à l'Etat par les chemins de fer ont plus que doublé : 114,491,545 francs en 1869 ; 262,733,345 francs en 1882.

Les actionnaires et les obligataires de ces lignes ont-ils, du moins, à se plaindre d'avoir conservé leurs titres ?

En 1869, le Nord a fait au plus haut 1,208 fr. 75 ; le Lyon, 998 fr. 75 ; l'Orléans, 948 fr. 75 ; le Midi, 640 fr. ; l'Ouest 612 fr. 50 ; l'Est, 600 francs.

En 1869, le plus haut cours des obligations a été de 352 francs pour le Nord ; 342 fr. 50 pour le Lyon ; 345 francs pour l'Orléans ; 339 francs pour le Midi ; 342 fr. 50 pour l'Ouest ; 337 fr. 50 pour l'Est.

Que valent aujourd'hui ces valeurs, bien qu'elles ne soient pas aux plus hauts prix cotés en 1881 ?

Le Nord est à 1,660 francs ; le Lyon à 1,260 francs ;

FORTUNE MOBILIÈRE DE LA FRANCE

SOMMAIRE :

1. — Le développement de la fortune mobilière et de l'épargne française de 1871 à 1884.
2. — Les placements de l'épargne en 1886.
3. — Ce qu'on appelle la féodalité financière.
4. — La France se ruine-t-elle ?
5. — La légende des riches et des gros héritages. Les successions en 1902, 1903 et 1904.
6. — La répartition départementale des valeurs négociables comprises dans les déclarations de succession de 1902.
7. — Richesse ou pauvreté sociale ? La diffusion et le morcellement des fortunes.
8. — Les successions déclarées en 1907.
9. — La thésaurisation française.
10. — L'épargne française.
11. — Les six milliards de valeurs à lots de la petite épargne française.
12. — Un discours du prince de Bulow à propos de la situation financière de la France.

l'Orléans à 1,360 francs ; le Midi à 1,100 francs ; l'Ouest à 860 francs ; l'Est à 790 francs.

Les obligations de ces compagnies sont cotées de 380 à 390 francs.

Un capitaliste qui aurait, en 1869, acheté une action et une obligation de chacune des six grandes compagnies aurait déboursé au total 7,067 fr. 25. Il pourrait revendre aujourd'hui ces mêmes titres pour 9,400 fr., soit avec une plus-value de 2,333 francs soit plus de 30 %.

Ces chiffres réfutent encore la seconde objection qui nous a été faite.

Passons maintenant à la Banque de France. Interrogeons ses bilans et voyons ce qu'ils vont nous répondre. *Opérations de la Banque de France.*

En 1869, les opérations générales de la Banque se sont élevées à............................. 8,325,732,400 fr.

En 1883, ces opérations ont atteint le chiffre de............................. 14,006,175,900

Augmentation......... 5,680,443,500 fr.

Le montant total des escomptes des effets de commerce s'est élevé : en 1869, à 6,682,874,500 francs ; en 1883, à 10,827,274,000 francs, soit une augmentation de 4,144,399,500 francs. *Escomptes.*

En 1869, le nombre des effets escomptés à Paris était de 2,969,379,797 francs. En 1883, ce même chapitre représentait un chiffre de 5,017,179 effets de commerce escomptés pour 4,782,848,600 francs.

Les mouvements généraux des espèces, billets et versements dans la Banque, à Paris, se sont élevés : *Espèces et billets.*

En 1869 à .... 37,213,747,900 fr.
En 1883 à .... 49,597,873,000 fr.

Le plus haut cours des actions de la Banque de France fut de 3.180 francs en 1869 : le dividende de cette année fut de 107 francs par titre. *Actions.*

Combien valent-elles aujourd'hui ? 5.100 francs. Combien ont-elles distribué pour l'exercice 1884 ? 220 fr. 61. Résultat : augmentation d'environ 70 % sur le capital et de 100 % sur le revenu.

Dépôts de titres.

Ce n'est pas tout : dans les comptes-rendus mêmes de la Banque nous trouvons une preuve nouvelle et indéniable de l'augmentation de la fortune mobilière de la France. La Banque est, on le sait, la caisse publique qui reçoit le plus grand nombre de titres en dépôt, en garde. Beaucoup de rentiers préfèrent laisser leurs rentes, actions et obligations à la Banque plutôt que de les conserver exposés au vol ou à l'incendie dans leurs caisses ou dans leurs armoires. Plus nombreux sont les titres mobiliers nouvellement créés, plus nombreux doivent être les dépôts à la Banque. Et cette même augmentation devrait se retrouver dans tous les établissements qui gardent les titres en dépôt. Sur ce point encore, voici ce que les chiffres nous enseignent :

TITRES EN CAISSE		1869	1884	AUGMEN-TATION
Nombre de titres	Paris	2 473 497	2 519 496	45 999
	Succursales	553 283	606 741	163 458
Nombre des déposants	Paris	23 486	26 670	3 184
	Succursales	6 431	6 995	964
		francs	francs	francs
Valeur des titres	Paris	1 290 277 661	1 785 887 314	495 610 253
	Succursales ...	234 883 160	400 250 828	165 367 668
Arrérages encaissés par la Banque		70 900 848	84 811 670	13 910 822

La Banque, fin 1883, possédait donc 209.457 titres de plus qu'en 1869. Ces titres représentaient une valeur d'environ 2 milliards 200 millions, soit près de 700 millions de plus qu'en 1869.

Titres français à l'étranger.

Compensations.

Reste l'objection qui a été élevée de divers côtés et notamment par un des principaux organes de la presse étrangère : le *Journal de Saint-Pétersbourg*, c'est celle relative à la valeur des titres français achetés ou sous-

crits par l'étranger. Cette statistique fort difficile,
presque impossible à établir, fût-elle même effectuée,
que ses résultats ne détruiraient en rien nos arguments,
car, dans notre évaluation, nous n'avons pas compté
les titres étrangers que nos capitalistes et rentiers
français ont achetés ou souscrits depuis la guerre. Ce
seraient encore plusieurs milliards qui viendraient
grossir nos chiffres, si nous ajoutions le montant des
emprunts russes, autrichiens, hongrois, roumains,
grecs, égyptiens, portugais, espagnols, suédois, norvégiens, qui ont été placés en France depuis 1871. Nous
n'avons pas non plus tenu compte de toutes les émissions de valeurs étrangères, compagnies de chemins
de fer ou sociétés industrielles, qui ont absorbé de
nombreux capitaux français. Nous avons, en un mot,
bien plus de valeurs étrangères en France, qu'il
n'existe, à l'étranger, de valeurs françaises.

Ainsi, soit qu'il s'agisse de notre commerce général,
soit qu'il s'agisse des recettes des compagnies de chemins de fer ou des opérations de la Banque de France,
les chiffres que nous venons de citer, répondent com-
plétement aux objections qui nous ont été faites et
ajoutent encore une plus grande force à nos arguments.

* *

Non seulement la fortune mobilière de la France et
l'épargne se sont accrues depuis la guerre, mais le
commerce, les échanges, les transports, se sont déve-
loppés dans de notables proportions : les tableaux des
douanes, les recettes des chemins de fer, les bilans de
la Banque, le prouvent surabondamment. Les économies de notre pays se sont multipliées et nous pouvons citer encore, à l'appui de nos chiffres, le montant
des sommes déposées par cette foule de petits rentiers,
d'ouvriers, qui n'ayant qu'une somme minime à pla-

Caisses d'épar-gne.

cer, la confient aux caisses d'épargne. Voici encore à ce sujet une statistique intéressante :

	SITUATION AU 31 DÉCEMBRE		
	1868	1879	1882
Nombre des livrets...........	1 971 623	2 130 768	4 646 000
Solde dû aux déposants..... fr.	633 238 270	711 176 000	1 801 700 000

Et maintenant, pour clore ces longues énumérations de chiffres, citons-en encore quelques-uns qui ont bien leur importance : il s'agit, d'après les documents publiés par l'administration de l'enregistrement, de la répartition des successions annuellement taxées par nature de mutations. Suivant que la fortune de notre pays augmente ou diminue, les droits perçus par l'enregistrement sont plus ou moins élevés.

Les successions taxées. Or, en 1869, les droits perçus sur les mutations en ligne directe, entre époux, en ligne collatérale, entre non-parents, ont été liquidés sur une valeur de 3 milliards 636,764.384 francs.

En 1882, ces mêmes droits étaient basés sur une évaluation de 5,021,905,707 francs. Cet accroissement des valeurs successorales montre que la fortune des classes moyenne et supérieure, particulièrement atteintes, par l'impôt des successions, a augmenté d'environ 40 %.

Quelques cours de bourse. Enfin, si nous prenions les cours de quelques titres soit en 1869, avant la guerre, soit en 1871, après la guerre, et que nous les comparions à ceux qui sont cotés aujourd'hui, quelles augmentations considérables n'aurions-nous pas à constater ?

En 1869, le plus haut cours du 3 % était de 73 fr. 90 : il est aujourd'hui à 80. Les actions du Comptoir d'escompte valaient 730, elles sont à 1.000 francs ; celles des Eaux 480, elles valent 1.400 francs ; des Omnibus

850 francs, cours d'aujourd'hui 1,200 francs ; des
Petites voitures 303 fr. 75, cotées maintenant 600 fr. ;
des Transatlantiques 332 fr. 50, cours actuel 500 fr.
Le Suez faisait 632 fr. 50 au plus haut en 1869, en 1871
son prix moyen fut de 208 fr. 135 ; la délégation Suez,
aux mêmes dates, valait 354 fr. 22 et 133 fr. 338. Que
vaut l'action Suez maintenant ? 1,900 francs. Que vaut
la délégation ? 1,100 francs.

Nous pourrions multiplier ces exemples ; mais il
nous semble que les chiffres que nous avons donnés
sont suffisants pour démontrer encore que la fortune
mobilière et l'épargne de notre pays se sont considérablement accrues et que notre situation économique,
financière, commerciale, industrielle, considérée dans
son ensemble, est loin d'être mauvaise et découra-
geante. Quel est le peuple qui, après avoir supporté et
souffert tout ce que la France a enduré, à la suite de
catastrophes terribles comme celles de 1870 et 1871,
aurait obtenu des résultats aussi prodigieux que ceux
que nous venons de constater, avec chiffres et documents à l'appui ?

Tous indices favorables.

LES PLACEMENTS DE L'ÉPARGNE
EN 1886 (1).

Pendant l'année 1886, l'épargne française a placé plus
de 1,400 millions sur les valeurs mobilières circulant et
se négociant en France.

1. 1887.

Voici comment se décomposent ces placements :

millions
de francs

1° D'après des documents officiels qui nous ont été fournis, les six grandes compagnies de chemins de fer ont réalisé, en obligations......   325,0

2° L'emprunt national de 1886 a absorbé......   500,0

3° La compagnie de Panama a émis, en obligations..   200,0

4° Le 4° appel de fonds sur les actions de Panama à raison de 125 francs par titre, a réclamé..   67,5

5° Les placements et versements effectués au Crédit foncier sur obligations foncières et communales représentent...........................   178,0

Total.................. 1,270,5

A cette somme de 1,270,500,000 francs, il faut ajouter la part prise par les capitalistes français dans plusieurs emprunts internationaux, Cuba, argentin, portugais, Il faut ajouter encore le produit des ventes de titres effectuées par plusieurs compagnies, notamment celles de Bône à Guelma, Est-Algérien, Ouest-Algérien, soit par négociations directes à la bourse, soit par émissions publiques ou privées. Ces divers appels ont absorbé au moins, 150 millions qui, s'ajoutant à 1 milliard 270 millions cités plus haut, forment 1 milliard 420 millions comme chiffre minimum des placements effectués par l'épargne française en 1886, sur les valeurs mobilières.

A ce milliard 420 millions, il conviendrait d'ajouter les sommes versées pendant l'année écoulée, dans les caisses d'épargne ; il faudrait également tenir compte des augmentations de dépôts dans les banques et les établissements de crédit et évaluer, aussi, le montant des placements effectués à l'étranger.

Bornons-nous aux millions que nous venons de chiffrer, dont l'évaluation repose sur des données absolument certaines. Les 1,420 millions qui ont été placés par

l'épargne française, pendant l'année 1886, sont un chiffre
assez élevé pour ne pas avoir besoin d'être grossis par
des évaluations douteuses et discutables; ils sont, par
eux-mêmes, assez puissants pour démontrer une fois
de plus la richesse, les moyens d'action, l'esprit d'économie de nos capitalistes. Constater que malgré les
lourds impôts et les charges de toute nature qui pèsent
sur chacun de nous, malgré les crises politiques trop
souvent soulevées, l'épargne est assez vivace pour placer
plus de 1 milliard 400 millions, en une année, est un fait
financier des plus encourageants.

Quel admirable pays que le nôtre, plein d'énergie et
d'activité, aussi travailleur qu'économe, et que ne pourrait-on pas attendre de lui dans une période de calme
politique à l'intérieur et à l'extérieur, dans une année
de sagesse et de bonne administration financière !

* *

En présence de ces chiffres, ne peut-on pas se demander si les placements considérables qui s'effectuent sur
les titres mobiliers ne sont pas une des causes principales des souffrances de l'agriculture et de l'abaissement
de la valeur vénale du sol ? Il y a moins de trente ans,
les capitalistes, les rentiers, les paysans ne connais-
saient guère qu'un seul mode de placement : la terre.
On arrondissait son champ ; on étendait sa propriété
la culture profitait de la plus grande partie des capitaux
dont les propriétaires, les fermiers et les cultivateurs
disposaient. Il n'est pas maintenant dans le hameau
le plus reculé de France, un seul homme des champs
qui ne connaisse soit le titre de rente sur l'État, soit
l'obligation du Crédit foncier, de la ville de Paris, des
compagnies de chemins de fer. Au lieu de courir les
chances d'une bonne ou mauvaise récolte, d'une exploitation plus ou moins fructueuse, il trouve plus aisé,
plus sûr, plus avantageux, de placer ses économies en
rentes ou en obligations de toute sécurité, donnant un

intérêt raisonnable, augmentant le capital employé par
la prime au remboursement, ne faisant courir aucun
risque, transmissibles presque sans frais, négociables
sur tous les marchés. On a parlé souvent, et avec raison, de l'émigration des campagnes vers les villes : ce
qui est encore moins indéniable, c'est l'émigration des
capitaux vers les valeurs de bourse et leur tendance
à abandonner les placements immobiliers.

Cette situation ne doit-elle pas inévitablement peser
sur les prix de la terre et la propriété immobilière, et
surélever, au contraire, ceux de la valeur mobilière qui
depuis longtemps, du reste, suit une progression continue et attire à elle la plus grande partie des capitaux
de l'épargne ?

N'est-on pas fondé à croire que si nos législateurs
étaient plus économes et le gouvernement moins em-
prunteur ; si l'Etat n'absorbait pas tous les ans, sous
une forme ou sous une autre, 5 à 600 millions, soit en
rentes, soit en obligations du Trésor ou en titres garantis par lui, l'épargne disponible chercherait un autre
débouché et d'autres emplois ; l'agriculture, le sol, les
propriétés immobilières profiteraient de cet afflux de
ressources. Mettre les capitaux en plus grand nombre
à la disposition des campagnes, moins emprunter, soit
directement, soit indirectement, pour l'Etat ou avec la
garantie de l'Etat; moins dépenser, voilà, peut-on soutenir, ce qui serait préférable à tous les relèvements de
droits : diminuer les impôts et mettre des fonds en abondance à la disposition de l'agriculture, c'est ce qui, plus
efficacement qu'un texte de loi, développerait la production de la terre et relèverait sa valeur en même temps
que son revenu. Telle est la première considération qui
se dégage des chiffres que nous avons cités.

Il est enfin une autre réflexion qui s'impose. La
richesse et l'expansion de l'épargne sont telles qu'elles
exigent la plus sérieuse attention des législateurs et des
pouvoirs publics. Dans un pays aussi riche, aussi travailleur, aussi économe que le nôtre, qui dispose de

semblables ressources, est-il sage de laisser le budget de l'État sans équilibre et sans stabilité ? Est-il prudent de vivre, en quelque sorte, au jour le jour, au hasard des propositions parlementaires ? L'an dernier, on a démoli — et on le regrette bien vivement aujourd'hui, — le plan de M. Carnot : cette année, on recommence le même jeu avec les projets de son successeur M. Dauphin. On les prend les uns après les autres, on les rejette avec dédain ; mais on se garde bien de proposer quoi que ce soit à leur place. Les ministres changeront mais les projets financiers n'en seront pas meilleurs et, à force de tout casser et de tout démolir, on finira peut-être par adopter une combinaison financière dangereuse, plus dangereuse et plus mauvaise que les précédentes.

Entre temps, grand nombre de députés s'amusent à inquiéter les rentiers, à leur faire entrevoir l'éventualité, en attendant la réalité, de l'impôt sur la rente et le revenu. Il n'est pas une seule grande société qui ne se sente constamment menacée et qui ose à peine compter sur l'avenir le plus rapproché. Ne risque-t-on pas d'éloigner des rentes et des premières valeurs de placement ces capitalistes nombreux qui, après avoir travaillé et économisé pour leurs vieux jours, ont besoin de stabilité et de sécurité pour leurs épargnes ? Quand des politiciens imprudents bouleversent le budget comme des enfants démolissent un château de cartes, soulèvent des discussions aussi futiles que celles qui viennent d'avoir lieu au sujet des 670.800 francs de crédits supplémentaires demandés par le ministre des finances, quand, au pied levé, ils repoussent tout projet financier qui émane du gouvernement et croient être très habiles en tenant en réserve l'impôt sur les rentes, ou sur le revenu, sans parler d'une augmentation de l'impôt de 3 % sur les valeurs mobilières, n'est-on pas en droit de dire qu'ils sacrifient la proie pour l'ombre et, dans l'impatience de tout faire, risquent de tout compromettre ?

Les députés devraient avoir toujours présent à l'esprit

le chiffre énorme d'épargnes accumulées que représentent les puissantes associations de capitaux, ce refuge des placements des rentiers. Les rentes françaises se chiffrent par un capital de plus de 25 milliards. Le nombre de titres au porteur et mixtes qui était de 426,922 en 1870 s'élevait en 1886 à 3,200,000 : le nombre de titres de rente nominatifs était de 842,817 en 1870 et, en 1886, de 1,260,000. Les actions et obligations de chemins de fer, d'après les cours cotés à la bourse, forment un capital de plus de 16 milliards. Il y a plus de 3 milliards d'obligations de la ville de Paris et du Crédit foncier. Troubler la sécurité des millions de citoyens qui possèdent cette épargne amassée sou à sou, denier par denier, c'est, au point de vue politique, commettre une imprudence et, au point de vue financier, agir contre les intérêts de l'État et du Trésor. Ces capitalistes, petits ou grands, sont, en effet, les meilleurs et les plus productifs clients du fisc, car ils lui rapportent de plusieurs manières : d'une part, par tous les impôts de consommation qu'ils payent et, d'autre part, par les taxes que, sous une forme ou sous une autre, les compagnies dont ils possèdent les titres, actions ou obligations, acquittent tous les ans. Est-il sage et prudent de les inquiéter à tout propos ?

CE QU'ON APPELLE
LA FÉODALITÉ FINANCIÈRE (1)

On parle beaucoup, depuis quelque temps, du rachat des six grandes compagnies de chemins de fer par l'État ; on parle encore des gros bénéfices et des revenus élevés que perçoivent les actionnaires au détriment du Trésor, c'est-à-dire des contribuables.

A entendre les adversaires des grandes compagnies, ces sociétés puissantes appartiennent seulement à quelques personnes, à une « féodalité financière » comme ils l'appellent, et, dès lors, l'intérêt de l'État se trouverait de plus en plus lésé et compromis par cette féodalité.

Ces critiques ne sont pas nouvelles et, depuis de longues années, il a été répondu par des faits et par des chiffres à ces assertions qui ne reposent sur aucun fondement sérieux. La Société de statistique de Paris a bien voulu entendre plusieurs communications que nous lui avons faites sur ce sujet, en faisant passer sous ses yeux des documents précis.

C'est encore aux chiffres que nous nous adresserons aujourd'hui, chiffres officiels, examinés et contrôlés avec soin, pour examiner le classement et la répartition des titres de chemins de fer dans les portefeuilles : ce sont les chiffres qui se chargeront de démontrer si les assertions auxquelles nous venons de faire allusion sont fondées ou non.

Cette statistique nouvelle sera d'autant plus démonstrative, qu'elle sera rapprochée de celles que nous avons antérieurement publiées et présentées à la Société

Objet de cette étude.

(1) Communication faite à la Société de statistique de Paris (19 mars 1902).

de statistique. Dans nos diverses études sur les valeurs
mobilières, nous avons régulièrement établi le mouvement et la répartition des titres de chemins de fer sur
une longue période d'années. La comparaison qui en
résulte devra donc avoir d'autant plus de force.

Points examinés.

Nous examinerons successivement dans cette étude :

1° Le nombre des actions au porteur et nominatives
des six grandes compagnies de chemins de fer, actions
de capital et de jouissance ;

2° La proportion des actions nominatives à l'ensemble
des titres ;

3° Le nombre de certificats nominatifs d'actions ;

4° La moyenne des titres inscrits sur chacun d'eux ;

5° Ce que valent et ce que rapportent ces actions ;

6° Nous procéderons de même sur les obligations 3 et
2 1/2 % et sur celles des anciens emprunts, soit nominatives, soit au porteur ;

7° Après avoir résumé ces statistiques diverses, nous
indiquerons les profits que perçoit l'Etat du fait seul
des taxes qui pèsent sur les porteurs d'actions et d'obligations. Nous mentionnerons ensuite les charges qui
incombent aux compagnies du fait seul des dépenses
patronales en faveur de leur personnel ;

8° Nous rapprocherons enfin les chiffres de cette statistique, établie au 31 décembre 1900, soit de ceux que
nous avons présentés en 1884, 1885, 1889, 1890, 1895 à
la Société de statistique, soit de ceux contenus dans de
précédentes études qui se rapportent à l'année 1800.

Ce sont donc des statistiques anciennes mises à jour.
Cette nouvelle étude devra ainsi confirmer ou infirmer,
par les chiffres qui résulteront des comparaisons faites
sur une période de quarante années, s'il est vrai de
dire qu'il existe une féodalité financière. mais, au contraire, s'il n'est pas plus vrai d'affirmer, comme nous

l'avons toujours fait, que cette prétendue féodalité est uniquement une démocratie financière et que c'est à cette démocratie financière, représentée par environ 700,000 familles ou 2 millions de rentiers qu'appartiennent les titres émis par les grandes compagnies de chemins de fer.

* *

Donnons tout d'abord le nombre total d'actions de chemins de fer en circulation au 31 décembre 1900, actions nominatives et actions au porteur :

Les actions de chemins de fer.

Actions de capital.

COMPAGNIES	NOMBRE TOTAL d'actions en circulation	NOMBRE d'actions nominatives	NOMBRE d'actions au porteur
Est...........	515 505	248 885	266 620
Lyon..........	800 000	383 927	416 073
Midi..........	238 660	96 356	141 304
Nord..........	506 666	278 973	227 693
Orléans.......	495 244	278 033	217 211
Ouest.........	263 045	114 813	148 232
Totaux........	2 817 120	1 399 987	1 417 133

Voici les chiffres pour les actions de jouissance nominatives et au porteur en circulation :

Actions de jouissance.

COMPAGNIES	NOMBRE TOTAL d'actions en circulation	NOMBRE d'actions nominatives	NOMBRE d'actions au porteur
Est...........	68 495	33 582	34 913
Lyon..........	»	»	»
Midi..........	13 340	4 868	8 472
Nord..........	18 334	10 707	7 627
Orléans.......	104 756	55 421	49 335
Ouest.........	36 966	14 458	22 497
Totaux........	241 880	119 036	122 844

Ces résultats groupés fournissent la répartition ci-après :

COMPAGNIES	NOMBRE de titres	ACTIONS nominatives	ACTIONS au porteur
Est..........................	584 000	282 467	301 533
Lyon.........................	800 000	383 927	416 073
Midi..........................	250 000	100 224	149 776
Nord.........................	525 000	289 680	255 320
Orléans.......................	600 000	333 454	266 546
Ouest........................	300 000	179 271	170 729
Totaux..........	3 059 000	1 519 023	1 539 977

Il résulte de ces trois tableaux que les actions de capital et de jouissance des six grandes compagnies s'élèvent au total à 3,059,000 titres.

Sur ces 3,059,000 titres, 1,519,023 sont au nominatif et 1,539,977 sont au porteur.

En rapprochant ces chiffres de ceux contenus dans nos statistiques antérieures de 1884, 1889, 1895, la comparaison des titres nominatifs et au porteur indique que depuis 1884 le nombre des titres nominatifs s'élevait de 1,378,390 à 1,519,023, pendant que, parallèlement, le nombre de titres au porteur descendait de 1,680,610 à 1,539,977, savoir :

ACTIONS	31 déc. 1884	31 déc. 1889	31 déc. 1895	31 déc. 1900
Actions nominatives.....	1 378 390	1 456 670	1 501 000	1 519 023
Actions au porteur.....	1 680 610	1 602 330	1 558 000	1 539 977

Depuis 1860, voici quel a été le mouvement des actions nominatives et au porteur :

ANNÉES	NOMBRE TOTAL d'actions	ACTIONS nominatives	ACTIONS au porteur
1860......................	2 556 266	960 162	1 596 104
1870......................	3 059 000	1 350 952	1 708 048
1880......................	3 059 000	1 380 365	1 678 635
1890......................	3 059 000	1 496 627	1 562 373
1900......................	3 059 000	1 519 023	1 539 977

*
* *

La proportion des actions nominatives, comparée à l'ensemble des titres, qui était de 37 1/2 % en chiffres ronds en 1860, est maintenant tout près de 50 % : pour plusieurs compagnies, elle atteint même 55 et 56 %.

Depuis 1884, elle s'établit aux chiffres suivants pour chacune des compagnies :

COMPAGNIES	31 déc. 1884	31 déc. 1889	31 déc. 1895	31 déc. 1900
	%	%	%	%
Est	42 09	46 13	48 90	56 14
Lyon	42 62	44 33	46 35	47 99
Midi	32 04	37 02	37 31	40 29
Nord	55 72	55 90	58 33	55 05
Orléans	52 33	54 72	55 21	56 14
Ouest	35 25	39 45	42 64	43 64

Les compagnies d'Orléans et de l'Est possèdent le plus grand nombre d'actions nominatives : 56,14 % ; viennent ensuite le Nord, 55,05 % ; le Lyon 47,99 % ; l'Ouest, 43,64 % ; le Midi, 40,29 %.

*
* *

Tous ces titres nominatifs sont représentés par des certificats. Nous en indiquons le total dans le relevé suivant pour chacune des compagnies, ainsi que la moyenne des actions qu'ils représentent :

Certificats.

COMPAGNIES		NOMBRE de certificats	MOYENNE des titres par certificat
Est	(actions de capital......	19 753	12 61
	(actions de jouissance....	7 362	4 56
Lyon	(actions de capital......	29 522	13 40
	(actions de jouissance..	"	"
Midi	(actions de capital......	9 963	10 52
	(actions de jouissance..	1 918	2 54
Nord	(actions de capital......	20 803	13 80
	(actions de jouissance....	2 675	4 00
Orléans	(actions de capital......	21 683	12 85
	(actions de jouissance....	10 785	5 13
Ouest	(actions de capital......	11 552	9 938
	(actions de jouissance...	4 515	3 262

Si nous relevons le nombre des certificats nominatifs des actions de capital, nous trouvons que le total s'élevait à 112,026 au 31 décembre 1900.

Avec les certificats nominatifs des actions de jouissance, le nombre total des certificats est de 139,281.

En 1860, le nombre de certificats nominatifs d'actions de capital était seulement de 40,846. La moyenne des actions inscrites sur chacun d'eux était de 28,33. Aujourd'hui la moyenne des actions inscrites s'abaisse à 12,49.

ANNÉES (31 DÉCEMBRE)	NOMBRE TOTAL de certificats nominatifs d'actions de capital	MOYENNE des actions par certificat
1860...................	26 358	28 33
1870...............	64 496	20 65
1880..................	74 744	17 69
1890...................	93 103	14 87
1895..................	105 946	13 82
1900...................	112 026	12 49

De 1860 à 1900, voici, pour chacune des compagnies, dans quelle proportion s'est élevé le nombre de certificats nominatifs et dans quelle proportion aussi s'est abaissé le nombre de titres inscrits sur chacun d'eux :

COMPAGNIES	ANNÉES	NOMBRE de certificats d'actions	MOYENNE des titres par certificat
Est...............	1860.............	8 263	22
	1900.............	19 753	12 60
Lyon..............	1860.............	14 498	21
	1900.............	29 622	13
Midi..............	1860.............	1 656	20 51
	1900.............	9 063	10 52
Nord..............	1860.............	8 726	25 91
	1900.............	20 503	13 60
Orléans...........	1860.............	5 876	26
	1900.............	21 633	13
Ouest.............	1860.............	1 847	47 24
	1900.............	11 552	9 938

* *
*

Ces quelques chiffres montrent comment se décompose ce que l'on appelle « la grande féodalité financière ! »

En 1860, le nombre de certificats nominatifs d'actions de capital était de 40,816. Il est aujourd'hui de
112.026.

En 1860, la moyenne des actions inscrites sur chaque
certificat était de 28,33. En 1900, cette moyenne tombe
à 12.49, c'est-à-dire que de 1860 à 1900, le nombre de
certificats d'actions nominatives a presque triplé, en
même temps que le nombre des petits porteurs de titres
a plus que doublé.

La moyenne des titres inscrits sur chaque certificat
s'est abaissée :

A l'Est	de 22	à 12 60.
Au Lyon	de 21	à 13.
Au Midi	de 20 51	à 10 52.
Au Nord	de 25 91	à 13 60.
A l'Orléans	de 26	à 12 85.
A l'Ouest	de 47 21	à 9 938.

Cela revient à dire que la diffusion et le morcellement
des actions de ces compagnies ont été de plus en plus
grands, en même temps que le nombre des gros porteurs de titres diminuait pour faire place à des petits
détenteurs de ces mêmes titres.

* *
*

À entendre ceux qui parlent des compagnies de chemins de fer, ce ne sont que des millionnaires, des
« ploutocrates » qui en détiennent les titres.

Ce que valent
et ce que rap-
portent les ac-
tions.

Voici la réponse :

Le capital que représentent les actions de capital inscrites sur les certificats nominatifs est le suivant :

A l'Est	12.60 actions à	1.000 fr. l'une, soit	12.600 fr.
Au Lyon.	13	—	1.500	—	19.500
Au Midi	10.52	—	1.270	—	13.360
Au Nord.	13.60	—	1.930	—	26.210
A l'Orléans.	13	—	1.600	—	20.800
A l'Ouest	9.938	—	1.015	—	10.087

Ainsi, 26.000 francs au maximum, 10.000 francs au minimum, voilà le capital énorme que détiennent les détenteurs d'actions nominatives de chemins de fer, détenteurs qui sont représentés par 139,600 certificats nominatifs. On conviendra que si c'est là une « féodalité », une « aristocratie » financière, ce sont les petites bourses qui en font partie.

Que rapportent à cette petite épargne ces actions si démocratisées ?

L'Est	rapporte 35 fr. 50 au lieu de	48 fr.	en 1860
Le Lyon	—	55 fr.	—	63 fr. 50	—
Le Midi	—	50 fr.	—	35 fr.	—
Le Nord	—	62 à 64 fr. —	65 fr. 50	- -
L'Orléans.	—	58 fr. 50	—	100 fr.	—
L'Ouest.	—	38 fr. 50	—	37 fr. 50	—

En 1901, elles distribuèrent 299 fr. 50 à 301 fr. 50, chemins de fer distribuaient au total 348 fr. 50 de dividendes.

En 1901, elles distribueront 299 fr. 50 à 301 fr. 50, soit environ 50 francs de moins. Le revenu des actionnaires a diminué, alors que les compagnies ont pris un développement extraordinaire et ont puissamment contribué à l'accroissement de la fortune publique, en même temps qu'elles ont abaissé les prix de transport des voyageurs et des marchandises, augmenté les salaires et les traitements de leur personnel, sans oublier les charges que les œuvres patronales leur ont imposées, sans oublier surtout les impôts que payent les porteurs de titres et qui se sont accrus tous les ans.

Sur tous ces points, la démonstration la plus claire
et la plus nette a été faite au Congrès international des
valeurs mobilières de 1900.

Tous les documents produits au Congrès, tous les
faits et tous les chiffres qu'ils renferment, démontrent
jusqu'à la dernière évidence que plus le réseau des chemins de fer s'est développé, plus les services rendus au
pays ont été nombreux, plus les tarifs ont été abaissés,
plus grands ont été les bénéfices du pays tout entier, du
commerce et de l'industrie, plus lourdes ont été les
charges fiscales, plus élevés ont été les profits recueillis
par l'Etat et, par contre, plus faible et plus réduite a été
la part des actionnaires (1).

Cette « féodalité » financière si redoutable se compose
de centaines de mille familles et de millions de petites
gens d'épargne ; les bénéfices dont ils se contentent sont
des plus réduits. Quand ces petits rentiers entendent
parler de ploutocratie, ils peuvent répondre que plus
grande a été la prospérité de l'industrie à laquelle
ils ont confié leurs capitaux, plus faibles ont été leurs
profits ; ils peuvent ajouter et prouver que l'actionnaire qui s'est taillé et qui perçoit la part du lion, c'est
l'Etat.

* *
*

Est-ce, du moins, parmi les porteurs d'obligations que
nous trouverons cette féodalité financière redoutable ?

Examinons, toujours en nous appuyant sur des documents officiels, ce que disent les chiffres.

Le tableau suivant indique le montant total des obli-

Les obligations de chemins de fer.

(1) Voir notamment les monographies envoyées au Congrès des valeurs
mobilières par les compagnies de l'Est, de Lyon, du Midi, du Nord, de
l'Orléans.

gations 3 % nominatives et au porteur en circulation au
31 décembre 1900 :

COMPAGNIES	NOMBRE TOTAL d'obligations au 31 décemb. 1900	NOMBRE d'obligations nominatives	NOMBRE d'obligations au porteur
Est.............	3 841 514	2 836 312	1 005 202
Lyon.............	9 178 267	2 477 080	2 701 187
Midi.............	3 129 223	6 137 154	992 069
Nord { anciennes. série B. ..	2 990 166 / 197 654	2 273 933 / 140 778	716 233 / 56 876
Orléans...........	4 781 356	3 615 429	1 165 927
Ouest	4 544 466	3,168 320	1 376 146
Totaux.......	28 662 646	20 649 006	8 013 640

Sur un total de 28.662.646 obligations 3 % en circulation, 20.649.006 sont au nominatif, soit 72 %, et 8 millions 13.640 sont au porteur soit 28 %.

La moyenne générale des titres nominatifs était en
chiffres ronds :

En 1860. . . . . de 45 % ;
En 1870. . . . . de 60 % ;
En 1880. . . . . de 61 % ;
En 1890. . . . . de 69 % ;
En 1895. . . . . de 71 % ;
En 1900. . . . . de 72 %.

De même que pour les actions, le nombre des certificats nominatifs d'obligations n'a cessé de s'accroître.

Pour chacune des compagnies, la proportion des obligations nominatives, comparée à l'ensemble des titres
en circulation, s'établit ainsi, en chiffres ronds, au
31 décembre 1900 :

Est . . . . 73 %
Lyon. . . . . 70 %
Midi . . . . 68 %
Nord. . . . . 75 %
Orléans. . . . . 75 %
Ouest . . . . 68 %

La proportion la plus grande d'obligations nominatives se trouve aux compagnies du Nord et de Paris à

Orléans ; viennent ensuite l'Est, le Lyon, le Midi et
l'Ouest. En d'autres termes, sur 100 obligations en circulation, 75 sont nominatives dans les compagnies du
Nord et d'Orléans ; 73, dans la compagnie de l'Est ;
70, dans la compagnie de Paris-Lyon-Méditerranée ; 68,
au Midi et à l'Ouest.

La rente française seule a un pareil classement. Sur
100 francs de rente 3 %, 75 francs de rentes sont au
nominatif.

* *
*

Le nombre de certificats nominatifs d'obligations et
la moyenne des titres inscrits sur chacun d'eux s'établissent comme suit au 31 décembre 1900 :

Certificats no-
minatifs d'obli-
gations.

COMPAGNIES	NOMBRE d'obligations 3 % nominatives	NOMBRE de certificats nominatifs	MOYENNE des obligations sur chaque certificat
Est...............	2 836 312	97 456	29 10
Lyon...............	6 477 080	204 277	31 70
Midi...............	2 137 154	63 491	33 66
Nord { anciennes.	2 274 933	63 865	35 60
{ série B..	140 778	3 984	35 33
Orléans...............	3 616 429	113 719	32 00
Ouest...............	3 168 320	111 363	28 466
Totaux.....	20 649 006	658 094	

Ce tableau prouve encore l'extrême diffusion et le
classement des obligations de chemins de fer dans les
portefeuilles de la moyenne et de la petite épargne. Le
nombre des obligations inscrites sur chacun des certificats varie de 28 1/2 à 35 1/2, soit une moyenne de
32 titres représentant un capital d'environ 14.700 francs.

* *
*

À cette statistique, qui comprend seulement les obligations 3 %, il convient d'ajouter celle qui concerne les

Les obligations
2 1/2 0/0.

obligations 2 1/2 que les compagnies ont émises depuis 1895.

Au 31 décembre 1900, voici quel était le nombre d'obligations 2 1/2 en circulation, tant nominatives qu'au porteur ; nous indiquons, en même temps, le nombre de certificats nominatifs et la moyenne des titres inscrits sur chacun d'eux :

COMPAGNIES	OBLIGATIONS 2½ en circulation au 31 déc. 1900	OBLIGATIONS nominatives	OBLIGATIONS au porteur	NOMBRE de certificats nominatifs	MOYENNE des titres inscrits sur chaque certificat
Est.........	71 039	48 108	22 931	5 740	8 38
Lyon.......	200 248	130 233	70 015	5 382	24 19
Midi.......	171 505	110 253	61 252	2 948	37 27
Nord.......	118 906	82 716	36 190	3 194	25 89
Orléans	401 463	314 553	86 910	7 687	41
Ouest.......	284 816	216 279	68 537	11 114	19 46
Totaux....	1 247 977	902 142	345 835	36 075	

Obligations en circulation.

Ce tableau montre tout d'abord la faveur que les obligations 2 1/2, de création si récente, ont acquise. Les 1,247,977 obligations en circulation se répartissent déjà entre 36,075 certificats nominatifs. Le nombre d'obligations inscrites sur chacun d'eux est plus variable que sur les obligations 3 %, ce qui s'explique par leur création récente et par les divers modes de placements opérés par les compagnies. La moyenne des titres sur les certificats de l'Est est seulement de 8,38, alors qu'elle s'élève à 37,27 au Midi et à 41 à l'Orléans.

Avec les obligations 3 % en circulation, l'ensemble des obligations 3 et 2 1/2 % s'élevait au 31 décembre 1900, à 29,010,623.

Il y avait 21.551,148 obligations nominatives et 8 millions 359,475 obligations au porteur.

Le nombre de certificats nominatifs s'élevait à 604.169

La moyenne des obligations 3 % inscrites sur chacun d'eux variait de 28,46 à 35,60, soit 32,03.

La moyenne des obligations 2 1/2 % inscrites sur chacun d'eux variait de 8,38 à 41, soit 24,69.

Les obligations 3 % se négocient à 460 francs environ ; les 2 1/2 %, à 415.

Par conséquent, les 32 obligations 3 % qui représentent la moyenne des titres inscrits sur chaque certificat, formeraient un capital d'environ 14,720 francs rapportant à peine 3 % net, soit 441 francs.

Les 25 obligations 2 1/2, en chiffres ronds, représentant la moyenne des obligations inscrites sur chaque certificat, formeraient un capital d'environ 10,375 francs, rapportant net 12 francs, soit 300 francs.

Voici, depuis 1860, quel a été le nombre des certificats nominatifs d'obligations ainsi que la moyenne des titres inscrits sur chacun d'eux :

ANNÉES	NOMBRE TOTAL de CERTIFICATS NOMINATIFS	MOYENNE DES OBLIGATIONS par certificat
1860................	65 833	42,10
1870................	310 238	34,79
1880................	442 696	34,20
1890................	631 707	33,91
1900................	694 169 (1)	32.03 (2) et 24.69 (3)

(1) Obligations 3 % et 2 1/2 %.
(2) Obligations 3 %.
(3) Obligations 2 1/2 %.

*
* *

Ajoutons enfin à cette statistique, pour qu'elle soit tout à fait complète, le nombre d'obligations nominatives et au porteur d'anciens emprunts des compagnies, en dehors des obligations 3 et 2 1/2 %.

Obligations d'anciens emprunts.

Voici ce relevé :

COMPAGNIES	OBLIGATIONS en circulation au 31 déc. 1900	OBLIGATIONS nominatives	OBLIGATIONS au porteur	NOMBRE de certificats nominatifs	MOYENNE de titres par certificat
Est........	727 386	490 949	236 437	24 388	20,13
Lyon.....	1 340 615	910 950	429 665	39 772	22,90
Midi.....	»	»	»	»	»
Nord	362 820	121 062	242 758	4 842	24,84
Orléans....	11 780	8 327	3 453	1 007	8, »
Ouest	19 370	13 253	6 117	2 297	5,76
Totaux...	2 461 971	1 543 641	918 430	72 356	

Sur 2,461.971 obligations des anciens emprunts, les titres nominatifs sont au nombre de 1.543,541 ; les titres au porteur, de 918.430 et les certificats nominatifs se chiffrent à 72.386.

En 1860, les cinq compagnies de l'Est, du Midi, du Nord, de l'Orléans, de l'Ouest, avaient seulement 65,833 certificats nominatifs d'obligations ; elles en ont aujourd'hui 484,510. En 1865, la compagnie de Lyon avait 82.108 certificats d'obligations ; elle en a aujourd'hui 209.659.

Avec les certificats nominatifs des obligations des anciens emprunts, les six grandes compagnies ont aujourd'hui 766,525 certificats nominatifs d'obligations au lieu de 65,833 en 1860 !

*
* *

Résumé de la statistique des titres de chemins de fer.

Ces chiffres officiels montrent, dans leurs plus petits détails et dans leur ensemble, le morcellement de cette immense fortune mobilière représentée par les actions et par les obligations de chemins de fer.

Soit qu'il s'agisse des actions, soit qu'il s'agisse des obligations, cette fortune est répartie à l'infini et donne un revenu minime : 3 1/2 % à peine pour les actions. 3 % pour les obligations.

Un capitaliste qui achèterait, aux cours actuels, une action des six grandes compagnies, débourserait au total 8,315 francs ; il aurait un revenu brut de 297 fr. 50 à 299 fr. 50 et net, en mettant ses titres au nominatif, de 285 à 287 fr. 50, soit 3,40 %.

Celui qui achèterait une obligation 3 % des six compagnies débourserait 2,760 à 2,770 francs ; il aurait un revenu brut de 90 francs et, au nominatif, un revenu net de 86 fr. 40, soit 3,10 %.

Si la « féodalité financière » existait, s'il se trouvait un groupe de capitalistes assez riches et puissants pour être les maîtres du capital actions et obligations des compagnies, il faut convenir que cette « féodalité » se contenterait vraiment d'un revenu bien modeste : 3,40 %, s'il s'agit d'actions ; 3,10 % s'il s'agit d'obligations.

Mais cette « féodalité financière » n'existe que dans l'imagination de ceux qui ont inventé ce mot à effet. La vérité est tout autre et elle apparaît clairement quand on examine, comme nous l'avons fait, la répartition et le morcellement dans les portefeuilles, des titres émis par ces compagnies.

Résumons ces chiffres :

1° Sur 3,059,000 actions émises, 1,519,023 actions de capital et de jouissance sont au nominatif, représentées par 139,281 certificats nominatifs ;

2° Sur 29,910,623 obligations 3 et 2 1/2 % en circulation, il existait 21,551,148 obligations nominatives réparties entre 694,169 certificats.

Avec les obligations des anciens emprunts, le total des obligations en circulation, au 31 décembre 1900 s'élève à 32,372,594 titres, sur lesquels 23,094,689 sont au nominatif, soit 71 1/2 %, et 9,277,905 seulement au porteur.

Le nombre total des certificats nominatifs des obligations 3 %, 2 1/2 % et de celles des anciens emprunts s'élève à 766,525 ;

3° L'ensemble des actions nominatives représente 50 % du total des titres ;

4° L'ensemble des obligations nominatives représente 71 1/2 % du total des obligations ;

5° La moyenne des actions nominatives inscrites sur chaque certificat était, en 1860, de 28,33. Elle est aujourd'hui de 12,49, représentant un capital de moins de 18,000 francs, rapportant, au maximum, 3,40 %, au nominatif, et moins de 3 1/4 % en titres au porteur ;

6° La moyenne des obligations nominatives 3 et 2 1/2 % inscrites sur chaque certificat est de 32, représentant un capital d'environ 14,720 francs, rapportant net, au nominatif 3 %, et au porteur, moins de 3 %.

Cette moyenne est encore trop élevée si l'on tient compte du nombre d'obligations que détiennent les grandes compagnies d'assurances et qui sont inscrites sur un petit nombre de certificats (1) ;

7° Bien qu'en titres nominatifs, il existe, tant en actions qu'en obligations, 905,863 certificats de titres : 139,281 certificats d'actions de capital et de jouissance, 766,555 certificats d'obligations diverses. Comme les titres au porteur sont aussi divisés et aussi répartis que les titres nominatifs, ainsi que le prouvent les placements de titres effectués aux guichets des banques et des compagnies, les dépôts de titres dans les diverses sociétés, il n'est pas téméraire d'affirmer à nouveau, ce que nous avons dit bien des fois déjà, que les actions

(1) Voici quelques chiffres :

COMPAGNIES	NOMBRE D'OBLIGATIONS	VALEUR
		francs
Assurances générales.	699 163	260 238 072
Nationale	583 811	215 027 200
Phénix	284 991	110 852 893
Union.	101 315	39 919 654
	1 669 280	626 037 819

Au 31 décembre 1891, ces mêmes compagnies possédaient 1.405.687 obligations ayant coûté 504.513.120 fr. 90.

et les obligations de chemins de fer français sont la propriété de plus de 700,000 familles, c'est-à-dire de plus de 2 millions de petits rentiers.

En 1883, M. Rouvier déclarait à la Chambre des députés que les actions des six grandes compagnies étaient la propriété de plus de 300,000 familles. Depuis cette époque, ce nombre a plus que doublé, étant donné, d'une part, l'accroissement du montant des obligations émises, et, d'autre part, l'accroissement des certificats nominatifs en même temps que la diminution du nombre de titres inscrits sur chacun d'eux ;

8° Les actions et les obligations de chemins de fer sont réparties dans les portefeuilles à l'égal des titres de rentes ; la proportion des titres nominatifs est la même sur les valeurs des six grandes compagnies que sur les rentes 3 %.

Les gros propriétaires d'actions sont de plus en plus rares ; ce qui le prouve, c'est, d'une part, la décroissance continue du nombre de titres inscrits sur les certificats nominatifs, et, d'autre part, la composition même des assemblées annuelles. Quand les compagnies sont obligées de réunir une assemblée extraordinaire qui, pour être valable, doit représenter au moins la moitié du capital social, il est toujours nécessaire de recourir à une seconde convocation, car jamais on ne peut réunir, la première fois, le *quorum* de voix nécessaire pour délibérer valablement ;

9° C'est l'épargne du pays qui se partage les 26 milliards de rentes 3 1/2 %, 3 %, 3 % amortissable, que l'État a émises ; c'est cette épargne qui possède les 20 milliards d'actions et d'obligations des six grandes compagnies de chemins de fer ; c'est elle qui s'est associée à ces entreprises considérables qui ont changé la face du pays et qui ont bien plus profité au commerce, à l'industrie, aux salariés, au Trésor, qu'aux actionnaires qui ont eu confiance dans leur avenir et qui se contentent d'un revenu égal à celui que donnent les rentes sur l'État elles-mêmes ;

10° La confiance du public dans les titres des compagnies de chemins de fer s'explique parce que les revenus nets du trafic dépassent amplement les sommes nécessaires au service des intérêts et de l'amortissement ; la garantie d'intérêts de l'État ne vient que par surcroît ; si les compagnies n'étaient pas, à chaque instant, accablées de demandes d'augmentation de dépenses, cette garantie d'intérêts serait inutile et l'État lui-même entrerait plus tôt dans le partage des bénéfices prévu par la convention.

* *

La légende des gros bénéfices et des gros dividendes.

Quand on parle des bénéfices énormes que perçoivent les actionnaires des six grandes compagnies, on commet une grave erreur ; on oublie les pertes considérables que les actionnaires, qui, à l'origine, se sont intéressés dans ces entreprises, ont subies.

Ces premiers actionnaires ont été ruinés . ceux du Paris-Saint-Germain (Ouest) ont vu leurs titres tomber à 290 francs ; ceux de Paris-Versailles (Ouest), à 90 fr. ; ceux de Strasbourg-Bâle (Est), à 65 francs ; ceux de Paris-Rouen, à 275 francs ; ceux d'Avignon-Marseille, à 110 francs ; ceux d'Amiens-Boulogne (Nord), à 135 fr. ; ceux de Paris-Strasbourg à 316 fr. 25.

Les actions des six grandes compagnies de chemins de fer ont aujourd'hui plus d'un demi-siècle d'existence. On peut affirmer qu'elles ont changé de mains quatre ou cinq fois, même davantage. Quand on dit, par exemple, que l'actionnaire qui a souscrit une action Lyon ou Orléans à 500 francs a triplé son capital, on ferait bien d'ajouter qu'il y a longtemps déjà que cet actionnaire n'existe plus et qu'il est même probable qu'il a commencé par perdre une grande partie de son capital lors de la débâcle des compagnies, qui ont traversé, dès leurs débuts, des périodes extrêmement difficiles. Quant aux revenus usuraires que percevraient ces « actionnaires primitifs », légendaires pourrions-

nous dire, ils ne sont pas plus exacts que leur accroissement de capital. L'actionnaire de 1901 des six grandes
compagnies reçoit moins aujourd'hui que l'actionnaire
de 1855, de 1860, de 1865.

La preuve en est facile. Voici à diverses dates, ce que
rapportaient les actions des six grandes compagnies et
ce qu'elles rapportent aujourd'hui :

ANNÉES	EST	LYON	MIDI	NORD	ORLÉANS	OUEST
	fr. c.	fr. c.	fr. c.	fr. c.	fr. c.	fr. c.
1850.....	20 00	»	»	24 00	57 75	»
1855.....	78 50	»	20 00	61 00	80 00	55 00
1860.....	48 00	63 50	35 00	65 00	100 00	37 50
1865.....	33 00	50 00	40 00	71 50	56 00	37 50
1870.....	39 00	60 00	40 00	57 00	56 00	35 00
1875.....	33 00	55 00	40 00	66 00	56 00	35 00
1880.....	33 00	70 00	40 00	74 00	56 00	35 00
1885.....	35 50	65 00	50 00	62 00	57 50	37 00
1890.....	35 50	55 00	50 00	70 00	58 50	38 50
1895.....	35 50	55 00	50 00	62 00	58 50	38 50
1901.....	35 50	55 00	50 00	62 00	58 50	38 50

Sur les chiffres indiqués depuis 1869, il faut déduire
les impôts qui frappent les titres, impôts qui, en 1872
et 1890, ont été sensiblement accrus.

Les gros dividendes perçus par les actionnaires des
six grandes compagnies sont donc, eux aussi, une
légende qui n'est pas plus exacte que celle des gros
bénéfices réalisés par la plus-value du capital ou bien
celle de la féodalité financière.

* *

Ce qui, au contraire, n'est pas une légende, ce sont
les bénéfices que rapportent au Trésor les impôts divers
qu'il perçoit sur les titres émis par les compagnies.
Ce sont les charges qui incombent à celles-ci, soit par
les impôts divers qu'elles acquittent, soit par les allocations et secours de toute nature qu'elles accordent à
leur personnel.

Nous avons pensé qu'une statistique de cette nature
n'était pas sans intérêt et nous l'avons établie, compa-

gnie par compagnie. On pourra comparer ainsi les bénéfices de l'État et ceux des porteurs de titres.

Impôts et char-
ges des compa-
gnies.

Nous avons relevé compagnie par compagnie, pour 1900, d'une part le montant des impôts dont le Trésor bénéficie du fait des titres émis par les compagnies : d'autre part, les charges diverses en faveur du personnel.

COMPAGNIE DE L'EST

	fr.	c.
Abonnement au timbre sur les actions et obligations . .	1.396.948	26
Timbre des quittances	10.061	00
Droits de (Droits de transfert sur les titres nominatifs.	417.636	80
transmission (Taxe annuelle sur les titres au porteur. .	1.798.027	76
Taxe sur le revenu des titres	3.411.718	80
Taxe sur les primes de remboursement des titres amortis.	230.965	42
Contributions foncière et mobilière.	875.437	10
Charges en faveur du personnel	10.212.019	25

COMPAGNIE PARIS-LYON-MÉDITERRANÉE

	fr.	c.
Abonnement au timbre sur les actions et obligations. .	3.452.899	45
Timbre des quittances	18.881	89
Droits de (Droits de transfert sur les titres nominatifs.	1.023.064	50
transmission (Taxe annuelle sur les titres au porteur. .	4.518.505	07
Taxe sur le revenu des titres	8.330.687	61
Taxe sur les primes de remboursement des titres amortis.	514.419	90
Contributions foncière et mobilière	481.416	63
Patentes.	595.341	75
Charges en faveur du personnel.	16.182.400	00

COMPAGNIE DU MIDI

	fr.	c.
Abonnement au timbre sur les actions et obligations . .	997.276	10
Timbre des quittances	»	
Droits de (Droits de transfert sur les titres nominatifs.	302.524	10
transmission (Taxe annuelle sur les titres au porteur .	1.375.993	95
Taxe sur le revenu des titres.	2.327.293	90
Taxe sur les primes de remboursement des titres amortis.	113.063	57
Contributions foncière, mobilière et des patentes	314.419	96
Charges en faveur du personnel	6.235.000	00

COMPAGNIE DU NORD

	fr.	c.
Abonnement au timbre sur les actions et obligations. . .	1.084.814	01
Timbre des quittances.	35.172	05
Droits de (Droit de transfert sur les titres nominatifs.	497.091	30
transmission (Taxe annuelle sur les titres au porteur. .	1.855.613	02
Taxe sur le revenu des titres.	3.774.033	96

	fr.	c.
Taxe sur les primes de remboursement des titres amortis.	191.862	11
Contributions foncière, mobilière et des patentes	730.254	71
Charges { Indemnités, secours et pensions	2.445.108	37
en faveur { Pensions de retraite.	4.338.708	05
du personnel : { Allocations diverses.	117.373	83

COMPAGNIE DE PARIS A ORLÉANS

	fr.	c.
Abonnement au timbre sur les actions et obligations. . .	1.587.870	09
Timbre des quittances	73.000	00
Droits de { Droits de transfert sur les titres nominatifs.	592.121	80
transmission { Taxe annuelle sur les titres au porteur. .	2.087.388	59
Taxe sur le revenu des titres.	4.348.733	68
Taxe sur les primes de remboursement des titres amortis.	275.640	18
Contributions foncière et mobilière.	600.000	00
Charges en faveur du personnel	12.564.798	09

COMPAGNIE DE L'OUEST

	fr.	c.
Abonnement au timbre sur les actions et obligations . .	1.478.992	06
Timbre des quittances	8.275	00
Droits de { Droits de transfert sur les titres nominatifs.	383.238	30
transmission { Taxe annuelle sur les titres au porteur .	1.706.142	57
Taxe sur le revenu des titres.	3.238.044	63
Taxe sur primes de remboursement des titres amortis. .	245.948	90
Contributions foncière et mobilière.	825.604	09
Charges en faveur du personnel.	10.576.572	00

* *

Nous résumons ces divers relevés dans le tableau suivant :   Résumé

IMPOTS sur LES TITRES	COMPAGNIES					
	EST	LYON	MIDI	NORD	ORLÉANS	OUEST
	milliers de francs	milliers de francs	milliers de francs	milliers de francs	milliers de francs	milliers de francs
Abonnement au timbre.	1.396	3.452	997	1.084	1.587	1.478
Timbre des quittances..	10	18	..	35	73	8
Droits de transfert sur les titres nominatifs .	417	1.023	302	437	592	383
Taxe de transmission sur les titres au porteur.	1.798	4.518	1.375	1.855	2.087	1.706
Taxe sur le revenu des titres.	3.441	8.330	2.327	3.774	4.348	3.238
Taxe sur les primes de remboursement.	230	514	143	194	275	245
Contributions foncière et mobilière.	75	1.073	314	780	600	825
Charges en faveur du personnel.	10.212	16.482	6.236	6.900	12.564	10.576

Il résulte de ces chiffres que les impôts perçus sur les titres de chemins de fer ont rapporté à l'Etat près de 45 millions, en 1900.

La compagnie de l'Est a payé 7 millions ; le Lyon, 18 millions ; le Midi, 5 millions ; le Nord, 7 millions et demi ; l'Orléans, 9 millions ; l'Ouest, près de 8 millions.

Ces impôts, qu'acquittent les porteurs de titres, représentent, par action, en chiffres ronds :

	fr.	c.
Est	11	00
Lyon	22	50
Midi.	20	00
Nord	11	00
Orléans	22	00
Ouest	25	00

Les charges en faveur du personnel s'élèvent, en chiffres ronds : à l'Est, à 10 millions ; au Lyon, à 16 millions 1/2 ; au Midi, à 6 millions ; au Nord, à 7 millions : à l'Orléans, à 12 millions 1/2 ; à l'Ouest, à 10 millions 1/2. Elles représentent, par action, les prélèvements suivants :

	francs
Est	16
Lyon	21
Midi	24
Nord	15
Orléans	15
Ouest	33

Rapprochons maintenant ces charges diverses du dividende distribué aux actionnaires, sans parler même des contributions foncière, mobilière et des patentes, ni des bénéfices multiples que les chemins de fer rapportent à l'Etat, soit comme économies réalisées dans les transports, soit comme avantages particuliers. et qui, d'après la statistique officielle du ministère des travaux publics pour 1898, ne s'élèvent pas à moins de 221 millions, nous obtenons les résultats suivants :

COMPAGNIES	IMPOTS payés par les porteurs de titres	CHARGES des œuvres patronales	TOTAL.	DIVIDENDE distribué
	fr. c.	fr. c.	fr. c.	fr. c.
Est..............	11 00	16 00	27 00	35 60
Lyon...........	22 50	21 00	43 50	66 00
Midi............	20 00	24 00	44 00	50 00
Nord...........	14 00	15 00	29 00	62 00
Orléans........	22 00	15 00	37 00	53 50
Ouest..........	25 00	33 00	63 00	38 50

Les actionnaires des six grandes compagnies reçoivent environ 145 millions d'intérêts et de dividendes.

Les impôts payés par les porteurs de titres dépassent 45 millions ; les charges patronales en faveur du personnel dépassent 60 millions.

Voilà déjà un premier total qui représente plus des deux tiers du dividende des actionnaires.

Si nous ajoutons les 218 millions de recettes ou d'économies réalisées par l'État, nous pourrons dire que les charges diverses des compagnies ou les profits et économies qu'elles procurent, dépassent 325 millions, alors que les actionnaires ont à se partager 145 millions.

*
* *

Que reste-t-il maintenant de la légende des « gros actionnaires », de celle de la « féodalité financière », de celle des « gros dividendes » ? Les chiffres ont répondu pour nous.

Celui qui gagne le plus avec les grandes compagnies, celui qui perçoit les plus gros dividendes, c'est l'État. Telle est la vérité, et c'est pourquoi il agit contre ses intérêts bien entendus quand il surcharge les compa-

L'actionnaire le plus favorisé, c'est l'État.

gnies, quand il les menace dans le développement de
leur activité. Il oublie que dans cinquante ans, ce qui
est peu dans la vie d'une nation, il sera propriétaire,
sans bourse délier, de cet immense réseau de chemins
de fer qui a une valeur vénale de plus de 20 milliards.

Les six grandes compagnies de chemins de fer rapportent bien peu à leurs actionnaires, mais elles fournissent des avantages et des bénéfices considérables
au commerce, à l'industrie, aux particuliers, au Trésor
public.

Que l'on compare ce que les six grandes compagnies
privées rapportent et ce que coûte à l'Etat son propre
réseau : on pourra juger encore la valeur des arguments de ceux qui préconisent le rachat des compagnies par l'Etat.

* * *

Les contribua-
bles et le réseau
de l'Etat.

Le réseau des chemins de fer de l'Etat a coûté plus
d'un milliard aux contribuables. Depuis vingt-cinq ans
qu'il existe, il est impossible de savoir exactement s'il
a coûté 600 millions, 1 milliard ou 1 milliard 256 millions, comme on l'indiquait récemment. On est généralement d'accord sur le chiffre de 1 milliard, ce qui
est déjà un joli denier. Dans les comptes de ce réseau,
il n'est pas fait mention des intérêts du capital emprunté, soit par voie d'emprunts en rentes amortissables ou de prélèvements sur les ressources du budget, emprunts qui ont pu coûter de 4 1/4 à 4 1/2, soit
une dépense annuelle de 40 à 45 millions. Si ce milliard emprunté par l'Etat avait été dépensé par des
compagnies privées, ces dernières auraient émis des
obligations ou des actions qui, par les taxes diverses
qu'elles payent et qui ne représentent pas moins de
10 à 12 % du revenu des titres, auraient procuré des ressources annuelles au Trésor, qui, en constituant un réseau d'Etat, s'est privé ainsi d'une recette fiscale annuelle
considérable.

On peut donc affirmer que, depuis vingt-cinq ans
que le réseau d'Etat a été constitué, la perte subie par
le Trésor, — c'est-à-dire par les contribuables, — soit
en intérêts d'emprunts, soit en impôts non perçus, ne
s'éloigne guère de 900 millions et atteint même 1 milliard, défalcation faite des excédents de recettes que le
réseau de l'Etat accuse, parce qu'il ne mentionne pas
ses charges d'emprunt. Combien M. Léon Say avait
raison quand, s'opposant à l'expérience que l'on voulait
faire, il disait que le réseau d'Etat était un exemple « à
ne pas suivre » (1).

* *
*

Et ce n'est pas tout. Alors que les compagnies de chemins de fer effectuent tous les ans des amortissements
considérables qui leur permettront, d'ici 1950 à 1956,
d'avoir remboursé totalement tous leurs emprunts,
l'Etat n'amortit pas. Sur ce milliard, au minimum,
emprunté pour constituer son réseau, quels amortissements a-t-il effectués? Aucun. Depuis 1885, au contraire,
les compagnies ont amorti sur leurs emprunts anciens
et nouveaux plus de 1 milliard 600 millions ; en 1900,
les remboursements d'obligations seulement se sont
élevés à 133 millions.

C'est là ce qui fait la supériorité du système financier
des compagnies françaises, système qui permet à l'Etat,
d'ici quarante-huit ans au plus tôt, cinquante-huit ans
au plus tard, d'être propriétaire, sans qu'il lui en coûte
un centime, d'un immense réseau de voies ferrées.

Si, comme dans plusieurs pays étrangers, l'Etat
était substitué aux compagnies, jamais il n'aurait pu
amortir aussi facilement une dette aussi considérable.
Pour contracter cette dette, pour en effectuer le service
d'intérêts et d'amortissement, il aurait commencé par

Les compagnies
amortissent. L'E-
tat n'amortit pas

1. Dans son rapport au Sénat sur les chemins de fer de l'Etat, M. Guyot,
sénateur du Rhône, constate que le coefficient d'exploitation des chemins
de fer de l'Etat est encore de 20 % (70 au lieu de 50) plus élevé que la
moyenne du coefficient des grandes compagnies.

4

créer des impôts et frapper les contribuables. Avec le système français, c'est sur les recettes qu'elles réalisent que les compagnies prélèvent les charges de leurs emprunts et remboursent le capital emprunté. Ces charges sont fort lourdes ; elles expliquent aussi pourquoi, lorsqu'on compare les tarifs, l'exploitation, le prix de revient des réseaux français à ceux des réseaux étrangers, on ne compare pas deux situations égales.

*
* *

Charges des compagnies.   Comme l'a établi magistralement M. E. Cheysson dans l'*Album de statistique graphique* du ministère des travaux publics, on peut mentionner, parmi les principales de ces charges « l'abaissement des tarifs, l'ouverture des lignes nouvelles, les améliorations coûteuses introduites dans la fréquence des trains de voyageurs, leur composition, leur confortable et leur rapidité, enfin et surtout les sacrifices consentis en faveur de leur personnel ».

« Ce personnel, ajoute M. Cheysson, compte aujourd'hui, pour les grandes compagnies (non compris le réseau d'État), plus de 258,000 agents. Les traitements qui lui sont attribués s'élèvent à 332 millions et se trouvent augmentés par des allocations patronales dont la plus importante a trait aux pensions de retraite.

« Pour mettre les ressources de ce service au niveau de ses engagements, les compagnies ont été amenées à relever sans cesse, depuis quelques années, leur part contributive qui s'est traduite en 1899 par plus de 30 millions, tandis que le taux de celle des agents restait invariable et produisait moins de 6 millions.

« De 1885 à 1897, la compagnie du Nord a prélevé sur ses bénéfices 40 millions pour augmenter ses fonds de retraite.

« L'avoir de ces diverses caisses alimenté par des contributions totales de 15 à 18 %, dont les trois quarts environ à la charge des compagnies, est passé de 200 millions en 1889 à 450 millions en 1899, ce qui permet aujourd'hui d'envisager leur avenir avec sécurité.

« Les autres allocations se rapportent aux subventions variées qui soutiennent l'agent de la compagnie et sa famille au cours de sa carrière et l'aident à supporter les crises de la vie. Leur ensemble atteint 66 millions et représente un cinquième des traitements et deux cinquièmes du dividende des actionnaires.

« Il semblait donc qu'en présence de toutes les aggravations de charges provenant des diverses causes que l'on vient d'énumérer, le coefficient d'exploitation aurait dû s'élever. Il n'en est rien ; pour la même période décennale, ce coefficient est resté constant 52 %; et le produit net, passant de 560.606.000 francs en 1889 à 676.195.000 francs en 1898, a bénéficié de la même augmentation de 20 % que le produit brut. C'est un résultat qui fait honneur aux compagnies et ne s'explique que par la sévérité de leur gestion et par la recherche de toutes les économies compatibles avec la bonne marche du service (1). »

* *
*

Le rachat des chemins de fer par l'État serait la désorganisation complète de nos finances et l'atteinte la plus grave que pourrait subir tout notre système financier. Au poids énorme de notre dette publique consolidée qui n'est pas moindre de 26 milliards, viendrait s'ajouter celui de la dette des chemins de fer. Les rentes qu'il faudrait créer pour payer les porteurs de titres viendraient s'ajouter à celles déjà en circulation.

Que l'on suppose le rachat effectué : les actions et obligations deviennent des obligations ou des annuités d'État, soumises par conséquent à toutes les fluctuations du crédit de l'État, exposées à toutes les influences et conséquences financières et économiques de la politique intérieure et extérieure. Tous les ans, les compagnies émettent 200 à 300 millions d'obligations, sans nuire au marché des fonds publics, sans empêcher l'ascension des cours des rentes et de leurs propres titres ; tous les ans, elles effectuent des amortissements énormes qui, depuis 1884 seulement, ont, comme nous venons de le dire, dépassé 1 milliard 600 millions. L'État serait obligé d'emprunter tous les ans non seulement pour ses propres besoins, mais pour avoir les capitaux que se procurent si facilement les compagnies, grâce à leur puissant crédit : les cours des rentes anciennes se ressentiraient inévitablement de ces émissions à jet continu.

Avec des émissions permanentes de fonds publics,

Le rachat et les finances publiques.

1 Les coefficients d'exploitation du Lyon, Orléans, Ouest, Nord, Est, sont de 44 58 % pour le Lyon, à 58 97 % pour l'Ouest. Le réseau de l'État belge exploite à 64 72 %. Le réseau de l'État français exploite à 80 %.

est-ce que jamais les conversions de 1883 et 1894, qui ont diminué les charges du Trésor de plus de 103 millions par an, auraient été possibles? Est-ce que la rente 3 % aurait jamais atteint et dépassé le pair? La crainte d'émissions nouvelles aurait constamment pesé sur les cours. Si, au grand livre de la dette publique avait dû s'adjoindre le grand livre des obligations de chemins de fer, est-ce que le crédit de l'Etat n'aurait pas souffert de ces appels annuels qui auraient été faits à l'épargne, sous forme de rentes ? Nos budgets et le crédit public seraient à la merci de tous les hasards d'une exploitation commerciale, industrielle et financière faite par l'Etat, c'est-à-dire par un être anonyme, indifférent et irresponsable.

LA FRANCE SE RUINE-T-ELLE?

DES FAITS ET DES CHIFFRES (1)

L'accroissement des valeurs mobilières en France de 1875 à 1900, d'après le produit des impôts.

On répète, de tous les côtés, que la France se ruine, qu'elle marche à la banqueroute, qu'elle est en décadence. On effraie la petite épargne et les conseilleurs ne lui manquent pas pour lui dire de porter son argent et ses titres à l'étranger. Pour nous rendre compte de ce qu'il y a de fondé dans toutes ces assertions et dans ces conseils, nous allons recourir à un moyen bien simple, en interrogeant impartialement ce que nous disent les faits et les chiffres.

Nous avons déjà montré par les bilans mêmes des sociétés de crédit et par celui de la Banque de France, l'accroissement énorme des disponibilités de l'épargne française et le mouvement considérable du portefeuille commercial de ces sociétés. Ces chiffres officiels ne peuvent être contestés.

(1) 1901.

Voici une autre statistique, établie également d'après des relevés officiels (1), qui prouve l'accroissement des valeurs mobilières en France. On admettra bien, en effet, que dans un pays « qui se ruine » l'augmentation ou la diminution des valeurs mobilières qu'il possède et de ses placements peut être un indice sérieux. Or, l'augmentation ou la diminution de la fortune mobilière est d'autant plus facile à vérifier chez nous, que son accroissement ou sa diminution est contrôlée par le mouvement des impôts qui frappent ces valeurs. Plus les produits de l'impôt augmentent, plus l'importance des valeurs sur lesquelles l'impôt a été perçu est élevée.

Dans cette étude, nous avons pris comme point de départ l'année 1875. A ce moment, les lois constitutionnelles sont votées ; la France est rendue à elle-même ; elle a libéré son territoire. Cette longue période permet d'établir des comparaisons utiles et de se rendre compte des progrès ou des reculs de la fortune publique, bien plus facilement qu'en adoptant, comme point de comparaison, des années séparées ou choisies au hasard. C'est, au surplus, la méthode que nous suivons d'habitude dans nos divers travaux. Nous pensons, en effet, que les statistiques présentent d'autant plus d'utilité qu'elles sont établies, autant que possible, sur une période de plusieurs années, et nous pensons aussi que le premier devoir du statisticien est de montrer ce que disent les chiffres et non pas ce qu'il voudrait leur faire dire.

* *
*

Rappelons tout d'abord, pour les examiner ensuite les uns après les autres, que les impôts qui frappent les valeurs mobilières françaises, à l'exception des rentes sur l'Etat qui en sont indemnes à juste titre,

Impôts frappant les valeurs mobilières.

---

1 *Bulletin de statistique et de législation comparée de la direction générale de l'enregistrement des domaines et du timbre,* année 1900. Statistiques fiscales.

6

sont les suivants : droits de timbre ; droits de transmission ; taxe sur le revenu ; impôt sur les opérations de bourse.

Droits de timbre perçus   Voici ce que les droits de timbre ont rapporté au Trésor depuis 1875, par période quinquennale :

ANNÉES	PRODUIT DE L'IMPOT			
	ACTIONS	OBLIGATIONS	OBLIGATIONS du Crédit foncier.	TOTAL
	millions de francs	millions de francs	francs	millions de francs
1875..........	3,0	8,6	38 000	11,7
1880..........	4,3	10,0	1 068 000	14,4
1885..........	4,9	11,7	354 000	17,1
1890..........	4,2	12,7	105 000	17,0
1895..........	4,5	12,3	125 000	17,0
1898..........	4,9	12,6	41 000	17,6

En 1899, ces droits ont dépassé 18 millions.

Capitaux taxés.   L'ensemble des capitaux qui ont supporté les droits par abonnement (actions et obligations, lettres de gage du Crédit foncier de France), se chiffre ainsi :

Années.	Capitaux taxés.
	milliards
1875.	20,0
1880.	24,7
1885.	29,8
1890.	30,2
1895.	28,0
1898.	29,9

Ainsi, de 1875 à 1898, le produit des droits de timbre sur les valeurs françaises s'est accru de 6 millions tandis que le montant des capitaux taxés augmentait, pendant cette période, de 10 milliards, en chiffres ronds.

On reconnaîtra que pour un « pays qui se ruine », comme les partis politiques se plaisent à le dire, de tels résultats pourraient être enviés par ceux qui « s'enrichissent ».

*   *

Les droits de transmission sur les valeurs mobilières françaises auxquels nul porteur ne peut échapper, soit dans le présent, soit dans l'avenir, qu'il s'agisse de titres au porteur ou de titres nominatifs, accusent une progression parallèle à celle du produit de l'impôt du timbre. Droits de transmission perçus.

Voici, en effet, depuis 1875 et par période quinquennale, pour les valeurs mobilières françaises, le montant des capitaux taxés ainsi que les produits des droits de transfert et de conversion et de la taxe annuelle de transmission sur les titres au porteur :

ANNÉES	CAPITAUX TAXÉS		
	TITRES NOMINATIFS	TITRES AU PORTEUR	TOTAL
	millions de francs	millions de francs	millions de francs
1875.............	845,6	8 196,8	9 042,4
1880.............	1 639,3	11 144,8	12 784,1
1885.............	983,7	13 578,2	14 561,9
1890.............	1 326,9	14 662,1	15 989,0
1895.............	1 284,2	15 416,6	16 700,8
1898.............	1.288,9	16 940,0	18 228,9

De 1875 à 1898, le montant des capitaux taxés sur les titres nominatifs et au porteur s'est accru de 9 milliards, c'est-à-dire qu'il a exactement doublé : 9 milliards en 1875, 18 milliards en 1898. Capitaux taxés.

Quant aux produits de l'impôt, ils accusent les chiffres suivants :

ANNÉES	PRODUITS DE L'IMPOT		
	DROITS de transfert sur les titres nominatifs (actions et oblig.).	TAXE ANNUELLE de transmission sur les titres au porteur	TOTAL
	millions de francs	millions de francs	millions de francs
1875.............	4,2	16,4	20,6
1880.............	8,1	22,3	30,4
1885.............	4,9	27,1	32,0
1890.............	6,6	29,1	35,7
1895.............	6,4	30,8	37,2
1898.............	6,4	33 9	40,3

De 1875 à 1898, le total général des droits de transmission est passé de 20 à 40 millions, soit une augmentation de 100 %. En 1899, les valeurs mobilières françaises seules, sans parler des valeurs étrangères, donnent une plus-value de 2 millions ; le produit de l'impôt s'est élevé à 42,300,000 francs.

On admettra bien encore qu'on ne saurait trouver là une preuve que le « pays se ruine » comme on le dit : c'est, au contraire, la démonstration de l'accroissement de sa fortune mobilière.

*
* *

Taxe sur le revenu. Est-ce enfin la taxe sur le revenu des valeurs mobilières françaises qui fournira la preuve de cette « ruine », de cette « décadence » dont on parle chaque jour? Voici encore des chiffres rigoureusement exacts. Nous prenons toujours comme point de départ de notre relevé, l'année 1875.

ANNÉES	REVENUS TAXÉS		TOTAL	TAXE perçue
	Actions	Obligations etc.		
	millions de francs	millions de francs	millions de francs	millions de francs
1875.....	471,5	556,9	1 028,4	30,8
1880...................	644,0	618,9	1 162,9	34,8
1885...................	562,8	753,4	1 316,2	39,4
1890...................	636,4	814,6	1 451,0	43,6
1895...................	603,6	817,7	1 421,3	56,8
1898...................	663,3	873,2	1 536,5	61,5
1899...................	727,5	877,2	1 604,7	64,2

De 1875 à 1899, les revenus taxés donnent une augmentation de 576 millions ; les droits perçus ont plus
que doublé : 30 millions en 1875 et 64 millions en 1899.
Ajoutons qu'en 1899, le produit de la taxe sur le
revenu des valeurs mobilières françaises et étrangères
et les revenus de certaines collectivités se sont élevés à
74.291,000 francs (1) et, pendant l'année 1900, à 78 millions 993,000 francs. Ce chiffre n'avait jamais été atteint.

Il nous semble que lorsqu'on se plaît à parler de la
diminution des revenus de la France, il serait juste
de citer ce simple chiffre de 79 millions et de faire
remarquer que jamais cet impôt n'a été aussi productif.
Cet impôt a augmenté depuis 1875 de près de 45 millions, et de près de 30 millions depuis 1890.

On se rappelle qu'en 1896, la taxe de 4 % sur le revenu
des valeurs mobilières françaises avait produit 54 millions 816,700 francs au lieu de 56,852,700 francs en 1895.
On s'empara immédiatement de ces chiffres pour dire
et répéter que les revenus de la France diminuaient : on
se gardait bien d'expliquer les causes de cette diminution apparente et on s'appuyait sur les chiffres officiels
pour dire au pays que la fortune publique et privée, que
les ressources des particuliers, s'amoindrissaient et
qu'elles étaient en péril.

Il n'en était rien, heureusement, et, à diverses re-

1 *Bulletin de statistique et de législation comparée du ministère des
finances*, tome 50, page 411.

prises, nous avons dû rétablir, sur ce point, la vérité.
Le décroissement des revenus taxés en 1896 sur 1895
n'était qu'apparent. Il résultait d'un virement d'écri-
tures, d'un mode de comptabilité que nous avons critiqué et qu'on ne recommencera plus, nous en sommes
certain. Voici ce qui s'était passé : le Trésor avait été
obligé de rembourser aux compagnies de chemins de
fer plusieurs millions perçus à tort. Au lieu de faire
ouvrir un crédit spécial, le ministre des finances,
M. Ribot, fit opérer ces restitutions par imputation sur
les produits de l'exercice en cours à concurrence de
4,682,600 francs, ce qui correspondait à un revenu imposable de 117,065,000 francs (1). C'est ce qu'on appela
en style administratif, « l'imputation Ribot ».

La vérité est donc que le total des revenus perçus
sur les valeurs mobilières a augmenté presque sans
aucune interruption, depuis 1875, tout en tenant compte
du relèvement de l'impôt porté de 3 % à 4 % en 1890
par la loi du 26 décembre. Et nous pouvons dire, dès
lors, que si les revenus de la France diminuaient, on
ne pourrait expliquer que l'impôt de 4 % perçu par le
Trésor sur les intérêts et dividendes des titres mobiliers se fût accru. S'il en était autrement, cet impôt
produirait d'autant moins que les revenus à taxer seraient plus faibles.

Encore un argument que devront abandonner ceux
qui prétendent que la France se ruine et que ses revenus diminuent ! Les faits et les chiffres, vérifiés et
contrôlés avec soin, contredisent absolument de telles
assertions.

*
* *

Accroissement de capital révélé par l'accroissement de la taxe perçue.

L'augmentation du nombre des valeurs mobilières
dans le portefeuille de nos rentiers français est donc
indéniable : le montant des impôts perçus et la pro-

(1) *Bulletin de statistique et de législation comparée du ministère des
finances*, tome 42, page 228.

gression de leur produit dans les caisses du Trésor en sont la preuve et le contrôle.

De 1875 à 1900, la taxe sur le revenu des valeurs mobilières s'est élevée de 35 à 79 millions ; en 1890, lorsque cet impôt fut porté de 3 % à 4 %, il rapportait 43 millions. Il n'a pas été modifié depuis cette époque et il a produit, l'an dernier, 79 millions, soit une augmentation de 36 millions. Il est, dès lors, facile de se rendre compte approximativement de l'accroissement du capital, puisque nous connaissons quelle a été la progression du revenu.

Cette taxe de 4 % sur le revenu des valeurs mobilières veut dire que sur chaque 100 francs de revenus produit par une valeur mobilière, action ou obligation, à l'exception des titres de rentes françaises et des fonds d'Etat étrangers sur lesquels la perception de cet impôt se heurterait à de graves difficultés, le fisc perçoit 4 francs. Pour percevoir 36 millions de plus en 1900 qu'en 1890, il a donc fallu que les revenus taxés se fussent accrus de 900 millions.

Quel capital représentent, à leur tour, ces 900 millions de revenus supplémentaires ? Le calcul est des plus simples à faire. Si l'on admet un taux moyen de placement à 4 %, ces 900 millions formeraient un capital de 22 milliards 500 millions ; à 3 1/2 % ces 900 millions de revenus formeraient un capital d'environ 26 milliards.

Mais il ne faut pas perdre de vue que la taxe sur le revenu des valeurs mobilières, instituée en 1872, successivement modifiée en 1875 et 1880 et portée à 4 % en 1890, est indépendante des droits de timbre et de transmission qui frappent déjà les titres mobiliers. Elle n'est applicable ni aux rentes françaises sur l'Etat ou titres similaires, ni aux sociétés en nom collectif, ni aux créances privées, hypothécaires ou autres. Par contre, lle atteint, par la loi du 28 décembre 1880, « les sociétés dans lesquelles les produits ne doivent pas être distribués en tout ou partie entre leurs membres », c'est-à-dire les congrégations religieuses. De plus, elle comprend les droits prélevés sur les lots et primes au remboursement (1), ainsi que sur le revenu provenant des parts et sociétés en commandite.

Il est donc nécessaire de faire une ventilation de ces diverses sources de revenus et se borner à établir la part correspondant aux titres mobiliers, actions et obligations.

Dans un rapport sur *la Statistique des valeurs mobilières* que nous avons présenté au conseil supérieur de statistique, dans sa session de mars 1900, rapport dont les conclusions ont été adoptées à l'unanimité. nous avions demandé que cette ventilation, absolument nécessaire, fût effectuée par l'administration compétente et que les chiffres en fussent régulièrement publiés. En attendant cette publication qui, nous l'espérons, ne tardera pas à paraître, nous nous bornerons à donner des chiffres approximatifs. En faisant la part la plus large à cette ventilation, il est vraisemblable que sur les 900 millions d'excédent de revenus produit par la taxe de 4%, 500 millions au minimum s'appliquent aux seules valeurs mobilières françaises, ce qui ferait un accroissement de 50 millions par an.

Ces 500 millions, capitalisés à 4 %, représenteraient un capital de 12 milliards et demi.

Ces chiffres, aussi élevés qu'ils paraissent. ne doivent pas, croyons-nous, s'éloigner beaucoup de la vérité, la France économisant chaque année, bon an, mal an. 1 milliard et demi à 2 milliards.

* *
*

Dépôts de fonds à la Banque de France.

De 1875 à 1890 et de 1890 à fin 1900 et même jusqu'à fin juin 1901, l'ensemble des dépôts, soit à la Banque de France et dans les sociétés de crédit. soit dans les caisses d'épargne, s'est accru dans des proportions

(1) La taxe primitivement fixée à 4 %, est, depuis cette année, liquidée à 8 %.

énormes. Il en a été de même du compte courant du Trésor à la Banque de France, dont on se plaisait, récemment à montrer la diminution, due à des causes tout à fait accidentelles, tandis qu'on se garde bien aujourd'hui d'en montrer le prompt relèvement et de dire que rarement il a été plus élevé.

En voici la preuve :

ANNÉES	COMPTES COURANTS particuliers	COMPTE COURANT du Trésor
	millions de francs	millions de francs
1875............	299,0	188,9
1880............	429,0	176,0
1885............	397,2	142,4
1890............	417,8	174,7
1895............	652,3	229,8
1901 (juin)............	646,3	219,5

Ainsi, de 1875 à 1901, les fonds déposés par les particuliers à la Banque de France ont grossi de 299 à 645 millions ; le compte courant du Trésor a grossi de 188 à 219 millions. Ces chiffres montrent-ils que la France « se ruine », qu'elle est « en décadence » ? Comment pouvoir le soutenir, à moins de prétendre que tous ces chiffres officiels ont été faussés à plaisir ! N'est-ce pas la preuve d'une abondance de ressources aussi remarquable que continue et persistante ?

*
* *

Il en est de même des dépôts de fonds dans les sociétés de crédit.

Dépôts de fonds dans les établissements de crédit.

A la fin de 1875, l'ensemble des dépôts de fonds appartenant au public, remis au Crédit foncier, au Crédit lyonnais, au Comptoir d'escompte, à la Société générale, au Crédit industriel et commercial atteignait à peine 500 millions. En voici le relevé depuis 1875 :

ANNÉES (31 DÉC.)	CRÉDIT foncier	CRÉDIT lyonnais	COMPTOIR d'es-compte	SOCIÉTÉ générale	CRÉDIT industriel	TOTAUX
	millions de francs	millions de francs	millions de francs	millions de francs	millions de francs	millions de francs
1875......	71,0	139,7	54,2(1)	205,7	25,6	496,2
1880......	63,4	244,6	103.4	253,7	48,1	713,2
1885......	78,7	165.4	105,1	243,5	40,0	632,7
1890......	77,6	300,8	122,9	261,9	67,6	820,8
1895......	69,2	418,0	214,8	249,4	49,0	1001,0
1900......	64,0	546,3	305,4	347,6	78,7	1400,0

(1) Au 30 novembre 1875.

Ces mêmes dépôts s'élevaient, au 30 avril dernier, à 1 milliard 495 millions. Jamais ils n'avaient atteint pareil chiffre.

Au total, ils s'élevaient au

	millions de francs
31 décembre 1875, à	496,2
31 décembre 1880, à	713,2
31 décembre 1885, à	632,7
31 décembre 1890, à	820,8
31 décembre 1900, à	1,400,0
30 avril 1901, à	1,495,0

Si ce sont là des preuves de « ruine » ou de « décadence », que l'on veuille bien indiquer ce qui démontrerait l'augmentation de la richesse privée et de l'épargne.

***

Dépôts reçus par les caisses d'épargne.

On peut nous objecter que si le nombre des valeurs mobilières s'est accru, si le montant des dépôts de fonds à la Banque de France et dans les sociétés de crédit a pris de telles proportions, cela peut prouver que seuls « les capitalistes » et ceux qui « possèdent » se sont enrichis davantage et ont accru leur avoir, tandis que la grande majorité du pays s'est appauvrie, s'est « ruinée », suivant l'expression à la mode. Le riche, nous dit-on souvent, est devenu plus riche ; quant au pauvre, il est resté pauvre et misérable.

C'est encore là une erreur. Sans doute, la quantité de valeurs mobilières possédée par nos rentiers s'est accrue ; sans doute, les dépôts de fonds à la Banque et dans les sociétés de crédit, appartenant à nos capitalistes, ont augmenté, et il est heureux qu'il en soit ainsi ; mais ces valeurs mobilières, ces dépôts de fonds, à qui appartiennent-ils ? Est-ce à une aristocratie, à une « ploutocratie » financière comme on l'appelle ? En aucune façon. La fortune mobilière appartient à une masse de petites gens : c'est ce que nous avons maintes fois démontré. Le morcellement des valeurs mobilières est infini. On possède aujourd'hui un *lopin* de titre, comme un *lopin* de terre. Sur 10 millions d'électeurs, plus de la moitié a en portefeuille un titre de rente, une obligation de chemin de fer, du Crédit foncier ou de la ville de Paris. Les détenteurs de valeurs mobilières possèdent, suivant une expression que nous avons employée et dont on a pu vérifier souvent l'exactitude, « de la poussière de titres et de la poussière de revenus ». La fortune qui a grossi dans les plus fortes proportions, c'est l'épargne modeste, la plus petite épargne, celle qui se forme sou par sou et se place dans les « caisses d'épargne » en attendant qu'elle soit assez élevée pour se convertir en un titre de rente sur l'État ou en une obligation à lots. Cette épargne qui est la force de notre pays et sa sauvegarde, n'a cessé de s'accroître.

Comme nous ne voulons rien avancer sans preuves à l'appui, nous mettons sous les yeux du lecteur le mouvement général de ces dépôts depuis 1875 ·

ANNÉES Au 31 décembre	NOMBRE de livrets Au 31 décembre	MONTANT des versements pendant l'année	SOLDE dû aux déposants Au 31 décembre
		millions de francs	millions de francs
1875.........	2 365,6	244,0	660,4
1880.........	3 841,1	419,2	1 289,2
1885.........	5 635,2	801,3	2 365,6
1890.........	7 266,1	1131,4	3.325,2
1895.........	8 984,9	1237,7	4 148,9
1899.........	10 816,7	1080,7	4 336,8(1)

(1) *Journal officiel* du 7 juin 1901. Rapport de M. Millerand, ministre du commerce. Ces chiffres comprennent l'ensemble des opérations de la Caisse nationale d'épargne postale et des caisses d'épargne ordinaires. (La Caisse nationale d'épargne ne date que de 1882.)

Ces chiffres sont véritablement merveilleux. Nous les avons contrôlés plusieurs fois, craignant d'être le jouet d'une illusion. De 1875 à 1899 les dépôts de fonds dans les caisses d'épargne se sont élevés de 660 millions à 4 milliards 336 millions. L'augmentation a été de 3 milliards 676 millions en 25 ans, soit une augmentation moyenne annuelle de 147 millions.

Que l'on compare ce mouvement à celui qui a eu lieu sous les précédents régimes. De 1835 à fin 1847, sous Louis-Philippe, le solde dû aux déposants des caisses d'épargne s'était élevé de 62 millions à 358 millions en augmentation de 296 millions, soit une progression moyenne annuelle de 23 millions ; de 1852 à 1869, sous l'Empire, les dépôts dans les caisses d'épargne se sont élevés de 245 millions à 711 millions chiffre maximum, soit une augmentation de 466 millions et une progression moyenne annuelle de 26 millions (1).

Jamais et sous aucun régime, le montant de la petite épargne n'a été aussi élevé que de nos jours ; jamais le nombre des déposants dans les caisses d'épargne n'a été aussi grand.

De 1875 à fin 1899, le nombre des déposants a presque quintuplé, l'augmentation est de 436 % ; il en a

(1) *Bulletin de statistique et de législation comparée*, tome 27, page 37.

été de même du montant des versements annuels, le montant des dépôts a presque sextuplé, l'augmentation est de 655 % !

* *

Au 31 décembre 1899, les 10,533,049 livrets des caisses d'épargne, avec leur capital énorme de 4 milliards 330 millions de francs, étaient la propriété d'une armée de petits épargneurs, « d'agents provocateurs de l'épargne », suivant une spirituelle et charmante expression de notre bien cher confrère et ami, M. Coste. Ces 4 milliards de petite épargne peuvent être mis en regard des 1,400 millions déposés dans les sociétés de crédit et des 600 millions déposés à la Banque et qui appartiennent à ce que l'on appelle la « classe capitaliste ».

Sur les 10 millions et demi de livrets on en comptait :

10 millions de livrets.

3.345.773	soit 31.77 0/0 possédant en moyenne	13 fr.
1.927.746	— 18.30	—	56 fr.
911.344	— 8.65	—	142 fr.
1.285.821	— 12.21	—	327 fr.
1.113.820	— 10.58	—	646 fr.
869.153	— 8 25	—	1.261 fr.
1.073.498	— 10.19	—	1.747 fr.
5.694	— 0.05	—	4.575 fr.
10.533.049	100	Moyenne par livret : 412 fr.

Sur ces 10 millions 553,000 livrets, plus de 6 millions ont à leur crédit de 1 à 142 fr. au maximum ! 1,285,821 possèdent en moyenne 327 francs ! N'est-ce pas là une épargne démocratique, s'il en fut ? Elle se compose de journaliers, d'ouvriers du commerce et de l'industrie, de domestiques, d'employés, de mineurs, en un mot, de salariés et d'artisans (1).

1) Les journaux américains, le *Transcript* de Boston et le *Bredstraet* de New-York, ont publié une statistique des caisses d'épargne qui a été reportée en Europe, mais qui est sujette à caution. Les journaux améri-

N'avons-nous pas, dès lors, le droit de répéter encore que s'il était vrai que la France se « ruine » ou soit en « décadence », il serait impossible de constater, comme le faisait M. Millerand (1), dans son dernier rapport à M. le Président de la République, « un pareil développement de l'esprit d'économie et de prévoyance ? » On admettra bien que lorsqu'un pays se ruine, il ne pense guère à acheter des valeurs mobilières ou à placer son argent dans les sociétés de crédit ou les caisses d'épargne !

cains mettent la France au premier rang comme nombre de déposants; un journal suisse a l'amabilité de nous mettre au septième rang, après le Danemark, la Suisse, la Belgique, la Suède, la Norvège, l'Allemagne. Il indique que la France possède 9.685.000 déposants pour un capital de 4 milliards 271 millions ; le *Transcript* de Boston indique 8.086.631 déposants pour 4.314 millions. Nous pourrions relever de semblables différences pour la Grande-Bretagne, l'Italie, la Belgique, la Suisse, etc. Or, d'après le *Journal officiel* du 7 juin 1901, nous avions en France, au 31 décembre 1899, 10.316.674 livrets pour 4.336 millions. La différence que l'on constate entre ces deux derniers chiffres et les taux de la répartition ci-dessus provient de ce que la caisse nationale d'épargne fait figurer dans ses divisions en catégories 235,273 livrets d'une valeur de 379,997 fr. soit environ 1 fr. par livret et qui ont été soldés dans l'année. Cette différence, peu importante, du reste, n'altère en rien la valeur du tableau.

Depuis 1869, le montant des fonds déposés dans les caisses d'épargne s'est élevé, chez nous, de 660 millions à 4.336 millions, malgré tous les efforts employés pour enrayer ce mouvement ascensionnel. On a limité le chiffre des dépôts, en même temps que des campagnes violentes étaient faites pour dire aux gens de retirer leurs fonds. De plus, il ne faut pas perdre de vue que les dépôts dans les caisses d'épargne ne sont, chez nous, qu'un des modes d'emploi qu'effectuent nos petits rentiers. Notre épargne française, Dieu merci, se dissémine un peu partout. Elle achète des rentes françaises, des obligations de la ville de Paris et du Crédit foncier, des obligations de chemins de fer, des valeurs diverses. Elle prête aussi ses capitaux à ces pays étrangers qui sembleraient avoir plus d'épargne que nous. De 1875 à 1900, — la suite de cette étude le montre, — sans compter les achats directement faits par le public, les trésoriers généraux ont acheté pour l'épargne, défalcation faite des ventes, pour un capital de 4 milliards de rentes sur l'État ! Avec les achats d'obligations de chemins de fer, de la ville de Paris, du Crédit foncier, sans parler d'autres valeurs, les achats de cette épargne dépassent 10 milliards ! En est-il de même à l'étranger ? La supériorité indéniable, indiscutable de l'épargne de notre pays, n'est donc pas contestable. .

(1) *Journal officiel*, 7 juin 1901.

*

La conclusion de cette seconde étude est donc la suivante : Accroissement de 500 millions au minimum dans le montant, en revenu, des valeurs mobilières, de 1890 à 1900 ; — augmentation de 10 à 12 milliards dans le montant, en capital, de la fortune mobilière du pays ; — augmentation, depuis 1875, de 346 millions dans les dépôts, à la Banque de France, de fonds appartenant aux particuliers ; — augmentation de 30 millions dans le compte courant du Trésor ; — augmentation d'environ 1 milliard dans les dépôts de fonds dans nos grandes sociétés de crédit ; — augmentation de 7,951,087, soit 436 %, dans le nombre des livrets de caisse d'épargne ; — augmentation de 730 millions dans le montant des versements faits pendant l'année ; — augmentation de 3 milliards 676 millions, soit 555 %, dans le montant des fonds déposés.

Tels sont les chiffres qui résultent encore de cette statistique et des documents officiels, sur lesquels elle s'appuie.

On conviendra qu'elle prouve tout le contraire de la « ruine » ou de la « décadence » de notre pays.

Ce n'est pas tout : d'autres preuves, d'autres faits et d'autres chiffres, que nous allons nous attacher à mettre en lumière, viennent encore à l'appui de notre opinion.

*

D'autres preuves, disons-nous, appuient encore celles que nous avons établies. Nous voulons parler des annuités successorales, c'est-à-dire du montant des valeurs comprises dans les déclarations de mutations par décès. La progression des titres mobiliers compris dans les valeurs successorales montre mieux que tous les raisonnements l'intensité du développement de la richesse privée. Au moment d'un décès, le fisc intervient : il taxe les successions et s'en rapporte à votre

« déclaration ». En général, les meubles-meublants
sont toujours estimés au plus bas prix et, dans grand
nombre de cas aussi, les valeurs mobilières au porteur
échappent au fisc. On peut donc considérer que les
chiffres qui résultent des annuités successorales sont
plutôt des minima que des maxima.

Quoi qu'il en soit, en prenant l'annuité totale successorale, en en dégageant l'annuité mobilière composée
des valeurs françaises et étrangères, et en évaluant le
capital de ces valeurs passibles de 1875 à 1890 de la
taxe de 3 % et de 1890 à aujourd'hui de celle de 4 %,
l'accroissement prodigieux de ces valeurs mobilières
en ressort avec évidence : c'est encore une preuve nouvelle de l'augmentation de la fortune privée (1).

Nous établirons nos relevés de statistiques pour les
mêmes années 1875, 1880, 1885, 1890, 1895, 1898 et
1899 :

ANNÉES	ANNUITÉ totale	ANNUITÉ mobilière	REVENUS assujettis à la taxe de 3 ou 4 %	CAPITAL des valeurs passibles de la taxe de 3 ou 4 %
	millions de francs	millions de francs	millions de francs	millions de francs
1875.....................	6 253	2 037	1 166	28 895
1880.....................	5 265	2 477	1 303	32 580
1885.....................	5 406	2 622	1 529	38 220
1890.....................	5 811	2 889	1 693	42 320
1895.....................	5 976	2 933	1 638	40 970
1898.....................	5 701	3 531	1 754	43 850
1899.....................	5 835	3 724	1 856	46 000

De 1875 à 1899, l'annuité mobilière seule passe de
2 milliards 37 millions à 3 milliards 724 millions, soit
une augmentation de 1 milliard 687 millions ; le capital
des valeurs passe de 28 milliards 895 millions à 46 milliards, soit une augmentation de 17 milliards.

(1) Besson. *les Valeurs mobilières et l'impôt successoral en France
au xixᵉ siècle*. (Mémoire présenté au Congrès international des valeurs
mobilières de 1900.)

Si nous faisions remonter notre comparaison à l'année 1869, l'année la plus prospère et la plus brillante de l'Empire, les résultats seraient encore plus frappants.

En 1869, l'annuité totale était de 3 milliards 637 millions, soit 1 milliard 805 millions de moins qu'en 1899 ; l'annuité mobilière était seulement de 1 milliard 654 millions, soit 2 milliards 70 millions de moins qu'en 1899. Remontons encore un peu plus haut.

En 1847, à la fin du règne de Louis-Philippe, l'annuité successorale totale était de 2 milliards 55 millions et l'annuité mobilière de 784 millions seulement. Depuis cette époque, l'annuité successorale totale a presque triplé ; l'annuité mobilière a presque quintuplé !

Ces chiffres prouvent-ils que la France « se ruine » ? Qui pourrait le prétendre ? Ils sont extraits de documents officiels, publiés chaque année : tout le monde peut les consulter et les vérifier ; ils n'ont pas été établis pour appuyer ou combattre une opinion favorable ou défavorable aux finances et à la situation du pays. Nous les interrogeons sans parti pris, sans idées préconçues, et leur réponse est d'une absolue netteté.

Dans cet énorme accroissement de l'annuité successorale mobilière, nous croyons intéressant de relever la part qui revient aux fonds publics français et étrangers, aux actions et obligations françaises et étrangères. En voici le détail :

L'accroissement de l'annuité mobilière.

ANNUITÉ SUCCESSORALE MOBILIÈRE	1875	1898	DIFFÉRENCE en faveur de 1898
	millions de francs	millions de francs	millions de francs
Annuité totale....................	2 037,0	3 531,1	+ 1 494,1
Fonds d'État français et étrangers...	236,3	679,2	+ 442,9
Actions et obligations françaises et étrangères.....................	289,3	1 402,8	+ 1 113,5
Autres meubles, créances, numéraire, etc....................	1 511,4	1 449,0	— 62,4

Ainsi, de 1875 à 1898, l'ensemble des fonds d'État et des titres mobiliers, français et étrangers, déclarés dans les successions, s'est accru de 1 milliard 494 millions.

Nous avons pris, à dessein, dans nos comparaisons, l'année 1898 pour ne donner que les chiffres définitifs d'un exercice clos, établis, en quelque sorte, « ne varietur » ; mais, si nous établissions nos comparaisons avec l'année 1899, les résultats généraux seraient encore plus importants.

***

Dépôt de titres à la Banque de France. La preuve de l'augmentation de la fortune mobilière en France, nous la trouvons encore dans l'accroissement du nombre de titres déposés à la Banque de France, dans le nombre des déposants, dans le montant des arrérages encaissés, dans la valeur en capital des titres déposés.

Voici le relevé, d'après les comptes rendus mêmes de la Banque de France, des dépôts libres à Paris et dans les succursales :

ANNÉES (au 21 décembre)	NOMBRE des déposants	NOMBRE des titres en caisse	VALEUR des titres aux cours de la Bourse (au 31 décembre)	ARRÉRAGES encaissés par la Banque pendant l'année
			millions de francs	millions de francs
1875..................	24.090	2.564.068	1.456,2	50.8
1880..................	27.168	2.601.500	1.901,2	61,5
1885..................	39.899	4.513.100	3.113,1	95,1
1890..................	46.658	6.795.250	3.988,5	116.8
1895..............	56.975	7.266.100	4.939,0	123,8
1900............	73.620	9.702.207	6.666,6	157,8

Ces chiffres extraits des rapports annuels du gouverneur de la Banque de France présentés au nom du conseil de régence, sont saisissants : ils concordent d'une façon merveilleuse, avec tous ceux qui résultent de nos précédents relevés statistiques et de nos études antérieures sur les valeurs mobilières.

Il en résulte, en effet, que de 1875 à la fin de 1900 le nombre de titres déposés à la Banque de France à Paris et dans les succursales, s'est élevé de 2,564,068 à 9,702,207 ; augmentation : 7,138,139 titres ; — le nombre des déposants s'est élevé de 24,090 à 73,020 ; augmentation : 48,930 déposants ; — la valeur des titres déposés s'est élevée de 1 milliard 456 millions de francs à 6 milliards 566 millions de francs ; augmentation : 5 milliards 110 millions ; — le montant des arrérages encaissés et payés par la Banque s'est élevé de 56 millions à 157 millions ; augmentation : 101 millions.

Depuis 1890 seulement, le nombre de titres déposés a augmenté de 3,907,050 ; le nombre de déposants, de 27,062, la valeur en capital des titres déposés s'est accrue de 2 milliards 578 millions.

Jamais, à aucune époque, le nombre des dépôts de titres à la Banque de France, le nombre des déposants, le montant des valeurs en capital de ces titres, jamais le montant des arrérages encaissés n'ont été aussi élevés.

Et si nous dressions la même statistique pour les dépôts dans les grandes sociétés, Crédit foncier, Comptoir d'escompte, Crédit lyonnais, Société générale, Crédit industriel et commercial, Banque de Paris et des Pays-Bas, sans parler même des maisons de banque particulières, nous aurions à constater une progression énorme, ininterrompue.

Que prouvent encore ces chiffres ?

C'est que, contrairement à ce que l'on entend dire mais sans l'appuyer sur aucune preuve, il n'y a pas d'évasion de titres, en quantité appréciable, à l'étranger ; jamais, au contraire, les caisses de la Banque de France, celles de nos sociétés de crédit et des banques particulières, n'ont regorgé d'une aussi grande quantité de dépôts.

Quelques peureux, intimidés par des allégations ré-

pétées à satiété, ont cru bien faire en envoyant quelques
titres au dehors ; ils le regretteront tôt ou tard et ne
pourront s'en prendre qu'à eux-mêmes des ennuis, des
déceptions et des pertes qu'ils éprouveront. La grande
masse du public, les chiffres officiels que nous publions le prouvent, est restée calme et elle a eu raison
d'agir ainsi.

Encore un argument que ceux qui prétendent que la
France envoie ses titres et son argent au dehors, qu'elle
se ruine et qu'elle est en décadence, feront sagement de
ne plus avancer. Sur ce point encore, les chiffres leur
donnent tort.

Les caisses de la Banque de France, celles de nos
grands établissements de crédit, de nos vieilles maisons
de banques regorgent de capitaux disponibles et de
titres appartenant au public.

Telle est la vérité, qu'il est impossible de contredire,
à moins de prouver que les comptes rendus de la Banque
et des institutions de crédit sont inexacts et que ces établissements gonflent les chiffres de leurs états de situation.

A ceux qui prétendent, sans preuves nettes et précises, que la France « se ruine », qu'elle est « en décadence », que ses capitaux et ses titres s'enfuient au
dehors, les chiffres que nous citons, tous extraits de
documents officiels, contrôlés et indiscutables, répondent d'une façon absolue. Ces chiffres, dans leur élo-
quente simplicité, montrent ce qu'il faut penser d'assertions sans preuves, bien faites, sans doute, pour effrayer le public, mais qui, heureusement pour notre
pays, sont complètement inexactes.

*
* *

L'impôt sur les opérations de bourse.

Sa progression.

Si les valeurs mobilières ont augmenté dans les
portefeuilles, les transactions dont elles sont l'objet à
la bourse de Paris ont-elles augmenté ? Bien qu'il n'y
ait pas de corrélation absolue entre ces deux questions

et ces deux faits, — car on peut faire de multiples opérations à la bourse sans pour cela augmenter son portefeuille de valeurs (trop heureux même si ces opérations répétées ne le diminuent pas), — nous ne voulons rien laisser dans l'ombre. Interrogeons encore les chiffres et voyons ce qu'ils disent.

Le produit de l'impôt sur les opérations de bourse établi le 10 juin 1893 et réduit des trois quarts au profit des négociations effectuées sur les rentes françaises à partir du 1er janvier 1896 par l'article 8 de la loi du 28 décembre 1895, a procuré au Trésor un encaissement total légèrement supérieur à 47 millions et demi.

En voici les résultats généraux depuis l'origine :

ANNÉES	PRODUITS	ANNÉES	PRODUITS
	millions de francs		millions de francs
1893 (7 mois)............	4,5	1897............	5,5
1894............	10,5	1898............	5,1
1895............	10,0	1899............	6,8
1896............	5,0	1900............	6,8

Le produit de cet impôt est inférieur à celui des années 1894 et 1895 parce que ces deux années comprenaient les droits pleins sur les rentes ; mais depuis 1896, il est en augmentation de 1,700,000 francs. Cela prouve que si les transactions n'ont pas l'importance et l'ampleur qu'elles auraient eues, par suite des entraves qui leur ont été apportées, elles sont néanmoins en progrès sur 1896, 1897 et 1898 (1).

*
* *

La conclusion de cette troisième étude est donc la suivante : augmentation ininterrompue du montant des valeurs successorales : 4 milliards 253 millions en 1875,

Conclusion de ces rapprochements.

(1) Léon Salefranque, *l'Impôt sur les opérations de bourse en France.* Mémoire présenté au Congrès international des valeurs mobilières.

5 milliards 836 millions en 1899 ; augmentation : 1 milliard 583 millions ; — augmentation ininterrompue du montant des annuités successorales mobilières, 2 milliards 37 millions en 1875, 3 milliards 724 millions en 1899 ; augmentation 1 milliard 687 millions ; — augmentation ininterrompue du montant des dépôts de titres à la Banque de France, du nombre des déposants, du montant en capital des valeurs déposées, du montant des arrérages encaissés : 2,564,068 titres en caisse en 1875, 9,702,207 titres en caisse en 1900 ; augmentation : 7,138,139 titres ; — 1 milliard 456 millions valeur en capital des titres déposés en 1875, 6 milliards 566 millions valeur en capital des titres déposés en 1900 ; augmentation : 5 milliards 110 millions ; — 24,690 déposants en 1875, 73,620 déposants en 1900 ; augmentation : 48,930 déposants.

Depuis 1875, 1880, 1890, 1895, l'augmentation est énorme. Jamais les chiffres actuels n'ont été atteints.

L'impôt sur les opérations de bourse produit 5 millions en 1875 et 6,800,000 francs en 1900 ; augmentation 1,800,000 francs.

Singulier pays, « doux pays », pourrait dire Forain, que l'on prétend « ruiné » et en « décadence » et qui montre, malgré tous les prophètes politiques et les mauvais augures, que tous les éléments constitutifs de sa richesse sont en accroissement continu !

***

Le commerce et l'industrie

— Mais, nous dit-on, vous nous parlez sans cesse des valeurs mobilières : pourquoi ne parlez-vous pas du commerce et de l'industrie ? Ne vous rappelez-vous pas que l'on nous vante à chaque instant, la puissance industrielle et le mouvement commercial de tous les pays étrangers et qu'on y oppose la stagnation, le marasme et la ruine de nos affaires ? Les pays étrangers, dit-on, ont toutes les qualités et toutes les vertus ; tous sont en pleine prospérité. Nous autres, au contraire,

nous sommes remplis de défauts ; nous sommes ruinés, en décadence ou à la veille de l'être. N'entendez-
vous pas répéter et ne lisez-vous pas dans les journaux
que notre commerce diminue, que notre industrie pé-
riclite, que jamais il n'y a eu un moins grand nombre
de commerçants et d'industriels ?

    — C'est là encore une erreur qu'on se plaît à propa-
ger, mais que les chiffres démentent, comme nous
allons le prouver, en nous appuyant toujours sur des
faits et sur des chiffres précis, contrôlés et sûrs, qu'il
est facile de vérifier, car nous en indiquons les sources.

*
* *

Dans un pays où le commerce marcherait de mal en   Les patentes.
pis, où les négociants et les industriels feraient de
mauvaises affaires et risqueraient la ruine, quel est le
premier fait que l'on constaterait immédiatement ? Il
y aurait, d'année en année, un moins grand nombre
de commerçants et, d'année en année aussi, il se créerait un moins grand nombre d'affaires. On ne peut
admettre, en effet, que des gens soient assez simples
d'esprit et assez peu soucieux de leurs intérêts pour
continuer quand même des entreprises ruineuses ou
en fonder de nouvelles dans un pays ou les affaires « ne
vont pas ». Examinons encore ce que nous disent les
chiffres et reproduisons leurs réponses.

    Voici, tout d'abord, le nombre de cotes de patentes
— qu'il ne faut pas confondre avec le nombre des patentés — comprises dans les rôles de 1875 à 1900, par
périodes quinquennales.

Années.	Nombre de patentes.
1875.	1.796.251
1880.	1.862.281
1885.	1.941.038
1890.	2.003.888
1895.	2.070.069
1898.	2.130.886
1900.	2.137.650

De 1875 à 1900, l'augmentation du nombre de patentes est de 341,399.

Voici, maintenant, quel a été le nombre des patentés :

Années.	Nombre de patentés.
1875	1.598.100
1880	1.641.546
1885	1.658.882
1890	1.672.185
1895	1.704.826
1898	1.730.104
1900	1.752.343

Le nombre des patentés s'est accru, pendant cette
période, de 154,200.

Nous avons aujourd'hui 154,200 commerçants et industriels de plus qu'en 1875 ; 110,000 de plus qu'en
1880 ; 80,000 de plus qu'en 1890 ; 47,000 de plus qu'en
1895.

Depuis 1880, le nombre des patentés dans le commerce ordinaire s'est accru de 150,000 ; dans le haut
commerce et la banque, de 5,202 ; dans l'industrie, il
a diminué de 25,000 pendant que le nombre des profes-
sions libérales s'est accru de 5,998 (1).

Ces chiffres, on en conviendra, sont singulièrement
suggestifs, suivant l'expression à la mode. Ils prouvent
tout simplement que dans ce pays qui se ruinerait,
le nombre des commerçants s'accroît en même temps
que la quantité et la variété d'objets sur lesquels
s'exerce leur commerce s'accroissent et se développent
d'année en année.

*   *

— Mais, nous dira-t-on, ces commerçants font-ils, du
moins, plus d'affaires ?

A cette simple question, trois faits répondent.

(1) Direction générale des contributions directes: *Renseignements statistiques relatifs aux contribut ons directes et taxes assimilées*, 1901.

1. L'escompte des billets de commerce, qui a augmenté d'année en année et, pendant l'année 1900, n'a jamais été aussi élevé : rien qu'à la Banque de France, au Crédit lyonnais, au Comptoir national d'escompte, au Crédit industriel et commercial, sans parler des autres sociétés ni des banques privées, le total des escomptes d'effets commerciaux a dépassé 40 milliards, et ce, sans compter le mouvement du commerce au comptant qui se fait espèces contre marchandises. *L'escompte.*

2. Le commerce de la France, qui, soit qu'il s'agisse du commerce général, soit qu'il s'agisse du commerce spécial, est en accroissement. Il n'est pas, sans doute, aussi élevé qu'il l'aurait été si les mesures protectionnistes n'avaient pas empêché son complet développement ; mais nous devons constater, néanmoins, en envisageant simplement le mouvement du commerce général, du commerce spécial, du commerce extérieur, que l'accroissement des affaires est indiscutable. Il aurait été plus grand sous l'influence d'un tout autre régime économique, mais les progrès réalisés quand même prouvent qu'il a fallu que notre pays fît preuve d'une vitalité et d'une énergie extraordinaires pour développer son commerce malgré toutes les entraves apportées à sa liberté d'expansion. *Le commerce extérieur.*

Comme il n'est pas de statistiques plus discutées et plus discutables que celles relatives au commerce du pays, nous avons tenu à ne citer que des chiffres publiés par des auteurs ou des documents qui méritent la plus entière confiance.

3. Le mouvement des opérations de la chambre de compensation de Paris, qui n'a jamais atteint des chiffres aussi élevés qu'en 1900. *Les compensations.*

Examinons ces trois faits les uns après les autres.

* * *

Voici, tout d'abord, les chiffres du commerce général et ceux du commerce spécial (1) :

PÉRIODES	COMMERCE GÉNÉRAL.		
	Importations	Exportations	Total
	millions de francs	millions de francs	millions de francs
1875.................................	4.462,0	4.807,0	9.269,0
1880..................................	6.118,0	4.612,3	10.726.3
1885.................................	4.930,0	3.955,8	8.885,8
1890.................................	6.452,4	4.840,2	10.292,6
1895.................................	4.919,6	4.689,3	9.608,9
1900.................................	6.988,6	6.521,6	11.510,2

D'après ce tableau, le commerce général de la France
s'est accru depuis 1875 d'environ 3 milliards ; le commerce spécial d'environ 1 milliard et demi, comme on
pourra s'en rendre compte par le tableau ci-après :

ANNÉES	COMMERCE SPÉCIAL.		
	Importations	Exportations	Total
	millions de francs	millions de francs	millions de francs
1875.................................	3.536,7	3.872,6	7.409,3
1880.................................	5.033,2	3.467,9	8.501,1
1885.................................	4.088,4	3.088,1	7.176,5
1890.................................	4.436,9	3.753,4	8.190,3
1895.................................	3.719,9	3.373,8	7.093,7
1900.................................	4.697,8	4.108,7	8.806,6

Ce qu'il faut observer dans ce tableau, c'est surtout
le mouvement d'ensemble : le total le moins élevé a été

(1) Il est à peine besoin de rappeler qu'on entend par commerce général
tout ce qui a été importé, sans souci de sa destination, toutes les marchandises exportées, françaises et étrangères.
On entend par commerce spécial, à l'importation toutes les quantités
et valeurs de produits livrés à la consommation; à l'exportation les marchandises françaises et francisées, c'est-à-dire les produits de l'industrie
nationale et ceux qui, introduits sur notre territoire, y ont été l'objet d'un
travail quelconque qui les a naturalisés.

de 7 milliards 94 millions en 1895 ; le plus élevé a été atteint en 1900 avec 8 milliards 800 millions. C'est également en 1900 que les exportations ont atteint le plus haut chiffre : 4 milliards 108 millions.

On ne peut donc encore dire, en consultant les chiffres de notre commerce, que la France se « ruine » et qu'elle est « en décadence ».

* *

Sans doute, en regard de nos 9 milliards de commerce extérieur on oppose les 20 à 22 milliards du commerce de l'Angleterre et les 12 à 15 milliards du commerce de l'Allemagne. Mais on oublie de dire que la façon de dresser les statistiques n'est pas la même. Il faut se mettre en garde contre les statistiques douanières. Les Anglais mettent au compte de l'exportation une quantité de produits et de marchandises qui ne font que passer par leurs ports ou leurs entrepôts pour y être groupés et répartis entre les clients de la Grande-Bretagne. A ce compte-là nous aurions bien des milliards à ajouter aux nôtres. L'Angleterre et l'Allemagne savent très bien soigner leurs statistiques commerciales. Nous, nous y apportons un peu trop de modestie. Il y a quelques années, la Banque de France prêtait à la Banque d'Angleterre 75 millions. C'était bel et bien une exportation pour nous et une importation pour l'Angleterre ; nos statistiques douanières n'en ont pas parlé. Par contre, les Anglais ont compté comme une exportation le remboursement de ce prêt : 75 millions omis d'un côté, 75 millions comptés de l'autre, voilà 150 millions de différence que l'on pourrait croire être à notre détriment.

Il en est de même pour nos colis postaux. Tout change et tout varie ; les colis postaux, eux, restent uniformément pour la douane une valeur de 15 francs le kilo !

Nous oublions aussi de compter dans nos statistiques

Comparaisons avec les pays étrangers.

le montant des valeurs mobilières étrangères que détiennent nos capitalistes français et les revenus annuels qui nous sont payés par ces emprunteurs étrangers. Or, les 20 à 25 milliards que nous avons prêtés à l'étranger sont l'équivalent d'une exportation ; ils donnent à notre circulation fiduciaire une incomparable sécurité, nous rendant toujours les changes favorables. Encore une exportation que les statistiques n'indiquent pas.

* * *

Opérations de la chambre de compensation de Paris.

Le mouvement des opérations de la chambre de compensation de Paris a grossi d'année en année et n'a jamais été plus élevé (1).

La chambre de compensation de Paris ne date que de 1872 ; aussi, son importance est-elle loin d'égaler celles des Clearing-Houses anglais ou américains. Mais il ne faut pas perdre de vue, si on veut comparer les résultats de part et d'autre, que les compensations faites entre les agents de change de Paris, d'une part, et, d'autre part, les virements faits par la Banque de France augmenteraient, dans une notable proportion, le chiffre relativement médiocre de la chambre de compensation de Paris. Les virements de la Banque notamment dépassent depuis longtemps 100 milliards de francs par an (2).

Actuellement, la chambre de compensation a son siège place de la Bourse ; elle est composée de dix membres, non compris la Banque de France (3).

(1) On sait que les Clearing-Houses ou chambres de compensation sont des établissements qui, dans certaines villes importantes, centralisent tous les titres et papiers constituant les banques débitrices les unes des autres (chèques, mandats, effets à échéances, etc.), et qui, par de simples virements journaliers, liquident toutes ces créances mutuelles dans la mesure où elles se compensent.

(2) Voir dans le *Bulletin de l'Union des associations des anciens élèves des écoles supérieures de commerce de France* (tomes ii et iii) une étude très complète de M. A. Renouard (E. S. C. P.) sur le fonctionnement des *Clearing-Houses*.

(3) Banque de France, Banque de Paris et des Pays-Bas, Claude-Lafontaine, Martinet et Cie, Comptoir d'escompte, Crédit foncier, Crédit lyonnais, Lehideux et Cie, Société générale, Crédit industriel et commercial, Henrotte fils et Cie, Offroy Guiard et Cie.

Au début, il y en avait deux de plus (1) qui sont entrées depuis en liquidation, et, à un moment donné, le chiffre des admissions s'est élevé à seize.

Depuis la fondation de la chambre de compensation de Paris jusqu'au 31 décembre 1900, le total des effets compensés se chiffre ainsi :

	francs		francs
1872-73	1.056.810.386	1886-87	3.524.282.842
1873-74	1.397.104.898	1887-88	3.831.575.422
1874-75	1.417.495.865	1888-89	4.379.362.214
1875-76	1.569.028.560	1889-90	4.136.214.004
1876-77	1.881.689.909	1890-91	4.721.811.077
1877-78	1.626.724.454	1891-92	3.889.645.585
1878-79	2.000.795.243	1892-93	3.823.775.779
1879-80	2.440.115.644	1893-94	4.360.175.215
1880-81	3.091.778.662	1894-95	5.527.626.494
1881-82	3.391.068.315	1895-96	4.916.794.059
1882-83	3.101.420.399	1896-97	4.874.062.468
1883-84	3.187.961.528	1897-98	5.571.534.840
1884-85	3.195.337.105	1898-99	6.245.627.911
1885-86	3.128.551.342	1899-1900	6.948.485.687

Voici, d'autre part, pour les cinq dernières années, le montant des effets présentés à la compensation, compensés, ou réglés par mandats :

ANNÉES	EFFETS PRÉSENTÉS	EFFETS COMPENSÉS	EFFETS RÉGLÉS par mandats.
	francs	francs	francs
1895-96	7.351.990.839	4.916.794.059	2.435.196.779
1896-97	7.549.626.656	4.874.862.468	2.675.464.000
1897-98	8.545.810.889	5.571.124.840	2.974.630.040
1898-99	9.567.628.077	6.245.627.911	3.321.900.000
1899-1900	10.655.997.000	6.948.485.687	3.707.51

De 1872 à 1900, le total des opérations a été le suivant :

	millions de francs
Effets présentés	134.119,0
Effets compensés	99.235,0
Effets réglés par mandats	34.884,0

(1) Caisse commerciale, Société des dépôts et comptes courants.

6

82   FINANCES CONTEMPORAINES

En prenant les mêmes années que celles qui ont
servi dans toutes les statistiques comprises dans cette
étude, 1875, 1880, 1885, 1890, 1900, nous relevons le
mouvement de progression suivant des effets compensés (1) :

	millions de francs
1875.	1.417,5
1880.	2.440,1
1885.	3.195,3
1890.	4.136,2
1895.	5.527,6
1900.	6.948,5

Ainsi, quel que soit l'indice économique et commercial que nous consultions, aucun d'eux ne nous indique
que la France « se ruine » ou soit en décadence.

La conclusion de cette quatrième partie de notre statistique sera donc la suivante : de 1875 à 1900, augmentation de 341,400 dans le nombre des patentes et
de 154,200 dans celui des patentés ; — augmentation
de 2 milliards 241 millions dans le commerce général ;
— augmentation de 1 milliard 397 millions dans le commerce spécial ; — de 1875 à 1900, le total des effets compensés s'élève de 1 milliard 417 millions à 6 milliards
948 millions, en augmentation de 5 milliards 531 mil-

(1) Il serait inexact de comparer les opérations du Clearing-House de
Paris, qui date de quelques années, aux Clearing de Londres ou de New-
York, qui sont presque séculaires, sans faire remarquer les différences
considérables qui existent, sans parler des opérations de virement de la
Banque de France, qui, à elle seule, fait plus d'opérations de compensation que notre modeste chambre de compensation de Paris. Rien qu'en
1900, les opérations de virement effectuées, sans frais, par la Banque de
France, se sont élevées à 102 milliards! Jamais elles n'ont atteint un
chiffre aussi élevé !

Depuis 1875, toujours par périodes quinquennales, le montant des virements effectués par la Banque de France, à Paris et dans ses succursales,
a été le suivant (paiements et recettes) :

	millions de francs
1875.	59.638,4
1880.	65.426,9
1885.	60.734,1
1890.	86.661,4
1895.	101.945,3
1900.	102.447,0

lions, c'est-à-dire qu'il a quintuplé ; jamais le total n'a été aussi élevé qu'en 1900 ; jamais même le mouvement d'affaires n'a été aussi accéléré que dans ces dernières années ; de 1890 à 1895, l'augmentation moyenne annuelle est de 278 millions ; de 1895 à 1900, cette augmentation annuelle est de 296 millions.

Que prouve cette progression constante du nombre et du montant des effets compensés, sinon la progression même des affaires commerciales ?

On admettra bien, en effet, que si l'on se décide à s'établir commerçant ou industriel et, par conséquent, s'il existe un plus grand nombre de patentés, ce n'est pas pour le plaisir d'être agréable au fisc ; et, de même, s'il se crée et s'escompte tous les ans un plus grand nombre d'effets de commerce, ce n'est pas uniquement pour payer les droits fiscaux qui les frappent.

Cela prouve enfin, tout simplement, le développement des affaires et non, comme on le dit à tort, leur stagnation ou leur diminution. Ce développement aurait été plus important encore, s'il n'avait pas été et s'il n'était pas, à chaque instant, enrayé dans sa marche en avant par le protectionnisme.

*   *
*

— N'êtes-vous pas, nous dit-on, véritablement trop optimiste ? Vous produisez des chiffres pour démontrer que la France ne se ruine pas, soit ; mais vous ne parlez pas des impôts écrasants qui frappent les contribuables ? N'est-il donc pas vrai que la France soit le pays où l'imposition moyenne par tête soit le plus élevée ? Le chiffre de la population étant de 38 millions d'habitants et la somme des impôts payés par les Français à l'Etat, aux départements et aux communes dépassant le chiffre de 4 milliards, il en résulte, par tête d'habitant, une charge moyenne de plus de 100 francs ! Voilà ce qui ruine la France, et vous ne le dites pas ?

— Vos réflexions, mon cher lecteur, sont faites très

Le poids des impôts.

souvent et j'aurais bien garde de manquer d'y répondre.
Sans doute, la France supporte de lourds impôts, plus
élevés que dans nul autre pays du monde, et, dans
tous nos travaux, nous n'avons cessé de le constater
en protestant contre l'obsession fiscale de nos législateurs. Les valeurs françaises mobilières, à elles seules,
supportent un poids excessif.

Avec les titres et fonds étrangers, l'accroissement des
impôts sur les valeurs mobilières, de 1875 à 1899, est
formidable.

En voici le relevé en millions de francs (1) :

IMPOTS	1875	1880	1885	1890	1895	1899
Droits de timbre.......	15,1	17,2	20,8	23,8	23,1	31,8
Droits de transmission .	22,8	83,2	36,9	41,0	42,4	48,7
Taxe sur le revenu....	34,7	89,1	45,9	50,8	65,6	74,3
Impôt sur opérations de bourse.............	»	»	»	»	10,0	6,8
Totaux.....	72,6	89,5	103,6	115.6	141,1	161,6

Depuis 1875, les droits ci-dessus qui frappent les
valeurs mobilières françaises et étrangères se sont élevés de 72 millions à 161 millions, soit une augmentation de 89 millions ; mais ce n'est pas tout, à ces 161 millions d'impôt, il faut ajouter les impôts perçus sur les
capitaux taxés dans les successions et les donations.

(1) Nous avions précédemment donné le montant des droits perçus sur
les valeurs mobilières françaises, *seules*. Dans ce nouveau relevé des
impôts divers payés par les valeurs mobilières, nos évaluations, contrôlées
d'après des documents officiels, concernent les valeurs mobilières françaises et étrangères.

Dans les droits de timbre, nous avons compris les droits de timbre par
abonnement pour les actions et obligations de valeurs françaises. Pour les
valeurs étrangères, nous avons compris les droits perçus sur les fonds
d'Etat et sur les actions et obligations étrangères.

Le total des droits de transmission comprend les transferts et conversions de titres nominatifs des valeurs françaises; les mutations présumées
de titres au porteur ; ainsi que les mutations présumées de tous titres
nominatifs ou au porteur, pour les valeurs étrangères.

Le produit de la taxe sur le revenu comprise dans ce total s'applique
aux actions et obligations des valeurs françaises et étrangères ; il com-

* *
*

Les capitaux taxés dans les donations et les successions (biens meubles y compris les valeurs mobilières) ont été les suivants pour les années considérées :

ANNÉES	DONATIONS	SUCCESSIONS	TOTAUX
	millions de francs	millions de francs	millions de francs
1875.........................	569,2	2 037,0	2 606,2
1880.........................	618,8	2 477,6	3 096,4
1885.........................	602,2	2 622,8	3 225,0
1890.........................	561,9	2 889,0	3 450,9
1895.........................	596,2	2 933,2	3 529,4
1899.........................	615,6	3 724,0	4 339,6

Ces chiffres prouvent tout à la fois et la progression énorme des capitaux taxés sur les donations et successions en valeurs mobilières, et la progression des impôts perçus qui ont suivi également une marche ascendante.

Ce n'est pas tout encore.

Il nous faudrait ajouter à ce relevé la part qui atteint les valeurs mobilières dans les impôts perçus, soit sur les effets négociables et non négociables, soit sur les effets et billets de la Banque de France.

prend également les perceptions opérées sur les parts d'intérêt et de commandite et sur les sociétés étrangères ayant des biens en France.

Les perceptions diverses comprises dans le total des revenus taxés ont été les suivantes :

	millions de francs			millions de francs
1875.	1.4		1890.	3.3
1880.	2.0		1895.	4.1
1885.	2.7		1899.	3.9

Quant à l'impôt sur les opérations de bourse, nous avons déjà dit que depuis le 1er janvier 1896 sa quotité avait été diminuée des trois quarts au profit des rentes françaises : c'est ce qui explique la diminution apparente du produit de l'impôt de 1895 à 1899.

Le montant de ces impôts perçus par le Trésor, sous forme de droits de timbre, a été le suivant :

ANNÉES	CAPITAUX TAXÉS	DROITS perçus par le Trésor
	millions de francs	millions de francs
1875 (1)	24.049,0	36,7
1880	29.735,0	18,6
1885	30.103,7	14,6
1890	30.466,2	14,9
1895	29.819,7	14,2
1899	35.366,2	16,8

(1) L'année 1875 a supporté le tarif de 1874 (1,50 °/₀₀), ce qui explique le chiffre beaucoup plus élevé des produits.

Tous comptes faits, nous trouvons que les valeurs mobilières françaises et étrangères qui payaient, en 1875, 72 millions d'impôts en payent aujourd'hui 250 au minimum. C'est une augmentation de 178 millions, soit 247 %. C'est aussi la preuve, comme nous ne cessons de le répéter, que la fortune mobilière est surchargée par la fiscalité.

*
* *

L'accroissement de la matière imposable conséquence de l'accroissement de la fortune publique et privée.

— Alors, vous êtes de mon avis ? Si, comme vous le démontrez, nous sommes surchargés d'impôts, n'est-ce pas une contradiction de prétendre que la France ne se ruine pas ?

— Nullement, mon cher lecteur. L'énormité même de nos impôts, la facilité avec laquelle ils se payent, — même par anticipation, — l'accroissement de la matière imposable, — ceci vous paraîtra un paradoxe, mais c'est une vérité indiscutable, — prouvent l'accroissement de la fortune publique et privée. Tout récemment, un de nos plus savants confrères étrangers, dont les travaux font autorité, sir Robert Giffen,

démontrait par le produit même de l'*Income-Tax*, en
Angleterre, à différentes dates, que la richesse publique
avait augmenté chez nos voisins, dans des proportions
énormes. En 1854, l'*Income-Tax* à 7 pence par livre
(2,8 %) rapportait 143,250,000 francs. En 1899, à 8 pence
par livre (3,2 %) il ne rapportait pas moins de 450 millions de francs. Le revenu imposable qui était, en 1854,
de 4 milliards 912 millions de francs, était de 13 milliards 500 millions de francs en 1899, soit un accroissement de plus de 8 milliards et demi.

Il en est de même chez nous.

Nous ne voulons pas dire assurément, car ce serait
une absurdité, que plus un peuple paye d'impôts plus
il est riche, mais nous avons tenu à affirmer et à
démontrer qu'en tenant compte du taux de l'impôt et
de ses variations sur les mêmes valeurs imposables et
imposées, aux époques que l'on compare entre elles,
on peut scientifiquement et mathématiquement en déduire des conclusions rigoureusement exactes sur l'accroissement, la stagnation, la diminution, la richesse
ou la ruine d'un pays.

* *
*

Nous pouvons donc dire, comme résumé et conclusion à cette cinquième partie de notre statistique :

Conclusion de
ces rapproche-
ments.

Si l'annuité successorale augmente, c'est qu'au moment des décès, la somme des valeurs déclarées a
augmenté, preuve de l'accroissement de la fortune.

Si le produit de la taxe sur le revenu des valeurs
mobilières rapporte au Trésor plus de millions qu'autrefois, le taux de l'impôt étant resté le même, c'est
que le nombre des valeurs mobilières qui rapportent,
a augmenté, preuve de l'accroissement du capital et
du revenu.

Si le produit des droits de transmission, des droits
de timbre, etc., est plus élevé, c'est que, tout en tenant
compte de l'augmentation de ces droits, le nombre de

titres et le montant des capitaux taxés se sont accrus,
preuve nouvelle de l'accroissement de la fortune.

S'il y a un plus gros chiffre de capitaux et de titres
déposés à la Banque, dans les sociétés de crédit, dans
les caisses d'épargne, c'est encore la preuve évidente de
l'accroissement des disponibilités et de l'augmentation
de la fortune publique.

Nous pouvons conclure enfin, avec preuve à l'appui
de notre démonstration, que, s'il est vrai que nous
payons énormément d'impôts, que nous en payons
trop, et nos statistiques le prouvent; si on a raison de
protester contre leur accroissement et leur exagération
et nous ne cessons, pour notre part, de le faire, cela
prouve encore que le produit de la matière imposable
ayant augmenté, cet accroissement a été la conséquence
même de celui de la fortune publique et privée ; cela
démontre que la fortune de la France n'a pas diminué,
mais qu'elle s'est accrue ; c'est enfin la preuve irréfutable que la France ne se « ruine » pas et n'est pas en
« décadence », comme on l'entend dire.

* *
*

— Vous ne nierez cependant pas, malgré votre optimisme, que la France décline et glisse sur une très
mauvaise pente. Voyez comme les valeurs mobilières
réputées les plus solides, aussi bien que les douteuses
ou les mauvaises, ont baissé depuis un an, depuis le
commencement de cette année seulement ! Voyez, au
contraire, comme les fonds étrangers ont haussé ! Ceci
est indiscutable. Vous-même l'avez constaté. Et, puisque
vous appuyez vos raisonnements et vos démonstrations sur des chiffres, n'avez-vous pas lu des statistiques démontrant que, depuis le commencement de
l'année seulement, les valeurs mobilières ont baissé,
en France, de plus de 1 milliard 500 millions ; en Angleterre, de 7 milliards et demi ; en Allemagne, de 4 mil-

liards ; en Belgique, de 1 milliard 250 millions ! C'est
la ruine, la désolation de la désolation !

— Non, mon cher lecteur, je connais ces statistiques
très intéressantes sans doute, mais qu'un maître
regretté, M. Léon Say, qualifiait d' « amusantes », parce
qu'elles ne prouvent absolument rien ; c'est une indication, un calcul, mais rien de plus.

Aux capitalistes et rentiers, aux statisticiens et aux
hommes politiques qui prétendraient démontrer que la
France se ruine parce que les valeurs baissent depuis
un an ou le commencement de l'année, la réponse
serait vraiment trop facile à faire. Il suffirait de prendre
les mêmes valeurs et de comparer leurs cours actuels
à ceux qu'elles cotaient en 1869, 1875, 1880, 1885, 1890,
1895, c'est-à-dire aux mêmes dates que nous avons adoptées dans cette étude comme termes de comparaison.
C'est ce que nous ferons, du reste, dans la suite de ce
travail (1). Rien que sur les rentes françaises, les actions
et obligations des grandes compagnies de chemins de
fer, les obligations de la ville de Paris et du Crédit
foncier, les obligations des grandes compagnies industrielles, en un mot sur tous les titres de placement par
excellence, qui représentent près des trois quarts des
portefeuilles français, la hausse est énorme !

Nous pourrions répondre encore que, lorsqu'on étudie la situation d'un pays pour établir s'il « se ruine »
ou non, s'il est ou n'est pas en « décadence », il faut
appuyer ses chiffres et ses statistiques et établir ses
comparaisons sur plusieurs années et non sur quelques
semaines ou sur quelques mois.

* * *

On nous permettra, au surplus, de nous appuyer,   Une histoire
à cet égard, sur l'opinion du maître dont nous con-   de M. Léon Say.
servons pieusement la mémoire, dont personne ne

(1) Voir, dans le tome III, les cours comparés des principales valeurs,
par période quinquennale.

peut contester l'autorité et qui, malheureusement pour
notre pays, a été enlevé trop tôt à l'affection des siens
et à celle de ses amis : M. Léon Say. Il aimait à répéter, quand on lui parlait des fluctuations des cours de
la bourse, de la baisse ou de la hausse des valeurs,
que « la hausse faisait toujours plaisir » aux gouvernements et aux particuliers et que la baisse déplaisait à
tout le monde. Gouvernements et gouvernés étaient
portés à croire que tout était pour le mieux quand la
hausse l'emportait et qu'au contraire, tout était au plus
mal quand la baisse sévissait. Il rappelait les paroles
de Napoléon Ier qui s'indignait de voir la bourse fléchir
et demandait à Mollien de la mettre à la raison et, souvent aussi, il racontait une histoire bien amusante qui
nous lui avons entendu dire plusieurs fois, avec le
charme, le brio, l'esprit, qu'il apportait dans ses con-
versations.

« J'ai connu dans mon enfance, disait-il, une vieille dame dont toute la
fortune était placée en rentes sur l'État et qui faisait, tous les soirs, le
compte de ce qu'elle possédait, en calculant ses rentes au cours du jour;
elle était fort contente, ajoutait M. Léon Say, quand sa rente pouvait être
évaluée, en capital, à un chiffre plus élevé, et très affligée, au contraire,
quand c'était à un chiffre plus bas. Et cependant elle est morte sans avoir
jamais vendu ses rentes et elle a conservé jusqu'à la fin son même revenu.
Jamais les oscillations des cours, qui l'agitaient tant, n'avaient eu aucune
influence sur sa vie et n'avaient abaissé ni accru le montant de ses ressources. »

Eh bien, mon cher lecteur, ne trouvez-vous pas que
les statistiques sur la hausse ou sur la baisse des
valeurs, sur les plus-values ou sur les moins-values
qui en résulteraient, du jour au lendemain, pour la fortune du pays, ressemblent fort aux calculs de la bonne
vieille femme dont M. Léon Say a raconté l'histoire ?

Les bénéfices ou les pertes qui résultent de ces oscillations de cours existent, sans aucun doute ; mais elles
sont réalisées quand les valeurs elles-mêmes sont réalisées. C'est un peu comme la soupe des cordeliers dont
parlait un autre grand esprit, Turgot, dont M. Léon
Say ne manquait jamais d'invoquer les leçons : « Elle
est à eux, disait-il, quand ils l'ont mangée. »

Tant que le rentier conserve ses titres en portefeuille, tant que ses titres paient régulièrement le revenu promis, il ne peut dire que sa fortune augmente ou diminue. Les cours quotidiens de la bourse, les oscillations en hausse ou en baisse, n'ajoutent ou n'enlèvent pas un centime à ce qu'il possède. Il n'en sera plus de même quand il aura converti en espèces les valeurs qu'il possède en portefeuille : alors il pourra dire que son capital, en numéraire, est plus ou moins élevé. Il en est de même pour la fortune publique. S'appuyer sur les oscillations de bourse, soit en hausse, soit en baisse, pour déterminer si un pays s'appauvrit, se ruine ou s'enrichit, c'est commettre une erreur.

On se trompe de même, quand pour prouver la « ruine » et la « décadence » de la France, on parle de « l'imposition moyenne par tête » plus élevée chez nous que partout ailleurs. C'est, mon cher lecteur, ce que nous essaierons de vous démontrer.

*   *
*

— Alors, tout est pour le mieux, suivant vous. Vous reconnaîtrez, cependant, — je vous ai posé la question, mais vous n'y avez répondu que par un mot, — que l'impôt par tête est, en France, plus élevé que partout ailleurs C'est un fait indiscutable, admis par tout le monde, et, s'il est vrai, tous vos arguments tombent !

La théorie de l'imposition moyenne par tête.

— Pas le moins du monde, mon cher contradicteur : mes arguments subsistent en entier, tout en reconnaissant, comme vous et comme « tout le monde », suivant votre expression, que la France soit le pays où l'imposition moyenne par tête soit le plus élevée. Mais voulez-vous me permettre de vous dire ce que prouve cette « imposition moyenne par tête » ?

— Sans doute.

— Absolument rien, et voici pourquoi. Établir un parallèle défavorable à notre pays en s'appuyant sur « l'imposition moyenne par tête », pour la comparer à

celles des autres pays, c'est comparer entre eux des
pays, des hommes, des faits et des chiffres entièrement
dissemblables. Il faut tenir compte, entre autres calculs à faire, des façons diverses de dresser les budgets
dans les pays que l'on compare entre eux, sans parler
même des sommes considérables qui, faisant double
emploi, figurent dans les budgets où elles passent et
sont comptées ainsi plusieurs fois.

— Quelle importance cela peut-il avoir ? L'énormité
de l'imposition moyenne par tête n'en reste pas moins
vraie.

— Non, mon cher lecteur, c'est encore là une erreur à
ajouter à tant d'autres qui circulent et que l'on accepte
d'autant plus aveuglément qu'un plus grand nombre
de personnes les répètent, sans prendre la peine de les
contrôler. Il y a quelques années, un homme politique,
ancien ministre du commerce et rapporteur général du
budget, écrivain *debater* de grand talent, protestait
vigoureusement contre de telles affirmations. Il écrivait ceci :

> « Il ressort et il reste incontestablement établi que la fameuse formule
> « La France est le pays dont le budget est le plus élevé et qui a le plus
> augmenté ses dépenses publiques », est matériellement fausse. »

*
* *

— Quel personnage politique pouvait donc faire une
affirmation semblable ? Comment oser soutenir une opinion tellement contraire à ce que disent et répètent les
meilleurs esprits, dans la presse, dans le monde financier et politique, à la Chambre, à ce que vous pouvez
lire imprimé tout au long dans des discours retentis-
sants de députés, de sénateurs, dans des documents de
statistique presque officiels !

Opinion de
M. Jules Roche.

— C'était M. Jules Roche. Dans un article éblouis-
sant de verve et d'entrain, intitulé : *Impôt et budget*, il
faisait cette démonstration lumineuse. A ceux, tout d'a-

bord, qui se plaignaient, comme aujourd'hui, de l'énormité de nos budgets et de l'accroissement des dépenses, il faisait remarquer avec raison que le budget d'État du territoire allemand avait triplé depuis 1870, tandis que le nôtre, disait-il, « n'a augmenté *que* de 75 % ! »

— Tout son raisonnement et toutes ses belles paroles n'empêchent pas, cependant, et ne démentent pas que l'imposition moyenne par tête soit plus élevée en France qu'en Allemagne ou en Angleterre ?

— Eh bien, non, répondait encore M. Jules Roche, — et M. Jules Roche avait toujours raison, — « ce fameux calcul, ce rigoureux et cet inflexible dogme mathématique, ajoutait-il, n'ont pas le sens commun et sont faux comme des cartes biseautées », et il le prouvait magistralement !

— Vous m'étonnez bien ! Vous êtes sûr que M. Jules Roche ait fait de telles affirmations et démonstrations ?

— Absolument sûr. Nous venons encore de relire son article.

— Vous partagez alors son avis ?

— Sans doute, et c'est aussi l'avis d'un ancien ministre des finances, dont la compétence est unanimement reconnue, M. Rouvier. Il ne faut pas confondre, en effet, et M. Jules Roche ne manquait pas de le faire remarquer, « le budget des dépenses, qui indique le montant des charges publiques auxquelles il faut satisfaire, mais n'indique pas la nature des ressources, avec le total des impôts, c'est-à-dire des sacrifices exigés du contribuable ». Plusieurs de nos charges peuvent être considérées par les uns comme de véritables taxes et par d'autres comme la rémunération d'un service rendu. Il peut y avoir dissentiment aussi sur ce que contient exactement d'impôt le produit brut d'un monopole, comme celui des poudres, du sel, des tabacs ou des allumettes, etc. (1).

Opinion de M. Rouvier.

(1) M. Pelletan, dans son *Rapport sur la situation financière de la France* (Chambre, *Documents parlementaires*, n° 1031 [1890], pages 86 et 87), a recherché ce que la France payait d'impôt aux diverses époques de son histoire : sa conclusion était que « ces chiffres d'impôts n'ont aucune

Mais en supposant même que tous les chiffres de nos dépenses budgétaires soient des impôts, — ce qui n'aurait pas le « sens commun », pour nous servir d'une expression de M. Jules Roche, — il n'en faudrait pas conclure que le contribuable français fût plus rigoureusement traité en France que partout ailleurs. « Il faut tenir compte des services plus ou moins nombreux, plus ou moins complets, que l'État rend aux citoyens en échange de l'argent qu'il reçoit. Pour les cultes, pour l'instruction publique à tous les degrés, pour les travaux publics, notamment pour les voies et moyens de communication, pour les arts, pour l'hygiène, pour l'assistance publique, pour l'agriculture, l'industrie, le commerce, « notre budget contient des dotations supérieures à celles de la plupart des budgets étrangers ». L'inégalité des services compense et au delà, dans certains cas, l'inégalité des charges existantes. En outre, le poids relatif des impôts dépend de la richesse des populations. Tel peuple, avec une taxation moyenne d'environ 60 francs, sera, à tous égards, beaucoup plus chargé, proportionnellement, que le peuple français (1). »

*
* *

— Vous considérez alors que l'imposition moyenne ne peut servir de terme de comparaison pour évaluer la richesse d'un pays, et que son total plus ou moins élevé n'a aucune importance, si les termes de compa-

signification effective, si on ne les compare pas à la richesse du pays à diverses époques ». Or, sous la Restauration, les impôts prenaient 54 % de la part de la fortune publique ; à la fin de Louis-Philippe, cette part tombait à 50 %, et à 41 %, en 1869, à la fin de l'Empire. Elle remonte à 48 % en 1871 et redescend à 46 % en 1889.

Pour démontrer le poids de l'augmentation de l'impôt par tête d'habitant, de 1890 à 1900, il faudrait démontrer, pendant cette même période, le stationnement, l'accroissement ou la diminution de la richesse publique. Tous les indices économiques montrent l'accroissement de cette richesse.

(1) Note extraite de l'exposé des motifs du projet de budget de 1893, présenté par M. Rouvier, ministre des finances.

raison ne sont pas les mêmes dans les pays que l'on compare entre eux ?

— Assurément, « la réalité est loin de la légende et de la croyance commune », — comme l'écrivait encore M. Jules Roche, dans le curieux article que nous avons rappelé et que nous voudrions pouvoir reproduire *in extenso*, tellement il est topique. — S'il fallait, en effet, prendre, soit le montant de l'imposition moyenne par tête, soit le montant de la dette publique, pour comparer la richesse ou la pauvreté d'un pays à celles de telle ou telle autre nation, savez-vous, mon cher lecteur, quels seraient les citoyens les plus riches de la terre ?

— Non, mais je serais curieux de l'apprendre.

— Eh bien, avec des raisonnements aussi subtils que ceux de l'imposition moyenne par tête, avec de tels calculs et de telles « opérations de cuisinière », comme les qualifiait encore M. Jules Roche, ce seraient les habitants de la République de Libéria.

Ces derniers sont, au grand maximum, au nombre de 2 millions. Leur dette publique s'élève, en capital, à environ 5 millions ; leurs impôts annuels sont presque nuls. L'imposition moyenne par tête ressort à 2 fr. 50, comme capital de la dette, sans parler des impôts. Sont-ils plus heureux que nous et voudrions-nous changer notre sort contre le leur ?

*
*   *

— Si cependant, malgré tous vos chiffres, les progrès de la richesse et son accroissement en France étaient aussi évidents, comment se fait-il que la masse de la population n'en ait qu'un sentiment confus ? Comment expliquer qu'elle écoute aussi facilement ceux qui, chagrins du présent, affirment que, sous le rapport du bien-être, le passé valait peut-être autant et souvent mieux ?

Le temps passé et le temps présent.

— C'est un psychologue, mon cher lecteur, qui mieux qu'un économiste et un statisticien, pourrait répondre à vos questions. Comme le disait M. Levasseur dans la conclusion de son ouvrage magistral sur *la Population* : « Les économistes connaissent les causes des progrès de la richesse ; les statisticiens essaient d'en mesurer l'intensité », mais c'est à la psychologie qu'il faut demander la réponse à des questions comme la vôtre, et il ajoutait : « L'homme n'est jamais content de son sort ; il ne l'a jamais été et ne le sera jamais. » C'est absolument vrai. Rappelez-vous, du reste, combien de fois, vous avez lu dans les journaux et entendu dire et répéter que la France était perdue, ruinée, et s'en allait à la dérive !

Au lendemain de la guerre et de la Commune, on disait aux rentiers : « Vendez vos rentes et vos valeurs françaises ! » En 1875, au moment du vote de la constitution, quels tristes pronostics n'a-t-on pas émis ! Quand Gambetta et son « grand » ministère ont été appelés au pouvoir, que n'a-t-on pas dit encore ? Quand Jules Ferry a été président du conseil, que n'a-t-on pas dit contre « le Tonkinois » ? Combien d'autres événements devaient, disait-on, ruiner la France ! et cependant, la France vit, marche et prospère. Nous avons connu des rentiers qui, effrayés par tout ce qu'ils entendaient dire autour d'eux, ont vendu leurs rentes françaises à 55, 60, 65, 70, 75, 80 francs, pour acheter des fonds étrangers divers qui les ont ruinés ; d'autres encore jetaient par-dessus bord des actions et obligations de nos grandes compagnies et achetaient des chemins de fer étrangers aux plus hauts cours que ces titres aient jamais cotés.

Depuis trente ans, nous avons entendu répéter si souvent que la France marchait à la ruine ; qu'elle glissait sur une planche savonnée ; que ses budgets étaient mensongers ; que le déficit était en permanence, et les faits ont tellement contredit ces affirmations que nous sommes devenus très sceptiques quand nous enten-

dons faire les mêmes prédictions. Ne vous laissez pas
effrayer, mon cher lecteur, et croyez bien que les affirmations que vous entendez : « La France se ruine ! la
France est en décadence ! » sont aussi peu fondées que
celles d'autrefois !

* *
*

— Mais enfin, si vos statistiques prouvent qu'il n'est La cherté de la vie.
pas vrai de dire que la France « se ruine » et soit « en
décadence » ne pensez-vous pas que l'accroissement de
la richesse soit sensiblement amoindrie par l'augmentation du coût de la vie ?

— Je pourrais vous répondre, d'une façon générale,
que si le coût de la vie a augmenté, la faute en est pour
beaucoup au régime protectionniste ; il suffit de comparer les prix des denrées à Paris et à Londres, par
exemple, pour en avoir une faible idée ; mais, à votre
question, c'est M. Levasseur qui répondra :

« Lorsque, dit-il, on répète en gémissant sur le temps présent : « La vie
est si chère ! » on ne pense pas qu'il faudrait ajouter : « C'est que les
besoins sont devenus si grands ! »

« L'homme éprouve à toute époque beaucoup plus de désirs qu'il n'en
peut satisfaire ; son revenu limite sa consommation. A mesure que la
richesse nationale et, par suite, le revenu individuel augmentent, la
moyenne des consommations s'élève. C'est une conséquence légitime ; car
la richesse est produite par l'homme pour servir à la satisfaction de ses
besoins.

« Qu'est devenu le temps où toute la famille d'un petit bourgeois de
Paris se groupait, le soir, autour d'une unique chandelle, où l'ouvrier
déjeunait dans l'atelier sur le coin de l'établi avec deux sous de pain et
deux sous de pommes de terre frites, où de bons commerçants projetaient
pour leur dimanche un déjeuner de gala au bois de Boulogne et, transpor-
tant dans des paniers la nappe, les assiettes et le menu, dressaient leur
couvert sur l'herbe ? Il est bien loin derrière nous, à soixante ans et plus
de distance, et la génération présente, qui a d'autres mœurs, ne nous le
ramènera pas. Elle préfère les tramways et les chemins de fer aux coucous de la Porte Saint-Denis et elle a raison.

« ... Il faut bien que, malgré la diminution du prix des transports, elle
paie pour ce besoin de déplacement qu'elle satisfait si amplement, plus
que ne payaient ses aïeux qui n'avaient pas de chemins de fer,] ne
croyaient pas nécessaire à la santé de leurs enfants de les conduire aux
bains de mer en été et n'envoyaient pas des élèves de l'école primaire

passer leurs vacances dans les montagnes ou même visiter des pays étrangers » (1).

* *
*

Conclusion de ces rapprochements.

Ainsi, mon cher lecteur, et pour terminer ce dialogue, avant de mettre sous vos yeux les chiffres qu'il nous reste à produire, la réponse à vos diverses objections sera le résumé de cette sixième partie de notre statistique :

Quand on tient compte du taux de l'impôt aux époques diverses que l'on compare entre elles et quand la matière imposable s'est accrue, l'accroissement même du produit de l'impôt dans les caisses du Trésor démontre l'augmentation de la fortune publique en France et non sa diminution ou sa ruine.

Quand, pour prouver que la France « se ruine » ou est en « décadence », on s'appuie sur les cours cotés à la bourse il y a six mois ou un an en les comparant à ceux cotés aujourd'hui, il faut répondre en comparant les cours cotés, sur les mêmes valeurs, depuis 1869, 1875, 1880, 1885, 1890, 1895. On s'aperçoit alors de l'énorme plus-value acquise par les rentes sur l'Etat, les actions et obligations de chemins de fer, les titres de placement, qui forment les trois quarts de l'ensemble de la fortune mobilière de la France.

Voici quelques chiffres. Nous prenons les cours moyens de l'année, en négligeant les fractions :

ANNÉES	3 %	EST	LYON	MIDI	NORD	ORLÉANS	OUEST
	fr. c.	francs	francs	francs	francs	francs	francs
1869.......	71 41	584	974	618	1 115	942	590
1875.......	69 90	557	938	690	1 169	955	600
1880.......	84 46	747	1 335	1 097	1 600	1 219	806
1885.......	80 41	790	1 249	1 166	1 602	1 337	854
1890.......	91 69	862	1 437	1 262	1 826	1 451	1 006
1895.......	101 89	959	1 474	1 290	1 804	1 673	1 094
1899.......	101 21	1 028	1 890	1 867	2 184	1 788	1 148
1900.......	100 69	1 081	1 886	1 322	2 316	1 741	1 050

(1) Levasseur, la *Population française*, tome III. *Le présent, le passé, l'avenir.*

Les obligations des grandes compagnies qui valaient, en 1868, 238 à 338 francs et, en 1875, 304 à 312 francs, valaient, en 1900, 448 à 459 francs. Les compagnies négocient des obligations 2 1/2 dans les prix de 410 fr., c'est-à-dire plus de 100 francs plus cher qu'elles négociaient des obligations 3 %, il y a quelques années.

Les obligations de la ville de Paris et du Crédit foncier, à lots et sans lots, les obligations des grandes compagnies industrielles, ont bénéficié d'une hausse aussi importante. Sans remonter même à l'année 1869, alors que le 3 % valait 71 francs, l'Est 584 francs, le Lyon 974 francs, le Nord 1,115 francs, l'Orléans 942 francs, etc., qui ne voudrait avoir en portefeuille des valeurs achetées en 1890 ou 1895 seulement ! L'Est valait 800 et 960 francs, le Lyon 1,430 et 1,475, le Nord 1,825 et 1,800, l'Orléans 1,450 et 1,575 francs !

L'imposition moyenne par tête ne signifie absolument rien ; suivant l'expression vigoureuse de M. Jules Roche, « ce fameux calcul, ce rigoureux et cet inflexible dogme mathématique n'ont pas le « sens commun » et sont « faux comme des cartes biseautées ».

Le meilleur criterium du poids réel de l'impôt, c'est l'élasticité, l'augmentation ou la diminution de la production, des échanges, de l'épargne, des revenus publics, c'est-à-dire des principaux éléments constitutifs de la richesse publique et privée.

Si la vie est chère, si le coût de la vie a augmenté, le régime protectionniste en est cause pour beaucoup et, d'autre part, c'est que les besoins sont grands et ont eux-mêmes augmenté.

*
* *

Dans cette étude, bien longue, nous avons déjà fourni des preuves nombreuses de la vitalité de notre pays, de sa progression et non de sa ruine et de sa décadence.

Une carte économique et statistique de l'état de la France.

Nous avons montré successivement, l'accroissement

des valeurs mobilières, de leur capital et de leur revenu, d'après le produit des impôts ; l'augmentation des fonds déposés à la Banque de France par les particuliers et par le Trésor ; l'augmentation des dépôts de fonds dans les sociétés de crédit, dans les caisses d'épargne ; l'accroissement de l'annuité successorale mobilière et des donations ; l'accroissement des dépôts de titres à la Banque de France ; la progression de l'impôt sur les opérations de bourse ; l'augmentation du nombre des patentes et des patentés ; l'accroissement des affaires commerciales ; l'augmentation des escomptes des effets de commerce ; les opérations de la chambre de compensation à Paris. Nous avons montré que le poids très lourd des impôts n'avait pas empêché le développement énorme de la fortune publique et privée.

Il nous reste encore de nombreux exemples à fournir : circulation postale et télégraphique, mouvement des chemins de fer et de la navigation, production et consommation de la houille et de la fonte, nombre de chevaux-vapeur, recettes de l'octroi et recettes des théâtres à Paris, consommation du tabac et du sucre, nombre de valeurs cotées à la bourse de Paris, taux de quelques valeurs de placement, etc. Pour que ces exemples, de même que ceux que nous avons déjà donnés, soient plus faciles à retenir, nous les avons groupés par période quinquennale dans un tableau aussi simple que possible, pour que les chiffres qu'il renferme frappent immédiatement l'attention.

Ces indices économiques sont, en quelque sorte, la photographie et la mesure de l'état économique et financier du pays. Nous les avons choisis en nous rappelant la méthode développée à l'Institut international de statistique par notre bien regretté confrère, M. de Neumann-Spallart, dans une communication qu'il fit, à Rome, sur *la Mesure des variations de l'état économique et social des peuples*. Nous avons aussi adopté les principaux indices employés par M. de Foville dans une communication qu'il fit à la Société de statistique de Paris, en 1888. Pour exprimer les résultats de son enquête, M. de Foville employait un mode de représentation très original. Il examinait l'état du pays de 1877 à 1887 et il présentait les résultats de cet examen sur une carte teintée de cinq couleurs : rouge, rose, gris, demi-deuil, noir, qu'il dénommait « carte de météorologie économique et sociale » (1). Le rouge, c'était l'année bonne ; le rose correspondait à une année assez bonne ; le gris, demi-deuil, à une année médiocre; le noir, à une année tout à fait mauvaise.

En 1892, M. Rouvier, ministre des finances, publia dans son exposé des motifs du budget de 1893, des tableaux graphiques excessivement intéressants. Il voulait comparer la France de 1892 à celle de 1876 et de 1869 et il groupa tous les indices qui pouvaient démontrer l'activité ou l'inactivité du pays, la progression ou la décroissance de sa richesse, de son travail, de son industrie, de son commerce. *Le Temps* fit, avec raison le plus grand éloge de cette méthode. En appliquant, disait-il, les procédés de statistique graphique au budget. M. Rouvier a ouvert une tradition toute nouvelle qui semble appelée à un vif succès (2).

A diverses reprises, en 1877, 1880, 1897, 1900, nous avons publié des statistiques de même nature, soit sur la situation comparative de la France au moment de chacune des grandes expositions internationales, soit sur *le Mouvement des impôts et de la richesse publique.*

Dans ce travail, nous ne pouvions nous appuyer sur des exemples plus autorisés, ni suivre une méthode scientifique plus sûre.

Nous avons consulté et vérifié les statistiques financières, commerciales, industrielles, dont les chiffres ne pouvaient être mis en doute ; nous les avons minutieusement contrôlés d'après les documents officiels ; nous

(1) Communication du 18 avril 1888.
(2) *Le Temps*, 22 mars 1892.

avons interrogé les phénomènes économiques qui
paraissent être en corrélation avec la situation générale
du pays.

Grâce à ces « indices économiques », il est possible
de vérifier immédiatement si les assertions de ceux
qui prétendent que la France « se ruine » et qu'elle est
en « décadence » sont exactes ; si, au contraire, elles
ne sont pas entachées d'inexactitude et empreintes de
parti pris (Annexes, tableau II).

* *
*

En consultant tous ces indices, on peut se faire une
idée juste de la situation comparative du pays aux
diverses époques de l'histoire contemporaine. On peut
mesurer les progrès réalisés depuis un quart de siècle,
et, comme le disait M. Rouvier en 1892 dans l'exposé
des motifs du budget de 1893, « à cette distance, on
est presque autorisé à faire abstraction de l'espèce de
flux et de reflux qui, dans tous les pays riches, accé-
lère et ralentit alternativement la marche générale des
affaires ».

Comment, en effet, en parcourant ce tableau de
chiffres, ne pas être frappé de l'essor de la richesse
publique ? Depuis 1875, la circulation postale a triplé ;
la circulation télégraphique a quintuplé ; le tonnage des
chemins de fer s'est élevé de 8 à plus de 16 milliards
de tonnes ; le nombre des voyageurs kilométriques a
triplé ; la longueur du réseau a plus que doublé ; les
recettes brutes sont passées de 803 millions à 1 milliard 520 millions ; le tonnage maritime a plus que
doublé. La consommation de la houille s'est élevée de
24 à 40 millions de tonnes ; la production de la houille
a doublé, 17 millions de tonnes en 1875, 33 millions en
1900 ; la production de la fonte a presque doublé ; le
nombre des chevaux-vapeur a presque triplé.

En même temps, les importations et exportations
réunies passaient de 7 milliards 409 millions à 8 mil-

Ce que mon-
trent ces chif-
fres.

liards 807 millions ; les escomptes à la Banque de France passaient de 9 milliards 654 millions à 12 milliards 248 millions ; l'encaisse métallique qui était au plus haut de 1 milliard 668 millions en 1875, atteignait 3 milliards 133 millions en 1899 et 3 milliards 448 millions en 1900. En 1900, le chiffre le moins élevé de l'encaisse a été de 3 milliards 11 millions, alors qu'en 1875 le chiffre le plus élevé était de 1 milliard 668 millions. Le mouvement général de caisse de la Banque de France s'est élevé de 91 milliards en 1875 à 146 milliards 931 millions en 1899 et à 149 milliards 247 millions en 1900. L'encaisse-or de la Banque de France, qui dépasse aujourd'hui 2 milliards 450 millions, est la plus élevée qui existe dans toutes les grandes banques d'émission. La situation fiduciaire et monétaire de la France, de l'avis du monde entier, est incomparable.

L'aisance s'est répandue dans le pays ; les salaires ont augmenté dans de grandes proportions ; jamais ils n'ont été aussi élevés (1). Les œuvres d'assistance, de bienfaisance, les dépenses « d'assistance sociale ». suivant l'expression et les chiffres de M. Guillain, rapporteur général du budget de 1901, les sociétés de secours mutuels, les caisses d'épargne, les caisses de retraites pour la vieillesse, les caisses d'assurances en cas de décès ou d'accidents se sont multipliées et coûtent au budget 250 millions ; et nous ne parlons ni de la protection des enfants du premier âge ni de celle aux enfants assistés ni des libéralités de l'État en faveur de l'enseignement secondaire ou supérieur, l'assistance médicale, etc. (2).

Les consommations de luxe, les dépenses pour le plaisir se sont accrues. La consommation du tabac a augmenté de 30 millions à 38 millions de kilogrammes ;

(1) Office du travail, *Salaires et durées du travail dans l'industrie française.* — Levasseur, *la Population française.*

(2) Voir le discours prononcé par M. le procureur général Renaud, à l'audience solennelle de la cour des comptes, le 16 octobre 1897, sur *l'Œuvre budgétaire de la troisième République en matière d'assistance.*

les recettes des théâtres à Paris qui étaient de 21 millions en 1875 s'élèvent à 33 millions en 1899.

Quant à l'épargne, nous avons montré l'accroissement des dépôts dans les caisses d'épargne. Il était dû 660 millions en 1875 aux déposants dans les caisses d'épargne et le nombre des livrets était de 2,305,567 ; en 1899, il était dû 4 milliards 336 millions, le nombre des déposants était de 10,316,684 ! Nous avons montré l'augmentation des capitaux déposés dans les établissements de crédit, à la Banque de France ; l'augmentation du revenu des valeurs mobilières, du montant des annuités successorales, du nombre de titres cotés à la bourse de Paris, etc. Le revenu des actions françaises, qui était de 471 millions en 1875, s'est élevé à 727 millions en 1899 et 823 millions en 1900 ; celui des obligations, de 557 millions à 873 millions.

Quant au prix des valeurs de placement, puisque leur légère réaction sur leurs plus hauts cours a été indiquée comme une preuve de ruine et de décadence, leur progression a été énorme : le 3 % valait 69 fr. 90 en 1875, 101 fr. 21 en 1899 et 100 fr. 59 en 1900.

En 1875, un capitaliste qui aurait acheté une action des six grandes compagnies, Est, Lyon, Midi, Nord, Orléans, Ouest, aurait déboursé, au total, 4,823 francs ; ces mêmes titres coûtaient en 1899 9,351 francs et 9,376 francs en 1900.

Les obligations de ces six grandes compagnies auraient coûté en 1875 1,846 fr. 42 ; elles coûtaient en 1899 2,783 fr. 57 et 2,711 fr. 43 en 1900, par suite du fléchissement passager des valeurs à revenu fixe et des tendances de l'épargne à se porter sur les titres à revenu variable. Les obligations de la ville de Paris et du Crédit foncier ont également haussé : de 1875 à 1899, les obligations de la ville de Paris 1869 ont haussé de 336 fr. 84 à 421 fr. 87 ; elles valaient 420 fr. 62 en 1900.

A ce tableau, nous pourrions ajouter encore un relevé annuel et détaillé des achats et des ventes de rentes
effectués par l'intermédiaire des comptables du Trésor,
de 1869 à 1900. On verrait la puissance de cette épargne
française, sa confiance dans le crédit de l'État, dont la
rente est l'expression, confiance persévérante, malgré
tous les efforts faits pour la lui enlever.

Achats annuels de l'épargne en rentes sur l'État.

En nous bornant à décomposer ce tableau pendant
les mêmes périodes quinquennales que nous avons
examinées, nous trouvons les chiffres suivants :

PÉRIODES	CAPITAUX CORRESPONDANTS		EXCÉDENTS des achats sur les ventes
	aux achats	aux ventes	
	millions de francs	millions de francs	millions de francs
1875 à 1880	2 687,3	1 638,5	1 048,8
1881 à 1885	1 796,3	811,6	984,7
1886 à 1890	1 543,3	882,2	661,1
1891 à 1895	1 428,5	864,0	664,5
1896 à 1900	1 384,5	579,0	805,5
Totaux	8 839,9	4 775,3	4 064,6

Ces chiffres sont d'une grande simplicité : mais avec
quelle éloquence ils parlent ! combien est puissante
leur démonstration de la force de l'épargne et de l'accroissement continu de la richesse !

Ainsi, voilà un pays que l'on prétend ruiné, en décadence, et qui de 1875 à 1900 emploie 8 milliards 839 millions en achats de rentes sur l'État ; il en vend, pendant la même période pour 4 milliards 775 millions et
finalement, l'excédent d'achats sur les ventes est de
4 milliards 64 millions, sans compter les placements
plus considérables encore qu'il a faits, pendant le
même laps de temps, sur ses titres de prédilection :
obligations de chemins de fer, de la ville de Paris et du
Crédit foncier.

De 1875 à 1900, les compagnies de chemins de fer, le Crédit foncier et la ville de Paris, ont placé plus de 6 milliards d'obligations. Voilà donc, y compris les rentes sur l'État, plus de 10 milliards que l'épargne française a placés sur des titres de premier ordre et nous ne parlons pas des milliards qu'elle a employés sur des quantités de titres français et étrangers. Le nombre de titres français et étrangers cotés à la bourse de Paris, rien qu'à la cote officielle, a doublé depuis 1875 : il était de 500 en 1875, il est de 1,000 en 1900.

A aucune époque, le montant total des valeurs mobilières françaises et étrangères appartenant, en propre, à nos rentiers français n'a été aussi considérable. D'année en année, il a augmenté. Nous ne serons pas éloigné de la vérité en disant qu'à l'heure actuelle, ce total varie de 85 à 90 milliards, et bien des statisticiens estiment que nos évaluations sont trop modérées.

Comme nous l'écrivions récemment : « Si on ne peut attribuer l'accroissement de l'épargne française, soit à l'augmentation des produits de la terre, soit au développement du commerce et de l'industrie, soit encore à la création d'entreprises nouvelles mettant en valeur des richesses enfouies dans le sol, telles que minerai, houille, pierres, etc., d'où viennent donc tous ces milliards ? » Et nous avons pu ajouter encore : « Si nous étions dans le mauvais état que les partis politiques s'ingénient à mettre à nu, est-ce que tous ces capitaux, ces disponibilités, ces épargnes, dont on ne peut nier l'existence, n'auraient pas disparu ? A moins de supposer qu'ils soient le fruit d'une génération spontanée, ne montrent-ils pas, au contraire, que notre pays continue sa marche en avant, travaille et économise ? »

Bien d'autres faits et d'autres chiffres se pressent encore sous notre plume. Il nous serait facile de multiplier les exemples. Nous pourrions insister plus que nous ne l'avons fait, sur la situation hors de pair de la Banque de France : son encaisse-or est la plus forte qui existe en aucun pays du monde ; nous pourrions dire pourquoi ses billets sont plus recherchés que la monnaie métallique. Nous pourrions ajouter encore que le portefeuille commercial de toutes les sociétés de crédit, que les dépôts de fonds des particuliers, n'ont jamais été aussi élevés que dans ces dernières années et démontrer ainsi que si, au contraire, le portefeuille de la Banque de France est relativement peu considérable, c'est que les sociétés de crédit, ne sachant comment utiliser les dépôts qu'elles détiennent, font, depuis plusieurs années, « la chasse à l'escompte », suivant une expression que nous avons employée et escomptent le papier meilleur marché que la Banque elle-même.

Nous pourrions montrer que, d'après un relevé du taux de l'intérêt des bons du Trésor, alors qu'en 1875 le Trésor allouait 3 1/2, 4 1/2, 4 et 3 % ; en 1885, 3 et 2 % ; en 1890, 2 % ; il peut aujourd'hui à 2 % et 1 % se procurer pour sa trésorerie tous les capitaux dont il peut avoir besoin : il lui suffirait de relever le taux d'intérêt de ses bons pour voir affluer les millions dans ses caisses.

Nous pourrions faire remarquer aussi que si le nombre des patentes et des patentés a augmenté, le mouvement général des échanges et du commerce intérieurs a progressé dans de notables proportions ; nous pourrions prouver aussi que les prêts hypothécaires ou les ventes d'immeubles ne sont pas plus nombreux que de coutume.

Tous ces faits et ces chiffres résultent de documents officiels : chacun peut les lire, les vérifier : ils indiquent clairement que c'est une erreur de dire que la France se ruine et qu'elle est en décadence. Cette démonstration est, pensons-nous, chose faite et il ne nous reste plus qu'à conclure.

*
* *

Que l'on se reporte par la pensée à ce qu'était la France au lendemain de 1870 : plus d'administration, plus d'armée, plus de marine, plus de finances, plus de

La France au lendemain de 1870.

crédit. Quarante-cinq départements étaient occupés par
l'armée d'invasion. Les impôts ne rentraient pas. Tout
était désorganisé, tout était à reconstituer à Paris et en
province. Nous avions à payer à l'Allemagne 5 milliards
d'indemnité de guerre, sans compter les frais et les
intérêts ; le Trésor était vide et il fallait se procurer les
milliards de la rançon, augmenter les anciens impôts,
en créer de nouveaux.

Nous avons souvent rappelé que, quand M. Pouyer-
Quertier, en 1871, accepta, par patriotisme, le portefeuille des finances, il appela dans son cabinet le directeur du mouvement général des fonds et lui demanda
quel était le montant des disponibilités du Trésor :
elles s'élevaient à 500,000 francs ! A la fin de décembre
1870, MM. de Roussy et Roy écrivaient à M. Ernest
Picard, alors ministre des finances : « Nos ressources
sont épuisées. » Au commencement de janvier 1871,
il y avait à payer, rien que pour le mois de janvier,
337 millions.

Que ceux qui répètent que la France est en décadence fassent un retour sur ce passé, si plein d'enseignements douloureux sans doute, mais réconfortants,
car les efforts accomplis ne permettent pas de douter
de l'avenir d'un pays comme le nôtre ! Qu'ils comparent
la France de 1900 et de 1901, non pas seulement à
celle de 1875, comme nous l'avons fait dans ce travail, parce que cette époque marque la fin de l'occu-
pation allemande et la libération du territoire : mais
à celle de 1869, c'est-à-dire à l'année la plus prospère,
la plus brillante du régime impérial et de celles qui
l'avaient précédée sous Louis-Philippe ou Charles X :
qu'ils consultent et vérifient tous les chiffres, qu'ils les
rapprochent de toutes les années antérieures, ils recon-
naîtront qu'à aucune époque l'essor de la France, la
richesse publique et privée, examinée dans son ensemble, au point de vue des intérêts généraux du pays,
n'ont été plus grands. Il y a eu, sans doute, dans ce
long espace de temps, et il y aura toujours des années

plus prospères les unes que les autres ; dans la vie
des nations, il se produit inévitablement des moments
d'arrêt, de recul, de stationnement, puis de nouvelle
activité, de même que dans la vie de l'individu on
constate des malaises, des maladies puis le retour à la
santé.

Il y a eu aussi, et il y aura toujours des pertes individuelles : des agriculteurs ont vendu leurs produits
moins cher qu'autrefois ; des viticulteurs se plaignent
de la « mévente » des vins et de leurs prix ridiculement
bas, tandis que les consommateurs se réjouissent ; des
commerçants et des industriels ont fait de mauvaises
affaires ; d'autres se sont enrichis ; des capitalistes et
des rentiers ont effectué des placements qui leur ont
fait perdre beaucoup ; d'autres, au contraire, ont réalisé de gros bénéfices ; mais, comme nous l'avons déjà
dit, les nations et les individus qui ont de la vitalité et
de l'énergie ne restent pas stationnaires. Ces années
envisagées, comme nous l'avons fait, à un point de
vue général, par périodes fixes, montrent un accroissement continu ; c'est ce que prouvent tous les indices
économiques qu'il faut grouper quand on veut étudier,
sans optimisme et sans pessimisme, la situation vraie
d'un pays.

En 1882, M. Léon Say disait que l'on ne pouvait
faire de bonnes finances si l'on ne s'appuyait pas sur
l'étude des faits.

- Il faut, ajoutait-il, voir, à chaque instant, comment la richesse, l'industrie et le progrès se comportent dans le pays et avoir constamment
cette situation sous les yeux pour être sûr, à tout moment, de ne pas se
tromper sur l'interprétation des phénomènes économiques qui se produisent (1).

M. Léon Say avait raison ; dans cette étude, nous
nous sommes inspiré de ce sage conseil qu'il serait
utile de mettre régulièrement en pratique. Sous l'Empire, le gouvernement présentait chaque année, au
Sénat et au Corps législatif, un *Exposé de la situation*

(1) *Débats parlementaires*, Sénat, 19 décembre 1882.

de l'Empire : c'était une statistique économique, commerciale, industrielle, financière, aussi complète que possible des réformes réalisées, une indication des progrès accomplis ; on pouvait, après l'avoir lue, juger des progrès qui restaient encore à faire. Cet exposé annuel permettait aux Chambres, aux amis et aux adversaires du gouvernement, d'exprimer, en connaissance de cause, leurs critiques et leurs desiderata. Cette publication devrait être reprise. Tous les éléments en sont épars dans les divers ministères : ils sont connus tardivement alors qu'ils pourraient être groupés, condensés dans un tout petit volume de quelques pages et publiés, chaque année, soit dans un fascicule à part, soit dans le *Bulletin de statistique et de législation comparée du ministère des finances*. Ce serait rendre au pays un grand service.

Si depuis 1870, en effet, et plus particulièrement depuis 1875, le gouvernement de la République avait régulièrement publié un exposé statistique et économique de cette nature, de même que le ministère des affaires étrangères publie un *Livre bleu*, bien des critiques sur la gestion des affaires publiques auraient été immédiatement réfutées ; bien des idées fausses répandues dans le pays, sur les finances, sur la situation commerciale et industrielle, auraient été immédiatement contredites par les documents officiels.

* *

Bilan des recettes et des dépenses budgétaires depuis 1869. Depuis 1869, les dépenses totales de nos budgets se sont élevées à près de 110 milliards et à 105 milliards depuis 1871. Ces dépenses, ce sont les contribuables qui les ont acquittées par des emprunts qu'il a fallu contracter, par les impôts anciens ou nouveaux qui ont été accrus ou établis. Les emprunts directs ont réclamé 8 milliards 130 millions ; le compte de liquidation 1 milliard 930 millions ; le budget extraordinaire 1 milliard 410 millions ; soit, au total, 11 milliards 470 millions

que, du fait seul des charges de la guerre, il a fallu se
procurer (1).

Sur les 110 milliards de dépenses budgétaires, 40 milliards ont été absorbés par le service de la dette publique et les dotations ; 30 milliards par la guerre, la
marine, les colonies ; 5 milliards par l'instruction
publique ; 10 milliards par les travaux publics, chemins
de fer, routes, canaux, etc., entrepris par l'État, sans
compter pareille somme de 10 milliards dépensée par
les compagnies privées. On a souvent critiqué et on
critique encore les dépenses énormes qui ont été faites
pour l'instruction publique et pour les travaux publics.
Veut-on savoir ce qu'en pensait un homme dont l'autorité économique et financière est indiscutable ?

« Si vous supportez ces charges sans fléchir, disait à la Chambre des
députés M. Henri Germain, si vous continuez à vous enrichir avec un budget de près de 3 milliards, c'est que vous inscrivez dans votre budget
500 millions pour l'instruction et les travaux publics. Je considérerais non
seulement comme une faute mais presque comme un crime, de restreindre
les budgets de l'instruction publique et des travaux publics » (2).

Il reste donc 20 à 25 milliards qui ont été dépensés
pour les pensions civiles et militaires, les frais de régie
et de perception des impôts, et les autres ministères,
tels que les ministères de l'intérieur, de la justice, du
commerce, de l'agriculture, et pour les frais d'administration. On dit, il est vrai, que tous ces milliards ont
été gaspillés : les chiffres ci-dessus répondent qu'ils
ont été absorbés par des dépenses urgentes, indispen-
sables, que tous les gouvernements, monarchie,
empire, république, auraient dû contracter et acquitter.

Après avoir paré aux besoins les plus urgents, ceux
de la défense nationale, de la reconstitution de notre
armée, il fallait songer aussi à réorganiser l'outillage
de travail du pays : voies de transports, ports, canaux,
télégraphes.

1) *Documents parlementaires*. Chambre, rapport de M. Paul Delombre
sur le budget de 1895 : n° 003. Voir également le rapport de M. Boulanger, au nom de la commission des finances du Sénat.
(2) *Débats parlementaires*. Chambre, 14 décembre 1882.

La France était, en 1869, au 6° rang pour les chemins de fer ; elle est bien près aujourd'hui du premier rang ; nous avions 17,000 kilomètres de chemins de fer en exploitation en 1869 ; 20 000 en 1875 ; 37,000 en 1899 ; nous en possédons aujourd'hui plus de 40,000 ! Notre réseau ferré représente une valeur vénale d'au moins une vingtaine de milliards et ce réseau, à l'expiration des concessions, de 1950 à 1956, appartiendra à l'Etat ; c'est à 6 milliards près le montant de notre dette publique consolidée. Les frais de transport pour les voyageurs et les marchandises ont été abaissés dans des proportions énormes ; ces abaissements de tarifs et notamment ceux qui ont été réalisés en 1892, alors que M. Yves Guyot était ministre des travaux publics et M. Rouvier, ministre des finances, représentent des centaines de millions d'économie pour le commerce et l'industrie, pour le public. Ils ont été abaissés, dans certains cas, de 10, 25, 33, 50 %. Les voyages circulaires, les billets de famille, etc., ont été tellement réduits, qu'il est moins coûteux d'aller passer une journée au bord de la mer et de rentrer à Paris, par exemple, que de dépenser deux heures de voiture pour se promener au Bois de Boulogne. Le prix des voyages à longue distance a été de même extrêmement diminué. A l'étranger, on cite, comme exemples à suivre, le confortable de nos wagons, la rapidité et le bon marché des transports ; il est vrai que chez nous, nous disons tout le contraire. Il a été dépensé plusieurs milliards pour les routes nationales, voies navigables, ports maritimes et ports commerciaux (1). L'agriculture n'a pas été oubliée. Il n'y a pas de budget qui, proportionnellement, ait plus augmenté depuis un demi-siècle, que celui de l'agriculture. Il était de 4 millions en 1847 et

___

(1) *Documents parlementaires*. Chambre, rapport de M. Guillain (n° 2712).

‡ Voir l'ouvrage de M. Yves Guyot, ancien ministre, sur *les Travaux publics*. L'auteur constate qu'il a été dépensé pour les travaux publics, le double de la contribution de guerre payée à l'Allemagne (page 238).

de 8 millions en 1869 ; de 13 millions en 1880 ; 20 millions en 1890 ; 30 millions en 1899. Pour 1902, il s'élève à 45 millions. Des lois nombreuses sont venues seconder les efforts des agriculteurs. De grands travaux d'irrigation ont été entrepris. La production en céréales, en fourrages, s'est accrue, la reconstitution de nos vignobles s'est opérée. Le coût des lettres et des dépêches a été sensiblement réduit. Nous avons acquis et conquis un immense empire colonial qui a coûté un milliard et demi à deux milliards et dont ne tiennent pas compte ceux qui trouvent que la France est en décadence ; nous avons voulu nous payer le luxe et la dépense d'un réseau d'État dont le coût revient à 800 millions ou 1 milliard, car on ne peut se mettre d'accord sur cette évaluation.

En même temps que la France était obligée, pour ainsi dire, de se refaire en entier et de reconstituer à la fois ses frontières, son armée, son crédit, elle avait des charges accablantes à acquitter et supportait des pertes énormes.

La guerre de 1870, l'indemnité payée à l'Allemagne, la Commune de 1871, ont coûté 12 milliards. (Les évaluations varient de 9 milliards 200 millions à 11 milliards 471 millions.)

D'après M. Mathieu-Bodet, la guerre de 1870 avait coûté 9,820,643,000 francs, plus 66,390,000 francs de revenus annuels provenant de l'Alsace-Lorraine (1). D'après M. Léon Say, le coût de la guerre avait été de 11,471,411,661 francs (2). En août 1883, M. Mathieu-Bodet évaluait à nouveau ces dépenses à 10 milliards. En 1886, M. Jules Roche évaluait d'abord ces dépenses à 11,075,986,408 francs, puis à 10,880,185,189 francs (3).

Nous avons payé les 5 milliards et plus à l'Alle-

(1) *Documents parlementaires*. Chambre, rapports de M. Pelletan n° 1631, page 32) et de M. Jules Roche (n° 3176, page 9).

(2) *Le Rachat des chemins de fer (Journal des Économistes*, décembre 1881).

(3) *Documents parlementaires*. Chambre, rapport de M. Jules Roche sur le budget de 1885 (n° 3176, page 16).

8

magne, nous avons acquitté les 12 milliards, en chiffres
ronds, du coût de la guerre et de la Commune, et
il convient de ne pas l'oublier ; mais n'oublions pas
non plus que ces charges énormes pèsent encore sur
le pays. Les intérêts des milliards empruntés et payés
sont inscrits dans nos budgets annuels, nous en sup-
portons toujours le poids ; aussi avons-nous le droit
d'affirmer que jamais un pays n'a eu pareil fardeau.
Et nous ne parlons ni des 2 milliards que le phyl-
loxera lui a fait perdre (1), ni des milliards engloutis
dans une quantité d'entreprises financières ou d'emprunts étrangers, ni du krach de 1882 qui, au dire de
M. Léon Say coûta plusieurs milliards, « l'équivalent
de la rançon » (2).

Quand on voit l'effort qu'il a fallu déployer, nous
pouvons répéter que la situation financière et économique de la France serait incomparable à celle de n'im-
porte quel pays au monde, sans les malheurs imméri-
tés qu'elle a subis, sans le fardeau écrasant qu'elle traine
derrière elle depuis 1870. Il est facile d'opposer aux
progrès de la France ceux de l'Allemagne, de l'Angleterre et d'autres pays et de dire que nos progrès ont
été bien plus lents, mais on oublie d'ajouter que ces
pays n'ont pas eu à supporter des malheurs et des
charges comme les nôtres.

***

Les États-Unis
après la guerre
de Sécession et
la France après
1870.

Au lendemain de la guerre de sécession, aux États-
Unis, la France et le monde entier se sont extasiés sur
le relèvement du peuple américain. Les progrès des
Américains ont été assurément des plus remarquables :
mais comme nous le disions à la commission extrapar-

(1) Exactement 1.802.484.399 francs. (*Dictionnaire des finances*, tome II,
page 870, étude de M. Hennebique, administrateur des contributions
directes.)
(2) *La Politique financière de la France* (*Journal des Économistes*,
15 novembre 1882).

lémentaire de l'impôt sur le revenu (1), ceux de notre
pays ne le sont pas moins. Les Etats-Unis ont pu, en
toute liberté, se consacrer à leur relèvement intérieur, sans avoir à se préoccuper ni des pays voisins,
ni des luttes intérieures des partis. Nous, au contraire,
nous avons été constamment sur le qui-vive : à l'extérieur, nous avons évité souvent de mauvaises querelles
qui pouvaient amener des conflits sérieux et compromettre la paix ; à l'intérieur, les discussions et les divisions entre les partis n'ont pas cessé. Nous nous appe-
lons : bonapartistes, orléanistes, légitimistes, opportu-
nistes, progressistes, radicaux, socialistes, collectivistes,
intransigeants, cléricaux, ralliés, antisémites, anar-
chistes ; nous oublions trop souvent que nous sommes,
avant tout, Français et que, si nous étions moins divisés, nous serions devenus et deviendrions encore plus
forts. Il semble que ce soit un plaisir de nous décrier
nous-mêmes, de nous déprécier, et l'étranger est parfois plus juste envers nous que nous ne le sommes.
« La France, vue du dehors » — comme nous le disons,
parfois, en citant tout ce que l'on dit de nous à l'extérieur — est souvent mieux jugée, mieux appréciée, que
par ses propres enfants.

* *

Nous nous sommes borné purement et simplement à
relever des faits et des chiffres et à laisser ces faits et ces
chiffres montrer par eux-mêmes leur propre signification. Nous pouvons dire, en toute assurance, en
nous appuyant sur des documents exacts, officiels,
contrôlés, absolument dignes de foi, dont nous avons
tenu à indiquer les sources, que la France n'a cessé,
depuis la guerre et depuis 1875, de suivre une marche
progressive : elle travaille, prospère, économise, et vaut
mieux, Dieu merci, que la réputation qu'on essaie de
lui faire.

Dangers du pes-
simisme.

(1) *Procès-verbaux des séances*, 28 novembre 1894, page 694.

Sans doute, elle pourrait travailler davantage, devenir plus riche encore, augmenter ses économies plus qu'elle ne le fait ; mais à qui la faute, sinon à ceux qui sèment l'inquiétude comme à plaisir, et, par crainte de lois fiscales qui ne sont pas encore sur le point d'être votées, vont répéter partout que la France se ruine, qu'il faut vendre ses rentes, ses valeurs françaises, qu'il faut envoyer tous ses fonds et tous ses titres à l'étranger, placer ses économies en Allemagne, en Angleterre, aux États-Unis, en Suisse, comme si tous ces pays n'avaient pas de lois fiscales, sociales et ouvrières tout aussi dangereuses que celles dont on nous menace! ou bien encore, qu'il faut s'adresser aux banques anglaises, allemandes, suisses, américaines, belges, comme si toutes ces banques présentaient plus de garanties que les nôtres ; ou bien encore, qu'il faut se faire ouvrir ces fameux « comptes-joints » dont on parle sans les connaître et qui sont remplis de chausse-trapes ! Que l'épargne française se garde de suivre de semblables conseils ! Depuis que nous avons commencé cette étude, des crises intenses ont frappé plusieurs marchés étrangers où, disait-on, la sécurité était plus grande que chez nous ! Qu'on se rappelle — et nous l'avons vu souvent — que s'il est facile d'envoyer son argent et ses titres au dehors, il est moins commode d'en surveiller le dépôt et l'emploi, puis, de les faire rentrer chez soi, au moment voulu. Il est très facile de dire que l'on veut fuir le fisc français, mais il est moins facile d'échapper au fisc étranger, plus exigeant, plus dur et plus rapace sous son apparence débonnaire, que le nôtre !

Lois fiscales, sociales, ouvrières à l'étranger.

Nous nous demandons enfin quelle utilité on peut trouver à dire et à répéter que la France se ruine, ou bien qu'elle est en décadence.

Il faut, sans doute, se garder de tout optimisme exagéré : mais le pessimisme n'est-il pas dangereux dans un pays comme le nôtre, impressionnable à l'excès ? Est-il donc si difficile de voir les choses telles qu'elles

sont et de le dire nettement, sans se laisser guider
par un regrettable parti pris ?

Rechercher les moyens d'accroître le travail, les ressources, la richesse publique et privée du pays ; discuter sur les mesures les plus efficaces pour améliorer et développer la fortune de la France, critiquer et
combattre tout ce qui risquerait d'empêcher l'expansion de notre pays, tout ce qui pourrait porter atteinte
à son crédit, à son commerce, à son industrie, affai-
blir ses finances, tel est le devoir qui s'impose à tous
ceux dont les avis peuvent exercer une influence petite
ou grande. Nous ne nous privons guère et ne nous
sommes jamais privés, pour notre part, de critiquer et
de combattre les propositions ou projets de loi qui nous
paraissent dangereux.

Mais faut-il dire que la France se ruine et qu'elle est
en décadence, parce que, par suite de l'application de
la loi sur la réforme des boissons et de la législation
de 1884 sur les sucres, des moins-values inévitables,
mais passagères, se sont produites ?

Parce que, par comparaison avec les recettes exceptionnelles de l'année de l'exposition, les recettes de
chemins de fer sont en diminution sur celles de 1900,
faut-il dire que la France traverse une crise, alors que
ces recettes, ce que l'on ne dit pas, dépassent celles des
années précédentes ? Les recettes par jour et par kilomètre sont, en ce moment, de 98 francs environ. Elles
étaient en 1900, année exceptionnelle, de 102 francs ; en
1899, de 97 francs ; en 1898, de 99 francs ; en 1897, de
92 francs ; en 1896, de 90 francs ; en 1895, de 87 francs.
Voilà la vérité.

Parce qu'il se produit un temps d'arrêt, de repos, de
liquidation, après une suite ininterrompue d'années
d'une prospérité sans égale et d'excédents budgétaires
sans précédents, faut-il voir tout en noir et crier à la
ruine et à la décadence de notre pays ?

Oublie-t-on qu'on disait déjà, en 1898 et 1899, que la
France se ruinait, que l'exposition n'aurait pas lieu,

Causes de la
diminution ac-
tuelle des recet-
tes budgétaires.

que la guerre du Transvaal et la guerre de Chine nous conduisaient à la guerre continentale, etc. ? Toutes ces affirmations ne se sont pas réalisées et, nous en avons le ferme espoir, il en sera de même de celles que l'on entend aujourd'hui.

Faut-il, enfin, s'ingénier à démontrer et à mettre en évidence que la France n'est pas aussi riche que d'autres pays ; répéter sans cesse que ses finances sont en mauvais état ? Pourquoi faire remarquer les retraits de fonds des caisses d'épargne quand ils se produisent, et se taire si, comme en ce moment, des augmentations de dépôts, qui dépassent de 40 millions les chiffres de l'an dernier, ont lieu ? Pourquoi insister sur la progression et la prospérité du commerce et de l'industrie des autres pays et parler du délabrement et de l'infériorité des nôtres et avancer d'autres aménités de ce genre ?

Que penser de telles affirmations qui ne peuvent s'appuyer sur aucune preuve !

Quelle peut être l'utilité de telles constatations, complètement inexactes ?

* *
*

Ce qui est certain, au contraire, c'est que ces affirmations inexactes, sans preuves, répétées chaque jour, finiraient, à la longue, si elles n'étaient démenties par des faits et par des chiffres, par inquiéter vivement ceux qui travaillent et ceux qui économisent.

En effet, mon cher lecteur, si l'on vous disait chaque matin que vous êtes malade, que vous avez mauvaise mine, seriez-vous doué de la santé la plus robuste, vous finiriez par vous croire dangereusement atteint et feriez appeler un médecin. Les partis politiques répètent tous les jours à la France, qu'elle est dangereusement malade ; ils s'offrent à elle pour la soigner et la guérir et lui prescrivent bien des remèdes. Combien ces nombreux et empressés docteurs agiraient sagement

en commençant par se guérir eux-mêmes, en se mettant d'accord !

Quand les partis politiques se disputent, nous le
regrettons, sans doute, car l'union et la paix devraient
être un des premiers devoirs, mais il en a été et il en
sera toujours de même. Nous comprenons que les
questions de la politique pure aient le don de passion-
ner les esprits, car un pays qui se désintéresserait complètement des affaires publiques serait tout à fait mûr
pour la servitude ; mais ce que nous demandons, ce
que nous souhaitons ardemment, c'est que les partis
mettent en dehors de leurs querelles, le crédit public
et les finances de l'État.

Le crédit et les finances de la France, le prestige
dont ils jouissent, la confiance qu'ils inspirent, sont
notre sauvegarde pour la paix et pour la guerre. Pour
la paix, ils nous garantissent la sécurité intérieure
nécessaire à nos travaux et nos échanges ; ils mettent
des capitaux abondants et à bon marché à la disposition
du commerce, de l'industrie et des travailleurs ; pour
la guerre, ils tiennent en réserve les millions et les
milliards nécessaires à la défense de la patrie. C'est
grâce à son crédit merveilleux, à ses finances mises en
ordre, que la France a pu satisfaire à tous ses besoins
et commanditer les pays étrangers. Si, malheureusement, ce crédit était diminué, la France serait atteinte
dans son prestige, dans sa situation présente et dans
son avenir, à l'intérieur et à l'extérieur.

Les gouvernements étrangers et les partis politiques,
à de très rares exceptions près, s'appliquent à montrer les finances de leur pays sous le plus beau jour ;
ils exagèrent, en bien, leur état politique et économique ; nous, au contraire, nous nous appliquons à
crier *urbi et orbi* que nous marchons à la banqueroute,
que nous sommes ruinés, que le commerce, l'industrie,
l'agriculture, l'épargne, sont en péril, qu'il faut faire
émigrer à l'étranger ses capitaux et ses titres, comme
si la France était condamnée à périr ! Tout cela est

inexact et, au fond, ceux qui le crient le plus fort
le savent très-bien : leur patriotisme souffrirait cruelle-
ment si, par malheur, leurs prédictions se réalisaient ;
mais la politique, paraît-il, est une science qui n'est
intelligemment comprise que quand, pour nuire à ses
adversaires, on exagère le mal en faisant silence sur le
bien, parce que cette constatation pourrait leur être
favorable. Quand les partis politiques, dans leurs âpres
discussions, croient faire du tort à leurs adversaires en
disant beaucoup de mal de la situation financière et
économique, c'est au pays tout entier qu'ils nuisent.

Il faut que notre pays soit fort et vigoureux, qu'il
ait une robuste santé pour résister à tous les assauts
de ses ennemis et de ses envieux, et trop souvent
aussi aux désirs et aux impatiences de ses amis. Ce
n'est pas tout : parmi les nombreux docteurs politiques
qui lui promettent chaque matin de lui donner une
bonne santé, de le guérir et de le sauver, combien
d'entre eux ne sont-ils pas atteints d'une maladie persistante que nous avons qualifiée d' « obsession fiscale » ? Cette « obsession » paralyse les meilleurs et les
plus vigoureux efforts : elle s'ajoute à d'autres grandes
maladies, comme le protectionnisme, l'intervention de
l'État en une multitude de choses où l'initiative privée
agirait mieux, plus efficacement et à moins de frais ;
elle a empêché et empêche une expansion plus forte
du commerce et de l'industrie.

* * *

Pour beaucoup de législateurs, le capitaliste, le rentier, ceux qui s'occupent d'affaires, sont l'ennemi. Ils
oublient qu'à l'heure actuelle, il existe en France, sur
10 millions d'électeurs, 5 millions au minimum de
petits épargneurs qui possèdent un titre de rente, une
action ou une obligation, une valeur à lots, absolument
comme il existe des millions de petites gens possédant
un « lopin », une parcelle de terre. C'est cette armée

de petits rentiers, tous contribuables, tous électeurs
aussi, qu'il faudrait se concilier et non effaroucher en
s'ingéniant à frapper la « fortune acquise ». Cette fortune, morcelée à l'infini, véritable poussière de titres
et de revenus, comme nous l'avons dénommée, devrait
être épargnée. Les hommes politiques parlent trop d'impôts et pas assez d'affaires : ils songent trop souvent
à créer de nouvelles dépenses, à faire intervenir l'État
dans une foule de questions qui entravent l'initiative
individuelle.

Un député qui dirait à la tribune de la Chambre qu'il
faut réaliser des économies, développer le travail et
l'activité du pays, ne pas s'attaquer à ceux qui possèdent, pas plus aux petits qu'aux gros, qui prendrait
la défense du capital et de l'épargne, s'exposerait à parler devant des banquettes vides, ou bien à être traité de
« ploutocrate », « d'homme de bourse », de « spécula-
teur », voire même de « vendu » ! Prendre la défense
de la bourse des valeurs ou de la bourse du commerce,
dire que la spéculation est utile et nécessaire, soutenir,
comme le disait il y a peu de temps encore à la Société
d'économie politique notre vénéré président, ce grand
honnête homme, ce *vir bonus* qui s'appelle Frédéric
Passy, « que la grande richesse, honnêtement acquise,
est aussi respectable que la petite épargne » ; défendre
les puissantes et les petites compagnies financières,
commerciales ou industrielles, c'est s'exposer à bien
des attaques et à bien des ennuis.

Soutenir que la France n'est pas en péril ; démontrer
qu'il n'est pas exact de dire qu'elle se ruine ou qu'elle
est en décadence ; se dégager de tout parti pris politique ;
envisager les faits et les chiffres pour ce qu'ils disent
et non pour ce que l'on voudrait qu'ils disent ; parler
en toute indépendance, c'est risquer d'être considéré
comme un optimiste, un thuriféraire. Cet état d'esprit
est déplorable : il est nécessaire qu'il se modifie si l'on
veut que la France travaille, se développe et s'enrichisse
davantage !

Conclusions.

Mais, répétons-le sans nous lasser, quels que soient les obstacles qu'elle a rencontrés sur sa route, la France ne s'arrête pas. Les chiffres que nous avons cités, les indices économiques, commerciaux, industriels, financiers, que nous avons publiés, le démontrent d'une façon irréfutable.

Nous pouvons dire avec un éminent magistrat, M. le procureur général Renaud :

» Ce sont des signes matériels de prospérité et de richesse nationale... Malgré l'accroissement de ses dépenses pour la libération du territoire, pour la défense de ses frontières réduites, pour la sécurité de ses possessions maritimes, pour l'amélioration de ses moyens de transports, de ses services postaux et télégraphiques, comme aussi pour l'élévation du niveau intellectuel de la nation, la France ne s'est pas appauvrie (1). »

Telle est la vérité : la France a des ressources d'une puissance merveilleuse ; les épargnes du pays augmentent ; les valeurs mobilières sont de plus en plus nombreuses dans le portefeuille des rentiers ; dans aucun pays du monde on ne trouve une fortune aussi morcelée, aussi répandue ; sa richesse et son développement se révèlent par une foule de manifestations économiques. Certes, elle a subi depuis un siècle bien des secousses, bien des transformations, mais il faut reconnaître que par son travail, par son désir et sa volonté de maintenir la paix avec ses voisins, elle a repris dans le monde et dans le concert des nations européennes, la grande place que lui assignait son passé.

_____

(1) *Loc. cit.*

LA LÉGENDE
DES RICHES ET DES GROS HÉRITAGES

LES SUCCESSIONS EN 1902, 1903, 1904 (1)

L'administration des finances vient de publier la statistique des successions déclarées en 1904, au point de vue de la distinction entre l'actif et le passif.

Le nombre des successions déclarées s'est élevé à 394,787 représentant un actif brut de 5,657,563,154 fr.

Les successions sans passif déductible entraient dans ce chiffre pour 329.467 en nombre, et 4,141,086,030 fr. en valeur.

52,134 déclarations accusaient un actif brut de 1 milliard 428,677,610 francs et un passif déductible de 296.557,246 francs, ce qui a réduit l'actif taxé à 1 milliard 132,120,364 francs.

Dans 13,186 successions, l'actif (87,199,508 fr.) était inférieur au passif (138,774,127 fr.).

Les successions taxées ressortent ainsi à 381,601 en nombre, et 5,273,806,400 francs de valeurs transmises.

En rapprochant ces chiffres de ceux des années 1903 et 1902, on obtient les résultats suivants :

ANNÉES	NOMBRE de SUCCESSIONS ACTIVES	VALEURS TRANSMISES
		millions de francs
1902............................	363.612	4.772,1
1903............................	366.032	4.923,9
1904............................	381.601	5.273,8

En 1902, les successions étaient divisées en 9 séries : De 1 à 2,000 francs ; de 2,001 à 10,000 francs ; de

(1) 1905.

10,001 à 50.000 francs ; de 50,001 à 100.000 francs ; de 100,001 à 250.000 francs ; de 250,001 à 500,000 francs ; de 500,001 à 1 million ; de 1 million à 5 millions ; au-dessus de 5 millions.

En 1903 et 1904, l'administration de l'Enregistrement est entrée dans plus de détails : elle a indiqué les successions de 1 à 500 francs ; de 500 à 2,000 francs ; puis celles de 1 à 2 millions ; de 2 à 5 ; de 5 à 10 ; de 10 à 50 ; enfin de 50 millions et au-dessus. C'est là déjà une amélioration apportée dans les cadres de la statistique ; nous désirerions cependant davantage. Les héritages de 100,000 à 250,000 francs et de 250,001 à 500,000 devraient être encore subdivisés. Il serait, au surplus, préférable de grouper les héritages par tranches de 100,000 francs (100,001 à 200,000 ; 200,001 à 300,000 ; 300,001 à 400,000 ; 400,001 à 500,000 francs, etc.).

* * *

Le mouvement successoral.

Pour qu'on puisse se rendre compte de ce mouvement successoral, nous rappellerons le détail des successions de 1902, 1903 et 1904 et nous rapprocherons les résultats de ces trois années.

GROUPES D'HÉRITAGES	NOMBRE de SUCCESSIONS	VALEURS TRANSMISES
1902		millions de francs
de 1 à 2.000 fr.	213.378	241.5
— 2.001 à 10.000	97 257	654.1
— 10.001 à 50.000	39.198	904.0
— 50.001 à 100.000	6.964	477.4
— 100.001 à 250.000	4.250	662.8
— 250.001 à 500.000	1.473	513.5
— 500.001 à 1.000.000	684	453.7
— 1.000.001 à 5.000.000	344	714.2
Au-dessus de 5 millions	27	250.9
	363.612	4.772.1

GROUPES D'HÉRITAGES	NOMBRE de SUCCESSIONS	VALEURS TRANSMISES
1903		milliers de francs
De 1 à 500 fr.....	121.658	33.0
— 501 à 2.000.....	106.597	136.4
— 2.001 à 10.000.....	102.800	508.6
— 10.001 à 50.000.....	41.847	903.3
— 50.001 à 100.000.....	7.079	487.5
— 100.001 à 250.000.....	4.423	687.2
— 250.001 à 500.000.....	1.525	526.2
— 500.001 à 1.000.000.....	706	498.2
— 1.000.000 à 2.000.000.....	353	494.3
— 2.000.000 à 5.000.000.....	119	361.9
— 5.000.000 à 10.000.000.....	17	133.0
— 10.000.000 à 50.000.000.....	7	104.8
— 50.000.000 et au-dessus.....	1	60.6
	381.032	4.923.9
1904		
De 1 à 500 fr.....	119.539	35.4
— 501 à 2.000.....	102.785	129.1
— 2.001 à 10.000.....	103.157	496.9
— 10.001 à 50.000.....	42.042	888.0
— 50.001 à 100.000.....	6.875	488.1
— 100.001 à 250.000.....	4.449	698.9
— 250.001 à 500.000.....	1.648	653.8
— 500.001 à 1.000.000.....	724	492.5
— 1.000.000 à 2.000.000.....	311	450.0
— 2.000.000 à 5.000.000.....	123	350.9
— 5.000.000 à 10.000.000.....	83	230.2
— 10.000.000 à 50.000.000.....	11	214.5
— 50.000.000 et au-dessus.....	3	250.5
	381.601	5.273.8

La comparaison des nombres permet les constatations suivantes :

Comparaison en nombre

GROUPES D'HÉRITAGES	RÉPARTITION EN NOMBRE		
	1902	1903	1904
De 1 à 500 fr.....	213.378	121.658	119.539
— 501 à 2.000.....		106.597	102.785
— 2.001 à 10.000.....	97.257	102.800	103.157
— 10.001 à 50.000.....	39.198	41.847	42.042
— 50.001 à 100.000.....	6.964	7.079	6.875
— 100.001 à 250.000.....	4.250	4.423	4.449
— 250.001 à 500.000.....	1.473	1.525	1.648
— 500.001 à 1.000.000.....	684	706	724
— 1.000.001 à 2.000.000.....	381	353	311
— 2.000.001 à 5.000.000.....		119	123
— 5.000.001 à 10.000.000.....		17	33
— 10.000.001 à 50.000.000.....	27	7	11
— 50.000.001 et au-dessus.....		1	3

La comparaison des valeurs transmises fournit les indications ci-après :

GROUPES D'HÉRITAGES		RÉPARTITION EN VALEUR		
		1902	1903	1904
		millions de francs	millions de francs	millions de francs
De　　1 à　　500 fr.........		241.5	33.0	30.4
—　　501 à　　2.000.........			130.4	129.1
—　　2.001 à　　10.000.........		654.1	508.5	495.9
—　　10.001 à　　50.000.........		904.0	903.3	888.0
—　　50.001 à　　100.000.........		477.4	487.5	488.1
—　　100.001 à　　250.000.........		662.8	687.2	698.9
—　　250.000 à　　500.000.........		513.5	626.2	653.8
—　　500.001 à　　1.000.000........		453.7	498.2	492.5
—　　1.000.001 à　　2.000.000.........		714.2	494.3	450.0
—　　2.000.001 à　　5.000.000.........			391.9	350.9
—　　5.000.001 à　　10.000.000.........			133.0	230.2
—　　10.000.001 à　　50.000.000.........		250.9	104.8	214.6
—　　50.000.001 et au-dessus.........			50.6	250.5

* *

L'importance des successions par département

Sur les 5,273,806,400 francs de valeurs taxées en France en 1904, le département de la Seine vient en première ligne avec 1,751,885,654 francs.

Le Nord fournit ensuite 188,451,264 francs ; la Seine-Inférieure, 164,104,098 francs ; le Rhône, 144,412,788 fr.

Les départements accusant un actif taxé de 50 à 100 millions se classent comme suit :

	millions de francs
Gironde.	95.4
Bouches-du-Rhône.	94.2
Oise	91.7
Marne.	81.6
Pas-de-Calais	76.7
Calvados	75.1
Aisne.	74.0
Seine-et-Marne.	71.5
Somme.	69.2
Meurthe-et-Moselle	67.0
Indre-et-Loire	64.8

	millions de francs
Maine-et-Loire.	61.9
Sarthe	60.8
Loire-Inférieure.	59,2
Vosges	59.0
Loiret.	57.2
Manche.	54.4
Saône-et-Loire	54.0
Ille-et-Vilaine	53.2
Orne	50.8

Des successions de 500,000 francs à 1 million ont été constatées dans 70 départements ; des successions de 1 à 2 millions, dans 54 ; de 2 à 5, dans 23 ; de 5 à 10, dans 9 ; de 10 à 50, dans 10.

Au-dessus de 50 millions, on n'en compte que trois, dans le département de la Seine, pour 250,457,970 fr.

Les départements dans lesquels on compte le plus grand nombre de successions de 1 à 2 millions sont les suivants :

DÉPARTEMENTS	NOMBRE de SUCCESSIONS ACTIVES	VALEURS TRANSMISES
		millions de francs
Seine	161	224.9
Rhône	18	25.3
Nord	16	18.8
Marne	8	14.0
Gironde	7	13.1
Meurthe-et-Moselle	7	9.8
Sarthe	6	9.5
Seine-et-Oise	6	8.6
Bouches-du-Rhône	6	8.2
Seine-Inférieure	6	7.1

Le département de la Marne tient le quatrième rang, de même qu'il occupe le quatrième rang des départements classés par importance totale des successions.

Il est à remarquer que ces dix départements où les successions de 1 à 2 millions se trouvent les plus nombreuses, sont aussi ceux dans lesquels on relève

le plus grand nombre de successions de 1 à 500 francs
et de 501 à 2,000 francs. On y compte en effet :
16,806 successions de 1 à 500 francs et 16,865 de 501 à
2,000 francs.

Les valeurs
mobilières décla-
rées.

Il n'est pas sans intérêt de mentionner à la suite de
ces statistiques, celle relative aux valeurs mobilières
négociables apparues dans les déclarations de successions de 1902 que vient également de publier l'Administration (1).

Les résultats généraux sont les suivants :

DÉSIGNATION des VALEURS	TITRES NOMINATIFS	TITRES AU PORTEUR	TOTAL
I. — *Valeurs françaises.*	francs	francs	de francs
Rentes sur l'État.........	304.045.988	129.934.844	433.980.832
Actions, parts d'intérêt, commandites...........	275.754.300	139.590.928	416.345.228
Obligations et emprunts....	323.676.352	250.728.792	574.405.144
Total	903.476.640	520.254.564	1.423.731.204
II. — *Valeurs étrangères.*			
Fonds d'État.............	22.584.139	236.052.785	258.636.924
Emprunts de provinces, villes, établissements publics.................	8.561.174	66.225.199	74.786.873
Actions et obligations de sociétés...............	27.390.401	193.333.221	220.723.622
Total	58.535.714	495.611.205	554.146.919
Total général.....	962.012.354	1.015.865.769	1.977.878.123

(1) Il convient de ne pas perdre de vue qu'il s'agit dans cette enquête,
non des valeurs transmises, mais de toutes celles, indistinctement, qui
ont figuré à un titre quelconque dans chaque déclaration, soit comme
ayant appartenu en propre au défunt, soit comme dépendant de la com-
munauté conjugale dont une partie seulement devait revenir à la succession.
On peut évaluer à 14 % environ, la réduction à faire subir aux chiffres
de l'enquête pour dégager l'importance des valeurs mobilières transmises.

Il résulte de ces chiffres que, sur un ensemble de 1.977,878,123 francs de valeurs mobilières apparues dans les déclarations, en 1902, on rencontre 1 milliard 423,731,204 francs en titres français et 554,146,919 fr. en titres étrangers.

La proportion des titres étrangers, par rapport à l'ensemble des portefeuilles, représente 28,40 % environ, ce qui confirme nos récentes évaluations. Pendant longtemps, la proportion des titres étrangers dans les portefeuilles français a été d'environ 25 %, c'est-à-dire que sur 1,000 francs de valeurs mobilières, il y avait 250 francs en titres étrangers.

Depuis plusieurs années, cette proportion s'est accrue et, actuellement, celle-ci se rapproche bien plus de 30 % que de 25 %. Sur un ensemble de valeurs mobilières pouvant se chiffrer de 90 à 92 milliards, le portefeuille français contient 26 à 27 milliards de titres étrangers.

* * *

Les statistiques successorales nous démontrent une fois encore que si la France est riche, elle l'est surtout par le morcellement de cette richesse répartie à l'infini.

Les riches « très opulents », suivant la qualification du fisc, possédant 50 millions et au-dessus — suivant encore la classification officielle — se comptent à peine par quelques unités : on pourrait les désigner nominativement.

En 1902, on comptait 27 héritages de 5 millions et au-dessus.

En 1903, il y avait 1 héritage au-dessus de 50 millions. En 1904, il y en a eu 3.

Les héritages de 2 millions à 5 millions étaient de 123 en 1904 et de 119 en 1903.

Ceux de 1 à 2 millions étaient de 311 en 1904 ; de 353 en 1903.

Résumé.
Poussière de titres. Poussière de revenus.

Comme les héritages se divisent en plusieurs parts, une pour l'époux survivant et deux à trois parts d'enfants, en moyenne, on peut dire que ces « gros » héritages se réduisent du jour au lendemain dans une proportion considérable et s'émiettent en quelque sorte, entre les successibles.

Qu'on examine, d'un autre côté, les héritages de 1 à 10,000 francs, on verra qu'en 1904, on en a compté 325,481 pour un capital de 657 millions en chiffres ronds.

De 10,001 à 50,000 francs, on en rencontre 43,042 pour 887 millions et, de 50.001 à 100,000, 6,876 pour 488 millions.

Jusqu'à 100,000 francs d'héritage, on compte en tout 374.390 successions avec un actif de 2 milliards 32 millions. Etant donné le nombre de parts successorales, c'est de la poussière d'héritages.

Il n'y a pas en France 20.000 millionnaires ; par contre, c'est par 7 à 8 millions de personnes que se chiffre l'armée des petits épargneurs.

Il n'y a pas, chez nous, d'immenses fortunes particulières, comme aux Etats-Unis ou dans la Grande-Bretagne : mais nous avons ce qu'aucun pays ne possède, c'est-à-dire une démocratie financière qui se compose de millions de petits porteurs de titres, petits rentiers, propriétaires d'une valeur mobilière, d'un champ, d'une vigne, d'un lopin de terre, une armée incomparable de petits épargneurs qui est une des grandes forces de notre pays. La statistique successorale de 1904 le démontre une fois de plus.

LA RÉPARTITION DÉPARTEMENTALE
DES VALEURS MOBILIÈRES NÉGOCIABLES
COMPRISES DANS
LES DÉCLARATIONS DE SUCCESSIONS DE 1902 (1)

Dans notre étude sur la *Légende des riches et des gros héritages* (2), nous avons dit que le total des valeurs françaises apparues dans les successions de 1902, fonds d'État compris, s'élevait à 1,423,731,204 fr. et que le montant des valeurs étrangères, fonds d'État étrangers compris, s'élevait à 554,146,919 francs : ces deux groupes réunis forment un total général de 1,977,978,123 francs.

Comme les déclarations de successions sont faites dans les bureaux de l'administration de l'enregistrement de chacun de nos départements, on peut connaître et indiquer, aussi exactement que possible, les départements qui comptent le plus grand nombre de détenteurs de valeurs françaises ou étrangères, ceux qui ont le plus de rentes, actions ou obligations françaises, ou, au contraire, ceux qui ont le plus grand nombre de détenteurs de titres étrangers.

La fortune mobilière française appartenant en propre à nos nationaux dépasse à l'heure actuelle 90 milliards : 60 à 64 milliards de titres français, 27 à 30 milliards de titres étrangers.

Le montant des valeurs mobilières apparues dans les successions de 1902 représente donc seulement un peu plus de 20 % de l'ensemble des titres mobiliers appartenant à nos rentiers. La répartition départementale des valeurs mobilières apparues dans les successions permet de se rendre compte, dans une certaine mesure, des dispositions de l'épargne dans tel ou tel département, dans telle ou telle région. En rappro-

1 1907.
2 Voir l'article précédent.

chant, dans un même département, le total des valeurs
mobilières de celui des valeurs immobilières dépendant de successions ouvertes dans une même année,
on pourrait avoir un aperçu comparatif de la richesse
mobilière et immobilière dans ces diverses régions :
dans tel ou tel département, on verrait que le montant
des successions déclarées comprenant des valeurs
mobilières l'emporte sur les successions qui comprennent des valeurs immobilières. A un autre point de
vue, il peut être intéressant pour les nombreux établissements financiers qui ont des succursales en province, de savoir quels sont les départements qui possèdent un plus ou moins grand nombre de capitalistes détenteurs de titres mobiliers. Les déclarations
de successions de 1902 donnent, à cet égard, des indications utiles à relever.

Reprenons tout d'abord les constatations d'ensemble
des valeurs françaises et étrangères apparues dans les
successions de 1902 que nous avons données plus
haut :

DÉSIGNATION des VALEURS	TITRES NOMINATIFS	TITRES AU PORTEUR	TOTAL
I. *Valeurs françaises.*	millions de francs	millions de francs	millions de francs
Rentes sur l'État..........	304.0	129.9	434.0
Actions, parts d'intérêts et commandites..........	276.8	139.6	416.3
Obligations et emprunts....	323.7	250.7	574.4
Total..........	903 5	520.2	1.423.7
II. *Valeurs étrangères*			
Fonds d'État..............	22.6	236.1	258.6
Emprunts de provinces, vil-les et établissements pu-blics..................	8.5	66.2	74.8
Actions et obligations des Sociétés	27.4	193.3	220.7
Total..........	58.5	495.6	554.1
Total général..........	962.0	1.015.8	1.977.8

* *
*

On voit, par ce tableau récapitulatif que le total des valeurs mobilières françaises, rentes sur l'Etat comprises, apparues dans les successions de 1902, s'élève, avons-nous dit, à 1,423 millions 7. Sur ces 1,423 millions, 903 sont constitués en titres nominatifs, soit 63,46 %, et 520 en titres au porteur, soit 36,54 %. Valeurs françaises.

* *
*

Les résultats par départements se classent comme suit :

La Seine vient en tête avec 523 millions de valeurs, dont 309 millions au nominatif et 213 millions au porteur.

Viennent ensuite les départements ci-après :

	Ensemble des valeurs françaises
	millions de francs
Seine-et-Oise.	64.7
Nord	64.7
Seine-Inférieure	59.9
Rhône.	39.4
Seine-et-Marne.	38.4
Meurthe-et-Moselle	30.5
Marne.	28.6
Aisne.	27.0
Gironde.	26.1
Côte-d'Or.	25.1

Ces onze départements, y compris celui de la Seine, comptent le plus grand nombre de valeurs françaises.

On remarquera que le département de la Marne, qui tenait déjà le 8° rang pour le total des successions et leur importance, est également au 8° rang pour l'ensemble des valeurs mobilières déclarées dans les successions.

De 24 millions à 10 millions, on compte 14 départements dans l'ordre ci-après :

Bouches-du-Rhône	24.1	Ardennes	15.6
Oise	23.8	Calvados	15.3
Pas-de-Calais	23.4	Yonne	15.3
Eure	22.8	Indre-et-Loire	14.0
Somme	20.2	Meuse	13.4
Maine-et-Loire	19.7	Pyrénées (Basses-)	11.9
Loiret	18.5	Sarthe	10.0

De 9 millions à 5 millions, on compte les 21 départements suivants :

Eure-et-Loir	9.4	Var	6.2
Loire	8.7	Vienne	5.8
Aube	8.6	Nièvre	5.8
Manche	8.5	Saône-et-Loire	5.4
Vosges	8.4	Charente-Inférieure	5.3
Loire-Inférieure	8.2	Orne	5.3
Charente	7.6	Aude	5.3
Hérault	7.5	Haute-Saône	5.3
Loire-et-Cher	7.2	Gard	5.2
Isère	7.2	Doubs	5.0
Haute-Garonne	7.2		

De 4 millions à 2 millions, on compte les 25 départements suivants :

Allier	4.9	Tarn	3.3
Puy-de-Dôme	4.9	Mayenne	3.3
Haute-Marne	4.7	Vaucluse	3.1
Alpes-Maritimes	4.5	Lot-et-Garonne	2
Finistère	4.3	Ain	2.9
Côtes-du-Nord	4.1	Landes	2.6
Ille-et-Vilaine	4.0	Creuse	2.6
Haute-Vienne	3.9	Drôme	2.3
Indre	3.8	Haute-Savoie	2.2
Morbihan	3.8	Pyrénées-Orientales	2.1
Jura	3.7	Deux-Sèvres	2.0
Dordogne	3.5	Tarn-et-Garonne	2.0
Cher	3.4		

Au-dessous de 2 millions jusqu'à 1 million, on compte les 10 départements qui suivent :

Cantal	1.9	Ardèche	1.2
Lot	1.9	Aveyron	1.1
Vendée	1.9	Haute-Loire	1.1
Corrèze	1.8	Gers	1.1
Savoie	1.3	Hautes-Pyrénées	1.0

Au-dessous de 1 million, on rencontre 5 départements :

Basses-Alpes	0.7	Ariège	0.4
Hautes-Alpes	0.5	Lozère	0.1
Corse	0.4		

*
* *

Les départements qui possèdent le plus gros chiffre de rentes françaises sont les suivants :   _{Rentes françaises.}

Seine	144.6	Meurthe-et-Moselle	7.1
Seine-et-Oise	21.4	Maine-et-Loire	6.8
Seine-Inférieure	17.8	Calvados	6.7
Seine-et-Marne	14.5	Somme	6.7
Nord	10.6	Côte-d'Or	6.4
Oise	9.4	Pas-de-Calais	5.4
Bouches-du-Rhône	9.3	Indre-et-Loire	5.4
Eure	9.0	Basses-Pyrénées	5.0
Marne	8.4	Loiret	5.0
Gironde	8.2	Sarthe	4.9
Aisne	8.1	Manche	4.0
Yonne	7.3		

Dans 17 départements les déclarations de successions font apparaître de 2 à 4 millions de rentes.

De 1 à 2 millions, on compte 26 départements.

De 100,000 francs à 1 million, on compte 20 départements.

Tout au bas de l'échelle, se trouvent les départements de l'Ariège et de la Lozère avec 100,000 francs.

*
* *

Les actions et parts d'intérêt apparues dans les successions se chiffrent par un total de 415 millions.   _{Actions de sociétés}
Voici leur importance par département :

Seine	161.9	Marne	6.0
Nord	39.6	Maine-et-Loire	5.4
Seine-Inférieure	19.8	Oise	5.1
Rhône	18.8	Loire	5.0
Meurthe-et-Moselle	12.1	Loiret	4.3
Gironde	10.7	Ardennes	4.2
Pas-de-Calais	9.6	Somme	3.3
Aisne	8.2	Eure	3.2
Seine-et-Marne	7.3	Côte-d'Or	3.1
Bouches-du-Rhône	6.3		

Au-dessous de 3 millions et jusqu'à 2 millions, on compte 7 départements.

Au-dessous de 2 millions jusqu'à 1 million, on compte 26 départements.

Au-dessous de ce chiffre, pour des sommes variant de 100,000 à 900,000 francs, il y a 30 départements.

4 départements accusent des chiffres variant entre 23,000 et 80,000 francs ; ce sont les Hautes-Alpes, l'A-riège, la Corse, la Lozère.

*
* *

Obligations.

En ce qui concerne les obligations (Crédit foncier, ville de Paris, compagnies de chemin de fer, entre-prises industrielles, etc.) et titres d'emprunts (dépar-tements, communes, établissements publics), l'en-semble des titres mentionnés dans les déclarations s'élève à 574 millions.

Les plus gros chiffres se rapportent aux départe-ments suivants :

	millions de francs		millions de francs
Seine	216.6	Yonne	5.5
Seine-et-Oise	32.9	Eure-et-Loir	4.7
Seine-Inférieure	21.3	Vosges	4.2
Rhône	17.0	Basses-Pyrénées	4.1
Seine-et-Marne	16.5	Sarthe	3.5
Côte-d'Or	15.5	Aube	3.4
Nord	14.4	Isère	3.3
Marne	14.2	Charente	3.3
Meurthe-et-Moselle	11.3	Loire-Inférieure	3.0
Aisne	10.6	Hérault	3.0
Eure	10.5	Loir-et-Cher	2.7
Somme	10.1	Loire	2.7
Oise	9.2	Nièvre	2.6
Loiret	9.0	Orne	2.6
Bouches-du-Rhône	8.4	Manche	2.5
Pas-de-Calais	8.3	Vienne	2.4
Ardennes	7 8	Haute-Saône	2.3
Maine-et-Loire	7.5	Doubs	2.3
Gironde	7.1	Allier	2.3
Indre-et-Loire	6.4	Haute-Marne	2.1
Meuse	6.4	Gard	2.0
Calvados	6.0	Charente-Inférieure	2.0

Dans 16 départements, les constatations demeurent au-dessous de 2 millions jusqu'à 1 million.

Au-dessous du million, on compte 23 départements Dans 2, la Lozère et les Basses-Alpes, les chiffres s'abaissent respectivement à 24,000 et 5,000 francs.

* * *

Nous pouvons maintenant résumer, en quelques courts tableaux de chiffres, le classement des départements suivant le total des valeurs mobilières françaises qu'ils possèdent, soit rentes, actions et parts d'intérêt, et obligations. Nous ferons ensuite le même travail en ce qui concerne les titres étrangers.

Résumé du classement départemental.

Valeurs mobilières françaises.	Nombre de départements
De 65 à 25 millions	11
De 24 à 10 —	14
De 9 à 5 —	21
De 4 à 2 —	25
De 2 à 1 —	10
Au-dessous de 1 million	5
	86

Rentes françaises.	
144 millions	1
De 24 à 10 millions	4
De 9 à 8 —	4
De 7 à 5 —	10
De 5 à 4 —	2
De 4 à 2 —	17
De 2 à 1 —	26
Au-dessous de 1 million	22
	86

Actions et parts d'intérêt.	
De 161.9 millions	1
De 39.6 millions	1
De 20 à 10 millions	4
De 9 à 5 —	8
De 4 à 3 —	5
De 3 à 2 —	7
De 2 à 1 —	26
De 1 million à 100.000 fr.	30
Au-dessous de 100.000 fr	4
	86

Obligations françaises.

De 216.6 millions.	1
De 32.9 millions.	1
De 21 à 10 millions	10
De 9 à 5 —	11
De 4 à 3 —	9
De 3 à 2 —	13
De 2 à 1 —	16
De 1 million à 100.000 fr.	23
Au-dessous de 100.000 fr.	2
	86

*
* *

Constatations correspondantes

Plusieurs constatations bien nettes résultent tout d'abord des chiffres de cette répartition géographique par département, des valeurs mobilières françaises déclarées dans les successions.

Il ressort, en effet, de cette statistique que :

1. La Seine étant mise à part, c'est dans les départements du bassin de la Seine, du Rhône, de la Gironde que l'on compte le plus grand nombre de porteurs de titres ;

2. Les départements qui comptent le moins grand nombre de porteurs de titres sont ceux des Basses-Alpes, des Hautes-Alpes, de la Corse, de l'Ariège, de la Lozère ;

3. C'est dans plusieurs de ces départements qui paraissent être les plus pauvres de France, que la proportion de l'or dans la circulation, toute proportion gardée bien entendu, est la plus étendue ;

4. D'après l'enquête monétaire de 1897, la proportion d'or dans la circulation était de 36,91 % dans la Lozère, de 24,17 % dans les Basses-Alpes, etc., alors qu'elle était seulement de 5,51 %, 6,32 %, 6,34 %, 6,36 %, 6,77 %, 7,61 %, dans les départements de la Gironde, du Rhône, du Nord, des Bouches-du-Rhône, de l'Hérault, de la Seine, etc. (1) ;

(1) Voir le rapport au ministre des finances de M. Albert Delatour, du 10 décembre 1897, sur la circulation monétaire et fiduciaire.

5. On pourrait penser que les habitants des départements qui possèdent dans la circulation le plus d'or ne sont pas encore habitués à placer leurs fonds et à les faire fructifier. Soit qu'il s'agisse de l'ensemble des valeurs mobilières françaises apparues, soit qu'il s'agisse de rentes françaises, d'actions ou d'obligations, ce sont toujours les mêmes départements que nous trouvons au bas de cette échelle comparative.

* *

Examinons maintenant la répartition départementale des valeurs mobilières étrangères.

Valeurs étran-
gères.

L'ensemble des valeurs mobilières étrangères apparues dans les déclarations pour l'année 1902 s'élève à 554 millions 1, dont 58 millions 5 en titres nominatifs et 495 millions 6 en titres au porteur.

Le nombre de titres nominatifs représente 10 1/2 % et celui des titres au porteur représente 89 1/2 %, alors que pour les valeurs mobilières françaises les titres nominatifs représentent 63,46 % de l'ensemble et les titres au porteur 36,54 %. Il y a moins de titres nominatifs étrangers parce que la plupart des États étrangers et sociétés étrangères ne connaissent que les titres au porteur.

	millions de francs.
Sur les 554 millions de valeurs étrangères apparues, les fonds d'État comprennent	258.6
Les emprunts de provinces, villes, établissements publics.	74.7
Les actions et obligations de sociétés	220.7

Il est à désirer que l'administration de l'enregistrement adopte la même classification que celle suivie pour la statistique des déclarations de valeurs mobilières françaises : elle devrait relever les actions dans un chapitre distinct et ne pas les confondre avec les obligations.

La statistique successorale des valeurs mobilières

françaises déclarées en 1902 comprend, en effet, trois grandes divisions bien nettes : rentes sur l'État, actions et parts d'intérêt, obligations et emprunts.

En groupant les deux divisions rentes sur l'État et obligations et en les comparant à celle des actions et parts d'intérêt, on peut se rendre compte de la proportion de titres à revenu fixe et de ceux à revenu variable. Avec la classification adoptée pour les valeurs mobilières étrangères, il est impossible de faire le même rapprochement.

Nous espérons que cette légère réforme sera apportée dans les tableaux que l'administration de l'enregistrement publiera au cours des années suivantes.

* *

De même que pour les valeurs mobilières françaises, le département de la Seine vient en tête avec 330 millions 9 de valeurs étrangères déclarées.

Viennent ensuite les départements suivants :

Rhône	21.1	Bouches-du-Rhône.	7.1
Seine-Inférieure.	14.7	Meurthe-et-Moselle.	7.1
Gironde.	12.2	Seine-et-Marne.	6.9
Seine-et-Oise	12.2	Somme.	6.5
Nord.	7.2	Basses-Pyrénées.	6.4

Ce sont ces 11 départements, y compris celui de la Seine, qui possèdent le plus grand nombre de valeurs étrangères, soit 432 millions 3.

Dans ces mêmes départements, l'ensemble des valeurs mobilières françaises déclarées est de 926 millions 7.

Le département de Seine-et-Oise est au 2° rang pour l'ensemble des valeurs françaises déclarées et au 5° rang pour l'ensemble des valeurs étrangères ; le Nord est respectivement au 3° rang et au 6° rang ; la Gironde, 11° rang et 4° rang ; les Bouches-du-Rhône, 12° rang et 7° rang ; Meurthe-et-Moselle occupe le 7° rang pour les valeurs françaises et pour les valeurs étrangères ; Seine-et-Marne est au 6° rang et au 8° ; la Somme est au

16° rang et au 9° ; les Basses-Pyrénées sont au 24° rang et au 11°; la Sarthe occupe le 25° rang pour les valeurs françaises et le 18° rang pour les valeurs étrangères.

Le département de la Marne, qui est au 8° rang pour l'importance des valeurs mobilières françaises déclarées, est au 12° rang pour l'ensemble des valeurs mobilières étrangères.

Au-dessous de 6 millions jusqu'à 3 millions, on compte 12 départements :

Eure	5.9	Sarthe	4.0
Marne	5.5	Indre-et-Loire	3.6
Loire	5.2	Isère	3.6
Maine-et-Loire	5.0	Alpes-Maritimes	3.4
Aisne	4.9	Pas-de-Calais	3.3
Oise	4.0	Loiret	3.0

Au-dessous de 3 millions jusqu'à 2 millions, on compte 9 départements :

Saône-et-Loire	2.7	Calvados	2.2
Ardennes	2.6	Meuse	2.0
Côte-d'Or	2.3	Aube	2.0
Yonne	2.3	Haute-Garonne	2.0
Hérault	2.2		

Au-dessous de 2 millions jusqu'à 1 million, on compte les 23 départements suivants :

Vienne	1.9	Nièvre	1.3
Doubs	1.8	Orne	1.3
Eure-et-Loir	1.8	Haute-Marne	1.2
Loire-Inférieure	1.8	Puy-de-Dôme	1.2
Allier	1.7	Gard	1.2
Vosges	1.6	Haute-Saône	1.1
Jura	1.6	Drôme	1.1
Ain	1.6	Charente-Inférieure	1.0
Vaucluse	1.5	Loir-et-Cher	1.0
Cher	1.5	Savoie	1.0
Manche	1.4	Aveyron	1.0
Charente	1.4		

Au-dessous de 1 million jusqu'à 500,000 francs, on compte 18 départements :

Dordogne	0.9	Ille-et-Vilaine	0.7
Mayenne	0.9	Var	0.6
Tarn	0.9	Haute-Vienne	0.6
Aude	0.9	Côtes-du-Nord	0.6
Finistère	0.8	Deux-Sèvres	0.6
Indre	0.8	Morbihan	0.5
Landes	0.7	Haute-Loire	0.5
Haute-Savoie	0.7	Ardèche	0.5
Creuse	0.7	Lot-et-Garonne	0.5

Au-dessous de 500,000 jusqu'à 100,000 francs, on compte 10 départements :

Corrèze	0.4	Hautes-Alpes	0.2
Lot	0.4	Pyrénées-Orientales	0.2
Vendée	0.3	Gers	0.1
Tarn-et-Garonne	0.3	Corse	0.1
Cantal	0.3	Basses-Alpes	0.1

Dans trois départements, Hautes-Pyrénées, Lozère, Ariège, les déclarations varient entre 28,000 et 12,000 fr.

* *

Fonds d'État étrangers.

Les départements qui possèdent le plus gros chiffre de rentes étrangères dans les successions déclarées sont les suivants :

Seine	131.1	Marne	3.7
Seine-et-Oise	8.2	Aisne	3.6
Rhône	7.9	Basses-Pyrénées	3.1
Seine-Inférieure	7.1	Sarthe	2.9
Seine-et-Marne	4.8	Oise	2.8
Gironde	4.5	Alpes-Maritimes	2.6
Nord	4.5	Loiret	2.3
Bouches-du-Rhône	4.4	Indre-et-Loire	2.2
Somme	4.1	Pas-de-Calais	2.2
Meurthe-et-Moselle	4.0	Isère	2.0
Eure	3.9		

Rappelons, comme terme de comparaison, que les départements qui, d'après les déclarations de successions, possèdent le plus gros chiffre de rentes françaises sont les suivants : Seine, Seine-et-Oise, Seine-Inférieure, Seine-et-Marne, Nord, Oise, Bouches-du-Rhône, Eure, Marne, Gironde, Aisne, Yonne, Meurthe-et-Moselle, Maine-et-Loire, Calvados, Somme, Côte-d'Or, Pas-de-Calais, Indre-et-Loire, Basses-Pyrénées, Loiret, Sarthe, Manche.

Le département de la Marne, qui est au 8ᵉ rang pour l'ensemble des valeurs mobilières françaises déclarées et au 9ᵉ rang pour l'ensemble des rentes françaises, occupe le 12ᵉ rang pour l'ensemble des valeurs étrangères et également le 12ᵉ rang pour l'ensemble des fonds d'État étrangers.

Au-dessous de 2 millions et jusqu'à 1 million, on compte 15 départements :

Loire	1.9	Loire-Inférieure	1.3
Maine-et-Loire	1.9	Eure-et-Loir	1.2
Yonne	1.7	Vienne	1.1
Calvados	1.6	Allier	1.1
Aube	1.5	Vosges	1.0
Haute-Garonne	1.5	Manche	1.0
Ardennes	1.4	Hérault	1.0
Meuse	1.3		

Au-dessous de 1 million jusqu'à 500,000 francs, on compte 22 départements :

Charente	0.9	Haute-Saône	0.7
Saône-et-Loire	0.8	Savoie	0.7
Doubs	0.8	Aveyron	0.7
Jura	0.8	Tarn	0.7
Cher	0.8	Puy-de-Dôme	0.6
Nièvre	0.8	Ain	0.5
Orne	0.8	Charente-Inférieure	0.5
Gard	0.8	Dordogne	0.5
Loir-et-Cher	0.8	Mayenne	0.5
Aude	0.8	Finistère	0.5
Vaucluse	0.7	Indre	0.5

Au-dessous de 500.000 francs jusqu'à 100,000 francs il y a 23 départements :

Landes	0.4	Haute-Marne	0.3
Ille-et-Vilaine	0.4	Drôme	0.3
Var	0.4	Haute-Savoie	0.3
Haute-Vienne	0.4	Creuse	0.3
Côtes-du-Nord	0.4	Deux-Sèvres	0.3
Côte-d'Or	0.3	Haute-Loire	0.3

Corrèze.	0.3	Lot-et-Garonne	0.1
Morbihan.	0.2	Tarn-et-Garonne.	0.1
Ardèche	0.2	Hautes-Alpes	0.1
Lot	0.2	Pyrénées-Orientales	0.1
Vendée.	0.2	Corse.	0.1
Cantal	0.2		

Dans 5 départements, Gers, Basses-Alpes, Hautes-Pyrénées, Lozère, Ariège, les déclarations de fonds d'Etat étrangers varient entre 73,000 et 12,000 francs.

*
* *

Titres d'emprunts de provinces et villes étrangères.

Les titres d'emprunts de provinces, villes et établissements publics étrangers apparus dans les successions s'élèvent au total de 74 millions 7.

Le département de la Seine en compte pour 61 millions 3.

Dans 30 départements le solde est réparti comme suit :

Basses-Pyrénées.	1.5	Jura	0.2
Gironde.	0.9	Loire.	0.1
Seine-Inférieure	0.8	Doubs	0.1
Eure.	0.7	Aisne.	0.1
Marne	0.6	Vaucluse.	0.1
Rhône	0.5	Oise	0.1
Nord.	0.5	Sarthe	0.1
Haute-Marne	0.5	Tarn.	0.1
Bouches-du-Rhône.	0.5	Indre-et-Loire.	0.1
Meurthe-et-Moselle.	0.4	Ille-et-Vilaine.	0.1
Seine-et-Marne	0.4	Isère.	0.1
Maine-et-Loire.	0.4	Var.	0.1
Seine-et-Oise	0.3	Pas-de-Calais	0.1
Somme.	0.3	Saône-et-Loire	0.1
Aveyron	0.2	Ardennes.	0.1

Dans 45 départements, les déclarations s'élèvent à moins de 100,000 francs.

Dans les 10 derniers :

Hautes-Alpes,	Gers,
Aude,	Lot,
Cantal,	Lozère,
Corse,	Morbihan,
Dordogne,	Hautes-Pyrénées,

on ne compte aucun de ces titres.

* * *

En ce qui concerne les actions et obligations de sociétés étrangères apparues dans les successions de 1902, le total s'élève à 220 millions 7.

Actions et obligations étrangères.

Voici la classification par départements :

Seine	137.6	Saône-et-Loire	1.8
Rhône	12.5	Basses-Pyrénées	1.7
Seine-Inférieure	6.7	Seine-et-Marne	1.6
Gironde	6.7	Isère	1.3
Seine-et-Oise	3.6	Oise	1.2
Loire	3.1	Indre-et-Loire	1.2
Meurthe-et-Moselle	2.6	Eure	1.2
Maine-et-Loire	2.6	Hérault	1.2
Bouches-du-Rhône	2.1	Aisne	1.1
Somme	2.1	Marne	1.0
Nord	2.0	Ardennes	1.0
Côte-d'Or	1.9		

Au-dessous de 1 million jusqu'à 100,000 francs, on compte 49 départements :

Sarthe	0.9	Manche	0.3
Pas-de-Calais	0.9	Loire-Inférieure	0.3
Ain	0.9	Haute-Marne	0.3
Vienne	0.8	Lot-et-Garonne	0.3
Doubs	0.8	Haute-Saône	0.3
Alpes-Maritimes	0.7	Charente-Inférieure	0.3
Meuse	0.7	Dordogne	0.3
Vaucluse	0.7	Finistère	0.3
Drôme	0.7	Gard	0.2
Loiret	0.6	Savoie	0.2
Yonne	0.5	Mayenne	0.2
Puy-de-Dôme	0.5	Indre	0.2
Calvados	0.5	Landes	0.2
Vosges	0.5	Côtes-du-Nord	0.2
Jura	0.5	Deux-Sèvres	0.2
Cher	0.5	Morbihan	0.2
Aube	0.4	Loir-et-Cher	0.1
Allier	0.4	Ille-et-Vilaine	0.1
Haute-Garonne	0.4	Haute-Vienne	0.1
Saône-et-Loire	0.4	Haute-Loire	0.1
Charente	0.4	Ardèche	0.1
Nièvre	0.4	Lot	0.1
Orne	0.4	Tarn-et-Garonne	0.1
Haute-Savoie	0.3	Hautes-Alpes	0.1
Creuse	0.3		

Dans 13 départements les déclarations de titres de cette nature sont de moins de 100,000 francs, de quelques milliers de francs même ; dans 1 seul, la Lozère, on ne trouve aucun de ces titres.

*
* *

Résumé des titres étrangers. Le résumé de cette statistique, concernant les titres étrangers déclarés dans les successions, est le suivant :

Valeurs mobilières étrangères	Nombre de départements.
Pour 330 millions 3	1
De 21 à 6 millions	10
De 6 à 3 —	12
De 3 à 2 —	9
De 2 à 1 —	23
De 1 million à 500.000 fr.	18
De 500.000 à 100.000 fr.	10
Moins de 100.000 fr.	3
	86

Rentes étrangères	
Pour 131 millions 4	1
De 8 à 4 millions.	9
De 4 à 2 —	11
De 2 à 1 —	15
De 1 million à 500.000 fr.	22
De 500.000 à 100.000 fr.	23
Moins de 100.000 fr.	5
	86

Emprunts de provinces, villes et établissements publics étrangers	
Pour 61 millions 3	1
De 1 à 5 millions	1
De 1 million à 500.000 fr.	8
De 500.000 à 200.000 fr.	7
Plus de 100.000 fr.	14
Moins de 100.000 fr.	45
Néant	10
	86

Actions et obligations de sociétés étrangères	Nombre de départements
Pour 137 millions 6	1
De 12 à 5 millions	1
De 6 à 7 millions	2
De 3 à 1 million	19
De 1 million à 500.000 fr.	16
De 500.000 fr. à 100.000 fr.	33
Moins de 100.000 fr.	13
Néant	1
	86

* *

Cette statistique des valeurs mobilières apparues dans les successions, soit qu'on l'examine en bloc, soit soit qu'on la détaille par le menu, département par département, comme nous venons de le faire, prouve une fois encore la dissémination de la fortune mobilière. Sur 86 départements, il y en a 46, soit 53 %, dans lesquels le montant des déclarations de successions de titres français et étrangers varie de 9 millions à 2 millions. Dissémination de la fortune mobilière.

Il y en a 15 dans lesquels le montant des déclarations de successions de titres mobiliers tombe de 2 millions à 100,000 francs. Plusieurs départements ne comptent que quelques milliers de titres ; il en est même qui n'en possèdent pas.

Si l'on répartit le montant des valeurs déclarées entre le nombre de parts d'héritiers, on arrive encore à constater une « poussière de titres et de revenus ». Il faut ajouter, pour être dans la vérité, que les déclarations de successions ne sont qu'une image réduite de la fortune. Ce relevé indique ce que peuvent posséder ceux qui meurent ; il n'indique pas ce que possèdent ceux qui vivent. D'autre part, grand nombre de valeurs mobilières, au porteur, échappent aux déclarations de successions. L'ensemble des titres mobiliers déclarés dans les successions ne doit donc être envisagé que comme un indice, comme une contribution à la statis-

tique des valeurs mobilières : contribution qui est déjà,
par elle-même, suffisamment instructive et probante.

On dit couramment que telles ou telles personnes
possèdent un ou plusieurs millions de valeurs mobilières ; les dizaines de mille francs deviennent facilement des centaines, les centaines de mille, des millions. On apprécie le plus souvent la fortune d'un particulier d'après le train de vie qu'il mène, d'après ses
dépenses et on oublie que souvent, le plus souvent,
les personnes qui dépensent le plus, qui ont le train
de vie luxueux, ne sont pas celles qui sont le plus au
large dans leurs ressources. De beaucoup d'elles on
peut dire que « tout ce qui reluit n'est pas d'or ».

Quand un accident leur arrive, quand ils sont obligés
de mettre leur situation à nu, ou bien encore lorsque
la mort laisse à leurs héritiers, à leur famille, le triste
soin de la débrouiller et de la mettre au clair, on
apprend que cette « fortune » était un mirage ou bien
encore qu'elle était amoindrie ou anéantie depuis longtemps.

Les statistiques sur les valeurs mobilières montrent
impitoyablement ce qu'il faut penser de ces illusions
que le gros du public, que des gens intelligents et ins-
truits, que des législateurs se font sans cesse sur les
« grosses fortunes », sur le nombre des « millionnaires » !

De quelque côté que la statistique porte ses investi-
gations, aussi ardues, aussi difficiles qu'elles soient, et
qu'il faut faire sans aucun parti pris, elle arrive toujours à la même conclusion que nous ne cessons de
mettre en lumière, en ce qui concerne la France. Nous
avons une armée de petits capitalistes, de petits rentiers, de petits bourgeois, possédant une aisance
modeste, une petite épargne. Les riches « opulents »
sont une infime minorité. Par contre, c'est par 7 à 8 millions de personnes que se chiffre l'armée des petits
épargneurs : 1,500,000 peuvent posséder un capital
variant de 50,000 à 10,000 francs ; 250,000 à 300,000 per-

sonnes peuvent avoir un capital de 50.000 à 100.000 fr. ;
plus de 4 millions de personnes ne possèdent guère
plus de 2,000 à 10,000 francs. Nous avons établi ces
chiffres à diverses reprises en nous appuyant sur des
documents officiels et tous les faits les ont confirmés
et les confirment chaque jour. Et voilà pourquoi nous
ne cesserons de dire et de répéter que lorsque le législateur inquiète cette petite épargne, lorsque au lieu de
s'appuyer sur elle, il la combat ou la menace, il commet la plus dangereuse des erreurs, car il porte atteinte
au crédit du pays tout entier en altérant la confiance
de cette immense démocratie financière.

RICHESSE OU PAUVRETÉ SOCIALE ? (1)

LA DIFFUSION ET LE MORCELLEMENT DES FORTUNES

Dans une séance récente de la Chambre des députés,
M. Jaurès, s'appuyant sur le nombre annuel des successions déclarées et sur celui des valeurs successorales qu'elles représentent, a dit qu'en présence de
« 105 milliards possédés par 221,000 personnes, à l'autre
bout de l'échelle, à l'autre extrémité du gouffre, 15 millions d'individus ne possèdent rien ; 105 milliards à
cette minorité de 200,000 personnes, voilà la contre-
partie du néant social des prolétaires ! » (2)

Le morcellement et la répartition, en France, de la
propriété immobilière et mobilière, répondent à
M. Jaurès.

Sur 10 millions d'électeurs, près de 9 millions pos-

(1) 1906.
(2) *Débats parlementaires*, 12 juin 1906.

sèdent un titre de rente, une valeur mobilière, une obligation de chemin de fer, de la ville de Paris ou du Crédit foncier, un lopin de terre.

Le nombre des livrets dans les caisses d'épargne ordinaires, le nombre des comptes ouverts à la caisse nationale d'épargne, celui des membres des sociétés de secours mutuels, le nombre des rentiers sur l'État, celui des propriétaires fonciers, etc., sans parler de la diffusion de l'ensemble des valeurs mobilières françaises et étrangères dans les portefeuilles français, indiquent encore que la fortune, en France, morcelée à l'infini, s'émiette d'année en année, pour se répartir entre un plus grand nombre de détenteurs.

Du haut en bas de l'échelle sociale, il y a quelques riches, mais en petit nombre, en trop petit nombre même si on compare la France à la Grande-Bretagne ou aux États-Unis ; il y a un peu plus de gens aisés, beaucoup de fortunes moyennes, puis un grand nombre de personnes qui ont le strict nécessaire, et, tout au bas de l'échelle, des malheureux qui n'ont même pas le nécessaire.

Il y a, par conséquent, plus de petites successions que de grosses ; il en a toujours été ainsi et il en sera longtemps encore de même ; mais le nombre des successions ouvertes chaque année augmente ; le nombre des personnes qui possèdent s'accroît et la misère diminue. Dans toutes les classes de la société, l'aisance, le bien-être, la fortune grandissent, s'émiettent, se disséminent. Cette armée de petits propriétaires fonciers, de petits capitalistes et rentiers opposée au petit nombre de riches, est la force de notre pays, la sauvegarde de son crédit qui, dans le monde entier, jouit d'un éclat incomparable.

Cette armée de petits épargneurs, de « prolétaires capitalistes et rentiers » si l'on veut, comment se compose-t-elle ? Nous avons bien des fois fait cette démonstration.

Ce ne sont assurément pas les riches capitalistes

et rentiers qui possèdent des livrets de caisse d'épargne, ou font partie de sociétés de secours mutuels, ou possèdent quelques petites inscriptions de rentes sur l'Etat, ou bien encore ont des îlots de propriété ou des parcelles de terre.

* * *

Voici quelques chiffres officiels qui montrent cette diffusion de la propriété, sous toutes ses formes, et qui peuvent être opposés à ceux que M. Jaurès a donnés, bien qu'ils ne soient qu'un seul des côtés de cette question complexe de la répartition des fortunes.

1er Groupe. — Caisses d'épargne et sociétés de secours mutuels :

			millions de francs.
Caisses d'épargne (1).	Nombre de livrets en 1901. .	7.337.000	
	Montant des dépôts		3.210
Caisse nationale d'épargne (1)	Nombre de comptes en 1903. .	4.113.000	
	Montant des dépôts		1.117
Sociétés de secours mutuels (2)	Nombre de membres en 1903. .	2.977.000	
	Capital		319
	Totaux	14.457.000	4.646

Voilà déjà un premier groupe de petits épargneurs, de « prolétaires », suivant l'expression de M. Jaurès, que l'on ne peut considérer comme n'ayant rien. Il comprend 14,457,000 personnes ayant en dépôt dans les caisses d'épargne et sociétés de secours mutuels 4 milliards 646 millions.

2e Groupe. — Rentiers sur l'Etat. — Nous inscrivons dans le second groupe, les petits capitalistes et rentiers sur l'Etat possesseurs d'un titre de rente. On ne

(1) Rapports officiels.
(2) Rapport du ministre de l'intérieur au Président de la République, 31 mars 1905.

peut non plus les ranger dans la catégorie des « prolétaires » ne possédant rien.

D'après les statistiques officielles, au 1ᵉʳ janvier 1905, la seule dette consolidée 3 % représentait en chiffres ronds un capital de 22 milliards 221 millions divisé en 4,560,087 inscriptions de rentes nominatives et au porteur.

Il est clair qu'un seul rentier peut posséder plusieurs inscriptions et il ne faudrait pas, dès lors, diviser le capital des rentes par le nombre des inscriptions pour dire que chaque rentier possède tant de rentes.

D'après des évaluations autorisées, le nombre des porteurs de rentes dépasserait 2 millions et sur l'ensemble des titres plus de 80 % appartiendraient à des rentiers possédant de 2 à 50 francs de rentes.

Les petits rentiers forment l'immense majorité des porteurs de titres : le capital qu'ils possèdent en rentes sur l'Etat s'élève à peine à 400 francs de rentes, soit un capital de 13,000 à 14,000 francs (1).

D'après une étude récente de M. Jules Roche (2), le nombre des rentiers sur l'Etat serait en France, de 4,560,087, possédant, en moyenne, 146 francs de rentes représentant, en capital, une valeur de 4,872 francs.

3ᵉ *Groupe.* — *Propriétaires fonciers.* — Nous rangeons dans cette troisième catégorie les propriétaires d'immeubles.

Voici quelques chiffres extraits de documents officiels :

	Nombre.
Propriétaires fonciers (3)	8.454.218
Ilots de propriété (3)	61.748.120
Parcelles de terre (4)	150.429.461

(1) Voir le mémoire de M. Chaperon, directeur de la Dette inscrite, présenté au Congrès international des valeurs mobilières (1900).

(2) *La Liberté*, 12 juin 1909.

(3) Evaluation des propriétés non bâties, 1879-1881.

(4) Enquête faite en 1901 par l'administration des contributions directes.

4° Groupe. — Possesseurs de valeurs mobilières. —
Nous mettons, dans ce groupe, tous les détenteurs
de valeurs mobilières françaises et étrangères. Nous
en avons fait souvent le dénombrement et personne ne
conteste que si cette fortune mobilière est grosse par
son total (93 milliards dont 60 à 65 milliards de titres
français, et 30 milliards environ de titres étrangers),
en réalité, elle représente comme nous avons pu le dire
et le démontrer, de la poussière de titres et de revenus.

La petite épargne possède plus de 6 milliards d'obligations à lots de la ville de Paris, du Crédit foncier, de
villes diverses. On peut affirmer qu'il n'existe pas un
village, une commune, un hameau, en France, où on
ne trouve un ou plusieurs détenteurs d'une obligation
à lots de la ville de Paris, du Crédit foncier, ou une
obligation de chemin de fer. C'est par millions que se
chiffre le nombre des détenteurs.

*
* *

Bornons-nous à ces quelques chiffres qui prouvent
que la France, heureusement, n'est pas divisée en
deux classes : l'une qui posséderait tout, l'autre qui
ne posséderait rien ou fort peu.

> La France est une démocratie financière.

La vérité est tout autre. La France est une immense
démocratie financière.

« Attaquer le haut, comme le disait M. Thiers en 1848, c'est du même
coup attaquer le bas. Croyez-vous qu'en frappant l'homme à la tête, vous
lui causiez moins de mal qu'en le frappant aux bras et aux pieds?... »
« Énervez le travail, disait-il encore, tout s'arrête. Ces richesses répandues çà et là au sommet de la société pour servir d'appât au travail,
pour exciter son ardeur, ainsi réunies en quelques amas sensibles, le
frappent, l'animent, lui font produire tout le bien qui s'est produit. Partagez au contraire ces richesses entre tous, elles n'ajouteront pas une
miette au pain du pauvre (1). »

> Attaquer le haut, c'est attaquer le bas.

Ces paroles de M. Thiers ne sont-elles pas la vérité
même ?

(1) Thiers, *De la Propriété*; livre IV, De l'Impôt, page 360 (1848).

LES SUCCESSIONS DÉCLARÉES EN 1907 (1)

L'administration de l'enregistrement, des domaines et du timbre vient de publier le relevé des successions déclarées en 1907. Cette statistique confirme, à nouveau, ce que nous avons maintes fois dit et répété sur le morcellement infini de la fortune. Nous avons, en France, une immense épargne, réalisée par des gens sachant se contenter de peu et économisant, quand même, sou par sou. Nous avons de la « poussière de titres et de la poussière de revenus ». Il n'y a pas, chez nous, 20.000 millionnaires.

Le relevé des successions déclarées en 1907 est divisé en 13 séries.

Il y a 401.574 successions actives pour un total de 5,461,843,339 francs au lieu de 385,019 successions en 1905.

Ces 401,574 successions se répartissent ainsi :

GROUPES D'HÉRITAGES		NOMBRE de SUCCESSIONS ACTIVES	VALEURS TRANSMISES
			millions de francs
1 fr. à	500 fr	116.323	27.7
501 —	2.000 —	106.807	135.2
2.001 —	10.000 -	114.695	562.2
10.001 —	50.000 —	47.987	1.014.2
50.001 —	100.000 —	7.703	532.4
101.001 —	250.000 —	6.018	776.4
250.001 —	500.000 —	1.713	602.9
500.001 —	1 million	814	579.2
1 million à	2 millions.............	360	501.6
2 — à	5 —	134	389.1
5 — à	10 —	33	234.6
10 — à	50 —	7	106.4

(1) 1908.

Au-dessus de 50 millions, il n'y en a pas. Il y en avait 3 en 1905.

Pour dégager le montant de l'annuité successorale, il faut ajouter aux valeurs successorales déclarées le montant des donations qui s'élève pour 1907 à 1 milliard 38 millions. Le total de l'annuité s'élève donc à 6 milliards 518 millions, passif déduit. C'est le plus gros chiffre qui ait été obtenu, sauf pendant l'année 1905 par suite de causes exceptionnelles que nous avons eu l'occasion d'indiquer.

*
* *

On sait que le régime actuel des mutations par décès est organisé par la loi du 21 février 1901. La déduction du passif de l'actif brut des successions n'a eu son effet que six mois après la promulgation de la loi, soit pendant quatre mois seulement de l'année 1901.

Voici quels ont été depuis 1901, l'actif brut, le passif et l'actif net des successions :

ANNÉES	ACTIF BRUT	PASSIF DÉDUIT	ACTIF NET TAXÉ
	millions de francs	millions de francs	millions de francs
1901................	5.441.4	170.9	5.270.5
1902................	5.375.4	437.9	4.937.5
1903................	5.406.7	391.1	5.015.6
1904................	5.710.1	379.7	5.330.4
1905................	6.172.4	417.4	5.755.0
1906................	5.674.6	471.6	5.203.0
1907................	5.901.0	421.2	5.479.8

*
* *

La statistique de 1907 est divisée, comme les précédentes, en deux parties.

La première, que nous venons d'analyser, est relative à la déduction du passif et à la répartition des successions, d'après leur importance globale.

La seconde renferme le détail des parts successorales classées par degrés de parenté, suivant la graduation des tarifs progressifs.

Ces renseignements se trouvent ensuite détaillés par département. On peut se rendre compte ainsi, pour chaque département, du nombre et du montant des successions, de leur passif et de leur actif net, de l'importance des héritages suivant la graduation admise de 1 à 500 francs, de 501 à 1,000 francs, etc., etc. Un tableau indique enfin la statistique des parts successorales soumises aux droits progressifs.

Pour se rendre compte, par exemple, du nombre et de l'importance des successions déclarées en 1907 dans le département de la Marne, nous avons les renseignements suivants :

GROUPES D'HÉRITAGES	NOMBRE de SUCCESSIONS ACTIVES	VALEURS NETTES
		millions de francs
1 à 500 fr.	1231	0.3
501 à 2.000 —	1169	1.3
2.001 à 10.000 —	1669	7.6
10.001 à 50.000 —	890	17.7
50.001 à 100.000 —	161	9.6
100.001 à 250.000 —	109	14.6
250.001 à 500.000 —	18	6.1
500.001 à 1 million	8	4.6
1 à 2 millions	3	3.4
2 à 5 millions	»	»
5 à 10 millions	»	»
10 à 50 millions	»	»
au-dessus de 50 millions	»	»

Les successions les plus nombreuses dans la Marne sont comprises dans les quotités de 2,001 à 10,000 fr. Ce fait n'est pas particulier à ce département : sur l'ensemble des 401,574 successions déclarées en France, il y en a 116,323 de 1 à 500 francs et 114,095 de 2,001 à 10.000 francs.

En rangeant les départements d'après le montant de l'actif net taxé des successions, la Seine tient le premier rang avec 1 milliard 467 millions ; le Nord, 221 millions ; Seine-et-Oise, 199 millions ; le Rhône, 176 millions ; Seine-et-Marne, 170 millions ; la Marne, 100 millions.

L'administration de l'enregistrement apporte le plus grand soin dans les statistiques successorales qu'elle établit, elle mérite beaucoup d'éloges : mais sans vouloir la surcharger de travail — car elle n'en manque pas — il est une statistique complémentaire qu'elle pourrait fournir et qu'il lui serait facile d'établir : celle du revenu des successions déclarées. Il est important et intéressant, sans doute, de savoir que les 401.574 successions déclarées se subdivisent entre 1,124,126 parts et que l'ensemble s'élève à 5,440,160,806 francs : ne croit-on pas qu'il serait non moins important et intéressant de faire connaître, dans la mesure où il est possible à l'Administration de le faire, le revenu total de ces héritages et de chacun des héritages au moment où la succession est taxée par le fisc ? Quand un notaire dresse l'inventaire d'une succession, il évalue, en capital, les valeurs mobilières déclarées et qu'il inventorie : serait-il donc bien difficile d'indiquer à côté du capital qu'elles représentent, le revenu de ces valeurs ? De même encore, lorsqu'on inventorie un immeuble, pourquoi ne pas indiquer, soit son revenu net, soit celui auquel il est évalué par l'Administration des contributions directes ? On dira peut-être que de telles évaluations pourraient engager sa responsabilité : mais il est toujours facile de dégager cette responsabilité et d'indiquer les réserves qui peuvent être faites. Ces améliorations à apporter à la statistique successorale, que nous avons maintes fois demandées, auraient une grande utilité économique et fiscale, car elles démontreraient clairement, une fois de plus, que ce que nous avons appelé poussière de titres et poussière de revenus n'est pas une fiction, mais est, au contraire, la réalité et la vérité.

LA THÉSAURISATION FRANÇAISE (1)

L'accroissement considérable et continu de l'encaisse-or de la Banque de France est un des faits économiques les plus remarquables de notre époque.

Depuis dix ans, l'encaisse-or s'est accrue de 1 milliard 587 millions pendant que l'encaisse-argent diminuait de 311 millions et que la circulation des billets augmentait de 1 milliard 202 millions.

Le relevé suivant indique ce triple mouvement :

ANNÉES (Fin décembre)	OR	ARGENT	CIRCULATION des billets
	millions de francs	millions de francs	millions de francs
1898.	1.810,4	1.205,5	3.754,1
1899.	1.866,4	1.156,6	3.987,8
1900.	2.334,3	1.099,6	4.146,4
1901.	2.449,0	1.096,8	4.072,2
1902.	2.519,2	1.098,4	4.304,3
1903.	2.367,4	1.100,0	4.244,2
1904.	2.650,2	1.098,9	4.267,7
1905.	2.364,3	1.071,2	4.151,1
1906.	2.671,9	993,6	4.629,4
1907.	2.690,9	924,4	4.860,6
1908 (3 décembre)..	3.397,9	894,1	5.045,8

***

Ses causes.   Il semble, à première vue, que depuis dix ans, l'encaisse-or ayant augmenté de 1 milliard 587 millions et l'encaisse-argent ayant diminué de 311, laissant ainsi une

(1) 1909.

augmentation d'encaisse métallique de 1,276, cette augmentation s'explique naturellement par l'accroissement de la circulation qui, depuis dix ans, s'est élevée de 3 milliards 754 millions à 5 milliards 45 millions, soit une augmentation de 1 milliard 291 millions.

Il n'en est pas ainsi.

Cet accroissement de l'encaisse-or de la Banque de France s'explique par plusieurs raisons :

La France est créditrice partout : elle n'est débitrice nulle part. — En présence de la crise mondiale, les capitaux français prêtés au dehors sont rentrés en partie au bercail, c'est-à-dire, en France. Tous les changes nous étaient favorables, c'est-à-dire que les pays étrangers qui avaient des remises à nous faire, recherchaient l'or ou l'équivalent de l'or, pour nous rembourser.

M. Léon Say répétait souvent qu'il fallait consulter sans cesse le taux du change qui est un baromètre de la circulation et permet d'apprécier, avec précision, d'où viennent les demandes ou les offres de numéraire.

Le taux du change indique en effet, presque mécaniquement, l'étendue plus ou moins grande des transactions internationales, du mouvement des échanges commerciaux internationaux et leurs résultats. Il correspond, à peu de chose près, au prix nécessaire pour couvrir les risques du va-et-vient des métaux précieux. Si la France avait été débitrice au lieu d'être créancière de l'étranger, le change serait contre elle : est-elle créancière, le change lui est favorable.

De tous les cours du change le plus important est le Londres parce que Londres est le plus grand marché des métaux précieux du globe, comme le premier centre commercial de l'Europe. Quand le change est à 25 fr. 22 la livre sterling, on dit qu'il est au pair. C'est le *gold point*, c'est-à-dire qu'à ce taux il y a équilibre. Quand le change s'élève à 25 fr. 28 ou 25 fr. 30, le change est favorable à Londres, puisqu'on paye la livre sterling plus cher, la France exporte de l'or. Si le cours est inférieur à 25 fr. 22, s'il tombe à 25 fr. 20, 25 fr. 18,

25 fr. 15, 25 fr. 13, le change est contraire à Londres qui exporte de l'or.

Voici ce que disent les chiffres :

Le change sur Londres de 1898 à 1908.

Depuis 1898, les plus hauts et les plus bas ainsi que les taux moyens du change de Paris à Londres ont été les suivants :

ANNÉES	PRIX le plus haut	PRIX le plus bas	PRIX MOYEN
1898..........	25 42 ½	25 18	25 28
1899...........	25 40 ¼	25 15 ½	25 23
1900....... ...	25 26 ½	25 06 ½	25 15 ½
1901...... ...	25 25 ½	25 06 ¼	25 18
1902...... .. .	25 24 ¼	25 09 ½	25 16
1903........ .	25 23	25 10	25 16
1904......	25 28	25 08 ½	25 17
1905...........	25 24	25 06	25 16 ½
1906...........	25 31 ½	25 08	25 17 ½
1907.........	25 29 ½	25 10 ¼	25 19 ¼
1908...........	25 23 ½	25 07 ½	25 13 ½

Depuis 1898 et plus particulièrement cette année, il y a eu intérêt à importer de l'or en France.

Le change sur Londres ayant une influence générale sur tous les changes, les mêmes cotes fournissent la même preuve. Tous les changes, sans aucune exception, sont favorables à la France. Tous concourent et ont concouru à former ce stock énorme d'or qu'ils nous envoient parce que tous les pays sont nos débiteurs.

* *

La France est le pays le plus économe qui existe, celui qui possède le plus grand éparpillement qui soit de petites et moyennes épargnes : c'est la terre bénie, le pays de Chanaän des emprunteurs étrangers. Bon an mal an, elle économise et met de côté 1 milliard 500 millions à 2 milliards ; d'aucuns même prétendent que ces économies dépassent 2 milliards et demi et atteignent 3 milliards. Contentons-nous des 2 milliards, en nous appuyant sur l'évaluation que nous avons déjà établie, avec chiffres et preuves à l'appui.

Les fonds d'État et titres étrangers qui se trouvent dans le portefeuille de nos capitalistes français, s'élèvent à 30 milliards, rapportant annuellement en chiffres ronds 1 milliard 500 millions.

À ces 1,500 millions s'ajoutent les remboursements de titres sortis aux tirages. Il faut évaluer aussi les sommes que dépensent, en France, les étrangers qui viennent visiter notre pays et tenir compte des fonds que nous dépensons nous-mêmes quand nous voyageons au dehors. Cette dernière statistique ne peut reposer que sur des chiffres très approximatifs ; aussi ne voulons-nous pas nous y arrêter. Bornons-nous à dire qu'il est vraisemblable que, tous les ans, rien qu'en intérêts et remboursements des capitaux que nous avons prêtés au dehors, les pays, sociétés et emprunteurs étrangers ont à payer, en France, un minimum de 1 milliard 500 millions à 2 milliards.

Chaque année, nous consentons de nouveaux prêts à l'étranger, nos créances au dehors augmentent annuellement : en tenant compte, d'une part, de ce qui nous est payé tous les ans par les emprunteurs étrangers, et, d'autre part, des prêts nouveaux que nous leur consentons, il s'établit une balance dont le solde est à notre profit : ce solde qui nous rentre en or s'ajoute au stock que nous possédons déjà. La rentrée annuelle, à des dates périodiques, de ces capitaux explique que les changes étrangers nous sont constamment favorables car il faut que l'étranger nous envoie constamment de l'or pour nous payer ce qu'il nous doit.

Le relevé des importations et exportations françaises de l'or de 1898 à 1907 justifie nos appréciations et nos calculs. Pour cette période, la différence en faveur des importations d'or en France n'est pas moindre de 2 milliards 613 millions (1).

Ce n'est pas tout : depuis plusieurs années, notre

(1) Rapport au ministre des finances sur la circulation monétaire,

11

public de petits épargneurs effrayé par tout ce qui s'est
dit sur la situation politique intérieure et extérieure, par
le bruit qu'ont causé les projets fiscaux, subissant l'influence de conseils plus politiques que financiers, avait
envoyé au dehors des capitaux importants, en Suisse,
en Belgique, aux Pays-Bas, en Angleterre, aux États-
Unis et effectué des achats sur des valeurs se négociant
exclusivement dans ces pays. Les banques suisses, par
exemple, recevant des capitaux français, prêtèrent ces
capitaux à des banques allemandes qui leur offraient un
intérêt plus élevé, ou à des banques anglaises, hollandaises, qui de leur côté, cherchèrent à employer plus
fructueusement ces capitaux, en les prêtant soit aux
États-Unis, soit à d'autres pays. La crise mondiale a
éclaté. Nos petits capitalistes français ont vu que tous
les pays étaient atteints, sauf la France : pris de peur,
ils ont réclamé leurs fonds au dehors et c'est ainsi que,
directement ou indirectement, la France voit rentrer
une forte partie des capitaux exportés aux États-Unis,
en Angleterre et en Allemagne.

« Le règlement de la majeure partie de ces opérations, écrivait récemment
l'*Economist*, s'est fait à Londres, où l'Allemagne, par exemple, s'est procuré les fonds que cessait de lui fournir Paris, tandis que d'autres pays,
les royaumes scandinaves entre autres, s'adressaient aussi en Angleterre
pour obtenir les facilités que l'Allemagne, par répercussion, ne leur offrait
plus. Le très bas taux de l'escompte anglais, suite de la stagnation commerciale, a favorisé ce transport de créances. En même temps, les établissements de crédit français conservaient de fortes disponibilités en vue
d'emprunts internationaux, que la situation politique a fait d'ailleurs
ajourner. »

Tous ces faits sont les preuves les plus frappantes de
l'abondance des ressources, de la vitalité de notre pays.
S'il en était autrement, comment pourrait-on expliquer l'abondance croissante des épargnes, l'abondance
non moins croissante des disponibilités, le bon marché
du loyer des capitaux? Comment pourrait-on expliquer
que la France soit créditrice à l'étranger et créditrice
chez elle, dans les banques publiques et privées, et
qu'elle ne doive rien, absolument rien à personne ?

* *

Pendant la même période 1898-1908, la production mondiale de l'or s'est élevée à 1,300,810 kilogrammes représentant une valeur de 14 milliards 812 millions.

En voici le relevé :

Production de l'or de 1898 à 1908.

ANNÉES	OR	
	POIDS	VALEUR
	kilogrammes	millions de francs
1898.................................	431.656	1.486,8
1899.................................	461.515	1.589,6
1900..........	383.049	1.319,2
1901..............................	392.705	1.352,6
1902...............................	446.490	1.537,9
1903.............................	493.083	1.698,4
1904.............................	522.250	1.793,8
1905..............................	567.462	1.953,4
1906.......................... ..	602.600	2.075,6
	4.300 810	14.812,8

On peut donc dire que la Banque de France a absorbé la dixième partie environ de cette production de l'or et il convient de noter que l'encaisse de la Banque, aussi considérable qu'elle soit, 3 milliards 535 millions au 14 janvier 1909, est loin de représenter le stock monétaire or que possède le pays. La statistique des stocks monétaires est, du reste, extrêmement délicate à établir : une des principales difficultés provient de l'évaluation qui peut être faite ou omise des lingots d'or qui se trouvent dans les banques. Ces lingots peuvent être considérés tantôt comme monnaie et tantôt comme marchandise.

Il a été souvent proposé d'incorporer dans le stock monétaire d'un pays les lingots immobilisés dans les encaisses des banques et ceux-là seulement ; mais on a toujours considéré aussi qu'en supposant qu'il fût possible de se mettre d'accord sur une formule de ce genre, la règle en serait toujours difficile.

***

Le stock monétaire de la France. Une estimation approximative de la circulation probable des monnaies d'or, d'argent et de bronze circulant en France a été faite, chez nous, après les enquêtes de 1878, 1885, 1891, 1897 et 1903.

D'après les estimations de M. de Foville, s'appuyant sur les chiffres de 1903, la valeur probable des monnaies d'or, d'argent et de bronze existant en France à cette époque serait de 4 milliards 800 millions d'or en pièces de 20 francs, de 10 francs et autres pièces ; — 2 milliards 130 millions d'argent en pièces de 5 francs et pièces divisionnaires ; — 60 millions en monnaies de bronze et de nickel, soit un total général de 6 milliards 990 millions, ou 7 milliards en chiffres ronds, lingots d'or non compris.

Depuis cette époque, ces chiffres se sont encore accrus.

D'après la direction des monnaies des Etats-Unis, le monnayage de l'or en France aurait été de 30,325 milliers de dollars en 1904, de 38,295 en 1905, soit un total de 68,620 milliers de dollars représentant 343 millions de francs en chiffres ronds.

En 1906, le monnayage de l'or a été de 332 millions (1). En supposant les mêmes chiffres pour 1907 et pour 1908, soit 664 millions, le stock monétaire or de la France serait le suivant :

(1) Rapport déjà cité.

	millions de francs	
1903	4.800	évaluation de Foville;
1904	151	monnayage de l'année;
1905	192	—
1906	332	— —
1907-1908	664	monnayage probable.
Total	6.139	

sans compter le montant des lingots qui se trouvent à la Banque de France et dans les caisses des établissements de crédit et banques privées. De ces 6 milliards formant le stock-or probable de la France, il faudrait déduire, d'une part, le montant des paiements en or qui ont pu être effectués sur les emprunts étrangers contractés en France et y ajouter, d'autre part, le montant des rentrées qui ont été faites sous forme de paiements d'arrérages, amortissement de titres étrangers ; mais, tous comptes faits, les estimations que nous venons de donner se rapprochent sensiblement de la réalité.

Nous ne les donnons d'ailleurs qu'à titre approximatif et sous toutes les réserves qu'il faut apporter, car il est extrèmement difficile d'établir une évaluation précise du stock monétaire or circulant ou se trouvant dans le pays : ce qui est certain, c'est que le montant de l'encaisse-or de la Banque de France ne représente qu'une partie de l'existence totale de l'or circulant ou se trouvant en France.

***

En nous référant à des documents dignes de foi, comme les statistiques publiées par la direction des monnaies des Etats-Unis et par la direction des monnaies de notre pays, tout l'or que les hommes ont extrait des entrailles de la terre depuis la découverte de l'Amérique se chiffrerait par plus de 62 milliards d'or et de 67 milliards d'argent (1).

Quelques constatations utiles.

1) Voir notamment notre *Rapport général* au Congrès international des valeurs mobilières de 1900.

Si nous évaluons approximativement à environ 6 milliards le stock monétaire or de la France, ce stock représenterait la dixième partie de la production totale en or. Le stock monétaire argent, pouvant se chiffrer entre 2 milliards et 2 milliards et demi, représenterait environ la trentième partie de la production totale de l'argent.

La production totale de l'or et de l'argent extraits de la terre depuis 1493, c'est-à-dire depuis 416 ans, s'élèverait, avons-nous dit, à un total de 130 milliards.

Si l'on se reporte à notre VII° *Rapport sur la statistique internationale des valeurs mobilières*, présenté à la dernière session de l'Institut international de statistique à Copenhague, on voit que l'ensemble des fonds d'État et titres mobiliers divers négociables aux bourses de Paris et de province s'élevait fin 1906 à 135 ou 137 milliards et, en comprenant les titres négociables sur le marché en banque, à environ 155 milliards. Ces totaux énormes qui donnent le vertige, montrent que la France, c'est-à-dire nos nationaux posséderaient en propre un chiffre minimum de 100 milliards, sur lesquels 30 milliards au minimum seraient constitués en fonds d'État et titres étrangers. Ces 30 milliards, avons-nous dit, paraissent être plutôt au-dessous qu'au-dessus de la vérité, mais nous préférons nous en tenir à ce chiffre déjà si respectable de 30 milliards, tant que nous ne sommes pas sûrs — autant qu'on peut l'être en pareille matière — d'une évaluation supérieure.

Il est nécessaire, en outre, de faire observer, que notre évaluation ne comprend pas les capitaux français déposés en comptes courants à l'étranger ni ceux qui commanditent des entreprises françaises ou étrangères au dehors.

En admettant, comme nous l'avons fait, que l'ensemble du portefeuille français constitué en titres et fonds étrangers rapporte bon an mal an 1 milliard 500 millions à 2 milliards, ces 1 milliard 500 millions à 2 milliards, qui nous sont payés annuellement, rentrent en or et, défalcation faite des nouveaux emplois que nous faisons d'une partie de ces rentrées de métal jaune, augmentent notre stock monétaire or.

Comme nous employons une partie de nos épargnes à faire de nouveaux placements au dehors, le revenu de ces nouveaux placements s'ajoute aux revenus anciens et augmente d'autant les sommes annuelles qui nous sont payées, en or, par les emprunteurs étrangers.

* *

Ces faits, bien simples, expliquent pourquoi le stock d'or que possède la France, le plus considérable qu'elle ait jamais eu, s'augmente automatiquement tous les ans.

Pourquoi le stock d'or de la France s'accroît automatiquement.

Ce stock diminuerait : si une ou plusieurs mauvaises récoltes obligeaient à faire des exportations d'or pour acheter des céréales ; si, d'autre part, les emprunts étrangers, effectués en France, prenaient un plus grand développement ; ou bien encore si, pour une cause quelconque, nous étions obligés d'acheter une plus forte quantité de marchandises au dehors et si le montant de ces achats ne trouvait pas une contre-partie à peu près équivalente dans le montant des ventes que nous effectuerions.

Il faut se dire aussi que les stocks d'or apparents diminueraient, si un grave événement politique extérieur venait à éclater.

Mais actuellement, rien que par le jeu naturel des lois et faits économiques et financiers, tant que la France est et restera créditrice au dehors, l'accroissement de l'or dans le pays, continuera à se produire normalement, automatiquement. Contrairement à ce qu'on a pu croire et à ce qu'ont pu écrire plusieurs journaux étrangers, nous n'achetons pas et n'avons nullement besoin d'acheter de l'or au dehors : cet or, répétons-le, arrive naturellement chez nous en paiement des intérêts ou du capital de nos créances. Et il en sera ainsi, répétons-le encore, tout aussi longtemps que nous serons créanciers au dehors et non débiteurs.

C'est encore là ce qui explique que, de 1898 à la fin de 1906, la différence en faveur des importations d'or en France a été de 2 milliards 613 millions. En 1907, l'excédent des importations sur les exportations d'or — bien que les statistiques douanières en ce qui concerne les métaux précieux soient très sujettes à caution — a été de 296 millions. Ce serait donc un total d'environ 2 milliards 909 millions en or qui, par le jeu naturel des transactions, serait rentré en France de 1898 à la fin 1907.

*
* *

Existe-t-il une grève des milliards ? On entend répéter que — suivant une expression qui fit fortune à cette époque, employée par Emile de Girardin, quand, en 1867, l'encaisse de la Banque de France se rapprocha d'un milliard — les 3 milliards et demi d'or, les 880 millions d'argent, qui sont dans les caves de la rue de la Vrillière, font grève. C'est la grève des 4 milliards, entend-on dire, véritable « meeting métallique », suivant encore l'expression d'Emile de Girardin, où « ce sont les pièces d'or et d'argent qui ont la parole ».

C'est là une erreur. Les 4 milliards ne sont pas en grève : ils circulent sous la forme de billets de banque et nos billets de banque, suivant la pittoresque expression d'un ancien président du conseil, ministre des finances d'Italie, M. di Broglio, sont, en réalité, devenus des billets métalliques.

Il serait assurément préférable qu'il y eût moins d'or à la Banque et, au contraire, un plus gros portefeuille d'effets de commerce et moins de billets de banque en circulation : mais, d'une part, le portefeuille commercial de la Banque ne représente qu'une faible partie de celui des grands établissements financiers et banques qui, depuis plusieurs années font comme nous l'avons dit (1), la « chasse à l'escompte » ; d'autre part, il faut tenir compte de notre organisation financière, fiduciaire et monétaire, de nos habitudes, de nos mœurs, et aussi de cet état d'esprit, à peu près général, qui, dans le monde entier, pousse les pays à faire des approvisionnements d'or, absolument comme ils s'approvisionnent de munitions de guerre. Ce sont là quelques-unes des question — car il y en a bien d'autres — sur lesquelles il faudrait se prononcer avant de dire ces mots à gros effet : « La grève des milliards ! »

* * *

Ce qui ressort surtout de l'abondance des capitaux et de l'épargne en France, avec une évidence telle qu'elle frappe le monde entier, c'est la puissance économique, monétaire et financière de la France. Cette puissance que les partis politiques méconnaissent souvent chez nous, éclate aux yeux de l'étranger. Il suffit, pour s'en convaincre, de lire les appréciations des principaux journaux économiques étrangers et de suivre les discussions qui ont lieu dans les parlements, soit en Europe, soit aux États-Unis. Il est incontestable que nous avons, en France, malgré nos défauts que nous exagérons comme à plaisir, malgré les maux que nous nous découvrons et que nous étalons *urbi et orbi*, des forces économiques et financières considérables. Nous les avons maintes fois mises en relief et les faits nous ont donné raison alors que nous répondions, par des faits et par des chiffres précis, à des affirmations pessimistes qui pouvaient faire le plus grand tort au crédit public et privé.

Cette puissance économique et financière qui doit nous obliger à en être d'autant plus ménager qu'elle est plus considérable, est indéniable. On nous trouvait optimiste quand nous la constations, avec chiffres et documents à l'appui. Personne aujourd'hui ne peut

Puissance économique, monétaire et financière de la France.

1) Voir tome III, page 193.

la contester car cette puissance résulte des six faits principaux suivants : abondance de titres mobiliers exportables ; encaisse métallique or considérable ; grande abondance de disponibilités provenant de nos épargnes ; crédit incontesté ; la France créditrice partout ; la France seul pays dont la dette publique n'ait pas augmenté depuis dix ans.

1. Abondance de titres exportables. — Nous possédons, en propre, 30 milliards de fonds et titres étrangers sur lesquels 20 à 22 milliards de fonds internationaux se négocient sur nos marchés et sur les bourses des pays étrangers qui sont nos débiteurs : c'est, pour nous, une grande force. Ces créances, tant qu'elles sont régulièrement payées, nous garantissent un change favorable ; elles sont l'équivalent d'un supplément d'exportations de marchandises qui nous rapporteraient un bénéfice rémunérateur.

2. Encaisse métallique or considérable. — C'est-à-dire encore de la monnaie exportable qui peut, à un moment donné, et qui devrait toujours nous procurer des avantages économiques et commerciaux importants, sans compter des compensations et des avantages politiques.

3. Grande abondance de disponibilités provenant de nos épargnes. — Ces disponibilités qui se renouvellent sans cesse puisque, bon an mal an, quelles que soient les crises politiques ou autres, les intempéries des saisons, la France fait 1 milliard 500 millions à 2 milliards d'économies annuelles, nous permettent de suffire à nos besoins et d'en prêter une partie au dehors.

4. Crédit incontesté. — Deux chiffres le montrent : la rente française 3 % se négocie 11 francs plus haut que la rente allemande ou prussienne. Et n'a-t-il pas suffi récemment au ministre des finances de relever de 1/2 % le taux des bons du Trésor à l'échéance de 3 mois à 1 an, pour qu'en 24 heures, on apportât au Trésor plus de 200 millions. On ne saurait prétendre que c'est l'appât de l'intérêt qui a déterminé les souscripteurs, ni soute-

nir que si le crédit de la France n'était pas incontesté, on confierait au Trésor des capitaux aussi considérables.

5. La France est créditrice partout ; elle n'est débitrice nulle part. — C'est ce qui explique encore que les rentrées de capitaux qui, sous forme d'arrérages ou de remboursements, lui viennent de tous les côtés, alors qu'elle ne doit rien et n'a rien à payer nulle part.

6. La France est le seul pays au monde dont la dette publique n'ait pas augmenté depuis dix ans. — Ce fait, aussi invraisemblable qu'il paraisse à ceux qui n'étudient pas nos budgets et les états financiers annexés, est absolument vrai, alors que dans tous les pays la dette publique s'est accrue.

C'est également en France où les budgets, malgré leur accroissement, motivé, comme le disait M. Léon Say, par ce fait que « notre démocratie a une tendance à vouloir charger l'État d'un grand nombre de fonctions dont il ne se chargeait pas autrefois », ont le moins augmenté. C'est également, en France, où les cours des rentes sur l'État ont été le plus fermement tenus et tiennent, avec les consolidés anglais, le haut de l'étiage des prix.

*.

La France, envisagée dans son ensemble, est le pays où l'esprit d'épargne est le plus répandu. Il y a, sans doute, comme dans le monde entier, des imprudents qui sacrifient la proie pour l'ombre et ne se rendent pas compte que la belle maxime que développait tout récemment encore M. Frédéric Passy est la vraie : « épargner, c'est dépenser » ; mais l'immense majorité des Français est prévoyante. Les dépôts dans les caisses d'épargne, les millions de mutualistes, les rentiers sur l'État, les détenteurs des obligations de chemins de fer, de la ville de Paris, du Crédit foncier, le prouvent :

Notre esprit d'épargne. Objections et critiques.

tous ces épargneurs veulent, suivant un vieux dicton, s'assurer « une poire pour la soif ».

Politique du « bas de laine », disent les imprudents et les imprévoyants, politique qui se borne à faire des placements sur des affaires anciennes, dans des pays connus, mais exclusive de toute initiative, de tout progrès.

Politique d'engourdissement, ajoute-t-on encore, qui transforme les Français en petits capitalistes et rentiers au lieu de faire, de chacun d'eux, des entrepreneurs d'affaires nouvelles, des initiateurs des commerces nouveaux et des industries nouvelles.

Politique du moindre effort, ajoute-t-on encore, tandis que les races saxonnes, anglo-américaines, allemandes, marchant à la conquête de l'inconnu, placent leurs capitaux sur de nouvelles entreprises qu'elles créent, recherchant bien plus l'accroissement de leur capital, au risque de le perdre, que la consolidation de leur revenu.

Politique de thésaurisation, disait récemment le *Journal de Genève*, et, ajoute-t-on encore, les Français ne sont plus aujourd'hui que des prêteurs à court ou à long terme, qui placent et font fructifier leurs capitaux à intérêts composés. Ils se gardent bien de placer ceux-ci sur des titres qui ne leur donnent pas des revenus fixes ; ils préfèrent un maigre revenu et désertent tout placement à rendement variable, et, on le prouve en commentant les chiffres que nous avons établis dans notre dernier rapport à l'Institut international de statistique, « la proportion des valeurs à revenu fixe est de 75 % en France, tandis qu'elle est seulement de 35 % en Angleterre et de 25 % en Allemagne. Les valeurs à revenu variable sont, au contraire, à raison de 25 % seulement dans le portefeuille des Français, tandis que cette proportion est de 65 % en Angleterre et de 75 % en Allemagne ». Plaignons la France, ajoute-t-on avec commisération, d'être aussi réservée, alors qu'elle pourrait s'enrichir davantage en étant moins économe et prudente.

Ce sont surtout les étrangers qui nous font ces observations. Ils sont vraiment trop aimables d'avoir autant de sollicitude pour nous. « Quittez ce souci », pourrions-nous leur répondre en les remerciant, et en les engageant à relire une fable de La Fontaine : Le Renard et les Raisins.

* * *

Quelle que soit, au surplus, la valeur des critiques que l'on adresse à cette politique de nos rentiers, à leur esprit d'épargne et d'économie, à ce qu'on nomme leur « mentalité » financière et économique, comment ne pas reconnaître cependant qu'une telle situation financière donne à la France une puissance qui, dans le monde entier, est enviée par tous et exerce une influence incontestable sur sa situation politique extérieure ? Les capitalistes et les rentiers, les détenteurs de ce qu'on appelle « la richesse acquise » ne sont pas des « oisifs », comme on les appelle encore, voire même des « monstres qui s'appellent porteurs de fonds publics », suivant une expression que Gladstone rappelait jadis en la blâmant. Ce sont des producteurs de travail, car plus la richesse s'accroît dans un pays, plus le travail est actif, plus haut sont les salaires. Effrayer, tracasser, ennnuyer tous les capitalistes petits ou grands, c'est immédiatement porter atteinte au travail, aux salariés. Laissez-les tranquilles, le crédit s'élève, la confiance s'accroît, les affaires se développent et prospèrent. Les législateurs ne devraient jamais l'oublier.

> Il faut laisser dire.

Nous devons avoir tout à la fois une armée forte et puissante, des arsenaux bien garnis, des capitaux abondants, des disponibilités d'épargne nombreuses, et, suivant l'expression de M. Ribot que nous rappelons sans cesse, des « finances libres et fortes ».

> Pas de mesures imprudentes

Voilà pourquoi, si nous avons le droit d'être heureux et fiers de la puissance financière de la France, de ses ressources et de ses épargnes, nous devons dire et répéter sans cesse que tout ce qui porterait atteinte à cette « thésaurisation française » qu'on nous envie tout en la critiquant, tout ce qui pourrait diminuer la confiance du public, porterait atteinte à la situation même du pays, à son développement régulier, à son avenir et à sa grandeur à l'intérieur et à l'extérieur.

L'ÉPARGNE FRANÇAISE (1)

Vous vous rappelez quel était, l'année dernière, le sujet de ma causerie — ce n'était qu'une causerie et non une conférence, de même que ce soir, c'est une simple causerie que je veux faire. Je vous avais parlé de la situation financière de la France et je terminais en disant : « La France est créditrice partout, elle n'est débitrice nulle part. »

Cette causerie a été commentée en France et à l'étranger : je voudrais simplement retenir les critiques qui ont été faites.

On a dit que j'étais optimiste : eh bien ! optimiste, je le suis et je ne m'en défends pas, parce que lorsqu'il s'agit du crédit, de la situation et de l'avenir de notre cher pays, je l'ai été, je le suis encore et le serai toujours.

Cet optimisme, je l'ai eu au lendemain de nos désastres de 1870 ; alors que l'on désespérait, j'ai manifesté la confiance qu'on devait avoir dans le relèvement de notre pays.

(1) Causerie faite à la Société amicale de la Marne, le 28 octobre 1908.

C'est une critique facile que de dire : vous êtes optimiste ! mais j'ai produit des faits et des chiffres : y a-t-on
répondu? non, j'attends encore les objections et les
réponses. Une grande revue italienne a fait une critique
que je me permettrai de qualifier de spirituelle : parlant de ma causerie de l'an dernier, cette revue disait
qu'elle ressemblait à une grande sculpture de certains
artistes, que l'on pouvait en admirer les grandes lignes,
mais qu'il ne fallait pas en regarder de trop près les
détails. C'est spirituel et s'il ne fallait que de l'esprit
pour répondre, je m'avouerais complètement vaincu et
terrassé.

Cependant, étais-je optimiste ? Me suis-je trompé ?
Les faits ont répondu tout récemment.

Un cyclone a éclaté au delà de l'Atlantique. Les États-
Unis ont été bouleversés, des banques séculaires ont
disparu ; des caisses d'épargne, de grandes maisons
ont été obligées de liquider ; c'était alors une véritable
chasse aux moyens de crédit, l'escompte s'est élevé à
des taux que l'on croyait ne jamais voir, à 8, à 9 et
même 10 %, et néanmoins, on ne trouvait pas d'argent.
Les personnes qui avaient des fonds en dépôt dans les
grandes banques ne pouvaient les retirer ; celles qui
voulaient profiter du désarroi du marché des valeurs
pour acheter à bon compte ne pouvaient se faire donner par ces banques les fonds nécessaires qu'elles y
avaient déposés.

Ce cyclone a traversé l'Océan, il a sévi en Angleterre,
en Allemagne, en Belgique, dans les Pays-Bas, en
Suisse, dans toute l'Europe, et sa violence était d'autant plus forte que, comme dans les perturbations
atmosphériques, on était plus près du centre de dépression, de ce qu'on appelle la zone dangereuse.

Eh bien ! mes chers compatriotes, quel est donc le
pays qui a été épargné, vers lequel tous les regards se
sont tournés, le pays auquel on a demandé aide et protection, que l'on regardait, que l'on attendait comme
un sauveur, comme au cours d'une tempête on regarde

La crise amé-
ricaine.

au loin le navire qui passe bien tranquille et auquel
on fait anxieusement tous les signaux pour en obtenir
du secours ? Ce pays, c'est la France, et ainsi s'est jus-
tifiée la phrase par laquelle je terminais ma causerie
précédente : « La France est créditrice partout ; elle
n'est débitrice nulle part. »

La France prête de l'argent partout, elle n'a à en emprunter à personne. C'est grâce à elle, c'est grâce à ce
grand établissement qui s'appelle la Banque de France,
dont la conduite a été admirée, je puis le dire, par le
monde entier, que l'on est venu de France au secours
de l'Angleterre, et, par là, indirectement, au secours
des États-Unis ; c'est grâce à elle que la crise a pu s'atténuer et qu'elle est en voie d'apaisement dans les pays
qui étaient le plus menacés.

Le bas de laine français.

J'avais attribué, l'an dernier, la grande puissance de
notre pays à nos épargnes, à nos capitaux disponibles,
et l'improvisation m'avait amené à dire que peut-être,
un soir, j'aurais à vous parler de ces épargnes, de ces
capitaux disponibles. Notre président, entre autres
qualités, a l'oreille très fine et il n'a pas laissé échapper ces paroles : il y a une quinzaine de jours, je rece-
vais la visite de notre secrétaire général qui venait me
demander quel jour je voulais bien choisir pour faire
cette causerie. Nous nous sommes mis d'accord et c'est
ce qui vous explique pourquoi je viens, ce soir, après
vous avoir parlé l'an dernier des finances publiques,
vous parler de nos finances privées, de nos économies,
de nos épargnes, de nos gros sous, de ce que nous appe-
lons le bas de laine, le fameux bas de laine français.

Nous possédons tous ce bas de laine, petit ou gros,
long ou court, étroit ou large ou profond, mais si nous
le souhaitons tous profond et bien garni, nous désirons
surtout qu'il n'ait pas de trous, pas d'échancrures. Je
vous parlerai ce soir encore millions et milliards, je
m'en excuse d'avance, mais si je parviens à vous indiquer quelques-unes des causes de ces échancrures, de
ces trous qui se produisent de temps à autre dans ce

magnifique bas de laine, j'espère que vous me pardonnerez les quelques instants que je vais vous prendre ce soir.

**

Il est un vieux dicton bien français, que nous connaissons tous : « Le plus difficile à acquérir et surtout à conserver, c'est le premier billet de cent francs. » Lorsqu'on a fait une première économie, on en fait ensuite une deuxième, une troisième, puis, le pli est pris, l'homme est devenu prévoyant et économe.

La première épargne.

Je connais un homme qui, jeune encore, très jeune, avait rogné et rognait chaque mois, sur son maigre traitement, quelques francs, pour les mettre de côté. Lorsque ses économies furent assez fortes, il acheta deux obligations à lots, puis, continuant à rogner sur ses appointements, il contracta une assurance pour se garantir quelques francs le jour où ses forces l'empêcheraient de continuer à travailler.

La Fortune que l'on dit quelquefois aveugle a ouvert les yeux sur cet homme ; les deux obligations qu'il avait achetées sont sorties avec des lots relativement gros ; puis les années s'étant écoulées, l'assurance qu'il avait contractée vint à échéance et cet homme aujourd'hui, reçoit une rente viagère

C'est un exemple que je me permets de citer pour que les jeunes gens qui m'écoutent puissent en profiter, car la prévoyance trouve toujours sa récompense.

Ce qu'a fait cet homme, c'est ce que font presque tous nos épargneurs français, c'est ainsi que se forme l'épargne dans notre pays.

Autrefois, — et cet autrefois ne remonte pas au delà d'un siècle, — on ignorait ce qu'était l'épargne, ou plutôt, on savait bien ce qu'elle signifiait, mais on avait une singulière façon de la réaliser. On ajoutait les sous et les écus — l'or était très rare — on mettait le tout dans un sac, dans un bas, dans un pot en fer ou en

L'épargne autrefois.

grès, et, comme, à chaque instant, le pays était en proie à des révolutions intérieures, à des troubles, à des guerres, de crainte que ces économies ne fussent prises, on les cachait dans les caves, on les enfouissait dans la terre, dans les murs. C'est ainsi que, de temps à autre, on apprend la découverte de grands pots en grès renfermant quantité de vieilles monnaies : c'étaient les économies d'ancêtres, de nos arrière-grands-pères.

Ce qu'elle est aujourd'hui. Voilà comment on économisait ; on ne connaissait pas alors et on n'avait pas les moyens de crédit qui permettent aujourd'hui de placer ses épargnes, de faire des placements.

Je mets à part immédiatement les valeurs étrangères dont je parlerai tout à l'heure, mais, jusqu'en 1823, elles étaient interdites en France, sauf les consolidés anglais qui ont toujours été cotés à la bourse et une rente 5 % napolitaine. Le premier fonds d'Etat qui est arrivé en 1811 à la cote en France a été, je vous le laisse à deviner... un 6 % saxon qui disparut la même année, puis, en 1823, un 3 % prussien, un 5 % autrichien, des lots badois, des 5 % espagnols, etc.

Caisses d'épargne. Les caisses d'épargne datent en réalité de 1835.

Rentes sur l'État. Les rentes sur l'Etat, en dehors des rentes 5 %, étaient très peu répandues, il n'y avait pas de petites coupures. Les rentes 3 % perpétuelles qui proviennent de la création de ce qu'on a appelé le milliard des émigrés, ont été admises à la cote en 1825 et leur premier cours a été, je crois, de 75 francs ; mais, comme je l'ai dit, il n'y avait pas de petites coupures de un, deux ou trois francs de rente, coupures qui ont permis à la rente de se démocratiser et d'entrer dans les plus petits portefeuilles.

Chemins de fer. Les obligations de chemins de fer ? inutile de dire qu'au commencement du siècle elles étaient inconnues.

Crédit foncier. Les obligations du Crédit foncier étaient encore plus inconnues et, lorsqu'elles firent leur apparition sur le marché, il fallut beaucoup de temps pour les faire accepter du public : on n'en voulait pas, on ne savait pas ce que c'était que ces papiers et on les repoussait.

Les établissements de crédit, ces grands magasins de capitaux, comme je les ai appelés, qui reçoivent des fonds en dépôt dont ils servent l'intérêt aux capitalistes, qui gardent les titres, encaissent les coupons, qui font toutes les opérations d'achat, de vente, d'encaissement de coupons, etc., sans que le déposant s'en doute et s'en occupe, à tel point qu'aujourd'hui nombre de ceux qui sont en rapport avec ces établissements, font des opérations, achètent des valeurs et ne connaissent les titres que par la mention faite sur leur compte, ignorant souvent et la couleur et le contexte du titre qui reste dans le portefeuille de la société de crédit, ces grands établissements sont de création relativement récente : c'est en 1859 qu'a été créé le Crédit industriel et commercial ; le Crédit lyonnais date de 1863 et la Société générale de 1864. C'est donc dire qu'au commencement du dernier siècle, les moyens de crédit étaient dans l'enfance.

Et le billet de banque ? il est aujourd'hui tellement répandu que si une caisse nous versait quatre ou cinq mille francs en argent ou en or, nous nous en plaindrions, préférant de beaucoup les billets qui tiennent moins de place, se mettent dans un portefeuille et voyagent avec nous.

Billets de banque.

Ici, je m'adresse à mes compatriotes. Ils ont vu comme moi, nos paysans venir à la ville vendre leur bétail et les produits de leur terre et préférer recevoir des sacs de sous plutôt que des billets ; j'ai vu, dans mon enfance, des habitants des environs de Châlons, de Juvigny, de Saint-Martin, de Recy, de Courtisols, de Marson, — certains d'entre vous sourient parce que, j'en suis sûr, je réveille des souvenirs d'enfance, — mettre ces sacs de gros sous au fond de leur petite charrette en les recouvrant de paille. Ils acceptaient bien à la rigueur des pièces de cent sous, des « écus », mais s'il leur avait été offert des billets de banque, ils les auraient refusés.

Voyez aujourd'hui combien la situation est changée !

La bourse.

Et la bourse, le grand marché des valeurs mobilières, qu'était-ce alors ?

De 1800 à 1820, il y avait sept ou huit valeurs cotées à Paris ; je passe sur le nombre de valeurs cotées sous Charles X, sous Louis-Philippe, même sous l'Empire ; mais à l'heure actuelle, tous ces morceaux de papier qu'on appelle titres de rente, actions, obligations, parts d'intérêt, cotés à la bourse de Paris et sur nos bourses départementales, vous doutez-vous du chiffre énorme qu'ils représentent ?

155 milliards de valeurs.

J'en ai fait le relevé récemment dans mon rapport sur la statistique internationale des valeurs mobilières adressé à l'Institut international de statistique ; cet ensemble de valeurs négociables en bourse s'élève à 155 milliards. Ce chiffre, en réalité, est effrayant. Si je faisais la comparaison entre ces 155 milliards et les quelques millions que représentaient les valeurs de bourse il y a 50, 60 ou 70 ans, c'est comme si je comparais la pointe de mon crayon à la tour Eiffel.

Ce que c'est qu'un milliard.

Un maître économiste et statisticien, M. de Foville, faisant à l'exposition de 1889 une conférence sur la fortune de la France, disait : « Savez-vous ce que c'est qu'un milliard ? avez-vous jamais vu un milliard ? Non. Eh bien ! je vais faire une comparaison. Si la tour Eiffel qui pèse huit millions de kilos en fer, était construite en argent, elle pèserait dix millions de kilos, et à la valeur nominale de l'argent, elle aurait une valeur de deux milliards. » Eh bien, mes chers compatriotes, si j'appliquais cette comparaison à la situation actuelle, il faudrait 75 tours Eiffel. Voyez-vous, si l'on mettait aujourd'hui 75 tours Eiffel en argent les unes à côté des autres, elles représenteraient l'ensemble des valeurs négociées en France ; et si l'on se bornait seulement aux cent milliards de valeurs qui nous appartiennent en propre, ce serait 50 tours Eiffel en argent qu'il faudrait construire pour représenter cette fortune : elles ne tiendraient pas dans le Champ de Mars.

* *
*

Et à qui appartient toute cette fortune? Comment est-elle répartie? Deux chiffres vont l'indiquer. On compte en France 10 millions d'électeurs : sur ce nombre, 9 millions de personnes au moins possèdent un livret de la caisse d'épargne, un titre de rente sur l'État, une obligation à lots de la ville de Paris ou du Crédit foncier, une obligation de chemin de fer, une valeur mobilière ou un lopin de terre.

Composition et répartition de l'épargne.

Nous avons, en France, tout à la fois, suivant une expression de M. Cheysson, l'épargne dans la maison, l'épargne en valeurs mobilières, l'épargne dans les sociétés de caisses d'épargne, l'épargne dans les sociétés de secours mutuels qui forment une véritable armée. Cette extraordinaire dissémination du capital et de la fortune en France fait que nous sommes une véritable démocratie financière et que nous possédons presque tous, en réalité, de la poussière de titres et de la poussière de revenus.

Psychologie de rentier.

La première épargne va aux caisses d'épargne. Fin 1906, il y avait en France, 4 milliards 773 millions déposés dans les caisses d'épargne et répartis entre 12,462,808 livrets, ce qui représente une moyenne de 382 francs par livret.

La première épargne.

Je n'attribue pas plus d'importance qu'il ne convient aux statistiques par moyenne, parce que les moyennes — c'est, je crois, M. Thiers qui l'a dit — sont faites de la richesse de l'un et de la misère de l'autre ; mais une statistique exacte est celle qui montre la répartition des livrets.

Or, sur 12,462,898 livrets, savez-vous combien il y en a de 20 francs et au-dessous ? J'ai là les chiffres officiels et c'est d'un document officiel que j'extrais les quelques chiffres suivants :

4.157.834 livrets de   20 francs et au-dessous.
2.279 519   —   de   21 à   100 francs.
1.086.887   —   de   101 à   200   »

1.426.910 livrets de 201 à 500 francs
1.246.075 — de 501 à 1.000 »
1.094.014 — de 1.001 à 1.500 »
1.163.712 — au-dessus de 1.501 francs et passibles de réduction.
   7.917 — au-dessus de 1.501 francs et exemptés de réduction.

Et remarquez que ces gros chiffres seraient encore bien plus gros et comporteraient un nombre de livrets plus considérable encore si le législateur n'avait pas eu peur de cette accumulation de capitaux et s'il n'avait pas fixé une limite aux dépôts qu'on peut faire dans les caisses d'épargne. Autrefois, on pouvait déposer des sommes assez considérables au nom des membres de toute la famille ; aujourd'hui, le maximum est fixé à 1,500 francs, une limite est imposée : l'État, doutant presque de lui, n'accepte que jusqu'à un certain chiffre les capitaux qu'il pouvait recevoir en compte courant provenant des caisses d'épargne, cette limite est fixée à 100 millions, le surplus devant être employé en rentes sur l'État.

Vous voyez l'immense dissémination de cette énorme fortune ; on ne peut dire que ces 4 milliards 773 millions appartiennent à la classe riche ; ce ne sont pas les riches qui déposent des fonds dans les caisses d'épargne, ce sont des gens modestes qui amassent un petit pécule pour le trouver plus tard et l'employer, soit à des besoins fortuits, soit à des placements définitifs et plus rémunérateurs.

Voici encore une autre statistique intéressante. En 1850 — ce n'est pas très loin, qu'est-ce que soixante ans dans la vie d'un peuple ? — le montant des dépôts dans les caisses d'épargne s'élevait à 135 millions... Rappelez-vous le chiffre actuel : 4 milliards 773 millions. En 1869, l'année la plus prospère de l'Empire, on comptait en tout 711 millions pour 2.130,000 livrets.

Ainsi notre pays que l'on dit marcher à la ruine et à l'abîme, — tel n'est pas l'avis de l'étranger, — a vu depuis la guerre ce mouvement colossal des caisses d'épargne passant de 711 millions à 4 milliards

773 millions en trente-six ans et de 2,130,000 à 12 millions 463,000 livrets de déposants.

Telle a été, rien que pour les caisses d'épargne, la progression de l'épargne en France.

Quand cette première épargne est constituée — je vous en demande pardon, mais je fais presque ici la psychologie du rentier — le petit capitaliste se dit : « Mais je voudrais bien avoir, moi aussi, un peu de rente sur l'Etat ; pourquoi donc n'en aurais-je pas ? c'est bon, la rente sur l'Etat. »

Rentes sur l'Etat.

Le résultat de son raisonnement, le voici.

A l'heure actuelle, nous avons 25 milliards 825 millions de rente 3 % perpétuelle et de rente amortissable, soit 26 milliards en chiffres ronds. Si j'en déduis les 3 milliards 800 millions de rente amortissable qui peuvent se trouver dans de gros portefeuilles, si j'en déduis encore les fondations et les rentes qui sont dans le portefeuille des grandes compagnies d'assurances, il reste un chiffre encore imposant de rente 3 % perpétuelle réparti entre 1,500,000 rentiers sur l'Etat, tous des petites gens.

Faisant le calcul de ce que chaque rentier pouvait posséder de capital en rente 3 % on est arrivé à des chiffres qui varient entre 15,000 et 17,000 francs : je ne les cite qu'en passant, sans y attacher plus d'importance ; mais ce à quoi je m'attache, c'est au nombre des personnes qui possèdent des titres de rente sur l'Etat et ce nombre n'est pas inférieur à 1,500,000 : c'est intéressant, dans un pays qui compte 10 millions d'électeurs de compter 1,500,000 personnes possédant un titre de rente sur l'Etat.

Obligations à lots.

Voilà donc une coupure de rente entrée dans le portefeuille des rentiers qui, en même temps, veulent laisser la porte ouverte à la fortune. C'est alors qu'ils achètent quelques obligations à lots, de la ville de Paris ou du Crédit foncier ; ils espèrent que la Fortune, pendant leur sommeil, leur donnera un joyeux réveil sous la forme d'un lot de 200,000, de 100,000, voire même de 50,000 ou de 10,000 francs.

Oh, sans doute, il y a beaucoup d'appelés et peu d'élus, mais enfin cette illusion, cette espérance, ne font de mal à personne, et il est préférable de voir le petit épargneur acheter une bonne obligation à lots avec l'espoir de se réveiller un matin avec un gros lot plutôt que de le voir dépenser ses économies au cabaret, dans un lieu de plaisir, ou les consacrer à des superfluités ; de telle sorte que ces titres à lots, qu'il ne faut pas confondre avec les billets de loterie, sont absolument des titres moralisateurs.

Savez-vous encore combien il y a de valeurs à lots en France, obligations de la ville de Paris, obligations foncières et communales du Crédit foncier, obligations de villes de province, plus quelques rares titres étrangers qui peuvent être négociés en France, les lots d'Autriche 1800 et du Congo entre autres ?

Nous possédons 6 milliards de valeurs à lots représentant 17 millions de titres en circulation et donnant par an 30 millions de lots.

Le capital représenté par ces titres est encore une économie qui appartient aux petits et qui fait partie de ce que j'appelle l'épargne.

Montons un degré de plus de l'échelle.

Obligations de chemins de fer.
Notre rentier a mis de l'argent à la caisse d'épargne, il a acheté de la rente, il a une obligation à lots : il voit le chemin de fer qui traverse son canton, sa commune, son village ; il se dit : « Je pourrais bien acheter une obligation de chemin de fer. » Il est d'ailleurs très fier de l'acheter car il ira toucher les coupons à la gare de sa ville et il se dira intérieurement que l'argent qu'il a versé en échange de son titre est représenté par une partie du rail qui traverse la gare ou a servi à payer le traitement de cet homme galonné, toujours poli et toujours convenable, que l'on appelle le chef de gare.

A l'heure actuelle, on compte 33 millions et demi de
morceaux de papier qu'on appelle des obligations de
chemins de fer, représentant un capital de 14 milliards
et demi. Avec les actions, — car notre rentier, après
des obligations, achète des actions — ce total atteint
18 milliards qui appartiennent à plus de 700,000 familles représentant plus de deux millions de personnes. Actions de che-
mins de fer.

J'ai voulu faire un relevé aussi exact que possible
de cette dissémination de la fortune dans les chemins
de fer et dans les grandes compagnies ; j'ai pu consulter
les registres où sont inscrits les titres nominatifs ; j'ai
pu constater qu'il y avait plus de 900,000 certificats
nominatifs et que, là encore, c'est l'épargne, la démocratie financière, qui possède la plus grande partie de
cet énorme capital.

Je crains de vous fatiguer avec ces milliards, aussi
vais-je faire une première récapitulation, car je ne suis
pas au bout : 4 milliards 800 millions dans les caisses
d'épargne, 6 milliards de valeurs à lots, 26 milliards de
rente française, 18 milliards d'actions et obligations de
chemin de fer : voilà déjà près de 56 milliards en
valeurs mobilières qui, on en conviendra, sont, pour
la plus grande part, la propriété de l'épargne.

Ce n'est pas tout. Après avoir fait tous ces placements, le petit épargneur achète des titres à revenu
variable ; il devient plus gourmand, il trouve que les
valeurs à revenu fixe ne lui rapportent pas suffisamment, et il se dit qu'en achetant quelques titres à
revenu variable, il aura un revenu un peu plus élevé
ou que son capital pourra s'améliorer grâce à la hausse
des titres due au développement de l'affaire. Titres à revenu
variable.

Après avoir fait ces placements en titres à revenu
variable, il se tourne du côté de l'étranger et achète des
fonds d'Etat étrangers, des actions, des obligations de
chemins de fer étrangers ou d'affaires industrielles. Ici,
je dois le dire, il en achète beaucoup trop, il en a surtout beaucoup trop acheté dans ces dernières années. Valeurs étrangères.

Il nous faut donc maintenant ajouter aux 50 milliards dont j'ai parlé 20 milliards d'actions industrielles et 30 milliards — d'aucuns disent 35 et même 40 — de titres étrangers, ce qui nous amène au total plus que respectable de 110 milliards.

J'indique tout de suite qu'ici, il faut opérer un retranchement ; c'est un chiffre un peu hypothétique, mais enfin il est admis par tous les statisticiens et les économistes, et je m'incline : on s'accorde à retrancher de ce total 10 % environ, représentant les titres que les étrangers ont pu acquérir chez nous. C'est assez juste, car si nous achetons des titres étrangers, on peut admettre que les étrangers viennent acheter des nôtres.

Le portefeuille français se chiffre à 100 milliards.

Cette déduction de 10 % étant opérée, il resterait donc 100 milliards pour la valeur actuelle du portefeuille français.

Propriété immobilière.

Ce n'est pas tout. Je vous parlais tout à l'heure de l'épargne dans la maison ; il existe en France, 12 millions de ménages ; sur ce nombre, 9 millions de ménages possèdent leur maison à eux, vivent chez eux, ne sont locataires de personnes.

Ceci dit pour la propriété bâtie, reste la propriété du sol. J'en ai établi les chiffres dans le rapport que j'ai présenté à la commission extraparlementaire du cadastre. On compte, en France, 150 millions et demi de parcelles de terre, près de 62 millions d'îlots de propriétés et on évalue le nombre des propriétaires à 8 millions et demi.

La propriété bâtie et non bâtie est donc aussi très morcelée ; c'est du reste un fait connu et incontesté que nulle part la terre n'est aussi divisée que dans notre beau pays de France.

Mutualistes.

Ce n'est pas encore tout. A cette armée de capitalistes vient s'en ajouter une autre, celle des mutualistes, forte de 4 millions à 4 millions et demi de personnes faisant partie de 14,000 sociétés de secours mutuels dont l'avoir atteint plus de 400 millions. Ajoutez-y encore les épargneurs qui font comme le jeune homme que j'ai cité, qui contractent des assurances de tous genres sur la vie, pour la vieillesse, etc. Rien qu'à la Caisse des dépôts et consignations, il y a 1,400,000 comptes ouverts et près de 300,000 personnes qui reçoivent une rente annuelle de 39 millions au total.

Tous ces chiffres que je vous donne sont-ils une illusion ? Non. Ils se trouvent confirmés par les statistiques relevées au moment de l'ouverture des successions. Ici, pas d'erreur possible : quand une personne meurt, qu'elle possède peu ou beaucoup, le fisc arrive et fait le dénombrement de ce qu'elle laisse ; ses statistiques montrent le montant de la fortune mobilière et immobilière que nous possédons en France et sa répartition : il n'y a pas dans notre pays, nous l'avons dit, 20,000 millionnaires et c'est par centaines de mille, par millions que se comptent les épargneurs et la richesse moyenne.

Tous les capitaux placés comme je viens de le dire en titres mobiliers ou en propriétés foncières sont productifs d'intérêts : vous allez voir à quel point l'esprit d'épargne est poussé chez nous.

Après avoir satisfait à tous nos besoins, après avoir fait des placements, après avoir réparé nos maisons, acheté un petit lopin de terre, après nous être donné — pour profiter des tarifs réduits des chemins de fer — la satisfaction d'un petit voyage aux bains de mer ou à l'étranger, ce que l'on ignorait autrefois où la campagne pour les Parisiens, c'était Boulogne, Passy, Auteuil et même moins loin..., il ne serait jamais venu à l'esprit de nos Marnois d'entreprendre autrefois un long voyage, tandis que vous les entendez parler maintenant de la Côte d'Azur, de la Russie, de l'Egypte, que sais-je, où leur épargne leur permet de se rendre; après avoir fait toutes ces dépenses, dis-je, il reste ce que j'appelle une réserve d'épargne. Le Français met encore quelque chose de côté, en dépit des intempéries des saisons, en dépit des mauvaises récoltes, malgré les crises politiques intérieures ou extérieures, malgré même la fiscalité qui est un des gros dangers pour notre épargne et sa continuation : la fiscalité, qui atteint tous ceux qui possèdent, frappe en effet le porteur de valeurs mobilières au moment où la valeur se crée, c'est-à-dire à sa naissance, puis pendant sa vie, puis au moment de sa mort, quand elle disparaît ; la fiscalité vous atteint votre vie durant, elle vous atteint dans le capital que vous croyez pouvoir laisser à vos enfants ; poussée à outrance, elle pourrait bien être un gros danger pour le développement de notre épargne et de notre fortune.

Placement de la réserve d'épargne. Je ne veux pas insister sur ce point ; j'en reviens à ce que je disais, à savoir que, chaque année, quels que soient les événements, la réserve d'épargne de la France s'augmente de 1 milliard 500 millions à 2 milliards. J'ai fait, dans des travaux spéciaux, la statistique de cet accroissement incessant de notre bas de laine.

Et il s'accroît, notre bas de laine, malgré les échancrures, malgré les trous qui lui causent parfois des pertes sensibles, la spéculation, le Panama, les mines d'or ; il s'accroît en dépit de ce que j'ai appelé les valeurs éruptives. Ces millions nouveaux, l'épargne les place comme elle a fait pour ses anciens placements ; elle a de bons titres, elle en achète encore, et c'est ainsi que la richesse s'accroît d'année en année.

L'annuité successorale. Je vous parlais tout à l'heure des successions, voici les derniers chiffres : en 1905, il y a eu 385,019 successions représentant un montant de valeurs successorales de 5,746,888,713 francs, je donne le chiffre exact. A ce chiffre, il faut ajouter les donations pour 1 milliard ; c'est donc un total de 6 milliards 700 millions.

Si j'avais à établir le montant total de la fortune de la France, le calcul — sauf certaines réserves à faire — serait fort simple : je n'aurais qu'à multiplier la valeur successorale d'une année par le chiffre 35. Il est, en effet, admis par les statisticiens et les économistes qu'une fortune passe dans une autre main au bout de 35 ans. Chaque année, un trente-cinquième de la fortune change de mains, en sorte que si l'on multiplie le

montant des valeurs successorales d'une année par 35,
on obtient approximativement le chiffre total de la fortune de la France.

Si cette statistique avait été faite seulement en
France, on pourrait peut-être douter de sa véracité, de
son exactitude ; mais le chiffre de 35 est adopté à peu
près partout et les résultats auxquels il conduit sont
presque tous concordants : on peut donc les considérer comme exacts.

Je disais tout à l'heure que nous n'avions pas en
France 20,000 millionnaires ; sur 385,019 successions,
il y a :

116.803 successions de	. . . .		1 à	500 francs.	
101.710	—	. . . .	501	2.000	»
107.733	—	. . . .	2.001	10.000	»
11.036	—	. . . .	10.001	50.000	»
7.118	—	. . . .	50.001	100.000	»
4.638	—	. . . .	100.001	250.000	»
1.619	—	. . . .	250.001	500.000	»
816	—	. . . .	500.001	1.000.000	»
328	—	. . . .	1.000.001	2.000.000	»
150	—	. . . .	2.000.001	5.000.000	»
34	—	. . . .	5.000.001	10.000.000	»
12	—	. . . .	10.000.001	50.000.000	»
3	— au-dessus de 50.000.000.				

En sorte que, si je faisais une pyramide pour représenter la gradation des successions d'après leur importance en donnant une largeur d'un millimètre aux successions au-dessus de 50 millions que je place au sommet, cette pyramide irait en s'élargissant rapidement
pour atteindre une base de près de 40 mètres représentant le nombre des petites successions proportionnellement aux plus grosses.

* *

Voilà donc, exposée aussi clairement que je l'ai pu,
la répartition de la fortune en France.

Je vous ai montré jusqu'ici le beau côté de la médaille,

Les pertes de
l'épargne.

ces millions et ces milliards appartenant à notre
épargne : voici le revers.

Le revers de la médaille, ce sont les pertes que
l'épargne a subies et qu'elle subit encore sur des papiers
qui, suivant l'expression de Léon Say, n'ont plus même
la valeur du papier parce qu'il y a quelque chose d'écrit
dessus.

Ces pertes se sont produites sous tous les régimes,
aussi bien sous la Restauration que sous Louis-Philippe, sous la République de 1848, sous l'Empire et
sous le régime actuel. Elles se chiffrent par milliards.

Je pourrais vous citer une longue liste, liste funèbre,
de valeurs émises par des sociétés ayant les dénominations les plus diverses ? J'en ai donné toute une nomenclature dans une lecture que j'avais l'honneur de faire
il y a une quinzaine d'années devant l'Académie des
sciences morales et politiques : je ne veux pas vous la
lire, cela nous entraînerait trop loin (1).

Panama.

Mais, en ce moment même, faut-il parler de ce qu'ont
fait perdre le Panama et surtout les mines d'or et les
valeurs éruptives ?

Mines d'or.

J'ai établi récemment en ce qui concerne les mines
d'or qu'entre le prix nominal des actions et les prix
d'introduction, il y a une différence de 5 milliards !
Entre la valeur nominale et le prix d'introduction ;
entre les cours actuels et ceux auxquels les titres ont
été introduits, il y a une différence de 3 à 4 milliards
et si l'on compare les cours actuels aux plus hauts
cours cotés, la différence est fantastique (2).

J'estime que l'épargne a perdu plus d'un milliard
dans ces tristes papiers et je suis plutôt au-dessous
qu'au-dessus de la vérité. On peut dire que ce n'est
pas une perte complète tant qu'elle n'est pas réalisée :
on conviendra que c'est pourtant un capital qui se
trouve singulièrement compromis. Si ces mines d'or
ont causé tant de déceptions et de désillusions à tous

(1) Voir pages 286 à 289.
(2) Voir au volume précédent, page 383.

les capitalistes petits et grands qui ont rêvé de réaliser de très gros bénéfices, c'est qu'ils ne se sont pas rendu compte de ce qu'est une mine d'or.

Une mine d'or, c'est « un porte-monnaie qui se vide », disait un de mes amis regrettés, M. Mercet, président du Comptoir national d'escompte de Paris. Si le porte-monnaie se vide, la valeur de l'action devrait baisser au fur et à mesure que l'on en retire de l'or ; d'autre part, il aurait fallu tenir compte, dans l'établissement des cours, de l'amortissement et de la durée des mines. Les malheureux qui ont acheté des actions de mines d'or se disent : « Cependant il y a de l'or au Transvaal, ce n'est pas une illusion, comment se fait-il que les actions baissent ? »

Si, il y a une illusion et voici où elle a commencé : un groupe achetait un terrain pour 100,000 francs ; immédiatement il constituait une société au capital de un ou deux millions, divisé en actions de 25 francs ; celles-ci étaient introduites sur le marché à 50, 100 ou 150 francs, de sorte que le capital primitif atteignait presque immédiatement une valeur de plusieurs millions. Dans ces conditions, il aurait fallu extraire bien de l'or pour donner un dividende réellement rémunérateur, d'après les cours d'introduction des titres.

Le public ne peut croire qu'il s'est trompé, illusionné, et que des faiseurs habiles ont profité de ses erreurs, de ses illusions, parce que, depuis que les mines d'or du Transvaal ont été découvertes, il a été extrait quatre milliards et demi d'or. Certes, il y a beaucoup d'or au Transvaal, mais il y en avait davantage dans les poches du bon public et il y a beaucoup trop de papier, et c'est pourquoi le papier ne vaut rien.

J'ai parlé tout à l'heure des valeurs éruptives : vous savez ce que je veux dire. Une société financière ou une compagnie ancienne a donné de très bons résultats, ses actions montent, atteignent des cours élevés ; immédiatement, on voit apparaître une compagnie ayant pour objet de faire les mêmes opérations. A côté d'une

Valeurs éruptives.

compagnie de cuivre prospère, en surgissent d'autres qui promettront aux acheteurs d'actions d'aussi bons résultats. Le public qui voit les titres monter se dit : Pourquoi n'en ai-je pas acheté ? cela va monter encore. Il achète : il est pris, il perd son argent. C'est presque incalculable ce que le public a perdu avec toutes ces valeurs ainsi créées.

J'ai ici une longue liste, que j'appellerai nécrologique, de ces tristes papiers qui ont fait perdre à l'épargne française des millions. Je vous recommande cette liste, publiée tous les ans par un de mes confrères, M. Vidal, directeur et rédacteur en chef de la *Cote de la bourse et de la banque* ; j'appelle ce relevé le « Père Lachaise des valeurs mobilières », parce que, quand on y entre on n'en sort plus. Toutes les catégories de sociétés s'y trouvent représentées ; on y rencontre des noms de banques, d'aciéries, de forges, de fonderies, des agences diverses, des sociétés agricoles, d'alimentation, d'approvisionnement, d'assurances, d'automobiles, de bazars, de brasseries, de cafés-restaurants, de briqueteries.

Tenez, je vous parlais de valeurs éruptives.

Depuis vingt-cinq ans, depuis la fondation de notre société amicale de la Marne, nous tenons nos réunions ici, au café du Pont de Fer. C'est un très bon café, un excellent restaurant où nous nous trouvons fort bien : je suppose que son propriétaire crée une société par actions, que ces titres donnent un très beau dividende, qu'ils soient cotés en bourse et atteignent un haut prix : immédiatement, il se créera, à côté, des sociétés similaires. Nous sommes au Pont de Fer, on créera le Pont de Cuivre ; si celui-ci réussit, nous aurons ensuite le Café du pont d'Argent.

C'est un exemple de ce que nous avons vu ces dernières années. Les valeurs éruptives ont été une plaie pour l'épargne.

Je vois encore, sur cette liste, des sociétés de cartonnages, de cercles, de casinos, de charbonnages, de chemins de fer, d'eaux minérales, de panoramas, de raffineries, de transports divers. J'y ai relevé quelques dénominations véritablement suggestives.

Voici la Société des aéroplanes captifs, la Société de l'American Biograph Mutoscope français, limited s'il vous plaît ; la Compagnie des bananeries nouvelles de la Colombie isthmique : je vous demande comment on peut inventer des choses pareilles et surtout comment on peut trouver des naïfs pour acheter ces titres ? Voici encore la Société de biscuiterie et de caramels russes : comme s'il fallait trouver encore la Russie dans cette haute fantaisie, dans des boîtes de caramels et des paquets de biscuits ; la Société française du cinéorama, puis une Société de dioramas et panoramas : voici l' « Entraîneur automatique », et puis, écoutez le nom de cette société : « les Fumistes de Paris », et puis encore, pauvres actionnaires, les Grands bouillons parisiens... les malheureux ont dû trouver certainement que ces « bouillons » leur coûtaient cher ; puis encore, la Société des grands parfums et savonneries du masque, le Kola Food, je ne sais ce que c'est.

Comment est-il possible qu'il y ait toujours des faiseurs assez habiles et un public assez naïf pour les écouter et les suivre ?

*
* *

Quand le public a été déçu, vous savez ensuite ce qu'il arrive. Quand il voit qu'il a été trompé, qu'il s'est laissé tromper — bien volontairement souvent, car il croit trop souvent aux mirages et... à toutes les chandelles — il crie contre le gouvernement : « Pourquoi, dit-il, n'intervient-il pas ce gouvernement ? Comment se fait-il qu'il ne mette pas la main sur tous ces gens qui m'ont volé et pris mon argent ? »

Alors, le législateur intervient et, vous le savez, ce ne sont pas les lois qui manquent. On en a fait sous Louis-Philippe, sous le second Empire, sous la troi-

Comment se laisse-t-on tromper ?

On s'en prend ensuite au gouvernement.

sième République. Notre ancien président, M. Vallé alors garde des sceaux avait constitué en 1902 une commission extra-parlementaire dont j'eus l'honneur de faire partie, dans le but de rechercher les moyens de protéger l'épargne populaire. Cette commission était présidée par l'éminent doyen de la faculté de droit de Paris, M. Lyon-Caën ; le rapporteur général de cette commission fut Mᵉ Rousseau, le jurisconsulte que vous connaissez ; je fus désigné comme rapporteur pour la question des inventaires et des bilans. Nous avons préparé plusieurs propositions de loi : elles sont encore dans les cartons de la Chambre et attendent la discussion.

Projets de loi non discutés.

Mais nous ne nous faisons pas trop d'illusions ! la loi est impuissante, car les malhonnêtes gens s'arrangeront toujours pour la tourner et pour « côtoyer le code » comme on dit. Quand ils trouveront trop gênantes les prescriptions de la loi française, ils iront à l'étranger et fonderont les sociétés qu'ils veulent créer sous une législation d'autant plus accommodante pour eux qu'elle est plus dangereuse pour les souscripteurs ou acheteurs de titres.

C'est ainsi que vous voyez très couramment chez nous, à l'heure même où je parle, des sociétés qui vont se constituer en Belgique ou en Angleterre pour exécuter des travaux en Espagne, mais qui viennent chercher de l'argent en France. Ces sociétés dédaignant toutes les formalités imposées par la loi française se constituent à l'aide de sept personnes qui souscrivent chacune une action.

Bulletin annexe au Journal officiel.

Reportez-vous au *Bulletin annexe au Journal officiel*, que, sur ma proposition, votée à l'unanimité, nous avons contribué à créer à la commission de 1902 (1), vous y verrez publiés les statuts de ces sociétés, statuts que les actionnaires, malheureusement ne lisent jamais, il faut bien le dire.

Il m'est arrivé de faire une expérience. J'ai écrit à des

(1) Voir au volume précédent, page 192.

fondateurs d'une affaire financière dont les statuts venaient d'être publiés, pour obtenir des renseignements sur ladite affaire : les lettres me sont revenues avec la mention : « Inconnu. » Le fait a été signalé à qui de droit et j'espère que l'administration veillera à éviter le retour de faits semblables qui pourraient causer de véritables scandales (1).

***

J'aurais à vous parler encore de toutes les opérations de bourse, de ce qui peut se faire au moment de l'émission, des précautions à prendre, quand on constitue un portefeuille, pour suivre le marché, pour mettre ses titres à l'abri du vol, mais je préfère aborder deux points essentiels, à mon avis.

C'est, d'abord, pourquoi tous les mêmes placements ne peuvent convenir à toutes les personnes : on croit, en effet, couramment, parce qu'on a vu une personne gagner de l'argent avec telle ou telle valeur, que si on en achète, on peut faire une aussi bonne opération qu'elle.

Quelques conseils pratiques.

Le second point est celui-ci : pourquoi tels capitalistes doivent-ils acquérir seulement des titres à revenu fixe et pourquoi tels autres peuvent acquérir des valeurs à revenu variable ? Quelles affaires peuvent convenir à tel groupe de rentiers et de capitalistes et pourquoi ne peuvent-elles convenir à tels autres ? Quelles règles un rentier prudent doit-il toujours suivre ?

Enfin, et ce sera ma conclusion, pourquoi personne n'a-t-il pas le droit de compromettre son épargne et de porter atteinte à son bas de laine ?

---

(1) Je signale, en passant, un livre que je voudrais voir entre les mains de tous les porteurs de titres. Ce livre est dû à la plume d'un de nos compatriotes et amis, M. Grandjean, substitut au tribunal de la Seine; il est intitulé : *Étude pratique du délit d'escroquerie dans les sociétés par actions*. Il montre, par des faits bien positifs, comment on peut tromper l'épargne, comment on prend l'argent des actionnaires et comment la loi n'est pourtant pas si impuissante qu'on le dit pour réprimer tous ces abus, tous ces vols qui se commettent.

Tout d'abord, les mêmes placements ne peuvent convenir à toutes les personnes.

Nous comptons, dans l'Amicale de la Marne,
500 membres environ représentant toutes les classes
de la société : hommes politiques, anciens ministres,
anciens présidents du conseil, sénateurs, députés,
fonctionnaires, rentiers, retraités, petits employés,
ouvriers, salariés et même des publicistes. Certains
ont une famille nombreuse ; d'autres ont moins d'enfants ; d'autres encore n'ont pas d'enfants ou sont céli-
bataires. Ainsi, notre société est, en quelque sorte,
l'image réduite de notre pays car la population française se répartit dans les catégories que je viens de
citer.

Dans toutes ces classes, il est des membres qui
peuvent acquérir des titres à revenu variable, pouvant
améliorer ou bien diminuer leur capital ; d'autres n'ont
pas le droit de risquer un centime de leur patrimoine,
de le laisser diminuer en capital et en revenu parce
qu'ils ont besoin de tous leurs revenus pour vivre et
faire vivre leur famille.

Il en est, au contraire, qui, mêlés à la vie des
affaires, sont à la tête d'un grand commerce, d'une
industrie prospère ; d'autres possèdent des revenus
fonciers ou industriels ; ils peuvent, les uns et les
autres, effectuer chaque année, sur leurs revenus, des
placements qu'un petit rentier ne peut faire. Il serait,
en effet, imprudent de croire que, parce qu'une valeur
est bonne pour un gros capitaliste, elle est bonne aussi
pour un petit.

Un gros capitaliste achète une valeur qui monte, il
la gardera ; si elle baisse, il la gardera encore et atten-
dra ; le petit capitaliste, au contraire, voyant la valeur
monter, ne vendra pas, espérant toujours une nouvelle
hausse : le jour où le titre baisse, c'est alors qu'il vend,
croyant encore que la baisse s'accentuera ; en un mot,
le petit capitaliste ne se rend pas compte de la nature
du marché et des affaires auxquelles il s'intéresse ; il

achète bien souvent, quand il devrait s'abstenir et il vend quand il est en perte. L'autre capitaliste, au contraire, vendra avec une faible hausse, satisfait d'un modeste bénéfice, et si la valeur baisse, il la gardera en portefeuille, attendant des jours meilleurs ; il ne perdra pas une partie de sa fortune s'il ne fait pas une bonne opération en temps opportun.

En somme, on peut dire de tous les placements mobiliers ce qu'Ésope disait de la langue « c'est la meilleure et la pire des choses » ; seulement, il faut savoir s'en servir.

Et ces placements me rappellent un conseil donné par un grand banquier, un des plus grands banquiers de notre époque.

Recevant un jour la visite d'une personne qui lui demandait si elle pouvait effectuer tel placement, il lui montra deux feuilles de papier. Sur l'une, étaient inscrites des valeurs à revenu variable, de grandes valeurs spéculatives et des fonds d'État étrangers donnant un revenu élevé ; sur l'autre, figuraient des titres à modeste revenu, des rentes sur l'État, des obligations bien tranquilles ; puis, il lui dit :

— « Monsieur, avez-vous un bon estomac? dormez-vous bien ? » Le visiteur, surpris, se figurait être entré chez un médecin plutôt que chez un banquier.

— « Mais je vous pose la question très sérieusement, reprit le banquier : si vous avez un bon estomac, si vous dormez bien, achetez les valeurs à grosses fluctuations, à gros revenus ; dans le cas contraire, si vous voulez dormir tranquille et n'avoir point d'indigestion, prenez donc ces obligations de chemins de fer, de la ville de Paris ou du Crédit foncier. »

C'est là un conseil que trop souvent et trop malheureusement le public ignore ou oublie.

En 1870, on vit se produire des faits que vous connaissez. Les détenteurs de rentes françaises, obligations de chemins de fer, Crédit foncier qui les conservèrent au milieu de la panique ont vu aujourd'hui leur capital doubler et même tripler ; les autres, inquiets, ont vendu leur rente française pour acheter de la rente anglaise ou autrichienne : ils ont fini par les rentes turques, portugaises, espagnoles et autres et se sont ruinés ou à peu près.

Une autre règle à suivre, c'est que les placements doivent être variés ; il ne faut pas, comme on dit, mettre tous ses œufs dans le même panier, afin d'éviter l'omelette ; encore peut-on se servir de l'omelette des œufs, mais lorsque tous les papiers des titres sont tombés à rien, je ne vois pas trop à quoi ils peuvent servir et ce qu'on en peut faire.

Varier ses placements, cela ne veut pas dire acheter des valeurs d'une même catégorie. Celui qui n'achèterait que des mines de charbon choisies même parmi les meilleures, risquerait de faire une très mauvaise opération : le charbon venant à baisser, tous ses titres baisseraient.

Il faut donc établir des catégories et placer ses fonds dans des entreprises différentes, dans des valeurs diverses ; on divise ainsi le risque autant qu'il peut être divisé et on est moins exposé à voir son capital anéanti du jour au lendemain.

Un autre conseil que je me permets de vous donner est le suivant : quand vous achetez des titres à revenu variable, demandez-vous toujours si la diminution de revenu qui peut se produire ne peut pas gêner votre budget pendant plusieurs années. Posez-vous cette question : « Quelle est ma propre situation ? Puis-je supporter une perte ? Qu'arriverait-il si les valeurs que j'achète diminuent de 40 % ? Pourrais-je attendre ? pourrais-je les garder ? » Il faut, en un mot, envisager le mauvais côté d'une affaire, les pertes qu'elle peut vous faire subir, avant de compter sur les bénéfices qu'elle peut donner. Ne vous dites pas : « Je vais acheter une valeur parce qu'elle va monter, mais dites-vous simplement, je vais l'acheter parce qu'elle est bonne. »

Ne vous dites pas : « Ce placement me fera gagner telle ou telle somme. » Dites-vous plutôt : « Si je perdais une partie de ce placement, pourrais-je supporter cette perte ? » En usant de cette simple prudence vous éviterez des déceptions, des déboires, souvent bien des ruines.

Il faut donc établir une distinction profonde entre les situations d'un petit rentier, d'un modeste capitaliste, de celui qui est dans une situation très aisée, de celui qui forme son épargne en économisant, sou par sou, sur son salaire ou son traitement.

Si l'on néglige le conseil que je viens de donner, on s'expose à subir de très grosses pertes.

En résumé, il faut, en matière de placements, retenir quatre conseils :

Le premier : savoir se contenter de peu ; le deuxième, économiser ; le troisième, ne pas dépenser tous ses revenus ; le quatrième, ne pas courir après tous les papiers, comme les papillons qui, répétons le avec Léon Say, « se brûlent après toutes les chandelles ».

*
* *

Je termine. J'aurais bien des avis encore à donner, bien des réflexions à faire, mais je dois me borner, et mêlant le sacré au profane, si j'ose m'exprimer ainsi, je résumerai cette causerie en ce que j'ai appelé « les commandements du rentier ».

Ces commandements s'appliquent à tous, mais ils doivent être suivis surtout par les femmes veuves : elles ont de modestes ressources pour la plupart, elles croient en général tout ce qu'on leur dit pour augmenter leurs revenus. Ces conseils doivent être suivis aussi par les fonctionnaires dont on dit tant de mal et qui ne le méritent guère : ils ont de modestes traitements et quand on leur dit qu'avec 500 francs ou 1,000 francs, ils peuvent voir doubler, même tripler leur capital, s'ils se laissent entraîner, ils sont perdus.

Ces commandements s'appliquent également aux retraités. En France, vous ne l'ignorez pas, les plus grosses retraites atteignent 6,000 francs, ce n'est pas le Pérou, et la moyenne de ce qu'on appelle de grosses retraites ne dépasse pas 3,000 francs. Quand on a femme et enfants, c'est peu et l'on peut être tenté de se laisser aller à acheter certaines valeurs : si l'on écoute les mauvais conseillers, on est perdu.

Enfin il est une catégorie de personnes auxquelles s'appliquent ces commandements parce qu'elles sont la proie désignée de tous les faiseurs, ce sont les prêtres de toutes les confessions.

Dans toutes les faillites ou les liquidations judiciaires, les victimes sont en majorité des veuves, des petits fonctionnaires, des retraités et des prêtres.

Ces commandements du rentier, je me permets de les placer sous l'égide de deux grands ancêtres de notre Champagne.

Le premier est Colbert, né à Reims, dans cette boutique de marchand de draps à l'enseigne du Long-Vêtu, qui y a vu pratiquer l'économie et en a appliqué les préceptes, lorsque, ministre de Louis XIV, il disait au Grand Roi d'économiser sans cesse.

Le second est un grand fabuliste et en même temps un grand économiste : j'ai nommé La Fontaine. Rappelez-vous sa première fable que nous avons tous balbutiée et apprise dans notre enfance : La Cigale et la Fourmi, et puis cette autre, Le Laboureur et ses Enfants,

> « ... Travaillez, prenez de la peine,
>   C'est le fonds qui manque le moins. »

Et cette autre encore qui s'applique aux banquiers et aux hommes d'affaires : Le Savetier et le Financier. Vous voyez que, dans la Marne et la Champagne, l'épargne et l'économie ont été recommandées par deux grands maîtres dont on ne saurait trop suivre les préceptes.

J'espère que les quelques avis que je me suis permis
de donner à mes compatriotes marnois et champenois, ne font que résumer la ligne de conduite adoptée par le plus grand nombre d'entre eux. Et voici
pourquoi j'ai cette confiance.

J'ai parlé tout à l'heure des successions. On connaît
la répartition des valeurs qui figurent dans les déclarations. Or, au point de vue de ces valeurs, que je quali-
fiais de bonnes valeurs de placement, les rentes sur
l'État, les obligations, etc., savez-vous quel rang notre
département tient en France? Il occupe le huitième,
venant après les grands départements qui ont une
population bien plus nombreuse. Ce rang dans la statistique successorale prouve notre esprit d'épargne et
d'économie et il serait à désirer que dans tous les pays
on suivît l'exemple que donnent nos Marnois et nos
Champenois.

Après nos deux illustres compatriotes, je devrais
encore citer Turgot, Jean-Baptiste Say et toute la suite
de nos grands économistes, à commencer par mon
vénéré maître Frédéric Passy.

Je lisais ces jours derniers un article où il envisageait
l'épargne à un tout autre point de vue : « Épargner, disait-il, c'est dépenser. »

« D'autres plus heureux ou plus sages (tous ne sont pas à même d'y
réussir), prélèvent sur leurs ressources annuelles, après avoir assuré leur
existence, une somme plus ou moins importante, qu'ils placent, selon
leurs préférences, en terres, en actions industrielles, en participation à des
entreprises dont ils espèrent des bénéfices. Et c'est ce que beaucoup de
personnes trompées par l'apparence, appellent ne pas dépenser ses revenus, et ce dont, parfois, l'on fait un crime à ces gens économes, en leur
reprochant de ne point « faire aller le commerce. »

« Ce sont eux en réalité, qui développent les affaires et entretiennent
l'activité productive ; ce sont eux, non pas qui dépensent le plus, au
cours de l'année présente, mais qui dépensent le mieux, le plus utilement,
pour la société comme pour eux-mêmes et qui préparent, pour les années
suivantes, l'augmentation progressive de leurs dépenses et de celles des
autres. Que font-ils, en effet. Ils convertissent des ressources passagères,
qui, entre des mains moins prévoyantes, disparaîtraient, sans rien laisser
derrière elles en ressources durables; ils constituent des capitaux nouveaux qui alimenteront un nouveau travail, accroîtront la fortune publique
et fourniront, par conséquent, à l'impôt, une base plus large. C'est ce que

l'économiste Adam Smith exprimait en disant. « L'économe est le fondateur d'un atelier public, qui fournira du travail, et de plus en plus, aussi
longtemps qu'il n'aura été arrêté par la maladresse de ses successeurs. Le
prodigue est un héritier indigne, qui jette au vent la cendre de ses pères
et tarit la source des bienfaits qu'ils avaient préparés pour leurs descen-
dants. Epargner, c'est dépenser. »

C'est une des plus belles réponses qui aient été faites
à ceux qui considèrent le rentier, le capitaliste, comme
un être oisif, un fainéant, inutile à la société.

C'est sous l'égide de ces grands ancêtres et de ces
grands maîtres que je voulais placer les commandements du rentier, mais je m'aperçois qu'il est tard, je
ne vous les lirai pas pour ne pas abuser plus longtemps
de votre bienveillance...

M. LE PRÉSIDENT. — Vous nous les donnerez ?

M. ALFRED NEYMARCK. — Bien certainement et je les
enverrai aussi à tous les membres de notre Société, car
il serait un peu long de les exposer et de les commenter
ici.

Je termine donc en posant la question que j'indiquais
au début : pourquoi devons-nous être économes ?

J'ai montré comment l'épargne française se constitue,
entre quelles mains elle est répartie, entre 9 millions
de personnes, chiffre à retenir, sur 10 millions d'électeurs ; je dirai en terminant : soyez prudents, soyez
sages dans le choix de vos placements et la direction
de votre épargne ; vous n'avez pas le droit, nous n'avons
pas le droit de la compromettre, nous devons la garder
intacte pour nos enfants, pour notre famille, pour la
patrie elle-même.

Le jour où la patrie ferait appel au bras de ses enfants,
elle ferait appel en même temps, à nos ressources, à nos
économies, à notre bas de laine, et soyez bien certains
que le pays qui aura les ressources les plus considérables, les disponibilités les plus nombreuses, sera aussi
celui qui pourra épuiser son adversaire.

Voilà ce que nous ne devons jamais oublier. Nous
devons conserver, fortifier, accroître notre bas de laine,
et à tous ceux qui viennent dire que ce bas doit être

vidé de temps à autre en faveur de telles ou telles affaires, de telles ou telles entreprises étrangères, qu'il n'est pas en sûreté dans notre pays, répondez que la France a toujours respecté ses engagements et qu'elle a suivi une marche prospère ; répondez que ce bas de laine a permis à notre pays de libérer son territoire et qu'il a fourni les capitaux nécessaires pour réparer les désastres de la guerre, pour effectuer les travaux de la paix et qu'il a contribué puissamment au relèvement de notre cher pays que l'on croyait épuisé pour longtemps.

COMMANDEMENTS DU RENTIER

I. — Il faut placer son épargne : 1° pour qu'elle soit mieux en sûreté que si elle était gardée à domicile; 2° pour qu'elle soit productive d'intérêts; 3° dans un intérêt économique général, l'argent improductif étant perdu pour la circulation et pour les affaires.

II. — La plus grande prudence sera observée dans les placements; on ne sacrifiera jamais la sécurité à l'importance plus grande du revenu.

III. — Le travailleur, le petit rentier, les personnes qui ne disposent que des fonds strictement nécessaires pour assurer leur existence se limiteront exclusivement à des placements de tout repos : caisses d'épargne, caisses de retraites pour la vieillesse, fonds d'État français, obligations de la ville de Paris, du Crédit foncier, des grandes compagnies de chemins de fer français.

IV. — Les capitalistes qui possèdent des ressources plus importantes élargiront avec avantages le cercle de leurs placements. Ils réserveront, toutefois, dans leur portefeuille, la plus grande place à des valeurs de tout repos; celles-ci constitueront toujours le noyau de leur fortune.

V. — Le capitaliste, petit ou grand, raisonnera ses placements et les appréciera par lui-même. Il ne doit se renseigner que près des personnes qu'il connaît de longue date, près des vieilles maisons établies dans sa ville ou son département, près des grandes et anciennes banques et sociétés de crédit françaises; Il se méfiera des conseils intéressés et des renseignements puisés à source douteuse ou inconnue.

VI. — Il se gardera des paniques irraisonnées et des engouements irréfléchis pour ne pas vendre des valeurs de premier ordre en baisse ou en acheter à des cours excessifs. Il doit se rappeler que la baisse d'une valeur, pas plus que la hausse, ne doivent être prises comme *criterium* de la bonne ou de la mauvaise situation de l'entreprise ou de la société à laquelle on s'est intéressé.

VII. — Il achètera, de préférence, les obligations et titres à revenu fixe au-dessous du pair ; s'il achète au-dessus du pair, il s'assurera contre les risques de remboursement par voie de tirage au sort.

Entre deux emprunts présentant des garanties équivalentes, il choisira celui du type d'intérêt le moins élevé, mais qui sera coté le plus loin du pair.

VIII. — Les arbitrages entre plusieurs places étrangères ne peuvent convenir qu'aux professionnels, aux personnes bien au courant de toutes les opérations de la bourse et de ses rouages.

S'il pratique un arbitrage au comptant, entre deux valeurs, il se gardera de réaliser une valeur offrant une sécurité plus grande pour en acquérir une autre présentant des garanties moindres, ou bien encore un titre à revenu fixe contre un autre à revenu variable.

IX. — Le petit capitaliste ne spéculera pas, ne fera pas d'opérations à découvert. Il évitera les opérations de report, les syndicats, les participations financières, les achats ou ventes à prime.

X. — Le capitaliste se tiendra en défiance contre les circulaires, prospectus, journaux, réclames, émanant de personnes qu'il ne connaît pas. Il évitera les recommandations qui lui seront faites en faveur de valeurs de sociétés dont il ne connaît ni les statuts, ni le conseil d'administration, ni les banques ou les personnes qui les patronnent.

Il se gardera d'envoyer ses fonds à l'étranger pour éviter de payer des droits au fisc français (le fisc est de tous les pays). Il ne se fera pas ouvrir de comptes-joints, surtout à l'étranger.

LA PETITE ÉPARGNE FRANÇAISE
LES SIX MILLIARDS DE VALEURS A LOTS (1)

Quand on veut se rendre compte de la puissance de l'épargne française et de sa dissémination dans les plus petites bourses, il ne faut pas se borner à relever le montant des dépôts dans les caisses d'épargne, les

(1) 1908.

sommes considérables versées dans les œuvres de mutualité, le total des petites assurances sur la vie, etc., la répartition des titres de rente française et obligations de chemins de fer, etc., il faut ajouter à ces statistiques le montant des obligations à lots que possède notre grande démocratie financière.

*
* *

Au commencement de l'année 1907, trente-trois valeurs à lots, dont deux étrangères, étaient inscrites à la cote officielle de la bourse de Paris (1).

Les obligations en circulation étaient au nombre de 17,277,058, représentant, au 31 décembre 1906, une valeur coursable de 6 milliards 167 millions.

De ces 6 milliards 167 millions de valeurs à lots, il convient de retrancher une grande partie des lots d'Autriche 5 % 1860, et tenir compte aussi du montant des valeurs à lots françaises qui sont dans le portefeuille de capitalistes étrangers : mais, d'autre part, un grand nombre de valeurs à lots étrangères sérieuses qui ne sont pas négociables en France et dont la cotation des cours et la publication des tirages sont interdites, en vertu de la loi surannée de 1836 sur les loteries, appartiennent à des capitalistes français, notamment les lots russes 1864 et 1866, les obligations à lots des Chemins de fer ottomans, les obligations de la ville de Bruxelles et d'autres villes belges, etc. On peut estimer à 6 milliards, en chiffres ronds, le montant des valeurs à lots que détiennent les portefeuilles français.

On ne peut dire, assurément, que ce soit l'attrait d'un gros revenu ou d'une plus-value sur les cours qui détermine les placements en ce genre de valeurs. En voici la preuve.

L'achat des 33 valeurs négociables sur notre marché, nécessiterait un débours de 12,500 francs environ ; elles rapporteraient brut 392 francs mais le

Valeurs en circulation.

(1) Voir aux annexes, tableau III, pages 492-493.

revenu net serait assez fortement diminué si l'on retranche de ce chiffre, outre les divers impôts et retenues qui frappent les coupons, la prime d'assurance qu'il est prudent de contracter pour se garantir contre le remboursement au pair, pour les obligations cotées au-dessus du pair. Somme toute, le revenu net de ces divers titres varierait entre 2 1/4 et 2 1/2 % et ce qui détermine l'acheteur de ces titres, c'est l'importance de leurs tirages et de leurs lots.

Ces valeurs font participer annuellement à 126 tirages, comportant 6.377 lots pour un montant total de 30.234.000 francs.

*
* *

<small>Durée d'amortissement des valeurs à lots.</small>

Au point de vue de la date de leur amortissement final, voici dans quel ordre se présentent les diverses obligations à lots :

De 1909 à 1920	Ville de Paris 1860. Ville de Lyon 1880. Villes de Roubaix-Tourcoing 1860.	Ville de Marseille 1877. Lots d'Autriche 1860. Suez (obl. 5 %).
De 1921 à 1940	Ville d'Amiens 1871. Ville de Paris 1865. Communales 1879.	Foncières 1890. Communales 1880. Ville de Paris 1905.
De 1941 à 1960	Ville de Paris 1871. Ville de Paris 1876.	Ville de Paris 1875.
De 1961 à 1980	Bons de la presse. Bons fonciers 1887. Bons fonciers 1888. Bons de l'exposition 1889. Communales 1891. Communales 1892. Foncières 1895. Ville de Paris 1892.	Ville de Paris 1894-96. Ville de Paris 1898. Communales 1899. Communales 1906. Foncières 1903. Ville de Paris 1899. Ville de Paris 1904. Foncières 1885.
De 1981 à 1981	Congo 1888.	Panama (oblig. et bons).

*
* *

<small>Classement des valeurs d'après l'importance des lots.</small>

D'après l'importance de leurs gros lots, voici dans quel ordre se placent les diverses valeurs à lots :

	Gros lots.		Gros lots.
	francs		francs
Autriche 5 % 1860	750.000	Suez 5 %	150.000
Panama (obl. et bons)	500.000	Ville de Paris 1865	150.000
Ville 1869	200.000	Communales 1899	150.000
de 1898	200.000	Foncières 1903	150.000
Paris 1901	200.000	Congo 1888	150.000
Communales 1906	300.000		

Toutes les autres obligations de la ville de Paris et du Crédit foncier, ville de Marseille 1877, bons fonciers 1887 et 1888 donnent des gros lots de 100,000 francs. Au-dessous de 100,000 francs, nous trouvons les ville de Lyon 1880 avec un gros lot de 50,000 francs ; les ville d'Amiens 1871 : gros lot de 25,000 francs : les bons de l'exposition de 1889 et les bons de la presse : gros lot de 10,000 francs ; Roubaix-Tourcoing 1860 : gros lot de 5,000 francs.

***

L'achat d'une obligation de chacun des emprunts de la ville de Paris et du Crédit foncier fait participer tous les ans son détenteur à 90 tirages se répartissant comme suit :

En janvier et juillet, 7 tirages : ville de Paris 1869, 1871, 1892, 1894-96 : obligations foncières 1879, 1885 et 1903.

En février et août, 9 tirages : ville de Paris 1875, 1876, 1904, 1905 ; obligations communales 1879, 1880, 1891, 1899 et 1906.

En mars et septembre, 7 tirages : ville de Paris 1865, 1898, 1899 : obligations foncières 1879, 1885, 1895 ; obligations communales 1892.

En avril et octobre, 10 tirages : ville de Paris 1869, 1871, 1892, 1894-96 : obligations communales 1879, 1880, 1891, 1899 et 1906 ; obligations foncières 1903.

En mai et novembre, 5 tirages : ville de Paris 1875, 1876 et 1904 ; obligations foncières 1879 et 1885.

En juin et décembre, 10 tirages : ville de Paris 1865,

1898 et 1899 ; obligations communales 1879, 1880, 1891, 1892, 1899 et 1900 ; obligations foncières 1895.

Ces 96 tirages comprennent 4,890 lots, d'une valeur totale de 22,096,000 francs. Parmi ces 4,890 lots, 14 sont de 200,000 francs ; 9 sont de 150,000 francs et 79 sont de 100,000 francs.

Cours de ces titres. Aux cours actuels, voici comment s'établirait un placement effectué sur chacune des obligations de la ville de Paris et du Crédit foncier :

NATURE des OBLIGATIONS	PRIX	REVENU net au PORTEUR	VALEURS au Remboursem¹	EPOQUE DE PAIEMENT DES COUPONS
	francs	fr. c.	francs	
4 % 1865	532	18 10	500	février-août.
3 % 1869	475	10 62	400	janvier-juillet.
— 1871	466	10 70	400	d°
Ville 4 % 1875	532	18 06	500	avril-octobre.
— 1876	532	18 06	500	d°
de 2 ½ 1892	862	8 82	400	mai-novembre.
— 1894-96	863	8 82	400	d°
Paris 2 % 1895	415	8 76	500	mars-septembre.
— 1899	402	8 78	500	d°
2 ½ 1904	427	11 14	500	avril-octobre
2 ¾ 1905	385	9 80	400	mars-septembre.
Communales 2 60 % 1879 ..	460	11 61	500	d°
Foncières 3 % 1879	495	13 38	500	mai-novembre.
3 % 1880 ..	496	13 39	500	mars-septembre.
Communales 2 60 % 1885 .	452	11 62	500	avril-octobre.
3 % 1891 ..	394	10 71	400	d°
2 60 % 1892 .	444	11 62	500	janvier-juillet.
Foncières 2 80 % 1895	468	12 46	500	juin-décembre.
Communales 2 60 % 1899 ..	448	11 61	500	d°
Foncières 3 % 1903	492	13 38	500	janvier-juillet.
Communales 3 % 1900	492	13 39	500	février-août.
Totaux	9.457	254 41	9.900	

Ce placement exigerait un débours de 9,457 francs et rapporterait net 254 fr. 41, soit 2,66 % avec coupons payables tous les mois.

On voit l'attrait et l'avantage que présente un tel placement, en ce qui concerne le nombre et la valeur des lots et la sécurité des capitaux engagés. C'est, répétons-nous encore, le placement modèle pour la petite épargne, en y ajoutant les obligations 2 1/2 et 3 % de

nos grandes compagnies de chemins de fer pour augmenter quelque peu le revenu.

A l'heure actuelle, les obligations à lots de la ville
de Paris et du Crédit foncier que l'on considère
comme très attrayantes sont les ville 2 1/2 % 1892, les
communales 2,60 % 1892 ; les foncières 2,80 % 1895,
les communales 3 % 1906. Parmi les valeurs à lots sans
revenu, les bons Panama à 105 francs, les Congo 1888,
les bons fonciers 1887 et 1888, les bons de l'exposition
1889 et les bons de la presse. Pour un faible débours,
on peut participer à de nombreux tirages.

* *
*

Au 31 décembre 1906, voici comment s'établissait la
situation des obligations à lots de la ville de Paris et
du Crédit foncier (foncières et communales) :

Situation de ces
titres fin 1906.

	Obligations à lots en circulation au 31 déc. 1906	Capital nominal	Capital au cours du 31 déc. 1906
		francs	francs
Ville de Paris . .	4.820.728	2.176.569.100	2.068.776.200
Crédit foncier . .	7.101.556	3.457.266.500	3.341.276.300
Totaux . . .	11.922.284	5.633.835.600	5.410.054.500

Ces obligations, dont la sécurité est complète, se
trouvent dans tous les portefeuilles et particulièrement
dans les petites bourses. L'attrait des valeurs à lots est
si puissant sur l'épargne qu'il s'est créé des sociétés
particulières mettant quelques économies en commun
et les employant en achat d'obligations de la ville de
Paris et du Crédit foncier pour se répartir le montant
des titres qui sortiraient remboursables avec un lot.

* *
*

La création des obligations à lots de la ville de Paris
et du Crédit foncier a été un encouragement et un sti-

14

mulant puissant pour le placement des petites économies. Il ne faudrait pas que ce mode de placement fût
détourné par l'abus inouï qui, dans ces derniers temps,
a été fait des loteries, aussi respectables que soient
leurs raisons d'être et leur but. Tout homme qui fait
des économies, sou par sou, denier par denier, pour
devenir acquéreur d'une obligation à lots, remboursable, rapportant intérêt, accomplit un acte de prévoyance : tôt ou tard, il retrouvera le capital qu'il a
économisé, soit que son obligation sorte au remboursement, soit qu'elle sorte avec prime ou avec lot. Il aura
reçu, en outre, pendant tout le temps de son placement,
un intérêt de son capital qui varie de 2 1/2 à 3 %.

Celui, au contraire, qui achète des billets de loterie
est un imprévoyant. Il se prive parfois du nécessaire
pour acquérir quelques billets : quand le sort ne le
favorise pas, il regrette peut-être son imprévoyance, et
il hésitera ensuite à « mettre de côté » pour acquérir une
obligation.

Nous pouvons dire que la petite économie placée en
obligations à lots comme celles de la ville de Paris et
du Crédit foncier, enchaîne le hasard : on ne saurait
trop désirer la diffusion de ces placements. Le premier
intérêt d'une somme perçue, de même que le premier
placement en titres mobiliers sérieux rendent un
homme économe ; le billet de loterie, au contraire, est
un appât décevant qui décourage et arrête l'épargne (1).

_____

(1) Nous croyons utile de rappeler une fois de plus, dans l'intérêt du
public et de nos confrères de la presse politique et économique, les observations que nous avons souvent présentées sur la loi de 1836 applicables
aux journaux qui publient les tirages de valeurs à lots étrangères non
cotées officiellement.

Qu'on se place au point de vue moral ou au point de vue financier et
économique, cette législation doit être modifiée. Il y a, en effet, une différence essentielle entre un billet de loterie et un titre d'emprunt de
ville ou d'État, rapportant ou ne rapportant pas intérêt, mais remboursable. Avec le billet de loterie, le capital est perdu pour quelques gagnants,
des milliers de petites gens perdent leur mise; avec la valeur à lot, le
titre est remboursé. Or, la publication des annonces, des tirages et des
cours des valeurs à lots étrangères non cotées officiellement fait courir de
gros dangers à la presse française, dangers dont grand nombre de nos

UN DISCOURS DU PRINCE DE BULOW (1)

Le chancelier prince de Bülow, dans le discours qu'il vient de prononcer au Reichstag, a rendu un éclatant hommage au crédit, à l'épargne et à la situation financière de notre pays et il a insisté sur la nécessité de donner à l'Allemagne une forte situation financière qui, a-t-il dit, est une arme et une garantie aussi nécessaire et solide qu'une bonne armée. Il a fait remarquer que la France était devenue le banquier de l'univers, qu'elle avait une puissance d'épargne incomparable et que sa situation financière pouvait être opposée à celle des autres pays et notamment de l'Allemagne. Ces constatations devaient être d'autant plus remarquées qu'elles venaient du dehors et surtout du représentant le plus autorisé d'un pays qui n'a pas habitué le nôtre à de semblables compliments (1).

Il y a quelques mois, le ministre des finances, M. Caillaux, dans un discours qu'il prononçait au comice agricole de Tuffé, disait que pendant que nous

(1) 1908.
(2) Voir les *Discours du prince de Bismarck* tome III, pages 58 et 72. Séances du Reichstag, 12 et 25 mai 1872.)

confrères ne se doutent pas et sur lesquels nous ne saurions trop appeler leur attention.

En 1872, nous avions adressé à l'Assemblée nationale une pétition, demandant les modifications nécessaires. Le rapporteur nommé par l'Assemblée nationale approuvait nos conclusions, mais le rapport ne put être discuté par l'Assemblée avant sa séparation. Si les dispositions proposées avaient été votées à cette époque, bien des ennuis auraient été épargnés à la presse française. En 1875, en effet, 175 journaux financiers et politiques furent poursuivis et condamnés par un jugement du tribunal de la Seine que confirma un arrêt de la cour de Paris (19 mars 1876). La condamnation, dira-t-on, était légère : 16 francs d'amende mais celle-ci était très grave, exagérée au point de vue moral, puisqu'elle entraînait tout d'abord, pour les gérants, l'ouverture d'un casier judiciaire, et, fait inouï, mais conséquence de l'application de la loi, qui vise les articles 410, 411, 403, et 412 du code pénal, la perte de leurs droits civiques ; ils n'étaient plus ni

nous décrions nous-mêmes, on admirait, partout, au
dehors, la solidité et la force de notre crédit. On criti-
qua ses paroles qui n'étaient cependant que l'exacte
vérité.

Il en a toujours été de même depuis plusieurs
années. On nous traitait d'optimiste quand nous par-
lions de la situation financière de la France, de sa
puissance d'épargne, de ses ressources, quand nous
disions qu'elle a commandité et commandite presque
tous les pays. On nous traitait d'optimiste quand nous
citions les paroles du gouverneur de la Banque, M. Pallain, ou bien celles du président de la chambre le commerce américaine à Paris : « La France est le banquier
de l'Europe, disait, en 1902, le gouverneur de la Banque,
dans son rapport au conseil de régence. » « La
France est riche, la France est très riche, sa richesse va
en augmentant, disait le doyen de la chambre de commerce américaine à Paris, M. William Seligmann. »
Combien de fois avons-nous répété ces paroles pour
répondre aux appréciations pessimistes qui avaient
cours et dont le résultat a été d'effrayer nos rentiers,
nos petits capitalistes et de leur faire lâcher la proie
pour l'ombre, c'est-à-dire envoyer leurs fonds et titres
à l'étranger, compromettre leurs épargnes dans des
opérations douteuses, vendre leurs fonds français, leurs
bonnes valeurs françaises, pour courir après les valeurs
éruptives, mines d'or et autres papiers sans consis-
tance !

« Au lieu de nous décrier nous-mêmes, disions-nous encore récemment,
nous ferions mieux d'être moins sévères et plus justes que nous ne le

électeurs, ni éligibles. Il fallut l'amnistie de 1881, pour effacer cette peine
véritablement monstrueuse.
La loi de 1836, qui est un défi au bon sens et à la vraie justice, est
toujours en vigueur : elle peut être appliquée le jour où la presse s'y atten-
dra le moins. On ne saurait donc en poursuivre trop énergiquement la
modification, sinon l'abrogation, et tous nos confrères devraient s'y attacher. Le magistrat qui présidait la chambre de la cour le 19 mars 1876, faisait observer, avec raison, qu'il devait se borner à appliquer la loi et
qu'il n'appartenait pas aux juges d'en demander l'abrogation : *dura lex,
sed lex.* (Voir tome III, page 683.)

sommes. Au lieu de proposer sans cesse les pays étrangers comme exemple à suivre, nous devrions reconnaître qu'à l'étranger on admire la solidité de notre crédit, son relèvement après les désastres que nous avons subis, la puissance de nos épargnes auxquelles on ne manque pas de s'adresser. Nous devrions nous dire, comme nous l'écrivions récemment et comme la crise mondiale qui a sévi aux Etats-Unis et dans toute l'Europe l'a amplement démontré, que « la France est créditrice partout, débitrice nulle part » ce qui n'est pas précisément le cas de bien des pays qu'on nous donne en exemple. »

Le discours du prince de Bülow a eu un grand retentissement et mérite d'être retenu. Que l'on rapproche ses paroles de celles que le prince de Bismarck prononçait au Reichstag en mai 1871 : le chancelier de fer se félicitait de n'avoir pas voulu accepter les billets de la Banque de France en payement de l'indemnité de guerre, parce que, disait-il : « Si nous connaissons, à présent, le cours de ces billets de banque, leur valeur dans l'avenir est pour nous une chose inconnue. » (1). Ce simple rapprochement entre les paroles du prince de Bismarck et celles du prince de Bülow est à méditer.

Ces différences d'appréciation sont une des mesures des progrès que nous avons accomplis : mais il sera sage de ne pas exagérer la portée des éloges qui nous sont adressés aujourd'hui, pas plus qu'il ne convenait jadis de perdre courage et confiance quand le prince de Bismarck nous croyait abattus et ruinés pour longtemps. Ces éloges ne doivent pas nous donner une sécurité et une confiance trompeuses : Ils doivent, au contraire, servir d'avertissements aux législateurs qui se croiraient tout permis pour engager de fortes dépenses. Il faut être, sans se lasser, d'autant plus économes, d'autant plus sévères dans la gestion des finances publiques et dans la sauvegarde et le développement de la fortune privée.

(1) Voici d'après les journaux allemands, un extrait du discours du chancelier de Bülow :

« Il ne s'agit plus comme il y a quelques années, dit le chancelier, de créer deux ou trois nouveaux impôts, mais de faire une œuvre financière complète. En 1878, nous avions une dette de 139 millions de marks, en 1888, de 834 millions et en 1908, de 4.400 millions. Pour l'année pro-

chaîne, on a encore un nouveau milliard en perspective. L'Angleterre qui,
au début du dernier siècle après les guerres napoléoniennes, avait une
dette d'environ 20 millions de m. n'a pas amorti moins de 5 milliards
pendant le cours du siècle, ce n'est qu'à l'occasion de la guerre avec les
Boërs qu'elle a dû augmenter de nouveau sa dette de 3 milliards... »

« ... La France, de 1881 à 1901, a évité tout emprunt public, malgré
ses dépenses énormes pour la guerre et pour la marine. Le ministre des
finances de France, au cours de la discussion sur la situation financière
du pays, a insisté surtout sur ce point que depuis 1890, malgré les
dépenses considérables, la dette de l'État a diminué. En Allemagne, l'Empire, les États confédérés, les municipalités ont fait appel au marché des
capitaux dans des proportions sans précédent. La force d'absorption du
marché allemand est épuisée par tous ces emprunts... »

« ... Aussi, tandis que le 31 août 1908, la rente allemande 4 °/₀ valait
97 fr. 60, la rente italienne était cotée 104 fr. 75, l'extérieure espagnole
96 fr. 95, le turc 96 fr. 65, les consolidés 2 1/2 87 fr. 50, le 3 °/₀ français 95 fr. 30, le 3 °/₀ allemand 83 francs... »

« ... Je sais très bien que nous avons épargné plusieurs milliards, mais
personne ne pourra me contredire, si j'affirme qu'on peut épargner encore
beaucoup plus. Nous sommes devenus riches, mais il faut, pour notre
situation économique et politique dans le monde, que nous devenions
encore plus riches. De tout temps, la richesse a été le nerf de la puissance, mais elle le devient de plus en plus chaque décade, parce que,
chaque décade, les conditions économiques et financières deviennent plus
importantes pour les relations internationales et pour le groupement des
nations... »

« ... Ne dépréciez pas l'importance de cette force de l'épargne. Si vous
doutez de mes paroles, jetez un regard sur la France. On sait que les Français sont encore le peuple le plus riche de la terre, en capitaux. Je connais
la France et les Français; j'ai passé plusieurs années dans ce pays. La
France doit sa richesse à son sol béni, puis aussi à l'activité et à l'ingé-
niosité de ses habitants, mais encore plus à son admirable esprit d'économie (très juste), à cette force d'épargne (en français dans le texte) qui
distingue chaque Français, chaque Française. La France est devenue le
banquier du monde. Ce que la France, par sa production, gagne de moins
que nous, elle l'épargne (rires à gauche), elle le compense par les intérêts
de son épargne. Je suis certain que les hommes compétents confirmeront
mes dires et qu'ils pourront compléter et développer ces considérations
générales. Tous, dans notre pays, savants, publicistes, fonctionnaires, nous
devrions agir de concert pour faire pénétrer ces idées dans l'esprit public
(rires chez les social-démocrates). Vous n'êtes pas d'accord avec moi, vous
vous dites qu'il ne convient pas d'engager le peuple à restreindre ses
dépenses, à renoncer à l'utile, à se refuser de petites satisfactions. Personne, et moi moins que quiconque, ne pense à engager le prolétaire à
renoncer au nécessaire ni même à l'utile. Mon avertissement vise le luxe
superflu, il s'adresse surtout aux classes moyennes ou élevées où, avec le
temps, le bien-être et le luxe sont passés au rang d'obligations, de néces-
sités sociales... »

« ... Il est indigne du peuple allemand, de son rang dans la civilisation,
de son histoire intellectuelle que de pareilles mœurs, que de pareilles
habitudes morales ou plutôt amorales aient pu s'introduire dans la nation.
J'espère que ce n'est que la conséquence passagère d'une croissance très

rapide... Le gouvernement aussi a de nouveaux devoirs; le gouvernement
a conscience qu'il ne suffit pas d'édicter de nouveaux impôts : il faut
qu'une ère nouvelle d'économie financière prenne naissance ; et, par là, je
ne fais pas seulement allusion à la nécessité de l'épargne, à la nécessité
de restreindre les dépenses budgétaires, à la nécessité d'amortir la dette,
que cette haute assemblée et le gouvernement ont si souvent affirmée. Ce
que je veux dire surtout, c'est que dans toutes les questions financières
de l'Empire, il faut introduire un esprit nouveau (marques de vives appro-
bations et aussi d'hilarité). Je me demande si les cours peu élevés de nos
emprunts d'Etat ne doivent pas être attribués à des pratiques financières
susceptibles d'être réformées. Je sais très bien que des cours aussi bas ne
sont en rien justifiés. Je crois qu'on peut beaucoup y remédier en amélio-
rant les pratiques financières, notamment celles qui président à l'émission
des emprunts. Je crois qu'ici comme en beaucoup d'autres circonstances,
nous devons travailler avec un esprit plus commerçant. » (Vive approba-
tion.

« Reculer devant les nouveaux impôts, différer les réformes financières,
c'est compromettre la sécurité du pays, c'est compromettre la paix, car il
est tout aussi important d'être prêt au point de vue financier que de l'être
au point de vue militaire et négliger l'un peut avoir des conséquences tout
aussi funestes que de ne pas porter attention à l'autre... »

STATISTIQUES FRANÇAISES
DES VALEURS MOBILIÈRES

————

SOMMAIRE :

1 — *Les valeurs mobilières en France* (Mai 1888).

2. — *Une nouvelle évaluation du capital et du revenu des valeurs mobilières en France* (Avril 1893).

3. — *Le morcellement des valeurs mobilières. Les salaires. La part du capital et du travail* (Juin 1896).

1. — *Le capital et le revenu des valeurs mobilières en France.*

5. — *L'épargne française et son développement annuel. A combien s'élèvent actuellement les placements de l'épargne française en titres mobiliers ?*

6. — *Les valeurs mobilières en France au 31 décembre 1908.*

————

STATISTIQUES FRANÇAISES DES VALEURS MOBILIÈRES

LES VALEURS MOBILIÈRES EN FRANCE (1)

En présence du prodigieux accroissement des valeurs mobilières dans les portefeuilles des capitalistes français depuis bientôt un demi-siècle et principalement depuis 1850 et 1870, on s'est souvent demandé à quel chiffre pouvait s'élever le capital de toutes ces valeurs, qui ont été créées, souscrites ou achetées par nos rentiers : on voudrait connaître le revenu qu'elles procurent annuellement, le nombre de titres qui se négocient à la bourse de Paris, dans quelle période s'effectuera leur amortissement ; on voudrait également connaître approximativement le chiffre annuel des négociations qui s'opèrent à la bourse par l'entremise des agents de change.

Nous avons aujourd'hui, dans les divers ministères, des statistiques très bien faites, aussi complètes que possible. Nous avons une statistique des chemins de fer, une statistique judiciaire, commerciale, postale, télégraphique, agricole, pédagogique. Le bureau de statistique et de législation comparée du ministère des

(1) Communication faite à la Société de statistique de Paris, 16 mai 1888).

finances nous donne chaque mois des informations précieuses sur le mouvement économique et financier de la France et de l'étranger. Nous savons combien il naît et combien il meurt de personnes, en France, tous les ans ; nous pouvons chiffrer, en quantité et qualité, la production des céréales ; nous avons une statistique des chevaux, des mulets, des ânes et des chiens ; nous relevons le nombre de bœufs, de moutons, de chèvres existant au 31 décembre de chaque année ; nous pouvons dire le nombre de ruches d'abeilles en activité, la production totale du miel et de la cire. Les rapports des compagnies de chemins de fer nous renseignent même sur le total des kilomètres parcourus, pendant une année et par jour, par une locomotive. Mais, si un législateur veut se rendre compte du développement, de l'accroissement ou de la diminution des valeurs mobilières ; s'il cherche quelque renseignement sur l'importance des transactions mobilières, s'il désire connaître le chiffre des valeurs qui se négocient à la bourse de Paris, le capital que représentaient, il y a quelques années, et celui que représentent aujourd'hui les valeurs mobilières françaises et étrangères circulant en France, il ne trouve nulle part un document, un relevé officiel. Comment s'étonner, dès lors, que des idées inexactes ou fausses soient répandues, et comment ne pas redouter que des législateurs imprudents, parce qu'ils sont insuffisamment renseignés, n'adoptent, tôt ou tard, des mesures préjudiciables au crédit public, à la fortune de tous ?

Nous n'avons pas de statistique des valeurs mobilières.

Cette étude nous a souvent tenté et, dans les pages qui vont suivre, nous essaierons de donner quelques chiffres établis d'après des documents certains, d'après des informations que nous avons pu recueillir près de plusieurs gouvernements étrangers. Nous n'avons pas la prétention de fournir des évaluations complètes ; nous désirons simplement donner des indications utiles appuyées sur des chiffres. Dans une statistique de cette nature, les milliards et les millions donnent le ver-

Tel sera l'objet de notre étude.

tige : il faut donc éviter toute exagération, ne s'appuyer que sur des renseignements précis et vérifier ses calculs plutôt dix fois qu'une. Nous nous sommes efforcé de grouper un certain nombre de faits et de chiffres, et d'amasser des matériaux pour un travail d'ensemble que d'autres feront plus tard plus complètement que nous n'avons pu l'exécuter. La bonne volonté ne nous aura pas du moins manqué et c'est à ce titre que nous faisons appel à la bienveillance de nos collègues.

Tout au début de cet examen, nous croyons utile de rappeler quelques-unes des évaluations les plus récentes sur la richesse mobilière de la France : Wolowski, 55 milliards (1871) ; le duc d'Ayen, 95 milliards (1872) ; Maurice Block, 150 milliards (1873) ; le Dr Vacher, 44 milliards (1878) ; Amelin, 105 milliards (1878) ; S. Mony, 101 milliards (1881).

La richesse de la France. Évaluations qu'on en a faites.

Comme le faisait remarquer avec raison notre savant confrère M. de Foville, dans une conférence qu'il faisait en 1883 à la Sorbonne sous les auspices de la Société de statistique, « on voit que dans les diverses évaluations qui ont été proposées de nos jours par quelques statisticiens ou publicistes sur la fortune de la France, c'est par milliards que se chiffrent les différences ».

Opinion de M. de Foville.

Plus tard, en 1886, M. de Foville, dans son bel ouvrage *La France économique* (1), proposait, après examen, les évaluations suivantes :

	milliards
Propriétés non bâties	80
Constructions	40
Fonds d'État français et étrangers	30
Valeurs mobilières non comprises dans les chiffres précédents	50
Ensemble	200

M. Yves Guyot, dans sa *Science économique* (2), a évalué ainsi qu'il suit, d'après les valeurs successorales, les richesses possédées par les particuliers en dehors

Opinion de M. Yves Guyot.

1) Pages 437 à 443.
2) Page 129.

du domaine de l'État, des communes et des départements :

	milliards
Immeubles.	123
Meubles.	66
Créances hypothécaires et chirographaires	10
Fonds d'État français et étrangers.	26
Valeurs mobilières françaises et étrangères.	34
Total.	259

Ce qu'on entend par fortune mobilière. Nous ne retiendrons de ces chiffres que ceux qui concernent la fortune mobilière, c'est-à-dire le total des valeurs mobilières se trouvant en France. En employant ces mots *fortune* ou *richesse mobilière*, faisons remarquer incidemment qu'ils prêtent à une confusion. Si l'on voulait, pour évaluer la richesse de la France, son actif, son avoir, commencer par relever tout ce qu'elle possède en immeubles, puis ajouter à ce relevé le montant des valeurs mobilières, on ferait un double emploi. Voici, par exemple, le Crédit foncier, qui a 3 milliards d'obligations en circulation. Que sont ces obligations ? Des titres émis en représentation de prêts hypothécaires et communaux. Si donc on évaluait toutes les propriétés immobilières, sans tenir compte des charges et des dettes, et toutes les valeurs mobilières, pour donner un aperçu total de la fortune de la France, on commettrait une grave erreur.

La *fortune mobilière* ou la *richesse mobilière* sont donc des expressions dont nous nous servirons, dans le cours de cette étude, en leur donnant la signification suivante : c'est l'ensemble des valeurs, actions, obligations, parts d'intérêt, qui sont l'objet de transactions et d'échanges dans des marchés réguliers que l'on appelle *bourses* ou sur des marchés libres que l'on nomme *banques*.

Différentes évaluations données. Dans les chiffres que nous avons cités plus haut sur l'importance de la richesse mobilière, nous nous trouvons en présence d'évaluations différentes : 44 milliards. 55 milliards, 60 milliards, 80 milliards, 95 milliards.

101 milliards, 105 milliards, 145 milliards. Quelle est, entre ces évaluations extrêmes, celle qui, à quelques milliards près, peut se rapprocher le plus de la vérité ? Pour tâcher d'obtenir la réponse, l'évaluation de l'impôt de 3 % sur le revenu des valeurs mobilières nous sera d'une grande utilité. En effet, cet impôt de 3 % produit 48 millions par an. Pour rapporter 48 millions, il faut qu'il soit établi sur un total de revenus estimés à 1 milliard 600 millions. Mais à ces 1 milliard 600 millions, il convient d'ajouter les sommes payées par l'Etat à ses rentiers et qui ne sont pas soumises à l'impôt, telles que les rentes sur l'Etat, les bons du Trésor, les bons de liquidation, les annuités diverses, et qui atteignent 1 milliard 290 millions (1). Nous arrivons déjà au chiffre respectable de 2 milliards 900 millions comme évaluation du revenu annuel de la fortune mobilière.

Si l'on retranche de ces 2 milliards 900 millions de revenus, les 211 millions de rentes viagères, nous aurons un total de revenus de 2 milliards 700 millions qui, capitalisés à 4 %, donnent, en capital, 67 milliards et demi. Si l'on prend, au contraire, le chiffre global de 2 milliards 900 millions, ces 2 milliards 900 millions de revenus, capitalisés à 4 %, représenteraient un capital de 72 milliards et demi ; mais ces chiffres eux-mêmes sont incomplets. Nos rentiers possèdent une grande quantité de fonds internationaux, non soumis à nos impôts. Il n'est pas, en effet, un pays étranger qui n'ait été approvisionné de capitaux par nos nationaux. Nous avons prêté à l'Europe entière.

Eh bien, que rapportent aux Français ces capitaux ainsi placés ? Quel capital représentent les prêts ainsi *Enquête à faire.*

(1) Voici le décompte de ces chiffres, d'après la loi de finances de l'exercice 1888 :

Dette consolidée.	740.877.316 fr.
Dette remboursable à terme ou par annuités.	338.867.834
Dette viagère	211.090.266
Total	1.290.835.416 fr.

effectués ? C'est ce que, jusqu'à ce jour, la statistique n'a pu établir d'une façon exacte, précise. On pourrait obtenir des renseignements à peu près complets si l'on connaissait la somme annuelle payée par les banques et établissements de crédit français pour le compte de sociétés et gouvernements étrangers à titre d'intérêts ou de dividendes. Cette statistique nécessite de longues et minutieuses enquêtes. Ce serait surtout par voie administrative et diplomatique, par les soins de nos agents en France et à l'étranger, qu'elle pourrait être dressée.

Nous avons la conviction que cette enquête financière serait conduite à bonne fin par les fonctionnaires distingués qui font partie du ministère des finances ; mais, n'obtiendraient-ils que des résultats incomplets, cela vaudrait mieux encore que de rester privé de tous documents, de toute information sur un sujet aussi grave, aussi sérieux. Le conseil supérieur de statistique pourrait, à son tour, grouper ces renseignements (1). A de rares exceptions près, et sauf des circonstances particulières, telles que la hausse ou la baisse du prix des changes sur les valeurs internationales, les capitalistes français qui possèdent des valeurs étrangères ne font pas recevoir le montant de leurs coupons d'intérêts à l'étranger : ils s'adressent à des banques et à des établissements de crédit français pour encaisser leurs coupons échus.

Nous sommes convaincu que les grandes banques, la Banque de Paris, la Société générale, le Comptoir d'escompte, le Crédit lyonnais, le Crédit industriel et tous les banquiers, — qui paient une patente spéciale comme effectuant des paiements de coupons étrangers, — répondraient sans difficultés à un questionnaire que leur adresserait officiellement le ministre des finances et

(1) Le conseil supérieur de statistique a mis à son ordre du jour une étude de la statistique des sociétés par actions. C'est un pas considérable qui vient d'être fait dans la voie de l'enquête financière dont nous désirons si ardemment l'exécution.

qui serait ensuite remis au conseil supérieur de statistique.

C'est ainsi que, par voie d'enquête, M. Léon Say a pu évaluer le solde des rentes et valeurs étrangères livrées en liquidation du 1er juillet 1871 au 31 décembre 1873 par l'intermédiaire des agents de change, les paiements faits à Paris sur les coupons de rente italienne de 1808 à 1874, le montant des coupons turcs payés à Paris, etc., et il estimait « sans exagération », disait-il, à 600 ou 700 millions par an l'importance des coupons de valeurs étrangères dont les Français étaient propriétaires. M. Léon Say ajoutait que « la France pouvait, avant 1870, faire aisément un placement à l'étranger de 3 milliards de francs, peut-être plus, sans amener de crise monétaire. Les trois années qui ont suivi la guerre ont eu la même ressource, si ce n'est dans une proportion aussi forte, du moins dans une proportion encore considérable ». Retenons les chiffres que nous donne M. Léon Say et, pour asseoir nos calculs sur la base la plus modérée, admettons comme lui que le revenu annuel des Français en valeurs étrangères soit de 700 millions. Ce revenu, capitalisé à 5 %, représenterait une somme de 14 milliards, et près de 12 milliards, capitalisé à 6 %.

Or, depuis 1871, les placements en valeurs étrangères ont augmenté dans de sensibles proportions. Emprunts autrichiens, hongrois, égyptiens, espagnols, helléniques, hollandais, norvégiens, portugais, roumains, russes, serbes, suédois, danois, argentins, ont tour à tour sollicité l'épargne de notre pays, sans parler des nombreuses émissions effectuées par les compagnies de chemins de fer et sociétés industrielles étrangères.

Voici une liste des principaux emprunts étrangers émis et cotés en France depuis la guerre et dont grand nombre des titres se trouvent dans le portefeuille des capitalistes français :

	CAPITAL NOMINAL des emprunts millions de francs.
Dette tunisienne 4 %	157.0
Florins d'Autriche or 1876, 1877, 1878, 1880	852.1
Fonds égyptiens (dette unifiée, chemins de fer, daïra, domaniales.	2.514.0
Emprunts helléniques 1879, 1881, 1884, 1887	485.0
Emprunt hollandais 3 1/2 % 1886	700.0
4 % hongrois or	1.362.5
3 1/2 % norvégien 1886, 4 1/2 % 1878, 4 % 1890.	114.4
3 % portugais 1875, 1877, 1888, 1884.	641.0
5 % portugais 1876, 1879, 1881, 1886, 1887.	267.4
5 % roumain 1875	29.0
4 1/2 % russe 1875, 5 % 1877, 4 % 1880, 6 % 1883.	1.553.0
5 % hypothécaire serbe	90.0
Obligations (priorité	185.6
ottomanes 5 % (privilégiées	147.7
6 % argentin 1881	61.2
5 % argentin 1884 et 1886	251.0
3 1/2 % danois 1886	120.0
2 % extérieur 1876	310.4
4 1/2 % Québec 1880.	21.9
4 % suédois 1878-1880	143.6
Total.	10.067.4

Si nous ajoutions à ce total le montant nominal de
la dette convertie ottomane émise en échange des anciens emprunts en 1876, et qui s'élève à 2,305,645,675 fr.,
la valeur nominale des principaux emprunts étrangers
émis depuis la guerre, en France, dépasserait 12 milliards.

Nous ne serons donc pas taxé d'exagération en évaluant à environ 20 milliards le total des valeurs étrangères appartenant à des Français. Nous estimons que
la France possède près d'un milliard et demi de fonds
italiens (1) ; 500 à 600 millions de fonds hongrois (2) ;

(1) Les paiements de la rente italienne, à l'échéance des coupons
du 1ᵉʳ semestre de 1886, se sont élevés à 62.696.048 fr. 90, dont
51.616.019 fr. 30 à Paris, 7.951.797 fr. 98 à Londres et 3.126.241 fr. 62
à Berlin. (Voir notre étude sur les Dettes publiques européennes, page 26.)
(2) D'après une communication que nous devons à l'obligeance de
M. Keleti, directeur de la statistique de Hongrie, le ministre des finances
de Hongrie a transmis à Paris, pour le paiement des coupons de la rente
hongroise au 1ᵉʳ juillet 1885 et au 1ᵉʳ janvier 1886, 13.348.000 fr., soit
26 millions et demi par an.

600 à 700 millions de fonds autrichiens, 1 milliard et demi à 2 milliards de fonds russes. Les valeurs étrangères diverses sur lesquelles la taxe de 3 % sur le revenu est perçue, représentent près de 5 milliards, etc. Si nous nous bornons seulement à la stricte évaluation de M. Léon Say, et nous ne pouvons nous appuyer sur une plus grande autorité, les 15 milliards de fonds étrangers venant s'ajouter aux 72 milliards et demi dont l'évaluation repose sur les chiffres mêmes de la capitalisation de la taxe de 3 % sur le revenu et sur le total des fonds français non assujettis à cet impôt, nous arrivons à constater que les valeurs mobilières circulant en France atteignent au moins le chiffre énorme de 87 milliards et demi, ou de 80 milliards en nombre rond, en tenant compte approximativement de la quantité de valeurs françaises possédées par des étrangers. Ces 80 milliards doivent donner un revenu annuel d'environ 4 milliards, sur lesquels les valeurs françaises fournissent 2 milliards 900 millions à 3 milliards, et le reste, soit 1 milliard 200 millions à 1 milliard 300 millions est payé par les valeurs et fonds étrangers.

80 milliards de valeurs. 4 milliards de revenus.

*   *
*

Recherchons maintenant quelle est la quantité de valeurs qui se négocient à la bourse de Paris. Il nous semble que, sur ce point, l'enquête doit être faite depuis longtemps par la chambre syndicale des agents de change. C'est elle qui admet les valeurs aux négociations officielles, en dresse, pour ainsi dire, l'état civil, et elle serait véritablement négligente si elle n'avait pas ce renseignement, car personne mieux qu'elle n'est à même de le fournir. Elle doit connaître le nombre de valeurs cotées à la bourse, le capital qu'elles représentent au cours d'émission, au cours actuel, au taux de remboursement. En ce qui concerne le nombre des valeurs admises à la cote officielle, nous pouvons dire qu'à la date du 24 mars 1888, il se négociait à la bourse

Valeurs inscrites à la bourse de Paris.

de Paris 767 valeurs diverses ; 208 étaient cotées au comptant et à terme ; 559 étaient cotées seulement au comptant.

Cote officielle :
Au comptant et
à terme. Nous trouvons inscrits à la cote officielle au comptant et à terme :

19 titres ou coupures de fonds d'État français ;
13 — d'emprunts du département de la Seine et de la ville de Paris ;
93 — de valeurs françaises diverses ;
57 — de fonds d'État étrangers ;
26 — de valeurs étrangères diverses.

Total . . . . . 208 titres se négociant au comptant et à terme.

Au comptant
seulement. Ceux qui sont inscrits à la cote au comptant seulement comprennent :

19 titres de départements et de villes françaises ;
16 — de compagnies d'assurances ;
17 — de canaux et ponts ;
33 — de chemins de fer ;
26 — de sociétés de crédit ;
5 — de docks, halles et marchés ;
7 — de compagnies des eaux ;
2 — de compagnies de filatures ;
17 — de compagnies de gaz ;
47 — de compagnies de houillères, mines, forges, fonderies,
14 — de compagnies de transports ;
46 — de compagnies diverses ;
98 — d'obligations de chemins de fer français ;
78 — de valeurs diverses ;
52 — de fonds et villes étrangères ;
15 — d'actions étrangères ;
37 — d'obligations étrangères.

Total . . 559 titres se négociant seulement au comptant.

Tant au comptant qu'à terme, il y a donc 767 titres officiellement cotés sur lesquels on peut chaque jour effectuer des achats ou des ventes à la bourse de Paris. Pour que cette statistique fût complète, il faudrait pouvoir ajouter le nombre de valeurs qui se négocient sur le marché libre. Or, ce relevé est difficile à faire. Autant Marché en ban-
que. de cotes en banque, autant de cotes diverses. Tel bulletin de bourse inscrira le cours d'une valeur qui n'est pas mentionnée sur tel autre. Cependant, en consultant

les cotes qui sont le plus répandues et le plus connues,
nous pouvons évaluer à environ 200 le nombre de titres
divers qui se négocient sur le marché libre et qui
ne sont pas cotés au parquet des agents de change.
Il y a d'abord tous les emprunts à lots d'États et de
villes à l'étranger ; les actions et obligations de mines ;
les actions de journaux ; les actions et obligations de
plusieurs chemins de fer étrangers ; les obligations
foncières et communales à long terme du Crédit foncier ; puis une quantité de valeurs en liquidation ou
en faillite.

On peut évaluer, à notre avis, tant sur le marché
officiel que sur le marché en banque, à environ mille
titres le nombre des valeurs qui peuvent donner lieu
à des négociations.

* * *

Quel capital représentent ces valeurs diverses, soit
au prix d'émision, soit au cours coté, soit au taux de
remboursement ? Nous avons déjà montré les difficultés
de cette statistique. Il nous faudrait de longues et nombreuses recherches pour l'établir ; un tel relevé est
au-dessus des forces d'un seul et, pour être bien fait,
il faudrait s'inspirer du grand principe économique
de la division du travail et répartir l'exécution entre
plusieurs personnes. La chambre syndicale des agents
de change, avec le personnel d'élite dont elle dispose,
pourrait contribuer, pour une bonne part, à l'établissement d'un tel relevé. Mais si jusqu'à présent on n'a
pu chiffrer exactement le montant du capital auquel
s'élèvent les valeurs mobilières, il a été facile d'évaluer,
par les statistiques de l'impôt, ce que rapportent les
valeurs françaises et un grand nombre de titres étrangers.

*Capital corres-
pondant.*

On a vu, par le produit de l'impôt, sur quelle base
est assis ce revenu. Mais n'aurait-on même pas cette
évaluation, qu'il serait possible de l'obtenir en établissant d'autres calculs. En effet, les principaux revenus

*Quelques reve-
nus importants.*

des rentiers français, dont la fortune est placée en totalité ou en partie sur des valeurs mobilières, sont fournis par les rentes, les emprunts de villes, les actions et obligations de chemins de fer, les sociétés de crédit, les valeurs industrielles et diverses, les titres des compagnies d'assurances.

Voici quelques gros chiffres payés tous les ans aux rentiers :

		millions de francs.
L'État paie pour sa dette 1.289 millions de francs, savoir :		
Dette consolidée.	749	
Dette remboursable	338	1.289
Dette viagère	911	
La ville de Paris paie pour sa dette.		106
Le Crédit foncier paie tant en intérêts qu'en primes et lots		106
Les grandes compagnies de chemins de fer paient à leurs actionnaires et obligataires environ		600
D'après les derniers dividendes, la Banque de France, le Crédit foncier, le Crédit lyonnais, la Société générale, le Crédit industriel, le Comptoir d'escompte, les Dépôts et comptes courants et autres sociétés de crédit, cotées à la bourse de Paris, ont distribué environ		114
Total		2.215

auxquels il faut ajouter les revenus distribués par le Suez, les compagnies de gaz, de transports, d'assurances et par les sociétés ou États étrangers [1].

*
* *

Primes de remboursement et lots.

Aux 2 milliards 215 millions de revenus annuels que nous citons plus haut viennent s'ajouter pour nos rentiers les bénéfices — véritable augmentation de revenus — qu'ils réalisent au moment de l'amortissement de leurs titres. Une obligation de chemin de fer, par

[1] Pour compléter ces indications, nous donnons aux annexes un tableau présentant la situation actuelle des sociétés de crédit cotées à la bourse de Paris, dont les titres sont les plus répandus dans les portefeuilles des capitalistes (tableau IV, pages 494-495).

Nous y indiquons : le nom des diverses sociétés ; — le nombre de titres de chacune d'elles ; — le capital versé ; — le revenu du dernier exercice ; — le montant annuel payé comme intérêt et dividendes ; — le cours actuel (avril 1888) ; — la valeur des titres aux cours actuels ; — la plus-value et la moins-value sur le capital versé.

exemple, qui sort remboursable à 500 francs et a été émise à 300, 350 et 400 francs, procure à son détenteur un bénéfice de 200, 150 et 100 francs par titre. Une obligation de la ville de Paris ou du Crédit foncier sort remboursable avec un lot : c'est un nouveau bénéfice qui augmente l'avoir du rentier. Or, ces bénéfices constituent pour les capitalistes et les rentiers, en plus des revenus qu'ils perçoivent, de véritables fortunes. La ville de Paris répartit plus de 6 millions de lots par an entre les détenteurs de ses obligations ; le Crédit foncier de France paie tous les ans plus de 9 millions de lots à ses obligataires ; le Suez paie 1 million de lots ; les villes françaises qui ont émis des obligations à lots, département du Nord, Amiens, Bordeaux 1863, Lille 1860 et 1863, Lyon, Marseille, Roubaix, paient tous les ans plus de 700,000 francs de lots. Voilà donc près de 17 millions qui annuellement enrichissent d'autant nos rentiers, augmentent leur avoir, et cette augmentation est considérable surtout avec les titres divers, fonds d'État, compagnies de chemins de fer français et étrangers, sociétés industrielles, qui sont tous les ans amortis et remboursés avec une plus-value sur le prix d'émission ou sur le cours auquel ils se négocient.

Faisons remarquer, à ce propos, que la taxe de 3 % qui frappe le revenu des valeurs mobilières pourrait comporter une différence entre le revenu pur et simple du rentier et la prime au remboursement ou le lot qu'il gagne. Il est plus dur de payer 3 francs sur le revenu de 100 francs que d'acquitter 3 francs sur un bénéfice de 100 francs que vous procure un titre sorti au remboursement. Est-il juste de frapper du même droit le revenu des valeurs et les lots et primes au remboursement ? S'il était nécessaire de créer de nouveaux impôts, les titres remboursés avec une prime ou un lot ne pourraient-ils pas supporter une surtaxe qui serait facilement acceptée parce qu'elle correspondrait à un enrichissement inattendu ? Sans qu'il en coûtât grand'

Surtaxe logique sur les lots.

chose aux rentiers, ce serait une ressource de plusieurs
millions pour le Trésor (1).

Les chiffres qui suivent, extraits de documents officiels, permettent de se rendre compte de l'importance
des capitaux empruntés et remboursés à l'expiration
des emprunts, et des bénéfices que les souscripteurs et
détenteurs de titres auront réalisés.

Le crédit total prévu au budget de 1888 s'élève, pour
la rente 3 % amortissable, à 141,901,385 francs se décomposant en 118,112,385 pour intérêt et 23,789,000 fr.
pour amortissement. Ces 118,112,385 francs de rentes
décomptées au prix de 80 francs, qui est à peu près
le taux moyen d'émission, forment un capital de
3,149,663,000 francs. Au taux de remboursement, de
100 francs par 3 francs de rente, ces 118,112,385 francs
de rentes donnent un capital de 3,937,079,500 francs.

Différence entre le capital emprunté et celui à rembourser : 787,416,500 francs.

La ville de Paris et le département de la Seine ont
émis plusieurs emprunts, représentés par 4 millions
180,280 obligations.

---

(1) Voir, à ce sujet, le rapport fait au nom de la commission des finances
du Sénat, par M. Boulanger, sénateur.

La quotité de la taxe sur le revenu a été modifiée depuis la publication
de cette étude.

La loi de finances du 26 décembre 1890 a porté la taxe à 4 % sans distin-
guer entre les revenus et les lots : ceux-ci ont été tarifés à 8 % par la loi
de finances du 25 février 1901.

La taxe sur le revenu des valeurs mobilières a donné, depuis son origine
les recettes suivantes :

1873	31.745.000 fr.		1885	45.868.000 fr.
1874	34.171.000		1886	47.236.000
1875	34.674.000		1887	48.871.000
1876	34.972.000		1888	50.417.000
1877	34.139.000		1889	49.156.000
1878	34.276.000		1890	50.794.000
1879	34.447.000		1895	65.539.000
1880	39.101.000		1900	78.895.000
1881	44.455.000		1905	85.857.000
1882	47.843.000		1906	91.438.000
1883	47.980.000		1907	101.405.000
1884	46.825.000		1908	100.049.000

Il a été émis :

Département de la Seine :

254,682 obligations   émises à 205 fr. remb. à 225 fr., diff.   5,093,640 fr.

Ville de Paris :

437,618	—	1855-1860	—	475 et 450	— 500 environ 17,104,720
600,000	—	1865	—	450	— 500 diff. 30,000,000
753,623	—	1869	—	345	— 400 — 48,985,495
1,296,300	—	1871	—	277	— 400 — 159,444,900
500,000	—	1875	—	440	— 500 — 30,000,000
258,065	—	1876	—	465	— 500 — 9,032,275
79,998	—	1886	—	375	— 400 — 1,999,980

Différence entre le capital emprunté et à rembourser.   301,961,010 fr.

Le Crédit foncier a émis des obligations foncières et communales. Ces titres, dans le bilan du 31 décembre 1887, sont décomptés pour la somme de 3,032,920,609 fr. alors que leur valeur nominale s'élève à 3,815,437,000 fr. Il reste à verser sur les foncières et communales 148 millions 1/2. Lorsque ces versements auront été effectués cette année, la différence entre le prix d'émission des diverses obligations du Crédit foncier et le taux auquel elles seront remboursées, ne sera pas moindre de 633 millions. Nous trouvons, du reste, la représentation de ce chiffre dans le dernier rapport du conseil d'administration du Crédit foncier. Le compte « primes à amortir » s'élève : sur les obligations foncières à 502,695,112 francs, sur les obligations communales à 131,228,613, soit, au total, à 633,923,725 fr., véritable plus-value pour les porteurs de titres.

D'après la situation du capital social et des emprunts des six grandes compagnies de chemins de fer au 31 décembre 1884, nous trouvons, d'après les statistiques officielles du ministère des travaux publics, que :

1° Le capital-actions réalisé s'élève à . . . . . 1.469.894.564 fr.
2° Les emprunts réalisés en obligations s'élèvent
à 9.101.169.089

         Total. . . . . . 10.571.063.653 fr.

Le capital à rembourser, pour l'ensemble, s'élève :

1° Pour les actions à . . . .   1.477.000.000 fr.
2° Pour les obligations à 14.636.079.800

                              Total. . . . . . 16.113.079.800 fr.

Le capital réalisé s'élevant à. . . . .   10.571.063.653 fr.
Le capital à rembourser s'élevant à. 16.113.079.800

               La différence représente. . . . 5.542.016.147 fr. (1)

Ainsi, par le seul jeu régulier de l'amortissement, il aura été payé, en plus qu'ils n'ont versé :

Aux porteurs de 3 % amortissable. . . . .   787.416.500 fr.
    —   d'obligations de la ville de Paris. 301.961.010
    —   —   du Crédit foncier 633.923.725
    —   d'actions et d'obligations de chemins de fer. 5.562.016.147

                        Total. . . . .   7.985.317.382 fr.

* * *

Plus nous nous rapprocherons de la date à laquelle expirent la plupart de ces amortissements, plus nous verrons s'accroître cette plus-value du capital des rentiers placé dans les valeurs mobilières. Quand nous disons « nous verrons », nous voulons parler de nos enfants et petits-enfants. Si nous sommes ménagers de l'avenir,

Nos arrière-neveux nous devront cet ombrage.

C'est pour eux surtout que fonctionneront l'amortissement et le remboursement final de ces emprunts gigantesques contractés par l'État et les sociétés. Les hommes de notre génération ont vu se créer toutes ces compagnies ; ils ont assisté à tous ces appels aux capi-

---

(1) Faisons remarquer que depuis la création de ces divers emprunts, jusqu'au 31 décembre 1884, il a été amorti :

                                                          francs
102.007 actions diverses pour la somme de 50.293.300
1.581.561 obligations diverses pour la somme de . . .   835.205.925

                        Total 885.499.225

taux ; ils ont vu émettre des titres auxquels le seul jeu de l'amortissement laisse entrevoir 25, 50, 100 %, 200 % de plus-value. Mais jusqu'à présent, ils n'ont pu compter qu'un bien petit nombre d'emprunts totalement remboursés, amortis : ils en compteront fort peu d'ici à la fin de ce siècle ; un peu plus dans le premier quart du siècle prochain. C'est surtout dans le cours du siècle prochain que les amortissements fonctionneront en grand et que la plupart des emprunts remboursables depuis trente années seront amortis et remboursés.

D'ici l'année 1900 peu d'emprunts auront été totalement amortis : en 1888, les obligations du département de la Seine ; en 1889, les obligations trentenaires du Trésor émises en 1860 ; en 1891, les obligations Orléans 4 % 1842 ; en 1894, les délégations Suez ; en 1897, les obligations de l'emprunt de la ville de Paris 1855-1860 ; en 1898-1899, les bons de liquidation de la ville et les bons départementaux. Amortissements prochains.

De l'année 1900 à l'année 1925, les emprunts qui seront amortis sont un peu plus nombreux. Nous trouvons en 1901, les bons trentenaires du canal de Suez ; en 1904, les obligations foncières 3 % et 4 % de 1852, les obligations Ouest 4 % 1852-1853 ; en 1905, les actions et obligations du Gaz, les obligations Strasbourg-Bâle 3 % ; en 1907, les obligations du Trésor 1877 ; en 1909, les obligations ville de Paris 1869 ; en 1910, les obligations communales 1860 ; en 1916, les foncières coloniales 6 % ; en 1917, les obligations algériennes 5 % et 4 % et les obligations de la ville de Marseille 1877 ; en 1922, les obligations foncières 1863 ; en 1925, les obligations foncières coloniales 5 %. De 1900 à 1925.

De 1925 à 1950, les amortissements fonctionneront avec une grande rapidité. De 1925 à 1950.

En 1927, les foncières 1877 seront totalement amorties ; en 1928, les ville de Paris 1865 ; en 1934, les communales 1875 ; en 1938, les Orléans 4 % 1848 ; en 1939, les communales et foncières 1879 ; en 1947, les actions et obligations Nord ; en 1949, les obligations Est 5 %.

Après 1950. A partir de l'année 1950, toutes les grandes entreprises financières, commerciales et industrielles auront
complètement amorti et remboursé les emprunts qu'elles
ont contractés dans la seconde moitié du XIXᵉ siècle :
emprunts d'Etat, compagnies de chemins de fer, sociétés
industrielles, seront tous amortis. L'amortissement
des obligations Orléans 3 % expire en 1951 ; celui de la
rente amortissable, des obligations Bourbonnais, des
Saragosse, en 1953 ; celui des Lyon 3 %, Lyon-Genève,
Méditerranée, Est 3 %, en 1954 ; celui des Orléans 3 %
de 1884, des Ouest 3 %, expire en 1956 ; celui des Midi
en 1957 ; celui des Nord d'Espagne, des Lyon-Genève,
des obligations Grande-Ceinture, en 1958 ; celui des
obligations portugaises, en 1959. L'amortissement des
Chemins autrichiens sera totalement terminé en 1965 ;
celui des Lombards en 1969. De 1970 à 1980, toutes les
obligations des lignes algériennes, Est-Algérien, Ouest-
Algérien, Bône à Guelma, Mostaganem, seront totalement amorties.

Ces citations ne peuvent donner qu'un faible aperçu
des capitaux énormes qui seront, d'ici, un demi-siècle,
remboursés aux capitalistes. Emprunts ou rentes amortissables, emprunts de la ville de Paris et du Crédit
foncier, emprunts des compagnies des chemins de fer
français et étrangers, tous seront complètement éteints,
c'est-à-dire que tous les milliards empruntés auront été
remboursés avec une plus value considérable sur le
capital prêté.

* *

Négociations
au marché offi-
ciel. Une autre statistique utile à dresser et à établir est
celle qui pourrait embrasser les négociations effectuées
annuellement à la bourse de Paris par les agents de
change. Il serait facile d'avoir ce renseignement si chacun des 60 agents consentait à fournir le relevé, d'après
ses livres, de ses opérations quotidiennes au comptant
et à terme ; mais on trouverait semblable demande in-
discrète ; les agents de change répondraient qu'ils sont

tenus au secret professionnel, en sorte que, pour faire
cette évaluation, on est obligé de se livrer à des calculs
approximatifs, et de se poser, en quelque sorte, le problème suivant :

Étant donné que le capital social des agents de change
s'élève à tant de millions ; que, en moyenne, ce capital
rapporte net, 5 % dans les mauvaises années, 6, 7 et
8 % dans les années moyennes, 10, 12 et 15 % dans les
grandes années d'affaires ; étant donné, d'autre part,
que les frais généraux des charges d'agents s'élèvent à
un chiffre déterminé, et que le courtage qu'ils perçoivent est de 1/8 %, c'est-à-dire 1 fr. 25 par 1,000 francs
d'opérations faites, quel est le montant des négociations
effectuées par leur entremise ?

Essayons, sur ces données, de résoudre le problème : *Les offices d'a-
gents de change.*

	francs.
Un office d'agent de change se paie environ,	1.700.000
Le cautionnement est de,	250.000
Le versement dans la caisse syndicale est de,	120.000
Le fonds de roulement est de	500.000
Les frais d'enregistrement d'une cession de charge sont de,	60.000
On peut estimer la valeur de chaque charge à	2.630.000

Soit, pour les 60 charges d'agents, une valeur totale
de 157,800,000 francs. Admettons, en chiffres ronds,
que chacune des charges d'agents exige un débours de
2 millions et demi : la valeur totale des 60 charges serait
de 150 millions.

Les frais généraux d'un office d'agent comprennent
la rémunération fixe accordée à l'agent, le traitement
des employés, les frais de voiture, correspondance, les
impôts. Nous les évaluons à 250,000 francs, soit pour
60 charges à 15 millions. Il faut donc que les 60 agents
de change gagnent tous les ans :

	millions de francs.
Les frais généraux de leurs charges, soit.	15.0
L'intérêt à 5 % de leur capital, soit......	7.5
Total...............	22.5

Pour réaliser un bénéfice de 22 millions et demi, les droits de courtage étant de 1 fr. 25 par 1,000 francs, il faut que les négociations totales s'élèvent à 17 milliards et demi environ au minimum. Ce chiffre n'a rien d'exagéré ; il est plutôt au-dessous qu'au-dessus de la réalité. En admettant que les agents de change reçoivent 22 millions et demi de courtages par an, ce chiffre représenterait, pour chacune des 60 charges, 375,000 fr. de courtages par an, soit un peu plus de 30,000 francs par mois pour chacune d'elles. Il ne serait pas difficile d'indiquer des offices d'agent de change qui distribuent, tous frais payés, 7, 8, 9, 10 % à leurs intéressés.

Il convient, en outre, de faire remarquer que les droits de courtage perçus n'indiquent pas et ne peuvent indiquer la totalité des opérations faites. Lorsqu'un agent achète et vend le même jour 100,000 francs de valeurs pour un même client, il ne perçoit qu'un seul courtage sur l'achat ou sur la vente. Les reports qui nécessitent deux opérations distinctes, une vente et un achat, ou un achat et une vente, sont soumis à un seul droit de courtage. Il faut tenir compte aussi des remises sur courtages que la plupart des agents de change, bien que cela soit défendu par leurs règlements intérieurs, consentent aux intermédiaires, courtiers, banquiers, changeurs, sociétés, etc. Enfin, en évaluant à 5 % seulement le bénéfice des agents de change, en le limitant ainsi au plus bas, nous avons fait un calcul très modéré. Que ce bénéfice, au lieu d'être de 5 %, soit de 7 à 8 %, et il n'y a là rien d'excessif, la totalité des courtages perçus par les agents de change représenterait annuellement 25 à 27 millions, ce qui laisserait supposer un chiffre d'affaires de 20 à 25 milliards.

20 à 25 milliards d'affaires.

Dans l'étude que nous avons publiée en 1884 sur l'*Organisation des marchés financiers en France et à l'étranger*, nous arrivions de déductions en déductions, au même chiffre que celui indiqué ci-dessus (1). En ajou-

(1) En 1881, dans son rapport concernant l'assiette de l'impôt et l'impôt sur le revenu, M. Balluc, député, évaluait (p. 96) à 120 millions

tant à cette évaluation le montant des opérations qui
ne paient pas de courtage lorsque ces opérations, achats
et ventes, sont faites dans une même bourse, et en estimant que ces affaires peuvent représenter le tiers au
moins de celles qui paient courtage, nous constaterons
que les négociations faites par les agents de change,
tant au comptant qu'à terme, peuvent facilement
atteindre, bon an mal an, de 30 à 35 milliards. Qu'on ne
se récrie pas sur l'importance de ce total. Quand on le
décompose, quand on se rappelle la quantité de valeurs
sur lesquelles des négociations ont lieu, chaque jour,
au comptant et à terme, ferme et à primes, quand on
a examiné de près le fonctionnement et l'organisation
de notre marché, on reste convaincu que les chiffres
que nous citons sont très modérés.

Ainsi, pendant l'année 1887, les ordres de bourse
exécutés au comptant et à terme par le Crédit lyonnais
se sont élevés à 2,612,825,538 francs.

*Ordres de bour-
se de quelques
établissements
de crédit.*

Les ordres au comptant seulement exécutés par la
Société générale se chiffrent, pendant le même exercice, par 756,653,227 francs.

La Société de crédit industriel et commercial a exé-
cuté, au comptant, pour 181,268,026 francs.

Rien que pour ces trois sociétés, le total des négociations de bourse s'élève à environ 3 milliards 600 millions, sans comprendre les affaires à terme exécutées
par la Société générale et le Crédit industriel.

Et nous n'évaluons pas les ordres de bourse exécutés par la Banque de Paris, le Crédit foncier, la Société de dépôts et comptes courants, la Banque ottomane, la Banque d'escompte, la Banque des pays autrichiens, la Banque franco-égyptienne, la Banque russe
et française, le Crédit mobilier espagnol, etc., les compagnies de chemins de fer, les compagnies d'assu-

---

par an, soit à 2 millions par agent de change. La moyenne annuelle des
droits de courtage sur la seule place de Paris. M. Ballue supposerait, par
conséquent, que les transactions faites par agents de change, rien qu'à
Paris, s'élèveraient à environ 100 millards par an. Un tel chiffre est
évidemment exagéré.

rances, les banquiers, receveurs des finances, trésoriers payeurs généraux, changeurs, receveurs de rentes. Si l'on veut réfléchir qu'il y a, en France, tant à Paris que dans les départements, près de 3,700 banques, banquiers et sociétés financières, 500 à 600 receveurs de rentes et changeurs, plus de 350 receveurs des finances et trésoriers généraux, on verra que, chaque jour, 4.500 personnes au moins s'occupent d'affaires de bourse, sont en relations avec des capitalistes, des rentiers ayant des valeurs à vendre ou à acheter, des fonds à placer ou à réaliser. Ajoutez le nombre plus considérable encore de rentiers qui donnent directement leurs ordres à leurs agents de change sans passer par l'intermédiaire de banquiers, de sociétés ou de courtiers : ajoutez enfin toute la clientèle étrangère qui envoie de Londres, de Bruxelles, de Berlin, de Vienne, de Francfort, d'Amsterdam, de Constantinople, de Madrid ou de New-York, ses ordres de bourse, et on se rendra compte de cette masse énorme et toujours croissante d'affaires qui se traitent à la bourse et dont les agents de change sont chargés pour la majeure partie. L'évaluation que nous avons faite, nous en avons la conviction, ne dépasse nullement les bornes de la modération.

***

En terminant cette étude, nous croyons utile de résumer les principaux chiffres qu'elle renferme et les évaluations que nous avons faites.

1. Les valeurs mobilières françaises et étrangères que possèdent les capitalistes français peuvent être évaluées à un minimum de 80 milliards, dont 60 milliards en valeurs françaises, 20 milliards en valeurs étrangères. Elles rapportent annuellement 3 milliards 900 millions à 4 milliards. Le revenu des valeurs étrangères comprises dans ces chiffres atteint, s'il ne le dépasse, 1 milliard par an (1).

(1) En 1880 (*Economiste français* du 23 octobre), M. Paul Leroy-Beaulieu écrivait : « Il est vraisemblable que la France a au moins une

2. La cote officielle de la bourse de Paris mentionne 208 titres se négociant au comptant et à terme ; 559 titres se négociant au comptant seulement.

3. Les valeurs en banque se négociant à Paris s'élèvent à environ 200.

4. En comptant seulement les revenus annuels perçus par les rentiers français rien que sur nos rentes, les actions et obligations de chemins de fer des six grandes compagnies, les obligations de la ville de Paris et du Crédit foncier, les actions des sociétés de crédit cotées à la bourse de Paris, ces revenus dépassent 2 milliards 200 millions.

5. Lorsque la rente amortissable, les emprunts de la ville de Paris et du Crédit foncier, les actions et les obligations de chemins de fer français auront été totalement amortis et remboursés, la différence entre le prix d'émission de ces titres et leur prix de remboursement ne sera pas moindre de 7 milliards, véritable bénéfice qui augmente d'autant l'avoir des rentiers.

6. C'est surtout à partir de 1925 que les amortissements des divers emprunts contractés pendant ce siècle seront nombreux : à partir de 1950, presque tous les titres remboursables, émis de nos jours, auront été amortis et remboursés.

7. La valeur d'une charge d'agent de change peut être estimée à 2 millions et demi. Les bénéfices annuels des 60 charges d'agents de change, y compris les frais généraux, ne doivent pas être moindres de 22 millions et demi. Les opérations faites annuellement par leur entremise à la bourse de Paris, tant au comptant qu'à terme, peuvent être évaluées de 25 à 30 milliards au minimum.

Nous croyons que, dans cette étude, nous nous sommes rapproché le plus possible de la vérité, de la réalité. Notre évaluation de la fortune mobilière, c'est-

douzaine de milliards, peut-être même une quinzaine placés à l'étranger. Elle en tire, bon an mal an, 600 ou 700 millions, croyons-nous. Dans vingt ans, elle en tirera un milliard et demi ou deux milliards annuellement : ce sera comme un tribut qui lui affluera du dehors. »

à-dire de la quantité de valeurs mobilières françaises et
étrangères appartenant à des Français, est, suivant nos
calculs, de 80 milliards. Nous arrivons ainsi aux mêmes
chiffres que MM. de Foville et Wolowski qui, en 1871,
évaluaient cette fortune à 55 milliards. Mais depuis
cette époque, ainsi que nous l'avons établi dans des
études antérieures, l'accroissement des valeurs mobilières dans le portefeuille des capitalistes français n'est
pas moindre de 27 à 28 milliards. Nous ne nous éloi-
gnons pas beaucoup non plus de l'évaluation faite par
M. Yves Guyot dans son livre si intéressant sur *la
Science économique.*

Ces chiffres, il ne faut pas se le dissimuler, sont
énormes et, s'ils permettent aux économistes et aux
statisticiens d'utiles études scientifiques, ils peuvent
donner aussi à réfléchir à grand nombre de nos législateurs. Il existe, en France, 10 millions d'électeurs. Or,
au moment où nous sommes, la moitié, au moins, c'est-
à-dire 5 millions de capitalistes, de rentiers, possèdent,
qui des rentes, qui des actions ou des obligations de
chemins de fer, du Crédit foncier, de la ville de Paris, etc. Quand on parle d'impôts sur la rente, on oublie
qu'il existe près de 4 millions d'inscriptions de rente
représentant une moyenne de 200 francs à peine par
chaque inscription. Quand on considère les grandes
compagnies de chemins de fer comme une vaste féodalité financière qui ruine le pays, on oublie que ces
compagnies représentent un capital de plus de 16 milliards réparti à l'infini dans les plus modestes portefeuilles. La meilleure, la plus sage et la plus habile des
politiques ne serait-elle pas de rassurer et non d'inquiéter cette masse de petits capitalistes, de gens
d'épargne, tous électeurs, qu'on ne l'oublie pas?

UNE NOUVELLE ÉVALUATION DU CAPITAL
ET DU
REVENU DES VALEURS MOBILIÈRES
EN FRANCE (1)

L'évaluation de l'ensemble des valeurs, rentes, actions, obligations, parts d'intérêt, qui sont l'objet de transactions et d'échanges dans les marchés officiels que l'on appelle bourses ou sur des marchés libres que l'on nomme banques, est une étude curieuse et complexe.

Intérêt de la question.

En présence de l'extension prodigieuse du crédit public, du développement de la fortune mobilière, des créations incessantes de titres de rentes, d'actions et d'obligations de toute sorte, on cherche à connaître le chiffre auquel peut s'élever le capital et le revenu de toutes ces valeurs et avoir des détails aussi complets que possible sur cet immense marché qu'on appelle la bourse de Paris.

Les faits qui ont marqué le mouvement financier de ce siècle et surtout de cette fin de siècle, ont une portée politique, économique et sociale des plus étendues.

Quelle a été l'influence de ces capitaux et de ces épargnes, dont on n'a pas, pendant de longues années, soupçonné l'importance ? Quels ont été les bienfaits ou les maux provoqués par cette extension immense, excessive peut-être, de la fortune mobilière ? Qui niera les énormes besoins d'argent qui se sont révélés d'une part, et, d'autre part, la quantité de ressources qui se sont presque soudainement rencontrées pour y faire face ? Qui niera l'infinie diffusion des effets publics et

(1) Mémoire lu à l'Académie des Sciences morales et politiques (1er, 22 et 29 avril 1893).

des valeurs de bourse, le désir de plus en plus grand
des gens qui épargnent de trouver le placement de leurs
économies, les efforts qu'ils font pour s'initier aux
combinaisons qui peuvent rendre ces placements le
plus avantageux possible ?

Une statistique des valeurs mobilières circulant dans
un pays est nécessaire. Dût-elle être imparfaite, incom-
plète, ne dût-elle servir qu'à en inspirer d'autres plus
étendues, mieux conçues, plus approfondies, encore
aurait-elle cet heureux résultat de provoquer un courant d'observations qui serviraient grandement, soit à
la science, soit à l'histoire. Par le peu que nous possédons de renseignements de ce genre sur les grandes
périodes financières de notre pays, nous sentons par-
faitement toute l'importance de semblables documents.

Valeurs cotées
à la bourse de
Paris de 1800 à
1893.

Depuis le commencement du siècle jusqu'au 31 décembre 1869, il s'est créé moins de valeurs que dans
l'espace de temps qui s'est écoulé depuis cette dernière date jusqu'en 1890. A la fin de l'an VIII (année
1800), 10 valeurs étaient inscrites à la cote officielle ;
le 30 décembre 1815, 5 valeurs seulement s'y trouvaient
dénommées ; le 31 décembre 1830, nous trouvons 30 valeurs dont 28 titres français et 2 fonds étrangers ; le
30 décembre 1848, 130 valeurs ; le 31 décembre 1852,
152 valeurs ; le 31 décembre 1869, 402 titres ou coupures de titres divers, 112 étaient cotés au comptant
et à terme, 290 au comptant seulement ; le 31 décembre 1883, 783 valeurs diverses sont admises aux négociations officielles de la bourse de Paris, sans compter
celles qui se négocient aux bourses des départements,
et sur les marchés en banque. En 1891, il se négociait
à la bourse de Paris 928 titres ou coupures de valeurs
diverses ; 343 étaient cotés au comptant et à terme,
585 étaient cotés seulement au comptant.

Au 31 décembre 1892, la cote officielle de la bourse de
Paris inscrivait 811 titres ou coupures de titres, 415
étaient cotés au comptant et à terme, 396 au comptant.
De plus, dans la « deuxième partie du bulletin de la

cole » qui comprend, suivant une innovation de la chambre syndicale des agents de change, les valeurs susceptibles d'être ultérieurement admises à la cote officielle, on comptait, à la date du 10 mars 1893, 270 titres ou coupures de titres divers. L'ensemble des négociations sur les valeurs inscrites à la cote officielle peut donc s'établir aujourd'hui sur un total de 1,087 titres divers, sans compter les valeurs en banque. Nous sommes bien loin, on le voit, des 10 valeurs de l'an VIII, des 30 valeurs de 1830 et des 402 titres cotés en 1860 !

Évaluation de la fortune mobilière. Pendant la première moitié de ce siècle, les évaluations en capital de la fortune mobilière du pays, font à peu près défaut.

Poussielgue. M. Poussielgue, inspecteur général du cadastre, dans son ouvrage sur *les Finances de la France en 1817*, évaluait le revenu de la France à 2 milliards 130 millions de francs (1).

J.-B. Say. Jean-Baptiste Say évaluait, au Conservatoire des arts et métiers, la richesse immobilière de la France à 50 milliards et la richesse mobilière à un chiffre égal. Cette évaluation a été faite sous la Restauration ; elle a toujours paru trop élevée pour l'époque.

Maurice Block. M. Maurice Block estimait qu'en 1840 la fortune mobilière de la France pouvait s'élever à 40 milliards (2).

Goudchaux. M. Goudchaux, en 1848, évaluait le revenu mobilier à 3 ou 4 milliards.

Cochut. En 1849, M. Cochut évaluait ce revenu à 3 milliards 137 millions (3).

Emile de Girardin. Emile de Girardin, en 1852, chiffrait à 32 milliards 783 millions le capital mobilier de la France (4).

Ces diverses évaluations sont, en réalité, bien vagues. Nous ne nous trouvons encore en présence d'aucune

(1) Pages 21, 22, 98.
(2) Levasseur, *La Population*, tome III, page 85.
(3) Exposé des motifs du projet d'impôt sur le revenu, déposé le 23 août 1848.
(4) *L'Impôt*, page 431.

donnée suffisamment précise sur le montant des titres
mobiliers.

Victor Bonnet.

En 1859, dans une étude intitulée : *Questions économiques et financières à propos de crises*, M. Victor Bonnet disait que l'évaluation de la fortune mobilière n'a-
vait jamais été faite d'une façon nette et qu'il n'y avait
« aucun moyen de la faire » (1). Il constatait cependant,
et en cela il prévoyait l'avenir, que, dans les pays soumis à une taxe proportionnelle au revenu, il était possible, au moyen de cédules diverses qui atteignent tous
les genres de revenu, de « les évaluer et les capitaliser » ; encore, ajoutait-il, faut-il savoir faire la part de
la fraude et tenir compte de la proportion pour laquelle
entrent dans la fortune mobilière les revenus non
taxés. Il n'y avait, d'après lui, qu'un moyen d'arriver
à établir, « d'une façon tant soit peu probable », l'état
de la fortune publique en France à diverses époques ;
c'était d'interroger le chiffre des revenus indirects.
S'il est vrai, ajoutait-il encore, que l'homme consomme
d'autant plus qu'il est riche, le développement des
revenus indirects doit indiquer assez bien, en temps
normal, le développement de richesse publique, sauf
« à déterminer la proportion ».

En faisant ainsi un grand nombre de suppositions,
M. Victor Bonnet estimait qu'il convenait de ne pas
capitaliser au-dessous de 15 % l'augmentation de la richesse publique représentée par l'augmentation des revenus indirects et, de déductions en déductions, il
évaluait l'épargne à 600 millions. A quel capital cette
épargne pouvait-elle correspondre ? M. Victor Bonnet
ne le dit pas. En supposant à notre tour, qu'en 1859,
le taux moyen des placements mobiliers fût de 5 1/2 %,
cette épargne de 600 millions aurait été produite par
un capital de 10 milliards et demi de valeurs.

Auguste Vitu.

Quelques années plus tard, en 1863, M. Auguste Vitu
publiait un livre fort utile, *le Guide financier*, contenant la nomenclature de presque tous les fonds d'État

(1) Page 38, ch. *du Capital*.

français et étrangers, actions et obligations de sociétés
diverses, emprunts municipaux, etc., qui avaient été
créés en France ou à l'étranger et dont une partie
pouvait se trouver dans les portefeuilles français. Il
eut, sans doute, la curiosité intelligente de chercher à
se rendre compte des catégories de titres que les rentiers pouvaient posséder et il estima que « 20 à 22 milliards de valeurs fiduciaires ou industrielles circulaient
à la bourse » ; ces 20 à 22 milliards, il les décomposait
de la manière suivante :

	milliards de francs
Valeurs d'État et titres municipaux.	9.0
Actions et obligations de chemins de fer	6.5
Actions et obligations de compagnies étrangères.	2.5
Actions de sociétés de crédit.	1.5
Actions de sociétés anonymes industrielles diverses	0.5

M. Vitu supposait que ces 20 milliards rapportaient
1 milliard par an :

	millions de francs
Emprunts publics.	450
Actions et obligations de chemins de fer	325
Sociétés de crédit	75
Sociétés anonymes industrielles	25
Valeurs étrangères	215

De 1863 à 1870 aucune évaluation n'est tentée. On
s'étonne, cependant, de la « grève du milliard »,
lorsque, pour la première fois, le 10 juillet 1867, l'encaisse de la Banque de France atteignit ce chiffre (1). On
ne se rendait aucun compte du montant des épargnes
placées annuellement en valeurs mobilières. Un
emprunt de 100 ou 200 millions était alors un gros événement. Nous en sommes tout surpris ; on ne compte
plus aujourd'hui que par centaines de millions et milliards et nous avons vu des sociétés particulières réaliser des emprunts plus considérables que le gouvernement n'aurait osé en effectuer avant 1870. Quand, au

La grève du milliard.

(1) *La grève du milliard.* Questions de l'année 1867, par Émile de
Girardin, page 518.

mois d'août 1808, M. Magne émit un emprunt de
450 millions nominal et environ 350 millions effectif, ce
fut un gros événement. Cet emprunt avait été annoncé,
préparé, depuis de longs mois : la souscription resta
ouverte pendant 8 jours, tant on craignait que les disponibilités de l'épargne ne fussent pas assez fortes pour
le souscrire totalement. Cet emprunt fut cependant couvert 34 fois, mais on ne vit, dans ce fait, que l'influence
de la spéculation ; on ne se rendait pas compte des
ressources de nos rentiers (1) ! On parlait bien, dans
les documents officiels, de la richesse de l'épargne ;
mais aucune statistique n'existait et n'avait été tentée
pour l'établir aussi exactement que possible.

1871-1872.   Ce n'est qu'à partir de 1871, lorsqu'il fallut trouver
les ressources nécessaires pour acquitter la rançon et
les frais de la guerre, que l'on chercha à évaluer, comme
dans un bilan, l'actif et le passif de la France, ce
qu'elle pouvait posséder de valeurs immobilières et mobilières. Ce n'était certes pas par amour de la statistique que de tous côtés, aussi bien à l'Assemblée nationale que dans les journaux politiques et économiques,
on se livrait à cette patiente étude. Ce que l'on recher-
chait, c'était la matière imposable ; chacun proposait
un impôt nouveau et le contribuable menacé s'ingé-
niait à découvrir et à indiquer un autre contribuable

---

(1) Dans les éphémérides de 1868, que nous trouvons dans l'*Almanach
financier* de 1868, se trouvent de piquantes observations faites, au jour
le jour, pendant l'émission de cet emprunt. Nous en notons quelques-
unes, au hasard, pour montrer l'impression, les bruits, les on dit du
monde financier à cette époque :

3 août. — Le *Moniteur* annonce l'emprunt à 69 fr. 25 ;

5 août. — La spéculation est mise en mouvement par l'écart entre le
prix de la rente et celui de l'emprunt ;

7 août. — Enrôlement des souscripteurs aux coupures irréductibles de
3 francs ;

8 août. — Bivouacs autour du ministère des finances. — Abstention
des rentiers ;

13 août. — La fièvre est partout. — C'est le jour des grandes souscriptions ;

15 août. — *Assomption.* — Rapport de M. Magne ;

19 août. — On reconnaît que la spéculation a tout l'emprunt ;

27 août. — Les capitaux font galerie.

pouvant, mieux que lui-même, supporter une part d'impôt. C'est ainsi qu'en 1872, malgré une vive opposition, M. Thiers proposa et fit adopter par l'Assemblée nationale la taxe de 3 % sur le revenu des valeurs mobilières. Cette taxe exemptait les rentes françaises et valeurs étrangères, sauf, en ce qui concerne ces dernières, certaines réserves que nous expliquerons plus loin.

Établissement de la taxe de 3 0/0 sur le revenu.

À partir de ce jour, — on n'y fit pas attention sur le moment, — il était possible de chiffrer et de capitaliser le montant des valeurs mobilières circulant en France. La pensée que M. Victor Bonnet émettait en 1859, se trouvait ainsi réalisée.

Enfin, en 1875, dans son magistral rapport sur le paiement de l'indemnité de guerre, M. Léon Say, évaluait, d'après des documents certains, à 600 ou 700 millions, le revenu annuel que la France pouvait recevoir, avant la guerre, de ses placements à l'étranger (1).

L'élément de calcul était créé.

Pendant la même période et depuis cette époque, les études se sont poursuivies et voici, à diverses dates, les évaluations qui ont été faites, de la fortune mobilière de la France (2) :

Évaluations d'ensemble de la fortune mobilière de la France.

---

1 *Rapport sur le paiement de l'indemnité de guerre.*

M. Léon Say ajoute : « Les chiffres que nous donnons peuvent paraître bas : nous nous sommes attaché à présenter des minima ; ainsi beaucoup de publicistes évaluent à un milliard et un milliard et demi les placements annuels de la France à l'étranger, de 1860 à 1870, et à beaucoup plus de 300 millions les dépenses en France de revenus étrangers. »

2 Le tableau que nous donnons et dans lequel se trouvent groupées les évaluations, en capital et en revenu, de la fortune mobilière de la France, d'après les statistiques et les documents administratifs et parlementaires, a été publié aux annexes du projet de loi portant établissement d'un impôt général sur le revenu, présenté en 1888 par M. Peytral, ministre des finances (*Documents parlementaires*. Chambre, 1888, n° 3123).

NOMS des AUTEURS	ANNÉE A LAQUELLE SE RAPPORTE L'ESTIMATION	ESTIMATION	
		EN CAPITAL	EN REVENU
		milliards	francs
MM. Fournier de Flaix.........	1780	8 à 10	1.250.000.000
De Delay..............	1791	»	1.050.000.000
J.-B. Say...............	Restauration	60	»
Poussielgue.............	1817	»	2.130.000.000
Maurice Block........... {	1820	45	»
	1840	40	»
Goudchaux	1848	»	3 à 4 milliards
Fournier de Flaix	1847	38	»
Cochut..............	1849	»	3.137.000.000
Maurice Block...........	1850	46	»
Emile de Girardin........	1852	32 à 83	»
Maurice Block...........	1860	114	»
Wolowski.............. {	1871	55	6 à 7 milliards
Noailles, duc d'Ayen.....	1872	96	»
Dr Vacher	1878	44	2.994.000.000
Amelin...............	1878	105	»
Seiama...............	1878	200	»
Vignes................	1880	»	8.109.000.000
Mony...............	1881	101	»
Le Trésor de la Rocque...	1883	»	6.725.000.000
De Foville.............	1886	80	»
Yves Guyot............	1887	136	»
Adolphe Coste..........	1888	65	»
Alfred Neymarck	1888	80	»

M. Émile Levasseur, dans son ouvrage sur la *Population française* a consacré une étude approfondie à la population et la richesse (tome III, chapitre III, page 56 à 113) L'éminent maître y publie (pages 84 et 85), un tableau intitulé : « *Hypothèse sur l'évaluation de la fortune de la France* » qui relate toutes les appréciations des divers statisticiens, économistes, hommes politiques, sur ce sujet depuis 1780 jusqu'à 1888.

Point de départ acquis. Nouvelles recherches. La statistique la plus récente, comme vous le voyez, date de 1888 ; c'est celle que j'avais présentée à la Société de statistique de Paris sous ce titre : *les Valeurs mobilières en France* (1). Les recherches que j'avais faites me permettaient de fixer à 80 milliards le total des valeurs mobilières françaises possédées par nos rentiers : sur ces 80 milliards, j'estimais que 60 milliards étaient représentés par des titres français et 20 milliards par des titres étrangers. MM. de Foville et Coste, dans la discussion qui suivit cette communication, arrivèrent — à quelques milliards près — aux mêmes chiffres que ceux que j'avais établis. On pou

(1) Voir *supra*, page 219.

vait dès lors avoir une base pour effectuer de nouvelles recherches ; c'est cette nouvelle étude que j'ai entreprise en la suivant, pour ainsi dire, jour par jour, en la contrôlant par les faits, en l'appuyant sur tous les documents officiels, français et étrangers, dont j'ai pu m'entourer.

Notre statistique.

Quel capital représentent, aux cours actuels, les titres de rente française que la France possède ?

Son développement.

A quel chiffre s'élèvent les valeurs françaises, actions et obligations, qui se trouvent dans les portefeuilles des rentiers français ?

A quel chiffre s'élèvent les titres et fonds d'Etat étrangers qu'ils possèdent ?

Quel est le capital total de ces placements ? Quel est le revenu annuel de ces diverses valeurs, françaises et étrangères ?

Telles sont les grandes lignes de cette étude. Si la conclusion indique l'importance de l'épargne placée en valeurs mobilières, elle montre aussi les pertes que cette épargne a subies depuis le commencement du siècle et les risques qu'elle court, en présence des revendications sociales, de la lutte plus vive que jamais entre le capital et le travail.

*
* *

Les titres de rente française forment une des plus grosses parts de la fortune mobilière du pays. Il est facile d'en faire l'évaluation exacte.

La statistique des rentes françaises.

D'après le budget général des dépenses de l'exercice 1893, les crédits proposés pour la dette sont les suivants :

	francs.
Dette consolidée	761.668.238
Dette remboursable	288.722.814
Dette viagère	922.973.890
Total	1.273.364.942

Pour évaluer le capital des valeurs négociables comprises dans ce total, il est nécessaire d'effectuer une ventilation, car ces 1,273 millions d'intérêts annuels que paie le Trésor représentent des dettes bien diverses.

Nous ne compterons, comme valeurs négociables, que les rentes 3 %, 4 1/2 %, 3 % amortissable et les bons du Trésor. Nous n'évaluerons que pour mémoire les annuités aux compagnies de chemins de fer, aux départements, aux communes, de même que la dette viagère.

Rentes perpétuelles.

Voici la situation en ce qui concerne les rentes perpétuelles :

TYPES	MONTANT DES RENTES EXISTANTES	CAPITAL NOMINAL DES RENTES	VALEUR AUX COURS ACTUELS (98 et 100 fr.)
	millions de francs	millions de francs	millions de francs
4 ½ %	305.5	6.739	7.196
3 %	456.1	15.250	15.193
Ensemble	761.6	21.989	22.389

Rentes amortissables.

Pour les rentes amortissables, le crédit total est de 144,877,818 francs : mais ce chiffre comprend 24 millions 914,500 francs pour amortissement d'une série à rembourser pendant l'année. Il reste donc 119 millions 963,318 francs de rentes non amorties, représentant un capital de 3 milliards 998 millions au taux de remboursement, et de 3 milliards 938 millions aux cours actuels.

En voici le relevé :

TYPES	MONTANT DES RENTES EXISTANTES	CAPITAL NOMINAL	VALEUR AU COURS ACTUEL (98 fr. 50)
	millions de francs	millions de francs	millions de francs
3 % amortissable	119.963.318	3.998	3.938

Ainsi, aux cours actuels, les rentes perpétuelles et la rente amortissable forment un capital de 26 milliards 327 millions. Avec les obligations du Trésor à court terme (370,975,394 fr.) au 1ᵉʳ janvier 1893 (1), ce capital s'élève à 26 milliards 597 millions. Et nous ne comptons pas les diverses annuités dues aux compagnies de chemins de fer pour garanties d'intérêts, pour rachats de réseaux comme pour la compagnie de l'Est, pour subventions, annuités que le rapporteur du budget évalue, en capital, à 2,233,261,180 francs. D'après M. Poincaré, sans même compter la dette viagère, la dette publique et les annuités diverses s'élèveraient, au 1ᵉʳ janvier 1893, en capital, à 30 milliards 641,685,122 francs (2).

Nous resterons donc dans la vérité la plus absolue en évaluant à 26 milliards 1/2 le montant des titres négociables de la dette publique.

* * *

Mais, pour évaluer le portefeuille mobilier de la France, la valeur actuelle des papiers de bourse que nous possédons, il ne suffit pas de chiffrer le total des rentes et fonds publics français. Aussi imposants que soient 26 milliards, ils ne forment qu'une partie des valeurs qui, de nos jours, ont remplacé dans le « bas de laine » légendaire, les pièces de « cent sols ». Il y a encore les actions, obligations, parts d'intérêt diverses des sociétés françaises et étrangères.

La taxe de 3 % créée par l'Assemblée nationale en 1872, qui frappe, à l'exception des fonds d'Etat français et d'une partie des fonds étrangers, toutes ces valeurs de bourse, permet d'indiquer, aussi exactement que possible, le capital de ces titres divers. Etant donné, en effet, que les valeurs taxées représentent un chiffre

Marginal notes:
Toutes rentes réunies.
Valeurs autres que les rentes.
Les indications fournies par la taxe sur le revenu.

---

(1) Voir notre étude sur *les Dettes publiques européennes*, 1887 (2ᵉ édit.).
(2) *Documents parlementaires*. Rapport de M. Poincaré sur le budget de 1893, page 83.

de... et que la taxe est de 3 % sur leur revenu, le calcul du capital est aisé à faire.

Cette taxe sur le revenu fixée en 1872 à 3 % n'a, jusqu'en 1891, subi aucun changement de tarif. A cette époque, elle a été portée à 4 %. La seule modification survenue de 1872 à 1890 a eu pour objet en 1875, l'extension de cet impôt aux lots et aux primes de remboursement sur les valeurs sorties aux tirages. De ce chef, l'accroissement d'impôt est d'environ 1 million.

Cet impôt atteint les intérêts des actions, les arrérages des obligations et, d'une manière générale, tous les revenus des titres des sociétés, communes et départements français et étrangers, cotés à la bourse ou circulant en France, c'est-à-dire pouvant être considérés comme faisant partie de la fortune française (1).

La marche suivie par cet impôt, depuis son établissement, est utile à relever. Nous négligeons les quelques mois de l'année 1872 pendant lesquels il a fonctionné. Nous prenons comme point de départ l'exercice 1873. Il produisit alors 31 millions 7. En 1880, il s'éleva à 39 millions ; en 1885, à 45.900.000 francs ; en 1890, à 50.800.000 francs. C'est le chiffre le plus élevé qu'il ait atteint.

Voici les chiffres annuels de 1872 à 1890 :

ANNÉES	PRODUIT	ANNÉES	PRODUIT
	millions de francs		millions de francs
1872	6.1	1882	47.9
1873	31.7	1883	48.0
1874	34.2	1884	46.8
1875	34.7	1885	45.9
1876	35.0	1886	47.5
1877	34.1	1887	48.9
1878	34.3	1888	50.6
1879	36.5	1889	49.2
1880	39.1	1890	50.8
1881	44.5		

(1) *Les Solutions démocratiques de la question des impôts*. Conférences faites par M. Léon Say, à l'Ecole des sciences politiques, t. II, pages 1 à 68.

De 1873 à 1890, déduction faite de l'impôt sur les primes de remboursement, la production de cet impôt s'est donc accrue de 19 millions. Cette majoration correspond à l'augmentation suivante des revenus :

En 1873, les revenus imposés s'élevaient à 1 milliard 23 millions.

En 1890, les revenus imposés s'élèvent à 1 milliard 693 millions.

Depuis 1873, le revenu annuel des titres imposés a augmenté de 670 millions.

Capitalisée à 4 %, cette augmentation de revenu de 670 millions correspondrait à un capital économisé de 16 milliards 750 millions.

Ce n'est là, comme nous l'avons dit, qu'une partie des placements en titres. Il faut y joindre les placements en rentes françaises et étrangères qui sont exemptes de l'impôt.

Or, les emprunts en rentes 3 % perpétuelle et amortissable et rentes 5 %, converties en 4 1/2 %, émis depuis la guerre s'élèvent à environ 12 milliards.

En voici le relevé (1) :

	millions de francs
3 % (loi du 12 août 1870)	804
Emprunt Morgan (loi du 23 octobre 1870)	209
5 % (loi du 30 juin 1871)	2.293
5 % (loi du 15 juillet 1872)	3.498
3 % amortissable (loi du 11 juin 1878)	410
— (loi du 22 décembre 1880)	1.000
— (loi du 30 décembre 1882)	1.200
— (loi du 29 décembre 1883)	294
— (loi du 30 décembre 1883)	319
3 % (loi du 1er mars 1886)	900
3 % (loi du 24 décembre 1890)	869
Ensemble	11.856

D'après M. le sénateur Boulanger (2), les emprunts divers contractés depuis 1870, déduction faite des conversions, remboursements, et en calculant, en capital,

1. *Documents parlementaires*. Sénat, rapport de M. Boulanger sur le budget de 1891 ; Chambre, rapport de M. Pelletan sur la situation financière de la France (1890), page 186.

2. *Documents parlementaires*. Sénat, rapport de M. Boulanger, p. 62.

les annuités diverses, s'élèvent à 17 milliards 701 millions. « C'est, ajoute-t-il, une somme égale à la totalité de la dette depuis le commencement du siècle, et vingt-deux ans seulement ont produit ce résultat. »

En ajoutant aux 11 milliards 850 millions d'emprunts français émis depuis 1870, le total des valeurs diverses frappées par l'impôt pendant la période comparée de 1873 à 1800, soit 16 milliards 750 millions, nous constatons qu'il a été créé 28 milliards 1/2 de valeurs mobilières depuis la guerre, et ce, sans compter les titres étrangers.

On peut donc affirmer que, depuis la guerre, les placements en titres mobiliers français se chiffrant au moins par 28 milliards, cela veut dire que nous possédons en France 28 milliards de titres en plus que ceux que nous avions en 1870.

En supposant que ces 28 milliards aient été placés à 4 1/2 % en moyenne, ils rapporteraient 1 milliard 260 millions, soit 400 millions de plus que les 860 millions d'impôts nouveaux qui ont suivi la guerre ; soit encore un revenu égal au budget de la dette publique qui exige 1 milliard 273 millions — près du tiers du budget, — en 1893.

Si l'on considère, d'autre part, qu'en 1869, le total général des impôts et revenus de l'État était de 1 milliard 879 millions et qu'en 1892, ce même total était de 3 milliards 391 millions (situation provisoire), on s'explique la facilité avec laquelle la France supporte ses charges annuelles : l'accroissement de ses revenus en valeurs mobilières aurait marché de pair avec l'accroissement de ses charges budgétaires (1).

_____

(1) Voir, à ce sujet, le projet de loi du budget de 1893, n° 959, 1er vol., p. 67 à 70 et p. 78 et 79, pour les produits comparés des impôts et revenus de l'État. Voir également le rapport fait au nom de la commission des finances du Sénat, par M. Boulanger, sur le budget de 1893 (pages 14 à 17, n° 88). M. Boulanger fait remarquer que de 1869 à 1893, le budget ordinaire est passé de 1,621 à 3,357 millions. 860 millions d'impôts nouveaux ont suivi la guerre et enfin, dit-il, « *il ne reste qu'un pas à faire* » pour que le budget de la défense nationale atteigne 1 milliard, le chiffre du budget de 1830 !

* *
*

Mais ce n'est là qu'une partie de la fortune publique et d'autres éléments viennent corroborer nos calculs. Vous connaissez le magnifique travail de M. Boutin, directeur général des contributions directes, sur *l'Évaluation des propriétés bâties*, effectuée en 1889, conformément à la loi du 8 août 1885 ; or, d'après les résultats officiellement constatés dans cette grande œuvre qui fait tant d'honneur à l'administration tout entière de notre pays, en vingt ans, du 1er janvier 1871 au 1er janvier 1891, le nombre des propriétés bâties a augmenté de 835,200 et « la richesse générale s'est accrue, par ce fait, de plus de 16 milliards de francs, somme qui correspond à un revenu brut de plus d'un milliard (1) ». Pour justifier ce calcul, il suffit de mettre en parallèle le nombre et la valeur des immeubles édifiés depuis 1871, et le nombre et la valeur de ceux qui ont été détruits.

Ces constatations sont les suivantes :

	francs	
Nombre de constructions nouvelles depuis 1878.		3.008.439
Valeur locative réelle des constructions. . .	1.151.250.000	
Nombre de démolitions totales ou partielles.		2.179.592
Valeur locative réelle	444.568.000	
La différence en plus est donc :		
En nombre, de		828.847
En valeur locative, de.	706.682.000	

Mais il faut ajouter à cette augmentation la plus-value acquise, pendant la même période, par les immeubles déjà existants, plus-value qui n'est pas inférieure à 393 millions. Le taux de l'impôt pour les propriétés bâties, qui était, en 1871, de 3.56 %, n'était plus en 1890, par suite de la progression des loyers que de 3.07 %. Il s'est donc abaissé de 14 %. Cela veut dire

(1) *Documents parlementaires*. Sénat, rapport sur le budget de 1891, par M. le sénateur Boulanger, n° 119, page 149.

11

qu'il faut réduire de 14 % les loyers de 1890 pour obtenir ceux de 1871. C'est cette réduction qui représente
le chiffre de 393 millions.

Droits de mu-
tation.

Il est encore d'autres enseignements tirés des droits
de mutation.

On sait que l'impôt des successions atteint, dans sa
généralité, les biens, meubles et immeubles composant
la fortune individuelle. Les donations, suivant l'expression de M. le sénateur Boulanger, ne sont, « pour
la plupart, qu'une dérivation du courant successoral ».
Il faut les y ramener.

Or, les masses imposées de ce double chef, en 1869,
formaient un capital de 4 milliards 567 millions, dont
3 milliards 637 millions pour les successions et 930 millions pour les donations.

Annuité suc-
cessorale.

Cette annuité de 4 milliards 567 millions doit être,
pour représenter le capital entier, multipliée par 35,
l'expérience ayant établi que les biens changent de
mains, par décès, tous les 35 ans.

Ce capital était donc, en 1869, de 159 milliards.

En 1890, le total des valeurs imposées s'est élevé à
6 milliards 768 millions, savoir : 5 milliards 811 millions pour les successions et 958 millions pour les
donations.

En prenant la moyenne des trois dernières années,
6 milliards 400 millions, on obtient, pour ce capital
total des fortunes individuelles, un chiffre de 224 milliards, que l'on peut réduire d'environ 14 milliards, par
suite de la majoration des impôts et de diverses mesures
fiscales.

De 1869 à 1890, la valeur des biens imposés se serait
donc accrue de 51 milliards et cette augmentation s'ap-
pliquerait à la propriété bâtie pour 16 milliards, aux
valeurs mobilières sujettes à l'impôt pour 16 milliards
et au surplus de la fortune publique pour 19 milliards.

Cette statistique (1) confirme encore nos calculs sur

_____

(1) M. Boulanger, rapporteur général du budget, a confirmé ces chiffres
en séance dans les termes suivants :

l'augmentation de la fortune mobilière depuis 1870,
augmentation que nous avons évaluée, comme on l'a
vu plus haut, à 28 milliards. Or, les 16 milliards de
valeurs sujettes à l'impôt, s'ajoutant aux 12 milliards
de fonds français émis après la guerre et non imposés
forment exactement ce total de 28 milliards.

*
* *

Une autre preuve de l'accroissement des valeurs
mobilières se trouve dans les comptes mêmes des
grands établissements financiers, qui reçoivent en
garde, dans leurs caisses, de nombreux titres.

Les dépôts de titres à la Banque de France.

« Toutes ces difficultés financières n'ont pas empêché la richesse
publique en France de se développer dans des proportions inconnues
dans aucun autre pays.

« Que l'on examine les manifestations de ce progrès sous toutes ses
formes, que l'on prenne les consommations populaires pour voir leur
accroissement, que l'on examine surtout l'épargne dans les caisses
d'épargne, les banques, les placements mobiliers, les rentes, les acqui-
sitions de titres, on arrive à des chiffres formidables et à des progrès
étonnants.

« Le progrès commercial et le progrès industriel ont suivi la même
voie et, si l'on veut résumer dans une sorte de synthèse les résultats de
cette amélioration, on peut le faire par trois chiffres.

« Celui de l'impôt sur le revenu : depuis 1873, le revenu imposable a
augmenté de 600 millions par an. Celui de la propriété bâtie : dans le si
beau travail qui a été fait par mon excellent ami, M. Boutin (*Très bien !*),
depuis 1870 il s'est construit 835,000 immeubles valant 16 milliards de
plus-value et rapportant 1 milliard de plus.

« *M. Buffet.* — Et la propriété non bâtie ?

« *M. Decroix.* — Les profits de l'agriculture ont beaucoup diminué.

« *M. le rapporteur général.* — Et, Messieurs, si on veut examiner
l'ensemble du capital, l'ensemble de la fortune de la France, mobilière et
immobilière, on en a le thermomètre dans les valeurs successorales et
ce thermomètre constate que la propriété s'est augmentée de 54 milliards
depuis 1869 (*Protestations à droite*).

« Si la richesse nationale s'est accrue, le crédit de l'État s'est parallèlement développé. Je n'en veux qu'une preuve incontestable : c'est ce
qui s'est passé récemment pour les caisses d'épargne. Vous avez assisté à
cette campagne abominable entreprise pour déprécier le crédit de l'État :
campagne flétrie par tous les bons citoyens et poursuivie par tous les
moyens. Elle coïncidait avec la réduction de la rente. Or, quel en a été
le résultat ? Il y avait 3 milliards 800 millions de dépôts dans les caisses
d'épargne. Depuis le 1er janvier, on a retiré 140 millions. Voilà la valeur
et la hauteur du crédit de l'État. » (*Débats parlementaires*, Sénat,
23 mars 1893.)

Voici, d'après les documents officiels, le mouvement des dépôts de titres à la Banque de France :

| ANNÉES | SITUATION EN FIN D'EXERCICE | | ARRÉRAGES ENCAISSÉS | NATURE DES VALEURS |
	TITRES EN CAISSE	ÉVALUATION AU COURS DE BOURSE		
	nombre	francs	francs	nombre
1853........	78.505	80.262.000	503.000	
1860........	1.634.109	916.076.015	43.505.200	
1865........	2.764.695	1.338.163.900	75.860.500	
1870........	2.243.517	987.686.797	68.033.539	
1875........	2.564.088	1.466.226.634	56.682.304	
1880........	2.601.467	1.901.220.787	61.429.744	
1884........	3.428.117	2.394.357.996	89.406.133	
1885........	4.238.301	3.024.012.414	92.583.275	
1890........	5.476.393	3.865.928.336	107.787.099	
1892........	5.991.188	4.240.147.378	121.479.667	2.775

De 1870 à 1892, le nombre de titres déposés à Paris à la Banque de France, sans compter les succursales, s'est élevé de 2,243,517 à 5,991,188, soit une augmentation de 3,747,671 titres.

La valeur des titres déposés à la Banque était de 80 millions en 1853 ; de 987 millions, en 1870 ; elle était de 4 milliards 240 millions en 1892. Les arrérages encaissés par la Banque s'élevaient à 503,000 francs en 1853, à 66 millions en 1870 ; ils dépassaient 121 millions en 1892 (1).

(1) La garde des titres est une branche relativement récente de l'industrie des banques. En France, elle a été inaugurée par la Banque en 1851 « ce n'est pas une spéculation, disait à cette époque le compte-rendu de cet établissement, mais c'est un service compliqué et très onéreux que nous entreprenons pour l'utilité des porteurs de valeurs. » Dès l'origine, la sécurité offerte par les dépôts et surtout la perte de temps qu'ils évitaient furent appréciés par la clientèle de la Banque.

L'exemple de la Banque a trouvé de nombreux imitateurs. La plupart des sociétés de crédit reçoivent également des dépôts libres, avec la Banque, détiennent une notable partie de la fortune mobilière de la France. En réunissant les titres libres et les titres engagés en garantie d'avances, qui, au point de vue de leur administration, jouissent des mêmes avantages que les titres en dépôt libre, on obtient les chiffres suivants pour le montant des valeurs existant à la Banque et dans les principales sociétés de crédit :

Fin 1892, il y avait en dépôt : au Crédit lyonnais 7,076,451 titres et au Crédit industriel 2,467,329.

Le montant des coupons payés en 1892 a été de 820,021,140 francs au Crédit lyonnais, 282,299,592 francs à la Société générale et de 146,862,842 au Crédit industriel.

*\
* *

Aux 26 milliards 1/2 des fonds d'État français et bons du Trésor s'ajoutent, avons-nous dit, les valeurs soumises à la taxe de 3 % sur le revenu.

Capitaux assujettis à la taxe sur le revenu.

Voici, depuis 1873, le tableau officiel des revenus taxés et leur produit, en même temps que la répartition de ces revenus soumis à l'impôt (1) :

Produits de l'impôt.

EXERCICES	MONTANT DES REVENUS TAXÉS			DROITS CONSTATÉS TOTAL
	VALEURS FRANÇAISES	VALEURS ÉTRANGÈRES	TOTAL	
	millions de francs	millions de francs	millions de francs	millions de francs
1873......	989.5	68.8	1.058.3	31.7
1877......	1.070.3	68.8	1.139.1	34.2
1879......	1.139.9	75.0	1.214.9	36.5
1884......	1.430.3	130.4	1.560.7	46.8
1886......	1.458.8	115.8	1.574.6	47.3
1889......	1.544.6	148.6	1.693.2	50.8

	millions de francs
Banque de France.	4.720.9
Crédit foncier.	2.000.0
Crédit lyonnais.	5.179.0
Comptoir d'escompte	696.6
Crédit industriel et commercial	1.672.9
Total.	14.269.4

Il s'agit là d'évaluations approximatives, mais qui ne doivent pas s'éloigner beaucoup de la réalité. On remarquera surtout le gros chiffre des dépôts au Crédit lyonnais. Il s'explique par le fait que cette société reçoit des dépôts dans tous ses comptoirs, tandis que la Banque de France ne les admet qu'à Paris, Bordeaux, Lyon et Marseille.

(1) *Bulletin de statistique du ministère des finances*, tome 22, page 234, et tome 30, page 463.

Les revenus soumis à l'impôt se répartissent ainsi :

D'une part, pour les valeurs françaises :

EXERCICES	ACTIONS	OBLIGATIONS ET EMPRUNTS	PARTS D'INTÉRÊT ET COMMANDITES	TOTAL
	millions de francs	millions de francs	millions de francs	millions de francs
1873.........	437.1	604.6	47.9	989.5
1874.........	609.9	614.1	46.3	1.070.3
1879.........	466.0	617.9	66.0	1.189.9
1885.........	603.4	734.2	92.7	1.430.3
1886.........	581.6	766.9	110.3	1.468.8
1890.........	636.4	814.6	93.6	1.544.6

D'autre part, pour les valeurs étrangères :

EXERCICES	ACTIONS	OBLIGATIONS	SOCIÉTÉS AYANT DES BIENS EN FRANCE	TOTAL
	millions de francs	millions de francs	millions de francs	millions de francs
1873.........	22.8	44.3	1.7	68.8
1874.........	16.9	61.4	0.6	83.8
1879.........	24.9	46.0	4.1	75.0
1885.........	65.6	58.4	6.4	130.4
1886.........	42.6	62.3	10.6	115.8
1890.........	60.8	70.1	17.7	148.6

La répartition des revenus soumis à l'impôt atteint 1 milliard 544 millions et demi de revenus fournis par des valeurs françaises et 148 millions et demi de revenus fournis par des valeurs étrangères, soit au total, 1 milliard 693 millions.

Prenons tout d'abord ces chiffres en bloc. Capitalisés à 4 %, ils correspondraient à un capital de 42 milliards 350 millions ; à 4 1/2 %, 37 milliards 000 millions. Mais le taux de cette capitalisation ne peut être uniformément évalué, car il varie suivant la nature du titre : il convient de faire une ventilation. Les actions et parts d'intérêt françaises, rapportent aujourd'hui de 4 à 5 %

environ, soit en moyenne 4 1/2 % ; les titres d'obligations municipales et emprunts de villes ou de départements rapportent 3 à 3 1/2 % ; les actions et obligations de sociétés étrangères de 4 à 5 %, soit une moyenne
de 4 1/2 %.

En adoptant les divers taux de capitalisation, 4 1/2 %
pour les actions françaises et parts d'intérêt ; 3 1/2 %
pour les obligations de villes et emprunts départementaux, 4 1/2 % pour les titres étrangers, nous obtenons
les chiffres suivants :

| | Revenus taxés | Capitalisation |
	millions de francs	millions de francs
Actions françaises et parts d'intérêt.	729.9	16.220
Obligations et emprunts français.	814.5	23.270
Valeurs étrangères	148.5	3.300
Total.		42.790

Il ne faut pas perdre de vue que dans ces chiffres,
« dans le sac où puise la taxe de 3 % », suivant l'expression de M. de Foville (1), il y a autre chose que
des valeurs mobilières. Les intérêts proprement dits se
trouvent compris avec les lots et primes au remboursement : c'est, de ce chef, environ 1 million de revenus
à déduire, ce qui correspond à un capital de 2 milliards et demi. Il y a aussi l'impôt des congrégations
religieuses. Le fisc les assimile à des sociétés industrielles donnant des revenus. Les comptes de l'administration des finances ne donnent aucun chiffre à cet
égard. Pour rester dans les limites d'une évaluation
modérée, nous dirons que ces revenus taxés peuvent
correspondre à un capital de 40 milliards en chiffres
ronds : 36 à 37 milliards de valeurs françaises et 3 à
3 milliards et demi de valeurs étrangères. A ces 40 milliards s'ajoutent les 26 milliards et demi de fonds d'É-
tat français qui sont affranchis de toute taxation.

Voilà donc un premier total de 66 milliards de va-

66 milliards de
valeurs.

(1) L'Économiste français, 14 juillet 1888.

leurs mobilières : 62 à 63 milliards de valeurs françaises et 3 milliards de valeurs étrangères.

* * *

Les valeurs mobilières étrangères.

Ce n'est pas tout. La taxe de 3 %, qui épargne les rentes françaises, laisse également passer, sans y toucher, les fonds d'État étrangers.

A quels chiffres s'élèvent les titres des emprunts autrichiens, hongrois, russes, norvégiens, danois, hollandais, belges, suisses, portugais, serbes, roumains, grecs, turcs, égyptiens, tunisiens, argentins, canadiens, brésiliens, péruviens, sans compter les fonds italiens, les fonds espagnols, anglais, américains et tant d'autres qui sont entrés dans les portefeuilles français avant et depuis la guerre de 1870 ? La France en possède une quantité considérable, et, en vérité, pour apprendre la géographie, il suffit de lire une cote officielle de la bourse au lieu d'ouvrir un atlas.

Les fonds publics de 18 États européens et de 20 pays hors d'Europe, soit en tout 38 gouvernements étrangers sont inscrits et négociables à la bourse de Paris. Ce sont les suivants :

ÉTATS EUROPÉENS

Angleterre.	Finlande.	Norvège.	Suède.
Autriche.	Grèce.	Portugal.	Suisse.
Belgique.	Hollande.	Roumanie.	Turquie.
Danemark.	Hongrie.	Russie.	
Espagne.	Italie.	Serbie.	

ÉTATS HORS D'EUROPE

Argentine (République).	Catamarca (Province de).
Bahia (Province de).	Congo (État du).
Brésil.	Cordoba (Province de).
Buenos-Ayres (Province de).	Corrientes (Province de).
Canada.	Egypte.
Cap de Bonne-Espérance.	États-Unis.

ÉTATS HORS D'EUROPE

Haïti.
Honduras.
Inde.
Mendoza (Province de).

Pérou.
Québec (Gouvernement de).
Tunis.
Uruguay.

Aucune société d'assurances étrangère n'est cotée à la bourse de Paris ; nous trouvons, au contraire, plusieurs sociétés de crédit, compagnies de chemins de fer, compagnies de gaz, de mines, de transports, sociétés industrielles, qui, ayant leur siège social ou une succursale en France, ont leurs titres cotés à la bourse de Paris et fonctionnent à l'étranger : telles sont la Banque impériale et royale des Pays-Autrichiens, le Crédit foncier d'Autriche, le Crédit foncier du royaume de Hongrie, la Société impériale et royale des chemins de fer de l'État pour l'Autriche ; la Banque hypothécaire d'Espagne, la Banque générale de Madrid, le Crédit mobilier espagnol, les chemins de fer du Nord de l'Espagne, de Madrid-Saragosse, de l'Est de l'Espagne, Andalous, des Asturies, de l'Ouest de l'Espagne, de Lérida à Reus, de Madrid-Cacérès, Portugais, de la Beïra-Alta, le Gaz de Madrid, les mines de Belmez, d'Aguas Tenidas, d'Aguilas, d'Escombrera-Bleyberg, de Penarroya, de Visgnaës, les tabacs des Philippines, pour l'Espagne et le Portugal. Le Brésil, l'Égypte, le Mexique, la Turquie, la Roumanie, la Suède, la Tunisie, le Canada, l'Alsace-Lorraine, la Serbie, l'Italie, la Russie, etc., se trouvent aussi représentés par des sociétés diverses qui ont trouvé en France les capitaux nécessaires à l'exploitation de leur industrie dans ces divers pays, et dont les titres sont cotés à la bourse de Paris.

Dans une communication que nous faisions à l'Institut international de statistique, dans sa session tenue à Vienne en 1891, nous énumérions les fonds étrangers cotés à la bourse de Paris. Ils sont au nombre de 67 pour les pays européens et de 31 pour les pays hors d'Europe.

Il n'est pas inutile de rappeler cette nomenclature :

Pays	Désignation des valeurs	Nombre des valeurs
ANGLETERRE.	Consolidés 2 1/2 1853, 2 3/4 1888, Local Loan Stock 3 % 1888.	3
AUTRICHE . .	Dette 5 % convertie 1888; emprunts 5 or 1876, 5 % papier 1881, 1860 (lots d'Autriche); obligations domaniales	5
BELGIQUE . .	Emprunts 2 1/2 %, 3 % 1873, 3 1/2 (1re série), 3 1/2 % (2e série), 3 1/2 % (3e série).	5
DANEMARK. .	Emprunt 3 1/2 % 1886	1
ESPAGNE . .	Dettes 4 % perpétuelles (intérieure, extérieure); amortissable 4 % extérieur; billets hypothécaires Cuba 6 % 1886, 5 % 1890.	5
FINLANDE. .	3 1/2 0/0 1886	1
GRÈCE . . .	Emprunts 5 % 1881, 5 % 1884, 4 % 1887	3
HOLLANDE. .	Emprunts 2 1/2 %, 3 % 1884, 3 1/2 % 1886. . .	3
HONGRIE . .	Emprunts 4 % or, 4 1/2 % or.	2
ITALIE . . .	Rentes 5 %, 3 %; obligations Victor-Emmanuel 1863, Piémont 5 %, Pontifical 1860-1864, 1866, Romain 5 % 1857.	7
NORVÈGE . .	Emprunts 4 % 1880, 3 1/2 1886, 3 % 1888. . . .	3
PORTUGAL. .	Emprunts 3 % 1853 à 1884, 4 1/2 % 1888 et 1889, 4 % 1890	3
ROUMANIE. .	Emprunts 5 % 1875, 4 % 1890.	2
RUSSIE . . .	Emprunts 5 %, 1882, 4 1/2 % 1850, 4 % 1867-69, 1/2 1875, 5 % 1878 (2e emprunt d'Orient), 5 % 1879 (3e emprunt d'Orient), 4 % 1880, 5 % 1881, 6 % 1883 (or), 4 % 1889-90 (or) 1re, 2e, 3e, 4e émissions, consolidés 4 % des chemins de fer (1re et 2e série), intérieur consolidé des chemins de fer 4 1/2 %, 1re émission 1890; obligations 3 % chemin de fer transcaucasien . .	13
SERBIE . . .	Obligations hypothécaires 5 %; emprunt 5 % 1890.	2
SUÈDE . . .	Emprunts 4 % 1878, 4 % 1880.	2
SUISSE . . .	Emprunt 3 1/2 % 1889; rente 3 % des chemins de fer.	2
TURQUIE. . .	Dette convertie 4 %; défence Loan 1877; obligations ottomanes de consolidation 4 % 1890, de priorité 4 % 1890, privilégiées 5 % douanes. . .	5

Quant aux États hors d'Europe, voici, en suivant également l'ordre alphabétique, la catégorie des valeurs de chacun de ces États inscrits à la cote officielle de la bourse de Paris :

Pays	Désignation des valeurs	Nombre des valeurs
RÉPUBLIQUE ARGENTINE. . .	6 % 1881, 5 % 1884, 5 % 1886. . .	3
BAHIA	5 % 1888.	1
BRÉSIL.	Emprunts 4 1/2 % 1883, 4 1/2 % 1888, 4 % 1889	3
BUENOS-AYRES.	Obligations hypothécaires 6 % série M.	1

Pays	Désignation des valeurs	Nombre des valeurs
CANADA.	Emprunt 4 % garanti et non garanti	1
CAP DE BONNE-ESPÉRANCE. .	Emprunt 4 1/2 % 1878.	1
CATAMARCA	6 % 1888.	1
CONGO	Emprunt à lots..	1
CORDOBA	6 % 1888.	1
CORRIENTES.	6 % 1888.	1
EGYPTE.	Dette unifiée; Daïra-Sanieh 4 % 1890; Dette privilégiée 3 1/2 % 1890; obligations domaniales hypothécaires 5 % 1878; emprunt 3 % garanti 1885.	5
ÉTATS-UNIS.	Consolidés 4 1/2 %, 4 %.	2
HAÏTI.	Emprunt 1825.	1
HONDURAS	Emprunt 1869.	1
INDE.	Emprunt 4 1/2 % 1880. . . .	1
MENDOZA	Emprunt 6 % 1888	1
PÉROU.	Emprunts 6 % 1870, 5 % 1872. . .	2
QUÉBEC (Gouvernement de).	Emprunts 4 1/2 % 1880, 4 % 1888. .	2
TUNISIE	Emprunts 3 1/2 % 1889; bons de coupons arriérés.	2
URUGUAY	Emprunt 6 % 1888.	1

*
* *

Que nous reste-t-il de tout ce papier étranger et quelle en est la valeur actuelle ? Dans son rapport sur le paiement de l'indemnité de guerre, M. Léon Say croyait pouvoir « sans exagération » chiffrer à 600 ou 700 millions par an l'importance des coupons de valeurs étrangères appartenant à des Français. Un tel revenu, capitalisé à 5 ou 6 % environ, correspondrait à un capital de 10 à 12 milliards avant la guerre. *Opinion de M. Léon Say.*

En 1880, M. Paul Leroy-Beaulieu évaluait de 12 à 15 milliards les capitaux français placés à l'étranger (1). *M. Leroy-Beaulieu.*

En 1888, M. de Foville, commentant notre travail sur *les Valeurs mobilières en France*, estimait à 2 milliards les valeurs étrangères soumises à la taxe de 3 %, et à 16 milliards et demi les valeurs étrangères non taxées : soit un total de 18 milliards et demi (2). D'après lui, « les balances de notre commerce exté- *M. de Foville.*

(1) Dans son *Essai sur la Répartition des richesses*, page 273, édition 1881, M. P. Leroy-Beaulieu estime que « la France possède *au moins* « 20 milliards de créances productives sur l'étranger dont elle tire un « milliard de revenu net par année. »

(2) *L'Économiste français*, page 131, 4 août 1888.

rieur, sans constituer un indice bien sûr, semblent opposer à la France une créance extracommerciale de plus d'un milliard par an sur les pays étrangers. L'excédent annuel de nos importations sur nos exportations, marchandises et numéraire, ressort en moyenne à 1 milliard 200 millions pour la période 1882-1887 et à 1 milliard 231 millions pour la période 1877-1881 (1). »

M. Coste.

En 1888, également, M. Coste, en discutant notre travail à la Société de statistique de Paris, évaluait les valeurs mobilières étrangères à 12 milliards (2).

Le chiffre de 20 milliards que nous avons indiqué, en 1888, ne s'éloigne pas beaucoup, on le voit, de ces évaluations, et nous croyons encore qu'il se rapproche de la réalité.

Si nous possédions, avant la guerre, comme l'a démontré M. Léon Say, 600 à 700 millions de revenus en valeurs étrangères, ce chiffre a doublé depuis 1870. Nous en avons pour preuve le montant énorme d'émissions de valeurs étrangères faites en France depuis cette époque. Il dépasse 15 milliards. Sans doute, ces 15 milliards ne sont pas restés en France et il faut se garder de se laisser éblouir par le chiffre apparent des émissions (3). Autre chose est une émission ; autre chose est un placement, un classement ou un achat de titres. Nous en avons pour preuve encore le montant des valeurs étrangères déposées à la Banque de France et dans les sociétés de crédit. En 1870, sur 1 million 831,443 titres déposés à la Banque en compte de dépôts libres, on comptait 640,217 titres étrangers ; à la même époque, sur 17,933,452 francs de rentes appartenant aux mêmes comptes, se trouvaient 14,721,972 francs de rentes étrangères.

En 1892, sur 3,047,991 titres on comptait 870,086 titres étrangers ; sur 56,293,495 francs de rentes, on comp-

(1) L'Économiste français, 14 juillet 1888, page 37.
(2) Journal de la Société de statistique, 1888, page 238.
(3) De 1871 à 1892, les émissions totales de fonds d'Etat et valeurs se sont élevées, en Europe, à 150 milliards 906 millions et, pour la France, à 27 milliards 449 millions.

tait 31,741,072 francs de rentes étrangères. Cet accroissement de valeurs étrangères dans les caisses de dépôts de la Banque de France se constate également dans tous les autres établissements de crédit qui reçoivent des valeurs en garde : le montant des valeurs étrangères appartenant à des Français s'est accru considérablement depuis la guerre, et surtout depuis 1889 (1).

Quelques statistiques que nous devons à l'extrême obligeance de M. Liotard-Vogt, directeur général de l'enregistrement, des domaines et du timbre, donnent une force nouvelle à cette affirmation.

Statistiques fiscales spéciales.

Les droits de timbre par abonnement des titres de sociétés et villes étrangères sont, par exemple, des plus curieux à citer car ils sont des plus démonstratifs. De 1880 à 1889, les valeurs sur lesquelles les droits ont été assis se sont élevées de 2 milliards 178 millions à 3 milliards 529 millions ; c'est une augmentation de 1 milliard 351 millions, dont on peut suivre la progression annuelle dans le tableau suivant :

Droits de timbre par abonnement.

Années	Valeurs sur lesquelles les droits ont été assis
	millions de francs
1880	2.178.1
1881	2.404.3
1882	2.790.4
1883	3.094.0
1884	3.206.8
1885	3.217.4
1886	3.373.1
1887	3.694.9
1888	3.499.1
1889	3.529.6

(1) Voici quel a été entre 1865 et 1892 le mouvement des dépôts libres à la Banque de France :

	Actions et obligations Nombre de titres		Rentes françaises et étrangères francs		francs
1865.	2.141.124 dont 762.570 étr.		17.121.113 de rentes dont		12.487.411 étr.
1870.	1.831.443 — 640.217 —		17.933.452 —		14.721.072 —
1875.	1.778.217 — 567.881 —		59.539.571 —		48.891.666 —
1880.	1.846.376 — 552.505 —		30.135.408 —		16.384.829 —
1892.	3.917.991 — 870.086 —		56.293.495 —		31.741.072 —

D'après le plus récent relevé officiel publié par l'administration de l'enregistrement (1), 100 sociétés et villes étrangères diverses payent en France, par voie d'abonnement, le droit de timbre afférent à des titres d'actions ou d'obligations.

Ces 100 sociétés se subdivisent ainsi : 34 compagnies de chemins de fer et tramways ; — 18 sociétés de crédit ; — 47 sociétés diverses ; — 1 ville.

Il existe, en outre, 116 sociétés ou villes étrangères, qui, ayant cessé de payer ce droit d'abonnement, ne sont plus dispensées du timbre, savoir : 40 compagnies de chemins de fer, canaux et tramways ; — 24 sociétés de crédit ; — 49 sociétés diverses ; — 3 villes.

Droits au comptant.

Quant aux droits de timbre au comptant perçus sur les valeurs étrangères, ils étaient de 883,500 francs sur les fonds d'État étrangers en 1880 ; ils atteignaient 3,379,100 francs en 1889.

En 1880, les droits de timbre au comptant sur les fonds d'État étrangers et les droits par abonnement sur les sociétés et villes étrangères s'élevaient à 2,138,700 francs et en 1889 à 5,102,100 francs.

En 1880 les droits au comptant sur les fonds d'État se sont élevés à 883,500 francs, correspondant à un capital de 736 millions.

En 1889, ces droits ont rapporté au Trésor 3 millions 379,100 francs, ce qui correspond à un capital de 2 milliards 816 millions.

En 1880, les sociétés et villes étrangères ont payé 1,255,200 francs et en 1889, 1,723,000 francs, respectivement liquidés sur une valeur en capital de 2 milliards 92 millions en 1880 et de 2 milliards 873 millions en 1889. Si l'on considère, d'autre part, l'augmentation considérable des droits de transmission et de mutation perçus de 1869 et 1879 à 1890 sur les fonds d'État et titres étrangers, on peut admettre, sans exagération que sans compter les titres qui, pour une cause ou

(1) *Journal officiel*, 19 décembre 1892.

pour une autre, échappent à ces droits, près de 6 milliards ont été placés en valeurs étrangères, soit 300 millions par an pendant les années écoulées de 1870 à 1890 (1).

* *

De déduction en déduction, nous arrivons donc toujours à constater que le chiffre des valeurs étrangères possédées par les capitalistes français ne s'éloigne pas de 20 milliards.

(marginal note: 20 milliards de valeurs étrangères.)

En effet :

En 1874, M. Léon Say estimait, à 10 ou 12 milliards, suivant la capitalisation à 5 ou 6 % des revenus produits par ces valeurs, le montant des titres étrangers que nous possédions avant la guerre. Ajoutez à ces chiffres les 6 milliards indiqués plus haut, le total s'élèverait aujourd'hui à 16 ou 18 milliards.

En 1880, M. Paul Leroy-Beaulieu estimait qu'il était vraisemblable que « la France a au moins une douzaine de milliards, peut-être même une quinzaine placés à l'étranger. Elle en tire, bon an, mal an, 600 à 700 millions (2) ».

Ajoutez à ces 12 à 15 milliards les 3 milliards qui résultent, approximativement, de la capitalisation des droits de timbre, vous obtenez 15 à 18 milliards ; mais il faudrait tenir compte aussi de tout ou partie des

1) Les sociétés étrangères dont les titres circulent en France (cote, émission, négociation, exposition en vente) doivent acquitter les trois taxes de timbre, de transmission et sur le revenu.

Le droit de timbre au comptant est de 60 cent. et de 1 fr. 20 %, décimes compris, selon que la société doit ou non dépasser 10 ans, pour les actions ; les obligations, dans tous les cas, paient 1 fr. 20.

Le *droit de timbre par abonnement* est de 6 centimes %, décimes compris tant pour les actions que pour les obligations. Cet impôt ne frappe qu'une quotité de titres déterminée par le ministre des finances, après avis d'une commission spéciale, sans pouvoir descendre au-dessous de 1/10, pour les actions et de 2/10 pour les obligations.

La *taxe de transmission* calculée sur la valeur moyenne négociable, chaque trimestre, est de 20 cent. %.

La taxe de 4 % se perçoit sur la quotité du revenu ou dividende distribué.

2) *L'Économiste français* du 23 octobre 1880.

3 milliards de valeurs étrangères soumises à la taxe sur le revenu, comme les valeurs françaises ; le chiffre total ressortirait alors de 18 à 20 milliards.

Prenons enfin les chiffres que M. de Foville donnait approximativement en 1888. Il y avait, selon lui, 2 milliards de valeurs étrangères soumises à la taxe de 3 % et 16 milliards et demi de valeurs non taxées, soit au total 18 milliards et demi. Or, d'après les résultats produits, en 1890, par la taxe de 3 % sur le revenu, les valeurs étrangères taxées s'élèveraient à 3 milliards et, en admettant notre moyenne générale de 300 millions de valeurs étrangères acquises annuellement par l'épargne française, il faudrait ajouter à l'évaluation de M. de Foville, faite en 1888, environ 1 milliard. Nous arrivons encore bien près du total de 20 milliards de valeurs étrangères.

Ainsi, en comptant seulement les rentes françaises et les bons du Trésor, les actions et obligations françaises, sans capitaliser les annuités diverses inscrites au budget, sans faire état de la dette viagère, la France posséderait 66 milliards de valeurs mobilières françaises et 20 milliards de valeurs étrangères. Nous obtenons ainsi, par des calculs divers et des déductions différentes, à peu de différences près, les mêmes chiffres que ceux que nous avions constatés en 1888.

Nous avions compté alors les annuités et les dettes viagères et fait état, en les capitalisant, des sommes annuellement payées par le Trésor. Nous obtenions ainsi un total de 67 milliards de valeurs françaises et de 87 milliards avec les valeurs étrangères. En tenant compte des valeurs françaises appartenant aux étrangers, nous réduisions nos chiffres à un total de 80 milliards. Aujourd'hui, nous trouvons un total de 86 milliards, que nous réduisons à 80 milliards en déduisant 6 milliards pour le montant des titres français que peuvent posséder les étrangers ; mais nous ne faisons pas état d'autres valeurs mobilières, telles que les annuités, etc.

80 milliards dans le portefeuille français.

Sans nous flatter d'arriver à une détermination précise, car, dans de tels problèmes, il faut moins s'attacher à l'inégalité des évaluations qu'à leur accord relatif, et des statistiques de cette nature ne peuvent être résolues qu'approximativement, nous croyons donc pouvoir proposer le chiffre de 80 milliards comme représentant, à deux ou trois milliards près, en plus ou en moins, la valeur actuelle du portefeuille français.

Nous établissons comme suit la subdivision de ces valeurs en suivant l'ordre adopté par la nomenclature officielle des revenus soumis à la taxe :

		milliards
Fonds d'État français (non taxés)		26.5
Valeurs soumises à la taxe sur le revenu :	milliards	
Actions françaises.	11.1	
Obligations françaises.	23.2	
Commandites et parts d'intérêt.	2.2	
Valeurs étrangères	3.3	
Ensemble.	42.8	42.8
Valeurs étrangères non taxées.		17.0
Ensemble.		86.3
A déduire :		
Valeurs françaises appartenant aux étrangers.		6.3
Reste		80.0

* *

Dissémination de l'épargne.

Ces milliards donnent le vertige. Ils sont le patrimoine de l'épargne et se trouvent disséminés à l'infini dans les plus modestes portefeuilles. On peut en donner le détail presque par le menu. Les 26 milliards de rentes sont aux trois quarts inscrits au nominatif (1), ce qui prouve leur classement admirable. Le

Les rentes françaises.

(1) M. Tirard, ministre des finances, déclarait au Sénat en 1893 que le nombre des titres nominatifs de la rente française était très considérable, beaucoup plus considérable que celui des titres au porteur. Pour la rente 3 %, les titres nominatifs représentent 329,742,136 francs de rente; les titres mixtes 11,388,517 francs, au total 341,130,653 francs ; les titres au porteur ne figurent que pour 87,139,387 francs de rente ». (Débats parlementaires, Sénat, 28 mars 1893.)

nombre des inscriptions, qui était de 137,950 au 1er avril 1814, s'élevait, au 1er janvier 1888, à 4,141,281. Il n'est pas téméraire de dire que, depuis cette époque, ce nombre d'inscriptions a dû s'élever au moins à 5 millions de parties inscrites. Dans le compte de l'administration des finances de 1885 (1), se trouvent détaillées ces quantités d'inscriptions.

En voici le relevé :

Rentes inscrites	Nombre d'inscriptions	Chiffre des rentes
		francs
1er avril 1814	137.950	63.397.637
1er août 1830	195.570	202.381.180
1er mars 1848	747.744	241.287.266
1er janvier 1852	810.901	242.774.478
1er janvier 1871	1.269.000	402.977.516
1er janvier 1888	4.141.281	740.877.316

Les titres de chemins de fer. Quant aux actions et obligations de chemins de fer des grandes compagnies, des compagnies secondaires et algériennes dont le classement dans les portefeuilles n'a d'égal que celui des rentes françaises, une statistique récente que nous avons communiquée à la Société de statistique de Paris (2) donne les détails suivants :

1. Au 31 décembre 1891, les actions françaises et algériennes de chemins de fer, déduction faite des titres amortis, étaient au nombre de 3,295,353 ; elles valaient, au cours de la bourse, 4 milliards 383 millions ;

2. A la même date, les obligations françaises et algériennes de chemins de fer, déduction faite également de celles qui ont été amorties et remboursées, étaient au nombre de 32,580,769 ; elles avaient, au cours de la bourse, une valeur de 14 milliards 613 millions ;

3. Tant en actions qu'en obligations de chemins de fer, les titres en circulation, fin décembre 1891, s'éle-

(1) Page 981.
(2) Séance du 15 février 1893.

vaient en nombre à 35,876,122 et, au cours de la bourse, avaient une valeur totale de 19 milliards (1).

Il y a, en circulation, 3 milliards d'obligations du Crédit foncier (2) ; 2 milliards et demi d'obligations de villes et de départements. Voilà déjà un total respectable de 50 milliards. Ajoutez à ces chiffres les milliards que représentent les actions de sociétés de crédit, de compagnies houillères, de compagnies d'assurances (3), de transports, de gaz, etc., qui sont cotées aux bourses de Paris, Lyon, Bordeaux, Marseille, Lille, Toulouse, etc., et les chiffres que nous avons indiqués plus haut seront encore facilement établis.

Les obligations du Crédit foncier.

(1) La proportion des actions nominatives, comparée à l'ensemble des titres, s'établit aux chiffres suivants pour chacune des compagnies :

COMPAGNIES	ANNÉES				MOYENNE DES TITRES d'actions inscrits sur chacun des certificats en 1889
	1884	1885	1886	1889	
Est.........	42.09 %	43.38 %	44.33 %	46.13 %	15
Lyon........	42.52 %	43.31 %	43.54 %	44.33 %	15
Midi........	32.04 %	33.46 %	34.74 %	37.50 %	14
Nord........	55.72 %	56.28 %	56.20 %	56.90 %	18
Orléans.....	52.33 %	53.20 %	53.25 %	54.72 %	16
Ouest.......	35.26 %	36.28 %	37.12 %	39.45 %	12

Quant aux obligations, plus des deux tiers sont au nominatif, et l'autre tiers au porteur. Fin 1889, 20,887,614 obligations nominatives étaient représentées par 686,919 certificats : la moyenne des certificats d'obligations était de 26 à l'Est; 33 au Lyon; 35 au Midi; 39 au Nord ; 32 à l'Orléans; 28 à l'Ouest.

2) Au 31 décembre 1892, la valeur nominale des obligations foncières en circulation était de 2,336,377,200 francs dont 646,780,500 francs en 133,374 certificats nominatifs. La valeur nominale des obligations communales était de 1,410,328,900 fr. dont 260,513,000 francs en 82,887 certificats nominatifs.

3) Voir aux annexes les tableaux v à xii, pages 501 à 511.

Cette grosse fortune, répartie dans tous les porte-feuilles, appartient à toutes les classes de la société. Dans les moindres villages de France, on rencontre des détenteurs de rentes françaises, d'actions et obligations de chemins de fer, du Crédit foncier, de la ville de Paris. D'une manière générale, on peut affirmer que la majeure partie de la fortune mobilière de notre pays appartient à de fort petites gens, et que beaucoup n'ont été amenés à se constituer ainsi un patrimoine, que par la facilité et l'attrait des placements de ce genre.

Les obligations de la ville de Paris.

Quand, en janvier 1888, les titres au porteur de la ville de Paris 1871 ont été renouvelés, on s'est assuré que plus de la moitié des intéressés possédaient seulement, soit une obligation entière, soit de 1 à 6 quarts d'obligation.

	Paris	Départements	Total
Nombre de titres déposés.	46.539	64.918	111.457
Porteurs de 1 titre.	1.783	1.466	3.249
— 2 titres	1.247	937	2.184
— 3 titres ou plus.	4.197	3.066	7.263
Total	7.227	5.469	12.696

Pour les quarts d'obligation, 12.764 titres avaient été déposés à Paris, par 7,036 porteurs, dont : 2,402 avaient 1 quart ; — 1.544 en possédaient 2 ; — 710 en avaient 3 ; — 601 en possédaient 4 ; — 325 en avaient 5 ; — 1,246 avaient 7 titres ou davantage.

La proportion des porteurs de 1 obligation ou de moins de 7 quarts ressortaient ainsi à 16 %.

Les actions de la Banque de France.

Les actions de la Banque de France elle-même tendent à se répandre de plus en plus dans les portefeuilles et à devenir la propriété, non d'une « ploutocratie », comme on le répète, mais de la moyenne épargne. Depuis 1857, les actions de la Banque de France sont au nombre de 182.500 ; elles valent environ 3,900 fr. ; elles ont rapporté 135 fr. 41 brut en 1892, soit 3,47 %. Or, le nombre des actionnaires et des actions de la

Banque de France à Paris et dans les succursales, s'est modifié, depuis cette époque, de la manière suivante :

ANNÉES	NOMBRE DES POSSESSEURS D'ACTIONS			NOMBRE D'ACTIONS		
	à Paris	dans les succursales	Total	à Paris	dans les succursales	Total
1857......	6 888	3.723	10.611	136.264	46.236	182.500
1860......	7 936	5.831	13.767	128.168	54.342	182.500
1862......	8.221	6.413	14.634	125.827	56.673	182.500
1870......	8.568	7.494	16.062	118.856	63.644	182.500
1875......	10 351	10.446	20.797	115.471	67.029	182.500
1880......	9.762	12.608	22.370	105.572	76.928	182.500
1885......	10.363	15.419	25.782	101.173	81.327	182.500
1890......	10.182	15.835	26.017	102.609	79.891	182.500
1892......	10.848	17.083	27.931	97.572	84.928	182.500

La Banque de France, comme le prouve ce tableau, loin d'être la propriété de quelques gros banquiers, de la haute aristocratie financière, appartient à 27,931 actionnaires dont 10,848 habitent Paris et 17,083, la province.

Sur les 182,500 actions de la Banque de France, 97.572 appartiennent à des personnes qui habitent Paris et 84,928, à des personnes qui habitent la province.

Ajoutons encore que, sur les 182,500 actions de la Banque, 58,129 sont la propriété d'établissements publics, de femmes mariées, de mineurs, d'interdits, d'incapables. Les capitalistes qui possèdent 1 à 5 actions de la Banque, c'est-à-dire un capital de 4,000 à 20,000 fr. sont numériquement l'immense majorité.

Quant aux actionnaires du Crédit foncier, les 311,000 ac-

Les actions du Crédit foncier.

tions qui forment le capital social se répartissent entre
31,995 titulaires, savoir :

```
7.129 actionnaires possédant 1 action.
16.740      —         — de 2 à   10 actions.
4.518       —         —   11 à   24    —
2.732       —         —   25 à   50    —
521         —         —   51 à  100    —
127         —         —  101 à  149    —
61          —         —  150 à  199    —
122         —         —  200 à  499    —
12          —         —  500 à 1.000   —
10          —         — 1.001 et au-dessus.
```

Total   31.995 actionnaires, possédant en moyenne 11 actions chacun.

Nous avons indiqué le nombre des valeurs qui ont
été admises, depuis le commencement du siècle, aux
négociations officielles de la bourse de Paris. Ces
valeurs peuvent être divisées en 13 grandes catégories :

1° Les fonds d'Etat français;
2° Les emprunts de départements et de villes françaises;
3° Les fonds d'Etat étrangers;
4° Les titres des compagnies d'assurances;
5° Les banques et institutions de crédit ;
6° Les canaux ;
7° Les chemins de fer français et étrangers;
8° Les docks, halles et marchés;
9° Les eaux et filatures;
10° Les titres de sociétés gazières;
11° Les forges, fonderies, houillères et mines;
12° Les transports;
13° Les valeurs diverses : sociétés industrielles, journaux, télégraphes,
allumettes, imprimerie, etc.

On estime que les opérations au comptant et à terme
qui s'effectuent à la bourse de Paris, dépassent annuellement 100 milliards. Nous avons, dans d'autres études,
établi très approximativement ces chiffres, car ils
ne reposent que sur des données problématiques ; il
faut croire cependant qu'ils présentent quelques appa-
rences de réalité, puisque le gouvernement, en propo-
sant de frapper d'un impôt de 10 centimes par 1.000 fr.
les seules affaires à terme, estime que cette taxe rap-
portera au budget 10 à 12 millions par an.

Sur les 20 milliards de valeurs étrangères qui sont entrées dans les portefeuilles français, nous estimons que la France possède, tant en titres de rentes qu'en actions et obligations diverses :

5   à 6 milliards de valeurs russes ;
2 1/2 à 3   —   —   espagnoles ;
1   à 1 1/2 —   —   italiennes ;
2   à 2 1/2 —   —   autrichiennes-hongroises ;
1 1/2 à 2   —   —   turques et égyptiennes ;
2 1/2 à 3   —   —   argentines, péruviennes, brésiliennes, portugaises, grecques ;
1 1/2 à 2   —   —   suisses, belges, hollandaises, anglaises, américaines, danoises, suédoises, norvégiennes, etc.

Ces quelques gros chiffres forment déjà un total de 16 à 20 milliards ; nous ne sommes pas loin du compte que nous avons établi.

En ce qui concerne les valeurs russes, nous sommes plutôt au-dessous de la vérité. Les statistiques relatives aux valeurs espagnoles et italiennes ont pu être établies par les payements des arrérages en France, par les renouvellements des feuilles de coupons ; pour l'Autriche-Hongrie, des documents publiés en Autriche même, au moment des dernières opérations relatives à la *Valuta*, ont permis de fixer les chiffres que nous indiquons. Pour les autres fonds, les données sont approximatives ; nous ne pensons pas qu'elles s'éloignent de la réalité (1).

* *
*

Combien rapporte annuellement cette masse de valeurs mobilières et fonds d'État français et étrangers ? Nous estimons que ces revenus annuels peuvent atteindre 4 milliards. Les revenus assujettis à la taxe sur le revenu des valeurs mobilières sont, on l'a vu, de 1 milliard 603 millions. Les revenus non taxés qui

Ce que rapportent annuellement les valeurs mobilières.

---

1. Nous publions aux annexes des détails sur l'évaluation des capitaux français en Autriche, en Espagne, en Italie, en Russie, d'après des documents officiels. (Voir page 197.)

comprennent les rentes françaises, les bons du Trésor,
la dette viagère et remboursable qui font partie du
chapitre 1ᵉʳ du budget des dépenses du ministère des
finances, s'élèvent au total de 1,273,364,942 francs,
c'est-à-dire que, tous les ans, le Trésor public paye, en
intérêts et amortissements, cette somme énorme. Les
rentes 3 % perpétuelles et 4 1/2 % absorbent 761 millions 6 ; le 3 % amortissable, 119 millions d'intérêts,
plus 25 millions d'amortissement, soit au total 144 millions. Voilà déjà 900 millions d'intérêts payés annuellement aux détenteurs de rentes sur l'Etat. La dette
viagère s'élève à 222 millions et nous ne parlons pas
des 288 millions de la dette remboursable, c'est-à-dire
des intérêts payés sur les bons du Trésor ni des annuités acquittées tous les ans par l'Etat.

Si aux 1 milliard 693 millions de revenus taxés nous
ajoutons les 1 milliard 273 millions payés annuellement
par le chapitre 1ᵉʳ du budget du ministère des finances,
le revenu des rentiers, en titres mobiliers français,
s'élève annuellement à 2 milliards 966 millions, soit,
en chiffres ronds, à 3 milliards. Si nous comptons seulement les intérêts des rentes françaises (900 millions),
ceux des bons du Trésor et de la dette viagère (250 millions), soit en tout 1 milliard 150 millions, et que nous
ajoutions ces chiffres aux 1 milliard 693 millions de
revenus taxés, nous pouvons dire exactement que les
rentiers français perçoivent, sur les valeurs mobilières
françaises qu'ils détiennent, 2 milliards 843 millions
par an.

Reste à chiffrer le revenu fourni par les valeurs étrangères. Il ne doit pas être moindre de 1 milliard 200 millions à 1 milliard 300 millions par an, ce qui représenterait 6 % sur un capital placé de 20 milliards. Pendant de longues années, les valeurs étrangères ont
rapporté 6, 7, 8 % ; on a pu acheter de la rente russe
5 % à 80 francs alors que la rente 3 % de ce pays est
maintenant à 80 francs ; les fonds autrichiens et hongrois, qui se négocient tout près du pair et donnent

1 % aujourd'hui, ont rapporté pendant longtemps 7, 8, 9 et même 10 % ; les valeurs et fonds italiens se sont capitalisés pendant de longues années à 7 et 8 % ; pour évaluer le revenu des valeurs et fonds étrangers, il faut, en quelque sorte, établir une moyenne entre l'intérêt promis aux souscripteurs, lors des émissions de ces fonds, et celui qu'ils donnent depuis quelques années. Ainsi : 2 milliards 800 millions à 2 milliards 900 millions de revenu annuel sur les valeurs françaises ; 1 milliard 200 millions à 1 milliard 300 millions sur les valeurs étrangères; soit, au total, 4 milliards à 4 milliards 200 millions, tels sont les revenus perçus par nos rentiers sur les titres de rentes, actions et obligations qu'ils détiennent, titres qui s'élèvent, en capital, à 80 milliards, en tenant compte approximativement de la quantité de valeurs françaises possédées par des étrangers, tels sont les chiffres qui ressortent de la statistique nouvelle que nous venons d'établir et qui confirment nos précédentes évaluations.

***

80 milliards de valeurs françaises et étrangères rapportant annuellement 4 milliards, 100 ou 120 milliards d'opérations annuelles à la bourse de Paris, plus de 7.000 personnes, agents de change, banquiers, intermédiaires, sociétés financières, s'occupant de négociations sur les valeurs de bourse, tel est le résumé du mouvement financier de notre époque. Quand on songe qu'au commencement du siècle la France ne possédait pas la millième partie des valeurs de bourse dont elle dispose aujourd'hui ! 6 ou 7 valeurs étaient cotées à la bourse de Paris et représentaient un capital de 200 à 300 millions. Il est vrai qu'il y avait, comme aujourd'hui, 60 agents de change pour les négocier, ce qui prouve que leur monopole est resté immuable, alors qu'autour de ces officiers ministériels tout a changé : les gouvernements, les hommes et les choses.

Statistique des établissements financiers.

Comparées aux valeurs immobilières, les valeurs mobilières ont pris un développement prodigieux. Il y a
soixante ans, la valeur des biens meubles représentait
52 % de la valeur des propriétés immobilières dans
les successions. La proportion dépasse aujourd'hui
95 %, c'est-à-dire que la fortune mobilière des particuliers est presque aussi grande que leur fortune immobilière. Les valeurs successorales, sur lesquelles les
droits de succession ont été perçus en 1826, — époque
à laquelle a été publiée pour la première fois cette statistique, — étaient de 457 millions pour les meubles
et de 880 millions pour les immeubles.

Les valeurs mobilières ne représentaient, à cette
époque, que 52 % de la valeur des propriétés immobilières. En 1888, la proportion atteint 95 1/2 %, les
valeurs successorales comprennent 2 milliards 624 millions de valeurs mobilières et 2 milliards 747 millions
de propriétés immobilières (1).

* *
*

Et cette fortune mobilière, à quelle richesse encore
bien plus grande ne serait-elle pas parvenue, sans les
pertes qu'elle a subies ! Combien de milliards ont été
dissipés dans des entreprises industrielles et financières,
dans des sociétés françaises et étrangères, dans des
emprunts étrangers ! Il serait difficile de dire, parmi
les diverses classifications et les divers types d'emprunts, de fonds d'État, de titres de sociétés, de compagnies d'assurances, de compagnies de chemins de
fer, de banques, et quels chemins de fer ! quelles
banques ! quelles assurances ! le genre particulier qui
a fourni le plus de désastres. M. Léon Say a montré
que les crises de bourse, les commotions industrielles,

_____

(1) *Procès-verbaux de la sous-commission juridique de la commission
extraparlementaire du cadastre*, 12 novembre 1891, Fascicule n° 2, p. 118
à 124.

Voir le tableau des successions et donations de 1868 à 1889 dans le
Bulletin de statistique et de législation comparée, tome 28, page 336.

les déceptions, les ruines du capital confiant se sont
produites périodiquement, sans que les malheurs du
passé servent de leçon et d'exemple !

« Il semble, écrivait M. Léon Say en 1885, qu'il y a un accident économique qui se produit toujours de la même façon et qui se reproduira probablement pendant bien des siècles, sans changement, que l'expérience
peut faire prévoir, mais qu'elle a toujours été hors d'état de prévenir, et
que sans doute elle ne préviendra jamais, parce qu'il est le résultat d'une
maladie morale qu'on ne pourrait guérir qu'en mortifiant la nature humaine.
Quand les habitants d'un pays ont accumulé des épargnes extraordinaires
dont le montant dépasse ce que le train courant des affaires peut absorber
aisément, ils sont pris de vertige ; ils se mettent à la recherche de placements avec inquiétude, avec hâte et bientôt avec une furie singulière. C'est
comme une frénésie qui leur fait perdre le jugement et qui les livre, bourgeois, rentiers et paysans, capitalistes petits et grands, à des courtiers
véreux qui les dupent et qui les volent. Ils ne se rendent plus compte des
conditions naturelles des affaires ; ils n'écoutent plus les conseils de la
prudence et comme les papillons, ils se brûlent à toutes les chandelles. Ils
perdent le sentiment de la réalité et croient au surnaturel (1). »

Combien ces réflexions sont vraies ! et à quelles
nombreuses « chandelles » se sont brûlés les rentiers
et les capitalistes, à toutes les époques et sous tous
les régimes.

La première explosion de la commandite eut lieu
en 1837 et 1838. Presque toutes les créations de cette
époque ont disparu. Beaucoup d'actionnaires savent-ils
aujourd'hui que les actions des mines d'asphalte de
Pyrimont-Seyssel, émises à 1,000 francs, se sont négociées à 10,200 francs, pour tomber ensuite à zéro ? Le
Seyssel allemand a valu 1,200 francs ; le Seyssel belge,
1,925 francs ; le Bitume élastique Polonceau, 1,500 fr. ;
l'Asphalte de Lobsann, 6,000 francs ; le Bitume Maurel,
2,900 fr. ; le mastic bitumeux végétal a été coté 2,150 fr.
Que sont devenus tous ces bitumes et tous ces mastics,
que sont devenus tous ces titres ? Que reste-t-il de ces
primes fantastiques qui ont séduit et ruiné tant de
familles (2) ?

Dans le même temps, on vit se créer, sur tous les

Les krachs de-
puis 1830.

1 *Les interventions du Trésor à la bourse depuis cent ans.*
2. Voir, sur ce sujet, une brochure très curieuse de M. A. Pugès du Port,
ancien député, intitulée : *le Crédit de l'État et le crédit industriel.* (1866).

points du territoire, nombre de mines proclamées
intarissables. Combien peu ont tenu les promesses des
émetteurs ? Les actions des mines de Mouzaïa ont valu
585 francs ; celles de Decazeville 6,500 francs, en 1846.
Faut-il parler des actions de Galvanisation du fer qui
se négocièrent à 3,000 francs, en 1838 ; des Hauts fourneaux du Nord, qui eurent acquéreurs à 1,575 francs ;
des Mines réunies, qui valurent 1,150 francs en 1847 ?

On se rappelle encore les colossales ruines de 1848 !
Le 3 % tomba à 32 fr. 50 ; le 4 1/2 % à 48 fr. 50 ; la
Banque de France fit 950 francs ; les actions du chemin
de fer de Paris à Versailles tombèrent à 90 francs ;
celles de Strasbourg à Bâle, à 65 francs ; celles de
Paris à Orléans, à 385 francs ; celles du Nord, à
302 fr. 50 ; celles de Lyon, à 280 francs ! mais pour
grand nombre de sociétés, comme pour les fonds d'État,
il y eut alors cas de force majeure. De 1852 à 1856, le
mouvement recommence ; il y eut des mois, des quin-
zaines qui ont vu naître plus de compagnies que pendant les quatre années réunies du gouvernement répu-
blicain ; mais quelles épreuves, quelles ruines ! Un
gros volume seul pourrait contenir la nomenclature de
ces sociétés qui ont fait appel aux capitaux et ont disparu, ne laissant aux souscripteurs que des chiffons
de papier.

Les krachs con-
temporains.
Nous arrivons à la période contemporaine. En 1866,
l'année de Sadowa, des fluctuations énormes eurent
lieu sur toutes les valeurs et on a toujours conservé
à la bourse le souvenir du 5 juillet 1866 (1). Pendant
cette année, le 5 % autrichien 1852, oscilla de 77 à 57 ;
l'italien de 65.80 à 35 fr. 90 ; le 5 % russe 1862, de

(1) Le 5 juillet 1866, le *Moniteur officiel* annonçait que l'empereur d'Autriche cédait la Vénétie à l'Empereur Napoléon III. C'était la fin de la
guerre austro-prussienne. Dans la bourse du 5 juillet, toutes les valeurs
sur lesquelles la spéculation était le plus engagée à la baisse, haussèrent
dans des proportions énormes. L'Italien qui était à 42 fr. le 2 juillet, à
48 le 4 juillet, s'élève à 70 fr. ; le 3 % français qui était à 63.80 le
2 juillet, à 65.40 le 4 juillet, fit 69.30 le 5 juillet ; plusieurs valeurs haussèrent de 50, 100, 150, 200 fr. chacune.

92 à 78 % ; toutes les valeurs françaises et étrangères
furent violemment secouées.

En 1868 et 1869, ce fut la crise des chemins de fer
espagnols et portugais. Le Saragosse coté 775 francs,
en 1863, tombe à 50 ; le Séville-Xérès-Cadix, qui valait
à pareille époque 520 francs, est mis en faillite ; les
actions du Nord de l'Espagne, ne font plus que 40 fr. ;
celles des Portugais naguère encore au-dessus de 500 fr.,
se négocient à 29 francs.

En 1871, le 3 % tomba à 50 fr. 35 ; le 4 1/2 à 74 fr. 50 ;
les obligations du Nord à 285 francs, après 275 en 1870 ;
les actions de la Banque à 2,325 francs ; celles du Nord
à 860 francs ; de l'Est à 370 ; de l'Ouest à 465 ; de
l'Orléans, à 725 francs ; du Midi à 560 ; de Lyon, à 735 ;
les autres valeurs à l'avenant : et depuis la guerre,
surtout, c'est par milliards que se chiffrent les pertes
subies par les capitalistes sur des valeurs françaises
et étrangères.

Faut-il parler de la faillite du Pérou, de la Turquie,
de l'Espagne ?

Depuis quinze ans seulement, depuis 1878, que de
sociétés fondées et disparues ! Pendant les années qui
précédèrent le krack de 1882, sur tous les murs on
lisait des affiches qui conviaient le public à des émissions. Ce fut une véritable fièvre. Rentiers, porteurs
de titres, spéculateurs, ne faisaient aucune attention
aux conseils de prudence qui leur étaient donnés. Les
Débats, l'Economiste français, le Rentier, la Revue des
Deux-Mondes, MM. Léon Say, Leroy-Beaulieu, Cucheval-Clarigny, Amédée Cochut, faisaient entendre de cou-
rageux avertissements. Une spéculation insensée con-
duisait les valeurs à des prix hors de proportion avec
leurs revenus. Dans une étude remarquable, intitulée :
Heure du péril, M. Cucheval-Clarigny disait que
l'heure de la prudence était venue pour tout le
monde ! » Vains efforts ! Les petits capitalistes étaient
isolés, — nous ne voulons pas dire furieux, — quand
ils n'avaient pas pu se faire attribuer des actions au

pair à la répartition. Ils cherchaient les valeurs qui
« faisaient prime », ou « pouvaient monter » ou bien
encore étaient conduites par des « syndicats ». Ils cou-
raient à la bourse, achetaient, revendaient ; des étages
de spéculateurs se superposaient les uns aux autres ;
« on se passait, en courant, de main en main, le flam-
beau de la hausse » (1), croyant à l'éternité de cette
hausse. Tout le monde gagnait ; tout le monde était
content. Le réveil fut terrible. Cette folie coûta cher
à l'épargne. Pendant le courant de l'année 1881, on a
pu évaluer le montant des émissions de valeurs offertes
au public à 7 milliards de francs (2). Ce capital était,
en majeure partie, représenté par des apports et par
des versements en espèces. Ces 7 milliards de valeurs
nouvelles constituaient un capital hors de proportion
avec les facultés de l'épargne. La crise était inévitable.
Des capitaux considérables furent engloutis !

La Banque européenne et le groupe appelé « valeurs
Philippart », l'Union générale, la Banque de Lyon et
de la Loire, la Société française financière, la Banque
de prêts à l'industrie, la Banque nationale, la Société
nouvelle de banque et de crédit, le Crédit de France,
le Crédit de Paris, la Banque romaine, toutes valeurs
admises à la cote officielle de la bourse de Paris, ayant
été l'objet d'opérations énormes, au comptant et à terme,
sont tombées en faillite. Ce sont des millions perdus
par centaines (3).

<hr>

(1) Léon Say, *Les interventions à la Bourse*, page 24.

(2) M. Léon Say a indiqué ce chiffre dans un de ses discours à la
Chambre en 1883. Voir *Une année de discussion*. Ces 7 milliards s'appliquent aux émissions faites en Europe ; pour la France seule, le chiffre
dépassait 2 milliards, mais la plupart des émissions faites sur les autres
marchés revenaient sur le nôtre, d'une façon directe ou indirecte : c'est ce
qui explique le chiffre de 7 milliards indiqué par M. Léon Say.

(3) Voir au volume précédent, page 259 : *la Crise de 1882*.

Les deux bourses des 19 janvier et 21 janvier 1882 sont les journées les plus caractéristiques de la période du krach. Nous en avons
noté le jour même les principaux traits.

Le 19 janvier, ce ne sont pas des exécutions, ce sont des hécatombes,
qui se produisent sur le marché. On a baissé de : 1 fr. sur le 3 % ; 1 fr. 05
sur le 3 % amortissable ; 1 fr. 27 sur le 5 % ; 25 fr. sur la Banque d'es-

L'Union générale a valu 3,200 francs ; la Banque de Lyon et de la Loire 1,400 à 1,500 francs ; la Société française financière 1,027 fr. 50 ; la Banque des prêts à l'industrie, 650 francs ; la Banque nationale, 810 fr. 50 ; la Société nouvelle, 850 francs ; le Crédit de France, 900 francs : le Crédit de Paris, 900 francs ; la Banque romaine, 800 francs. Tous ces titres ne valent pas aujourd'hui le papier qui a servi à les confectionner, car, suivant un mot de M. Léon Say, « il y a quelque chose d'écrit dessus ».

Si nous ajoutions à cette liste funèbre de valeurs tombées en faillite et admises par les agents de change à la cote officielle, celles des sociétés qui, fondées par actions, cherchaient à créer, pour leurs titres, un marché en banque, quel long et triste martyrologe n'aurions-nous pas à dresser !

Que sont devenus le Crédit provincial, le Syndicat financier lyonnais, la Banque de crédit français, l'Union mobilière, la Rente mutuelle, la Rente industrielle, l'Union provinciale, le Comptoir financier et industriel, la Banque de la Nouvelle-Calédonie, la Banque de Paris et de Bretagne, la Banque d'arbitrage et de crédit, la Banque centrale de crédit, la Banque générale des rentes et valeurs, la Banque d'épargne et de crédit, la Société générale d'escompte, la Banque de Rhône et

---

compte ; 30 fr. sur la Banque de Paris ; 35 fr. sur le Crédit de France ; 50 fr. sur le Crédit foncier ; 15 fr. sur le Crédit général français ; 36 fr. 25 sur le Crédit lyonnais ; 35 fr. sur la Société générale ; 45 fr. sur la Franco-Égyptienne ; 10 fr. sur la Banque parisienne ; 7 fr. 50 sur la Banque russo-et française ; 1.100 fr. sur l'Union générale ; 37 fr. 50 sur le Bône à Guelma ; 50 fr. sur le Lyon ; 60 fr. sur le Midi ; 100 fr. sur le Nord ; 25 fr. sur l'Orléans ; 3 fr. sur les Allumettes ; 50 fr. sur le Gaz ; 40 fr. sur les Omnibus ; 10 fr. sur le Panama ; 175 fr. sur le Suez ; 20 fr. sur les délégations Suez ; 65 fr. sur les parts de fondateur ; 110 fr. sur les parts civiles de Suez ; 1 fr. sur l'Italien ; 210 fr. sur la « Timbale » Laander-Bank ; 40 fr. sur la Timbale hongroise ; 38 fr. 75 sur la Banque ottomane ; 35 fr. sur le Mobilier espagnol, etc.

La bourse du 21 janvier n'a pas de précédent. Jusqu'à trois heures moins vingt, c'était un silence de mort ; on ne pouvait rien vendre ; les agents de change n'exécutaient plus d'ordres.

L'Union tombe à 1.000 fr. ; le Suez à 2.050 fr. ; la part à 1.425 fr. ; le Rio à 600 fr. ; le 5 % à 112 fr. ; le 3 % à 80 fr. 90.

Loire, la Banque française, la Banque des provinces,
de l'Union financière, de la Rue Laffitte, et tant
d'autres dont nous oublions les noms, qui s'étaient
fondées un peu partout, dans la banlieue de Paris, dans
les départements, dans les grandes villes comme dans
les petits cantons.

La plupart de ces banques avaient réussi à grouper
autour d'elles une clientèle nombreuse, pour laquelle
tous les services financiers étaient effectués gratuite-
ment. Peu à peu le capitaliste ou le rentier, séduit par
ces avantages gratuits en apparence, car ils devaient
lui coûter bien cher, chargeait ces banques du soin de
ses intérêts, souscrivait ou achetait des titres que ces
maisons mettaient en souscription. L'épargne a subi
ainsi des pertes incalculables, car toutes ces officines ont
effectué de nombreuses émissions d'actions et d'obligations de mines, de charbonnages, de sociétés plus diverses les unes que les autres, émissions auxquelles
elles accordaient, « par faveur » et en première ligne
un droit de souscription à leurs clients et actionnaires.

Voici, d'après les journaux de l'époque une liste
d'une centaine de ces sociétés qui devaient enrichir
les souscripteurs :

Halage à vapeur, Tramways-omnibus de Marseille, Docks et entrepôts
de France, Bons de travaux publics, Société des Pyrénées, Entrepôts
libres, Compagnie industrielle du gaz, Huîtrières de Marennes, Corderies
du Maine, Constructions de la Villette, Pâtes alimentaires, Raffinerie
Etienne Cézard, Panoramas Saint-Honoré Detaille, Eaux d'Oran, Eaux
d'Hyères, Verreries de Vierzon, Constructions de la Seine, de Passy,
Chantiers de la Seine, Usines d'Auteuil, Hôtels de Nice, Pétrole d'Italie,
Charbonnages d'Auzits, de Pienza, de Communay, du Var, du Nord, du
Rhin, de Florifoux, Mines de l'Uruguay, Salins de la Méditerranée, Char-
bonniers de Paris, Chauffage industriel, Comptoir français et industriel,
Comptoir général des rentes françaises, Comptoir et gazette des capitalistes, Crédit de l'industrie, Comptoir national de crédit, Comptoir national de l'épargne, Comptoir financier, Crédit foncier de la marine, Crédit
minier, Crédit rural, Fabrication et taillerie de diamants, Docks de la
carrosserie, Domaine de la Malmaison, de Vaudepart, Épargne immobilière, Compagnie de la fertilisation, Forges de la Seine, Forges d'Ivry,
Usines à gaz réunies, Grands bouillons parisiens, Grande tuilerie de Bour-
gogne, Grande imprimerie, Houillères de Figeac, Huîtrières de Portugal,
Journal le Beaumarchais, la France nouvelle, le Fermier, la Journée, le

Patriote, le Petit Caporal, les Petites-Nouvelles, le Cri du peuple, Société des kaolins de Bretagne, Lessive Phénix, Magasins réunis, Marchés aux chevaux, Société calédonienne, Société forestière, Société industrielle et commerciale, Société viticole française et étrangère, Société viticole française et espagnole, Tabacs français, Terrains de la place Saint-Georges, Tramways de l'Eure, de Rueil-Marly, de Roubaix à Tourcoing, Union métallurgique, Vidanges et engrais, Vidanges militaires, Wagons réfrigérants !

Quelle triste nomenclature, que nous pourrions étendre encore ! Que valent maintenant ces titres ? Les syndics de faillite ou les liquidateurs judiciaires peuvent répondre.

*
*   *

Sans parler des millions et des milliards que ces valeurs ont fait perdre à l'épargne, M. Léon Say a pu dire avec raison que le krach de 1882 avait coûté une nouvelle rançon de plusieurs milliards payée à la spéculation, comme la rançon de 1871 a été payée aux Allemands (1) et, depuis cette époque, nous avons assisté aux chutes retentissantes du Comptoir d'escompte, de la Société des métaux, de celle des Dépôts et comptes courants ; nous avons vu les suspensions ou réductions de paiement des provinces argentines et du Portugal, la baisse considérable des fonds brésiliens, uruguayens, helléniques, des obligations de Cordoba, Mendoza, Catamarca, Corrientes, etc. On a calculé que, sur les valeurs argentines, brésiliennes, uruguayennes, portugaises, espagnoles, grecques, il avait été perdu près d'un milliard par l'épargne française et, pour clore ce relevé, faut-il parler du Panama (2) ?

(marginal note:) Ce qu'a coûté le krach de 1882

1. La politique financière de la France (Journal des Économistes, novembre 1882, page 159).

2. Nous indiquons, dans le tableau suivant, le taux d'émission des

Ces milliards perdus dans des fonds d'Etat, dans des valeurs de toute catégorie n'ont pas cependant ralenti la marche progressive de l'épargne française : nos rentiers ont pris la sage habitude de répartir leurs placements ; leurs risques sont ainsi fort divisés et quand une valeur vient à sombrer, c'est une perte, sans doute, pour ceux qui en possèdent quelques-unes, mais ce n'est pas un désastre irréparable. On a dit que si l'humanité n'était pas désolée par la guerre et les épidémies, la terre ne serait ni assez vaste ni assez productive pour contenir et nourrir ses habitants. Il semble aussi, quand on jette un coup d'œil d'ensemble sur l'histoire financière de notre époque, quand on voit, depuis le commencement du siècle, la progression merveilleuse de la fortune mobilière, et qu'on suppute, d'un côté, les plus-values et les bénéfices acquis, de l'autre, les pertes subies, il semble que de véritables « saignées de capitaux », on nous pardonnera cette expression. aient été nécessaires pour empêcher la France de devenir trop riche.

emprunts argentins, brésiliens, espagnols, grecs et portugais, comparés aux cours actuels, et l'écart en moins-value :

EMPRUNTS		COURS		PERTE
		ÉMISSION	MARS 1893	
		fr. c.	fr. c.	fr. c.
Argentin............	6 % 1884.....	459 00	225 00	234 00
—	5 % 1885.....	426 24	310 00	116 24
—	5 % 1886.....	418 75	330 00	88 75
Cordoba............	6 % 1888.....	482 60	80 00	402 60
Catamarca............	6 % 1888.....	473 75	130 00	343 75
Corrientes............	6 ½ 1888.....	466 00	130 00	335 00
Mendoza............	6 % 1884.....	470 00	120 00	350 00
Brésiliens............	4 ½ 1883.....	89 ⅔	74 ⅙	15 ⅔
—	4 ½ 1888.....	97 ⅔	74 ⅙	28 ⅔
—	4 ½ 1889.....	90 ⅔	68 60 c.	21 60 ⅔
Bahia............	5 % 1888.....	480 00	312 00	168 00
Cuba............	5 % 1890.....	467 00	430 00	37 00
Hellénique	5 % 1881.....	373 00	360 00	13 00
—	4 % 1887.....	395 00	340 00	95 00
Portugais............	4 ½ 1888-89..	485 00	150 00	335 00
—	4 % 1890.....	436 60	130 00	306 60
—	4 ½ 1891.....	437 50	363 00	74 50

Non certes, un pays n'est jamais trop riche ni en hommes, ni en capitaux, ni en revenus ; mais il faut désirer que les crises presque périodiques qui tantôt pour une cause, tantôt pour une autre, se déchaînent sur un marché financier et le couvrent de ruines, servent d'avertissement et engagent nos rentiers à être plus prudents que jamais dans le choix de leurs placements. Il faut s'efforcer de les mettre à l'abri des manœuvres des hommes sans conscience et sans scrupule ; il faut aussi les prémunir contre eux-mêmes, contre leurs propres entraînements, leurs engouements enthousiastes et leurs découragements subits.

« Le Français, disait, il y a deux siècles, le chancelier d'Aguesseau, n'a pas changé de caractère depuis Jules-César. Extrême en tout, il passe sans milieu de l'excès de confiance à l'excès de défiance. Il n'y a pas de pays où l'on puisse hasarder plus aisément des entreprises qui ne roulent que sur l'opinion ! (1) »

Les faits ont démontré la vérité de ces paroles.

Ce n'est plus de nos jours que Jacques Laffitte pourrait dire que les capitalistes ont « le rôle de l'oisif » et que leur peine « qui n'est pas trop sévère » doit être l' « économie » (2). Ils ont bien d'autres soucis !

Quelles que soient les valeurs qu'ils possèdent ou veulent acquérir, il leur faut être vigilants, attentifs ; ils doivent apprendre, par eux-mêmes, à se faire une opinion raisonnée.

Un rentier doit surveiller son portefeuille, absolument comme un propriétaire d'immeubles, soucieux de ses intérêts propres, se rend compte de l'état locatif et de la situation matérielle de ses immeubles et propriétés. Celui qui se borne à acheter des valeurs pour en détacher les coupons à leur échéance, sans se préoccuper de la marche des entreprises dans lesquelles il a placé ses capitaux, commet une grande imprudence.

1) Œuvres du chancelier d'Aguesseau, précédées d'une étude biographique par M. E. Falconnet (1865).

2) Jacques Laffitte. Réflexions sur la réduction de la rente (1834).

Il faut désirer aussi que les pouvoirs publics, dans les mesures économiques et financières qu'ils proposent, adoptent ou rejettent, apportent une extrême sagesse, cette sagesse que M. Thiers, soit qu'il parlât de la forme du gouvernement, des impôts, du crédit (1), recommandait, sans cesse, à tous, comme le premier devoir, comme le souverain bien. Un projet de loi mal conçu, un tarif douanier insuffisamment étudié, un budget mal équilibré, des impôts arbitrairement établis, un mot prononcé à la légère à la tribune, peuvent faire un mal incalculable à la fortune publique et privée.

Le Parlement devrait avoir sans cesse présents à l'esprit les chiffres considérables que représentent de nos jours les titres de rente française, ceux des compagnies de chemins de fer, ceux de toutes ces sociétés financières et industrielles qui ont émis des centaines de millions de morceaux de papier qui s'appellent rentes, actions, obligations.

Il ne devrait pas oublier que cette fortune mobilière de 80 milliards de valeurs, rapportant bon an mal an 4 milliards, est démocratisée à l'infini et qu'elle excite bien des convoitises et des récriminations de la part des apôtres de la liquidation sociale.

Quelle riche aubaine, si ces milliards étaient partagés, par parts égales, entre tous les citoyens ! Cela ferait près de 2,000 francs par tête. Quelle illusion ! Partagés entre tous, ils n'ajouteraient pas une miette au pain du pauvre ! Comme l'écrivait Michel Chevalier (2) « la mise en commun de toutes les richesses, en supposant que cette violence n'eût pas pour effet nécessaire de réduire fortement la production en détruisant la confiance qui est le fluide vital de l'industrie, ne créerait que des pauvres de plus. La pauvreté universelle en

---

(1) Discours de M. Léon Say à Saint-Germain, le 20 septembre 1880, lors de l'inauguration de la statue de M. Thiers.

(2) *Journal des Débats*, mars 1848. Lettres de Michel Chevalier sur *l'Organisation du travail*. Voir un article de M. de Molinari sur Michel Chevalier, dans les *Débats* du 31 décembre 1879.

serait le produit net ». Ces 80 milliards existent sans doute ; mais ils ne sont que la représentation mobile d'autres valeurs ou créances de natures diverses comme les 19 milliards d'actions et d'obligations de chemins de fer, les 3 milliards d'obligations du Crédit foncier, les 2 1/2 milliards d'obligations de villes et de départements. Qu'est-ce donc que les 3 milliards d'obligations du Crédit foncier sinon la représentation de prêts hypothécaires ou communaux ? Ceux qui rêvent le partage des biens en commun additionnent d'un côté, toutes les propriétés immobilières, toutes les usines, toutes les industries, et de l'autre, l'or, l'argent, les billets de la Banque de France, tout le capital des valeurs mobilières ; ils totalisent ainsi la richesse de la fortune de la France, sans s'apercevoir de leur erreur et de leur folie ! Ils confondent le contenant et le contenu. Le jour où ils voudraient s'emparer de cette fortune, de ce capital, ils l'auraient fait disparaître, car le capital ne vit, n'existe et ne prospère qu'avec la sécurité ; frappez-le, il se réduit ; frappez-le plus fort, essayez de l'atteindre, il se cache, il fuit devant vous ; prenez-le, il disparaît entre vos mains ; ce n'est bientôt plus qu'un chiffon de papier, car vous avez détruit ce qui faisait sa force, augmentait son crédit et sa valeur même : la confiance.

Les futurs liquidateurs de la société commettent une erreur plus grave encore, lorsque, s'attaquant au capital lui-même, ils le considèrent comme l'ennemi de l'ouvrier et de tous les travailleurs. Ils oublient que ce capital abhorré, se répand comme une manne bienfaisante dans la société ; il excite et anime le travail ; il lui fait produire tout le bien dont il est capable. S'il est le nerf de la guerre, il est aussi celui de l'industrie. C'est lui qui solde les matières premières, les outils et la main-d'œuvre. « Son abondance détermine le chiffre des affaires ; sa rareté les restreint. Le niveau du capital marque celui du travail ; ce sont comme deux fleuves dont le premier alimente le second

et dont les crues coïncident ainsi que les étiages (1). »
Les titres négociables, par la mobilisation des capitaux, par le développement du crédit, quelles qu'aient
été les fautes commises, quels qu'aient été les
abus de la spéculation, et, il faut le dire, aussi grave
qu'ait été leur influence sur les mœurs mêmes du
pays, ont transformé le monde et ont permis la réalisation, dans ce XIXᵉ siècle qui s'achève, d'œuvres gigantesques qui, sans leur intervention, auraient été impos-
sibles. Ce capital, tant décrié, a été, comme l'a dit Bastiat, « le blé du travail », et à mesure qu'il a augmenté,
« sa part proportionnelle a diminué au profit de celle
du travail ». Aucune des deux classes, travailleurs ou
capitalistes, ne peut prospérer si l'autre n'est également florissante : « elles ne peuvent réussir l'une sans
l'autre », disait Cobden (2), et dans une société comme
la nôtre, suivant encore l'expression de M. Emile Levasseur (3), « plus y a de capital, plus y a de travail : ce
sont deux alliés nécessaires » (4).

LE MORCELLEMENT DES VALEURS MOBILIÈRES

LES SALAIRES : LA PART DU CAPITAL ET DU TRAVAIL (5)

Dans plusieurs études, nous avons essayé de suivre
le mouvement de la fortune mobilière de notre pays,
en cherchant à établir le montant total des titres mobiliers (rentes, actions et obligations) qui pouvaient se
trouver en circulation, et à en montrer la diffusion et
la répartition dans les portefeuilles.

(1) Emile Cheysson, conférence faite aux ouvriers de l'usine Piat (1885).
(2) Discours de Rochdale, 26 juin 1861.
(3) *Précis d'économie politique*, page 76.
(4) Voir les annexes de cette étude, pages 496 à 511.
(5) Mémoire lu à l'Académie des Sciences morales et politiques (17 juin 1896).

Ces statistiques arides ont leur utilité au triple point de vue économique, politique et social. Elles permettent de suivre les progrès ou la diminution de l'épargne, la productivité ou l'improductivité de ses placements ; elles permettent de répondre par des faits et par des chiffres précis aux attaques dont le capital est l'objet ; elles font voir en quelles mains se trouvent ces milliards si enviés dont les titres mobiliers sont la représentation ; elles indiquent enfin s'il existe, comme on le répète sans cesse, une ploutocratie financière ; si, au contraire, ce n'est pas une démocratie laborieuse qui est la plus riche et la plus nombreuse.

Ces statistiques, pour avoir plus de force et d'autorité, ont besoin d'être renouvelées, contrôlées, mises presque constamment à jour. Elles acquièrent ainsi une plus grande certitude, car elles peuvent s'appuyer sur des évaluations dont l'expérience et le temps ont confirmé l'exactitude et ne sont pas basées uniquement sur les chiffres, essentiellement variables, d'une seule année.

Nous avons donc voulu rechercher, comme suite à notre étude sur l'*Évaluation du capital et du revenu des valeurs mobilières* (1), quels étaient le morcellement, la répartition, la diffusion de cette fortune mobilière, à l'époque la plus récente qu'il nous a été possible de l'établir. Ce travail effectué, nous en avons comparé les résultats à ceux que nous ont fournis des documents officiels, d'une source sûre, remontant à des époques éloignées, et nous avons rapproché les résultats ainsi obtenus des évaluations que nous avions faites antérieurement.

Objet de cette étude.

Nous nous sommes demandé, ensuite, pour répondre à des affirmations répétées à chaque instant, si l'accroissement et le morcellement de la fortune mobilière représentée par des titres de rentes, actions et obligations, avaient nui, non pas à l'ensemble du pays car la thèse serait insoutenable, mais aux travailleurs

(1) Voir page 315.

eux-mêmes, aux ouvriers. En admettant qu'un grand nombre de nos concitoyens, que le plus grand nombre même, soit devenu capitaliste et rentier, est-il vrai de dire que la classe ouvrière soit restée misérable et n'ait pas, dans une certaine mesure, profité de l'amélioration survenue dans la classe capitaliste. Sur ce point, nous avons pensé qu'il était utile de rechercher, dans les statistiques établies sur le taux des salaires depuis trois quarts de siècle, quelle avait été l'influence du capital sur la rémunération du travail.

Points examinés. Nous examinerons donc successivement et à diverses dates :

1. La répartition, le morcellement des rentes françaises dans les portefeuilles français, le nombre des porteurs de rentes depuis 1826 jusqu'en 1896 ;

2. Le mouvement des actions de la Banque de France depuis 1870 et le nombre des actionnaires ; celui des actions et obligations du Crédit foncier depuis l'augmentation du capital social, en 1888 ;

3. La répartition des titres des actions et obligations de chemins de fer depuis 1860, c'est-à-dire depuis la constitution des grands réseaux ;

4. Le mouvement des caisses d'épargne depuis 1835 ; le nombre et la quotité moyenne des livrets, les dépôts comparés dans les grandes banques et dans les caisses d'épargne ;

5. Nous indiquerons, par quelques statistiques, relevées dans les rapports officiels de plusieurs grands établissements de crédit, le mouvement de plusieurs éléments qui composent la fortune mobilière ;

6. Nous montrerons, par l'étude des valeurs successorales de 1826 à 1894, si les chiffres que nous donnons sur le mouvement de la fortune mobilière se trouvent confirmés ou non ;

7. Nous comparerons les nouvelles évaluations que nous avons obtenues à celles que nous avons précédemment établies en 1884, 1889, 1893 ;

8. Nous montrerons, enfin, par la statistique des salaires, la progression ou la diminution des profits de la classe ouvrière.

Il est nécessaire, au début de ce travail, de rappeler quelques chiffres.

Les rentes françaises, les actions et obligations de chemins de fer français, les actions de la Banque de France et du Crédit foncier, les obligations de cet établissement et celles de la ville de Paris, sans parler des 4 milliards déposés dans les caisses d'épargne, représentent à eux seuls, d'après les cours cotés sur ces diverses valeurs, 52 à 53 milliards.

Il y a 26 à 27 milliards de rentes, suivant que l'on calcule d'après le taux nominal ou le cours coté, 20 milliards d'actions et d'obligations de chemins de fer ; 5 milliards d'actions de la Banque, du Crédit foncier, d'obligations foncières et communales de la ville de Paris. Sur les 80 milliards de valeurs mobilières que possède la France, — 60 milliards de valeurs françaises et 20 milliards de valeurs étrangères, — en chiffres ronds, 52 milliards représentent des titres d'épargne. En quelles mains se trouvent ces milliards et ces titres ? Comment sont-ils répartis ? Quel est le morcellement de cette immense fortune ? Ce sont là les premières questions que nous avons cherché à résoudre.

***

La statistique des inscriptions de rentes françaises sur l'État est particulièrement intéressante à étudier.

Les rentes françaises.

Depuis le commencement du siècle, et surtout depuis les événements de 1870, les progrès de la dette en rente perpétuelle ou amortissable ont pris un développement considérable.

Pour s'en rendre compte, nous indiquerons tout d'abord, dans le tableau ci-dessous, le montant des rentes inscrites et le capital nominal qu'elles représentent, en faisant la part de chacun des régimes politiques qui se sont succédé en France (1) :

DATES	RENTES INSCRITES	CAPITAL NOMINAL
	millions de francs	millions de francs
Septembre 1800...	35.7	743.6
1ᵉʳ janvier 1815......	63.6	1.272.4
1ᵉʳ août 1830...	199.4	4.426.3
24 février 1848...	244.3	5.912.9
1ᵉʳ janvier 1852...	239.3	5.516.2
1ᵉʳ janvier 1871...	386.2	12.454.3
— 3 ½ % ...	237.6	
1ᵉʳ janvier 1896 3 % ...	456.4	26.000.0 (1)
— 3 % amortissable....	118.8	

(1) Au cours de 104 francs, les 456 millions de 3 % représentent un capital de 15 milliards 656 millions ; — au cours de 101 francs, les 118 millions de 3 % amortissable représentent un capital de 3 milliards 972 millions ; — au cours de 100 francs, les 239 millions de 3 ½ % représentent un capital de 7 milliards 117 millions.

Ainsi la dette en rentes aurait été augmentée :

	millions de francs
Sous Napoléon Iᵉʳ, de	198.5
Sous la Restauration, de	3 454.2
Sous Louis-Philippe, de.	4.486.6
Sous Napoléon III, de	6.938.1
Sous la République de 1871 à 1896, environ de. .	14.500.0

Sans compter la dette flottante, les dettes remboursables à terme ou par annuités, la dette viagère, les dettes locales, départementales et communales, la dette consolidée 3 1/2 et 3 %, la rente 3 % amortissable s'élèvent, d'après le budget de 1896, à 812 millions de rentes qui représentent plus de 26 milliards au taux nominal, et près de 27 milliards au cours de la bourse. On peut affirmer que, tous comptes faits, le passif total de la France ne doit pas s'éloigner de 35 à 36 milliards (2).

35 à 36 milliards de dette totale, 812 millions de rentes

(1) *Compte général de l'administration des finances*, 1894, pages 868 et 869.
(2) Stourm, *le Capital de la dette publique en France* (*L'Économiste français*, 11 août 1888).

consolidées ou amortissables, 26 milliards de capital nominal, telle est, en bloc, cette propriété dont les titres appartiennent aujourd'hui à des millions de personnes. Nous allons en suivre le morcellement depuis près de trois quarts de siècle.

*
* *

Lors de la discussion, en 1824, du projet de conversion de la rente 5 %, projet que la Chambre des pairs rejeta par 128 voix contre 94, des renseignements intéressants furent donnés sur la répartition des rentes et le nombre des rentiers détenteurs des fonds publics.

D'après les documents fournis, les 140 millions de la dette se répartissaient entre 144.100 rentiers dont l'avoir, en rentes, se décomposait ainsi (1) :

Le nombre des porteurs de rentes en 1824.

10.000 rentiers possédant de	10 à 50 fr. de rente pour	300.000 fr.
30.000 — —	50 à 99 » —	2.750.000 »
76.000 — —	100 à 999 » —	30.600.000 »
15.500 — —	1.000 à 4.999 » —	41.500.000 »
5.000 — —	5.000 à 9.999 » —	27.290.000 »
1.600 — —	10.000 et plus —	30.500.000 »

144.100 rentiers.

Sur les 76.000 rentiers possédant de 100 à 999 fr. de rentes,
    30.000 en possédaient de 100 à 300 fr.
    20.000 — 301 à 600 »
    26.000 — 601 à 999 »

*
* *

Le marquis d'Audiffret, à son tour, a publié dans son *Système financier de la France* (2) un état indiquant le classement, par catégories, des propriétaires de rentes 5 et 3 % existantes au 1er janvier 1830.

En 1830.

Le nombre des propriétaires de rentes 5 % était, à cette date, de 108.493 pour un chiffre de rentes de 125.786.971 francs, ce qui donnait une proportion de 1.5 francs de rentes par rentier; le nombre de pro-

1 Paul Boiteau, *Fortune publique et finances de la France*. tome II, page 178.

2 Tome I, page 345.

priétaires de rentes 3 % était de 16.539 pour un chiffre de rentes de 39,377,047 francs, ce qui représentait une moyenne de 220 francs de rentes environ par rentier.

On comptait donc, en 1830, 125,032 rentiers tout au plus, car on peut supposer qu'il y avait des doubles emplois, notamment entre les propriétaires de rentes 5 % et ceux de rentes 3 %.

On a fait le relevé, pour les rentes 5 %, du nombre des grandes, des petites et des moyennes inscriptions. Sur 108,493 détenteurs de rentes 5 %, 8,000 possédaient moins de 50 francs de rentes. Les petits rentiers étaient alors la grande minorité ; ils représentaient à peine la quatorzième partie du nombre des rentiers.

Du reste, la forme même des coupures de rentes pouvait, à cette époque, empêcher la petite épargne de faire des placements sur nos rentes. On sait que les titres de rentes furent nominatifs jusqu'à l'ordonnance royale du 29 mai 1831, le minimum des coupures était de 50 francs ; l'ordonnance du 16 septembre 1831 abaissa cette limite à 10 francs de rente ; le décret du 29 janvier 1864 à 5 francs, et la loi du 27 juillet 1870 à 3 francs de rente (1). Il fut décidé plus tard que les coupures de rentes seraient acceptées en payement des impôts. Ces réformes, que nous avions demandées, contribuèrent efficacement à la diffusion des titres dans les plus petits portefeuilles (2).

**

De 1852 à 1896. Si nous suivons, en effet, à partir de 1852, d'une part, le développement des souscriptions publiques à nos emprunts nationaux, le nombre des souscrip-

(1) Courtois, *Manuel des fonds publics.*

(2) Voir tome III, page 3.

teurs (1), la quantité de rentes souscrites et le chiffre
attribué ; d'autre part, le nombre des inscriptions de
rentes, on se rendra compte du morcellement de ces
milliards que représente la dette publique constituée
en rentes. Ce serait, sans doute, une grosse erreur de
dire et une plus grosse exagération de croire qu'il y a
autant de rentiers que d'inscriptions. Plusieurs titres
peuvent appartenir au même propriétaire ; plusieurs
personnes peuvent posséder à la fois des inscriptions
nominatives de 3 1/2 et de 3 %, des rentes amortissables au porteur, et *vice versa* ; d'autres rentiers
peuvent avoir plusieurs titres nominatifs de la même
catégorie de rentes achetées à diverses époques. Mais en
tenant compte, aussi approximativement que possible,
de ces doubles emplois, le nombre des rentiers qui
avait été fixé à 144,000, en 1824, par le ministre des

(1) Emprunts en 3 % contractés sous l'Empire :

ANNÉES	IMPORTANCE de l'emprunt	NOMBRE des souscripteurs
	millions de francs	
1831................................	249.2	60.142
1854................................	509.4	170.820
1855................................	779.3	223.262
1859................................	619.1	530.843
1864................................	314.9	401.850
1868................................	750.4	672.093
1870................................	804.5	41.022

En 1871, le nombre des souscripteurs au premier emprunt en 5 % de
2 milliards fut de 331,906 ; en 1872, le nombre des souscripteurs à l'emprunt de 3 milliards fut de 934,278. (Rapport de M. Paul Delombre sur
le budget du ministère des finances, pour 1895, pages 10 et 11.) Le produit de l'emprunt de 1871 fut de 2,233,032,367 fr. 50 ; le produit de l'emprunt de 1872 fut de 3,498,744,639 fr. (*Compte général de l'administration des finances*, pages 828 et 829.)

En 1886, lors de l'emprunt de 500 millions, le nombre de souscripteurs
est de 248,047.

En 1891, lors de l'emprunt du 10 janvier de 869 millions, le nombre de
souscripteurs s'éleva à 260,060. Sur ce chiffre de souscripteurs, on
comptait :

finances (1) ; à 125,000, en 1830, par le marquis
d'Audiffret (2) ; à 550,000, en 1869, par M. Paul Leroy-
Beaulieu (3), pourrait être évalué au minimum à
2 millions, puisque, depuis 1824 et 1830, la dette a dé-
cuplé et a presque triplé depuis 1869.

RENTES INSCRITES	NOMBRE d'inscriptions	CHIFFRE des rentes	MOYENNE par inscription (1)
		francs	francs
1ᵉʳ avril 1814..................	137,950	63.807.637	459
1ᵉʳ août 1830..................	195,570	204.696.459	1.041
24 février 1848..................	747.744	244.287.206	326
1ᵉʳ janvier 1852..................	810.901	239.304.527	295
1ᵉʳ janvier 1862..................	1.108.676	366.044.376	321
1ᵉʳ janvier 1865..................	1.165.531	403.962.635 (2)	346
1ᵉʳ janvier 1871..................	1.269 739	386.222.348	304
1ᵉʳ janvier 1888..................	4 217.223	730.939.119	173
1ᵉʳ janvier 1895..................	5.096.811	812.604.069 (3)	159

(1) Nous croyons utile de faire cette évaluation en nous appuyant sur l'ensemble des statistiques que nous avons relevées.
(2) *Rentes mobilisées* (Paul Boiteau, *Fortune publique et financière de la
France*, tome 1, pages 389 et 590).
(3) Au 1ᵉʳ janvier 1896 : rentes 3 ½, 3 %, 3 % amortissable. Voir le rapport
de M. Boulanger, *loc. cit.* pages 131 à 135.

Quant aux quantités d'inscriptions de rentes, les
comptes généraux de l'administration des finances, les
documents officiels des ministères, nous permettent

165.160	souscripteurs de 3 fr. de rente.	
70.554	—	10 à 100 fr. de rente.
15.297	—	110 à 500 —
3.744	—	510 à 1.000 —
4.619	—	1.010 à 10.000 —
576	—	10.100 à 100.000 —
110	—	au-dessus de 100.000 —

Rapport de M. Rouvier, ministre des finances, sur l'emprunt de 1891.
(*Bulletin de statistique et de législature comparée*, tome 29, pages 282
à 285.)

(1) Documents fournis pendant la discussion du projet de loi de conversion.
(2) *Système financier de la France*, tome 1, page 345.
(3) *Traité de la science des finances*, tome 11, pages 136 et 137, en note.

l'en indiquer aussi exactement que possible, depuis quatre-vingts ans, les chiffres totaux (1) :

Ainsi, de 1814 à 1896, le chiffre des rentes est passé de 63,307,037 francs à 812,004,069 francs, soit un accroissement de 750 millions, en chiffres ronds ; le nombre des inscriptions de rentes s'est élevé de 137,950 à 5.096,811 ; la moyenne des rentes représentées par ces inscriptions s'abaisse de 459 à 159 francs ; le nombre des rentiers, du chiffre de 125,000 passe à celui de 2 millions.

La dette constituée en rentes est douze fois plus forte qu'en 1814 : le nombre des inscriptions de rentes est trente-six fois plus élevé ; la moyenne des rentes représentées par chaque inscription est près de trois fois plus faible ; le nombre des rentiers est plus de quinze fois plus élevé.

Il est donc incontestable, rien que par ce seul rapprochement de chiffres, que l'accroissement du nombre des rentiers, s'il n'a pas suivi la même progression que celle des inscriptions, a dû s'accroître dans de fortes proportions.

Sans même établir de rapprochement avec les chiffres que nous fournissent les années 1814, 1830, 1848, 1852 à 1865, on peut admettre que si, en 1870, en nous en tenant à l'évaluation donnée par M. Paul Leroy-Beaulieu, nous avions 550,000 à 600,000 rentiers détenteurs de 1,254,040 inscriptions de rentes françaises, ce nombre de rentiers a au moins quadruplé, puisque, d'une part, le montant nominal des rentes s'est accru de 15 milliards, et que le nombre des inscriptions qui s'est élevé à 5,096,811 a quadruplé. En estimant à 2 millions le nombre des personnes détenteurs de titres de rentes, nous sommes, croyons-nous, bien près de la vérité.

1 *Compte de l'administration des finances de 1894*, pages 866 à 869; — *Bulletin de statistique du ministère des finances*, tome 1, page 26; — Vitu, *Guide financier*, page 99; — Paul Boiteau, *Fortune publique et financière de la France*, tome 1, pages 389 et 390; — *Documents parlementaires*, Sénat, rapport de M. Boulanger sur le budget du ministère des finances pour 1897.

Cette évaluation se trouve corroborée encore par la division même des titres de rentes en coupures, nominatives, mixtes ou au porteur (1) :

RENSEIGNEMENTS	3 ½ %	3 %	3 % amortissable
Nombre de parties.......	1.800.420	2.242.646	453.745
Inscriptions nominatives..	322.928	813.749	38.692
Montant des rentes.......	128.190.813	346.815.769	96.067.835
Inscriptions au porteur...	1.368.787	1.833.022	416.053
Montant des rentes.......	100.440.330	98.637.901	23.774.310
Inscriptions mixtes......	108.707	95.875	(y compris
Montant des rentes.......	9.008.039	11.113.560	l'amortissable)

* * *

En résumé, sur 456 millions de rentes 3 %, il existe 346 millions de titres nominatifs, soit 75,80 %. représentés par 813,719 inscriptions. Cela veut dire

(1) Nous avons dressé ce tableau d'après le compte de la dette consolidée publié dans le *Compte général de l'administration des finances de 1894* pages 816 et 817 et le rapport de M. le sénateur Boulanger sur le budget du ministère des finances de 1896 (pages 132 à 135).

La statistique suivante, que nous avons dressée d'après les documents officiels, donne de plus grands détails sur le *classement des rentes françaises par coupures.*

Rentes 3 % mixtes. — Les 11 millions de rentes 3 % mixtes, titres dont le contexte est nominatif et dont les coupures sont au porteur, sont divisés en 95.875 coupures.

Il y a : 3 à 10 fr. de rentes. . . . . . 21.062 coupures.
       20 à 50   —   . . . . . . 47.777   —
         100   —   . . . . . . 9.078   —
         200   —   . . . . . . 5.904   ...
         300   —   . . . . . . 3.670   —
         500   —   . . . . . . 2.057   —
      1.000   —   . . . . . . 2.043   —
      1.500   —   506
      3.000   —   778   —

              Total. . . . . . . 95.875 coupures.

Ainsi, sur 95,875 coupures de rentes mixtes, 74,839 sont de 3 fr. à 50 fr. c'est-à-dire représentent un capital nominal de 100 à 1,666 fr.! Les grosses coupures de 1,000 fr., 1,500 fr., 3,000 fr., représentant un capital de 33,000 fr., 50,000 fr., 100,000 fr., sont au nombre de 3,327 !

que, sur 100 francs de rentes 3 % françaises, près de 76 francs sont au nominatif, ce qui prouve le classement parfait et la répartition divisée de ce fonds d'Etat. Les 110 millions de rentes 3 % mixte et au porteur sont divisés en 1,410,000 coupures dont plus de 1,100,000 varient de 3 à 50 francs, soit un capital de 100 à 1666 fr.

Sur 237 millions de rentes 3 1/2 %, 129 millions de

Rentes 3 % au porteur. — Les 98,527,855 fr. de rentes 3 % au porteur sont divisées en 1,314,518 coupures :

De 3 fr. à 10 fr. de rentes, il y a 518.207 coupures.			
20 fr. à 50	—	— 523.972	—
100	—	— 130.073	—
200	—	— 62.209	—
300	—	— 38.950	—
500	—	— 20.437	—
1.000	—	— 12.462	—
1.500	—	— 3.897	—
3.000	—	— 4.261	—

Total. . . . . . 1.314.518 coupures.

Sur 1,314,518 coupures de rentes au porteur, 1,042,179 sont de 3 fr. à 50 fr., soit un capital de 100 fr. à 1,666 fr. De 100 fr. à 1,000 fr. de rentes, il y a 264.181 coupures. Quant aux grosses coupures de 1.500 fr. et de 3,000 fr. de rentes, elles sont au nombre de 8.158, alors qu'il existe 77,477 coupures de 3 fr., 114,445 coupures de 5 fr., 179,003 coupures de 20 fr. 203,913 coupures de 30 fr. !

Rentes 3 1/2 % mixtes. — Il y a 9,008,039 fr. de rentes 3 1/2 % mixtes, divisées en 108,707 coupures, comme suit :

De 2 à 10 fr. de rentes	42.812 coupures.	
20 à 50	—	45.455 —
100	—	6.917 —
200	—	4.919 —
300	—	2.847 —
500	—	1.698 —
1.000	—	1.206 —
1.500	—	278 —
3.000	—	746 —

Total . . . . 106.908 coupures.

Inscriptions mixtes 3 1/2 % représentées par des titres 4 1/2 % 1883 non encore présentées à la conversion (1er janvier 1895.). . . 1.799 —

Total égal. . . . . . 108.707 coupures.

De même que pour les rentes 3 p. 100, ce sont les petites coupures de rentes qui sont en grande majorité. Il y a 88,297 coupures de 2 fr.

rentes, représentées par 322,926 certificats, sont au nominatif, soit 54,40 %. Les 108 millions de rentes 3 1/2 mixte et au porteur sont représentées par 1 million 200,000 inscriptions sur lesquelles on compte plus de 1 million de coupures de 2 à 50 francs de rentes !

Sur 118 millions de rentes 3 % amortissables, on compte 96 millions de rentes nominatives, soit 89 % : les inscriptions au porteur, extrêmement divisées, s'élèvent à 23,774,310 francs de rentes. D'après le *Compte*

à 50 fr. de rentes, soit 82 % du montant total des titres, alors qu'il existe seulement 278 coupures de 1,500 de rentes et 746 coupures de 3,000 fr.

Rentes 3 1/2 % au porteur. — Les 99,935,827 fr. de rentes 3 ½ % au porteur se subdivisent en 1,196,774 coupures, plus 13,430 inscriptions 4 ½ non encore présentées à la conversion et 158,583 promesses de rentes.

La subdivision des 1,196,774 coupures s'établit comme suit :

De 2 fr. à 10 fr. de rentes 3 1/2 au porteur, il y a 480.239 coupures.

20 fr. à 50	—	—	470.536 —
100	—	—	92.192 —
200	—	—	65.005 —
300	—	—	42.423 —
500	—	—	23.813 —
1.000	—	—	13.676 —
1.500	—	—	3.632 —
3.000	—	—	5.258 —
		Total.	1.196.774 coupures.

Sur 1,196,774 coupures, 950,775 sont de 2 fr. à 50 fr.! De 100 fr. à 1.000 fr. de rentes, on compte 237,109 coupures dont 92,192 de 100 fr.! Les grosses coupures de 1,500 et de 3,000 fr. de rentes sont au nombre de 8.890 alors qu'il existe 44.182 coupures de 2 fr., 86.356 coupures de 5 fr., 160,261 coupures de 20 fr., 176,047 coupures de 30 fr.

Rentes 3 % amortissable. — D'après le *Compte général de l'administration des finances de 1894*, les 118,842,165 fr. de rentes 3 % amortissable se subdivisent en 38,692 inscriptions nominatives et 415,053 inscriptions au porteur.

Ces inscriptions au porteur sont réparties comme suit :

15 fr. de rentes,		196.896 coupures.
30	—	102.919 —
60	—	76.950 —
150	—	23.351 —
300	—	9.239 —
600	—	3.511 —
1.500	—	1.038 —
3.000	—	1.039 —

général de l'administration des finances de 1894, 376,705 inscriptions s'appliquent à des coupures ne dépassant pas 60 francs, soit un capital de 2,000 francs.

Le nombre total des inscriptions de rentes étant de 5,096,811, la moyenne, par inscription, est de 159 fr., soit environ un capital de 5,300 francs. Si on répartit le total des rentes existantes, 812 millions, entre les 2 millions de rentiers, chacun de nos rentiers posséderait, en moyenne, 403 francs de rentes, formant un capital de 13 à 14,000 francs (1). Et il faudrait encore déduire de cette moyenne les rentes possédées par les caisses d'épargne, Légion d'honneur, etc. Ce petit capital de 13 à 14,000 francs serait encore extrêmement réduit.

* * *

Examinons maintenant comment se décompose une autre grosse fortune que l'on croit appartenir à quelques privilégiés, la Banque de France.

Actions et actionnaires de la Banque de France.

Le capital de la Banque de France est de 182 millions et demi, divisé en 182,500 actions de 1,000 francs, valant chacune, aux cours actuels, 3,500 francs environ.

Ce capital est réparti depuis 1870, de la manière suivante :

ANNÉES	NOMBRE d'actionnaires	MOYENNE d'actions par compte
1870	16,062	11
1875	20,797	8
1880	22,370	8
1885	25,782	7
1890	26,017	7
1895	28,358	6 ½

En 1870, les onze actions possédées par chaque ac-

(1) M. Casimir-Périer, dans un discours qu'il prononçait à Romilly le 13 août 1894, disait que le revenu moyen de chacun de nos rentiers était de 370 fr.

tionnaire, en moyenne, représentaient un capital de 20,600 francs, l'action valant, comme prix moyen, 2,600 francs.

En 1895, les six actions et demie possédées par chaque actionnaire, en moyenne, représentent un capital de 22,750 fr., l'action valant en moyenne, 3,500 fr.

Ces moyennes sont elles-mêmes très élevées (1), si l'on tient compte que les gouverneurs, régents, censeurs, conseillers d'escompte, directeurs de succursales, sont tenus, en vertu des lois et statuts, de posséder des actions de la Banque.

L'assemblée générale des actionnaires, composée des deux cents plus forts actionnaires, représente environ 30,000 actions, en chiffres ronds. En tenant compte de ces divers éléments, on peut affirmer qu'aujourd'hui les actionnaires de la Banque possèdent chacun au maximum cinq actions de la Banque, ce qui représente un capital de 17,500 francs.

Une autre preuve de la diffusion des actions de la Banque de France est fournie par les transferts opérés par les possesseurs d'actions.

Ils se sont élevés aux chiffres suivants :

ANNÉES	NOMBRE de transferts	NOMBRE d'actions transférées	MOYENNE par transfert
1870	9.121	7.382	9
1875	2.057	19.103	9
1880	2.906	14.044	6
1885	2.966	15.083	6
1891	2.821	18.673	7
1895	2.630	16.563	6

Le nombre moyen des actions transférées dans chaque opération est légèrement supérieur à la moyenne des actions possédées par chaque actionnaire, d'où l'on peut conclure que les gros actionnaires sont l'infime minorité. Ce sont les petits actionnaires qui

(1) Voir les rapports annuels de la Banque de la France.

fournissent, en majorité, le capital de la Banque ; ce sont les petits portefeuilles qui détiennent ses actions.

*
* *

Il en est de même au Crédit foncier de France. En juillet 1888, le capital social de cet établissement fut porté à 170,500,000 francs divisé en 341,000 actions ; il n'a pas varié depuis. Le mouvement des actions de cette institution donne la répartition suivante (1) :

Actions et actionnaires du Crédit foncier.

				31 déc. 1889	31 déc. 1895
Nombre total d'actionnaires				22.249	40 339
Nombre d'actionnaires possédant 1 action. . .				4.012	9.586
—	—	—	2 à 10.	11.083	23.679
—	—	—	11 à 24.	3.695	4.263
—	—	—	25 à 50.	1.955	2.018
—	—	—	51 à 100.	725	534
—	—	—	101 à 149.	218	111
—	—	—	150 à 199.	67	51
—	—	—	200 à 499.	156	86
—	—	—	500 à 1.000.	24	7
—	—	1.000 et au-dessus.		14	4

Fin 1888 et fin 1895, les actionnaires habitant Paris, les départements ou l'étranger se répartissaient comme suit :

	31 déc. 1888	31 déc. 1895
Nombre d'actionnaires habitant Paris.	6.917	12.073
Nombre d'actions possédées par eux	159.063	130 694
Nombre d'actionnaires habitant la province. .	15.144	27.919
Nombre d'actions possédées par eux	174.320	201.653
Nombre d'actionnaires habitant l'étranger. . .	188	347
Nombre d'actions possédées par eux	7.617	8.653

Fin 1888, 22,249 actionnaires possédaient en moyenne 15 actions chacun. Les actions valaient 1,360 francs, ce qui, pour 15 actions, représentait un capital de 20,400 francs.

Fin 1895, 40,339 actionnaires possédaient en moyenne 9 actions chacun. Les actions valaient 705 francs, ce qui,

(1) Voir les rapports du conseil d'administration du Crédit foncier de France de 1894 et 1895.

pour 9 actions, représentait un capital de 6,345 francs.

La même diffusion des titres existe pour les obligations. Elles sont même plus répandues, plus réparties, car les avantages qu'elles présentent avec leurs lots et tirages, les rendent très attrayantes pour l'épargne tout entière. On peut en juger par le relevé suivant :

	31 déc. 1888	31 déc. 1895
Obligations foncières (valeur nominale)	2.616.510.000	2.461.387.700
dont en valeurs nominatives.	684.558.000	567.453.000
Nombre de certificats d'oblig. nominat.	132.076	119.210
Obligations communales (valeur nominale, dont en valeurs nominatives . .	1.113.244.70t	1.147.455.600
	234.613.100	251.794.700
Nombre de certificats d'oblig. nominat.	73.985	89.743
Nombre total d'obligations foncières et communales.	3.759.754.700	3.913.803.300
Nombre total d'obligations nominatives	919.173.400	819.178.300
Nombre total de certificats nominatifs.	206.061	208.953

* *
*

Actions et actionnaires des compagnies de chemins de fer.

Sur les 52 milliards de valeurs françaises d'épargne, nous venons déjà d'en distraire 32 et d'en montrer la répartition infime dans les petites bourses. Qu'est-ce donc, en effet, qu'un capital de 6,000 à 15,000 francs en rentes, de 17,500 francs en actions de la Banque, de 6,000 à 7,000 francs en actions du Crédit foncier? Restent les chemins de fer : il y a là un capital global de 20 milliards. En quelles mains se trouve-t-il ?

Voici tout d'abord un tableau qui indique comment se décomposent les actions de capital et de jouissance des six grandes compagnies de chemins de fer, au 31 décembre 1895 :

COMPAGNIES	NOMBRE total d'actions	NOMBRE d'actions nominatives	NOMBRE d'actions au porteur
Est.	584.000	286.718	298.282
Lyon	800.000	370.879	429.121
Midi	250.000	93.281	156.719
Nord	525.000	291.914	233.086
Orléans	600.000	331.285	268.715
Ouest	300.000	127.923	172.077
Totaux	3.059.900	1.501.000	1.558.000

Il résulte de ce tableau que les actions des compagnies de chemins de fer, y compris les actions de jouissance, s'élèvent au total à 3,059,000 titres.

Sur ces 3,059,000 titres, 1.501.000 sont au nominatif et 1.558.000 au porteur.

En rapprochant nos statistiques antérieures de 1884 et de 1889 de celles de l'année 1895, la comparaison des titres nominatifs et au porteur indique que depuis dix ans le nombre des actions nominatives a progressé de 1.378,390, à 1.501.000, pendant que, parallèlement, le nombre de titres au porteur diminuait de 1,681,010 à 1,558,000. Voici le relevé :

	31 déc. 1884	31 déc. 1889	31 déc. 1895
Actions nominatives.	1.373.390	1.456.670	1.501.000
Actions au porteur	1.681.610	1.602.330	1.558.000

* * *

La proportion des actions nominatives, comparée à l'ensemble des titres, s'établit aux chiffres suivants, aux mêmes dates pour chacune des compagnies :

COMPAGNIES	31 décembre 1884	31 décembre 1889	31 décembre 1895
	%	%	%
Est.	42.09	46.13	48.90
Lyon.	42.52	44.31	46.35
Midi.	32.04	37.03	37.31
Nord.	55.72	55.90	58.38
Orléans	52.33	54.72	55.21
Ouest	35.25	39.45	42.64

La compagnie du Nord possède le plus grand nombre d'actions nominatives, 58,38 % ; viennent ensuite les compagnies de l'Orléans, 55,21 % ; Est, 48,90 % ; Lyon, 46,35 % ; Ouest, 42,64 % ; Midi, 37,31 %.

* *

Ces divers titres nominatifs sont représentés par des
certificats. Dans le relevé suivant, nous en indiquons
le total pour chacune des compagnies, et la moyenne
des actions qu'ils représentent :

COMPAGNIES	NATURE DES TITRES	NOMBRE de certificats	MOYENNE des certificats
Est............	Actions de capital	19.279	13
	Actions de jouissance....	6.369	6
Lyon..........	Actions de capital	27.614	13 ½
Midi	Actions de capital.......	7.946	11 32
	Actions de jouissance....	1.319	2 61
Nord	Actions de capital,......	19.416	14.62
	Actions de jouissance....	1.987	4.01
Orléans........	Actions de capital.......	24.621	14
	Actions de jouissance ...	8.102	6
Ouest	Actions de capital.......	11.170	10.60
	Actions de jouissance...	3.298	3.24

Si nous relevons seulement le nombre des certificats
nominatifs des actions de capital, nous trouvons que
le total s'élevait à 105,945 au 31 décembre 1895.

En 1860, le nombre de certificats était seulement de
26,358 ; la moyenne des actions inscrites sur chacun
d'eux était de 28,33 ; aujourd'hui, la moyenne des actions inscrites s'abaisse à 12,82.

ANNÉES	NOMBRE TOTAL des certificats nominatifs	MOYENNE des actions par certificat
1860.................................	26.358	28.33
1870.................................	64.498	20.55
1880.................................	74.744	17.6 }
1890.................................	93.103	14.87
1895.................................	105.945	12.82

De 1860 à 1895, voici, pour chacune des compagnies,
dans quelle proportion s'est élevé le nombre des cer-

tificats et à quel chiffre s'est abaissé le nombre des titres qui se trouvaient inscrits sur chacun d'eux :

COMPAGNIES	ANNÉES	NOMBRE de certificats d'actions	MOYENNE des titres par certificat
Est..............	1860	8.253	22
	1895	19.279	13
Lyon	1865	14.488	21
	1895	27.614	13.50
Midi...........	1860	1.656	20.51
	1895	7.946	11.32
Nord...........	1860	8.726	25.91
	1895	19.416	14.02
Orléans	1860	5.876	26
	1895	20.621	14
Ouest	1860	1.847	47.24
	1895	11.170	10.50

Telle est, résumée en quelques chiffres, cette grande féodalité financière.

De 1860 à 1895, le nombre des petits porteurs de titres a doublé. A l'Est, la moyenne des titres inscrits sur chaque certificat s'abaisse de 22 à 13 ; au Lyon, de 21 à 13 1/2 ; au Midi, de 20,51 à 11,32 ; au Nord, de 25,91 à 14,02 ; à l'Orléans, de 26 à 14 ; à l'Ouest, de 47.24 à 10,50.

* * *

Et quel est le capital que représentent ces titres inscrits sur les certificats ?

A l'Est.	11.350 fr. pour	13 actions à	950 fr. l'une
Au Lyon.	19.925	—	13 1/2 —	1.550	—
Au Midi.	14.400	—	11 1/3 —	1.270	—
Au Nord.	26.000	—	11 1/2 —	1.800	—
A l'Orléans.	22.400	—	14	1.600	—
A l'Ouest	12.650	—	10 1/2 —	1.100	—

Que rapportent, à cette petite épargne, ces actions si démocratisées ?

	fr. c.	fr. c.
L'Est	33.50 au lieu de 48.00 en 1860	
Le Lyon.	55.00 — 63.50	—
Le Midi	50.00 — 35.00	—
Le Nord	62.00 — 65.50	—
L'Orléans	58.50 — 100.00	—
L'Ouest	38.50 — 37.50	—

Les actions des six grandes compagnies ont distribué brut. en 1895, 299 fr. 50 de dividende, alors qu'elles distribuaient 349 fr. 50 en 1860. Le revenu des actionnaires a donc diminué, alors que leurs compagnies ont pris un développement considérable et qu'elles ont puissamment contribué au développement de la richesse publique.

**

Obligations de chemins de fer. Établissons, maintenant, les mêmes relevés pour les obligations 3 % de ces mêmes compagnies.

Le tableau suivant indique le nombre total d'obligations 3 % nominatives et au porteur, au 31 décembre 1895 :

COMPAGNIES	NOMBRE TOTAL d'obligations	NOMBRE D'OBLIGATIONS nominatives	NOMBRE D'OBLIGATIONS au porteur
Est	3.925.796	2.829.983	1.095.813
Lyon	10.592.259	7.467.529	3.124.730
Midi	3.108.600	2.069.035	1.039.565
Nord	3.242.723	2.453.386	789.334
Orléans	4.723.287	3.594.284	1.129.053
Ouest	4.513.912	3.073.890	1.440.022
TOTAUX	30.106.577	21.488.106	8.618.471

Sur un total de 30.106.577 obligations, 21,488,106 sont au nominatif, soit 71,35 %. et 8,618,471 au porteur, soit 28.65 %.

La moyenne générale des titres nominatifs était :

En 1884	67.10 %
En 1889	69.00 %
En 1895	71.35 %

On voit encore par là que, de même que pour les actions, le nombre des titres nominatifs s'est accru.

Pour chacune des compagnies, la proportion des obligations nominatives, comparée à l'ensemble des titres, s'établissait aux chiffres suivants, aux mêmes dates :

COMPAGNIES	31 déc. 1884	31 déc. 1889	31 déc. 1895
	%	%	%
Est..............	64.50	67.83	72.10
Lyon.............	67.23	70.24	70.49
Midi.............	68.42	63.75	66.56
Nord.............	70.40	73.81	75.65
Orléans..........	79.00	73.75	75.09
Ouest...........	69.92	64.29	68.09

La compagnie d'Orléans possède le plus grand nombre d'obligations nominatives ; viennent ensuite les compagnies du Nord, de l'Est, de Lyon, de l'Ouest et du Midi.

* * *

Le nombre de certificats nominatifs d'obligations et la moyenne des titres représentés par chacun d'eux s'établissent comme suit, au 31 décembre 1895 :

COMPAGNIES	NOMBRE D'OBLIGATIONS nominatives	NOMBRE DE CERTIFICATS nominatifs	MOYENNE DES OBLIGATIONS sur chaque certificat
Est..............	2.829.983	101.654	28
Lyon.............	7.467.529	240.914	31
Midi.............	2.069.635	61.717	34.07
Nord.............	2.453.385	66.449	37.55
Orléans	3.594.234	82.336 (1) / 26.332 (2)	31 (3) / 38 (4)
Ouest	3.073.890	107.689	28.54
TOTAUX........	21.488.106	636.690	Moy. 32.59

(1) Obligations 3 %.
(2) Obligations 2 ½ %, 1895.
(3) Obligations 3 %.
(4) Obligations 2 ½ %, 1895.

Voici, depuis 1860, quel a été le nombre des certificats d'obligations, en même temps que la moyenne
des titres inscrits sur chacun d'eux :

ANNÉES	NOMBRE TOTAL des certificats nominatifs d'obligations	MOYENNE des obligations par certificat
1860..........................	65.833	42.10
1870..........................	310.238	34.79
1880..........................	442.690	34.20
1890..........................	631.707	33.91
1891..........................	686.090	34.69

Pendant cette même période, de 1860 à 1890, voici,
pour chacune des compagnies. dans quelles proportions
s'est accru le nombre des certificats et quel chiffre
représente le nombre de titres inscrits sur chacun
d'eux :

COMPAGNIES	ANNÉES	NOMBRE de certificats d'obligations	MOYENNE d'obligations par certificat
Est.....................	1860	16.538	23
	1895	101.654	28
Lyon...................	1865	82.108	32 1/2
	1895	240.914	31
Midi...................	1860	6 600	32.10
	1895	65.717	34.07
Nord...................	1860	11.329	29.32
	1895	66.469	37.55
Orléans	1860	25.445	32
	1895	82.335 (A)	31 (A)
		26.332 (N)	38 (N)
Ouest	1860	7.030	94.07
	1895	107.689	28.54

En 1860, les cinq compagnies de l'Est, du Midi, du
Nord, d'Orléans, de l'Ouest avaient seulement 65,833 certificats nominatifs d'obligations ; elles en ont aujour-
d'hui 445,176.

En 1865, le Lyon avait 81,108 certificats d'obligations ;
il en a aujourd'hui 240,914.

Au 31 décembre 1895, les 686,090 certificats nominatifs des six grandes compagnies pour 21,488,106 obligations nominatives inscrites; représentent une moyenne de 32,59 obligations inscrites sur chacun d'eux, soit un capital de 15,000 francs environ, rapportant 3 % à peine, soit 450 francs !

A l'Est, la moyenne des obligations inscrites sur chaque certificat est de 28 ; au Lyon, de 31 ; au Midi, de 34,07 ; au Nord, de 37,55 ; à l'Orléans, de 31 pour les obligations anciennes et de 38 pour les obligations 2 1/2 %, récemment émises ; à l'Ouest, de 28,54.

* *
*

Ainsi, 105,945 certificats nominatifs d'actions représentent 1,501,000 actions sur 3,059,000 émises ; 686,090 certificats nominatifs d'obligations représentent 21 millions 486,106 obligations nominatives sur 30,106,577 obligations émises : tel est le premier grand morcellement de cette épargne.   Résumé.

L'ensemble des actions nominatives représente 50 % du total des titres.

L'ensemble des obligations nominatives représente 71,35 % du total des obligations.

La moyenne des actions nominatives inscrites sur chaque certificat était, en 1860, de 28,33 ; elle est aujourd'hui de 12,82, représentant un capital de moins de 18,000 francs, rapportant 3 1/4 % au maximum.

La moyenne des obligations nominatives inscrites sur chaque certificat est de 32,59, ce qui représente un capital de 15,000 francs environ, rapportant à peine 3 %, soit 450 francs. Et cette moyenne serait bien au-dessous de ce chiffre, si nous tenions compte du nombre d'obligations que possèdent plusieurs grandes compagnies d'assurances (1).

(1) Voici quelques chiffres relatifs aux placements en obligations des

Voilà, par le menu, cette féodalité financière redoutable ! Sur un ensemble de 34 millions de titres, en
chiffres ronds, tant en actions qu'en obligations, 23 millions de titres, représentés par un total de 792,035 certificats, sont au nominatif ! On peut affirmer que ces
792,035 certificats sont le patrimoine d'au moins
500,000 familles, et comme les titres au porteur sont
aussi divisés, on peut dire, sans crainte d'être démenti,
que plus de 700,000 familles, c'est-à-dire plus de 2 millions de rentiers, possèdent les actions et obligations de
nos grandes compagnies de chemin de fer. C'est l'épargne
moyenne de notre pays qui s'est associée à ces œuvres
considérables, dont le Trésor et le pays tout entier ont
profité bien plus que les actionnaires qui ont eu confiance dans leur avenir (1).

La féodalité financière n'existe que dans l'imagination
de ceux qui ont inventé cette expression.

Cette féodalité, tout le monde en fait partie ou peut
en faire partie : les petites gens, les petits bourgeois, les
petits rentiers. Tout capitaliste possédant 1,550 francs
d'économies peut acheter une action de Lyon ou d'Orléans ; avec 1,800 francs, il est l'associé de la compagnie du Nord ; avec 950 francs, il acquiert une action
de l'Est ; avec 1,100 francs, une de l'Ouest. Ces petits
actionnaires, dès qu'ils possèdent 20, 30 ou 40 actions,

grandes compagnies de chemins de fer effectués par plusieurs compagnies
d'assurances sur la vie, au 31 décembre 1894 :

Compagnies	Nombre d'obligations	Coût
		fr. c.
Assurances générales	597.179	211.523.764 87
Nationale	504.479	181.746.264 80
Union	71.732	26.353.007 58
Phénix.	224.970	81.881.015 59
Urbaine	7.327	3.009.068 08
	1.405.687	504.513.120 90

1. En 1883, M. Rouvier, rapporteur des conventions, déclarait à la
Chambre que les actions de chemins de fer étaient le patrimoine de
300,000 familles françaises. De 1883 à 1895, ce nombre a plus que doublé, étant donné l'accroissement du nombre d'obligations émises.

sont de droit membres des assemblées générales d'actionnaires ; ils peuvent se grouper pour réunir le nombre de titres nécessaires pour faire partie de ces assemblées ; ils ont le droit de voter ou de refuser les comptes, de nommer les administrateurs. Tels sont les maîtres de ces puissantes compagnies : des petites gens d'épargne qui possèdent, en moyenne, pour 15,000 à 18,000 francs d'actions et d'obligations !

*
* *

Nous avons parlé jusqu'à présent des rentiers, des actionnaires et des obligataires, de ceux que l'on désigne habituellement sous le nom de capitalistes et de rentiers : mais le mouvement des caisses d'épargne n'est pas moins intéressant à étudier, pour se rendre compte de l'esprit de prévoyance des classes laborieuses. On peut voir aussi que, s'il existe des millions de rentiers, porteurs de rentes, d'actions et d'obligations de chemins de fer, la clientèle des caisses d'épargne, composée de petites gens, de petites bourses, est des plus nombreuses.

Caisses d'épargne.

Voici, depuis soixante ans, la progression du nombre et des opérations des caisses d'épargne privées, par périodes décennales :

ANNÉES (31 décembre)	NOMBRE de CAISSES	NOMBRE de SUCCUR- SALES	NOMBRE de LIVRETS	SOMMES DUES AT déposants millions de francs	QUOTITÉ MOYENNE des livrets francs
1835............	159	65	121.500	62.2	512
1845............	356	160	684.200	369.5	576
1850............	365	200	566.000	134.9	238
1860............	444	205	1.218.100	877.3	810
1869............	525	648	2.130.800	711.2	384
1880............	536	889	3.841.100	1.280.2	333
1890............	544	1.055	5.761.400	2.911.7	505
1895............	544	1.144	6.499.000	3.895.5	623

A Paris, la caisse d'épargne a commencé ses opérations en 1818. Au 31 décembre de cette année, elle

possédait 351 livrets. Au 31 décembre 1894, elle en avait
045,505. Elle devait aux déposants 153,805,090 francs (1).

Au 31 décembre 1894, les caisses d'épargnes postales
avaient 2,293,930 livrets : il était dû aux déposants
674,318,599 francs. A cette même date, en réunissant
la caisse nationale d'épargne et les caisses privées, on
arrive à 8,608,275 pour le nombre de livrets et à 3 milliards 918,813,012 francs pour le solde total dû aux
déposants (2), ce qui représente une moyenne par livret
de 455 francs.

*\
* *

Banques et caisses d'épargne.

Dépôts comparés.

On voit à quels chiffres énormes se montent les dépôts ainsi accumulés de la toute petite épargne, qui
n'est pas assez riche pour se faire ouvrir un compte
de chèques dans les grands établissements financiers.

Si l'on compare le montant des dépôts effectués dans
les banques, sociétés de crédit, à ceux des caisses d'é-
pargne, on a encore la preuve de cette diffusion considérable des petits capitaux.

Voici le montant des fonds en dépôts à la Banque,
au Crédit foncier, au Comptoir national d'escompte, au
Crédit lyonnais, à la Société générale, au Crédit industriel et commercial, au 31 décembre 1894 et au 31 décembre 1895 :

	31 déc. 1894 millions de francs	31 déc. 1895 millions de francs
Banque de France :		
Comptes courants à Paris	493.4	540.8
en province	64.7	64.7
Crédit foncier	84.2	69.2
Crédit lyonnais : Dépôts à vue	356.9	321.3
Comptoir national d'escompte : Dépôts à vue	193.3	181.9
Société générale : Dépôts à vue	161.3	150.1
Crédit industriel : Dépôts à vue	37.7	37.5
Totaux	1.390,5	1.365,5

(1) Extrait des rapports et comptes rendus des opérations de la caisse
d'épargne de Paris.
(2) *Bulletin de statistique et de législation comparée*, tome 37,
page 174.

Ces chiffres prouvent que les capitaux déposés à la Banque de France et dans les cinq grands établissements de crédit et qui forment, en quelque sorte, « le fonds de réserve et de roulement de la grande industrie, du grand commerce français et des particuliers qui ont des comptes dans les banques » (1), représentent le tiers de ceux qui sont déposés dans les caisses d'épargne.

Le nombre de comptes de dépôts est d'environ 300,000 dans ces établissements, alors qu'il dépasse 8 millions dans les caisses d'épargne.

Comme nombre de déposants, comme importance de capitaux déposés, quelle est donc la classe de capitalistes la plus nombreuse, celle à qui appartient le plus gros chiffre de capitaux ? La petite épargne, les classes laborieuses. Voilà encore ce que démontrent les chiffres.

*
* *

Quels que soient les éléments de la fortune mobilière que l'on étudie, on arrive ainsi à constater l'énorme diffusion de cette fortune. Beaucoup de législateurs et de réformateurs financiers et politiques n'ont aucune idée de cet accroissement et de ce morcellement. Ils se figurent, à tort, que, seuls, les riches possèdent des titres mobiliers.

Pour vérifier encore nos évaluations, nous avons eu recours à une nouvelle preuve. Nous avons relevé le montant des valeurs mobilières et immobilières sur lesquelles, au moment de la transmission des héritages, le fisc a prélevé ses droits.

Valeurs successorales de 1826 à 1891.

(1) *Débats parlementaires ;* Chambre, 23 mai 1892. Discours de M. Édouard Aynard, sur la réforme des caisses d'épargne.

Voici les chiffres à diverses dates :

ANNÉES	VALEURS mobilières	VALEURS immo- bilières	TOTAL	COMPA- RAISON entre les meubles et les immeubles
	millions de francs	millions de francs	millions de francs	%
1826............	457	880	1.337	52
1830............	508	943	1.451	64
1840............	609	1.000	1.609	61
1849............	736	1.154	1.890	64
1858............	1.599	1.866	3.455	80
1875............	2.037	2.217	4.254	92
1880............	2.478	2.785	5.286	91
1882............	2.368	2.669	5.027	90
1889............	2.513	2.545	5.058	98.7
1890............	2.889	2.922	5.811	99
1892............	3.275	3.130	6.405	101
1894............	2.863	2.887	5.750	99.2

Ces valeurs successorales, lorsqu'elles sont augmentées des donations, sont l'image réduite, la réduction proportionnelle de la masse totale des fortunes privées.

En 1826, les valeurs successorales sur lesquelles les droits ont été perçus étaient de 457 millions pour les meubles et de 880 millions pour les immeubles. Les valeurs mobilières ne représentaient, par conséquent, que 52 % de la valeur des propriétés immobilières.

Aujourd'hui la proportion dépasse 99 %, c'est-à-dire que la fortune mobilière est égale à la fortune immobilière. En 1826, les immeubles représentaient dans les successions une valeur plus grande que les biens meubles : aujourd'hui, il n'y a plus de différence (1).

Que prouve encore cette longue statistique ? C'est qu'aujourd'hui on possède un « lopin » de titres et valeurs, rentes, actions et obligations, comme le paysan possède son « lopin de terre » et que, dans notre pays,

(1) Les biens meubles comprennent tout à la fois les meubles corporels, les créances et les valeurs mobilières, c'est-à-dire les fonds d'État français et étrangers, titres d'emprunts des villes et départements fran-

il n'existe pas plus de féodalité financière qu'il ne s'y trouve de féodalité agricole, industrielle, commerciale.

*

* *

Quelle a été l'influence du capital et de l'accroissement des valeurs mobilières sur le salaire ? On excite sans cesse l'ouvrier contre ce qu'on appelle « la classe capitaliste ». On lui dénonce les grandes sociétés anonymes, les actionnaires, comme ses pires ennemis. Qu'est-ce donc qu'un actionnaire d'une compagnie de chemins de fer, d'une société houillère, d'une entreprise métallurgique, d'une compagnie de transports maritimes, etc. ? C'est un petit épargneur qui, disposant de quelques centaines ou de quelques milliers de francs, a acheté ou souscrit une ou plusieurs actions de ces sociétés diverses. Il a échangé son capital contre un morceau de papier qui s'appelle action ou obligation. Qu'est-ce, à son tour, que cette action ou cette obligation ? C'est du capital qui fournit au travail les matières premières, les outils, les instruments, les installations, donne de l'activité à des villes, à des communes, à un pays tout entier, incite ou réveille le commerce, l'industrie, rémunère ceux qu'il emploie avant d'être rémunéré lui-même.

Le capital est donc l'ami de l'ouvrier et non son en-

Capital et salaire.

-cas, des provinces et villes étrangères, les actions et obligations des sociétés françaises et étrangères.

Depuis 1889, voici comment se sont décomposées ces valeurs successorales, en millions de francs :

ANNÉES	MEUBLES	FONDS d'État français et étrangers	VALEURS mobilières	TOTAL	IMMEUBLES	TOTAL général
1889.......	1.370.3	404.6	738.7	2.513.6	2.545.3	5.058.8
1890.......	1.628.2	467.2	893.7	2.889.4	2.922.2	5.811.2
1891.......	1.414.0	418.7	1.086.8	2.919.5	2.872.4	5.791.8
1892.......	1.568.7	443.8	1.267.7	3.275.2	3.129.7	6.404.9
1893.......	1.472.6	424.5	999.2	2.896.3	2.845.0	5.741.3
1894.......	1.479.8	416.5	967.1	2.863.4	2.886.5	5.749.9

nemi, car c'est lui qui a été et sera toujours un des plus grands éléments d'accroissement du salaire. Comme l'a dit Rossi, « les travailleurs et les capitalistes sont les possesseurs de deux forces productives ; ils la mettent en commun pour produire un résultat commun ; voilà la vérité. Les uns ne fabriquent pas de salaires ; mais, travailleurs et capitalistes réunis font des choses, produisent des richesses par la mise en commun des deux instruments producteurs qui leur appartiennent (1) ». Sans doute, l'habileté, la productivité de l'ouvrier influent beaucoup sur le taux des salaires ; mais que pourraient faire, que deviendraient cette habileté, cette productivité, si, faute de capitaux, une compagnie fermait ses ateliers, ralentissait le travail, ou ne pouvait donner à son industrie tout l'essor qu'elle comporte ?

Les sociétés anonymes, avec leurs objets si divers, leurs perspectives étendues, leur variété de titres d'actions, d'obligations, de parts ; les fonds d'Etat, les rentes, avec leurs coupures permettant aux plus petites économies d'effectuer un placement, en un mot, tous ces 80 milliards de titres mobiliers qui appartiennent à nos capitalistes, ont contribué puissamment à donner du travail et du salaire à ceux qui n'en avaient pas, à améliorer la situation et le bien-être de ceux qui travaillaient, et tous ces capitaux considérables mis en mouvement reçoivent une rémunération de plus en plus réduite.

Baisse du taux de l'intérêt. De 1825 à 1850, le taux de capitalisation de la rente 3 % d'après les cours moyens cotés sur ce fonds d'Etat, a varié de 3,59 %, au plus bas, en 1845, à 5,81 %, au plus haut, en 1849, soit un taux moyen de 4,70 %.

De 1851 à 1870, le taux de capitalisation a varié de 3,90, au plus bas, en 1853, à 4,76 % au plus haut, en 1870, soit un taux moyen de 4.33 %.

De 1871 à 1890, le taux de capitalisation a varié de

(1) Rossi. *Cours d'économie politique.* 22ᵉ leçon. tome III. page 360.

3,27, au plus bas, en 1890, à 5,51 %, en 1871, soit un taux moyen de 4,39 %.

Aujourd'hui le 3 % rapporte 2,94 %.

Depuis 1869 seulement, la diminution du taux de l'intérêt, sur les revenus de toute sécurité, est d'au moins 2 % (1).

Le 3 % rapportait, en 1869, 4 1/4 environ. Il rapporte aujourd'hui 2,94 %, soit en moins 1,31 %.

Le 2 1/2 belge rapportait, en 1869, 4,10 : il donne aujourd'hui 2,50 à 2,60 %, soit en moins 1 1/2 à 1,60 %.

Le 2 1/2 hollandais rapportait, en 1869, 4 1/2 : il donne aujourd'hui 2,60, soit en moins 1,90 %.

Le 3 % consolidé anglais rapportait 3,25 en 1869 : aujourd'hui c'est du 2 3/4 qui, à 114, rapporte 2,40 %, soit en moins 0,85 %.

Les obligations des grandes compagnies de chemins de fer rapportaient net près de 4 1/2 en 1869 : elles donnent aujourd'hui moins de 2,90 %, soit en moins 1,60 %.

Les obligations des grandes compagnies industrielles, gaz, messageries, eaux, rapportaient plus de 5 % : elles donnent à peine 3 1/2 %.

Les fonds étrangers, autrichiens, hongrois, russes, égyptiens, rapportaient 6, 7, 8 % : ils donnent moins de 4 %.

De 5 %, taux normal des placements de premier choix avant 1870, et de 6 %, taux de ces mêmes placements de 1871 à 1875, l'intérêt est tombé à moins de 3 % sur la rente et sur les obligations de chemins de fer. L'intérêt servi aux fonds déposés dans les caisses d'épargne a été réduit et on le diminuera encore : c'est une nécessité qui s'imposera avant peu. La caisse nationale des retraites pour la vieillesse a abaissé de 4 à 3 1/2 % le

1 Voir, à ce sujet, un travail de M. B. Rey, publié en 1891, et *la Baisse du taux de l'intérêt et les institutions de prévoyance*, par Émile Cheysson. Voir dans les comptes rendus du Congrès des Sociétés savantes, la discussion sur la diminution du taux de l'intérêt : observations de MM. Alfred Neymarck, Pascaud, Frédéric Passy, etc. (*Journal officiel* du 18 avril 1893).

taux payé pour la constitution des rentes viagères, mais
la hausse de la rente au-dessus de 100 francs rendra ce
maintien très difficile, sinon impossible ; soit par l'effet
de nouvelles conversions, soit par l'effet d'une nouvelle hausse des fonds publics, elle ne pourra pas éviter une nouvelle réduction des tarifs (1). Depuis le
1er janvier 1894, la Caisse des dépôts et consignations
a réduit de 3 % à 2 % l'intérêt des capitaux « con-
signés » dans ses caisses, alors que, depuis 1816, elle
avait maintenu le taux de 3 % ! Depuis le 1er janvier
1893, elle a réduit de 2 à 1 % l'intérêt alloué aux dépôts
des notaires ; elle ira plus bas encore.

Les capitalistes et les rentiers qui ont aujourd'hui
des fonds à placer ont donc raison de se plaindre de
l'exiguïté du revenu qu'ils reçoivent.

« On ne peut vivre avec des rentes aussi réduites ! »
Tel est le cri général. Le rentier n'est pas un fainéant
qui n'a eu qu'à se laisser vivre, comme le croient et le
disent bon nombre de socialistes : il lui a fallu se
« donner du mal », travailler toute sa vie pour se constituer quelques ressources pour sa vieillesse ; sa rente,
à lui, c'est le salaire de sa longue existence de labeur.
Et quand il entend l'ouvrier, dont les salaires ont
augmenté de 50 à 75 %, se plaindre sans cesse, il ne
méconnaît ni ses souffrances, ni ses désirs ; mais que
doit-il dire lui, ce rentier, ce capitaliste si envié et
décrié, dont le revenu a baissé de 50 % pendant la
même période ? Sa situation n'est-elle pas, elle aussi,
intéressante ? Pour avoir cinq francs par jour à dépenser, c'est-à-dire moins que le salaire moyen de grand
nombre d'ouvriers, il lui a fallu travailler, se priver
souvent, acquitter des impôts et des charges de toute
nature, et mettre de côté un capital de 60,000 francs,
alors qu'il y a vingt-cinq ou trente ans, 30,000 francs

(1) Voir le *Rapport adressé au Président de la République par la
commission supérieure de la Caisse nationale des retraites pour la
vieillesse, pour l'année 1893 (Journal officiel du 3 août 1894)*. — Lire
également les intéressants articles publiés, sur ce sujet, par le *Messager
de Paris*, 13, 15, 16 et 19 août 1894.

lui auraient suffi pour obtenir la même rente ! Il est, en effet, aussi difficile de placer sûrement à 3 % ses capitaux, qu'il était facile naguère de choisir parmi des placements de premier choix rapportant au minimum 5 %.

Et combien différente est la situation du capitaliste et du rentier de celle du travailleur, du salarié ! La baisse du taux de l'intérêt de l'argent, comme nous l'avons montré, a diminué et diminue chaque jour les revenus du capital ; sa part diminue dans la répartition au profit de celle du travail. « La part du travail, a écrit M. Paul Delombre, va en augmentant ; l'intérêt du capital s'abaisse, les salaires s'élèvent. L'accumulation de la richesse, due à l'effort des générations successives, aboutit à une rémunération de plus en plus large des masses laborieuses (1) ». La hausse des salaires s'est, au contraire, accrue sans cesse.

* *

M. Levasseur, dans son ouvrage sur *la Population* (2), a dit que, d'après les chiffres qu'il avait recueillis, le doublement du salaire, en France, depuis une soixantaine d'années, était une moyenne qu'il croyait à peu près exacte. Il serait facile, sans doute, ajoutait-il, d'opposer des cas particuliers qui soient en désaccord avec elle et de citer, dans les campagnes, des ouvriers qu'on ne paye encore, à certaines époques, qu'un franc par jour. Mais, à côté de ces exemples, on peut placer ceux d'ouvriers à qui leur journée vaut 15 francs et plus.

D'après un mémoire de la Société centrale des architectes français, publié à l'occasion de l'exposition universelle de 1880 et adressé au Comité des travaux historiques et scientifiques du ministère de l'instruction publique, « le cours des salaires s'est élevé d'une manière continue, mais inégale ; les périodes prospères, la construction, ont, pendant la monarchie de Juillet,

La hausse des salaires depuis 60 ans.

(1) *Le Temps*, 16 juin 1892.
(2) Tome III, page 97.

le second Empire et sous le régime actuel de 1875 à 1883, amené des accroissements rapides dans le prix des journées ».

M. Paul Beauregard (1), professeur à la faculté de droit de Paris, s'est livré à une autre démonstration. Il a calculé les prix de consommation et il a trouvé que si, dans l'ensemble, le prix des objets nécessaires à la vie de l'ouvrier avait augmenté de 34 % environ depuis 1820, le salaire moyen des hommes (Paris excepté), avait augmenté depuis le commencement du siècle de 116 %. Il estime donc le progrès du salaire réel à plus de 60 %.

Ces résultats, dit-il, ne sont qu'approximatifs et nous avons pu commettre des erreurs, mais il faudrait les supposer bien fortes pour que le fond de nos conclusions en fût ébranlé. M. Beauregard termine son mémoire en affirmant sur preuves que le salaire suit, en général, les progrès du capital et de l'art industriel.

M. Emile Chevallier, maître de conférences à l'Institut agronomique, député de l'Oise, arrive à une conclusion du même genre dans son ouvrage sur *les Salaires au XIXᵉ siècle*, que l'Institut a couronné. Ce sont aussi les mêmes résultats qu'a établis M. Edmond Villey, correspondant de l'Institut, dans son livre sur *la Question des salaires ou la Question sociale*.

C'est encore la même constatation que M. de Foville a faite (2). Dans soixante-deux corps de métiers de la petite industrie, le salaire moyen de l'ouvrier non nourri a haussé de 68 % en trente-deux ans, de 1853 à 1885, dans les départements, et de 54 % à Paris.

Pour les salaires des femmes, la progression n'est pas moindre : elle atteint 68 % en moyenne pour les neuf corps de métier compris dans les tableaux de la statistique générale.

* *

Gages des domestiques. Quant aux gages des domestiques hommes et femmes attachés au service de la personne ou au service de la

(1) *Essai sur les théories de salaires, la main-d'œuvre et son prix*, p.173.
(2) *La France économique*, pages 197 à 200.

maison, de 1853 à 1871, d'après une étude publiée en
1875 par le *Journal de la Société de statistique*, d'après
des documents officiels (1), les gages habituels des
domestiques hommes se seraient accrus, en dix-huit
ans, de 41 à 47 %, soit d'environ 45 %, ce qui équivaut
à l'augmentation proportionnelle des ouvriers non
nourris.

Les gages des femmes auraient augmenté dans la
même proportion, sauf une légère différence en moins
pour celles qui sont attachées au service de la personne.

Les gages des domestiques hommes étaient, en effet,
les suivants aux deux époques 1853 et 1871 :

ÉPOQUES	DOMESTIQUES attachés au service de la personne — GAGES			DOMESTIQUES attachés au service de la maison — GAGES		
	ordin.	maxim.	minim.	ordin.	maxim.	minim.
	fr.	fr.	fr.	fr.	fr.	fr.
1853................	222	309	179	254	341	203
1871................	327	435	251	358	481	279
Augmentation absolue..	105	126	72	104	140	76
Augmentation %.......	47	41	40	41	41	37

Ceux des femmes se chiffraient ainsi :

ÉPOQUES	DOMESTIQUES attachés au service de la personne — GAGES			CUISINIÈRES — GAGES			DOMESTIQUES faisant les deux services à la fois — GAGES		
	ord.	max.	min.	ord.	max.	min.	ord.	max.	min.
	fr.	fr.	fr.	fr.	fr.	fr.	fr.	fr.	fr.
1853..........	163	219	128	190	260	154	181	244	145
1871..........	225	301	173	278	356	219	265	336	209
Augm. absolue.	62	82	45	88	96	65	84	92	64
Augm. %......	38	38	35	46	37	42	46	38	44

(1) Année 1875, page 42.

Depuis 1871, ces gages se sont encore notablement
accrus. En 1871, le maximum des gages pour les domestiques hommes attachés au service de la maison était
de 481 francs, soit 40 francs par mois ; celui des domestiques femmes, de 336 francs, soit 28 francs par mois ;
celui des cuisinières était de 356 francs, soit 30 francs
par mois environ.

*
* *

M. Adolphe Coste, ancien président de la Société de
statistique de Paris, a examiné la question des salaires
à un point de vue nouveau. Justement ému, écrivait-il,
« des revendications ouvrières, soulevées avec tant d'in-
sistance dans ces derniers temps, aussi bien par les
agitateurs souverains que par les agitateurs populaires,
et accueillies avec une certaine complaisance par cette
partie du public que ne trouble pas la crainte des
répercussions économiques, qui se croit désintéressée
dans la question et qui assiste au drame social avec
une sorte de curiosité sympathique (1) », il a voulu
rechercher quelle était la part des salaires des travailleurs dans le revenu total de la France.

En s'appuyant sur des documents officiels, en se
livrant à un contrôle rigoureux de tous les chiffres qu'il
a cités dans le cours de son travail, il a dressé, suivant
ses propres expressions, « une sorte de schéma qui
permet de fixer les idées et de donner une base positive
aux raisonnements économiques ».

Sur 22 milliards et demi, qui formeraient, d'après
lui, comme d'après M. de Foville, M. Levasseur et la
plupart des statisticiens qui se sont occupés de cette
question, le revenu national, les travailleurs, ouvriers
de l'agriculture, de l'industrie, du commerce et des
transports, employés et gagistes, domestiques attachés
à la personne, recevraient en salaires, traitements et
gages, 8 milliards.

Les petits cultivateurs, artisans, détaillants, transpor-

(1) *Etude statistique sur les salaires des travailleurs en France et le
revenu de la France. (Journal de la Société de statistique, 1890,
pages 225 à 240.)*

leurs, soldats, marins, gendarmes, petits fonctionnaires, desservants ecclésiastiques, religieux et religieuses, instituteurs et institutrices, etc., dont les ressources ne dépassent pas le salaire maximum des précédents, recevraient 4 milliards.

Il resterait donc pour les capitalistes proprement dits 10 milliards et demi se subdivisant comme suit :

	milliards
1,683,192 exploitants agricoles	3 1/2 à 4 1/2
1,009,711 industriels, commerçants, transporteurs	3 1/2 à 4 1/2
1,053,025 propriétaires, rentiers, membres de professions libérales.	2 1/4 à 3

Ces capitalistes seraient, d'après M. Coste, au nombre de 3,746,131. Les travailleurs seraient au nombre de 10,351,792, et les petits cultivateurs, rentiers, etc., etc., 3,700,000.

Le total des revenus du capital, conclut M. Coste, est fort peu élevé, « si l'on tient compte des aléas qu'il supporte ». La moyenne des revenus, en France, impose une grande prudence dans les promesses que l'on peut être tenté de faire aux travailleurs pour l'amélioration immédiate de leur situation (1)... et, dit-il encore, « en effrayant les capitaux, en déblatérant contre le machinisme, en réclamant sous toutes les formes possibles la protection outrée de l'industrie nationale et, d'une manière générale, en visant à restreindre la production, les socialistes d'en haut et les socialistes d'en bas tournent le dos au progrès économique et nuisent à la cause qu'ils prétendent servir (2) ».

*
* *

Pour compléter cette étude, nous donnons, sur les salaires depuis 1853, quelques statistiques des ouvriers du bâtiment à Paris, de ceux de la grande industrie, de l'industrie du bâtiment, et de la petite industrie, dans la Seine et dans les départements, et enfin les salaires des ouvriers des mines.

Taux de divers salaires.

(1) *Journal de la Société de statistique*, 1890, page 238.
(2) *Journal de la Société de statistique*, 1890, page 240.

Salaires des ouvriers du bâtiment à Paris (1).

PROFESSIONS	1853	1860	1870	1880	1890
	fr. c.	fr. c.	fr. c.	fr. c.	fr. c.
Terrassiers...................	3 00	3 50	4 00	5 50	6 50
Maçons	4 25	5 00	5 50	7 50	7 50
Tailleurs de pierre..........	5 00	6 25	6 50	7 50	7 50
Charpentiers................	5 00	5 00	6 00	8 00	8 00
Menuisiers..................	3 50	4 00	5 00	7 00	7 00
Serruriers..................	4 00	3 80	4 00	6 50	7 25
Peintres....................	4 00	4 50	5 50	7 50	7 50

ANNÉES	MAÇONS	CHAR-PENTIER	MENUI-SIERS	SERRU-RIERS
	fr. c.	fr. c.	fr. c.	fr. c.
1846...................	3 25	3 00	3 50	»
1853...................	4 25	5 00	4 00	4 00
1866...................	5 25	6 00	4 50	5 00
1873...................	5 50	6 00	5 00	5 00
1880...................	7 50	7 85	7 00	6 50
1885...................	8 00	8 50	7 50	6 50

*Salaires de la grande industrie, de l'industrie du bâtiment
et de la petite industrie*

EMPLOIS	SEINE		DÉPARTEMENTS	
	1851	1885	1881	1885
	fr. c.	fr. c.	fr. c.	fr. c.
Contremaîtres........................	6 96	7 61	5 40	5 45
Surveillants.........................	6 53	6 53	4 14	4 29
Ouvriers de plus de 21 ans............	5 27	6 45	3 54	3 58
Maçons..............................	»	»	3 52	3 68
Charpentiers.........................	»	»	3.68	4 00
Menuisiers...........................	»	»	3 44	3 60
Serruriers...........................	»	»	3 45	3 65
Cordiers.............................	»	4 00	»	2 85
Chaudronniers........................	»	6 00	»	3 57

(1) Statistique de 1853 : *Journal de la Société de statistique*, 1875,
pages 38-39. Extraits de documents officiels. — Statistique générale de la
France.

Statistique de 1860 à 1890 : de Foville, *la France économique*, page 198.

Salaires des ouvriers des mines.

ÉPOQUES	NOMBRE de jours de travail	SALAIRE	SALAIRE MOYEN par jour
		fr. c.	fr. c.
1847............	287	691 00	2 06
1857............	282	700 00	2 48
1867............	286	827 00	2 88
1877............	»	976 00	»
1887............	287	1.067 00	3 72
1889............	288	1.221 00	4 24
1891............	289	1.278 00	4 67 (1)
(1) *Statistique de l'industrie minérale de* 1891.			

*
* *

Taux des sa-
laires.

Résumé géné-
ral.

L'Office du travail, dans son *Bulletin* d'août 1894 (1), a rapproché les résultats des enquêtes qui ont été faites, à divers dates, sur les salaires, de celle qu'il a entreprise en 1891.

En 1839-1845, les industries soumises à l'enquête occupaient 11 % de femmes et 15 % d'enfants.

En 1860-1865, les industries soumises à l'enquête, dans la banlieue, occupaient 13 % de femmes et 11 % d'enfants.

Dans l'industrie parisienne, les proportions indiquées étaient de 26 % pour les femmes et de 2 % pour les enfants.

En 1891, l'*Office du travail* a relevé dans l'effectif des établissements industriels privés 20 % de femmes et 6 % d'enfants.

Le salaire moyen ou ordinaire par journée de travail de l'ensemble des hommes était estimé égal à 3 fr. 50 en 1839-1845 ; il ressortait à 4 francs dans la banlieue et à 4 fr. 50 dans l'industrie parisienne en 1860, et enfin, en 1891, il ressortait, pour les établissements

(1) Pages 401 à 405.

visités, à 6 fr. 15, soit à Paris 6 fr. 40 et 5 fr. 75 dans
la banlieue.

Le salaire des femmes a passé de 1 fr. 55 (1840) à
1 fr. 70 (1860, banlieue), à 2 fr. 10 (1860, industrie parisienne) et 3 francs en 1891 (3 fr. 10, Paris ; 3 francs,
banlieue). (1).

D'après l'ensemble de ces résultats, il serait à pré-
sumer que, depuis cinquante ans, les salaires nomi-
naux des hommes auraient au minimum doublé. D'après
les chiffres d'ensemble, l'augmentation serait d'environ
75 %. Le salaire des femmes aurait généralement dou-

(1) Nous donnons, dans le tableau ci-dessous, l'indication des salaires
comparés de 1840 à 1891, dans quelques industries.

INDUSTRIES	SALAIRES MOYENS ou ORDINAIRES							
	DES OUVRIERS				DES OUVRIÈRES			
	en 1859-43	en 1860-65		en 1891	en 1859-43	en 1860-65		en 1891
		Banlieue	Paris			Banlieue	Paris	
	fr. c.	fr. c.	fr. c.	fr. c.	fr. c.	fr. c.	fr. c.	fr. c.
Moulins à blé........	3 00	3 00	»	5 85	»	»	»	»
Féculerie...........	2 90	3 75	»	4 80	»	»	»	»
Raffinerie de sucre...	3 00	2 60	3 50	5 50	2 00	1 25	2 00	3 25
Brasserie..........	3 00	4 15	4 00	5 25	»	»	»	»
Pâtisserie, confiserie.	3 50	»	4 00	4 90	1 25	»	1 50	2 70
Produits chimiques et engrais...........	3 00	3 50	3 00	4 70	»	»	»	»
Huilerie...........	2 75	3 10	»	5 60	»	»	»	»
Colle.............	2 50	2 70	3 00	4 20	»	»	»	»
Stéarinerie, savonne-rie, parfumerie....	3 00	3 20	3 10	5 05	1 45	1 75	2 00	2 40
Allumettes	2 25	2 50	4 00	5 25	1 30	1 25	2 00	3 50
Papeterie, cartonnage	3 30	3 40	4 00	6 00	1 25	1 25	2 00	3 10
Imprimerie.........	4 15	4 50	5 00	7 10	»	»	»	»
Mégisserie, tannerie, corroirie..........	4 50	4 00	4 40	5 45	2 00	1 50	»	3 15
Fils de coton.......	3 50	4 50	4 00	5 35	1 35	2 00	2 00	2 85
Scierie mécanique de bois.............	4 00	»	4 00	6 00	»	»	»	»
Instruments de chi-rurgie...........	3 00	»	5 00	7 75	»	»	»	»
Instruments et boîtes à musique........	3 50	»	5 00	5 80	»	»	»	»
Briqueterie, tuileries.	4 00	3 50	5 00	5 15	1 25	1 35	1 75	2 25
Faïencerie, poterie..	3 50	»	3 00	5 50	0 75	»	2 50	3 65
Verrerie...........	3 50	3 90	5 00	4 80	1 25	1 65	2 50	2 20

blé. Cette évaluation est conforme à celles qu'ont établies avec une si grande précision MM. Levasseur,

Voici maintenant les salaires comparés de quelques établissements figurant sur la statistique de 1845 *et existant encore actuellement*.

INDUSTRIES	SALAIRE MOYEN			
	DES OUVRIERS		DES OUVRIÈRES	
	en 1839-1845	en 1891	en 1839-45	en 1891
Fabriq. de tuyaux	3 fr. 25 (1)	4 fr. 50		
Raffinerie de sucre...	3 à 4 fr.	5 fr. 60		
Idem	3 fr.	5 fr. 60		
Faïencerie.......	2 à 5 fr.	3 fr. 25 à 10 fr.	0 fr. 75	3 fr. 55
Maroquinerie....	3 à 10 fr.	3 fr. 25 à 9 fr. 25	3 à 4 fr.	2 à 3 fr. 50
Construction mécanique	2 fr. 25 à 10 fr.	4 fr. 50 à 12 fr.		

(1) La durée du travail journalier dans cette maison était de dix heures par jour, en 1840 aussi bien qu'en 1892. L'établissement se trouvait hors des limites de l'octroi en 1840. Depuis 1860, il se trouve dans l'enceinte parisienne.

Enfin, nous joindrons à ces tableaux le suivant, qui est extrait d'une brochure publiée en 1883 par M. Gautier, vice-président de la chambre syndicale de la plomberie. Actuellement les salaires pratiqués dans l'industrie du bâtiment sont plutôt conformes à la série de 1880 qu'à celle de 1882.

Prix de journées d'après les diverses séries (séries Morel et séries de la ville de Paris) de 1842 à 1880 :

PROFESSIONS	1842	1852	1862	1872	1880
	fr. c.	fr. c.	fr. c.	fr. c.	fr. c.
Terrassier.................	2 75	2 75	4 00	4 00	5 50
Maçon.....................	4 15	4 25	5 25	5 50	7 50
Garçon maçon.............	2 45	2 50	3 35	3 50	5 00
Tailleur de pierre.........	4 15	4 25	5 50	5 50	7 50
Ravaleur..................	4 75	5 00	7 00	7 50	10 00
Charpentier...............	4 00	5 00	6 00	6 00	8 00
Couvreur..................	5 00	5 75	6 00	6 25	7 50
Garçon couvreur..........	3 50	3 75	4 00	4 25	6 00
Plombier..................	3 50	4 00	5 50	6 00	7 00
Menuisier.................	3 25	3 50	3 65	5 00	7 00
Serrurier.................	3 25	3 50	3 75	5 00	6 50
Peintre...................	3 50	3 65	3 75	6 00	7 50

de Foville, Cheysson, Beauregard, Chevallier, Villey, Moron, directeur de l'Office du travail, etc.

***

Mines.
Dividendes des actionnaires.
Salaires des ouvriers.

Mais nous avons encore d'autres preuves pour démontrer que plus le capital se répand, plus s'améliorent et le salaire et la situation de la classe ouvrière.

Quand on parle des grandes compagnies minières, de leur richesse, de la fortune de leurs actionnaires, ce sont des sociétés comme celles d'Anzin, de Courrières, de Douchy, de Liévin, etc., que l'on vise. On montre, d'un côté, le dividende que l'actionnaire reçoit, ce « fainéant » qui n'a que la peine de recevoir le fruit du travail de l'ouvrier ; de l'autre, on critique le maigre salaire du mineur, et il ne faut pas s'étonner si les capitalistes, « ces ploutocrates », sont malmenés !

Où est la vérité ? Elle a été cent fois décrite dans des documents les plus dignes de foi ; elle a été mise en pleine lumière dans le rapport que M. Cheysson a consacré aux institutions patronales qui faisaient partie, à l'exposition de 1889, de la section XVI du groupe, si remarqué, de l'économie sociale. Il contient des faits et des chiffres précis qui sont la meilleure réponse à faire à toutes ces déclamations.

Pendant l'année 1888, les mines d'Anzin ont payé 12,851,868 fr. 51 de salaires ; elles ont consacré aux institutions fondées en faveur de leurs ouvriers 1,567,757 fr. 30. Ce seul chiffre de 1,567,757 fr. 30 représente 12.20 % des salaires de l'année ; 47.33 % du dividende distribué aux actionnaires ; 140 francs par tête d'ouvrier. Les actionnaires ont reçu 115 francs par titre, soit, pour 28,800 centièmes de denier, 3,312,200 fr.

Les mines de Liévin ont payé, en salaires, 2,322,210 fr. et consacré 341,720 fr. 91 aux institutions ouvrières : les actionnaires ont reçu 487,140 francs.

Les mines de Courrières ont payé, en salaires, 4,076,918 francs ; en subventions et secours, allocalions, etc., en faveur de leurs ouvriers, 308,594 fr. 35. Combien les actionnaires ont-ils reçu ? 2,600,000 francs.

Les mines de Douchy, payent 1,595,954 francs de salaires et consacrent 211,352 fr. 94 en libéralités pour le personnel employé. Quelle est la part distribuée aux actionnaires ? 448,280 francs.

A Bessèges, pendant que les actionnaires reçoivent 600,000 francs de dividende, la compagnie consacre 345,735 fr. 40 aux institutions ouvrières ; au Creusot, le montant des subventions et libéralités s'est élevé, en 1888, à 1,632,000 francs, soit 10 % des salaires. Aux mines de Blanzy, les sacrifices faits par la compagnie en faveur des ouvriers qu'elle emploie s'élevaient, en 1887-1888, à 1,118,794 fr. 89, c'est-à-dire à 50 % du dividende distribué aux actionnaires.

Mêmes constatations pour les compagnies de chemins de fer, pour les sociétés industrielles telles que la cristallerie de Baccarat, l'imprimerie et la librairie Mame et C⁶, à Tours.

Ces chiffres s'appliquent à l'année 1888 ; mais nous pouvons citer ceux des années suivantes, ils ne sont pas moins concluants. En 1892, par exemple, les charges des institutions de prévoyance des mines du Nord, fondées par les compagnies en faveur des ouvriers, ont été des plus lourdes. On en jugera par le tableau suivant que nous avons limité aux compagnies d'Anzin, de Douchy, de Vicoigne-Nœux, de Fresnes, de Crespin :

COMPAGNIES	CHARGES DES COMPAGNIES en 1892	NOMBRE D'OUVRIERS auxquels les charges ci-contre s'appliquent (jour et fond)	SUBVENTION PAR OUVRIER et par an
	fr. c.		fr. c.
Anzin	1.566.211 07	10.630	116 75
Douchy	169.675 11	1.747	97 61
Vicoigne	93.945 66	466	266 00
Fresnes-Midi........	36.773 74	508	76 74
Crespin	37.695 00	294	124 50

D'après des documents que nous avons entre les mains, la Société des mines de Lens a payé en 1895 : 11,452,422 fr. 96 de salaires et 1,240,794 fr. 95 de subventions pour le personnel ; ensemble, 12,093.217 fr. 91.

Les actionnaires ont reçu, comme dividende, 2.700.000 francs. C'est-à-dire que la proportion des salaires payés est de 81 ; celle des dividendes de 19.

A Anzin, le montant des salaires payés en 1895 s'est élevé à 15,365,000 francs ; les sommes consacrées aux institutions en faveur du personnel se sont élevées à 1,827.269 fr. 89, soit au total 17,192,269 fr. 89. Combien les actionnaires ont-ils reçu ? 4,896.000 francs.

La proportion des dividendes par rapport aux salaires est de 32 %, c'est-à-dire que l'ouvrier reçoit 68 % de plus que le rentier. En 1860, la proportion des dividendes par rapport aux salaires était de 75 % !

La Société houillère de Liévin a payé en 1895 : en salaires 4,227.036 francs, en salaires complémentaires, secours, allocations, etc. 592.013 francs, ensemble, 4,821,019 francs.

Les dividendes distribués aux actionnaires ont été de 1,020,600 francs. La part du capital a donc été de 21.1 % ; la part du travail de 78.79 %.

A la compagnie des mines de Courrières, l'ensemble des salaires, secours, participations aux caisses de retraites, etc., a été, en 1895, de 13.179,664 francs, alors que les actionnaires ont reçu seulement en dividendes 6,050.000 francs, c'est-à-dire que lorsque les salaires reçoivent 71.2 %, la part du capital est de 28.8 %.

Ces chiffres ne prouvent-ils pas une fois encore que les salaires payés à l'ouvrier, venant s'ajouter aux libéralités que les compagnies acquittent pour les institutions qu'elles ont créées en faveur de leur personnel, dépassent de beaucoup les sommes distribuées aux actionnaires sous forme d'intérêts ou de dividendes, et nous ne parlons pas des impôts que ces compagnies ont, par surcroît, à acquitter.

Que, pour une compagnie, l'année ait été bonne ou

mauvaise, la concurrence plus ou moins active, le prix de vente des produits plus ou moins élevé, l'ouvrier n'a rien eu à craindre pour son salaire ; les institutions fondées dans son intérêt ont continué à fonctionner : l'État, de son côté, a perçu l'intégralité des impôts qui atteignent ces sociétés. Quel est donc celui qui court les plus grands risques ? N'est-ce pas ce capitaliste, cet actionnaire détesté ? Et cependant, les capitaux qui ont créé et développé une industrie, n'ont-ils pas servi, tout d'abord, à occuper et rémunérer toute une classe de la société qui, sans eux, serait restée inactive et malheureuse ?

C'est ainsi que se confirment les paroles de Bastiat dans une controverse restée célèbre, lorsqu'il écrivait à Proudhon (I) :

« Le capital, disait-il, est l'ami, le bienfaiteur de tous les hommes et particulièrement des classes souffrantes. Ce qu'elles doivent désirer, c'est qu'il s'accumule, se multiplie, se répande sans compte ni mesure. S'il y a un triste spectacle au monde — spectacle qu'on ne pourrait définir que par ces mots : suicide matériel, moral et collectif — c'est de voir ces classes, dans leur égarement, faire au capital une guerre acharnée. Il ne serait ni plus absurde ni plus triste, si nous voyions tous les capitalistes du monde se concerter pour paralyser les bras et tuer le travail. »

On dit à l'ouvrier que le capital l'exploite : car, sans lui, ce capital n'aurait aucune valeur et les entreprises, quelles qu'elles soient, ne pourraient ni fonctionner ni produire. « Il faut », disait le 29 juin 1895 M. Jaurès, « la nationalisation des services jusqu'ici confiés à des oligarchies financières, banques, mines, chemins de fer (2) ». Et, d'après lui, ce ne serait pas encore là des réformes décisives. M. J. Guesde va plus loin. Il demande la « suppression de la dette publique (3) ». Fermez les mines, laissez s'éteindre les hauts fourneaux, organisez la grève générale : plus de chemins de fer, plus de houillères ; travaillez le moins de temps

1. *Intérêt et principal.* Articles extraits de *la Voix du Peuple,* 26 novembre 1849.
2. *Débats parlementaires.* Chambre, 29 juin 1895.
3. Même séance : interruption faite à M. Deschanel.

possible et faites-vous payer le plus cher que vous
pourrez ; laissez le patron faire lui-même ce travail qu'il
impose à ceux qu'il emploie. L' « affreux » capital,
l' « infâme » capital, le capital « vampire », « exploite »
l'ouvrier ; il « s'engraisse » des « sueurs du peuple ».

Tels sont les conseils que l'on prodigue à la classe
ouvrière, conseils qui la trompent et l'égarent ; telles
sont les aménités que l'on entend à la tribune de la
Chambre, dans certaines réunions publiques, et que
répètent grand nombre de journaux.

Les ouvriers seraient-ils plus heureux, si l'État faisait
banqueroute, manquait à ses engagements, si les rentiers et les capitalistes qu'on leur dénonce comme leurs
pires ennemis étaient ruinés ?

Leurs salaires seraient-ils plus assurés, si toutes ces
sociétés que l'on attaque avec tant de virulence étaient
obligées de liquider ? Où nous conduisent les fausses
théories qui, chaque jour, sont répandues dans la
foule ?

Il est nécessaire que les ouvriers s'en rendent
compte : « Les salaires », suivant l'expression de
M. Léon Say, « sont plus assurés quand l'industrie est
prospère (1) ». Pour peu que cette agitation continue.
le capital n'osera bientôt plus s'engager dans les affaires
industrielles, car il redoutera de ne pouvoir satisfaire
aux exigences du travail, et, lui aussi, fera grève. Que
ce soit une société particulière, une entreprise fondée
par actions, que ce soit un patron ou un actionnaire,
il faut tout d'abord, avant de songer à la rémunération
du capital, subvenir aux charges et impôts de l'État ;
aux salaires du personnel ; aux dépenses des sociétés
ouvrières. Il faut lutter contre la concurrence étrangère, supporter les fluctuations qui se produisent dans
les prix d'achat et de vente des marchandises achetées
et des produits vendus. Les plus sages combinaisons.
tout le fruit de l'expérience et de l'intelligence, — qui
sont, elles aussi, un capital et non le moins important.

(1) Léon Say. Discours à Lyon, 23 mars 1893.

- peuvent être anéanties par les troubles que tels ou tels événements intérieurs ou extérieurs apportent dans le fonctionnement de l'industrie qui a été fondée ou commanditée ; puis, après avoir fait face à toutes les charges et subi tous les risques, ce capitaliste, cet actionnaire, ce patron tant envié, reçoit une part des bénéfices — s'il en reste — ou supporte toutes les pertes. La liste serait longue des industriels et des commerçants qui ne travaillent que pour payer leurs ouvriers (1).

Il est donc faux de dire que le salariat soit une exploitation du travail par le capital ; la vérité, c'est qu'il est une sorte d'association du travail et du capital. Dans une société civilisée, le travail et le capital, suivant l'expression de M. Levasseur (2), sont deux alliés nécessaires l'un à l'autre qui doivent vivre en bonne intelligence au lieu de s'entre-déchirer.

« Plus une industrie est prospère, a dit encore M. Frédéric Passy, plus les affaires d'une maison sont fructueuses, et plus le personnel qu'elle emploie a de chances de voir s'améliorer sa situation et peut envisager l'avenir avec confiance. Plus, au contraire, la situation est difficile, plus les frais généraux augmentent, plus il y a de malfaçon, de gaspillage des matières premières ou de négligence dans l'emploi du matériel, et plus se trouve réduit le chiffre qui peut être offert aux salaires... . N'en déplaise aux agitateurs qui dénoncent tous les jours les industriels et les capitalistes comme des vampires altérés du sang de leurs semblables ; n'en déplaise non plus aux détracteurs de la masse laborieuse qui ne parlent que de mâter ces prétentions par la force : ils sont nombreux, de part et d'autre, ceux qui font leur devoir parce que c'est le devoir, et ceux qui comprennent que faire son devoir, c'est encore la meilleure manière d'entendre ses intérêts (3). »

Ces paroles sont la sagesse, la vérité même.

*
* *

À toutes les attaques passionnées dont le capital, les capitalistes, les actionnaires, sont l'objet, nous avons

Résumé général.

1 *Débats parlementaires*. Chambre, 17 novembre 1892, discours de M. Aynard.
2 *Principes d'économie politique*, page 76.
3 *Robinson et Vendredi ou la naissance du capital*. Conférence faite à la Société industrielle d'Amiens (*Revue économique de Bordeaux*, 1893).

cru utile, dans cette longue statistique, d'opposer quelques chiffres précis, que nous croyons devoir résumer :

1. Les rentes françaises sont représentées par 5 millions 96.811 inscriptions. La moyenne de chacune d'elles forme 159 francs de rentes, soit un capital de moins de 5,500 francs. Sur l'ensemble des inscriptions de rentes 3 1/2 % et 3 %, on compte plus de 80 % de titres de 2 à 3 francs et ne dépassant pas 50 francs de rentes ! Le nombre des porteurs de rentes est d'environ 2 millions, ce qui représenterait, pour chacun d'eux, 403 francs de rentes en moyenne, soit un capital de 13,000 à 14,000 francs. En tenant compte des rentes appartenant aux caisses d'épargne, caisses publiques, départementales, communales, Légion d'honneur, rentes de cautionnements, etc., cette moyenne serait encore de beaucoup trop élevée.

2. Les actions de la Banque de France appartiennent à 28.358 actionnaires possédant moins de 5 actions, soit un capital de 17.500 francs.

3. Les actions du Crédit foncier appartiennent à 40.339 actionnaires : la moyenne des titres possédés par chacun d'eux est de 9, représentant un capital de 6,345 francs.

4. Sur les 3 milliards 913 millions d'obligations foncières et communales du Crédit foncier, 819 millions sont au nominatif, divisés en 208.953 certificats.

5. Les actions et obligations des six grandes compagnies de chemins de fer, qui représentent, au total, un capital de 20 milliards, appartiennent à plus de 700,000 familles, soit plus de 2 millions de personnes, ce qui représente, pour chacune d'elles, un capital d'une dizaine ou quinzaine de mille francs tout au plus. Cette évaluation est confirmée par le nombre de certificats nominatifs d'actions et d'obligations de ces compagnies, par leur extrême division dans les portefeuilles.

6. Sur 3,059,000 actions de chemins de fer,

1.501,000 sont au nominatif, divisées en 108.945 certificats, soit une moyenne, par certificat, de 12,82 actions, ou un capital variant de 11,000 à 20,000 francs.

7. Sur 30,106,577 obligations, 21,488,106 sont au nominatif. Le nombre des certificats est de 686,090 ; la moyenne des obligations inscrites sur chacun d'eux est de 32,59, soit un capital de 15,000 francs.

8. Il existe plus de 8,000,000 livrets dans les caisses d'épargne pour un capital de 3 milliards 900 millions, soit une moyenne par livret de 455 francs, alors que les fonds déposés à la Banque et dans les grands établissements financiers, en comptes de chèques, et que l'on peut considérer comme le fonds de roulement des banquiers, commerçants, industriels, capitalistes et rentiers plus riches que les déposants dans les caisses d'épargne, s'élèvent à environ 1 milliard et demi pour 250,000 à 300,000 comptes.

9. Depuis trois quarts de siècle, le niveau de la fortune mobilière et immobilière s'est équilibré. En 1826, les biens meubles représentaient 52 % de la masse sucsorale. En 1892, l'ensemble des biens meubles dépasse de 1 % la fortune immobilière. En 1894, la proportion est égale.

10. Depuis 50 à 60 ans, le taux de l'intérêt a baissé de 5 et 6 % à moins de 3 %, soit une diminution de 50 %. Il faut aujourd'hui un capital double pour avoir le même revenu qu'autrefois.

11. Dans la même période, les salaires des travailleurs de la grande et de la petite industrie, ceux des ouvriers mineurs, les gages des domestiques, ont augmenté de 50, 60, 75 %.

12. Dans les grandes compagnies minières, comme celles d'Anzin, Lens, Liévin, Courrières, etc., les sommes payées en salaires aux mineurs sont quatre fois plus élevées que le montant des dividendes payés aux actionnaires. Sur 100 francs de produits nets, la part du travail s'élève à 75 et 80 ; la part du capital descend à 25 et 20. Tel est, par le menu, le morcellement

de la fortune mobilière ; telle est la part qui est préle-
vée sur le revenu de cette fortune pour rémunérer le
travail.

Les 80 milliards de valeurs mobilières, dirons-nous
en terminant, fonds d'Etat français et étrangers, forment un bloc imposant qui excite bien des convoitises.
Que sont-ils, en réalité ? De la poussière de titres et de
revenus entre les mains de millions de petites gens d'é-
pargne, tous contribuables, tous électeurs aussi, qu'une
certaine démocratie, jalouse, inquiète, considère à tort
comme des ennemis publics, car cette démocratie oublie que le « capital n'est rien moins que la substance
de l'amélioration populaire... Sans doute, il rapporte
au capitaliste, mais il ne rapporte que par le travail
qu'il suscite et qui le reproduit lui-même (1) ».

Il n'y a pas de féodalité financière, mais une démocratie financière. Notre pays possède de grandes banques
et institutions financières qui disposent de nombreux capitaux, des sociétés industrielles et commerciales puissantes, dont l'activité rayonne sur le monde
entier, et il est heureux qu'il en soit ainsi ; mais on
peut affirmer qu'il n'existe pas d'aristocratie de porteurs de titres, mais un peuple qui travaille, économise,
et dont le travail et les économies contribuent à élever
le taux des salaires, à augmenter l'activité commerciale et industrielle et la richesse du pays.

Porter atteinte à ces fortunes, riches ou modestes,
petites ou grosses, ce serait porter atteinte au travail.
Il ne faut pas se lasser de répéter que « toute fortune
honnêtement acquise est respectable ; toute fortune
honnêtement employée est utile (2) ». Essayer de ruiner le capitaliste, le rentier, ce serait sûrement ruiner
l'ouvrier, le salarié (3).

(1) Michel Chevalier. *Les Questions politiques et sociales* (*Revue des
Deux-Mondes*, 15 juillet 1850).
(2) Frédéric Passy, Société d'économie politique, 5 octobre 1895. *Journal des Economistes*, octobre 1895, page 110.
(3) Dans un banquet qui était offert, au Havre, le 4 novembre 1893,
à MM. Jules Siegfried et Félix Faure : « Ce serait, disait M. Félix Faure, la

Au fur et à mesure que les créations de valeurs mobilières se sont développées dans notre pays et que les titres de rentes, d'actions et d'obligations sont devenus le mode de placement favori des capitaux, plus ces valeurs diverses se sont démocratisées et sont entrées dans les plus petits portefeuilles, plus haut ont monté les salaires.

Sous l'influence des faits économiques, la baisse du taux de l'intérêt de l'argent a réduit le revenu des rentiers de 6 et 5 % à 3 1/2, 3 et 2 1/2 %, soit près de 50 % : le taux des salaires, au contraire, a haussé de 50, 60, 75 %.

A des affirmations sans preuves, voilà ce que répondent les chiffres.

Telles sont, en résumé, les constatations qui ressortent de la statistique (1).

LE CAPITAL ET LE REVENU
DES VALEURS MOBILIÈRES EN FRANCE (2)

Il y a deux jours, le 14 décembre, le monde financier prenait possession des nouveaux locaux de la Bourse agrandie et embellie. Depuis de nombreuses années, le marché et le personnel et la clientèle qui l'animent

desorganisation de toutes nos forces industrielles, ce serait la mort de toutes les entreprises, et, par suite, la diminution de notre production et l'abaissement des salaires. Ce serait, personne ne peut le contester, provoquer l'émigration des capitaux et porter une atteinte grave à notre puissance financière, et par conséquent compromettre les résultats acquis et risquer de voir la France perdre la situation qu'elle a su conquérir dans le monde. »

1 Voir les annexes de cette étude, pages 512 à 517.
2 Communication faite à la Société de statistique de Paris 16 décembre 1903).

se trouvaient trop à l'étroit dans ce vieux monument qui date du 6 novembre 1826.

De nouveaux groupes pour la négociation de valeurs avaient été ouverts et, sans que le volume des affaires ait beaucoup augmenté, il arrivait parfois qu'agents de change, banquiers, intermédiaires, clients, se plaignaient de l'exiguïté des locaux mis à leur disposition. Grâce à l'initiative et au concours financier des agents de change et à la suite de longues négociations avec la municipalité, des travaux d'agrandissement, fort coûteux, furent entrepris ; ils ont été terminés en un temps relativement très court.

On peut donc aujourd'hui assister à la transformation matérielle de la Bourse et se rendre compte des embellissements dont elle vient d'être l'objet.

Quelle qu'ait été cependant la transformation du monument réservé au marché des valeurs mobilières, elle est loin de pouvoir soutenir la comparaison avec celle qu'ont subies et les négociations et leur montant. A aucune époque, en effet, le chiffre des valeurs mobilières négociables n'a été aussi considérable. A aucune époque, la fortune mobilière représentée par des titres mobiliers appartenant en propre à notre pays, n'a été aussi élevée.

Une nouvelle étude sur *les Valeurs mobilières en France, le capital qu'elles représentent, leur revenu, leur montant appartenant en propre à nos nationaux,* est donc de toute actualité.

Depuis vingt ans que je fais partie de notre Société, il ne s'est pas, je crois, passé d'année, sans que je me sois occupé de ces grosses questions, soit ici, soit à l'étranger, dans des communications et travaux spéciaux, dans des rapports à l'Institut international de statistique. La Société de statistique de Paris a compris la première la nécessité de suivre le mouvement des valeurs mobilières, non seulement en France, mais dans tous les pays. Et si aujourd'hui cette statistique est faite en Europe, si celle dans le monde est en bonne

voie de réalisation, c'est à votre appui et à celui de
l'Institut international de statistique que ce double
résultat est dû.

*
* *

Le titre de ma communication de ce soir sera le même
que celui que je donnais, en 1888, à un travail que
j'avais l'honneur de vous soumettre (1). Par divers
procédés, je cherchais à évaluer le capital et le revenu
de nos valeurs mobilières. La statistique nouvelle que
je vous présente ce soir s'appuiera donc tout à la fois
sur l'expérience et les comparaisons du passé, et sur
des chiffres nouveaux. Je m'excuse de venir encore
vous parler millions et milliards.

Poussière de
titres.
Poussière de
revenus.

Il existe encore bien des personnes qui ne veulent
pas croire à cet amoncellement de milliards et qui
se disent, qu'après tout, cela ne fait pas de mal que
d'entendre dire que nous sommes riches et qu'il faut
laisser tranquillement à leurs études ceux qui remuent
ainsi des chiffres fantastiques. Je ne suis pas de cet
avis. Il ne faut jamais jouer avec les chiffres, il ne
faut jamais se créer d'illusions et encore moins en créer
aux autres quand il s'agit de la fortune d'un pays. Mais
il ne convient pas non plus de ne pas montrer une
situation telle qu'elle est, à la condition d'appuyer sa
démonstration sur des faits et des documents précis
et vérifiés.

Il y a vingt ans, M. de Foville, notre bien cher et
éminent collègue, alors vice-président de notre Société,
faisait à la Sorbonne une conférence, aussi spirituelle
que savante et bourrée de chiffres, sur *la Fortune de la
France* (2). Il s'excusait, devant son auditoire, qui
n'était pas uniquement composé, comme ce soir, de
statisticiens, mais qui comprenait aussi de bons bourgeois, accompagnés de leur famille, d'étudiants et
d'étudiantes, de venir leur parler millions et milliards,

1. 16 mai 1888. Voir page 219.
2. *Journal de la Société de statistique de Paris*, novembre 1887.

à eux, qui, peut-être, en ouvrant leur porte-monnaie, y
auraient trouvé à grand'peine quelques pièces blanches,
« Il se fait, disait-il, autour de nous, une telle consommation de millions et de milliards, que ces gros
mots-là ne font plus peur à personne. Le million est
dans toutes les bouches — je ne dis pas toutes les
bourses — et le milliard même tend à devenir la monnaie courante du langage. »

Ces spirituelles paroles de M. de Foville, permettez-
moi de vous les présenter comme mon excuse. Si je
vous parle millions et milliards à vous que ces gros
chiffres effraient d'autant moins que vous êtes là pour
les contrôler et les réfuter, c'est que j'espère les justifier en les décomposant, en quelque sorte, par le menu,
en vous montrant encore qu'ils appartiennent à des
millions de petites gens d'épargne et en répétant qu'ils
ne sont que de la « poussière de titres, de la poussière
de revenus », tellement ils sont disséminés, éparpillés.

***

Principales
questions exami-
nées.

Dans cette communication, je m'occuperai des principales questions suivantes :

1. Montant et composition des valeurs mobilières
admises à la cote officielle de la bourse de Paris ;

2. Montant des valeurs mobilières cotées à Paris, sur
le marché en banque, au comptant et à terme ;

3. Valeurs cotées et négociables aux bourses départementales ;

4. Montant des valeurs mobilières appartenant en
propre à nos capitalistes français ;

5. Procédés d'évaluation antérieurs et procédés actuels ;

6. Montant des revenus des valeurs mobilières et
capital qu'elles représentent.

Il y aurait encore bien des points à traiter devant
vous, mais cette communication sera déjà très longue
et leur examen m'entraînerait trop loin, comme, par

exemple, le relevé des pertes énormes que l'épargne a subies dans des placements, ou soi-disant tels, qui lui ont causé déceptions et ruines. Sans ces désastres, les chiffres que je vais vous soumettre seraient autrement considérables. Il y aurait lieu aussi d'examiner le rôle et la conduite de cette épargne dans ce grand mouvement de la fortune mobilière et de lui donner quelques bons conseils ; il conviendrait de rechercher si l'État, lui aussi, n'a pas une règle de conduite à tenir, si le législateur se rend bien compte de ce qu'il peut faire ou ne pas faire, s'il n'inquiète pas trop souvent et trop légèrement cette épargne confiante, par des propositions de loi insuffisamment étudiées, dangereuses. Peut-être aurais-je ultérieurement à traiter ces questions devant vous ou devant notre grande sœur, la Société d'économie politique. Permettez-moi de me borner ce soir à l'examen des questions que j'ai énumérées plus haut.

Dans le cinquième rapport sur la *Statistique internationale des valeurs mobilières* que j'ai présenté au nom de l'Institut international de statistique, dans sa dernière session de Berlin, j'ai donné quelques chiffres qu'il est actuel de relever.

Au 31 décembre 1902, les valeurs admises à la cote officielle de la bourse de Paris représentaient dans leur ensemble, déduction faite des titres amortis, au cours du 31 décembre 1902, un capital supérieur à 130 milliards (130,119,932,300 fr.).

64.026.798 000 fr. pour les valeurs françaises ;	
66.093.134.300 —	étrangères.

Total. . . . 130.119.932 300 fr.

Les valeurs françaises comprenaient notamment :

	milliards de francs
Rentes françaises, obligations du Trésor, Colonies et Protectorats.	26.4
Grandes compagnies de chemins de fer.	19.6
Chemins de fer et tramways	1.8

Crédit foncier de France 4.2
Banques et sociétés de crédit 2.2
Ville de Paris 2.0
Assurances 0.7
Canaux 1.6
Électricité, gaz 1.0
Forges, fonderies, houillères, mines 1.8
Docks, eaux, filatures, phosphates, etc., transports 1.2
Divers, etc., valeurs en liquidation 1.3
                                                          ———
                        Total 64.0

Les valeurs étrangères se divisaient ainsi :

		milliards de francs	milliards de francs
Fonds	d'États divers	47.5	58.8
	Russie	11.3	
Banques			1.4
Chemins de fer			5.0
Divers			1.2
Totaux			66.4

Il faut ajouter à ces chiffres qui montrent l'accroissement prodigieux de la fortune mobilière en France le montant des valeurs françaises non cotées à la bourse de Paris et négociables aux bourses de province ou en banque.

Voici, à diverses dates, le nombre de catégories de valeurs inscrites à la cote officielle de la bourse de Paris :

Années	Nombre de valeurs	Années	Nombre de valeurs
1800	10	1869	402
1815	5	1883	783
1830	30	1891	928
1848	130	1892	1.087
1852	152	1903 (novembre) .	1.131

Au 31 décembre 1902, le nombre de titres ou coupures de titres en circulation était :

Valeurs françaises 77.797.343
Valeurs étrangères 50.868.795

Le capital des seuls titres français évalué au cours du 31 décembre était le suivant :

Années	milliards de francs.	Années	milliards de francs.
1869	21.6	1899	63.0
1880	43.0	1902	66.0
1890	56.0		

*
* *

La chambre syndicale des banquiers des valeurs au comptant et à terme a bien voulu nous fournir, de son côté, les mêmes renseignements sur l'ensemble des valeurs cotées à Paris, sur le marché en banque.

Ce travail comprend toutes les valeurs inscrites à la cote de ce marché et, partant, susceptibles d'y être habituellement cotées.

Mais il convient de faire remarquer, comme il a toujours été fait dans nos statistiques, que ce serait une erreur de chercher dans les résultats une indication sur l'importance de la circulation de ces valeurs en France.

Cette statistique montre simplement ce qui est : un total de titres qui peuvent être négociés et ce que ce total représente comme valeur vénale, d'après le cours de la bourse ; mais le quantum de cette circulation ne peut en être déduit pas plus que l'évaluation du quantum des titres appartenant en propre à nos nationaux. Ces évaluations sont obtenues par d'autres procédés.

Valeurs se négociant au comptant et à terme.

	Capital vénal au 31 déc. 1902 millions de francs
Fonds d'Etats, villes et départements	440.9
Métallurgie, fabriques de machines	6.9
Mines de charbon, cuivre, fer, zinc, plomb, argent, diamants.	1.385.0
Mines d'or, sociétés d'exploration	4.255.0
Obligations de chemins de fer	834.7
Valeurs se négociant exclusivement à terme	169.4
Total	7.091.9

Quant aux valeurs se négociant exclusivement au comptant, en voici le relevé :

	Capital vénal au 31 déc. 1902 — millions de francs
Fonds d'Etats, villes, départements	4.117.0
Assurances et banques	75.5
Chemins de fer et transports	28.0
Eclairage, electricité, gaz et eaux	31.0
Métallurgie, fabriques de machines.	327.0
Mines diverses, charbon, fer, etc.	332.0
Mines d'or, sociétés d'exploration	282.0
Journaux, librairie, publicité, divers.	485.0
Obligations de chemins de fer, transports divers .	1.283.0
Eaux, gaz, électricité, métallurgie	50.0
Obligations diverses, etc	386.0
Total.	7.396.5

En réunissant ces deux groupes de valeurs ; d'une part, celui des titres se négociant au comptant et à terme, et, d'autre part, celui des titres se négociant exclusivement au comptant, l'ensemble des valeurs négociables sur ces deux marchés représenterait — sous les réserves que nous avons faites et qu'il convient de ne pas perdre de vue, notamment les doubles emplois — un capital vénal de 14 milliards 487 millions.

En se bornant à évaluer les valeurs se négociant au comptant et à terme, on obtient, en chiffres ronds, 7 milliards.

Ces 7 milliards de valeurs diverses négociables sur le marché en banque venant s'ajouter aux 130 milliards 119 millions négociables sur le marché officiel, formeraient un total de 137 milliards 119 millions de valeurs négociables sur le marché de Paris.

Bourses départementales. Valeurs cotées.

Ce n'est pas encore tout. Pour avoir une idée approximativement exacte du quantum des valeurs négociables en France, il faut ajouter à ces chiffres énormes le mon-

tant des valeurs négociables aux bourses départementales de Lyon, Marseille, Bordeaux, Lille, Nantes, Toulouse. Le total peut en être évalué à environ 4 milliards :
mais dans ce total sont compris grand nombre de
valeurs déjà cotées à Paris et qui, par conséquent, font
double emploi.

Résumons ces quelques chiffres :

	milliards de francs
1° Valeurs cotées et négociables sur le marché officiel .	130
2° Valeurs cotées et négociables au comptant et à terme sur le marché en banque	7
3° Valeurs cotées et négociables aux bourses départementales	4
Total des valeurs négociables. . . .	141

* * *

La question se pose dès lors de savoir à quel chiffre
de milliards s'élève le montant des valeurs appartenant
en propre à nos capitalistes et rentiers français ?

Sans entrer dans les détails que nous avons donnés
dans nos statistiques antérieures, nous pouvons répondre que sur ces 141 milliards de valeurs négociables
en France, le montant des titres appartenant à nos nationaux peut être évalué, à la fin de 1902, à 90 milliards, dont 25 à 30 milliards de titres étrangers, donnant un revenu net de plus de 4 milliards et bien près
de 4 milliards et demi.

D'après notre IV° *Rapport à l'Institut international
de statistique* (session de Budapest 1901) [1], nous estimions qu'à la fin de l'année 1900 les fonds d'État et
similaires étrangers, les actions et obligations étrangères appartenant, en propre, aux capitalistes français
peuvent se décomposer, par pays et par nature de titres,
comme suit :

Valeurs appartenant aux capitalistes français.

---

1 — *Bulletin de l'Institut international de statistique*, tome XIII.

PAYS	FONDS D'ÉTAT et SIMILAIRES	ACTIONS OBLIGATIONS etc.	TOTAUX
	milliards de francs	milliards de francs	milliards de francs
Russie..............................	7,0	1,0	8,0
Égypte et Suez.................	1,5	1,2	2,7
Espagne et Cuba...............	1,0	1,5	2,5
Autriche-Hongrie...............	2,0	0,5	2,5
Turquie...........................	1,5	0,5	2,0
Argentine. Brésil, Mexique.....	1,5	0,5	2,0
Italie..............................	1,2	0,5	1,7
Angleterre et colonies.........	1,0	0,2	1,2
Portugal..........................	0,5	0,5	1,0
États-Unis. Canada............	1,0	»	1,0
Belgique, Pays-Bas. Suisse.....	1,0	»	1,0
Sud-Africain.....................	»	0,8	0,8
Chine et Japon..................	0,2	0,3	0,5
Allemagne........................	0,5	»	0,5
Suède, Norvège, Danemark.....	0,5	»	0,5
Tunisie............................	0,2	0,1	0,3
Autres États......................	2,0	1,0	3,0
Ensemble...........	22,6	8,6	31,2
Évaluation approximative des titres appartenant à des étrangers résidant en France..........................			3,2
Reste..............			28,0

Et pour négocier ce chiffre important de valeurs mobilières, soit que l'on examine le total des valeurs négociables, soit celui appartenant en propre à nos nationaux, combien existe-t-il de personnes, de maisons de banque, d'intermédiaires pouvant s'en occuper ? Une statistique déjà ancienne, que nous avons antérieurement donnée, mais qu'il est utile de reproduire, répond à cette question.

A la fin de 1891, le nombre d'établissements financiers divers s'occupant d'opérations sur les valeurs mobilières, changeurs, escompteurs, agents de change, caisses de sociétés diverses, s'élève à 3,379 occupant 9,379 employés. Cette statistique émane de l'administration des contributions directes. Depuis cette époque, le nombre a beaucoup augmenté : mais comme il n'a pas été publié de statistique officielle plus récente, nous nous bornons à citer celle de 1891 (1).

* * *

Comme nous allons le démontrer en entrant dans le détail des chiffres, jamais la fortune mobilière n'a été plus élevée : cette progression continue du produit de

Procédés d'évaluation.

1°   *Établissements financiers (Statistique de 1891).*

COMMERCES, INDUSTRIES, PROFESSIONS	NOMBRE		OBSERVATIONS
	D'ÉTABLIS-SEMENTS	D'ASSO-CIÉS	
Changeur de monnaies............	87	16	
Escompteur....................	1.210	163	
Agent de change...............	186	»	
Assurances maritimes (Entrepreneur d').....................	262	7	
Banquier	1.263	523	
Caisse ou comptoir d'avances ou de prêts, de recettes ou de paiements (Tenant)...............	118	45	
Caisse ou comptoir de bons ou coupons commerciaux, ou de bons ou coupons d'escompte, d'épargne, de crédit ou de capitalisation (Tenant)...............	28	1	Profession ajoutée au tarif par la loi du 8 août 1880 ; était imposée, en 1885, par voie d'assimilation.
Caisse ou comptoir pour opérations sur les valeurs (Tenant)........	414	100	
Société française ou étrangère opérant à l'étranger et tenant en France, pour son compte, une caisse pour emprunts ou pour paiements des intérêts, dividendes, etc......................	8	»	Profession ajoutée au tarif par la loi du 30 juillet 1880.
Société formée par actions pour achat et vente d'immeubles ou autres spéculations immobilières......................	9	»	
Assurances non mutuelles (Entreprise d')......................	139	»	
Banque de France y compris ses comptoirs....................	1	»	
Réassurances (Compagnie, société ou comptoir de)...............	12	»	
Société formée par actions pour opérations de banque, de crédit, d'escompte, de dépôts, comptes courants, etc...................	66	»	
Tontines (Société de)...........	2	»	
Totaux............	3.795	855	

l'impôt sur les valeurs mobilières est une des preuves
les plus convaincantes de la progression même de la
richesse publique.

Ainsi que nous l'avons dit dans une précédente étude,
une évaluation du capital ou du revenu des titres mobiliers n'a été que très rarement tentée. Ce n'est qu'à
partir de 1871 que des études de ce genre ont été faites.

Dans notre second volume des *Finances contemporaines*, consacré aux budgets depuis 1872 jusqu'en 1903,
notre première étude sur le budget de 1873 était une
évaluation approximative des valeurs mobilières en
France, d'après la statistique de l'impôt sur le revenu
qui venait d'être établie. Nous disions, en effet, que cette
taxe sur le revenu des valeurs mobilières devait permettre d'approcher le plus près possible de la vérité,
à la condition d'effectuer une ventilation entre ces divers revenus et de tenir compte de certains éléments qui
entraient dans la taxation des valeurs mobilières. Cette
ventilation, comme on le verra plus loin, est faite aujourd'hui, et on peut déterminer, aussi exactement qu'il
est possible de le faire dans des travaux aussi méticuleux, le revenu et le capital des valeurs mobilières en
France (1).

A diverses reprises, des statisticiens ont cherché à
dresser cet inventaire et, dans nos divers travaux sur
la fortune et les valeurs mobilières, dans différentes
commissions, soit à la commission extraparlementaire
du cadastre, soit à celle de l'impôt sur le revenu, nous
avons poursuivi nos recherches et proposé des évaluations.

Quand on rapproche les évaluations, totales ou par-
tielles, faites à diverses époques par nos contemporains, on peut discuter sur la valeur de chacune d'elles.
sur les chiffres qui ont été produits à une époque déterminée ; mais de l'ensemble des travaux, de leur

(1) Voir tome II, page 39.

comparaison, on peut voir s'il y a gradation ou diminution dans les évaluations successives : la démonstration du progrès ou de la diminution de la richesse publique et privée devient, dès lors, plus facile. Les éléments qui constituent la richesse mobilière et immobilière d'un pays comme la France sont nombreux et, s'il est impossible de calculer mathématiquement la valeur de tous ceux qui la composent, il est du moins possible d'en évaluer scientifiquement et exactement les plus importants. Par les résultats obtenus, la somme totale des richesses, ou du moins les changements qui se sont produits dans cette somme, d'une époque à une autre, apparaissent avec clarté.

Chez nous, tout particulièrement, nous avons deux moyens principaux à peu près sûrs d'évaluer en bloc l'ensemble de la fortune mobilière représentée par des titres de rentes, des actions ou obligations.

S'agit-il des valeurs mobilières françaises ?

La taxe de 4 % sur le revenu permet de connaître la somme des revenus taxés et de dégager aussi approximativement que possible le montant en capital des valeurs correspondantes.

S'agit-il des fonds d'État étrangers et des valeurs mobilières étrangères ? Les taxations diverses dont ces titres sont l'objet, en France, sont déjà un des éléments d'évaluation. Les statistiques officielles étrangères, indiquant les remises faites dans les pays étrangers pour le coupon des dettes extérieures, sont un second élément. Les rapports des sociétés privées, les cours du change, le contrôle des divers chiffres par la comparaison des statistiques étrangères et des documents publiés, sont un troisième élément. Les émissions, introductions de titres, négociations, etc., sur les divers marchés sont encore un quatrième élément de recherches. Ce n'est pas tout. Le statisticien qui veut faire le dénombrement des valeurs mobilières, en général, ne doit rien négliger : droits de timbre au comptant ou par abonnement, droits de transmission pour

les transferts et conversions ; taxe annuelle sur les
titres au porteur ; comment se paient les droits ; véri-
fication des états et relevés signés et certifiés par les
assujettis ; taxe annuelle sur les intérêts, dividendes,
revenus et autres produits des actions de toute nature
des sociétés, les arrérages et intérêts annuels des emprunts et obligations des sociétés ; lots et primes de
remboursement payés aux créanciers et porteurs d'o-
bligations, effets publics et autres titres d'emprunts ;
relevé des taxes d'abonnement au timbre et des droits
de transmission payés par les sociétés, etc. Ajoutons
enfin que si chacune de ces sources d'information a sa
valeur, toutes doivent être réunies, contrôlées, pour
obtenir un résultat approximativement exact.

S'agit-il de valeurs immobilières et d'une partie de la
fortune mobilière non représentée par des titres mobiliers ? L'annuité successorale peut donner un résultat
satisfaisant en tenant compte cependant des dissimu-
lations et aussi des règles d'évaluation de l'administration qui peuvent être modifiées.

*
* *

Quelques éva-
luations anté-
rieures.   Pendant la première moitié de ce siècle, les évaluations en capital et en revenu de la fortune mobilière
du pays ont fait à peu près défaut, ou du moins ont été
excessivement rares (1).

La taxe sur le revenu des valeurs mobilières, comme
le prévoyait Victor Bonnet, devait permettre d'approcher le plus près possible de la réalité. Cet impôt,
on le sait, est perçu par l'administration de l'enregistrement, des domaines et du timbre. Nos budgets
le comprenaient, à l'origine, parmi les « divers revenus » ; puis, on l'a classé et on le classe encore parmi
les « impôts indirects ». Scientifiquement parlant, cette
taxe aurait dû être classée parmi les « impôts directs ».

Quand l'Assemblée nationale, au lendemain de la

(1) Voir *supra*, page 246.

guerre, dut rechercher les impôts nécessaires à l'équilibre du budget, la proposition de taxer le revenu des titres mobiliers fut une de celles qui soulevèrent les plus vives controverses. Un discours de M. Magne, alors membre de la commission du budget, dans la séance du 29 juin 1872, décida du vote. Il fit remarquer qu'il n'y avait plus rien à prendre sur les droits de consommation ni sur les droits de mutation ; que l'on ne pouvait songer à aggraver le sort de la propriété foncière, déjà surchargée ; que la taxation du revenu mobilier était tout à la fois une nécessité budgétaire et une œuvre de justice (1). L'impôt fut donc voté ; il est perçu et acquitté avec la plus grande facilité ; il a le mérite d'être productif ; mais les vices de cet impôt n'en existent pas moins. Ces vices ont été admirablement définis par M. Léon Say lorsqu'il faisait remarquer qu' « établir un impôt perçu par retenue sur les coupons d'un titre, c'était décréter une diminution de la fortune de ceux qui possèdent les valeurs au moment où on établit cet impôt. Si on se place dans la situation d'un acheteur le lendemain du jour où l'impôt a été créé, on reconnaît, ajoutait-il, que l'impôt n'affecte en rien ni la fortune ni le revenu de cet acheteur. Je ne possédais aucune obligation — c'est la supposition que je fais — avant qu'on ait établi l'impôt, il est bien clair qu'en achetant le lendemain une obligation, je ne suis nullement atteint ; au lieu d'acquérir un revenu de 300 francs, j'en acquiers tout simplement un de 291 francs et je paye ce revenu au taux qu'il vaut (2) ».

On pourrait, il est vrai, formuler les mêmes critiques sur les impôts qui frappent le sol ou les immeubles. Quand j'achète une terre ou une propriété bâtie, je tiens compte des impôts qui frappent ces biens et je les achète, non d'après leur revenu brut, mais d'après leur revenu net. Mais la véritable importance que pré-

(1) Voir, sur ce sujet, l'ouvrage si remarquable de M. Stourm, de l'Institut, *Systèmes généraux d'impôts*. Chap. XVIII, page 318.
(2) Conférence à l'Isle-Adam, 10 septembre 1885.

sente la taxe des valeurs mobilières est que cette taxe
est la plupart du temps, un impôt de superposition, un
impôt supplémentaire. Les valeurs dites « mobilières »,
nous l'avons fait remarquer souvent, ne sont pas autre
chose que des titres représentatifs de parts dans une
société qui a déjà payé et paye une quantité d'impôts :
contribution foncière, s'il s'agit d'une société immobilière ; contribution des patentes, s'il s'agit d'une société
commerciale ou industrielle ; droits d'enregistrement
et de timbre sous les formes les plus variées.

Au point de vue statistique pur, la présentation des
résultats de cet impôt sur le revenu des valeurs mobilières dans les documents du ministère des finances
accusait un grave défaut. Les éléments les plus dis-
parates s'y trouvaient confondus ; tout était mêlé, suivant une expression de M. de Foville, « dans le même
sac » ; pour retirer de ce « sac » ce qui était vraiment
une valeur mobilière, il fallait opérer de nombreuses
ventilations.

Ces défauts, que les contribuables ne connaissent
que trop, sont autant de qualités pour le fisc qui en
profite.

*
* *

Un vœu du con-
seil supérieur de
statistique.
Aussi, pour répondre au désir exprimé maintes fois
par les économistes et les statisticiens, nous avions
saisi de cette question le conseil supérieur de statistique. Dans la conclusion du rapport que nous avions
été chargé de présenter à cette assemblée, dans sa session de mars 1900, nous avions formulé le vœu suivant :

Il convient d'élargir le cadre de publication de la statistique de l'impôt
de 4 % sur le revenu et de faire connaître notamment :

a) La part correspondant aux actions et obligations diverses, françaises
et étrangères ;

b) La part correspondant aux parts d'intérêt et aux sociétés en commandite ;

c) La part correspondant aux valeurs à lots et aux primes de remboursement ;

d) La part correspondant aux congrégations religieuses.

Le conseil supérieur de statistique avait, à l'unanimité, approuvé ce rapport et ses conclusions, et nous avons eu la grande satisfaction de voir que les desiderata qu'il avait exprimés avaient été suivis d'effet.

Publication de statistiques détaillées.

Dans la livraison de janvier 1903 du *Bulletin de statistique et de législation comparée du ministère des finances* (1) figure un tableau des produits de la taxe sur le revenu, pour l'exercice 1901, qui comprend les différentes rubriques que nous avions réclamées.

La « ventilation » est donc faite, il suffira désormais — sans oublier cependant que le mieux parfois est l'ennemi du bien — d'agrandir le nouveau cadre et d'y ajouter quelques subdivisions permettant d'obtenir plus de détails. Cette statistique sera alors aussi complète que possible.

*
* *

Essayons maintenant, grâce à ces tableaux, de relever la part d'impôts payée par les valeurs mobilières proprement dites.

Ensemble des revenus perçus par les rentiers.

	fr.	c.
L'ensemble de la taxe a produit en 1901.	82.195.288	50

Nous en déduisons :

	fr.	c.	
Produit de la taxe sur les lots.	1.300.155	25	
Produit de la taxe sur les primes	2.098.366	88	
Revenus de certaines collectivités	1.281.723	62	4.796.918 96
Pénalités.	102.163	58	
Recettes diverses	276	96	
Non-valeurs	13.932	65	

Reste pour les valeurs mobilières proprement dites. 77.398.369 54

Ces 77,398,369 fr. 54 de droits constatés sur les valeurs mobilières s'appliquent à des valeurs françaises et à des valeurs étrangères.

(1) Pages 84 et 85.

En voici le relevé :

Valeurs françaises :

	fr.	c.	fr.	c.
Actions des sociétés			33.569.300	43
Parts d'intérêt.			844.672	52
Commandites			1.477.675	82
Obligations et emprunts :				
Communes.	487.001	36		
Départements	85.764	65		
Établissements publics	585.831	81	33.733.598	61
Sociétés.	32.575.000	79		
Total.			69.625.247	38

Quant aux droits constatés en 1901 sur les revenus des valeurs étrangères, ils ont été les suivants :

	fr.	c.
Actions des sociétés	3.442.552	57
Obligations.	3.141.270	76
Sociétés ayant des biens en France	1.217.154	13
Total.	7.800.977	46

Ainsi l'ensemble des droits constatés sur le revenu des valeurs françaises et étrangères, par la taxe de 4 % sur le revenu des valeurs mobilières — fonds d'État français et étrangers exceptés — représente, en chiffres ronds, 77 millions : 69 millions s'appliquent à des valeurs françaises, 8 millions à des valeurs étrangères.

Pour qu'un impôt de 4 % sur le revenu produise 77 millions, quel est le total des revenus imposés ? exactement 1 milliard 925 millions.

Mais pour obtenir le montant total des revenus de la fortune mobilière en France, il faut ajouter à ces 1 milliard 925 millions le montant annuel des arrérages des rentes françaises, bons du Trésor, annuités diverses, ainsi que ceux des fonds d'État étrangers et autres valeurs étrangères qui acquittent seulement l'impôt du timbre.

* * *

L'ensemble des revenus perçus sur les fonds d'État et valeurs mobilières, par les rentiers français, pourrait être évalué comme suit :

	millions de francs
Revenus taxés : valeurs françaises et étrangères.	1.925
Rentes 3 %.	666
Rente amortissable, déduction faite de 24 millions pour amortissement	112
Dette flottante du Trésor.	17
Obligations à court terme.	14
Pensions civiles et militaires, dette viagère.	254
Lots échus aux tirages	19
Primes au remboursement.	52
Fonds d'État étrangers et valeurs étrangères non assujettis à la taxe sur le revenu	1.200
Total des revenus annuels.	4.259

A ces 4 milliards 259 millions il convient d'ajouter le montant des revenus perçus par les rentiers français sur des placements mobiliers qui échappent au fisc, jusqu'au jour où, pour la première fois, ils apparaissent en France dans un acte public. Grand nombre de capitalistes possèdent, par exemple, des titres et fonds allemands, américains, hollandais, suédois, norvégiens, suisses, etc., qui ne sont pas cotés en France. On estime que, de ce chef, près de 2 milliards auraient été placés au dehors depuis deux à trois ans, et rapporteraient à leurs détenteurs 70 à 80 millions par an.

En serrant les chiffres d'aussi près que possible, l'ensemble des revenus en titres mobiliers perçus par les rentiers français dépasserait donc 4 milliards 300 millions par an.

Si l'on déduit de ces 4 milliards 300 millions le montant des pensions civiles et militaires, les lots et primes au remboursement, soit, en chiffres ronds, 300 millions, l'ensemble des revenus perçus sur les titres mobiliers exclusivement ne serait pas moindre de 4 milliards.

* *
*

Après avoir déterminé ce que pouvaient rapporter annuellement les valeurs mobilières, essayons maintenant d'établir le capital desdites valeurs, y compris les rentes françaises et fonds étrangers.

La répartition des revenus soumis à l'impôt atteint, comme on l'a vu, 1 milliard 925 millions de revenus.

Prenons tout d'abord ces chiffres en bloc. Capitalisés à 4 %, ils correspondraient à un capital de 48 milliards, en chiffres ronds. Mais le taux de cette capitalisation doit varier suivant la nature du titre. Les actions et parts d'intérêt rapportent un peu plus que les obligations ; les titres français rapportent moins que les titres étrangers.

Nous prendrons, comme taux de capitalisation, 4 % pour les actions françaises ; 4 1/2 pour les parts d'intérêt et les commandites ; 3 1/4 pour les obligations diverses ; 4 1/2 pour les actions étrangères ; 4 pour les obligations étrangères.

Ces taux de capitalisation sont, dans certains cas, très élevés ; mais nous avons voulu rester plutôt au-dessous qu'au-dessus de la réalité.

Ces taux de capitalisation admis, le capital de ces divers titres pourrait être ainsi fixé :

	Revenus taxés	Capitalisation
	millions de francs	milliards de francs
Actions françaises.	840.0	21.0
Parts d'intérêt et commandites.	57.0	1.3
Obligations françaises	843.0	26.0
Actions étrangères et sociétés ayant des biens en France.	115.0	2.5
Obligations étrangères.	78.5	2.0
Total.	1.933.5	52.8

Voilà donc déjà un premier total de 52 à 53 milliards de valeurs françaises et valeurs étrangères.

Mais ce n'est pas tout : la taxe de 4 % sur le revenu des valeurs mobilières épargne les rentes françaises et les fonds étrangers ; nous avons à tenir compte aussi de la valeur en capital des divers titres étrangers, non soumis au régime de l'abonnement et qui acquittent, seulement, le cas échéant, le droit de timbre au comptant.

L'ensemble des valeurs mobilières appartenant en propre à nos capitalistes et rentiers français pourrait donc s'établir comme suit :

	milliards de francs
Les fonds d'Etat français 3 %, 3 % amortissable, calculés au pair de 100, les obligations du Trésor et bons du Trésor représentent en capital	27
Les fonds d'Etat étrangers et valeurs étrangères représentent en capital	19
Valeurs françaises et étrangères soumises à la taxe de 4 %	52
Valeurs étrangères et fonds étrangers divers achetés et placés au dehors	2
Ensemble	100

Mais de ce total il convient de déduire le montant des valeurs françaises pouvant appartenir aux étrangers. Nous prenons le chiffre de 10 % comme nous l'avons fait dans nos précédentes statistiques et qui est généralement admis par les statisticiens français et étrangers, tout en le considérant comme un maximum, soit environ 10 % ou 10

Il resterait un total de 90

Nos évaluations antérieures se trouvent, à nouveau, confirmées. En 1893, dans notre *Nouvelle évaluation du capital et du revenu des valeurs mobilières* (1), nous estimions, à deux ou trois milliards près, que la valeur actuelle du portefeuille français pouvait être de 80 milliards, rapportant 4 milliards. Depuis dix ans, ce portefeuille s'est accru d'environ 10 milliards en capital, soit 1 milliard par an, et de 300 millions en revenu. Ce revenu aurait été plus élevé sans les conversions françaises et étrangères qui sont venues le réduire de 350 à 400 millions et aussi sans la dépréciation subie par beaucoup de valeurs, sans les pertes nombreuses que l'épargne a supportées dans des affaires aléatoires.

(1) Voir page 243.

Mais, comme nous l'avons toujours dit dans nos précédentes études, « sans nous flatter d'arriver à une détermination précise, car dans de tels problèmes il faut moins s'attacher à l'inégalité des évaluations qu'à leur accord relatif et des statistiques de cette nature ne peuvent être résolues qu'approximativement », nous croyons pouvoir proposer à la fin de 1902 le chiffre de 90 milliards comme représentant, à deux ou trois milliards près, en plus ou en moins, la valeur actuelle du portefeuille français.

*
* *

90 milliards de valeurs mobilières à nos nationaux.

Que sont donc ces 90 milliards ? C'est le fruit de l'économie et du travail de millions de petits rentiers qui s'appellent porteurs de rentes, actionnaires et obligataires de compagnies diverses. Ce développement de la fortune mobilière que confirment les statistiques de l'impôt sur le revenu des valeurs mobilières, celles des annuités successorales et tous les documents officiels et officieux qu'il faut constamment consulter, vérifier, rapprocher des autres cours, tenir en quelque sorte à jour, quand on ne veut pas s'éloigner de la vérité et de la réalité, est une force pour notre pays.

Cette fortune mobilière appelle de nombreuses réflexions, de non moins nombreux sujets d'études et sur la dissémination infinie, la démocratisation de ce titres dans les portefeuilles, leur répartition, et sur le rôle respectif qui incombe à l'État et à l'épargne elle-même.

4 milliards de revenus annuels.

Nous nous bornons aujourd'hui à rappeler et à bien mettre en évidence ces deux chiffres — 90 milliards de capital et 4 milliards de revenu. — Les législateurs devraient les avoir constamment présents à l'esprit quand ils se figurent que la fortune mobilière appartient à quelques personnes, alors qu'elle est démocratisée, volatilisée à l'infini. Cette fortune n'est, comme nous l'avons dit, que de la « poussière de titres et de la poussière de revenus ». Ces législateurs méconnaissent la force politique, financière et sociale qu'elle représente, quand ils croient que cette grande fortune est taillable et corvéable à merci et qu'elle pourrait être, sans danger, surtaxée, soit par l'impôt global sur le revenu, soit par l'impôt général sur *les* revenus, soit par toute autre mesure fiscale.

Ces deux chiffres, il faut constamment se les rappeler : la France possède 90 milliards en valeurs mobilières et, de ce chef, en tire un revenu annuel supérieur à 4 milliards, bien près de 4 milliards et demi. C'est pour notre pays, pour notre démocratie laborieuse et économe une grande puissance qui n'existe dans aucun autre Etat du monde. Cette fortune, par son importance et par sa répartition dans les plus petites bourses, est, ajoutons-le, une sécurité incomparable pour notre pays.

Cette grosse fortune mobilière exerce, en effet, sur notre politique et nos relations extérieurs, une influence prépondérante. Le monde entier a les yeux fixés sur notre épargne ; ce sont nos marchés qu'il envie quand il veut obtenir confiance, capitaux et crédit.

Nous avons et nous aurons des amitiés politiques d'autant plus nombreuses que nous sommes et serons plus riches. Sachons en profiter pour le bien du pays.

Ne laissons pas émietter cette fortune, et surtout ne l'inquiétons pas par des propositions ou projets téméraires.

N'inquiétons pas les 7 à 8 millions de petits rentiers qui possèdent 26 milliards de rentes françaises, plus de 20 milliards d'actions et d'obligations de chemins de fer, 6 milliards de titres du Crédit foncier et de la ville de Paris. Soyons sages, comme le répétaient sans cesse et M. Thiers et M. Léon Say : soyons sages aussi bien en politique intérieure qu'en politique extérieure et en finances ; maintenons et développons avec un soin jaloux, avec une extrême prudence, le crédit de l'Etat, le crédit public et privé : ces milliards fructifieront et se développeront encore, au profit du pays tout entier et de sa grandeur dans le monde (1).

L'ÉPARGNE FRANÇAISE
ET SON DÉVELOPPEMENT ANNUEL

A COMBIEN S'ÉLÈVENT ANNUELLEMENT LES PLACEMENTS DE L'ÉPARGNE FRANÇAISE EN TITRES MOBILIERS (2)?

Objet de cette nouvelle statistique. Cette statistique sera divisée en trois parties.

Dans la première, j'examinerai, comme je le fais tous les ans, les émissions et remboursements d'obligations de chemins de fer : relevé des obligations 3 et 2 1/2 % vendues en 1905 par toutes les compagnies et par chacune d'elles : indication du nombre d'obligations 3 et 2 1/2 % vendues et du prix de vente ; relevé des ventes d'obligations 2 1/2 depuis leur création, en 1895 ; relevé des remboursements effectués ; relevé, depuis 1885, de l'ensemble des émissions d'obligations.

Cette statistique habituelle m'avait conduit, depuis longtemps, à faire des recherches sur une question qui préoccupe économistes et statisticiens : *A combien peuvent s'élever les placements annuels de l'épargne française en titres mobiliers ?*

Cette étude fera l'objet de la deuxième et de la troisième partie de ma communication.

Dans la deuxième, j'examinerai tout d'abord plusieurs faits économiques et statistiques qui frappent tous les esprits : la hausse des titres mobiliers et la baisse du taux de l'intérêt des placements ; — l'ac-

(1) Voir les annexes de cette étude, pages 518 à 535.
(2) Communication faite à la Société de statistique de Paris (21 mars 1906).

croissement des charges et la diminution du revenu ; — pourquoi le rentier doit travailler ou se réduire ; — puis, parallèlement à la baisse du revenu, la hausse des salaires ; — et enfin, l'abondance des capitaux d'épargne.

La troisième partie de cette communication sera consacrée aux statistiques suivantes : Combien la France peut-elle approximativement placer annuellement sur ses économies en titres mobiliers? Comment s'effectuent les placements de cette épargne? Quelles sont les bases sur lesquelles il convient d'appuyer cette statistique? Cette étude, aussi longue et difficile que minutieuse, est, en quelque sorte, une contribution nouvelle que j'apporte à la statistique des valeurs mobilières. J'ai tenu à la présenter tout d'abord à notre Société. Je ne puis oublier que c'est devant elle qu'il y a plus de vingt ans j'ai commencé à établir les statistiques poursuivies depuis devant l'Institut international de statistique et je souhaite que cette statistique nouvelle que je soumets à l'étude et à l'appréciation de mes confrères trouve auprès d'eux un accueil aussi bienveillant.

I. — ÉMISSIONS ET REMBOURSEMENTS D'OBLIGATIONS DES SIX GRANDES COMPAGNIES DE CHEMINS DE FER EN 1905.

Nous suivons, dans cette statistique, le même cadre que celui que nous avons établi depuis plus de vingt-cinq ans et particulièrement depuis les conventions de 1883. Nous donnons successivement les renseignements statistiques suivants : relevé total des obligations 3 % et 2 1/2 vendues en 1905 par chaque compagnie ; montant produit par ces ventes ; — indication du nombre d'obligations 3 % vendues, par compagnie, avec les prix moyens de vente et le montant produit par ces ventes ; — mêmes renseignements sur les obligations 2 1/2 % ; — relevé total des ventes d'obligations 2 1/2 depuis leur

création en 1895 ; — relevé des obligations remboursées en 1905 et depuis 1885 ; — rappel des émissions
d'obligations vendues et du prix de vente depuis 1885.

***

Obligations
vendues en 1905.

L'ensemble des obligations 2 1/2 et 3 % vendues en
1905 s'élève à 169.071 pour un capital de 75,189,792 fr. ;
en voici le détail par compagnie :

COMPAGNIES	NOMBRE D'OBLIGATIONS vendues	PRODUIT DE ces ventes
		fr. c.
Est....................	34.200	15.051.516 00
Lyon...................	42.733	18.876.222 95
Midi..................	9.690	4.334.137 09
Nord..................	19.111	8.684.516 90
Orléans...............	40.512	18.029.000 00
Ouest.................	22.825	10.214.400 00
Totaux..........	169.071	75.189.791 94

Ces chiffres représentent, pour environ trois cents
jours non fériés, un placement moyen, par jour, de
563 obligations pour un capital de 250,632 francs.

La compagnie de Paris-Lyon-Méditerranée tient la tête
avec 42,733 obligations vendues pour un capital de
18,876,223 francs. Viennent ensuite l'Orléans avec
40,512 obligations vendues pour 18,029,000 francs ; puis
l'Est avec 34,200 obligations pour 15,051,516 francs ;
l'Ouest avec 22,825 obligations pour 10,214,400 francs ;
le Nord avec 19,111 obligations pour 8,684,516 francs ;
le Midi avec 9,690 obligations pour 4,334,137 francs.

***

Obligations 3 0/0

Pour les obligations 3 %, ces résultats se répartissent
ainsi :

COMPAGNIES	NOMBRE D'OBLIGATIONS vendues	PRIX MOYEN des ventes	PRODUIT DE ces ventes
		fr. c.	fr. c.
Est...................	19.300	458.95	8.857.735 00
Lyon.................	29.304	455,795	13.355.611 07
Midi.................	7.701	456,316	3.514.089 66
Nord................	14.722	463,090	6.817.697 50
Orléans.............	29.218	466,956	13.855.000 00
Ouest	17.625	457.50	8.060.500 00
Totaux..........	117.870	457,805	53.961.543 13

Les prix de vente des obligations 3 % ont été plus élevés qu'en 1904 et 1903 et se rapprochent des cours de 1902.

Ils ont été, en 1905, de 456 à 463 francs comme prix extrêmes, soit, comme prix moyen 459 francs. Ils avaient été de 449 fr. 50 en 1904 ; de 453 francs en 1903 ; de 459 fr. 50 en 1902.

* * *

Pour les obligations 2 1/2 %, la ventilation fait ressortir les chiffres ci-après :

Obligations 2 1/2 0/0.

COMPAGNIES	NOMBRE D'OBLIGATIONS vendues	PRIX MOYEN des ventes	PRODUIT DE ces ventes
		fr. c.	fr. c.
Est...................	14.900	416,69	6.193.781 00
Lyon.................	13.429	411.022	5.519.611 88
Midi.................	1.989	412.291	820.047 58
Nord................	4.389	425.361	1.866.908 40
Orléans.............	11.294	413.769	4.674.000 00
Ouest	5.200	414.720	2.153.900 00
Totaux..........	51.201	414,606	21.228.248 81

Le prix de vente des obligations 2 1/2 %, en 1905, a été également plus élevé qu'en 1904 et 1903. Ce prix de vente, en prenant les prix extrêmes, a varié de 411 à 425 en chiffres ronds, soit un prix moyen de 418 francs.

Ce prix moyen avait été de 407 fr. 21 en 1904 et de 410 fr. 50 en 1903.

Le prix moyen de vente le plus élevé est obtenu, comme les années précédentes, par la compagnie du Nord, aussi bien pour les obligations 3 % que pour les obligations 2 1/2. A peu de différence près, les prix de vente des autres compagnies sont à peu près les mêmes.

On remarquera qu'à un point de vue général, les six grandes compagnies ont émis, en 1905, un moins grand nombre d'obligations 3 et 2 1/2 % que pendant les années précédentes : la cause en est bien simple. Les compagnies avaient moins de travaux à exécuter et, par conséquent, moins besoin de capitaux. Leur crédit est tellement solide et bien assis qu'elles peuvent, en quelque sorte, ralentir ou accélérer le montant de leurs émissions et qu'elles trouvent toujours une clientèle fidèle d'acheteurs.

***

Voici, en nombre, depuis 1895, le relevé par compagnie des obligations 2 1/2 % vendues :

ANNÉES	EST	LYON	MIDI	NORD	ORLÉANS	OUEST
1895...................	»	»	»	»	25.864	»
1896...................	»	33.162	»	7.164	24.802	»
1897...................	8.960	33.831	36.387	27.208	49.328	65.502
1898...................	27.860	55.835	36.256	21.688	72.679	67.998
1899...................	16.220	45.896	75.686	36.700	74.676	81.328
1900...................	18.780	40.441	27.380	28.303	159.809	74.987
1901...................	20.260	29.821	12.930	19.791	26.781	37.429
1902...................	17.520	50.988	10.647	8.677	20.986	11.608
1903...................	13.120	18.242	6.219	8.816	18.837	14.314
1904...................	14.940	30.725	4.646	6.811	15.198	6.930
1905...................	14.900	13.429	1.989	4.889	11.294	6.200

En totalisant ces résultats, on constate que le nombre des obligations 2 1/2 % vendues par les compagnies depuis la création de ce type de titres, se fixe aux chiffres suivants :

Années	francs
1895	25.864
1896	65.128
1897	220.216
1898	282.316
1899	330.405
1900	349.700
1901	146.817
1902	120.396
1903	79.547
1904	78.045
1905	51.201
Total	1.749.565

Quand, en 1895, ces obligations 2 1/2 % ont été créées, on doutait de leur succès près du public. Cette innovation en matière de placement, dont nous avions pris l'initiative, trouva, comme toutes les idées nouvelles, ses défenseurs et ses adversaires. Aujourd'hui, les faits répondent à nos prévisions et les ont confirmées.

Les compagnies ont placé près de 1,800,000 obligations 2 1/2 % : elles effectuent maintenant, avec la même facilité, leurs ventes d'obligations soit en 3 %, soit en 2 1/2, en suivant les goûts et les préférences du public.

Quand les obligations 2 1/2 % ont été créées, en 1895, elles valaient 415 francs environ, alors que les obligations 3 % se négociaient entre 450 et 460 francs. Aujourd'hui, les obligations 2 1/2 % valent 415 à 425 francs, suivant les compagnies ; les obligations 3 % valent près de 460 francs et dépassent 465 francs pour celle du Nord. La création du nouveau type d'obligations 2 1/2, comme le craignaient les adversaires de cette innovation, n'a donc pas nui au placement et au cours des obligations anciennes 3 %.

* *

Pendant l'année 1905, les six grandes compagnies ont amorti et remboursé 308,385 obligations diverses pour un capital de 158,521,900 francs.

Obligations remboursées.

En voici le détail :

COMPAGNIES	NATURE DES TITRES	QUANTITÉS	VALEURS
			francs
Est............	Obligations 3 %............	36.145	18.072.500
	— 2 ½............	1.340	670.000
	— diverses.........	6.804	3.964.275
Lyon..........	Obligations 3 "............	76.000	38.000.000
	— 2 ½............	3.383	1.691.500
	— diverses.........	19.221	12.900.375
Midi..........	Obligations 3 % anciennes..	19.593	9.796.500
	— 3 " nouvelles ..	5.131	2.666.600
	— 2 ½............	1.887	943.500
Nord.........	Obligations 3 "............	36.658	18.329.500
	— 2 ½............	1.890	996.500
	— diverses.........	964	461.500
Orléans.......	Obligations 3 "............	48.090	24.046.000
	— 2 ½............	4.500	2.250.000
	— diverses.........	154	192.500
Ouest.........	Obligations 3 "............	43.079	21.539.500
	— 2 ½............	3.311	1.655.500
	— diverses.........	335	391.750
		308.385	158.521.900

En 1902, il avait été remboursé 277.374 obligations pour 139,035,200 francs.

En 1903, il avait été remboursé 287,316 obligations pour 147,509,375 francs.

En 1904, il avait été remboursé 299,597 obligations pour un capital de 153,850,950 francs.

En 1905, il a été remboursé 308,385 obligations pour un capital de 158,521,900 francs.

Depuis 1885, le montant total des remboursements d'obligations dépasse 2 milliards 164 millions.

Ces 2 milliards 164 millions se décomposent comme suit :

PÉRIODES	VALEUR TOTALE	MOYENNE ANNUELLE
	millions de francs	millions de francs
1885 à 1891...............	450.0	64.3
1892 à 1898...............	732.8	104.6
1899 à 1903...............	670.0	134.0
1904........................	153.8	153.8
1905........................	158.5	158.5

Pendant l'année 1905, les six compagnies de chemins de fer ont remboursé 158 millions et demi d'obligations, alors qu'elles en ont placé seulement pour 75 millions ; le montant des remboursements dépasse les ventes de 83 millions.

D'après notre statistique annuelle, le nombre total et le montant des obligations amorties et remboursées depuis 1892 a été le suivant :

ANNÉES	NOMBRE d'obligations amorties	MONTANT en CAPITAL	ANNÉES	NOMBRE d'obligations amorties	MONTANT en CAPITAL
		francs			francs
1892.....	147.290	92.896.600	1899.....	238.613	123.790.000
1893.....	184.383	95.461.475	1900.....	251.859	127.299.400
1894.....	197.721	101.643.475	1901.....	261.740	132.617.375
1895.....	202.643	104.470.176	1902.....	277.374	139.036.200
1896.....	211.078	108.916.626	1903.....	287.316	147.509.395
1897.....	222.099	110.525.125	1904.....	299.597	153.850.960
1898.....	230.099	118.983.900	1905.....	308.386	158.621.900

A ces 158 millions de francs d'obligations remboursées en 1905, il faut ajouter près de 7 millions de remboursements effectués sur les actions par les compagnies de l'Est, du Midi, du Nord, de l'Ouest, de l'Orléans. Ce n'est qu'à partir de 1907 que le Lyon commencera l'amortissement de ses actions.

Avec les 158 millions de francs d'obligations amorties, voilà donc un total de 165 millions d'amortissements effectués par les compagnies. Et, comme nous ne cessons de le répéter lors de chacune de ces statistiques, « en présence de ces amortissements considérables qu'effectuent les compagnies privées, ne pourrions-nous pas dire que l'État, lui, n'amortit presque pas ? Quels ont été, en effet, les amortissements effectués sur le réseau de l'État depuis 1878 ? Il n'a pas été amorti 1 centime sur le coût de ce réseau. Le rachat des chemins de fer par l'État aurait donc pour conséquence de faire peser perpétuellement sur tous les con-

tribuables une dette que les compagnies amortissent
tous les ans ».

Ces chiffres, à eux seuls, et sans invoquer d'autres
arguments, suffiraient à repousser tout système qui
mettrait les compagnies privées dans les mains de
l'Etat.

Les compagnies de chemins de fer privées amortissent ; les chemins de fer de l'Etat, eux, n'amortissent
pas.

* *

Emissions de-
puis 1885.
Relevé géné-
ral.

Groupons maintenant les chiffres généraux des émissions dans un tableau d'ensemble :

ANNÉES	OBLIGATIONS vendues	TOTAL du PRIX de vente	ANNÉES	OBLIGATIONS vendues	TOTAL du PRIX de vente
		millions de francs			millions de francs
1885	750.752	283.6	Report	5.580.479	2.298.6
1886	873.992	336.0	1896	212.230	98.3
1887	434.396	168.4	1897	238.187	107.6
1888	496.743	197.2	1898	282.316	125.0
1889	675.926	232.8	1899	446.096	191.8
1890	463.484	198.8	1900	817.006	349.6
1891	340.510	150.8	1901	656.087	291.6
1892	420.163	191.0	1902	433.971	194.3
1893	557.024	264.6	1903	346.752	153.6
1894	408.541	188.0	1904	300.470	131.2
1895	258.968	97.4	1905	169.071	75.1
A reporter	5.580.479	2.298 6	Totaux	9.432.665	4.016.6

Depuis 1885, les compagnies ont placé dans leur
clientèle, sans nuire à l'ascension du crédit de l'Etat
et aux cours des rentes qui ont pu atteindre et dépasser
le pair, 9,432,665 obligations pour un capital de 4 milliards 16 millions. Elles ont amorti, sur leurs anciens
et nouveaux emprunts, 2 milliards 164 millions.

Les prix de vente de leurs obligations sont à peu près
les plus hauts qui aient été obtenus. Que serait devenu
le crédit de l'Etat, quels cours auraient cotés les rentes

françaises, si l'État, possesseur des six grandes compagnies de chemins de fer, avait dû émettre pour 4 milliards de titres de rente, tantôt pour 200 ou 300 millions par an, tantôt pour 330 millions, comme en 1886 ? Sans doute, l'État aurait trouvé des capitaux : mais à quelles conditions ? Les emprunts annuels qu'il aurait dû faire auraient nui aux cours des anciennes rentes émises et, dès lors, comme nous l'avons dit plusieurs fois, que seraient devenues les conversions qui ont procuré à l'État un allégement de charges qui représente, en capital, plus de 4 milliards ?

II. — L'ÉPARGNE FRANÇAISE ET SON ACCROISSEMENT ANNUEL.

À combien peuvent s'élever les placements annuels de l'épargne française en titres mobiliers ?

Nous avons constaté bien souvent que, malgré les prévisions qui étaient émises, et contrairement à tout ce qui s'était passé lors des grands conflits européens, la guerre russo-japonaise avait vu se produire une hausse importante sur tous les fonds d'État, titres à revenu fixe et titres à revenu variable. Pendant quelques jours seulement, les marchés financiers furent très troublés ; on se rappelle la panique des deux bourses des 8 et 20 février 1904, mais, lorsqu'on vit que la guerre serait localisée entre les deux belligérants et qu'il n'y aurait pas de complications européennes, la reprise commença et ne tarda pas à s'accentuer. Elle se développa encore quand fut annoncée la conférence de Portsmouth ; elle s'accentua vivement quand les préliminaires de la paix furent acceptés par les plénipotentiaires russes et japonais. La faiblesse des cours a commencé à partir du jour où la paix a été conclue ; mais, une baisse considérable s'est produite sur les

Hausse des valeurs mobilières.

fonds russes et valeurs industrielles de ce pays, quand les troubles, les émeutes commençaient, quand l'ordre et la tranquillité furent menacés. Les affaires du Maroc, la réunion de la conférence d'Algésiras, provoquèrent sur le marché français et sur toutes les places financières de brusques fluctuations de cours. Il sembla même, à diverses reprises, que tout l'échafaudage de hausse élevé depuis plusieurs années allait brusquement s'écrouler. Que voyons-nous cependant aujourd'hui ? A l'exception des fonds russes et d'un groupe de titres spéculatifs, comme les mines d'or, qui sont en pleine débâcle, tous les fonds d'Etat, surtout ceux de second, troisième et quatrième ordre, toutes ou presque toutes les valeurs du marché sont à l'heure actuelle, malgré la hausse survenue, plus haut cotées qu'avant la guerre russo-japonaise.

Cette hausse confirme encore cette maxime d'un vieil économiste allemand, Nibenius, que nous avons citée souvent : « La guerre est le temps de moisson des capitalistes », maxime immorale s'il en fut, car ce « temps de moisson », c'est celui des deuils et du sang versé.

Grand nombre de capitalistes et de rentiers qui, depuis longtemps, conservaient leurs capitaux inactifs et attendaient l'occasion de faire des placements un peu plus rémunérateurs, se trouvent déçus : ils n'ont pas osé acheter au moment où la guerre a éclaté ou pendant la guerre et, aujourd'hui, les valeurs, dans leur ensemble, sont plus haut cotées et rapportent moins qu'en février 1904 ou pendant les premiers mois de 1905 : chaque jour, la difficulté devient de plus en plus grande de placer son argent et d'obtenir un rendement à peu près rémunérateur en conservant des valeurs dites de premier ordre, « de tout repos ».

« Que faire de son argent ? » et comment l'employer tranquillement avec le maximum de sécurité, est un problème de plus en plus difficile à résoudre, car, quelles que soient ses garanties, il n'est pas de « valeur de tout repos » : toutes, sans aucune exception, présentent des risques plus ou moins grands, plus ou moins limités, et un rentier doit avoir la sagesse de choisir celles qui, en cas d'événement grave, imprévu, pourraient être le moins atteintes.

Le taux d'intérêt va sans cesse en diminuant.

Nous n'avons cessé, depuis de longues années, de faire prévoir et d'indiquer les étapes successives et inévitables de ce grand mouvement économique, dont les avantages et les inconvénients sont multiples (1). Il s'est produit, comme l'avait magistralement décrit Adam Smith, après Turgot, dont il s'était inspiré dans son chapitre sur les fonds placés à intérêt, « une concurrence entre les différents capitaux, le possesseur d'un capital faisant tous ses efforts pour s'emparer de l'emploi qui se trouve occupé par un autre ». Rien de plus juste et de plus pittoresque que cette comparaison.

Comme il se crée peu ou pas d'entreprises nouvelles absorbant les épargnes sans cesse croissantes, les capitaux qui ne peuvent rester inactifs se portent sur les anciens titres et en exhaussent le prix. Successivement, les titres français qui rapportaient 6, 5 1/2, 5, 4, 3 3/4, 3 1/2, ont vu leur rendement diminuer, par échelons successifs, jusqu'à 3 1/4, 3, 2 1/2 % ; les titres étrangers se capitalisent maintenant aux taux auxquels on pouvait acheter, il y a peu de temps encore, les meilleures valeurs françaises. Après avoir fixé ses choix sur les titres à revenu fixe, l'épargne s'est portée sur les titres à revenu variable et, par ses achats, en a exhaussé les prix, en même temps que diminuait le rendement de ce mode de placement, qui ne peut convenir à aucun de ceux qui ont besoin de la fixité de leurs revenus et de la sécurité de leur capital, car il comporte des aléas nombreux.

*
* *

C'est, à l'heure actuelle, un travail méticuleux pour trouver à la cote de la bourse de Paris quelques fonds

Baisse du taux de l'intérêt.

Plus de charges, moins de revenu.

1) Voir tome III, page 220 : La baisse du taux de l'intérêt.

d'État ou titres sérieux rapportant un peu plus de 5 % et même 5 %, tout en présentant quelques risques, malgré les garanties qui leur sont assignées ; les placements à 4 1/2 sont excessivement rares ; très rares aussi ceux qui donnent 4 % ; c'est entre 3 1/2 et 3 % que se portent les choix et encore non sans difficultés. Les rentiers se plaignent des charges, des besoins de la vie et surtout des impôts : ils ne peuvent vivre avec des rentes aussi réduites. Un petit commerçant qui a travaillé toute sa vie, réalisé quelques économies, sou par sou, franc par franc, s'aperçoit qu'au moment où il croit prendre un repos légitimement gagné et désire se donner un peu de bien-être, ses ressources sont très faibles et qu'il sera bien plus gêné que pendant toutes ses longues années de dur labeur. Il est obligé de se restreindre. Pour obtenir 1,000 francs, 2,000 francs, 3,000 francs de rentes, il lui faut un capital de 33,000 fr., 66.000 francs, 100.000 francs, et que représentent ces 1.000 francs, 2,000 francs, 3,000 francs de rentes ? 62 fr. 50, 125 francs, 250 francs par mois, c'est-à-dire quelques centimes de plus que 2 francs, 4 francs, 8 fr., par jour. Il est presque tenté d'envier le sort de ces travailleurs manuels qui gagnent des salaires quotidiens bien plus élevés. Combien sont peu nombreux les commerçants, les industriels, les « petits boutiquiers », qui, après avoir acquitté des impôts multiples et supporté des charges de toute nature, ont fait vivre un personnel qu'ils ont occupé, ont peiné et travaillé pendant trente et quarante ans pour élever une famille, subvenir à ses besoins, et arrivent péniblement « à mettre de côté » un capital leur donnant un maigre revenu quotidien de 2 à 8 francs par jour ! Il faut donc aujourd'hui travailler plus longtemps que jadis pour obtenir, avec un même capital économisé, le même revenu qu'autrefois.

Sous l'Empire, aux plus hauts cours même de 1869, l'année la plus prospère et la plus brillante du régime impérial, et pendant la période qui suivit nos désastres

de 1870 jusqu'en 1875 à 1880, on a pu facilement placer
son argent à 5 et 6 %. En 1869, on pouvait acheter des
fonds belges 2 1/2, hollandais 2 1/2 à 60 francs et 55 fr. ;
du 5 % italien à 55 francs ; du 5 % autrichien argent à
60 francs ; des fonds égyptiens à 6 et 7 % ; les obligations de chemins de fer français rapportaient couramment 4 1/2 à 5 % ; les obligations des chemins étrangers 5 et 6 %. Les capitalistes un peu hardis et à leur
aise, en consacrant quelques fonds à l'achat de valeurs
« exotiques », comme on les appelait alors, et qui ne
rapportent maintenant guère plus que les premiers
titres français, effectuaient des placements à 7, 8, 9 %.
Un capital de 100,000 francs, par exemple, divisé en
fonds d'État, titres à revenu fixe, fonds d'État et titres
à revenu variable, français et étrangers, produisait facilement un revenu de 6,000 francs. Aujourd'hui, ce
même capital donne à grand'peine 3,000 à 3,500 francs.

* *

Tandis que le revenu des capitaux s'est abaissé de

Baisse des va-
leurs.
Hausse des sa-
laires.

6 et 5 % à 4, 3 % et au-dessous, et que la journée du
rentier, si nous pouvons nous exprimer ainsi, vaut
moitié moins, la journée de l'ouvrier vaut moitié plus,
car les salaires, dans leur grande majorité, ont doublé
en même temps que le vivre est plus assuré, que le
travail, affranchi de beaucoup de chaînes, est devenu
plus actif, plus fécond et que, dans toutes les classes
de la société, le goût de l'économie s'est développé,
comme le prouve le morcellement merveilleux de la
fortune mobilière.

* *

Les capitalistes et rentiers sont donc aujourd'hui —

Le « malheur »
d'être rentier.

on dira peut-être que c'est là un paradoxe — extrêmement gênés, bien que leur capital se soit accru. C'est
presque pour eux un malheur d'être rentiers ! Un

rentier, en effet, ne vit pas sur son capital, à moins d'être un prodigue ; personne ne peut vivre que par le produit de son travail ou par le revenu des capitaux qu'il a pu placer. Comme ce revenu est extrêmement réduit, en même temps que, dans certains cas, la sécurité du placement qui donne ce revenu n'est jamais absolue, ce rentier si envié tremble chaque jour sur l'avenir de ses placements.

Comme, d'autre part, les capitaux se portent successivement sur toutes les valeurs donnant un rendement plus élevé les unes que les autres, toutes voient leurs prix s'élever et, plus haut elles montent, plus le revenu net qu'elles donnent est faible : le public se met à la recherche des titres à rendement élevé ou susceptibles de plus-value, « pouvant monter ». Cet état d'esprit est dangereux, car sans oser se l'avouer à eux-mêmes, les rentiers sont bien plus disposés à choisir des valeurs qui donnent un revenu élevé, de préférence à celles qui, rapportant très peu, offrent une complète sécurité pour leurs placements. C'est ce qui explique que les titres « à revenu fixe » leur paraissent parfois moins attrayants que ceux « à revenu variable ». Puis, quand les déconvenues se produisent, les titres « à revenu fixe » reviennent en faveur ; on abandonne ceux « à revenu variable ». Ces variations d'opinions, fort explicables et justifiables, se produisent périodiquement et elles prouvent combien les embarras des rentiers sont grands. Que l'on suppose, en effet, un grave événement politique intérieur ou extérieur : les valeurs qui rapportent le moins et coûtent le plus cher baisseraient probablement bien plus que celles qui rapportent davantage, alors que les titres de second, troisième, quatrième ordre baisseraient peut-être moins : mais la différence entre ces deux modes de placements consiste en ceci : la crise finie, les valeurs de premier ordre se relèvent, tôt ou tard, tandis que celles de second, troisième, quatrième ordre auront beaucoup de peine à reprendre leurs cours d'antan. Ainsi que l'exprime un vieux dicton de bourse toujours vrai : « Avec les bonnes valeurs, on revoit toujours ses cours. »

Ce qui est indéniable, c'est qu'il existe, à l'heure actuelle, une véritable accumulation de capitaux d'épargne. A la fin de décembre 1904, les capitaux déposés dans les seuls établissements de crédits suivants : Crédit foncier, Crédit lyonnais, Comptoir national d'escompte, Société générale, Crédit industriel et commercial, s'élevaient à 1 milliard 854 millions et, avec les comptes courants des particuliers à la Banque de France, cet ensemble de dépôts atteignait 2 milliards 400 millions. Il dépassait 2 milliards 525 millions fin décembre 1905. La France économise, bon an, mal an, 2 milliards à 2 milliards et demi et parfois 3 milliards. Sur ces 2 à 3 milliards, la moitié au moins, c'est-à-dire 1 milliard à 1 milliard et demi, recherche les placements en titres mobiliers. Quand une parcelle de ces capitaux se détache et se place sur les valeurs mobilières, elle suffit à exhausser encore les cours et, quand une baisse un peu importante et sérieuse se produit, l'intervention de ces disponibilités sans emploi suffit à empêcher une plus grande dépréciation.

La France est le pays du monde où il existe une telle épargne, qui se renouvelle et s'accroît sans cesse : nulle part non plus on ne trouve une telle accumulation de capitaux appartenant en majeure partie à la petite épargne. Ces centaines de millions et ces milliards disponibles, prêts à s'employer quand une occasion leur paraît favorable, avantageuse, appartiennent à des centaines de mille, à des millions de détenteurs de carnets de chèques dans les banques et sociétés de crédit, de porteurs de livrets dans les caisses d'épargne. Ce ne sont pas les gros capitalistes qui se contentent de 1 2 ou 1 % d'intérêt en immobilisant leurs capitaux en comptes de chèques : ce ne sont pas eux qui sont les gros clients des caisses d'épargne : ils cherchent, au contraire, à en tirer le plus grand profit, courent des risques, et si parfois leurs placements sont fructueux,

Abondance des capitaux d'épargne.

bien souvent aussi ils leur causent de lourdes pertes.
La majeure partie de ces capitaux disponibles, en quête
d'emploi, appartient à la moyenne et à la petite
épargne. Ce sont les petits ruisseaux qui font les
rivières et les rivières font les fleuves. Il en est de même
des capitaux. Les petites épargnes forment ces gros
amas de capitaux ; les gros sous, les francs économisés
petit à petit constituent à la longue des masses com-
pactes de milliers, de millions et de milliards. Aussi
cette épargne française, ce « bas de laine français »
unique au monde, est-il toujours sollicité par les
emprunteurs étrangers, qui savent fort bien que la
France a un véritable monopole de petits capitalistes,
de petits rentiers qui assurent le succès des emprunts,
car les titres qu'ils souscrivent sont immédiatement
payés, classés et enfouis dans leurs portefeuilles.

III. — COMBIEN L'ÉPARGNE PLACE-T-ELLE ANNUELLEMENT
EN VALEURS MOBILIÈRES. — BASES ET CONTRÔLE DE
CETTE STATISTIQUE.

Combien la
France économi-
se-t-elle par an?

Cette abondance croissante de capitaux d'épargne a
fait naître bien souvent la question suivante : « Combien la France économise-t-elle par an ? Et, sur ses économies, combien peut-elle placer approximativement
en titres mobiliers ? » C'est une évaluation que nous
avons plusieurs fois cherché à établir.

On dit souvent que la France, c'est-à-dire l'ensemble
des citoyens et contribuables français, économise, bon
an, mal an, 1 milliard, 1 milliard 500 millions, 2 milliards, 2 milliards et demi et parfois même 3 milliards.
D'où vient et comment s'emploie cette épargne ? Est-il
possible d'en suivre le mouvement, de vérifier l'exactitude approximative de ce gros chiffre d'épargnes annuelles, de constater si ce gros chiffre se rapproche sensiblement de la vérité ?

C'est une statistique nouvelle, difficile et minutieuse

que, depuis longtemps, nous étudions et suivons attentivement. Nous l'avons établie sur une période de vingt années, pour pouvoir vérifier et contrôler plusieurs fois les résultats qu'elle contient, résultats que nous allons présenter en les détaillant.

* * *

Quelles peuvent être les bases de cette statistique et, ces bases établies, quels en sont ou peuvent être les moyens de contrôle ?

Il faut rechercher tout d'abord : 1° comment s'effectuent les placements de cette épargne ; 2° contrôler ensuite, les uns après les autres, ces divers modes de placement.

Il convient tout d'abord de se demander comment se placent les capitaux d'épargne. Les modes d'emploi assurément ne manquent pas ; mais, dans la grande majorité des cas, quand on a acquitté les dépenses nécessaires aux besoins de sa famille et qu'on se trouve en face de capitaux disponibles qu'on ne veut pas laisser oisifs, plusieurs modes d'emploi se présentent, que chacun utilise suivant son tempérament, ses goûts, ses préférences.

Nous ne nous occupons, dans cette étude, que des emplois de fonds en titres mobiliers ; nous ne parlons pas des placements immobiliers, les achats d'immeubles ou biens fonciers pouvant être compensés par les ventes, sauf la différence en plus ou en moins. Nous ne nous occuperons pas non plus des prêts hypothécaires ou chirographaires qui, cependant, absorbent chaque année des emplois importants de capitaux, mais, pour que cette statistique fût complète, il faudrait tenir compte également de prêts hypothécaires et chirographaires antérieurement consentis qui s'effectuent tous les ans aussi. Nous nous attachons surtout aux placements de fonds et de titres, dont il est plus facile de

Comment s'effectuent les placements de l'épargne.

25

suivre le mouvement en faisant porter nos recherches sur une période étendue.

Une grande partie de cette épargne se place :

1° En dépôts, en comptes courants, à la Banque de France, en comptes de chèques dans les banques et établissements de crédit, soit à titre temporaire, soit à titre définitif ;

2° Dans les caisses d'épargne ;

3° En achats d'obligations de chemins de fer ;

4° En achats de rentes sur l'État ;

5° En souscriptions à des emprunts d'État, d'obligations de la ville de Paris, du Crédit foncier, d'emprunts départementaux, obligations industrielles et achats de ces mêmes titres ;

6° En achats ou souscriptions de titres divers ;

7° En placements en valeurs et fonds étrangers, au dehors, non introduits en France, et dont les titres sont laissés en dépôt dans les banques étrangères ;

8° En dépôts, comme fonds disponibles, dans des banques étrangères ;

9° En versements aux compagnies d'assurances, sociétés mutuelles, sociétés diverses de prévoyance.

Nous allons successivement examiner ces divers indices et, pour que cette statistique se rapproche le plus près possible de la vérité, de la réalité, nous avons pris comme point initial de nos comparaisons l'année 1885 et comme point final décembre 1905.

*
**

Dépôts de fonds :
Dans les établissements de crédit.
1885-1905.

Voici quel a été le mouvement des dépôts de fonds dans plusieurs des grands établissements de crédit de fin 1885 à fin 1905, Crédit foncier, Crédit lyonnais, Comptoir national d'escompte de Paris, Société générale, Crédit industriel et commercial :

Années	millions de francs	Années	millions de francs
Fin 1885. . . .	693	Fin 1900. . . .	1.400
— 1890. . . .	821	— 1904. . . .	1.851
— 1895. . . .	1.001	— 1905. . . .	1.933

En nous bornant à ces seuls établissements de crédit, sans parler de la Société marseillaise, de la Compagnie algérienne, de plusieurs institutions de crédit et banques de Paris et de province qui ne publient que des bilans mensuels, l'augmentation totale a été, de fin 1885 à fin 1905, de 1 milliard 270 millions, soit une moyenne annuelle de 60 millions.

***

Passons à la Banque de France. Voici les chiffres des dépôts de fonds des particuliers dans cet établissement :

A la Banque de France.

Années	millions de francs	Années	millions de francs
Fin 1885. . . .	397	Fin 1900. . . .	453
— 1890. . . .	418	— 1904. . . .	545
— 1895. . . .	652	— 1905. . . .	623

L'augmentation des dépôts de fonds appartenant aux particuliers, à la Banque de France, est de 265 millions, soit 12 millions 6 par an. Cet accroissement est moins fort que dans les établissements de crédit, parce que ces établissements ont des comptes de chèques et de dépôts rapportant intérêt et que, d'autre part, ce n'est qu'une partie du public qui se fait ouvrir un compte à la Banque.

Fin 1885, le montant des fonds déposés dans les cinq sociétés de crédit indiquées ci-dessus, y compris la Banque de France, s'élevait à 1 milliard 30 millions. Fin 1905, ce montant était de 2 milliards 526 millions, soit une augmentation de 1 milliard 496 millions, ce qui représente, en vingt et un ans, un accroissement annuel de 71 millions.

***

Quant aux titres en dépôt libre à la Banque de France, en voici la valeur :

Années	millions de francs	Années	millions de francs
Fin 1885. . . .	3.112	Fin 1902. . . .	6.829
— 1890. . . .	3.987	— 1903. . . .	6.948
— 1895. . . .	4.938	— 1904. . . .	6.851
— 1900. . . .	6.565	— 1905. . . .	6.980

Cette augmentation représente 3 milliards 867 millions, soit une moyenne annuelle de 184 millions. Elle est aussi remarquable que significative. Elle est la conséquence de la hausse de l'ensemble des placements mobiliers et de l'accroissement du nombre de ces placements, sans compter les dépôts faits à l'étranger. Comme les banques privées et établissements de crédit prélèvent un droit de garde moins élevé, nous pouvons dire que les dépôts de valeurs dans ces sociétés se sont accrus dans des proportions encore bien plus fortes : ce qui le prouve, c'est l'accroissement du nombre des déposants et l'augmentation croissante chaque année du montant des encaissements et payements de coupons faits à leurs guichets.

Cette statistique ne tient pas compte, vu l'impossibilité de l'établir, du nombre et du montant des valeurs déposées dans les coffres-forts et dans les succursales des banques à l'étranger.

* *
*

Caisses d'épargne. Le mouvement des caisses d'épargne ordinaires n'est pas moins instructif. Voici, de 1885 à 1904, par période quinquennale, quel était le solde dû aux déposants et le nombre des livrets :

ANNÉES	SOLDE dû	NOMBRE de LIVRETS
	millions de francs	milliers
Fin 1885............................	2.211	4.938
— 1890............................	2.912	5.761
— 1895............................	3.395	6.499
— 1900............................	3.264	7.116
— 1904............................	3.246	7.422

De 1885 à 1904, le solde dû aux déposants s'est élevé de 2 milliards 211 millions à 3 milliards 210 millions, soit 1 milliard d'augmentation, en chiffres ronds, ou 50 millions par an en moyenne.

Le nombre de livrets, qui était de 4,940,000 fin 1885, était de 7,337,000 fin 1904, soit un accroissement de 120,000 par an en moyenne.

Aux mêmes dates que pour les caisses d'épargne ordinaires, voici quels étaient le montant annuel des dépôts, le montant des sommes dues aux déposants et le nombre des comptes restant ouverts au 31 décembre à la caisse nationale d'épargne.

ANNÉES	MONTANT ANNUEL des dépôts	NOMBRE DE COMPTES ouverts au 31 décembre	SOMMES DUES aux DÉPOSANTS au 31 décembre
	milliers de francs		milliers de francs
1885.......................	112.940	670.714	154.166
1890.......................	262.169	1.476.820	413.439
1895.......................	403.142	2.457.467	763.468
1900.......................	426.193	3.565.941	1.010.263
1904.......................	456.700	4.345.000	1.187.300

*
* *

Sociétés de secours mutuels.

Nous ajouterons à ces chiffres, qui représentent bien le mouvement d'une des parties les plus importantes de l'épargne, ceux que nous donnent les sociétés de secours mutuels approuvées et libres, soit comme nombre de sociétés, soit comme avoir leur appartenant.

Au 31 décembre des années 1880, 1885, 1890, 1895, 1900 et 1902, d'après l'*Annuaire statistique de la France* de 1904 (1), voici quels étaient : le nombre des sociétés ; celui des participants non compris les enfants ; l'avoir de ces sociétés :

ANNÉES	NOMBRE de SOCIÉTÉS	NOMBRE de PARTICIPANTS	AVOIR des SOCIÉTÉS
			milliers de francs
1880..................	6.777	917.471	56.448
1885..................	7.060	1.070.474	72.048
1890..................	9.144	1.197.896	87.597
1895..................	10.688	1.321.846	111.728
1900..................	12.602	1.742.404	166.001
1902 (2)...............	13.673	2.007.258	189.798

En vingt ans, l'avoir des sociétés a augmenté de 100 millions, en chiffres ronds.

* *

Achats de rentes. Un autre mode de placement des épargnes consiste dans l'achat de rentes sur l'État effectué par les comptables du Trésor, déduction faite des ventes. D'après les relevés publiés par le *Bulletin de statistique et de législation comparée du ministère des finances*, le solde des achats s'élevait aux chiffres suivants, pour les années ci-après :

ANNÉES	SOLDE des achats	ANNÉES	SOLDE des achats
	millions de francs		millions de francs
1885..............	187.5	1903..............	192.7
1890..............	60.9	1904..............	157.6
1895..............	161.9	1905..............	135.2
1900..............	184.1		

(1) Pages 101 et suivantes.

(2) Nous devons faire observer que, d'après le *Rapport sur les opérations des sociétés de secours mutuels pendant l'année 1902,* présenté le

On peut donc évaluer, sans exagération aucune, à plus de 125 millions par an les achats de rentes, déduction faite des ventes, effectués par les agents du Trésor, si l'on prend comme comparaison l'année où le chiffre a été le moins élevé — 60 millions — et celle où ce chiffre a été le plus haut — 192 millions.

Mais les achats de rentes ne s'effectuent pas seulement par les agents du Trésor : en dehors d'eux, par les agents de change, pour compte du public, il s'en effectue chaque jour ; les éléments d'évaluation approximativement exacte font défaut. Nous ne compterons donc ce relevé que pour mémoire.

* *

La statistique que nous publions plus haut sur le montant des obligations de chemins de fer vendues par les grandes compagnies est encore un indice des plus sérieux du mouvement de l'épargne française et de ses placements.

Obligations de chemins de fer.

D'après ce relevé, les compagnies ont vendu de 1885 à 1905 : 9,432,605 obligations diverses pour un capital de 4,010,600,000 francs.

Ce qui représente une moyenne annuelle de près de 450,000 obligations placées par les compagnies pour un capital de près de 200 millions par an.

Pendant la même période, le montant des remboursements d'obligations dépasse 2 milliards et s'est élevé exactement à 2 milliards 164 millions. Si l'on déduit ces remboursements du total des ventes, comme nous l'avons fait pour les achats et ventes de rentes sur l'État, il resterait un excédent de placement s'élevant à 1 milliard 852 millions, soit une moyenne de 88 millions.

Mais ce n'est pas tout.

31 mars 1905 au Président de la République par le ministre de l'intérieur, ces chiffres sont encore plus élevés. On compterait au 31 décembre 1902, 11.921 sociétés approuvées ou libres, avec 2.977.640 membres, possédant un capital de 353.902.506 fr. (Voir *Bulletin de l'office du travail*, mars 1906, pages 242 et suivantes.)

Il convient d'indiquer :

1° Le montant des souscriptions de l'épargne française, depuis vingt-cinq ans, aux emprunts d'Etat français, colonies et protectorats, obligations de la ville de Paris, obligations des emprunts de villes et départements français, obligations du Crédit foncier ;

2° Le montant des émissions et introductions de valeurs et fonds d'Etat sur le marché ;

3° L'ensemble des valeurs mobilières françaises et étrangères appartenant en propre aux capitalistes français (fonds d'Etat compris) ;

4° Le contrôle que donnent à ces évaluations plusieurs documents officiels, notamment les annuités successorales mobilières, la taxe de 4 % sur le revenu des valeurs mobilières, divers droits fiscaux, etc. ;

5° Nous pourrons ensuite déterminer avec plus de sûreté, dans nos évaluations, le montant annuel des épargnes en valeurs mobilières et les modes de placement de ces épargnes, après avoir indiqué les multiples emplois qu'il faut éviter dans ces évaluations complexes et difficiles.

*
* *

Souscriptions diverses. La statistique des souscriptions à des emprunts d'Etat français, colonies et protectorats, obligations de la ville de Paris, obligations des villes, des départements et du Crédit foncier est des plus significatives.

Depuis 1878, il a été émis en *rentes 3 % amortissables* un capital effectif de 3,459,359,343 francs. Si nous déduisons de ce chiffre le montant des deux émissions de 1878 ayant produit un capital de 439,878,545 francs, nous trouvons que le capital emprunté sous forme de rentes amortissables, depuis 1881, s'élève à 3 milliards en chiffres ronds.

Les *emprunts en rentes 3 % perpétuelles*, émis de 1886 à 1901, ont fourni un capital de 1 milliard 156 millions se décomposant comme suit :

1er mai 1886. — Emprunt de 500 millions.

24 décembre 1890. — Emprunt de 869 millions, dont une partie est destinée à la conversion ou au remboursement d'obligations du Trésor et d'obligations trentenaires ; l'opération devait fournir un capital disponible de 391,863,000 francs.

6 décembre 1901. — Emprunt de 265 millions pour les dépenses de l'expédition de Chine.

Nous pouvons dire que, soit en emprunts et en rentes amortissables, ou en rentes perpétuelles, l'épargne française a fourni près de 4 milliards 200 millions dans la période qui s'écoule de 1880 à 1905, ce qui représente une moyenne annuelle de 200 millions en chiffres ronds.

Quant aux *emprunts des colonies et protectorats*, Afrique occidentale 3 % 1903 ; Algérie 3 % 1902 ; colonie de la Guadeloupe 3 1/2 1898, 3 1/2 1901 ; Indo-Chine 3 1/2 1899, 3 % 1902 ; Madagascar 2 1/2 1897, 3 % 1903 ; Martinique 3 % 1899 ; Annam et Tonkin 2 1/2 1896 ; Tunisie 3 % 1892, 1902, 3 1/2 1903, leur capital au cours de fin décembre 1905 dépassait 520 millions en chiffres ronds. En prenant la période écoulée depuis le premier de ces emprunts 1896 et le dernier émis en 1903, 520 millions ont été empruntés en huit ans, ce qui représente une moyenne annuelle d'environ 65 millions.

En ce qui concerne la *ville de Paris*, le montant des emprunts émis de 1880 à 1905 s'élève de 1 milliard 420 millions à 2,368,836,000 francs, soit une augmentation de 948,836,000 francs, ce qui représenterait une moyenne annuelle de placement de 45 millions.

Les *emprunts de départements et de villes*, en dehors de la ville de Paris, cotés à la bourse de Paris, s'élevaient, fin décembre 1905, à environ 195 millions. Sur ces 195 millions, 80 millions environ ont été émis depuis 1880, ce qui représenterait, en s'en tenant seulement aux titres cotés à la bourse de Paris, un placement moyen annuel de 3 à 4 millions environ.

Il faudrait ajouter à ces chiffres le montant des

emprunts départementaux et communaux qui, n'étant
pas cotés à la bourse de Paris, ont été directement placés en province et sont dans les portefeuilles des petits
capitalistes et rentiers des départements et des villes
qui ont effectué ces emprunts. Nous ne décomptons
encore cette partie des placements de l'épargne que
pour mémoire.

Quant aux *obligations du Crédit foncier*, le montant
des obligations communales en circulation s'élevait, fin
1880, à 1 milliard 275 millions.

Le montant des obligations foncières en circulation
s'élevait à 1 milliard 550 millions.

Fin 1905, le montant des obligations communales et
foncières en circulation s'élevait à 4 milliards 750 millions.

De 1880 à 1905, l'augmentation du nombre de titres a
donc été en capital de 1 milliard 925 millions.

Ce qui représente en vingt-six ans une moyenne de
placement annuel de 74 millions.

Si nous récapitulons ces divers chiffres, nous obtenons les premiers résultats suivants :

	millions de francs
1° Souscriptions aux emprunts en rentes 3 °/₀ amortissables et rentes 3 °/₀ perpétuelles, de 1880 à 1905	4.200.0
2° Emprunts de colonies et protectorats, de 1896 à 1903	520.0
3° Emprunts de la ville de Paris, de 1880 à 1905	948.8
4° Emprunts de départements et villes, cotés à la bourse de Paris de 1880 à 1905 environ	80.0
5° Obligations communales et foncières de 1880 à 1905	1.925.0

On peut dire, en chiffres ronds, que, depuis vingt-cinq
ans seulement, l'épargne française a placé en titres de
rentes françaises, en obligations de la ville de Paris,
en obligations de villes et de départements cotées à la
bourse de Paris, en obligations communales et foncières,
un capital de plus de 7 milliards 153 millions. Avec
le montant des emprunts de colonies et protectorats, ce
capital s'élève à 7 milliards 673 millions. En tenant
compte des amortissements effectués, plus de 7 milliards auraient été ainsi placés dans les plus petits

portefeuilles dans une période maxima de vingt-cinq ans, ce qui représenterait par an un placement moyen de 280 millions.

* *
*

D'après nos statistiques antérieures, l'ensemble des valeurs mobilières françaises et étrangères appartenant en propre à nos capitalistes français, déduction faite du montant des valeurs françaises pouvant appartenir à des étrangers, soit 10 % environ, fonds d'Etat compris, pourrait s'élever à 91 ou 92 milliards. En 1893, nous estimions, à 2 ou 3 milliards près, que l'ensemble de cette fortune pouvait être de 80 milliards. Depuis onze ans, cette fortune s'est accrue de 12 milliards, ce qui représente un accroissement annuel de 1 milliard 100 millions à 1 milliard 200 millions de placements faits en titres mobiliers :

Ensemble des valeurs mobilières françaises.

ANNÉES	VALEURS MOBILIÈRES		
	TITRES FRANÇAIS	TITRES ÉTRANGERS	TOTAL
	milliards de francs	milliards de francs	milliards de francs
Fin 1870..............	»	»	9
— 1880..............	»	»	31
— 1869..............	23	10	33
— 1886..............	41	15	56
— 1890..............	54	20	74
— 1902..............	62 à 63	25 à 27	87 à 90
— 1901..............	63	27 à 30	90 à 93

* *
*

La taxe sur le revenu des valeurs mobilières depuis 1885 nous donne, sur ce point encore, des indications précises et confirme nos évaluations.

En voici le relevé :

Indications fournies par la taxe sur le revenu.

ANNÉES	PRODUIT CONSTATÉ	ANNÉES	PRODUIT CONSTATÉ
	millions de francs		millions de francs
1875.............	34.7	1895.............	65.6
1880.............	39.1	1900.............	79.0
1885.............	46.9	1903.............	85.0
1890.............	50.8	1905.............	85.8 (1)

(1) *Bulletin de statistique et de législation comparée du ministère des finances,* tome 59, page 156.

Il faut tenir compte, dans ces chiffres, de ce que la quotité de la taxe, qui avait été fixée à 3 % en 1872, a été portée à 4 % en 1891 par la loi du 26 décembre 1890 et fixée à 8 %, pour les lots seulement, par la loi du 26 février 1901. Or, depuis 1890 seulement, le produit constaté sur le revenu des valeurs mobilières s'est élevé de 50 millions 8 à 85 millions 8, soit une augmentation de 35 millions. En 1891, avec l'impôt porté à 4 % au lieu de 3 %, la taxe a produit 70 millions 4. De 1891 à 1905 l'accroissement n'est donc pas moindre de 15 millions, ce qui correspond à une augmentation de matière imposable de 375 millions. L'ensemble des valeurs mobilières créées depuis 1875, 1880, 1885, 1890, 1900, s'est accru sans cesse et dans de fortes proportions.

* *
*

Annuité successorale mobilière depuis 1870. Si l'accroissement annuel et considérable des valeurs mobilières se trouve mis en relief par l'augmentation du produit de la taxe de 4 % sur le revenu de ces valeurs, on trouve également la preuve de cet accroissement continu en étudiant le mouvement des capitaux inscrits dans les donations ou déclarés dans les successions.

Les annuités successorales mobilières, sans compter

les donations, ont, en effet, suivi la progression énorme
que voici :

ANNÉES	ANNUITÉ SUCCESSORALE mobilière	ANNÉES	ANNUITÉ SUCCESSORALE mobilière
	millions de francs		millions de francs
1870.............	1.649,6	1890.............	2.889,0
1875.............	2.037,0	1895.............	2.933,2
1880.............	2.477,6	1898.............	3.631,1
1885.............	2.622,8	1899.............	3.724,0

Depuis 1889, l'administration de l'enregistrement a
cessé d'établir la distinction entre les valeurs mobilières et les valeurs immobilières ; elle ne donne plus
que le chiffre total de l'annuité. Néanmoins et sans
qu'il nous soit possible de donner des chiffres aussi
rigoureusement exacts et contrôlés que ceux que nous
produisons pour les années antérieures, nous pouvons
affirmer que la progression des annuités successorales
mobilières, dans les années 1900 à 1904, a été très
élevée, ce qui est la conséquence de l'importance croissante et grandissante des créations et émissions de
titres mobiliers.

* *
*

Nous pouvons maintenant résumer tout d'abord, en
un tableau synoptique, les statistiques précédentes :

Résumé d'en-
semble.

TABLEAU.

NATURE DES CONSTATATIONS	ANNÉES				
	1885	1890	1895	1900	1905
	millions de francs	millions de francs	millions de francs	millions de francs	millions de francs
Dépôts de fonds dans plusieurs sociétés de crédit (1)........	683	821	1.001	1.406	1.903
Dépôts de fonds à la Banque de France.................	397	418	652	463	623
Valeurs des titres en dépôt à la Banque de France............	3.112	3.987	4.938	6.565	6.980
Achats et ventes de rentes par les comptables du Trésor; solde des achats, déduction faite des ventes...........	187	61	162	184	135
Obligations de chemins de fer vendues (en milliers)..........	761	463	209	817	169
Montant de ces ventes........	284	199	97	360	76
Produit de la taxe de 4 % sur le revenu des valeurs mobilières...	45.9	60.8	65.6	79.0	85.8

	millions de francs
Souscriptions aux emprunts en rentes 3 % amortissable et 3 % perpétuelle de 1880 à 1905....................	4 200
Emprunts { des colonies et protectorats de 1891 (premier emprunt) à 1901 (dernier emprunt).....................	520
de la ville de Paris de 1880 à 1905.................	948
des villes et des départements de 1880 à 1905.......	80
Obligations communales et foncières émises de 1880 à 1905.......	1.925

	1885	1890	1895	1900	1901
Caisses d'épargne :					
Fonds (en millions)...........	2.365	3.325	4.169	4.274	4.436
Nombre de livrets (en milliers).	5.630	7.266	8.935	10.686	11.767

	1885	1890	1895	1900	1902
Sociétés de secours mutuels :					
Avoir (en millions)...........	72.0	87.6	111.7	166 0	189.8
Nombre de membres de ces sociétés (en milliers)..........	1.070	1.198	1.322	1.742	2.007

	1885	1890	1902	1904
Valeurs mobilières :				
Ensemble des valeurs mobilières (en milliards).........	"	74	87 à 90	90 à 93
Dont, en titres étrangers.......	"	20	25 à 27	27 à 30

(1) Crédit foncier, Crédit lyonnais, Comptoir d'escompte, Société générale, Crédit industriel.

* *
*

En ramenant tous ces chiffres à une moyenne annuelle, on peut donc proposer les évaluations suivantes :

	millions de francs
1° Moyenne annuelle, depuis 1885, de l'accroissement des dépôts dans les sociétés de crédit	95.0
2° Moyenne annuelle de l'accroissement des dépôts à la Banque de France.	12.6
3° Accroissement moyen annuel des dépôts dans les caisses d'épargne	50.0
4° Achats de rentes par l'intermédiaire des comptables du Trésor, ventes déduites : moyenne annuelle	125.0
5° Achats de rentes par le public	125.0
6° Achats d'obligations de chemins de fer, déduction faite des remboursements, moyenne annuelle	88.0
7° Souscriptions à des emprunts français, colonies et protectorats, obligations de la ville de Paris, des départements, du Crédit foncier, moyenne annuelle depuis 1880	280.0
8° Placements annuels, souscriptions à des titres divers, français et étrangers	1.000 à 1.200
9° Placements de fonds à l'étranger, achats de valeurs à l'étranger, restant en dépôt dans des banques étrangères	Mémoire.
10° Achats de biens mobiliers ayant comme contre-partie des ventes de biens mobiliers	Mémoire.
11° Dépenses faites pour l'amélioration de son habitation, constructions et réparations d'immeubles, etc.	Mémoire.
12° Prêts hypothécaires et chirographaires, déduction faite des remboursements de prêts antérieurement consentis.	Mémoire.

Doubles emplois à éviter.

Il ne conviendrait pas, à moins de commettre de grosses erreurs, d'additionner ces divers indices, car on ferait des doubles emplois. Les dépôts de fonds dans les caisses d'épargne étant convertis en achats de rentes sur l'État, ce serait une erreur de considérer comme indice des placements annuels de l'épargne, les dépôts effectués dans les caisses d'épargne et, d'autre part, les achats de rente effectués avec ces dépôts.

Il en serait de même si on additionnait les achats de valeurs mobilières qui peuvent s'effectuer sans tenir compte des ventes qui sont la contre-partie de ces achats.

D'autre part, une quantité de placements divers,

dépôts de fonds et achats de valeurs, s'effectuent à
l'étranger et ne peuvent donner lieu à une évaluation
précise. Nous ne les décomptons, dans cette statistique,
que pour mémoire, bien qu'il soit de notoriété publique
que ces placements et exodes de capitaux français aient
été considérables dans ces dernières années.

Il convient de noter que sur les épargnes que l'on fait
annuellement, une partie est consacrée à l'amélioration
de son habitation, de son *home*, à des constructions nouvelles, à des additions de construction, à des dépenses
de luxe ou de bien-être. Nous ne les comptons également que pour mémoire, bien qu'ils représentent des
capitaux importants (1).

Nous avons voulu nous borner à indiquer quelques
indices qui permettront de continuer les recherches que
nous avons faites. Les divers éléments d'évaluation et
de calculs que nous avons fournis, en les décomposant,
sont suffisants, croyons-nous, pour nous permettre de
dire que sur les épargnes qui sont, chaque année, disponibles en France, 1 milliard 500 millions choisissent,
bon an mal an, des placements mobiliers. Nous avons
montré comment on pouvait suivre en quelque sorte,
année par année, la piste de ces placements.

Mais ce n'est pas tout.

On connaît les habitudes de prudence de l'épargne
française. Elle a soin de diviser ses placements, de ne
pas mettre, suivant le vieux dicton, « tous ses œufs
dans le même panier ». En même temps, elle ne place

(1) La statistique suivante, extraite des documents officiels que publie
l'administration des contributions directes dont les statistiques sont toujours si sûres, nous donne ces renseignements pour 1895, 1900, 1904 :

ANNÉES	NOMBRE de CONSTRUCTIONS nouvelles	NOMBRE D'ADDITIONS de construction
1895............................	64.794	31.345
1900............................	71.934	31.288
1904............................	70.285	34.146

pas tous les capitaux dont elle peut disposer. Il n'y a que les capitalistes et rentiers imprudents qui confient toute leur fortune, grosse ou petite, à un seul placement. Elle en conserve toujours une bonne partie disponible, soit en or, soit en billets de banque, pour faire face à des besoins imprévus. Un rentier français a toujours dans sa caisse une certaine somme non employée qu'il conserve comme réserve et qu'il utilisera, en cas de besoin. Aux 1,500 millions dont chacun peut, comme nous l'avons fait, suivre la trace, la piste, il conviendrait donc d'ajouter les centaines de millions non placés, restant dans les caisses des particuliers et qui sortent de leurs cachettes au moment où on s'y attend le moins. Ce sont là de véritables réserves d'épargne que l'on peut estimer, sans exagération, à 10 ou 15 % du capital placé annuellement, soit à environ 150 à 225 millions.

IV. — RÉSUMÉ GÉNÉRAL.

L'épargne française place annuellement en valeurs mobilières ou conserve en réserve 1 milliard 500 millions à 2 milliards en chiffres ronds. Nous avons constaté en effet :

1,500 millions à 2 milliards de placements annuels.

1.500 millions de placements annuels sur les titres mobiliers négociables en France, titres français et étrangers;

100 à 200 millions environ venant grossir annuellement le montant des dépôts de fonds dans les banques privées, sociétés de crédit, en comptes courants ou en comptes de chèque et se plaçant définitivement pendant les années suivantes;

150 millions à 225 millions de capitaux, véritable réserve d'épargne, restant inutilisés et conservés dans les caisses particulières des petits et gros épargneurs.

Total. . 1.750 à 1.925 millions.

Tel est le chiffre d'épargnes que nos capitalistes et rentiers auraient chaque année à leur disposition et pourraient placer. Ce chiffre n'a rien d'exagéré : il est plutôt modéré, plutôt au-dessous qu'au-dessus de la vérité, car nous ne tenons pas compte des capitaux prélevés sur les épargnes annuelles, qui sont employés soit en objets nécessaires, soit en objets d'art, de luxe, qui, eux aussi, quand ils sont intelligemment choisis, accroissent le capital dans l'avenir, ou bien encore ceux qui sont destinés à améliorer son intérieur, à donner plus d'aisance, plus de gaieté, plus de confortable à son *home*.

La statistique que nous venons d'établir, en en indiquant les bases et le contrôle et en en donnant les chiffres, en quelque sorte par le menu, pourra permettre à tout le monde de contrôler, de discuter et d'évaluer, comme nous venons de le faire, la partie de l'épargne française, de ses « gros sous », qui se place en titres mobiliers ou qui s'accumule tous les ans dans les caisses des établissements de crédit, ou bien encore s'emploie en titres mobiliers.

C'est une étude statistique scientifique, que nous avons voulu faire en indiquant comment, à notre avis, elle pouvait être entreprise, comment elle pouvait être suivie et contrôlée. Nous n'avons voulu rechercher ni l'ensemble de l'épargne annuelle en France ni le mouvement de la richesse publique et privée. Notre rôle et notre but étaient plus modestes : « A combien peuvent s'élever les placements annuels de l'épargne française en titres mobiliers ? » Rien de plus : rien de moins. Nous avons établi les bases de cette statistique : chacun peut en vérifier les chiffres, les discuter, les approuver, les contredire et en proposer d'autres. Notre conclusion est la suivante : 1 milliard 500 millions à 2 milliards par an en chiffres ronds, tel est le montant de cette épargne, de ce « bas de laine » du capitaliste, du rentier, du paysan français.

Conclusion.

Nous pouvons donc répéter encore ce que nous ne cessons d'affirmer : c'est que nulle part on ne trouve une semblable richesse de petits épargneurs,

nulle part on ne trouve une semblable accumulation de capitaux, et l'on comprend facilement pourquoi cette épargne, qui serait certainement plus considérable encore sans les pertes énormes qu'elle a
subies, est toujours sollicitée par les emprunteurs
étrangers. La France, nous l'avons dit souvent, est
commanditaire de presque tous les pays du monde.
Cette richesse est le fruit de son travail et de ses économies. Elle s'est accrue, malgré les agitations et les
craintes de la politique intérieure et extérieure, malgré
les luttes des partis politiques, malgré même les intempéries des saisons. Elle se serait accrue dans de plus
fortes proportions encore si, à chaque instant, l'épargne
n'avait pas été troublée dans ses placements par les
menaces d'impôts nouveaux, par l' « obsession fiscale »
qui agite le cerveau de grand nombre de nos législateurs, ou bien encore si, à chaque instant, on ne lui
répétait pas sur tous les tons que la France se ruine,
que la richesse de notre pays diminue, qu'il n'y a plus
de sécurité dans les placements de titres français ; si
au lieu de lui donner de salutaires et sages conseils,
on ne disait pas à notre épargne d'avoir confiance en
tout excepté dans notre pays. Elle eût pris un plus
grand développement si elle avait servi à commanditer, chez nous, des entreprises nouvelles, de grandes
affaires commerciales et industrielles françaises ; si,
au lieu d'être le « banquier de l'Europe », le commanditaire de tous les pays étrangers, elle était et restait
le banquier de la France et le commanditaire d'entreprises françaises. Nous devons être ménagers de
cette richesse, veiller sur elle avec soin, et ne la prêter
qu'à bon escient aux pays qui la guettent. Il ne faut
plus inquiéter cette épargne par des propositions ou
projets de loi téméraires. On l'effraye en montrant, ce
qui n'est pas, que tout est pour le mieux, finances,
crédit, épargne, dans les pays étrangers et que chez nous
tout est au plus mal. Cette épargne est indispensable au
pays en temps de paix ; elle lui est non moins indispen-

sable en temps de guerre, car elle est, avec l'armée, sa sécurité et sa sauvegarde. Le jour où, malheureusement, une guerre européenne viendrait à éclater, nous le disions récemment encore, ce n'est pas seulement à coups de canon et de mitraille qu'on se battrait, mais à coups de milliards, et le pays qui pourra le plus longtemps supporter financièrement les charges d'une guerre, a grandes chances d'en sortir victorieux en épuisant son adversaire (1).

LES VALEURS MOBILIÈRES EN FRANCE
AU 31 DÉCEMBRE 1908 (2)

Nos statistiques successives des valeurs mobilières ont montré le développement qu'ont pris tous ces morceaux de papiers appelés titres de rente, actions, obligations, part d'intérêt ou de fondateur, et fait ressortir leur vaste éparpillement.

Comme l'a dit M. Léon Say :

Le titre mobilier défini par M. Léon Say.

« Le grand progrès de notre siècle, en matière de transactions, est d'avoir si bien combiné la propriété et le titre de propriété, que le titre soit devenu identique à la propriété elle-même.

« On se dit propriétaire d'une action de chemin de fer et non propriétaire d'un chemin de fer. Quand on tient dans sa main le morceau de papier qui est l'action, on croit tenir une propriété aussi réelle que si on avait dans les doigts des gares, des rails, des machines. Cette représentation absolue de la propriété par le titre a fait disparaître toutes les difficultés qui entravaient l'échange et la transmission des droits de chacun sur toutes choses. On envoie, aujourd'hui, dans une lettre de France en Angleterre, d'Angleterre au Canada, de Hollande aux Indes et réciproquement, les mines, les fabriques, les chemins de fer, tout ce qui se possède en un mot. La chose reste immobile, mais son image est sans cesse transportée d'un lieu dans un autre; c'est comme un jeu de miroir qui enverrait un reflet au bout du monde. Le miroir s'incline et le reflet va frapper plus haut, plus bas, à droite, à gauche. La chose est dans un lieu, mais on en jouit partout. Qui en a le reflet, la possède. »

(1) Voir les annexes de cette étude, pages 518 à 555.
(2) 1909.

Cette définition si claire du titre mobilier en fait voir
nettement les avantages et on comprend l'essor prodigieux qui était réservé à sa création en raison de sa
mobilité, de sa facilité de transmission, de la modicité
de certaines coupures, de la grande division d'un même
capital. Cet essor, nous l'avons suivi pas à pas dans
nos études et nos précédents rapports.

Nous empruntons au rapport que nous venons de
présenter à l'Institut international de statistique, le
tableau récapitulatif depuis 1902 des valeurs mobilières
négociables au marché officiel de la bourse de Paris
au 31 décembre 1908, que nous y avons inséré (1). Les
documents et chiffres sur lesquels nous nous appuyons
sont officiels en ce qui concerne le nombre de valeurs,
celui des titres, leur capital nominal et leur capital
vénal. Nous avons eu recours aux relevés statistiques
que M. de Verneuil, syndic des agents de change, nous
adresse tous les deux ans, depuis 1902, sur les valeurs
négociables au marché officiel de la bourse de Paris.
Son rapport, comme nous l'avons dit à l'Institut international de statistique, est un modèle que nous avons
recommandé à tous les gouvernements étrangers.

Au 31 décembre 1908, 1,212 valeurs étaient négociables au marché officiel de la bourse de Paris ; elles
représentaient 110,416,674 titres divers. Comparative-
ment aux chiffres de fin décembre 1902, 1904 et 1906,
nos relevés se présentent comme suit :

Nombre et valeur des titres négociables, en France.

Au 31 décembre	Nombre de valeurs	Nombre de titres
1902	1.078	148.666.140
1904	1.083	130.476.075
1906	1.155	111.125.822
1908	1.212	110.416.674

Le capital nominal de ces valeurs s'élevait à :

130.303.767.800 fr. fin 1902
130.079.673.800 fr. — 1904
133.441.084.300 fr. — 1906
133.094.485.300 fr. — 1908

(1) Voir aux annexes, pages 556-557.

D'après leur valeur vénale en bourse, c'est-à-dire
d'après leur cours au 31 décembre, ces titres représentaient un capital de :

130.119.932.300 fr. fin 1902
130.101.386.200 fr. — 1904
132.451.448.400 fr. — 1906
133.383.070.500 fr. — 1908

De 1902 à 1908, il y aurait donc une augmentation de
4 milliards 390 millions dans le chiffre du capital nominal des valeurs mobilières négociables au marché officiel de la bourse de Paris ; d'après leurs cours en
bourse, le capital de ces valeurs serait de 133 milliards
383 millions, en augmentation de 3 milliards 263 millions en 1902.

*
* *

Fonds russes. Dans notre statistique de 1906, nous avions fait
remarquer que la baisse sensible des fonds russes,
d'après leur cote en bourse, était la conséquence de
la guerre russo-japonaise et des troubles qui sévirent
en Russie : alors qu'en 1902, pour un capital nominal
de 11,323,318,800 francs, leur valeur en bourse s'élevait à
11,304,619,100 francs, fin 1906 pour un capital nominal
de 13,004,595,900 francs, leur valeur négociable n'atteignait plus que 9,985,722,600 francs. Les chiffres de
1908 montrent qu'une reprise s'est effectuée sur les
cours des diverses rentes russes : leur capital nominal
s'élevait à 13,137,619,500 francs, leur valeur en bourse
atteignait 11,069,294,900 francs.

Cette reprise s'est heureusement poursuivie jusqu'ici :

Au 31 décembre	Capital nominal francs	Capital au cours au 31 décembre francs
1902	11.323.318.800	11.304.689.100
1904	11.952.854.100	10.575.538.100
1906	13.004.595.900	9.985.722.600
1908	13.137.619.500	11.069.294.900

La différence en moins entre le capital nominal et
le capital vénal des fonds russes négociables à Paris
était de 3 milliards 19 millions fin 1906 ; elle était de
2 milliards 68 millions au 31 décembre dernier.

Cette différence en moins ne veut pas dire qu'elle
correspond à une perte complète. Cette perte n'existe
qu'entre le prix d'émission ou d'achat d'un titre et celui
auquel il se négocie quand on le réalise. Ce sont des
éléments d'appréciation dont il conviendrait de tenir
compte si nous avions à évaluer ce que peut perdre
ou gagner le portefeuille français dans ses placements
en fonds russes.

* *

La valeur vénale des titres négociables sur le marché
officiel de la bourse de Paris est donc de 133 milliards
383 millions dont 65 milliards 738 millions de titres
français, et 67 milliards 645 millions de titres étrangers.

*Résultats gé-
néraux.*

Pour obtenir le montant total des valeurs mobilières
négociables en France, il faut ajouter à ce chiffre le
total des titres négociables sur le marché en banque et
de ceux négociables aux bourses de Lille, Lyon, Marseille, Bordeaux, Toulouse et Nantes. Nous avons évalué, dans notre rapport général de 1906, de 18 à 20 milliards les fonds et titres négociables sur le marché en
banque. Depuis cette époque, les admissions et introductions ont dépassé 2 milliards, mais il s'en faut de
beaucoup que tous ces titres émis et introduits aient été
placés et soient dans les portefeuilles français. En
tenant compte des liquidations, des faillites, des amortissements et des doubles emplois avec des titres qui,
tout d'abord, étaient inscrits aux cotes en banque et
ont été admis ensuite à la cote officielle le montant des
valeurs négociables sur le marché en banque à la fin
de 1908 peut vraisemblablement atteindre le chiffre de
20 milliards : mais ce n'est là qu'un chiffre approxima-

tif qui ne repose pas sur des données certaines et nous
ne l'avançons que sous réserves.

Quant aux bourses départementales, il s'y négocie
pour 5 milliards de valeurs environ. Nous pouvons
donc proposer les chiffres de 155 à 160 milliards comme
montant des valeurs négociables en France.

Cette évaluation se décomposerait comme suit :

	milliards
Bourse { marché officiel.	133
de Paris } marché en banque	20
Bourses départementales.	5

On voit quel colossal capital représentent les titres
mobiliers négociables en France. Ces titres ne nous
appartiennent évidemment pas tous et les statisticiens,
hommes politiques et financiers qui diraient que les
capitalistes français possèdent 155 à 160 milliards de
valeurs mobilières commettraient de singulières erreurs ! Il faut éviter dans les évaluations que l'on établit, les doubles, les triples, les quadruples emplois :
tel titre qui se négocie à Paris, peut être également
acheté ou vendu à Londres ou à Bruxelles ; tel autre à
Vienne ou à Saint-Pétersbourg. Il ne faut pas confondre
le montant des titres négociables dans un pays, avec
le montant de ceux appartenant en propre aux nationaux de ce même pays. Ce n'est pas parce que la
rente italienne est négociable à Paris, que tous les
titres de cette rente appartiennent aux Français ; elle
est également négociable à Berlin, Vienne et surtout
à Rome : des Allemands et des Autrichiens possèdent
donc de cette rente et surtout les Italiens. On pourrait
citer des exemples semblables avec des titres d'autres
rentes étrangères, avec ceux de banques, de chemins
de fer, de sociétés industrielles qui se négocient sur
plusieurs marchés étrangers à la fois. Il en est de
même quand il s'agit d'évaluer la fortune publique et
privée d'un pays. Nous répétons sans cesse cette obser-
vation, car dans des statistiques de cette nature, si difficiles et complexes autant que délicates à établir, il

faut bien prendre garde aux multiples emplois et ne pas compter plusieurs fois les mêmes chiffres.

* *

Quelle est la part qui revient à la France dans ce chiffre imposant de 155 à 160 milliards ?

Capital du portefeuille français.

L'an dernier, en appuyant nos chiffres et nos démonstrations sur des documents officiels et notamment sur les statistiques fiscales, nous arrivions aux chiffres suivants :

milliards

Les fonds d'État français. 3 %, 3 % amortissable, calculés à 97 francs, les obligations du Trésor et bons du Trésor, calculés au pair, représentent en capital.. 26

Les fonds d'État étrangers et valeurs étrangères représentent en capital.. 25

Valeurs françaises et étrangères soumises à la taxe de 4 %... 58

Valeurs étrangères et fonds étrangers divers achetés et placés au dehors.. 3

Total.......................... 112

Mais, de ce total, il convient de déduire le montant des valeurs françaises pouvant appartenir aux étrangers, soit environ 10 % ou.......................... 11

Il resterait un total de.......................... 101

soit, en chiffres ronds, 100 milliards, formant l'ensemble des fonds d'État et titres mobiliers français et étrangers appartenant en propre à l'épargne française.

Aujourd'hui, c'est-à-dire fin 1908, nous pouvons dire que la fortune mobilière française *dépasse* 103 milliards, et se rapproche de 105 milliards, dont 32 à 35 milliards en titres étrangers. Comme nous l'avons déjà dit, nous donnons cette évaluation, « sans nous flatter d'arriver, comme nous l'avons toujours répété, à une détermina-

tion précise, car dans de tels problèmes il faut moins
s'attacher à l'inégalité des évaluations qu'à leur accord
relatif, et des statistiques de cette nature ne peuvent
être résolues qu'approximativement ».

103 à 105 milliards : tel est donc très vraisemblablement le montant du portefeuille français au 31 décembre
1908 : c'est un accroissement continu que nous constatons, malgré les crises intérieures ou extérieures,
malgré les pertes que l'épargne subit de temps à autre,
malgré tous les aléas que comportent les placements
mobiliers.

D'après nos statistiques antérieures, l'ensemble des
titres mobiliers français et étrangers appartenant en
propre aux capitalistes français pouvait s'élever aux
chiffres suivants :

ANNÉES	TITRES FRANÇAIS	TITRES ÉTRANGERS	TOTAL
	milliards	milliards	milliards
Fin 1850.......	»	»	9
— 1859..............	»	»	31
— 1869..............	23	10	33
— 1880..............	41	15	56
— 1890..............	54	20	74
— 1902..............	62 à 63	25 à 27	87 à 90
— 1904..............	63	27 à 30	90 à 93
— 1906....	67 à 64	30 à 32	97 à 100
— 1908..............	68 à 70	32 à 35	100 à 105

Depuis 1869, c'est-à-dire depuis 40 ans, le portefeuille
français qui était, à cette époque, d'environ 33 milliards, a plus que triplé : il s'est accru de 70 milliards,
soit, en moyenne, de 1 milliard 750 millions par an.
En 1869, le portefeuille français constitué en titres mobiliers pouvait rapporter environ 2 milliards ; aujour-
d'hui, c'est-à-dire fin 1908, ce portefeuille rapporte de
4 milliards à 4 milliards et demi.

Depuis 20 ans, le portefeuille français s'est accru de
25 milliards à 30 milliards, dont 12 à 15 milliards de
titres étrangers. Ces évaluations confirment la statis-

tique des économies et placements annuels que l'épargne effectue en titres mobiliers (1).

* *

En estimant le revenu moyen de ces 103 à 105 milliards à 4 % — ce qui est probablement au-dessous de la vérité car pendant de longues années nos capitalistes et rentiers ont pu acquérir des valeurs qui rapportaient 4 1/2, 5 %, 6 % et au-dessus, — cet ensemble du portefeuille français rapporterait annuellement plus de 4 milliards. On sera plus près de la vérité en disant 4 milliards à 4 milliards 500 millions.

Revenu annuel du portefeuille.

Ces 4 milliards à 4 milliards 500 millions de revenu fournis par les titres français et étrangers, fonds d'État compris, sont un minimum. Ils se répartissent entre un nombre infini de détenteurs; c'est une armée de petits rentiers qui le détient.

* *

Les titres mobiliers, français et étrangers, appartenant en propre à nos rentiers et capitalistes, peuvent s'élever aujourd'hui à 103 milliards de francs dont 32 à 35 milliards, soit environ le tiers, en titres étrangers.

Valeurs étrangères contenues dans le portefeuille français.

Pour compléter cette statistique, nous indiquerons la répartition par pays des 32 à 35 milliards de titres étrangers qui peuvent se trouver dans les portefeuilles français :

	milliards
Russie	9 1/2 à 10 1/2
Angleterre	1/2
Belgique et Pays-Bas	1/2
Allemagne	1/2
Turquie, Serbie	1 1/2 à 2
Bulgarie, Roumanie et Grèce	1 1/2 à 2 1/2
Autriche-Hongrie	2 à 2 1/2
Italie	1 à 1 1/2
Suisse	1/2
Espagne et Portugal	3 1/2

(1) Voir *supra* page 368.

	milliards
Etats-Unis et Canada	2 à 3
Egypte, Suez	3 à 4
Argentine, Brésil et Mexique	3 à 4
Chine et Japon	1 à 2
Tunisie et colonies françaises	2 à 3

A ces chiffres approximatifs mais qui se rapprochent de très près de la réalité et même la dépassent peut-être pour plusieurs pays, il faudrait ajouter le montant des titres étrangers qui appartiennent à des capitalistes français et qui ne circulent pas ou ne sont pas négociables en France, échappent à tout contrôle, sont déposés à l'étranger et n'apparaissent en France qu'à la suite d'inventaires, d'héritages, de discussions litigieuses, de procès, etc. C'est ce qui explique que dans plusieurs statistiques, le chiffre de 40 milliards a été avancé comme représentant celui des titres étrangers appartenant à nos capitalistes et rentiers.

*
* *

Proportion par groupe de valeurs.

Nous avons ajouté à ces statistiques une statistique nouvelle indiquée dans le tableau récapitulatif que nous donnons en annexe (col. 10), statistique sur laquelle nous reviendrons ultérieurement et qu'il serait utile d'établir dans tous les pays. C'est la proportion de chaque groupe de valeurs négociables : fonds d'Etat, chemins de fer, sociétés de crédit, sociétés commerciales et industrielles, etc.

Ce relevé prouve et justifie l'affirmation que nous avons faite naguère et que nous répétons aujourd'hui : la France est créditrice partout, elle n'est débitrice nulle part. La fortune mobilière que possèdent nos capitalistes et rentiers est considérable et se trouve morcelée à l'infini dans les portefeuilles. C'est de la poussière de titres et de la poussière de revenus.

* * *

Des faits et des chiffres qui précèdent, il résulte Conclusion.
que :

1° Au 31 décembre 1908, le nombre de valeurs négociables au marché officiel de la bourse de Paris était de 1,212 et le nombre de titres de 110,416,674 ;

2° La valeur vénale de ces titres était de 133 milliards 383,070,500 francs ;

3° De 1902 à 1908, le montant du capital nominal des valeur négociables au marché officiel de la bourse de Paris s'est accru de 4 milliards 390 millions ; le montant du capital vénal, d'après les cours en bourse, s'est accru de 3 milliards 263 millions ;

4° Le capital nominal des fonds russes, négociables au marché officiel, était, au 31 décembre 1908, de 13 milliards 137,619,500 francs ; le capital vénal, au cours du 31 décembre 1908, était de 11,069,294,900 francs ;

5° Sur les 133 milliards de titres négociables au marché officiel de Paris, il y a : 65 milliards 738 millions de titres français ; 67 milliards 645 millions de titres étrangers ;

6° Le montant total des valeurs négociables en France, tant au marché officiel de Paris que sur le marché en banque et sur les bourses départementales, peut s'élever de 155 à 160 milliards ;

7° L'ensemble des fonds d'État et titres mobiliers français et étrangers appartenant en propre aux capitalistes français peut être évalué de 103 à 105 milliards dont 32 à 35 milliards en fonds et titres étrangers.

Ce portefeuille peut rapporter annuellement de 4 milliards à 4 milliards 500 millions ;

8° Depuis 1869, le portefeuille français a plus que triplé comme capital et plus que doublé comme revenu : il s'est accru de 70 milliards, soit en moyenne de 1 milliard 750 millions par an.

Ces chiffres confirment les statistiques que nous avions établies sur le montant des placements que l'épargne française peut effectuer annuellement en titres mobiliers ;

9° Les pays dont nous sommes les plus gros détenteurs de titres sont : la Russie, 9 milliards 1/2 à 10 milliards 1/2 ; l'Argentine, le Brésil et le Mexique, 3 à 4 milliards ; l'Egypte et le Suez, 3 à 4 milliards ; la Turquie, Serbie, Bulgarie, Roumanie, Grèce, de 3 à 4 milliards 1/2 ; l'Autriche-Hongrie, l'Italie et la Suisse, 3 milliards 1/2 à 4 milliards, etc. ;

10° D'après la statistique nouvelle établie, sur l'ensemble de 65 milliards 738 millions de valeurs françaises négociables à la bourse de Paris :

37.70 % représentent des rentes françaises;
11.89 % représentent des obligations du Trésor, titres de colonies et protectorats, ville de Paris, départements et villes, Crédit foncier ;
28.60 % représentent des titres des six grandes compagnies de chemins de fer français.

Total 78.19 %

Les autres groupes ne figurent respectivement qu'en infime proportion, ce sont : les titres d'assurances, de banques et sociétés de crédit, industriels, commerciaux et divers ;

11° Sur l'ensemble des 67 milliards 645 millions de fonds d'Etat étrangers 16,36 % représentent des fonds russes ; 67,35 % des titres divers ; au total 84,01 %.

Les 15,99 % restant sont composés en petites proportions par les titres de banques, chemins de fer et valeurs diverses ;

12° L'ensemble des portefeuilles français se compose de 75 % en rentes françaises et étrangères et titres à revenu fixe ; les 25 % restant se composent de titres à revenu variable.

Dans tous les autres pays étrangers, notamment en

Allemagne, dans la Grande-Bretagne, aux États-Unis, c'est la proportion inverse que l'on constate : le portefeuille des capitalistes et rentiers allemands, anglais, américains, est composé, en très minime partie, de titres à revenu fixe, et, en majorité, de titres à revenu variable;

13° Les gros placements effectués par la France au dehors justifient notre assertion : « la France est créditrice partout ; elle n'est débitrice nulle part. »

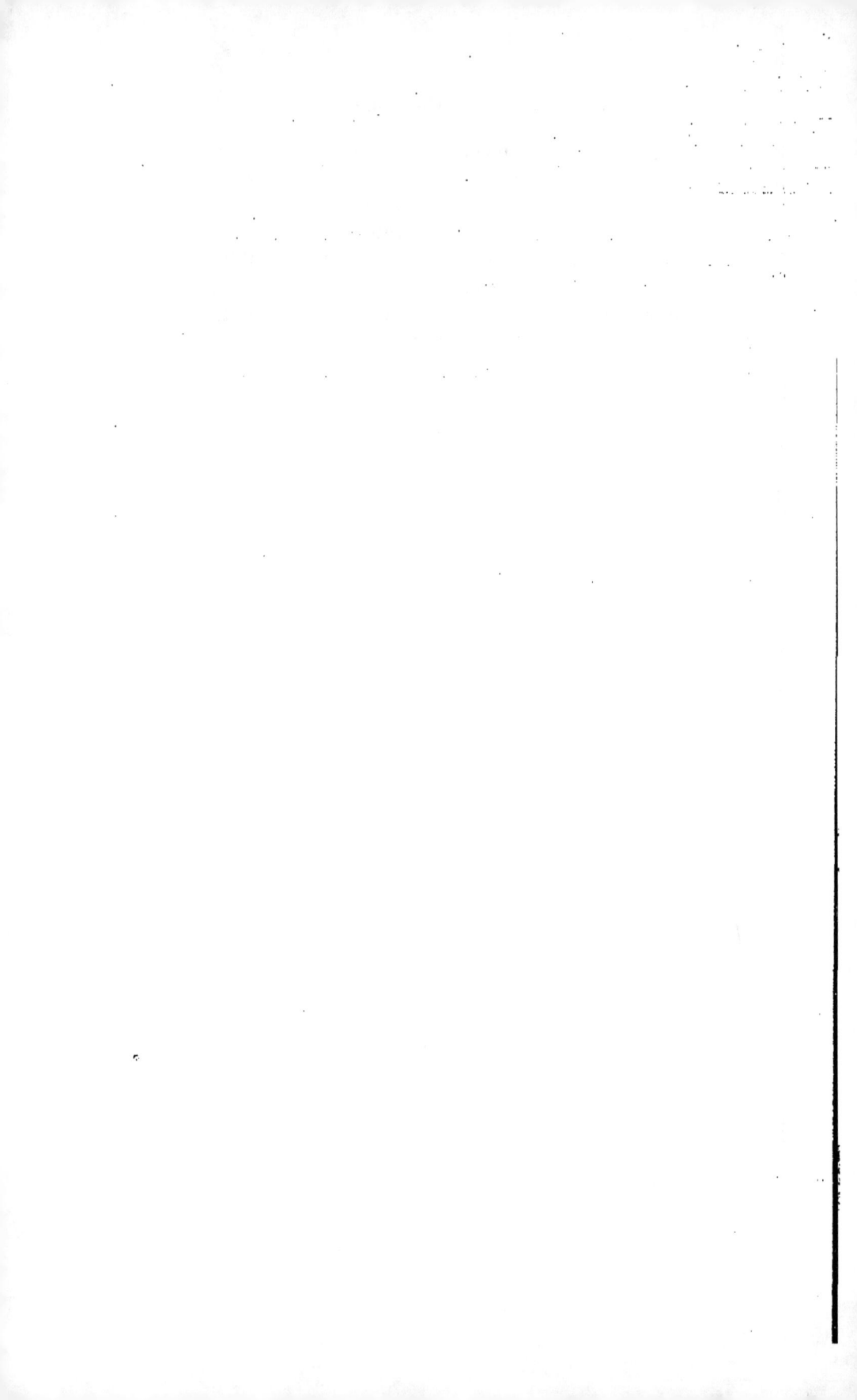

STATISTIQUE INTERNATIONALE
DES VALEURS MOBILIÈRES

SOMMAIRE :

1 — *Utilité générale d'une statistique internationale des valeurs mobilières.*

2 — *Les bases d'une statistique internationale.*

3 — *Coup d'œil rétrospectif sur les résultats obtenus.*

4 — *État actuel de la statistique internationale.*

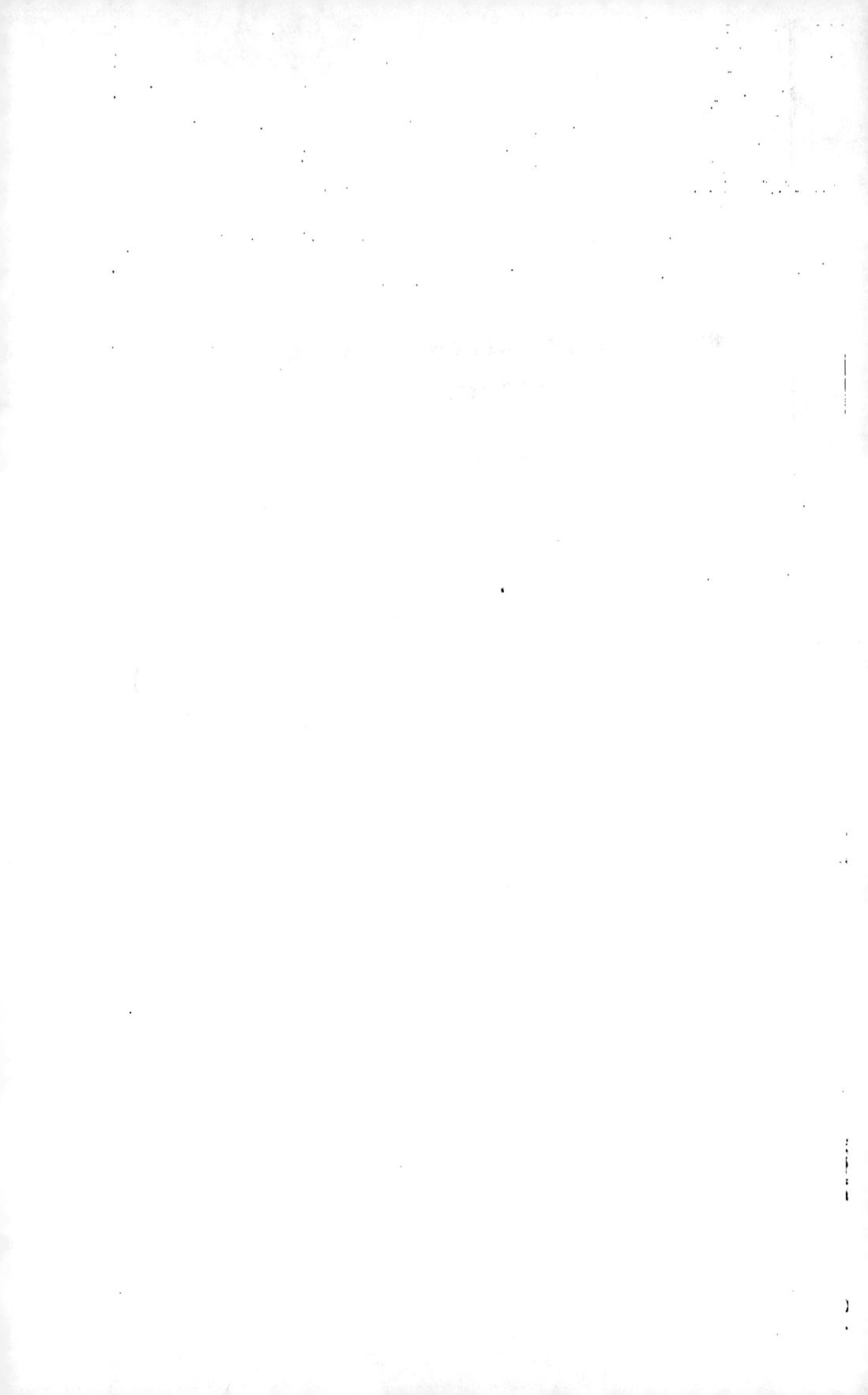

STATISTIQUE INTERNATIONALE DES VALEURS MOBILIÈRES

UTILITÉ GÉNÉRALE D'UNE STATISTIQUE INTERNATIONALE DES VALEURS MOBILIÈRES

Dans un rapport que nous présentions à la session de l'Institut international de statistique tenue à Vienne en 1891, nous signalions l'intérêt, l'utilité générale qu'offrirait un dénombrement des valeurs mobilières cotées et circulant dans les divers pays du monde.

Nous rappelions qu'autrefois, quand les rentiers et les capitalistes avaient des placements à effectuer, leur choix était limité aux valeurs immobilières : ils achetaient une maison, un champ, une vigne, étendaient et arrondissaient leurs héritages.

« De nos jours, disions-nous, ces modes de placement existent toujours, sans doute ; mais à côté d'eux, au-dessus d'eux pourrions-nous dire pour certains pays, la propriété mobilière, les valeurs de placement mobilier se sont élevées, ont grandi et ont pris un développement qu'on n'aurait jamais osé prévoir.

« Ce sont les épargnes de tous, placées les unes en titres de rentes, les autres en valeurs industrielles, qui ont permis de créer, dans le monde entier, toutes ces entreprises, chemins de fer, paquebots, télégraphes, sociétés houillères, institutions de crédit, compagnies d'assurances, etc., dont l'Europe est fière ; ce sont elles qui ont fourni aux gouvernements les capitaux dont ils ont eu besoin pour les œuvres bienfaisantes de la paix et, malheureusement aussi, pour les œuvres néfastes de la guerre.

« A quel chiffre s'élève cette fortune mobilière dans chaque pays d'Europe ? De quels titres se compose-t-elle ? Quelles sont les valeurs qui appartiennent aux nationaux de chaque pays ? Dans quelles mains se trouvent répartis les nombreux titres qui se négocient dans chacune des bourses européennes et de celles d'au delà de l'Océan ? Cette fortune mobilière appartient-elle à quelques riches capitalistes ou se trouve-t-elle, au contraire, disséminée dans toutes les classes de la société ?

« L'utilité de ces statistiques financières est incontestable. Nous réunissons tous les renseignements possibles sur la population, le commerce, l'instruction, la production, la consommation de chaque pays : nous cherchons à nous rendre compte de tous les faits qui démontrent la richesse, les progrès, la ruine ou la décadence d'un pays ; nous savons combien d'hommes tel ou tel Etat peut mettre sous les armes, le nombre de chevaux et de canons dont il dispose. Connaissons-nous aussi exactement sa force ou sa faiblesse financière ? Sommes-nous renseignés sur la puissance de son épargne ? Pouvons-nous dire exactement le nombre de valeurs qui se négocient dans toute l'Europe, le capital qu'elles représentent, quels sont, par les échanges, les émissions annuelles de valeurs mobilières, les payements de coupons, les pays créditeurs ou débiteurs d'autres pays étrangers ?

« Supposons que chaque pays d'Europe voulût bien
entreprendre une statistique de cette nature, étudier,
dans ses plus petits détails, le mécanisme des marchés
financiers existant sur son territoire, se rendre compte
de l'importance réelle de la fortune mobilière, et j'entends par là de celle représentée par ces morceaux de
papiers auxquels on donne le nom de « rentes, actions
et obligations », combien il serait facile de grouper
ensuite les résultats obtenus par chacun des pays européens et d'en tirer des conclusions d'ensemble ? »

Et à ce propos, nous appelions aussi, dans les termes
suivants, l'attention de l'Institut international de statistique sur la nécessité d'établir un droit financier
international :

« On échange aujourd'hui, entre les nations, des millions de valeurs mobilières, des milliards même, avec
plus de facilité qu'on ne fait passer, d'un pays à l'autre,
un mètre d'étoffe, un ruban de soie ou une tonne de
houille. Un titre de rente autrichienne, acheté aujourd'hui à la bourse de Vienne, peut être, au moment
même où je parle, revendu à Berlin, à Paris, à Francfort, à Bruxelles, à Amsterdam. Ce titre circulera de
bourse en bourse, sera payé comptant, au taux du
change sur les places étrangères, en monnaie nationale dans le pays même, le jour où la livraison en
aura été effectuée. L'exemple de la rente autrichienne
s'applique à toutes les valeurs internationales cotées
sur plusieurs bourses. Or, de graves lacunes existent
dans les rapports financiers entre les différents pays.
Des valeurs peuvent être soustraites à Paris, à Bruxelles,
à Vienne, et être facilement et impunément négociées
sur d'autres places.

« Une législation internationale sur les titres perdus
ou volés, sur les négociations et transmissions de coupons et valeurs mobilières entre pays étrangers, n'existe

pas, et cette législation, permettez-moi d'en exprimer le vœu devant l'Institut international de statistique. devant cette assemblée composée des représentants les plus éminents des gouvernements européens, devrait exister ; c'est une question, si je puis m'exprimer ainsi, de moralité, d'honnêteté financière. Il faudrait créer un droit public financier international, car le jour où les intérêts financiers internationaux pourront se mettre d'accord, il sera plus facile de concilier les intérêts politiques.

« Chose véritablement singulière ! Entre toutes les bourses européennes et du monde entier, il existe des usages établis par la force même des événements, consacrés par le temps et qui ont force de loi. On sait que, tel jour et à telle heure, sur tous les marchés financiers, on peut acheter ou vendre des valeurs mobilières ; que les règlements des opérations au comptant et à terme, les jours de liquidation, sont fixés : mais il n'a rien été prévu pour empêcher que des titres volés ou perdus à Paris ne puissent se négocier librement à Londres, à Vienne et à Bruxelles ! Il existe des agences, véritables repaires, dont l'unique commerce est le vol des titres sur des places étrangères et leur négociation sur telle autre. En France, la loi de 1872 a justement édicté des précautions pour permettre au propriétaire d'un titre perdu ou volé d'exercer ses légitimes revendications. Il n'en est pas de même dans les relations entre pays étrangers et c'est sur ce point qu'il m'a semblé utile d'appeler l'attention de nos collègues de l'Institut international de statistique.

« Dans le cours de ce siècle, les États ont vu leur crédit prendre une extension considérable ; ils s'empruntent les uns aux autres, ou, pour être plus précis, la plupart des États empruntent aux nationaux d'un autre État. De là des rapports nouveaux qu'il est devenu urgent de réglementer. Le droit public financier n'est pas encore formulé ; il est nécessaire qu'il le soit. »

LES BASES D'UNE STATISTIQUE
INTERNATIONALE (1)

Dans sa session de 1895 tenue à Berne, l'Institut international de statistique saisi, à nouveau, de ces propositions, constitua un comité pour la statistique internationale des valeurs mobilières en décidant que ce comité aurait pour but d'examiner les meilleures méthodes statistiques à employer pour l'évaluation du capital et du revenu des valeurs mobilières nationales et internationales et de provoquer des rapports établissant cette évaluation pour chaque pays, et que ces rapports seraient l'objet d'un rapport général dont les conclusions seraient soumises à la prochaine session de l'Institut.

Comité des valeurs mobilières.

Le rapporteur adressa, le 14 mars 1896, à ses collègues du comité (2), un questionnaire comprenant les principales demandes sur lesquelles l'attention de l'Institut international de statistique avait été appelée.

* *
*

Ce questionnaire était ainsi libellé :

Questionnaire.

1° Quel est le montant des valeurs mobilières de votre pays, d'après les cours cotés à la bourse, ou les derniers cours connus au 31 décembre 1895 ?

2° Quel capital représenteraient ces valeurs au prix d'émission ?

1) Rapport présenté, au nom du comité spécial élu par l'Institut international dans sa session de Berne, en 1895.
(2) Le comité a été ainsi constitué : MM. Emile Cheysson (Paris) ; Louis Guillaume (Berne) ; Frederick Hendricks (Londres) ; Kiaer, Anders Nicolaï (Christiania) ; Edmond Nicolaï (Bruxelles) ; Grégoire Olanesco (Bukarest) ; Nicolas-Gérard Pierson (La Haye) ; Thaddäus Pilat (Lemberg) ; Heinrich Rauchberg (Vienne) ; William Scharling (Copenhague) ; Gustav Schmoller (Berlin) ; Bonaldo Stringher (Rome); Nicolas Troïnitsky (St-Pétersbourg), et Alfred Neymarck (Paris), rapporteur.

3° Quel est le revenu annuel de ces titres ?

4° A quel total s'élève approximativement le montant de vos valeurs mobilières appartenant à votre pays et à des étrangers ?

5° Quelles sont les grandes catégories et subdivisions de ces placements ?

Quel est le capital placé	en fonds d'État ?
	en emprunts de villes ?
	en actions et obligations de chemins de fer ?
	en actions de sociétés de crédit, de banques, valeurs minières, industrielles, etc. ?

6° Quels sont, à votre avis, les meilleurs modes d'évaluation de cette fortune mobilière nationale et internationale ?

7° Faut-il les évaluer d'après les cours d'émission, le prix côté à la bourse, le taux de remboursement ?

8° Quels sont les procédés les plus approximatifs, les plus exacts à employer, pour établir ce que chaque pays paie aux autres pays pour le service de ses emprunts extérieurs ?

9° A quels chiffres peut-on évaluer le montant des conversions de rentes et valeurs diverses effectuées dans votre pays depuis dix ans ? Quelle a été l'importance de la diminution des revenus ?

10° A quels chiffres s'élèvent les pertes subies par les capitalistes prêteurs, soit en capital, soit en intérêts, du fait des défaillances de pays étrangers qui ont émis des emprunts dans votre pays ?

11° Quelles mesures peut-on recommander aux gouvernements et quelles mesures employer pour empêcher de semblables manquements aux engagements contractés ?

12° N'y a-t-il pas lieu d'établir un droit public financier international pour l'émission, la négociation, le payement des coupons de valeurs internationales ? Quelles seraient les mesures à prendre ?

13° Observations diverses.

* *

Il fut possible de dégager des premiers rapports pré- Méthode à suivre.
sentés par les divers membres du comité plusieurs
données générales permettant de proposer quelques
règles uniformes pour fixer ultérieurement, d'une
façon précise, la meilleure méthode à suivre en vue
d'une statistique se rapprochant le plus près possible
de l'exactitude.

Ainsi, en réponse à la 6° question, en ce qui concerne
les valeurs cotées, ce n'est pas le prix d'émission, variable comme les événements contemporains de l'émission, qui devrait être recherché pour l'évaluation la plus
sûre des valeurs mobilières, mais plutôt les cours cotés
à la bourse au moment où l'évaluation se fait.

On peut, du reste, adopter plusieurs systèmes : chacun d'eux se complète l'un par l'autre. On peut tout à
la fois évaluer les valeurs mobilières d'après le prix
d'émission, ce qui indiquera le montant du capital
emprunté, et ensuite d'après le cours coté à la bourse ;
en comparant les résultats obtenus, on voit immédiatement si le capital emprunté est en plus-value ou en
moins-value. Un État emprunte, par exemple, en rentes
3 % émises à 90 %. Au moment de l'évaluation, ces
rentes cotent 100 % : la différence entre le prix d'émission et le cours coté représentera la plus-value acquise
par le détenteur de titres.

D'autre part, en réponse aux 11° et 12° questions, une Législation internationale nécessaire.
législation internationale concernant les valeurs mobi-
lières est reconnue généralement utile, et rencontre
moins d'objection sérieuse sur la difficulté de l'établir
que sur les moyens légaux de l'appliquer étant donné
la diversité des jurisprudences internationales.

Ce premier questionnaire n'avait d'autre objet, quant
à cette question, que de savoir si cette idée d'un droit
public financier restreint à deux ou trois points, correspondait à un desideratum général depuis longtemps
exprimé et dont j'avais entretenu déjà l'Institut inter-

national de statistique dans sa session de Vienne, en 1893.

L'utilité incontestable d'une telle institution, sa nécessité même en furent reconnues par les nations qui ont la plus grande fortune mobilière, possèdent les richesses les plus étendues et sont appelées, par cela même, à prêter aux pays moins riches, disposant de moins nombreuses ressources. Il fut décidé que le mode d'application pourrait être examiné dans une prochaine session de l'Institut international de statistique.

Notre collègue d'Allemagne, M. Schmoller, se prononça, dès maintenant, à ce sujet pour une mesure qui paraît pratique et efficace, celle d'un tribunal international. Il y a déjà à Berne un office central de la propriété industrielle. On pourrait examiner s'il est possible d'établir un office central de la propriété des valeurs mobilières, avec tribunal international.

Lorsqu'un État emprunte à un autre État, c'est-à-dire aux capitalistes de ce pays, affecte des garanties spéciales aux emprunts qu'il contracte, c'est plus qu'une « dette d'honneur » qu'il a prise, suivant l'expression de notre collègue d'Angleterre, l'honorable M. Hendricks. Et quand il renie cette dette, quand il ne l'exécute pas, est-il possible que cet État jouisse, près des autres pays, honnêtes, respectant leurs engagements, de la même considération ? que ses ambassadeurs ou envoyés soient traités sur le même pied ? Quand des commerçants étrangers lèsent les intérêts des négociants appartenant à d'autres pays, ces derniers s'adressent à leur représentant naturel, le ministre des affaires étrangères, et on a vu souvent que des intérêts particuliers lésés ont reçu satisfaction, grâce à l'intervention de la diplomatie, c'est-à-dire de l'autorité publique. Il n'est pas possible que les grands États continuent à être la victime de la mauvaise foi d'autres pays emprunteurs.

Quoi qu'il en soit, un premier point fut acquis : une législation internationale concernant les valeurs mobilières est souhaitable ; il y aura lieu d'étudier ensuite la question d'exécution.

* *

On put évaluer à 450 milliards, en chiffres ronds, le montant des valeurs cotées ou négociables sur les diverses places européennes, soit en fonds d'État, soit en actions ou obligations diverses. Ce fut déjà un grand résultat d'avoir obtenu de plusieurs grands pays des chiffres d'ensemble qui pourront, à l'avenir, être décomposés en suivant certaines règles faciles à déterminer.

Mesures complémentaires à prendre.

Pour qu'une statistique de cette nature fût complète, tenue en quelque sorte à jour, plusieurs règles indiquées par le rapporteur, à la session de Berne, doivent être suivies :

1° Établir, d'abord, le nombre des valeurs cotées à la bourse ;

2° Indiquer si ce sont des fonds d'État, des actions de chemins de fer, de sociétés de crédit, de compagnies industrielles ; des obligations de ces diverses sociétés, des titres d'emprunt de villes, etc. ;

3° Établir ensuite, d'après les cours cotés à la bourse, le capital que représentent les valeurs négociables, admises à la cote officielle, se négociant en bourse ;

4° Faire les mêmes évaluations et statistiques sur les valeurs non cotées à la bourse ;

5° Sur l'ensemble de ces évaluations, indiquer ce que les nationaux d'un pays peuvent posséder de valeurs mobilières diverses, fonds d'État, rentes, actions et obligations. En supposant, par exemple, que l'ensemble des valeurs cotées à une bourse s'élevât à 100 milliards, il faudrait évaluer le montant des valeurs que possèdent les nationaux du pays où cet ensemble de titres se négocie ;

6° Il serait très désirable aussi que, dans tous les pays, une statistique uniforme fût officiellement établie chaque année : sur les émissions publiques de fonds

d'Etat et de valeurs diverses ; — sur les conversions
de rentes et de titres divers ; — sur les admissions de
valeurs aux cotes de la bourse ; le nombre de titres
cotés, le capital qu'ils représentent aux prix d'émission et de remboursement ; l'intérêt qu'ils donnent ; —
sur le chiffre que représentent, en fin d'année, d'après
les cours d'émission et d'après les cours cotés, les
valeurs négociables aux bourses de valeurs mobilières.

En suivant ce cadre, en organisant dans chaque Etat
cette statistique, nous avons la conviction que, dans
tous les pays du globe, le dénombrement des valeurs
mobilières s'effectuerait avec plus de régularité et
d'exactitude, peut-être, que les dénombrements de la
population.

Quoi qu'il en soit, en se bornant aux chiffres fournis
par nos collègues, et en les examinant par le menu, la
plus forte partie des valeurs mobilières des onze Etats
dont nous nous occupons serait constituée en rente sur
l'Etat ; viendraient ensuite les actions et obligations de
chemins de fer, les titres divers et, enfin, les emprunts
des villes.

* * *

Emprunts ex-
térieurs.
Ce que chaque
pays paye aux
autres pour leur
service.

La huitième question posée par le rapporteur présentait, au point de vue financier international, un certain intérêt : il s'agissait de savoir par quels procédés,
les plus approximatifs, les plus exacts, on pouvait établir ce que chaque pays paye aux autres pays pour le
service de ses emprunts extérieurs.

Procédés à sui-
vre pour en dé-
terminer le mon-
tant.

Pour l'Allemagne, il nous a été répondu que ce pays
n'avait pas de sommes importantes à payer à l'étranger ; d'Angleterre, que les maisons de banque seules
pouvaient avoir ce renseignement à leur disposition.

D'après M. Nicolaï, cette question n'intéresse pas la
Belgique, qui n'a point d'emprunts extérieurs.

Les deux réponses exactes nous ont été faites par nos
collègues d'Italie et de Norvège : M. Stringher nous dit,
en effet, que le Trésor d'Italie doit se procurer les fonds

à l'avance pour ces payements ; il est donc aisé d'en établir le montant. C'est également, sous une autre forme, la réponse que nous a transmise M. Kiær.

La trace de ces opérations doit donc se trouver dans les comptes des divers ministères des finances. Aussi bien, en Italie, en Norvège, en Russie, en Danemark, en Autriche-Hongrie, en Espagne, en Suède, en Suisse, tous pays qui ont emprunté à l'étranger, on doit connaître le montant semestriel et annuel des remises faites par ces pays débiteurs aux pays créanciers pour le payement des intérêts des dettes contractées. C'est donc un renseignement que le ministre des finances de chacun de ces pays pourrait fournir à ceux de nos collègues chargés d'établir cette statistique. Il faudrait, sur ce point, suivre l'exemple du gouvernement italien qui, tous les ans, publie régulièrement le montant des remises qu'il effectue à l'étranger.

* *

Il n'a été répondu que d'une façon sommaire à la neuvième question du questionnaire : « A quels chiffres peut-on évaluer le montant des conversions de rentes et valeurs diverses effectuées dans votre pays depuis dix ans ? Quelle a été l'importance de la diminution des revenus ? »

Conversions de rentes depuis 1889. Diminution du revenu des rentiers.

D'après les recherches particulières, auxquelles s'est livré le rapporteur, l'ensemble des conversions des fonds d'État, effectuées en 1889, 1890, 1892, 1894, 1895, a porté sur un chiffre de 25 milliards environ sur les fonds russes, américains, austro-hongrois, portugais, français, grecs, suisses, etc. En supposant que le revenu de ces divers fonds ait été de 5 % en 1889, soit 1 milliard 250 millions, et ne soit plus que de 4 %, soit 1 milliard, ce serait au minimum, rien que sur les fonds d'État, une diminution globale de 250 millions dans les revenus que les rentiers des divers pays possédaient en rentes de ces pays.

Voici, à diverses dates, l'indication des principales

conversions qui ont eu lieu et des fonds sur lesquels
elles ont porté :

INDICATION DES FONDS	1889	1890	1891	1895	TOTAUX
	millions de francs	millions de francs	millions de francs	millions de francs	millions de francs
Fonds russes........	2.198	400	3.785	195	6.528
Fonds américains....	900	»	»	10	910
Fonds austro-hongrois	585	»	»	»	585
Fonds portugais......	210	»	»	»	210
Fonds français.......	174	»	7.546	240	7.960
Fonds grecs.........	125	»	»	»	125
Fonds suisses........	45	24	»	130	199
Conversions totales de 1891...........	(1)	»	»	»	7.593
			Total des conversions.....		24.110

(1) *Moniteur des intérêts matériels*, 31 janvier 1897.

Mais à ces chiffres il conviendrait d'ajouter le montant des conversions effectuées par des sociétés particulières, compagnies industrielles, compagnies de chemins de fer, etc. La baisse du taux de l'intérêt s'est
accentuée en Angleterre, en Allemagne, en Autriche-
Hongrie, en France, et, par conséquent, a diminué le
revenu des rentiers dans de fortes proportions.

Pour établir ce que coûte la crise du revenu aux rentiers de toute l'Europe, il ne faudrait donc pas se borner aux seules rentes d'État : il conviendrait d'examiner
ce que rapportait, il y a huit ou dix ans, l'ensemble des
valeurs internationales et ce qu'elles rapportent aujour-
d'hui. Si l'on admet, par exemple, qu'il y a dix ans, les
400 à 500 milliards de valeurs européennes rapportaient 5 et ne donnent plus aujourd'hui que 4, ce serait
une diminution de 800 millions à 1 milliard dans l'ensemble du revenu des rentiers européens. Ces chiffres
n'ont rien d'exagéré, d'après les réponses que nous ont
adressées, sur ce sujet, nos collègues : en Allemagne,
réduction de 1/3 sur les valeurs de toute sécurité,
soit 33 % ; en Angleterre, réduction de 10 % ; en Dane-

mark, en Italie, en Norvège, réductions non moins
importantes.

Rien que pendant l'année 1894, les conversions de
fonds français et russes ont porté sur un capital de
11 milliards 280 millions. En Allemagne, pendant cette
même année, elles se sont élevées à 287 millions ; dans
la Grande-Bretagne et dans les colonies anglaises, à
289 millions ; en Suisse, à 372 millions ; en Turquie, à
205 millions. En ajoutant quelques petits pays, l'ensemble des conversions effectuées en 1894 s'est élevé à
12 milliards 641 millions ; la réduction d'intérêts a varié
de 0.40 % à 1/2, 1, 1 1/2 et 2 %, et s'est élevée à 119 millions 1/2, sans compter la conversion des titres italiens
qui, effectuée sous forme d'une augmentation de l'impôt sur les valeurs mobilières, ne peut être comprise
dans ce total (1).

En ce qui concerne la France, nous avons donné des
conversions une évaluation approximative, que nous
croyons utile de reproduire : *En France.*

Avant et après la guerre de 1870 et jusqu'en 1874 et
1875, on pouvait obtenir facilement ce revenu moyen
de 5 %, taux auquel nos rentiers semblaient avoir droit
et sur lequel ils avaient arrangé leur vie. En augmentant un peu ses placements en titres à revenu variable
ou en quelques valeurs et fonds étrangers, il n'était pas
difficile d'obtenir 6 %.

Depuis vingt-cinq ans, le revenu des valeurs de tout
repos s'est abaissé, au minimum, de 5 à 3, c'est-à-dire
des deux cinquièmes, et, dans la généralité des cas, de
6 à 3, c'est-à-dire de la moitié (2).

On peut en juger par quelques chiffres :

La France possède 80 milliards de valeurs mobilières, *La fortune mo-*
se subdivisant comme suit (3) : *bilière.*

(1) *Moniteur des intérêts matériels,* les émissions de 1894 ; — Arthur
Raffalovich, *Marché financier* de 1894-1895, page 608.
(2) Voir page 294.
(3) Voir page 243.

	milliards de francs
Fonds d'Etat français	26. 5
Actions françaises.	11. 1
Obligations françaises	23. 2
Commandites, parts d'intérêt.	2. 2
Valeurs { Fonds d'Etat	3. 3
étrangères { Autres titres.	17. 0
Ensemble. . . .	86. 3
A déduire :	
Valeurs françaises appartenant aux étrangers	6. 3
Reste.	80. 0

Sur ces 80 milliards de fonds d'Etat et valeurs mobilières diverses, françaises et étrangères, que possèdent
nos rentiers français, la plus grosse partie est placée
en rentes sur l'Etat, en obligations de chemins de fer,
ville de Paris, Crédit foncier : 26 milliards en rentes sur
l'Etat ; 14 à 15 milliards en obligations de chemins de
fer ; 5 milliards en obligations de la ville de Paris et du
Crédit foncier. Ces quatre grandes catégories de placement forment, à elles seules, un capital de 45 à 46 milliards au minimum. Sur ces 46 milliards, 32 à 34 milliards sont au nominatif, c'est-à-dire classés dans les
portefeuilles de l'épargne, qui recherche la tranquillité
et le repos.

La crise du re-
venu.

Ces valeurs rapportaient autrefois 4, 5 % et au delà ;
aujourd'hui, les rentiers et capitalistes qui veulent en
acquérir doivent se contenter de moins de 3 %, et ce
revenu est encore menacé d'être réduit par les conversions futures : le 2 1/2 %, apparaît comme le taux régu-
lateur de l'intérêt pour ces titres de premier choix. Au
moment même où nous écrivons ce rapport, une nouvelle obligation 2 1/2 %, celle de la compagnie de
l'Ouest, apparaît à la cote officielle ; les six grandes
compagnies de chemins de fer ont maintenant des obligations 2 1/2 % en circulation.

Il n'est pas téméraire de dire, en faisant une approximation d'ensemble, que la crise du revenu coûte aux rentiers français 300 millions au minimum par an (1).

Les pertes ne sont pas moindres en Angleterre et, si on ajoute le montant des diminutions de revenus subies par les rentiers des autres pays européens, le chiffre de 800 millions à 1 milliard établi plus haut, apparaîtra comme des plus vraisemblables et se rapprochant beaucoup de la vérité.

Les conversions des rentes françaises 5 % et 4 1/2 %, seules, ont enlevé à nos rentiers français 103 millions. On peut tripler cette somme, si on ajoute les conversions des rentes russes, autrichiennes, hongroises, les réductions d'intérêt opérées par l'Italie, l'Egypte, la Turquie, l'Espagne ; si l'on ajoute encore les conversions du Crédit foncier, celles des compagnies industrielles, etc. (2).

Il a fait remarquer que « la baisse du taux de l'intérêt a, d'une part, rongé dans une proportion très sensible le revenu mobilier de la France et, de l'autre, développé cette fièvre de placements aléatoires qui a stérilement englouti tant de milliards ».

(2) Voici, à ce sujet, quelques indications sur plusieurs émissions et conversions effectuées en France en 1891, 1892 et 1893 :

	millions de francs		millions de francs
1891		Crédit foncier de Tunisie, obligations	8.3
CONVERSIONS :		Télégraphes sous-marins, obligations	7.1
Rente russe 4 1/2 1875	320.5	Crédit foncier de France, obligations communales	
Crédit foncier égyptien, obligations	70.7	1891	400.0
Rép. de Constantine 3 1/2	6.1	Chemins de fer de Jaffa à Jérusalem, obligations	9.0
Omnibus de Paris, obligations 4 %	64.7	Emprunt espagnol	250.0
ÉMISSIONS :		Emprunt français	869.0
Chemins de fer du Sud de la France, obligations	30.5	Emprunt russe 3 % 1891	500.0
Tabacs portugais	250.0	Total	2,785.9

28

. Et si nous complétions ces pertes de revenus par celles autrement graves du capital, quels chiffres effrayants ! Ces pertes de capital, malheureusement, sont, elles aussi, une des conséquences de la diminution du taux de l'intérêt. Dans tous les pays où les ressources sont abondantes, où les capitaux disponibles cherchent des emplois sur les valeurs mobilières, aussi bien en France qu'en Angleterre, en Allemagne, en Belgique, dans les Pays-Bas, les petits capitalistes et rentiers sont affolés par ces réductions de revenus et ils deviennent la proie des émissions les plus aventureuses.

*
* *

Émissions de valeurs depuis 1871 en Europe. Pour compléter enfin cette statistique, il nous a semblé utile d'indiquer le total général des émissions qui ont eu lieu en Europe depuis 1871 :

	millions de francs
1892	
CONVERSIONS :	
Rente tunisienne.	198.1
Lits militaires	21.7
Obl. commun. fonc. . . .	250.0
Gaz et eaux, obligations. .	16.1
Établissements Duval, obligations	4.3
Gaz pour la France et l'étranger, obligations. . .	20.6
ÉMISSIONS :	
Emprunt roumain	75.0
Canton de Fribourg. . . .	17.3
Société des immeubles, obligations 4 %	50.0
Chemin de fer de Beyrouth-Damas, obligations. . .	60.0
Ville de Lausanne	8.3
Industrie méridionale, obligations	6.5
Omnibus et tramways de Lyon, obligations . . .	11.1

	millions de francs
Chantiers de la Loire, obligations	10.0
Total. . . .	749.2
1893	
CONVERSIONS :	
Dombrowa, obligations . .	5.0
Magasins généraux, obligations	20.0
Ville de Lille, obligations.	22.5
Chemins de fer de l'Ouest-Algérien, obligations . .	16.8
ÉMISSIONS :	
Dép. d'Alger.	3.6
Emprunt bulgare.	142.7
Ville de Genève	5.0
Tramways du Jura. . . .	3.0
Chemins de fer de Salonique-Constantinople, obligations	50.0
Nickel, obligations	7.2
Total. . . .	275.8

ANNÉES	ÉMISSIONS	ANNÉES	ÉMISSIONS	ANNÉES	ÉMISSIONS
	milliards de francs		milliards de francs		milliards de francs
1871......	15.6	1880......	5.5	1889......	12.7
1872......	12.8	1881......	7.2	1890......	8.1
1873......	10.9	1882......	4.5	1891......	7.6
1874......	4.2	1883......	4.2	1892......	2.5
1875......	1.7	1884......	4.9	1893......	6.0
1876......	3.7	1885......	3.3	1894......	17.8
1877......	7.9	1886......	6.7	1895......	6.5
1878......	4.6	1887......	5.0	1896......	16.7
1879......	9.4	1888......	7.9		

En chiffres ronds, le total général des émissions effectuées s'élèverait depuis 1871 à 192 milliards ; mais dans ce chiffre sont comprises les conversions qui ont eu lieu. Il y aurait donc lieu de déduire le total général de ces opérations.

Depuis 1889, seulement, le total général des émissions faites en Europe s'est élevé à 78 milliards, dont 13 milliards en France, suivant la répartition suivante :

ANNÉES	EUROPE — TOTAL général	FRANCE			
		EMPRUNTS d'États et de villes	ÉTABLISSE-MENTS	CHEMINS DE FER et sociétés industrielles	TOTAUX pour la France
	millions de francs	millions de francs	millions de francs	millions de francs	millions de francs
1889...............	12.678,1	274,8	96,5	341,5	712,8
1890...............	8.147,3	117,0	21,0	206,3	344,3
1891...............	7.558,8	872,2	400,0	306,0	1.578,2
1892...............	2.610,0	16,1	»	222,5	303,6
1893...............	6.009,1	44,2	2,5	210,9	267,9
1894...............	17.814,5	243,6	»	256,9	8.040,0
1895...............	6.530,8	6,1	278,4	409,5	927,6
1896...............	16.722,0	829,7	781,0	870,1	777,9

Il résulte de ces deux tableaux juxtaposés, que le total général des émissions s'est élevé en Europe, de 1889 à 1896, à 78 milliards, et pour la France seule à 13 milliards.

De ces 78 milliards, il faudrait déduire les 20 à 25 milliards de conversions, dont 8 milliards en France : il resterait donc environ 58 milliards pour les émissions (1).

*
* *

La fortune de divers pays.

Il n'est peut-être pas non plus sans intérêt de rappeler à nos collègues que divers documents renferment des indications précieuses sur la fortune de divers pays et sur l'origine des revenus encaissés par les contribuables anglais.

Dans son ouvrage, *Uebersichten der Weltwirtschaft (Aperçus de l'économie universelle)*, M. de Juraschek fournit des indications sur la fortune de divers pays.

Sir Robert Giffen donne, pour l'Angleterre, les chiffres suivants : en 1840, 4 milliards de livres ; en 1880, 9 milliards de livres ; en 1893, 10 milliards 400 millions. Le revenu imposé par tête d'habitant est de 18 livres (450 f.) en 1894, sans compter un montant égal qui n'est pas taxé.

Pour la France, le revenu des habitants serait, d'après Sir Giffen, de 5 milliards 402 millions en 1800, de 25 milliards en 1892, soit 650 francs par tête (2).

La fortune de l'Allemagne en 1885 est estimée à 175 milliards de marcs, avec une progression annuelle

---

(1) Consulter, sur ce sujet : le *Moniteur des intérêts matériels*, qui publie annuellement une statistique des émissions ; — le *Bulletin de statistique et de législation comparée du ministère des finances* ; — les *Années économiques et financières*, de M. Arthur Raffalovich ; — les revues financières annuelles de plusieurs journaux spéciaux : le *Temps*, les *Débats*, le *Messager de Paris*, la *Revue économique et financière*, l'*Économiste français*, l'*Économiste européen*, d'Ed. Théry, *Pour et Contre*, le *Rentier*, etc.

(2) En ce qui concerne la France, nous croyons utile d'indiquer que, pour obtenir les renseignements précis que comporte l'étude d'un sujet aussi difficile, il faut se reporter au très important ouvrage de M. Émile Levasseur sur la *Population française* (voir, dans le troisième volume, le tableau intitulé : *Hypothèses sur l'évaluation de la fortune de la France* : M. Levasseur y indique toutes les évaluations qui ont été faites depuis 1780 jusqu'en 1889, soit en capital, soit en revenu) et au travail si intéressant publié par M. Alfred de Foville dans le *Dictionnaire des Finances*, de Léon Say, au mot *Richesse*.

de 2 milliards 1/2 ; celle de l'Autriche serait de 30 milliards de florins ; celle de la Belgique, de 34 milliards de francs ; de l'Italie, de 55 milliards ; de la Grèce, de 5 à 6 milliards. Tous ces chiffres sont plus ou moins conjecturaux.

Le même auteur estime la valeur du commerce international universel à 57 milliards de marcs en 1873, à 65 milliards en 1883, à 73 milliards en 1893.

En 1895-96, il a été payé en Grande-Bretagne des droits de succession sur 242 millions de livres, dont 194 millions étaient en valeurs mobilières et 48 millions en propriétés immobilières.

En s'appuyant sur les chiffres fournis par les droits de succession sur les valeurs mobilières, ne serait-il pas possible de déterminer exactement le montant des valeurs mobilières anglaises appartenant à des Anglais? Nous croyons devoir appeler, sur ce point, l'attention de nos collègues d'Angleterre.

Pour l'Angleterre seule, le capital net qui a été assujetti aux droits de succession est de 182 millions de livres réparti entre près de 43,000 successions ; dans 13, l'actif variait de 500,000 livres à 1 million de livres, dans 8 il dépassait 1 million.

*   *
*

Les diverses réponses qui ont été faites au questionnaire adressé aux membres du comité permettent d'avoir immédiatement sous les yeux un aperçu de cette enquête ; mais il est utile de lire toutes les réponses, que votre rapporteur a reçues, dans leurs plus petits détails.

Conclusion.

Les indications qu'elles contiennent sont très intéressantes. L'Institut international de statistique devra savoir gré à nos collègues, et votre rapporteur leur en exprime toute sa reconnaissance, d'avoir fourni des rapports d'autant plus difficiles à établir, que la statistique des valeurs mobilières est une des plus complexes

et des plus délicates et qu'elle n'avait pas encore fait
l'objet d'un travail d'ensemble.

Nous avons à dresser, en quelque sorte, l'état civil
des titres de rente, d'actions et obligations ; la date de
leur naissance, leur nombre ; c'est une démographie
d'une nature spéciale ; au lieu de s'appliquer à des individus, elle concerne des morceaux de papiers qui s'appellent titres de rentes, actions et obligations de chemins de fer, de sociétés de crédit, de sociétés minières,
d'emprunts de ville, etc.

Nous avons l'espoir que cette étude entreprise par
l'Institut international de statistique, se poursuivra et
portera ses fruits.

En résumé, les conclusions principales que le rapporteur a eu l'honneur de soumettre à l'Institut international de statistique sont les suivantes :

Pour obtenir, autant que possible, l'uniformité dans
les statistiques internationales de valeurs mobilières,
il serait à désirer que :

1° Un relevé officiel, tenu à jour, fût établi, dans chaque pays, de
toutes les émissions publiques et amortissements de rentes, actions et
obligations ;

2° La même statistique devrait être faite pour les conversions. On indi-
querait le nombre de titres à convertir, le total qu'ils représentent, le
résultat de la conversion, la diminution de revenu que cette opération
présente ;

3° Il devrait être tenu une statistique du nombre et de la catégorie des
valeurs se négociant aux bourses des divers pays ; avec indication du
capital que ces valeurs représentent, de l'intérêt annuel qu'elles donnent,
du prix auquel elles sont remboursables ;

4° Cette statistique pourrait être faite par les agents officiels, courtiers
assermentés des diverses bourses européennes, en suivant le cadre indiqué
plus haut.

COUP D'ŒIL RÉTROSPECTIF
SUR LES RÉSULTATS OBTENUS

I. — SESSION DE SAINT-PÉTERSBOURG (1897).

La statistique internationale des émissions,
amortissements, remboursements, conversions, etc.

Grâce à l'empressement dévoué de nos collègues du
comité, nous avions la satisfaction, dans notre rapport
à l'Institut international lors de sa session de 1897 à
Saint-Pétersbourg, de pouvoir présenter les travaux de
neuf d'entre eux sur la statistique des valeurs mobilières dans leurs pays respectifs.

En voici la liste : Allemagne (M. Christians) ; —
Angleterre (M. F. Hendricks) ; — Autriche (M. Rauch-
berg) ; — Belgique (M. Nicolaï) ; — Danemark (M. Schar-
ling) ; — Italie (M. Stringher) ; — Norvège (M. Kiær) ;
— Pays-Bas (M. Pierson) ; — Roumanie (M. Olanesco).
Nous indiquions nous-même les résultats de nos
études sur la statistique des valeurs mobilières en
France.

L'Institut international de statistique décidait de :

1° Donner à son rapporteur la mission de s'adresser
à tous ceux de nos collègues qui, bien que ne faisant

pas partie du comité, pourraient donner les renseignements et documents nécessaires pour étendre et compléter le plus possible cette statistique ;

2° Autoriser le rapporteur à s'adresser, au nom de
l'Institut international de statistique, aux gouvernements et aux ministres des finances des divers pays
non représentés dans les différents comités de l'Institut
international de statistique.

II. — SESSION DE KRISTIANIA (1899).

Congrès international des valeurs mobilières,
Paris (1900).

Aussi, en 1899, à la session de Kristiania, pouvions-
nous présenter à l'Institut de nouvelles statistiques sur
les valeurs mobilières en Allemagne, Autriche, Belgique, Danemark, Norvège, Roumanie.

Au Congrès international des valeurs mobilières tenu
en 1900, à Paris, la statistique des valeurs mobilières
tint une grande place, vous en avez conservé le souvenir.

III. — SESSION DE BUDAPEST (1901).

Deux années plus tard, à Budapest, le cercle de ces
statistiques s'élargissait et nous pouvions publier des
rapports et documents sur l'Allemagne, l'Autriche-
Hongrie, la Belgique, la Bulgarie, le Danemark, l'Espagne, la Finlande, la France, la Grande-Bretagne,
l'Italie, la Norvège, la Roumanie, la Russie, la Serbie,
la Turquie, et, pour les pays extra-européens, la République argentine, l'Egypte, le Japon, le Mexique, l'Uruguay.

IV. — SESSION DE BERLIN (1903).

Enfin, dans notre rapport présenté en 1903 à la session de Berlin, les statistiques sur les pays européens et extra-européens suivants ont été publiées :

Pays européens. — Angleterre, Autriche, Belgique, Bulgarie, Danemark, Espagne, France, Grèce, Norvège, Roumanie, Italie, Russie, Serbie.

Pays extra-européens. — Argentine, Chili, Costa-Rica, Egypte, Etats-Unis, Mexique, Japon, Nicaragua, Pérou, Uruguay, Venezuela.

Dans les annexes de ces divers rapports se trouvent les documents divers, statistiques, etc., qui nous ont été adressés par nos collègues et par les gouvernements.

V. — SESSION DE LONDRES (1905).

Les difficultés et l'utilité des statistiques sur les valeurs mobilières.

Nous rappelions dans notre rapport de 1905 que la statistique internationale des valeurs mobilières était une œuvre de longue haleine ; qu'elle exige beaucoup de temps, beaucoup de patience ; qu'elle est hérissée de nombreuses difficultés. Les chiffres qu'elle contient doivent être contrôlés plusieurs fois, examinés avec minutie. C'est en marchant, en quelque sorte, pas à pas, prudemment, qu'il est possible de l'établir peu à peu et année par année. On en saisit ainsi le développement de plus en plus prodigieux.

Le montant des valeurs négociables sur les divers marchés européens, y compris les doubles emplois, ne s'éloigne guère, à l'heure actuelle, disions-nous, de

570 milliards, sur lesquels 342 à 345 milliards peuvent appartenir en propre aux nationaux de ces divers pays.

Nous rappelions, en même temps, quelle était l'évaluation approximative des titres négociables en Europe et de ceux appartenant en propre à chaque pays en 1902, savoir :

	Titres négociables
	Chiffre total en milliards de francs
Allemagne	80.0
Autriche-Hongrie	30.0
Belgique	8.0
Danemark	2.2
Espagne	10.0
France	135.0
Grande-Bretagne	215.0
Italie	17.0
Norvège	1.0
Pays-Bas	15.0
Roumanie	1.5
Russie	35.0
Suisse	8.0
Suède, pays divers, etc.	5.0
Total	562.7

Valeurs appartenant en propre aux nationaux de chaque pays.

	milliards de francs
Grande-Bretagne	120
France	90
Allemagne	45
Russie	25
Autriche-Hongrie	20
Pays-Bas	10
Italie	10
Belgique	6
Espagne	6
Suisse	5
Danemark	3
Suède, Norvège, Roumanie, divers	2
Total	342

A ces chiffres, nous pourrions, dès maintenant, ajouter ceux que représentent les valeurs mobilières créées aux Etats-Unis et dans les autres contrées extra-européennes et nous arriverions à des totaux énormes ; mais il paraît préférable d'attendre, pour le faire, les documents officiels que doit dresser, dans cet objet, le gouvernement des Etats-Unis.

Ce mouvement colossal des valeurs mobilières, opposé à celui des métaux précieux et de la circulation fiduciaire dans le monde, est frappant.

Depuis quatre siècles il a été extrait des entrailles de la terre 40 milliards d'or et d'argent ; à l'heure actuelle, en 1905, le montant total des encaisses or et argent et de la circulation fiduciaire des grandes banques d'émission, européennes et extra-européennes, varie, en chiffres ronds, de 25 à 27 milliards.

Ce simple rapprochement de chiffres, cette simple comparaison indiquent l'importance prépondérante qu'ont prise, dans le monde entier, la création, la circulation, la négociation des valeurs mobilières et justifient les résolutions que vous avez adoptées pour établir et continuer ces statistiques, malgré leur aridité et les difficultés qu'elles présentent.

Les statistiques européennes comprises dans le rapport concernent l'Allemagne, l'Autriche-Hongrie, la Belgique, la Bulgarie, le Danemark, l'Espagne, la France, la Grande-Bretagne, la Grèce, l'Italie, la Norvège, la Roumanie, la Russie, la Serbie, la Suisse, la Turquie.

Les statistiques extra-européennes se rapportent aux pays ci-après : République argentine, Brésil, Costa-Rica, Colombie, Egypte, Etats-Unis, Indes, Japon, Mexique, Pérou, royaume de Siam, Transvaal, Uruguay.

ÉTAT ACTUEL
DE LA STATISTIQUE INTERNATIONALE

SESSION DE PARIS (1909)

I. — LE TOTAL DES VALEURS MOBILIÈRES DANS LE MONDE.

Nous avons établi, dans un précédent rapport, que les émissions de titres mobiliers, dans les cinq parties du monde, de 1903 à fin 1906, se chiffraient par le total énorme de 78 milliards 411 millions. En 1907, le total des émissions a été de 15 milliards 344 millions et, en 1908, de 21 milliards 203 millions. De ces chiffres, il faut déduire, on le sait, les conversions, puis les capitaux remboursés et réemployés sur de nouveaux emprunts. Les conversions qui ont eu lieu de 1903 à 1906 se chiffraient par 22 milliards 571 millions. Celles qui ont été réalisées en 1907 et 1908 dépassent 1 demi-milliard, exactement 557 millions. Tous comptes faits, si des 36 milliards 547 millions de nouveaux titres émis en 1907 et 1908 on déduit les conversions, on arrive à constater que 36 milliards de nouveaux titres s'ajoutent aux 56 milliards de titres créés de 1903 à 1906, conversions déduites. Nos précédentes évaluations nous conduisaient à proposer le chiffre de 732 milliards, fonds d'État compris, comme total des valeurs mobilières circulant dans le monde entier. Sur les 732 milliards, nous estimions à 500 milliards le montant des valeurs appartenant en propre aux nationaux des divers pays.

Ces chiffres se trouvent aujourd'hui dépassés. Si l'on admet qu'en 1907 et 1908 il a été créé, conversions déduites, 36 milliards de titres nouveaux, l'ensemble des valeurs mobilières créées dans le monde atteindrait le chiffre formidable de 708 milliards.

Les émissions de titres mobiliers en 1907 et 1908. — Les émissions pour les principaux groupements par pays et par nature d'émission ont été les suivantes :

	1907	1908
	francs	francs
Allemagne et colonies	2.229.802.500	3.763.812.500
Amérique latine.	974.572.000	1.599.355.000
Autriche-Hongrie.	56.684.000	431.585.000
Belgique.	308.138.200	185.753.200
Belgique-Congo.	15.000.000	»
Bulgarie.	130.967.800	»
Canada	473.773.750	827.062.500
Chine.	215.300.000	247.250.000
Danemark	»	83.900.000
Égypte	313.715.000	70.536.000
Espagne.	49.428.000	259.235.950
États Unis.	4.116.693.300	6.576.220.750
France et colonies	1.122.102.000	1.420.931.250
Grande-Bretagne et colonies	2.290.215.000	3.497.337.500
Grande-Bretagne (colonie sud-africaine)	288.988.750	88.747.500
Grèce.	25.060.500	27.850.500
Italie	234.299.500	193.095.000
Japon.	1.230.425.000	89.200.000
Libéria (République de).	»	2.500.000
Norvège.	»	6.160.000
Pays-Bas et colonies	209.105.500	217.140.000
Portugal.	15.000.000	175.000
Roumanie	14.150.000	198.000.000
Russie	483.133.000	784.861.400
Serbie	97.100.000	»
Siam	18.750.000	»
Suède.	65.000.000	175.495.000
Suisse	271.200.500	262.766.500
Turquie.	45.250.000	94.326.000
TOTAUX.	15.343.914.300	21.203.278.350

Répartition, par pays, des titres mobiliers appartenant en propre à chacun d'eux. — A la fin de 1908, le montant des valeurs mobilières appartenant en propre aux nationaux des grands pays paraît devoir s'élever aux chiffres suivants :

	milliards	
Grande-Bretagne	130	à 135
États-Unis	115	120
France	103	105
Allemagne	80	85
Russie	25	27
Autriche-Hongrie	21	22
Italie	10	12
Japon	6	7
Autres pays	33	38
TOTAL	523	à 551

Pendant les années 1907 et 1908, la proportion des divers titres créés sur l'ensemble des émissions et la proportion des conversions sont les suivantes :

	1907 %	1908 %
Emprunts d'États, de provinces et de villes.	35,89	34,17
Établissements de crédit.	9,93	6,47
Chemins de fer et sociétés industrielles.	52,72	57,80
Conversions	1,46	1,56
TOTAUX	100,00	100.00

Si nous établissons, pour compléter ces constatations, une statistique d'ensemble des émissions publiques effectuées depuis 1871, voici, d'après les relevés antérieurs, les résultats qui se dégagent :

ANNÉES	ÉMISSIONS	ANNÉES	ÉMISSIONS	ANNÉES	ÉMISSIONS
	milliards		milliards		milliards
1871.	15,6	1884.	4,9	1897.	9,6
1872.	12,6	1885.	3,3	1898.	10,5
1873.	10,9	1886.	6,7	1899.	11,3
1874.	4,2	1887.	6,0	1900.	11,9
1875.	1,7	1888.	7,9	1901.	9,9
1876.	3,7	1889.	12,7	1902.	21,9
1877.	7,9	1890.	8,4	1903.	18,3
1878.	4,6	1891.	7,6	1904.	14,4
1879.	9,4	1892.	2,5	1905.	19,1
1880.	6,6	1893.	6,0	1906.	26,5
1881.	7,2	1894.	17,8	1907.	16,3
1882.	4,6	1895.	6,6	1908.	21,2
1883.	4,2	1896.	16,7		

Si l'on examine l'ensemble de ces émissions par périodes quinquennales, on obtient les chiffres suivants :

Périodes	Émissions milliards	Périodes	Émissions milliards
1871 à 1875	45,0	1991 à 1895	40,4
1876 à 1880	31,1	1896 à 1900	60,0
1881 à 1885	24,1	1901 à 1905	83,7
1886 à 1890	40,4	1906 à 1908	63,0

Si ces chiffres expliquent les grands besoins de capitaux qui se sont produits, ils montrent aussi et expliquent pourquoi, lorsque les besoins de capitaux sont trop nombreux et que les appels au crédit se succèdent et grossissent, les crises économiques et financières approchent, les taux d'escompte s'élèvent, une période de dépression ou de temps d'arrêt dans les affaires se produit. Les émissions considérables qui ont précédé les grandes crises de 1880 à 1882, 1890, 1900, et celle toute récente de 1907 aux Etats-Unis, le démontrent.

II. — L'ENCAISSE ET LA CIRCULATION DES BILLETS DANS LES BANQUES D'ÉMISSION EUROPÉENNES DE 1890 A 1909.

L'encaisse et la circulation dans les banques d'émission ne sont pas moins intéressantes à consulter. Voici, à ce point de vue, quelques chiffres relevés à diverses périodes.

L'encaisse or des banques d'émission européennes à la fin des années 1890, 1895, 1900, 1905, 1908 et actuellement, sans compter les stocks d'or des trésors d'Etat, était la suivante, en milliards de francs :

1890	1895	1900	1905	1908	Mai-juin 1909
4.587	7.637	8.160	9.663	12.279	12.965

Aux mêmes époques, l'encaisse argent s'élevait aux chiffres suivants :

2.334   2.455   2.595   2.717   2.882   3.031

Dans ces mêmes banques et aux mêmes époques, la circulation fiduciaire s'élevait aux chiffres suivants :

13.276   15.900   15.831   18.965   20.839   19.239

Pour résumer en quelques chiffres ces formidables totaux, voici quelle était la situation des encaisses (or et argent réunis) et celle de la circulation des billets en 1890, 1900, 1908 et la situation actuelle :

	1890	1900	1908	Mai-juin 1909
Or et argent	6.931	10.755	15.161	16.000
Circulation	13.276	15.831	20.839	19.239

III. — LES GROS BESOINS DE CAPITAUX. — LES DETTES PUBLIQUES. — LES DÉPENSES POUR LES CHEMINS DE FER.

Nous avons montré dans nos précédents rapports l'accroissement formidable des dettes publiques européennes, des dépenses du service des intérêts et des dépenses militaires.

A la fin de 1906, comparée à fin 1866, ces chiffres étaient les suivants, en milliards de francs :

	1866	1870	1887	1906
Capital nominal des dettes publiques européennes......	66,0	75,0	117,0	148,0
Service des intérêts	2,4	3,0	5,5	6,0
Dépenses militaires	5,0	3,5	4,5	6,7

A la fin de 1908, ces chiffres se trouvent encore augmentés dans de fortes proportions.

Dettes publiques.

L'accroissement des dettes publiques a pour conséquence un accroissement de titres mobiliers appelés fonds d'État. A l'heure actuelle, dans tous les pays du monde, jamais les fonds d'État n'ont été aussi nombreux, et cela s'explique et se comprend facilement. Les États n'ont pas plusieurs manières pour se procurer les capitaux dont ils ont besoin : ils les obtiennent ou bien par le produit des impôts, ou bien par la création de titres de rentes, et le plus souvent, presque toujours, par les deux moyens à la fois.

Une autre cause motive la création de titres mobiliers et de besoins de capitaux : elle est plus consolante, car à côté des capitaux empruntés et dépensés pour la guerre ou en vue de la guerre, il convient de montrer aussi les capitaux qui ont été empruntés et dépensés pour des travaux pour la paix, dépenses productives, s'il en fut : ce sont celles qui ont été faites dans le monde pour les chemins de fer.

Chemins de fer.

Si depuis soixante ans et surtout depuis 1866 et 1870 des sommes énormes ont été empruntées et dépensées pour la guerre, des sommes énormes elles aussi, ont été dépensées depuis ces époques pour les chemins de fer.

Les longueurs exploitées dans les cinq parties du monde ont suivi la progression suivante (1) :

Longueurs exploitées.

	1845	1865	1885	1905	1906	1907
Europe . . .	9.160	75.610	195.175	305.407	309.805	316.093
Amérique. .	7.530	62.500	246.075	450.574	460.196	473.096
Asie	»	5.490	22.365	77.206	81.421	87.958
Afrique. . .	»	600	7.890	26.074	26.395	28.193
Océanie. . .	»	825	12.955	27.052	28.069	28.510
	16.690	145.025	484.460	886.313	905.886	933.850

(1) *L'Archiv für Eisenbahnwesen* vient de publier sa dernière statistique d'après laquelle le réseau mondial des chemins de fer atteignait, à la fin de 1907, une longueur totale de 957.283 kilomètres se répartissant comme suit : Europe, 320.810 kilomètres ; Amérique, 487.506 kilomètres ; Asie, 90.577 kilomètres ; Afrique, 29.798 kilomètres ; Australie, 28.592 kilomètres. D'après les calculs faits, la dépense de construction des chemins de fer de la terre s'élève en moyenne à 420.000 francs par kilomètre en Europe, et à 196.000 francs par kilomètre dans les autres parties du monde. De sorte qu'en prenant pour bases les chiffres susdits du capital d'établissement, on voit que, pour le réseau européen, il a été dépensé 134.740.200.000 francs, et pour les autres parties du monde 124.907.826.250 francs, soit au total 259.648.026.250 francs ou, en chiffres ronds, 260 milliards.

D'après le *Bulletin du congrès des chemins de fer* donnant la statistique au 31 décembre 1903, 859,335 kilomètres de chemins de fer étaient en exploitation à cette date, dont 300,429 kilomètres pour l'Europe et 558,906 pour les autres parties du monde. Selon les renseignements possédés par le *Bulletin*, 280,970 kilomètres du réseau européen avaient coûté 102 milliards 817 millions, soit une moyenne de 366,173 francs par kilomètre ; 471,643 kilomètres de chemins de fer des autres parties du monde avaient coûté 87 milliards 905 millions, soit une moyenne de 186,508 francs par kilomètre. Au 1er janvier 1905, d'après une revue spéciale allemande, l'*Archiv für Eisenbahnwesen*, un calcul approximatif du capital d'établissement des chemins de fer européens et extra-européens donnait les évaluations suivantes : prix moyen du kilomètre de premier établissement : Europe : 204,461 marks ; autres continents : 151,409 m.

Prenant cette base, on arrivait aux totaux suivants : pour les 305,107 kilomètres du réseau européen, 89 milliards 991,537,027 marks ; pour les 580,906 kilomètres des autres parties du monde, à 87,954,396,554 marks, soit, en chiffres ronds, 178 milliards de marks ou 220 milliards de francs environ.

Au 1er janvier 1907, le capital d'établissement était évalué en moyenne, pour l'Europe, à 376,500 francs, et à 196,250 francs pour les pays extra-européens. Calculé sur cette base, le coût des chemins de fer dans le monde s'élevait à 118.929,991.250 francs pour l'Europe et 121,234,811,250 francs pour les autres parties du monde ; ensemble, 240,164,802.500 francs.

En Angleterre, le capital engagé dans les chemins de fer dépasse la dette de l'Angleterre et celle de la France : en Allemagne, la propriété des chemins de fer est une valeur considérable qui vient atténuer le montant de la dette publique ; il en est de même en Russie et dans les pays du nord, Danemark, Suède, Norvège ; en France, le capital d'établissement des six grandes compagnies et celui des réseaux secondaires dépasse 17 milliards ; les actions et obligations émises ont une valeur vénale de plus de 19 milliards. Comme, à l'expiration des concessions, les chemins de fer feront retour à l'État, cette propriété atténuera d'autant le montant de la dette publique qui s'élève à 29 milliards.

Le capital employé pour les chemins de fer a été dépensé d'une manière reproductive, soit directement, soit indirectement, par les facilités données à tous les producteurs, consommateurs, travailleurs, commerçants, industriels, rentiers, etc. ; tandis que les milliards des dettes ont été consacrés pour la plupart à des dépenses de guerre, les unes simplement non reproductives, les autres à la fois improductives et destructives.

Au commencement de 1907, les États-Unis possédaient 173,096 kilomètres de chemins de fer dont la valeur peut être estimée, à raison de 200,000 francs par kilomètre, à près de 100 milliards. C'est 157,000 kilomètres de plus que l'Europe. Le développement extraordinaire des chemins de fer aux États-Unis, les besoins de capitaux qu'ils ont occasionnés, ont été une des causes principales de la crise américaine de 1907, crise mondiale qui a commencé à sévir fin 1906 et qui a été un des événements les plus considérables dans ces deux dernières années (1).

Cette crise américaine devint rapidement mondiale et d'autres crises d'une autre nature devaient signaler l'année 1907 : crise égyptienne, crise en Grèce, crise en Italie où pour la première fois on vit les agents de change se mettre en grève, crise au Chili, — et nous ne parlons ni des crises politiques extérieures survenues en tous pays, ni des crises monétaires, ni de la cherté des capitaux, ni des inquiétudes causées par les affaires du Maroc, ni des inondations, catastrophes terrestres, tremblements de terre, qui, survenus dans

Crise américaine.

(1) Voir au volume précédent, page 391.

divers pays, ont émotionné le monde. Le fait capital qui donne sa marque à l'année 1907, est la crise américaine et la chute des sociétés de trusts, l'écroulement des pyramides à base de papier, le dégonflement et la chute des valeurs que nous avons dénommées « éruptives ».

On comprendra facilement que tous ces événements aient eu une influence considérable sur les cours de tous les fonds d'État et particulièrement sur tous les titres américains.

Les encaisses or des banques, le montant de la circulation, les taux d'escompte, les prix des métaux et des marchandises ont également subi des oscillations considérables. Aujourd'hui on est revenu à une situation normale.

Encaisse des banques. Escompte. Prix.

III. — RÉSUMÉ GÉNÉRAL ET CONCLUSIONS.

1° A l'heure actuelle — fin 1908 — l'ensemble des valeurs diverses, fonds d'État compris, négociables sur les divers marchés financiers européens et extra-européens, peut être évalué à 770 milliards ;

2° Déduction faite des doubles et multiples emplois, car une valeur peut être cotée sur plusieurs marchés et c'est le fait des titres internationaux, l'ensemble des valeurs appartenant en propre aux nationaux des divers pays dépasse 525 milliards ;

3° Sur ces 525 milliards, 155 milliards constituent le montant des dettes publiques européennes. L'intérêt et l'amortissement annuel de ces dettes exigent 6 milliards 500 millions à 7 milliards. Avec le montant des charges militaires, les budgets annuels des divers pays sont grevés, annuellement, de 14 à 15 milliards ;

4° Les intérêts des dettes et les dépenses militaires annuelles progressent annuellement dans des proportions que l'on peut apprécier par deux chiffres : il y a quarante-trois ans, en 1866, le capital des dettes publiques européennes s'élevait à 66 milliards ; il est aujourd'hui de 155 milliards, soit un accroissement de 89 milliards ;

5° On peut se rendre compte de l'importance énorme de ces chiffres, en sachant qu'à l'heure actuelle, et sans vouloir totaliser, d'une part le montant de l'or et de l'argent et, d'autre part, le montant des billets en circulation, le montant de l'or et de l'argent dans les caisses des grandes banques d'émission s'élève à 16 milliards ; les billets en circulation s'élèvent à 19 milliards. Pour obtenir le surplus, ce sont les moyens de crédit qui ont dû être employés ;

6° Il résulte de cette constatation que tous les gouvernements ont besoin de crédit et qu'il convient d'éviter de porter atteinte, par des mesures législatives, commerciales, financières, fiscales, à ce crédit, qui est la base sur laquelle s'appuie ce formidable développement des valeurs ;

7° A côté de ces chiffres concernant les dépenses de guerre, il faut signaler les dépenses productives nécessitées par la création et le développement des chemins de fer :

Au 1ᵉʳ janvier 1907, les chemins de fer en exploitation dans le monde représentaient 933,805 kilomètres, dont 316,093 en Europe, 617.757 en Amérique, Asie, Afrique, Océanie ;

Le coût d'établissement de 316.093 kilomètres de chemins de fer européens paraît avoir été de 118 milliards 930 millions ;

Celui des 617,757 kilomètres de chemins de fer extraeuropéens paraît avoir été de 121 milliards 235 millions, soit un total général de 240 milliards 165 millions pour un réseau total de 933,805 kilomètres.

*_**

Nous renouvelons, enfin, les vœux que, depuis 1875,
nous avons à diverses reprises exprimés et que l'Institut
international de statistique a déjà adoptés :

Pour la régularité des relations financières internationales, non seulement celles de pays à pays, mais
aussi celles des particuliers entre eux ; en présence du
prodigieux développement des valeurs mobilières, l'institution d'un « droit public financier international » est
une nécessité qui s'impose. En 1891, lors de notre session à Vienne, vous aviez approuvé ce vœu, renouvelé
et adopté encore depuis cette époque.

Il est urgent d'arriver à une entente internationale
pour unifier les législations des divers pays en matière
de prescription de coupons et de titres, en ce qui concerne les titres perdus ou volés. Les détenteurs de titres
internationaux sont dépouillés quand les voleurs s'em-
parent de leurs titres et peuvent impunément les
négocier sur des marchés étrangers.

Il est nécessaire d'arriver à une entente pour l'établissement d'une statistique internationale, régulièrement tenue à jour, des émissions publiques, créations
et mises en vente de titres négociables, conversions.

AMORTISSEMENTS ET REMBOURSEMENTS

SOMMAIRE :

Les amortissements et les remboursements de valeurs mobilières dans le cours du siècle et la difficulté des emplois et remplois de capitaux.

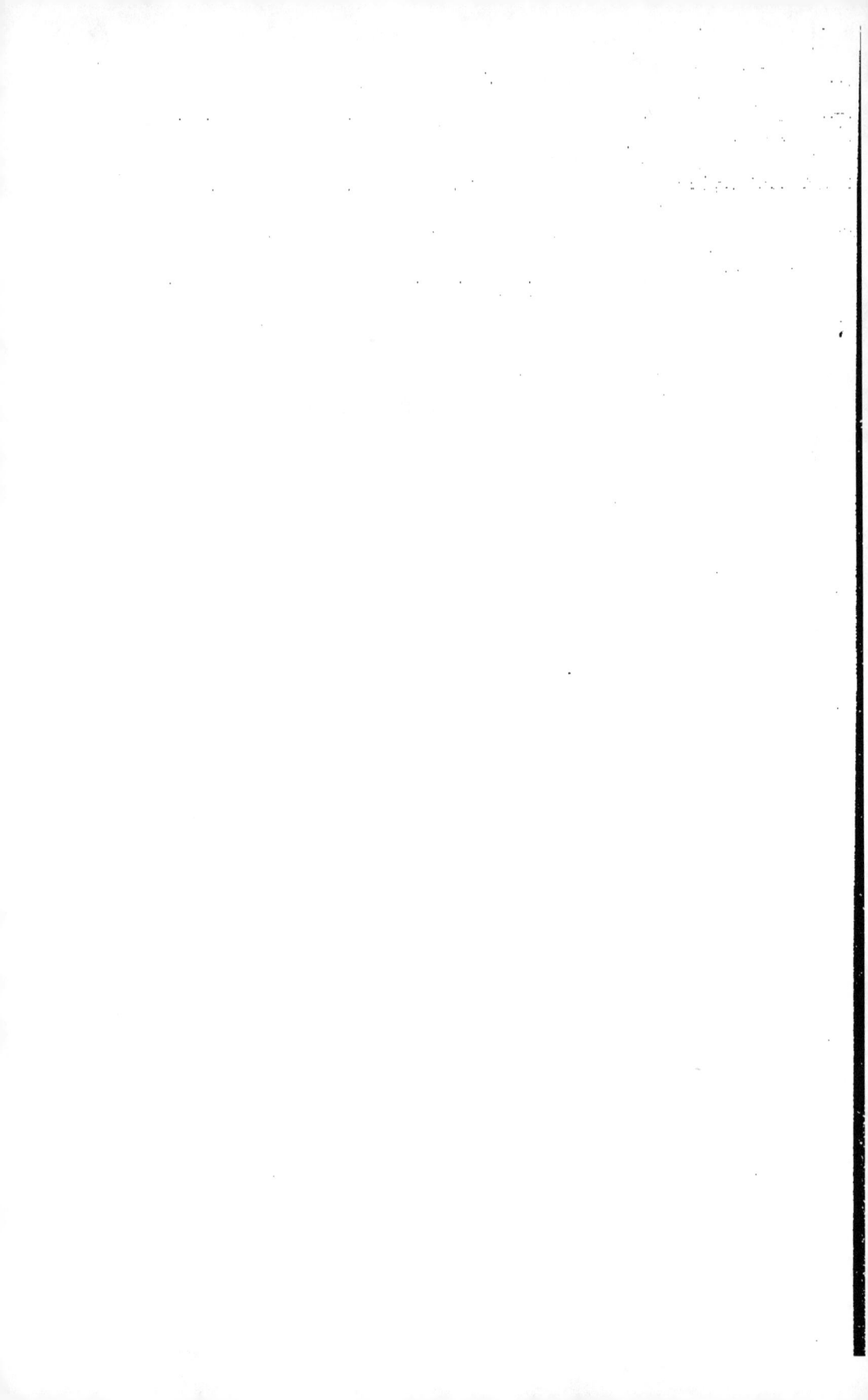

AMORTISSEMENTS ET REMBOURSEMENTS

LES
AMORTISSEMENTS ET LES REMBOURSEMENTS
DANS LE COURS DU SIÈCLE
LA DIFFICULTÉ DES EMPLOIS ET REMPLOIS DE CAPITAUX (1).

Le 16 mai 1888, nous présentions à la Société de statistique une première étude sur *les Valeurs mobilières en France*, le capital qu'elles représentaient, le revenu qu'elles pouvaient donner (2).

Nous faisions remarquer que si un législateur voulait se rendre compte du développement, de l'accroissement ou de la diminution du capital et du revenu des valeurs mobilières, s'il cherchait quelque renseignement sur l'importance des transactions mobilières, s'il voulait connaître le chiffre des valeurs qui se négocient à la bourse de Paris, le capital que représentaient il y a quelques années et celui que représentent aujourd'hui les valeurs mobilières circulant en France, françaises et étrangères, il ne trouverait nulle part un document, un relevé officiel. C'était pour répondre à ce besoin de renseignements, qu'après d'autres essais, nous nous ris-

(1) Communication faite à la Société de statistique de Paris (20 avril 1910).
(2) Voir *supra*, page 219.

Exposé.

quions à faire cette étude de 1888 sur le capital et le
revenu des valeurs mobilières en France, en donnant
des chiffres contrôlés avec soin et en nous défendant de
toute exagération. Nous désirions, disions-nous alors,
« amasser des matériaux pour un travail d'ensemble
que d'autres feront plus tard et plus complètement que
nous n'avons pu l'exécuter ».

Évaluations de 1888.

Comme conclusion à cette étude, nous arrivions à
proposer les évaluations suivantes : 80 milliards de
valeurs mobilières appartenant à nos capitalistes français, dont 60 milliards en valeurs françaises et 20 milliards de valeurs étrangères, rapportant annuellement
3 milliards 900 millions à 4 milliards. Le revenu des
valeurs et fonds étrangers compris dans ces chiffres
atteint, s'il ne le dépasse, 1 milliard par an.

Ces chiffres, reconnus depuis longtemps exacts,
furent contestés lorsqu'ils furent formulés pour la première fois. Les uns trouvaient que l'évaluation était trop
élevée, d'autres insuffisante (1). Ils devaient cependant
être confirmés par les évaluations successives qui ont
été faites. Dans nos divers travaux, nous avons suivi
régulièrement, année par année, ce mouvement et
ces statistiques des valeurs mobilières, et nous pouvons
dire, d'après nos évaluations les plus récentes, que le
montant des valeurs mobilières françaises et étrangères
appartenant en propre à nos capitalistes français

Évaluations de 1909.

s'élève, pour 1909, de 105 à 110 milliards dont 65 à
70 milliards de titres français et 35 à 40 milliards de
titres et fonds étrangers.

De même qu'en 1888 on trouvait nos évaluations
trop élevées, de même aujourd'hui on trouve qu'elles
sont trop faibles. Nous croyons cependant qu'elles
se rapprochent aussi approximativement que possible
de la vérité, de la réalité : mais, comme nous

---

(1) Voir cette discussion dans le *Journal de la Société de statistique*
(1888, page 334). — Voir aussi dans l'*Économiste français* une étude de
M. Alfred de Foville, intitulée : *les Valeurs mobilières en France* (1888,
2ᵉ semestre, pages 36, 131, 312).

Je l'avons dit et répété à maintes reprises, dans des statistiques aussi délicates, aussi difficiles et dans lesquelles on chiffre des dizaines, des centaines de millions, des milliards, des dizaines et des centaines de
milliards, les chiffres qu'on avance ne doivent être
considérés que comme des approximations aussi exactes
que possible, qu'il convient de contrôler à chaque instant et dont la certitude peut être affirmée plusieurs
années après qu'elles ont été établies pour la première
fois.

Si l'on examine, en effet, la période écoulée depuis   1869-1909.
1869 jusqu'à fin 1909, on constate que le montant global
des valeurs mobilières nous appartenant en propre
s'est élevé de 33 milliards à 105 ou 110 milliards, soit
un accroissement global de 75 milliards. Le portefeuille français qui était de 33 milliards de valeurs
en 1869 pouvait être de 1 milliard 200 millions à 1 milliard 500 millions. Le rendement des 105 à 110 milliards
atteint aujourd'hui 4 milliards 500 millions, soit un
accroissement de 3 milliards en revenu et de 70 à
75 milliards en capital, c'est-à-dire que, depuis quarante ans, le revenu du portefeuille mobilier de la
France s'est accru en moyenne, chaque année, de 75
millions et le capital, de 1 milliard 900 millions par an.

Ces chiffres qui résultent de toutes nos évaluations
successivement faites depuis plus de vingt-cinq ans, se
trouvent eux-mêmes confirmés par ceux que nous don-
nions ici même, dans la séance du 21 mars 1906, dans
notre communication sur *l'Epargne française et son
développement annuel. A combien s'élèvent annuellement les placements de l'épargne française en titres
mobiliers* (1) ?

.˙.

Dans cette étude de 1888, nous nous demandions ce   Utilité, objet et
but d'une statis-
tique des amor-
qu'il adviendrait de tous ces capitaux énormes, que

(1) Voir *supra*, page 368.

nous avons placés en titres mobiliers, quand arrivera
l'époque à laquelle ils seront éteints et remboursés par
le jeu automatique de l'amortissement. En présence des
œuvres considérables qui ont été accomplies et faci-
litées par tous les emprunts effectués surtout dans la
période qui s'écoule depuis 1850 seulement et qui seront
totalement remboursés dans soixante, soixante-quinze,
quatre-vingts ans, nous nous demandions s'il était possible d'espérer qu'il se trouvera dans l'avenir assez
d'entreprises et d'affaires nouvelles pour employer cette
masse de milliards empruntés qui, d'année en année,
deviendront libres par le jeu régulier, par le fonctionnement normal de l'amortissement ? Grave question
préoccupante ! Deviendra-t-il en effet toujours possible
de créer de nouvelles entreprises, de développer celles
qui existent pour placer à nouveau les capitaux énormes
qui, à moins de rester stériles et de disparaître, doivent
être placés, utilisés, et surtout doivent être productifs ?

Cette question que nous soulevions dans notre étude
de 1888 est aujourd'hui des plus actuelles et plus préoccupante que jamais.

Nous sommes entrés dans la période intensive des
amortissements et remboursements des emprunts contractés dans la première moitié et surtout dans la
seconde moitié du siècle dernier, c'est-à-dire dans la
période qui s'écoule de 1840 à 1915 et de 1850, 1860, 1870
à 1925, 1935, 1945, 1950, etc.

D'ici à 1925 et 1950 un grand nombre d'emprunts
auront été amortis et remboursés : la rente amortissable, les actions et obligations des grandes compagnies de chemins de fer, une forte part des emprunts
de la ville de Paris et du Crédit foncier, etc. A partir
de 1950 la plupart des grandes entreprises financières,
commerciales, etc., auront complètement amorti et
remboursé les emprunts contractés dans la seconde
moitié du xixᵉ siècle, emprunts que les hommes de notre
génération ont vu émettre. Comme à ces capitaux remboursés automatiquement tous les ans viennent et vien-

dront s'ajouter ceux qui se placent annuellement et qui sont le produit d'une partie de l'épargne du pays, puis les capitaux à placer et à capitaliser pour les retraites ouvrières, les œuvres diverses d'assistance, les fondations, on conviendra que c'est là un gros sujet d'études économiques et statistiques et un grave problème financier qui soulève de sérieuses préoccupations et sur lequel il était nécessaire d'appeler l'attention. Tels sont donc la raison, l'objet et le but de cette étude nouvelle.

1° Rechercher à quel total pourra s'élever approximativement le montant de capitaux qui seront remboursés automatiquement dans le cours de ce siècle et indiquer quel pourra en être le montant annuel ;

2° Rechercher les emplois et remplois de capitaux qui seront nécessaires et pourront être faits ;

3° Montrer la nécessité de créer des affaires nouvelles, de donner un nouveau débouché aux capitaux disponibles pour qu'ils ne restent pas stériles.

.•.

Quelques gros chiffres tout d'abord avant d'entrer dans les détails.

Remboursements à prévoir.

D'ici 1953 la rente française amortissable sera remboursée par 3 milliards 587 millions qui restent en circulation à la date du 31 décembre 1908. Cet amortissement se fait avec une grande rapidité :

Rente française amortissable.

2 séries (49,829,000 francs) sont amorties tous les ans de 1908 à 1925 ;

3 séries seront amorties annuellement de 1926 à 1938, soit 74,743,500 francs par an ;

4 séries de 1939 à 1945, soit par an 99,658,000 francs ;

5 séries de 1946 à 1950, soit par an 124,572.500 francs;

6 séries de 1951 à 1953, soit par an 149,487,000 francs.

En ce qui concerne les actions des principales compagnies de chemins de fer, le capital restant à amortir du 31 décembre 1907 à 1950 pour l'Est et le Nord, à

Actions de chemins de fer.

1951 pour l'Orléans, à 1954 pour le Lyon, à 1955 pour le Midi, s'élevait à 1,310,408,900 francs. Pour les compagnies secondaires, dans une période plus longue, à 50,575,000 francs. Total des actions, 1,360,983,900 fr.

Obligations de chemins de fer. — Pour les obligations des mêmes compagnies, le capital restant à amortir, dans la même période y compris les obligations de la Grande-Ceinture qui sont garanties solidairement par les compagnies, s'élevait au 31 décembre 1907, à 16,855,549,021 francs. Pour les compagnies secondaires, dans une période plus longue (la plus éloignée est en 1981), à 201,444,500 francs. Au total, 17,056,993,521 francs.

Il suit de là que le capital à amortir en actions et obligations de chemins de fer atteignait, fin 1907, 18 milliards 417,977,421 francs (1).

Obligations du Crédit foncier. — Les obligations foncières et communales du Crédit foncier de France formaient au 31 décembre 1908 un capital nominal de 4 milliards 443 millions remboursables tous les ans et qui seront totalement amortis et remboursés d'ici 1981 (2).

(1) *Statistique des chemins de fer français* au 31 décembre 1907, publiée par le ministère des travaux publics (1ᵉʳ volume, p. 212 à 225).

(2) Au 31 décembre 1908, la situation des obligations du Crédit foncier (foncières et communales) s'établissait comme suit :

NATURE DES OBLIGATIONS	DATE de l'amortissement final	NOMBRE DE TITRES restant EN CIRCULATION	CAPITAL NOMINAL des TITRES
			francs
Communales 2.60 % 1879.	1939	718 049	359.474.500
Foncières 3 % 1879.......	1959	1.306.926	653.463.000
Communales 3 % 1880.....	1960	173.230	85.600.000
— 3 % 1891....	1966	923.748	369.499.200
— 2.60 % 1892.	1967	468.660	234.280.000
Foncières 2.80 % 1895....	1970	473.458	236.720.500
Communales 2.60 % 1899.	1971	481.685	240.842.500
— 3 % 1900.....	1976	1.198.460	599.230.000
Foncières 3 % 1903.......	1978	597.200	298.600.000
— 2.60 % 1885....	1980	969.285	484.642.500
— 3 % 1883.	1981	1.758.933	879.466.500
		9.070.393	4.442.824.700

Les obligations de la ville de Paris remboursables également tous les ans, seront toutes amorties en 1979. Au 31 décembre 1908 elles formaient un capital nominal de 2 milliards 102 millions (1).

Obligations de la ville de Paris.

Ajoutons à ce chiffre le montant des titres français d'obligations industrielles diverses qui seront remboursées et amorties dans le cours du siècle : il y a encore là un capital de 4 milliards 418 millions.

Obligations industrielles.

Récapitulons ces gros chiffres :

Récapitulation.

	millions de francs
1° Rentes françaises amortissables	3.587
2° Actions et obligations des grandes compagnies de chemins de fer et des compagnies secondaires (au 31 décembre 1907)	18,418
3° Emprunts du Crédit foncier	4,443
4° Emprunts de la ville de Paris	2,102
5° Obligations françaises diverses	4,418
Total	32,968

(1) Au 31 décembre 1908, la situation des obligations de la ville de Paris s'établissait comme suit :

EMPRUNTS	DATE de l'amortissement final	NOMBRE DE TITRES restant EN CIRCULATION	CAPITAL NOMINAL des TITRES
			francs
3 % 1860	1900	16.437	6.574.800
1 % 1865	1928	361.704	180.852.000
2 3/4 % 1865	1910	246.620	98.648.000
3 % 1871	1916	978.800	391.520.000
4 % 1876	1949	219.321	109.660.500
1 % 1875	1950	425.513	212.756.500
2 1/2 % 1872	1923	555.491	222.196.400
2 1/2 % 1891-92	1923	423.840	169.336.000
2 % 1898	1973	644.440	322.220.000
2 % 1899	1978	399.441	199.720.500
2 1/2 % 1904	1979	377.833	183.916.500
		4.648.940	2.102.491.200

Pour l'année 1908, le service des intérêts a nécessité une somme de 85,602,200 francs ; celui des amortissements, 40,793,500 francs : ensemble, 126,395,700 fr. Le montant total des lots payés à atteint 9,386,000 francs.

de valeurs françaises à amortir et à rembourser (y compris 1 milliard 361 millions d'actions de chemins de fer).

En évaluant seulement le montant des remboursements à effectuer d'ici 1955 au plus tard, sur la rente amortissable, les actions et obligations des grandes compagnies de chemins de fer, les obligations de la ville de Paris et du Crédit foncier, le total s'élève à 24 milliards en chiffres ronds.

Le surplus, soit 9 milliards, sera amorti également dans la période comprise de 1910 à 1955 et dans les années d'après, car il est évident que, tous les ans, une partie des emprunts, même ceux remboursables au delà de 1955, est appelée au remboursement et amortie.

Ce n'est pas tout. A ces évaluations, il faut ajouter le montant des actions des chemins de fer algériens et coloniaux, celui des fonds d'Etat étrangers, obligations étrangères de chemins de fer et de sociétés industrielles diverses qui, concurremment avec les titres français, seront appelés au remboursement. Ce chiffre de 33 milliards serait alors doublé. Qu'on ne s'en étonne pas.

Si l'on se rappelle que sur les 155 à 160 milliards de valeurs mobilières et titres divers français et étrangers, négociables au marché officiel de Paris, aux bourses départementales, sur le marché en banque, 105 à 110 milliards de fonds et titres français nous appartiennent en propre et que la majeure partie de cette immense fortune, étant donné les goûts de l'épargne française, se trouve représentée par des valeurs à revenu fixe et remboursables, on arrivera à constater, par un mode d'évaluation autre que celui auquel nous procédons, que sur l'ensemble de cette fortune, 60 à 70 milliards au minimum de titres mobiliers seront amortis ou remboursés d'ici la fin du siècle. On constatera encore que ces remboursements croissent d'année en année et sont d'autant plus rapides que la période fixée pour l'amortissement s'écoule et s'achève.

A ces chiffres, il faudrait ajouter encore ceux qui

résulteront des amortissements annuels et rembourse-ments qui seront effectués sur les emprunts nouveaux qui seront émis.

.•.

Ces chiffres importants, dont le total effraie, ne sont pas le fait d'une illusion : ils peuvent être vérifiés et contrôlés aujourd'hui, mieux qu'il n'aurait été possible de le faire en 1888, car la fiscalité vient en aide et à la statistique et aux statisticiens, avec la taxe de 4 % sur la prime au remboursement des titres et celle de 8 % sur les lots.

Contrôle des évaluations par les taxes fiscales perçues.

La prime au remboursement est établie sur la différence existant entre le prix auquel les obligations ont été émises et leur taux de remboursement. Une obligation émise à 450 francs, par exemple, et rem-boursée à 500 francs paye 4 % d'impôt sur 50 francs, différence entre 450 et 500 francs ; une obligation émise à 475 francs remboursable à 500 francs paye l'impôt sur la différence de 25 francs.

Or, d'après les chiffres officiels publiés par l'admi-nistration de l'enregistrement, des domaines et du timbre, sur les produits de toute nature qu'elle a perçus en 1907 (1), la « valeur sur laquelle les droits ont été assis », suivant les termes techniques, c'est-à-dire la matière imposable, en ce qui concerne l'impôt sur la prime au remboursement, a été la suivante :

Droits perçus en 1907 sur les pri-mes.

	fr	c.
Valeurs françaises............................	61,657,811	50
Valeurs étrangères...........................	8,277,609	00
Total................	69,935,420	50

soit 70 millions, en chiffres ronds.

(1) *Bulletin de statistique et de législation comparée du ministère des finances*, tome 63, pages 300-301.

30

L'impôt perçu a été :

	fr.	c.
Pour les valeurs françaises de............	2,466,312	46
Pour les valeurs étrangères de.........	331,104	36
Total......................	2,797,416	82

Décomposons et expliquons maintenant ces chiffres.

Importance des primes. Si la différence entre le prix d'émission et le taux de remboursement était seulement de 5 %, c'est-à-dire si un titre remboursé à 500 francs avait été émis ou coté à 475 francs, il faudrait que le montant total des remboursements se fût élevé à 1 milliard 400 millions pour produire 70 millions de différence entre le prix d'émission et le taux de remboursement.

Si, au contraire, cette différence entre le prix d'émission et le taux de remboursement est de 6, 7, 8, 9, 10 %, le montant total des remboursements, comme nous le montrerons plus loin, serait moins élevé.

A 6 %, ce tantième représenterait 1 milliard 166 millions ; à 8 % 875 millions ; à 10 %, 700 millions.

D'autre part, grand nombre de titres ont été émis aux environs du pair, surtout les obligations 4 1/2 %, 4 % et 3 1/2 % et ne donneront pas de prime au remboursement ; par conséquent, le nombre de ces obligations remboursables peut être très élevé et la prime au remboursement peut être très faible ou nulle.

En basant notre évaluation sur la moyenne de ces chiffres c'est-à-dire 6 à 7 %, nous pouvons dire que tous les ans, il est remboursé actuellement 1 milliard à 1 milliard 200 millions en chiffres ronds.

De plus, au montant de ces remboursements qui sont frappés par l'impôt, s'ajoutent ceux qui proviennent des valeurs à lots : sur ces dernières, l'impôt est de 8 % sur le lot.

Droits perçus En 1907, en ce qui concerne les titres à lots, le mon-

lant des lots payés sur lesquels les droits ont été assis
ont été les suivants :

		fr. c.
Valeurs { françaises		22,094,993 37
à lots { étrangères		484,375 00
	Total.........	22,579,368 37

Ce qui veut dire qu'il a été distribué pour 22 millions et demi de lots, sur lesquels le fisc a perçu, en chiffres ronds 1,800,000 francs d'impôts.

La contre-épreuve de ces chiffres se trouve dans la statistique annuelle que nous publions sur les valeurs à lots. La ville de Paris distribue actuellement 8 millions 386,000 francs de lots tous les ans ; le Crédit foncier 14,210,000 francs de lots, etc.

Quand on entend dire que s'il y a beaucoup de valeurs à lots, « on ne gagne jamais rien », cette statistique prouve que cette appréciation est inexacte ; mais elle prouve surtout que le fisc, lui, ne perd jamais rien. Il a perçu 1,800,000 francs d'impôts à raison de 8 %, sur 22 millions et demi de lots distribués !

Ce n'est pas tout.

Il faut ajouter encore les rentes amortissables françaises, titres d'emprunts français, bons du Trésor ou autres, qui ne sont pas soumis à l'impôt et ont des titres remboursables tous les ans. En ce qui concerne la rente amortissable seulement, sans parler de bons ou obligations du Trésor, deux séries sortent remboursables tous les ans, soit 49,829,000 francs par an.

Il faut ajouter encore le montant des remboursements des titres de fonds d'État étrangers qui ne sont pas frappés d'impôts chez nous, exemple : les fonds russes (1), autrichiens, hongrois, brésiliens, argen-

(1) Au 1er janvier 1909, le total général de la dette russe s'élevait à 8,835,884,191 roubles ou 23,562,357,843 francs.
Les arrérages pour 1909 s'élevaient à 371,917,513 roubles et les sommes affectées aux amortissements à 23,671,293 roubles (d'après le tableau annuel de MM. E. Hoskier et Cie).

tins, etc., et qui sont amortis et remboursés, soit par rachat sur le marché et annulation des titres, soit par tirages au sort, semestriels ou annuels. Sur l'ensemble de nos 25 milliards de fonds d'Etat étrangers que détient le portefeuille français, on peut évaluer à 1 % au minimum le montant des remboursements annuels : dans la plupart des emprunts étrangers, il est consacré de 1 % à 2 % à l'amortissement. De ce chef, nous avons encore un total de 250 millions à ajouter aux chiffres précédents (1).

Il faut ajouter le montant des remboursements de titres étrangers, actions et obligations, dont les sociétés n'ont pas contracté d'abonnement avec le Trésor, notamment celles cotées sur le marché en banque.

Il faudrait encore ajouter le montant des remboursements sur des titres étrangers appartenant à des Français et qui sont et restent déposés à l'étranger.

Pour faire ces deux dernières évaluations, des bases à peu près certaines font défaut : nous nous bornerons à les mentionner pour mémoire.

Récapitulation. Or, si nous récapitulons les évaluations précédentes, nous arrivons aux constatations suivantes :

	francs
1° Obligations et titres divers remboursés annuellement......... 1 milliard à	1,200,000,000
2° Lots sur valeurs françaises et étrangères	22,579,309
3° Rente amortissable française.........	49,820,000
4° Fonds d'Etat étrangers.................	250,000,000
5° Remboursement sur valeurs étrangères non abonnées...........................	mémoire
6° Remboursement sur valeurs déposées à l'étranger...............................	mémoire

Total........ 1 milliard 322 millions à 1,522,408,309

(1) L'amortissement des emprunts argentins 4 % 1886, Brésil 4 1/2 % 1883, Buenos-Ayres 5 % 1908 s'effectue au moyen d'un fonds spécial accumulatif de 1 % et de 1/2 % pour le Brésil 4 % 1889.

de titres divers remboursés tous les ans à nos capita-listes français.

∴

Faisons encore une contre-épreuve en entrant dans quelques détails. Autre contrô-le.

Nous avons établi un relevé, année par année, de toutes les valeurs à revenu fixe qui seront totalement amorties et remboursées dans le cours de ce siècle en nous bornant à celles qui sont inscrites à la cote offi-cielle des agents de change au 31 décembre 1908. Nous n'avons pas fait porter nos statistiques sur les titres négociés aux bourses départementales ni sur le marché en banque en raison de la diversité des cotes (1).

Rappelons quelques chiffres :

Au 31 décembre 1909 le montant total des valeurs ins-crites à la cote officielle de la bourse de Paris (actions et obligations), s'élevait à 137 milliards contre :

130 milliards 120 millions au 31 décembre 1902 ;
130   —   101   —   —   1904 ;
132   —   451   —   —   1906 ;
133   —   383   —   —   1908.

La valeur nominale de ces titres se chiffrait par :

130 milliards 304 millions au 31 décembre 1902 ;
130   —   79   —   —   1904 ;
133   —   412   —   —   1906 ;
134   —   694   —   —   1908.

Or, rien que sur les 137 milliards de titres négo-ciables au parquet des agents de change de la bourse de Paris, sans compter les actions de chemins de fer, les actions de sociétés diverses, les titres à revenu variable qui devront tous être remboursés à l'expira-

(1) Ce relevé figure aux annexes de cette étude publiées dans le *Journal de la Société de statistique*.

tion de ces sociétés, soit par voie de liquidation, soit par répartition finale de l'actif social, soit par prorogation de la durée de la société, d'ici 1960, soit dans cinquante ans, 35 milliards au minimum disparaîtront de la cote et, de 1960 à la fin du siècle, 31 autres milliards disparaîtront à leur tour.

Voici la récapitulation de ces amortissements, par période quinquennale :

PÉRIODES	VALEURS FRANÇAISES à revenu fixe	VALEURS ÉTRANGÈRES à revenu fixe	TOTAL
	millions de francs	millions de francs	millions de francs
De 1900 à 1915	60,2	62,0	112,2
— 1916 à 1920	111,7	231,4	343,1
— 1921 à 1925	85,8	968,8	1.044,6
— 1926 à 1930	294,8	377,1	671,9
— 1931 à 1935	237,3	921,7	1.159,0
— 1936 à 1940	1.426,8	335,4	1.762,2
— 1941 à 1945	347,2	2.106,7	2.453,9
— 1946 à 1950	2.746,7	1.556,7	4.302,4
— 1951 à 1955	9.652,0	2.806,6	12.467,6
— 1956 à 1960	9.640,2	8.137,2	12.777,4
— 1961 à 1965	491,7	3.042,1	3.533,8
— 1966 à 1970	1.071,8	5.479,6	6.551,4
— 1971 à 1975	1.161,3	2.288,3	3.420,1
— 1976 à 1980	2.643,8	1.145,7	3.789,0
— 1981 à 1985	1.247,8	220,9	1.468,7
— 1986 à 1990	342,2	162,7	504,9
— 1991 à 1995	»	432,3	432,3
— 1995 à 2000	16,5	150,7	168,2
Au delà de 2000	195,3	861,5	1.056,8
Sans indication de date..	138,7	8.358,2	8.496,9
TOTAUX	31.890,8	34.613,5	66.504,3

66 milliards de titres divers à revenu fixe cotés à la bourse de Paris et négociables au parquet des agents de change, sans compter les remboursements et amortissements de titres à revenu variable ainsi que des titres cotés dans les bourses départementales et en banque, sont donc appelés à disparaître, dans le cours de ce siècle, par le fait de leur amortissement. Mais il ne faut par oublier que ces amortissements et remboursements auxquels s'ajouteront ceux des emprunts

nouveaux à contracter dans le cours de ce siècle, fonctionnent tous les ans, et que, dès lors, une partie de ces emprunts est remboursée annuellement aussi bien celle dont l'échéance d'amortissement arrive en 1910, 1911 que celle dont l'échéance a lieu en 1950, 1960, 1970 et au delà.

Il faut donc, pour mieux les contrôler, décomposer, analyser encore ces gros chiffres, pris en bloc, et voir ce qu'ils signifient dans leurs détails : pour cela, il était nécessaire de ramener à leur valeur actuelle ou annuelle le montant de ces remboursements et c'est ce que nous avons fait plus haut.

. *.

Dans les divers emprunts qui ont été et qui sont faits, l'annuité inscrite dans les budgets, s'il s'agit d'un emprunt d'État, dans les bilans s'il s'agit d'une société, comprend une somme globale représentant tout à la fois le montant des remboursements et intérêts à payer tous les ans.

Emplois nouveaux et remplois. Leur quantum.

Nous n'avons pas besoin de dire que, dans nos évaluations, nous nous sommes bien gardé de confondre le montant des remboursements et celui des intérêts. Pour la rente amortissable, par exemple, pour les obligations de la ville de Paris, du Crédit foncier, les actions et obligations de chemins de fer, etc., nous avons indiqué uniquement le montant des sommes nécessaires à l'amortissement, sans compter celles nécessaires au service des intérêts. Au fur et à mesure qu'un titre est amorti et remboursé, la somme d'intérêts à payer diminue. Il était nécessaire de faire cette distinction capitale. Nos chiffres, répétons-le, peuvent être, au surplus, vérifiés, contrôlés d'une part, par le produit de la taxe de 4 % sur le revenu des valeurs mobilières ; d'autre part, par le produit de la taxe de 4 % sur la prime au remboursement de ces mêmes valeurs et par celui de la taxe de 8 % sur les lots. Nous avons indiqué aussi la contre-épreuve et les sources de nos évaluations.

Il nous reste maintenant à établir une dernière statistique pour compléter ce travail : celle du montant annuel des capitaux à placer, soit comme emplois nouveaux, soit comme remplois d'anciens placements et emplois obligatoires.

Il faut tenir compte de trois éléments d'appréciation :

1° Le montant des remboursements et amortissements annuels.

On peut dire, *a priori*, que les capitaux à placer de ce chef sont toujours égaux à ceux qui sont remboursés. En effet, un capitaliste, un porteur de titres, économise peu ou beaucoup ou n'économise pas sur le montant des revenus que lui donnent ses placements mobiliers ; mais il place toujours à nouveau, il « replace », suivant l'expression consacrée, le montant d'un titre qui est appelé au remboursement. C'est un capital auquel il ne touche pas, tandis qu'il dispose des intérêts de ses rentes, actions ou obligations ;

2° Le montant des sommes annuelles restant libres sur les revenus des titres, c'est-à-dire, les économies annuelles de l'épargne ;

3° Les remplois de fonds et placements obligatoires pour les œuvres, fondations, caisses de retraites, etc.

Nous avons vu que, pour la seule année 1907, le montant des remboursements divers dépassait, en chiffres ronds, le milliard, et qu'en y ajoutant les lots, la rente amortissable, les fonds étrangers, et comptant pour mémoire divers autres remboursements, notamment sur les valeurs à l'étranger, le total pouvait varier de 1,300 à 1,500 millions.

Nous ne donnons cette évaluation que sous réserve : elle peut varier sensiblement, en effet, suivant que la différence entre le prix d'émission et le taux de remboursement est plus ou moins élevée, ainsi que nous l'avons expliqué. Si, au lieu de prendre comme base d'évaluation un taux de 6 à 7 % qui peut paraître faible, car il correspond seulement à une prime de 30 à 35 fr. au remboursement, nous avions pris 10 %, 15 %, 20 %, le chiffre global des remboursements apparaîtrait moins élevé. Il est vrai que grand nombre d'obligations donnent seulement 1, 2 et 3 % de prime au remboursement et que, dans ce cas, le montant total des remboursements serait bien plus élevé. On ne doit donc chiffrer ces évaluations que sous ces réserves. Étant donné que la valeur sur laquelle la taxe est perçue s'élève à 70 millions sur les primes au remboursement, il faut que le montant total des sommes remboursées soit de 700 millions, si la prime équivaut à 10 % du capital ; de 875 millions, d'un milliard ou de 1,166 millions, si cette prime au remboursement équivaut à 8, 7 ou 6 % du capital.

Ajoutons que, comme le prouve le rendement de l'impôt, la matière imposable s'accroît d'année en année. En 1900, par exemple, la valeur sur laquelle les droits étaient assis, s'élevait à 51,764,208 fr. 50 alors qu'elle atteignait 61,657,811 fr. 50 en 1907.

On est donc autorisé à prévoir et à dire qu'avant qu'il ne s'écoule beaucoup de temps, le montant annuel, normal, des amortissements et remboursements se rapprochera du chiffre de 2 milliards, si même il ne le dépasse ;

A ces 2 milliards s'ajouteront les placements annuels de l'épargne, en supposant que cette épargne reste stationnaire et n'augmente pas, soit 1 milliard 750 millions à 1 milliard 925 millions (1) ;

Il faudra tenir compte aussi des centaines de millions annuels que nécessiteront l'emploi et la capitalisation des fonds provenant des retraites ouvrières, des caisses d'épargne, des fondations, des diverses œuvres sociales d'assistance, etc.

(1) Voir *supra*, page 368.

En nous reportant à nos précédentes statistiques et on ramenant ces chiffres à une valeur annuelle (1) nous voyons que, bon an, mal an, — sans parler de l'accroissement annuel des dépôts dans les caisses d'épargne, — les achats de rentes par l'intermédiaire des comptables du Trésor, ventes déduites, les achats de rentes par le public, les achats d'obligations de chemins de fer, dépassent 300 millions.

En récapitulant tous ces chiffres, il en résulte que d'ici quelques années, les placements annuels à faire provenant du surplus des épargnes annuelles à placer et de remboursements d'épargnes antérieurement placées pourront atteindre et dépasser 4 milliards.

A l'heure actuelle, ces placements ne s'éloignent guère de 3 milliards, si même ils ne les dépassent, rien que par les remplois provenant de remboursements et par les emplois normaux et obligatoires et les placements nouveaux annuels.

A moins de supposer des désastres qui obligeraient les emprunteurs à suspendre le payement des intérêts et l'amortissement de leurs emprunts, à moins de prévoir la déperdition de capitaux par suite de ruines, de krachs répétés aussi bien sur la fortune mobilière que sur la fortune immobilière, nous pouvons dire que ce chiffre de 3 milliards d'emplois et de remplois de fonds grossira chaque année.

.·.

Emploi et productivité des capitaux au siècle dernier et au siècle présent.

On voit, dès lors, combien est préoccupante, poignante, la question que nous soulevions incidemment dans notre étude financière de 1888, avec quelle force et quelle actualité elle s'impose à l'attention : dans quelles conditions de productivité et de sécurité, dans quels genres d'affaires, commerciales, industrielles, financières, ces milliards pourront-ils s'employer tous les ans ? Comme nous le disions en 1888 et le répétions au

(1) Voir page 399.

début de cette étude, en présence des œuvres accomplies et qui ont absorbé tant de capitaux, peut-on espérer qu'il se trouvera dans l'avenir autant d'entreprises et affaires nouvelles pour employer ces milliards qui, d'année en année, deviendront libres par le jeu normal, régulier, automatique de l'amortissement ?

Nous ne voudrions pas jeter un cri de désespérance ni croire et laisser croire qu'il n'y a plus rien à faire et que le grand danger qui nous menacerait serait une pléthore de capitaux et de disponibilités : ce serait douter de l'avenir même de notre pays. Nous ne devons pas cependant fermer les yeux à la lumière des faits et des chiffres. Il ne faut pas oublier, en effet, que l'emploi et la productivité des capitaux au siècle dernier et principalement dans la seconde moitié de ce siècle ont été déterminés par des travaux et entreprises considérables, par les progrès de la science, la création de voies de communication plus rapides et moins chères, notamment les voies ferrées, les entreprises de gaz, d'eau, de transports, la transformation de l'industrie par l'application des procédés mécaniques, l'emploi de la vapeur et de l'électricité, la colonisation, les prêts de capitaux aux pays étrangers : aussi bien en Europe qu'au delà de l'Océan, il y a eu de nombreux emprunts d'État, etc. Le xixe siècle a été celui des valeurs mobilières, des emprunts d'État et de sociétés (1). Beaucoup de capitaux circulants, se sont alors transformés en capitaux fixes ; l'épargne à peine née était immédiatement sollicitée, absorbée par les emplois qui lui étaient proposés. Tout était à faire dans le monde transformé par la science, bouleversé, rajeuni, amélioré. Les modes d'emploi ne manquaient pas aux capitaux, c'étaient plutôt les capitaux qui manquaient aux affaires ; de là l'intérêt élevé que donnaient les placements mobiliers : mais en même temps que ces placements sont devenus moins nombreux, il se produisit

---

(1) Voir notre *Rapport général* au Congrès international des valeurs mobilières de 1900.

une véritable concurrence entre les pays riches pour
prêter aux pays moins riches. La baisse du taux de l'intérêt est survenue. Les hommes de notre génération
ont vu l'intérêt des capitaux baisser dans de fortes proportions aussi bien sur les fonds d'Etat et titres français
que sur les fonds d'Etat et titres étrangers. Alors qu'aujourd'hui nos fonds d'Etat et obligations de premier
choix rapportent de 3 à 3 1/4, que les fonds d'Etat étrangers rapportent, suivant qu'il s'agit de grands pays ou
d'Etats secondaires, européens ou extra-européens,
3 1/2, 4 %, 4 1/2, 5 %, il n'était pas difficile de placer ses
capitaux à 5, 6 et 7 % et même davantage dans la période qui s'écoule de 1850 à 1870 (1). Les « valeurs à
turban », comme on les qualifiait, rapportaient 6, 7,
8, 9, 10 %. Les obligations ottomanes, égyptiennes,
rapportaient couramment 8 et 9 % ; les fonds danu-
biens, émis à 8 %, au capital nominal, donnaient couramment 10 %. Placer son argent à 5 % sur les premières valeurs, et à plus de 5 % sur première hypo-
thèque était d'un usage courant et le fait des capitalistes
réputés les plus sages. Dans les pays de l'Amérique du
Nord, au Etats-Unis, de même que dans ceux de l'Amérique du Sud, dans la République argentine aussi bien
qu'au Brésil qui voient leurs fonds se capitaliser
aujourd'hui à des taux très réduits, l'intérêt était couramment de 6, 7, 8 %.

L'émigration d'une partie de nos capitaux, comme
ceux des vieux pays, vers les contrées neuves a permis
de faire de fructueux emplois et cette émigration,
quand elle ne représente qu'une partie de l'épargne
annuelle, ce qui est notre cas, a été bienfaisante : elle
a donné à notre pays des créances productives sur
l'étranger ; les bénéfices qu'elle en a recueillis sous
forme d'intérêt et de prime au remboursement des capitaux prêtés, sous forme de travaux, de fournitures de

(1) On peut se reporter utilement au tome IV consacré aux *Questions
économiques et financières*. Nous y avons donné, par périodes décennales,
les cours comparés des principales valeurs.

marchandises, de matériel, d'instruments de travail,
ont été l'équivalent d'un excédent d'exportation.

En sera-t-il toujours de même ?

∴

Il reste à amortir et à rembourser, par exemple,
18 milliards d'actions et d'obligations de chemins de
fer : est-il possible de dire que ces 18 milliards pourront trouver leur emploi dans 18 milliards de travaux
nouveaux à employer dans des entreprises françaises
de chemins de fer ? Il n'est jamais difficile pour un
pays comme pour un particulier de dépenser son
argent ; mais il s'agit de le bien dépenser et de faire en
sorte que cet argent dépensé soit productif.

On peut prévoir, sans doute, la transformation de
notre réseau de chemins de fer par la substitution de
l'électricité à la vapeur. Nous croyons que c'est là une
très grande probabilité, sinon une certitude. Avant peu
d'années, la « locomotion à vapeur » sera démodée
comme celle par les vieux « coucous » d'autrefois.

On peut et on doit prévoir le développement des
applications et usage de l'électricité ; la transformation
et le développement de nos ports, routes et canaux ;
dans un pays comme le nôtre et dans plusieurs
contrées de l'Europe, des améliorations de détail
peuvent être nombreuses. On peut être certain que les
départements, les villes, les communes, l'État surtout,
auront encore de grands emprunts à faire et que de
nouvelles dettes seront contractées pour rembourser
celles qui arriveront à échéance.

Ce ne sont pas, répétons-le, les occasions de dépenses
qui manquent ni les raisons d'emprunter : mais il faut
que ces opérations et ces emprunts soient productifs.

On peut prévoir aussi et on doit désirer et espérer
que l'agriculture, la propriété bâtie et non bâtie utiliseront les capitaux qui pourront s'offrir à eux : mais,
pour qu'il en soit ainsi, pour que les capitaux fassent

Modes d'emploi à prévoir.

retour à la terre, ce qui serait un bien, il y a de nombreuses réformes à accomplir et la première devrait être la réfection et la mise à jour du cadastre. Il suffirait d'utiliser les travaux de la commission extraparlementaire dont nous avons eu l'honneur d'être le rapporteur général sur la question des voies et moyens (1) et de se reporter aux rapports de M. Challamel sur la réforme hypothécaire et à celui du regretté M. Emile Cheysson, sur les questions techniques. Comme nous le disions alors « la réforme cadastrale aurait pour résultat de rendre plus facile la transmission de la propriété en augmentant la sécurité de la possession ; d'accroître le crédit immobilier, en le rendant plus sûr ; d'augmenter ce crédit en lui facilitant le concours de nombreux capitaux qui sont trop longtemps restés éloignés de la terre ; d'entourer la propriété des plus solides garanties et de la relever de son discrédit ».

On peut prévoir encore que dans le monde, aussi bien dans l'Amérique du Nord et du Sud, qu'en Afrique, en Asie, en Australie, en Océanie, dans nos colonies et dans les pays neufs, il y a et il y aura de grosses dépenses à faire, de grandes consommations de capitaux. Mais, pour que ces capitaux nécessaires aux pays étrangers fussent prêtés par nos capitalistes, il ne faudrait pas considérer comme un appauvrissement et un mal les prêts et les placements que nous faisons au dehors.

On peut dire enfin que la cause la plus grande de la consommation et de la disparition des capitaux, les guerres, n'ont pas disparu, que l'accroissement des budgets européens et extra-européens et, comme conséquence, l'accroissement des dettes publiques dans tous les pays absorberont et utiliseront de nombreux capitaux. Bien d'autres considérations pourraient être invoquées : nous nous bornons à en signaler quelques-

(1) Voir tome III : *Cadastre et livres fonciers : les voies et moyens d'une grande réforme.*

unes, car ici nous n'avons à donner que des chiffres, que des arguments statistiques.

Or, ces chiffres démontrent :

1° Qu'il est absolument nécessaire d'ouvrir des débouchés nouveaux aux capitaux de l'épargne annuelle et à ceux qui proviennent de l'épargne ancienne et qui sont automatiquement appelés au remboursement ;

2° Que si de nouveaux emplois productifs ne devaient pas s'offrir aux capitaux de plus en plus nombreux et disponibles qui se présenteraient, la baisse du taux de l'intérêt pourrait s'accentuer encore avec une telle intensité qu'il n'y eût plus aucun avantage à placer ses capitaux. Que deviendraient alors les fortunes mobilières actuelles dont nous sommes si justement fiers ? Que deviendrait la possibilité de former des fortunes nouvelles ? On peut répondre comme le disait Rossi dans un de ses cours au Collège de France, que « le capital ne peut jamais être excessif ; que c'est dans les pays où il abonde que l'industrie peut faire sans témérité des expériences utiles et des tentatives hardies ». Sans doute, mais il serait de plus en plus malaisé d'arriver, avec des économies annuelles même considérables, à obtenir un chiffre de rentes suffisant pour pouvoir se retirer des affaires et vivre avec une modeste aisance. Il deviendrait impossible d'obtenir un rendement suffisant pour les capitaux à placer et à capitaliser pour les œuvres humanitaires et sociales, œuvres d'assurance contre l'invalidité du travail, retraites ouvrières.

Pour que le capital « travaille », suivant une vieille expression, et produise, il ne faut pas que des barrières fiscales, des menaces, des attaques nuisent à son développement, à ses services, à sa productivité : le capital, comme l'a dit mon vénéré maître Frédéric Passy, « ne consiste pas seulement, uniquement en espèces. Il ne vaut qu'autant qu'il produit. C'est l'arbre qui donne des fruits et qui n'est bon qu'à brûler s'il n'en donne plus.

C'est le champ qui porte des récoltes ; c'est la charrue qui ouvre le sein de la terre. C'est tout ce qui a été réservé, sur les résultats du travail d'hier, pour rendre plus facile et plus fructueux le travail de demain (1) ».

.•.

Résumé.

En terminant cette statistique, dont nous avons jeté les bases pour la suivre et la contrôler désormais aussi régulièrement que nous le faisons pour celle des valeurs mobilières, nous résumerons les principaux chiffres qu'elle contient :

1° D'ici 1960, rien que sur les 137 milliards de titres négociables au parquet des agents de change de la bourse de Paris, sans compter les valeurs indiquées plus haut, 35 milliards au minimum seront automatiquement remboursés.

De 1960 à la fin du siècle, 31 autres milliards disparaîtront à leur tour par leur remboursement automatique normal ;

2° D'ici la fin du siècle, les amortissements et remboursements iront sans cesse en croissant : on peut évaluer de 65 à 70 milliards le montant des remboursements à effectuer sur l'ensemble de notre portefeuille de titres mobiliers ;

3° A l'heure actuelle, les remboursements annuels, automatiques, atteignent en chiffres ronds le milliard et, peuvent, sous les réserves que nous avons faites, s'élever au delà de ce chiffre, suivant que la prime au remboursement servant de base à l'impôt, est plus ou moins élevée ;

4° En ajoutant à ces remboursements le montant annuel des économies disponibles de l'épargne, les emplois nouveaux et remplois de capitaux atteignent, si même ils ne les dépassent, 3 milliards ;

(1) Frédéric Passy, *Journal des Economistes*, juillet 1883, pages 18 et 19.

5° On peut prévoir, avant peu d'années, que les placements annuels provenant des disponibilités normales de l'épargne, du remboursement automatique des titres amortis et des placements obligatoires (fondations, retraites, etc.,) dépasseront 4 milliards ;

6° A moins de graves événements politiques, commerciaux, industriels, extérieurs ou intérieurs qui viendraient momentanément troubler la marche régulière et normale des faits économiques, à moins de grandes déperditions de capitaux, la baisse du taux de l'intérêt, déjà si sensible, est appelée à s'accentuer encore dans de fortes proportions, si de nouveaux débouchés ne sont pas ouverts pour l'emploi productif, reproductif et sûr des capitaux disponibles et pour ceux qui, d'année en année, seront automatiquement remboursés.

DOCUMENTS ANNEXES

TABLEAUX ET NOTES

DOCUMENTS ANNEXES

TABLEAUX ET NOTES

SOMMAIRE

TABLEAU I. — *Les valeurs sud-africaines sur le marché en banque à terme* (volume 1er, page 38).

    Annexe de l'étude : *Les mines d'or et les pertes de l'épargne française.*

TABLEAU II. — *Indices économiques, commerciaux, industriels et financiers sur l'état de la France en 1875, 1880, 1885, 1890, 1895, 1900.*

    Annexe de l'étude : *La France se ruine-t-elle?* (volume 2, page 52).

TABLEAU III. — *Les valeurs à lots inscrites à la cote officielle des agents de change au commencement de l'année 1907.*

    Annexe de l'étude: *La petite épargne française et les valeurs à lots* (page 204).

TABLEAU IV. — *Situation des sociétés de crédit dont les titres son cotés à la bourse de Paris* (1888).

    Annexe de l'étude : *Les valeurs mobilières en France* (1888) (page 219).

TABLEAU V. — *Les titres des sociétés de crédit.*

TABLEAU VI. — *Les valeurs houillères du Nord et du Pas-de-Calais.*

TABLEAU VII. — *Les valeurs d'assurances contre l'incendie.*

TABLEAU VIII. — *Les valeurs d'assurances sur la vie.*

TABLEAU IX. — *Les valeurs d'assurances contre les accidents.*

TABLEAU X. — *Les valeurs d'assurances maritimes.*

TABLEAU XI. — *Les valeurs d'assurances contre la grêle.*

TABLEAU XII. — *Valeurs d'assurances : Récapitulation.*

Annexes de l'étude : *Nouvelle évaluation du capital et du revenu des valeurs mobilières en France* (page 243).

TABLEAU XIII. — *Répartition des actions de capital des chemins de fer français, fin 1860, 1870, 1880, 1890, 1895.*

TABLEAU XIV. — *Répartition des actions de jouissance des chemins de fer français, fin 1860, 1870, 1880, 1890, 1895.*

TABLEAU XV. — *Répartition des obligations des chemins de fer français, fin 1860, 1870, 1880, 1890, 1895.*

Annexes de l'étude : *Le morcellement des valeurs mobilières* (page 294).

TABLEAU XVI. — *Valeurs admises à la cote officielle de la bourse de Paris* (31 décembre 1902).

TABLEAU XVII. — *Valeurs se négociant sur le marché en banque* (31 décembre 1902).

Annexes de l'étude : *Le capital et le revenu des valeurs mobilières en France* (page 345).

TABLEAU XVIII. — *Valeurs mobilières négociables au marché officiel de la bourse de Paris :* Statistique par catégories au 31 décembre 1902, 1904, 1906, 1908.

Annexe de l'étude : *Les valeurs mobilières en France au 31 décembre 1908* (page 404).

———

NOTE I. — *Les émissions publiques en France et en Europe de 1871 à 1892.*

NOTE II. — *Les capitaux français à l'étranger :* Autriche, Italie, Russie, Espagne.

NOTE III. — *Impôts perçus sur les valeurs mobilières.*

Annexes de l'étude : *Nouvelle évaluation du capital et du revenu des valeurs mobilières en France* (page 243).

TABLEAU I

Annexe de l'étude: les Mines d'or

LES VALEURS SUD AFRICAINES

COMPAGNIES	CAPITAL NOMINAL	NOMBRE D'ACTIONS (a)
Mines d'or	livres sterling	
Champ d'Or...............................	135.000	135.000
Chaterland Goldfields.....................	600.000	600.000
Crown Deep...............................	300.000	300.000
Durban Rood Deep.........................	450.000	450.000
East-Rand................................	1.000.000	1.000.000
Ferreira.................................	95.000	95.000
French Rand..............................	660.000	660.000
Geldenhuis Deep..........................	350.000	350.000
Geldenhuis Estate........................	200.000	200.000
New-Goch.................................	300.000	300.000
New-Kleinfontein.........................	900.000	900.000
Knight's.................................	425.000	425.000
Langlaagte Estate........................	500.000	500.000
Main Reef................................	800.000	800.000
May......................................	290.000	290.000
New-Primrose.............................	300.000	300.000
Randfontein..............................	3.000.000	3.000.000
Rand-Mines..............................	490.000	1.960.000
New-Rip.................................	400.000	400.000
Robinson Deep............................	980.000	980.000
Robinson Gold............................	2.750.000	550.000 (b)
Robinson Rand...........................	600.000	600.000
Roodeport Central Deep...................	325.000	325.000
Rose Deep................................	425.000	425.000
Sheba...................................	1.200.000	1.200.000
Simmer and Jack..........................	3.000.000	3.000.000
Van Dyk.................................	650.000	650.000
Village Main-Reef........................	472.000	472.000
Sociétés d'exploration		
Bechuanaland.............................	200.000	400.000 (b)
Chartered...............................	5.999.470	5.999.470
Geduld prop.............................	590.100	590.100
General Mining and finance corporation...	1.875.000	1.875.000
Goerz...................................	1.325.000	1.325.000
Goldfields..............................	2.080.000	2.080.000
Gold Trust (South African)..............	500.000	500.000
Johannesburg............................	2.750.000	2.750.000
Mossamèdes..............................	1.110.000	1.110.000
Mozambique..............................	1.000.000	1.000.000
Oceana..................................	2.000.000	2.000.000
Tanganyika..............................	1.000.000	1.000.000
Transvaal Land..........................	1.000.000	1.000.000
Zambèze.................................	600.000	600.000
AUTRES VALEURS SE NÉGOCIANT SUR LE		
Mines d'or		
Crown Reef..............................	120.000	120.000
Lancaster...............................	400.000	400.000
Lancaster West..........................	195.000	195.000
Langlaagte Deep.........................	800.000	800.000
Meyer and Charlton......................	100.000	100.000
Princess Estate.........................	165.000	165.000
Robinson Central Deep...................	440.000	440.000
Windsor.................................	376.858	376.858
Sociétés d'exploration		
Cassinga Concession.....................	300.000	300.000
New Steyn Estate........................	300.000	300.000
Rhodesia Exploration and Développement..	252.731	252.731

(a) *Nombre de titres sur lesquels le droit de timbre français est acquitté:* Charterland, 344,500; French Rand, 514,000; General Mining, 1.874.000; Johannesburg, 2.682.396; Lancaster West, 195,000; Langlaagte Deep, 650,000; Main Reef, 711.500; May, 288,750; Mossamèdes, 600,000; Mozambique, 906.602; Oceana, 1.733.917; Rand Mines, 1.795,956; New Rip.

les pertes de l'épargne française (*) (*) Vol. 1, page 383.

SUR LE MARCHÉ EN BANQUE

COURS d'introduction	PLUS HAUT COURS Depuis 1901	COURS ACTUEL — (14 sept. 1908)	DIFFÉRENCE sur le cours d'introduction	DIFFÉRENCE sur le plus haut cours
fr. c.	fr. c.	fr. c.	fr. c.	fr. c.
40 00	45 00	10 00	— 30 00	— 35 00
34 00	26 00	3 00	— 31 00	— 23 00
402 00	426 00	348 00	— 54 00	— 77 00
107 00	120 00	52 00	— 48 00	— 68 00
237 50	264 00	117 00	— 120 50	— 147 00
330 00	646 00	386 00	-+ 56 00	— 260 00
90 00	98 00	15 00	— 75 00	— 83 00
285 00	309 00	133 00	— 152 00	— 176 00
146 00	196 00	41 00	— 104 00	— 155 00
70 00	122 00	34 00	— 36 00	— 88 00
170 00	75 00	61 00	— 109 00	— 14 00
130 00	181 00	97 00	— 33 00	— 84 00
120 00	126 00	74 00	— 46 00	— 52 00
47 50	75 00	21 00	— 26 50	— 54 00
93 00	140 00	44 00	— 49 00	— 96 00
175 00	143 00	63 00	— 112 00	— 80 00
16 25	104 50	49 00	— 32 75	— 55 50
895 00 (2)	336 00 (3)	187 00 (3)	— 29 00	— 149 00
61 00	70 00	4 75	— 56 25	— 65 25
299 00	169 00	146 00	— 171 00	— 53 00
125 00	300 00	268 00	-+ 133 00	— 42 00
37 50	55 00	35 00	— 2 50	— 20 00
75 50	83 00	18 00	— 57 50	— 65 00
225 00	275 00	113 00	— 112 00	— 162 00
53 75	18 00	5 00	— 48 75	— 13 00
340 anc.	64 00	49 00	— 291 00	— 15 00
72 00	77 00	44 00	— 28 00	— 33 00
196 00	250 00	102 00	— 94 00	— 148 00
62 50	64 00	9 00	— 53 50	— 55 00
125 00	115 00	24 00	— 101 00	— 91 00
127 00	250 00	70 00	— 57 00	— 180 00
96 00	98 00	40 00	— 56 00	— 58 00
67 50	104 50	35 50	— 32 00	— 69 00
112 50	256 00	124 00	— 11 50	— 132 00
183 00	235 00	86 00	— 97 00	— 149 00
95 00	104 00	33 00	— 62 00	— 71 00
25 00	27 00	5 00	— 20 00	— 22 00
30 00	59 00	17 00	— 13 00	— 42 00
107 50	75 00	21 00	— 86 50	— 54 00
140 00	140 00	140 00	— 36 00	— 100 00
35 00	167 00	69 00	— 34 00	— 98 00
46 00	35 00	9 00	— 37 00	— 26 00

MARCHÉ EN BANQUE AU COMPTANT

85 00	490 00	245 00	-+ 169 00	— 245 00
69 00	77 50	9 00	— 60 00	— 68 50
28 50	77 50	18 00	— 60 50	— 59 50
80 00	120 00	70 00	— 10 00	— 50 00
162 50	167 00	66 50	— 96 00	— 100 50
67 50	» »	30 00	— 37 50	» »
125 00	» »	134 00	-+ 9 00	» »
77 50	86 00	7 00	— 70 50	— 79 00
58 00	63 00	7 00	— 51 00	— 56 00
63 00	129 00	30 00	— 33 00	— 99 00
118 00	118 00	72 00	— 46 00	— 56 00

211.000; Rhodesia 250,231; Roodeport Central Deep, 308.125; Tauganyika, 538,000; Van byk. 500,000; Zambèze, 500,000.

(1) Actions de 125 francs. — (2) Actions de 1 livre sterling. — (3) Actions de 5 shillings depuis 1899. — (4) Actions de 10 shillings.

TABLEAU II.   Annexe de l'étude. La France se ruine-t-elle ? (*)

(*) Vol. 2, page 102)

INDICES ÉCONOMIQUES SUR L'ÉTAT DE LA FRANCE (1875-1900)

INDICES ÉCONOMIQUES	UNITÉS	1875	1880	1885	1890	1895	1900
Droits de timbre de toute catégorie sur valeurs mobilières françaises :							
Produit de l'impôt { actions	Millions	3.0	4.3	4.9	4.2	4.5	5.8
obligations	d°	8.6	10.0	11.7	12.7	12.3	12.4
obl. Crédit foncier	d°	0.038	1.063	0.364	0.105	0.125	0.075
Total	d°	11.7	14.4	17.1	17.0	17.0	18.3
Capitaux taxés correspondant aux droits perçus par abonnement	Milliards	20.0	24.7	29.8	30.2	28.0	30.5
Droits de transmission sur les valeurs mobilières françaises.							
Capitaux Taxés { Titres nominatifs	Millions	835.6	1.639.3	983.7	1.826.9	1.284.2	1.277.6
Titres au porteur	d°	8.196.8	11.144.8	13.578.2	14.662.1	15.416.6	18.886.7
Total	d°	9.032.4	12.784.1	14.561.9	15.989.0	16.700.8	20.163.3
Produit de l'impôt { Droits de transfert	d°	4.2	8.1	4.9	6.6	6.4	6.4
Taxe annuelle	d°	16.4	22.3	27.1	29.1	30.8	37.8
Total	d°	20.6	30.4	32.0	35.7	37.2	44.2
Taxe sur le revenu des valeurs mobilières : (1)							
Valeurs françaises { Revenus taxés { actions	d°	471.5	544.0	561.8	636.4	603.6	823.1
obligations	d°	556.9	618.9	753.4	814.6	818.7	873.5
Total	d°	1.028.4	1.162.9	1.315.2	1.451.0	1.421.3	1.796.6
Produits de l'impôt	d°	30.8	34.8	39.4	63.5	56.8	65.0
Revenus assujettis à la taxe de 3 ou 4 %	d°	1.156	1.303	1.529	1.693	1.638	1.972
Capital des valeurs passibles de la taxe de 3 ou 4 %	Milliards	28.9	32.6	38.2	42.3	41.0	(1.952) 46.0
Fonds déposés à la Banque de France	Millions						465.3

Sociétés de crédit : (2)							
Crédit foncier	d°	71.0	63.4	73.4	77.6	63.2	64.4
Crédit lyonnais	d°	159.5	245.6	165.4	300.8	218.1	626.3
Comptoir national d'escompte de Paris	d°	54.2	165.1	165.1	122.3	165.1	365.4
Société générale	d°	205.7	253.7	243.5	251.9	249.4	357.6
Crédit industriel	d°	25.6	43.1	40.0	67.6	49.0	76.7
TOTAUX (3)	d°	436.2	713.2	632.7	820.8	1.001.0	1.400.0
Caisses d'épargne :							
Nombre de livrets	Unités	2.365.600	3.841.100	5.680.200	7.266.100	8.954.900	10.680.900
Montant des versements pendant l'année	Millions	244.0	419.2	801.3	1.131.4	1.237.7	1.186.9
Solde dû aux déposants au 31 décembre	d°	660.4	1.280.2	2.365.5	3.325.2	4.148.9	4.274.3
Annuités successorales : (4)							
Annuité totale (actif brut)	d°	4.253.6	5.265.6	5.406.9	5.811.2	5.976.1	6.736.9
Annuité mobilière	d°	2.037.0	2.477.6	2.622.8	2.889.0	2.933.2	(1899) 3.724.0
Donations: (6) Capitaux mobiliers taxés	d°	1.667.1	1.117.3	1.021.5	987.2	994.6	1.018.8
	d°	569.2	618.8	602.2	561.9	596.2	615.6
Banque de France : (8)							
Dépôts de titres : Nombre	Unités	2.564.100	2.601.500	4.513.100	5.795.200	7.266.100	9.702.200
France entière : Valeur	Millions	1.456	1.901	3.113	3.988	4.939	6.667
Arbitrages encaissés et payés par la Banque	d°	56.8	61.8	95.1	115.8	123.8	157.8
Mouvement général de caisse	d°	91.313	102.845	100.816	126.198	141.652	149.247
Total des escomptes commerciaux	d°	9.654	8.697	9.250	9.61	8.622	12.248
Taux de l'escompte	pour cent	4 %	3 1/2, 3 %	3 %	2 %, 2 %	2 ¾, 2 %	3.75 %
En caisse : plus haut	Milliards	1.668	1.764	2.281	2.593	3.392	3.448
plus bas	d°	1.816		2.029	2.351	3.177	3.011
Patentés (5)	Unités	1.598.100	1.641.546	1.658.882	1.672.185	1.704.826	1.752.345
Patentes (5)	d°	1.796.251	1.862.281	1.941.038	2.005.898	2.070.069	2.137.650
Commerce général (6)							
Importations	Millions	4.462.0	6.113.0	4.920.0	5.452.4	4.919.6	5.488.6
Exportations	d°	4.807.0	4.612.8	3.965.8	4.840.2	4.589.3	5.521.6
TOTAL	d°	9.259.0	10.725.3	8.885.8	10.292.6	9.508.9	11.510.2
Commerce spécial: (6)							
Importations	d°	3.536.7	5.033.2	4.088.4	4.436.9	3.719.9	4.697.8
Exportations	d°	3.872.6	3.467.6	3.088.1	3.753.4	3.823.8	4.108.7
TOTAL	d°	7.409.3	8.501.1	7.176.5	8.190.3	7.093.7	8.806.5
Chambre de compensation : (6)							
Effets compensés	d°	(1874-75) 1.417	(1879-80) 2.450	(1884-85) 3.195	(1889-90) 6.135	(1894-95) 5.527	(1899-1900) 6.948

INDICES ÉCONOMIQUES	UNITÉS	1875	1880	1885	1890	1895	1900
Virements effectués par la Banque de France : (8)							
Paris et succursales.............	Milliards	59.6	65.4	60.7	86.7	104.9	102.4
Impôts perçus sur les valeurs mobilières françaises et étrangères:							
Droits de timbre............	Millions de francs	16.1	17.2	20.8	23.8	23.1	28.0
Droits de transmission.........	d°	22.8	33.2	36.9	41.0	42.4	51.2
Taxe sur le revenu (7).........	d°	34.6	19.1	45.8	50.8	65.6	72.8
Impôt sur opérations de bourse....	d°	»	»	»	»	10.0	16.8
TOTAUX	d°	72.5	89.5	103.5	115.6	141.1	163.8
Effets négociables et billets de la Banque de France: (8)							
Capitaux taxés......	Milliards	24.6	29.7	30.1	30.4	30.1	(1899) 35.3
Droits perçus par le Trésor.......	Millions	86.7	18.6	14.5	14.9	14.2	16.9
Achats de rentes sur l'Etat : (9)							
Capitaux } aux achats...........	d°	2.687.3	1.796.3	1.543.3	1.628.5	1.384.5	(1896 à 1900)
correspondants } aux ventes.......	d°	1.688.5	811.6	882.2	864.0	579.0	d°
Excédent des achats sur les ventes.	d°	1.048.8	984.7	661.1	564.5	805.5	d°
Circulation postale (1)...........	Millions d'objets	743	1.231	1.524	1.703	2.046	2.633
Articles d'argent..............	Milliards de francs	0.18	0.49	0.81	0.98	1.10	1.80
Circulation télégraphique (6).....	Millions de télégram.	7.6	16.7	23.2	27.1	31.6	40.1
Chemins de fer : (10)							
Tonnage.................	Milliards de tonnes kil.	8.1	10.3	9.8	11.8	12.9	16.2
Voyageurs................	Milliards de voya. kil.	4.8	5.9	7.0	7.9	10.7	14.0
Recettes.................	Milliards de fr.	0.86	1.06	1.06	1.15	1.26	1.52
Longueur du réseau.........	Milliers de kilomètres	21.7	26.2	32.5	36.9	40.4	43.0
Navigation maritime (6)........	Millions de tonn.	13.5	19.1	20.9	23.3	22.5	30.9
— intérieure (6)......	Millions de tonnes kil.	2.0	2.0	2.5	3.2	3.8	4.7
Houille : production (6)........	Milliers de tonn.	16.957	19.362	19.511	26.083	28.020	33.404
— consommation (6).....	d°	23.562	28.172	28.562	35.663	37.020	46.861
Fonte : production...........	d°	1.448	1.725	1.631	1.962	2.004	2.713

Force motrice : chevaux-vapeur (11)	Milliers de chev.	7.464	5.352	4.699	6.174	6.124	8.609
Octroi à Paris : produit (6)	Millions de fr.	118.2	131.5	134.5	145.3	165.9	161.7
Théâtres à Paris : recettes (6)	d°	20.9	22.6	25.6	23.9	29.7	(Exp.) 57.2
Tabac : consommation (8)	Millions de kilogram.	30.1	33.2	35.9	35.8	36.0	38.1
Sucre : consommation (8)	d°	264.2	322.2	425.2	456.6	467.3	455.4
Bourse de Paris : valeurs cotées (note officielle seulement) (12)	Unités	510	642	750	742	934	1060
Rente 3 0/0	Cours moyen	64 90	84 45	80 41	91 69	101 83	100 69
Actions de chemins de fer : (13)							
Est	d°	557 89	747 44	790 57	862 26	959 21	1.081 87
Lyon	d°	936 45	1.335 04	1.249 32	1.439 41	1.474 78	1.826 18
Midi	d°	690 40	1.097 01	1.168 26	1.262 71	1.390 86	1.322 02
Nord	d°	1.169 74	1.600 75	1.602 18	1.826 26	1.804 54	2.316 98
Orléans	d°	955 18	1.219 05	1.333 22	1.451 64	1.553 43	1.741 37
Ouest	d°	600 62	805 00	854 48	1.006 73	1.094 70	1.080 69
Obligations chemins de fer : (13)							
Nord	d°	312 47	392 31	388 21	441 85	481 17	459 78
Fusion 1857	d°	357 32	388 58	379 45	434 64	474 16	450 65
Fusion 1860	d°	304 67	386 70	373 45	433 73	473 38	450 52
Orléans 3 % anciennes	d°	310 95	388 62	381 88	486 93	473 58	451 26
Est 3 % anciennes	d°	304 84	386 54	377 94	428 96	471 89	450 92
Ouest 3 % anciennes	d°	304 56	388 31	380 16	484 88	473 12	449 87
Midi 3 % anciennes	d°	305 28	387 49	380 87	435 10	468 68	448 95
Ville de Paris 1869 (13)	d°	336 84	405 09	406 77	417 83	428 50	620 62

(1) *Bulletin de statistique et de législation comparée*, 1901. — (2) D'après les bilans publiés par ces établissements. — (3) 1,495 millions au 30 avril 1901. — (4) D'après le travail présenté au Congrès international des valeurs mobilières par M. Besson, sur les *Valeurs mobilières et l'impôt successoral.* — (5) *Annuaire de la direction générale des contributions directes.* Renseignements statistiques. — (6) *Annuaire statistique de la France.* — (7) Y compris les perceptions diverses. — (8) *Rapports de la Banque de France.* — (9) D'après les relevés officiels publiés par le ministère des finances. — (10) D'après les statistiques publiées par le ministère des travaux publics. — (11) Ces totaux comprennent la puissance des appareils à vapeur employés dans les établissements industriels et agricoles, par les chemins de fer (locomotives et autres appareils) et par la marine du commerce. — (12) D'après la chambre syndicale des agents de change. — (13) Cours moyen d'après la cote officielle.

TABLEAU III

Annexe de l'étude: la Petite éparg[ne]

VALEURS A LOTS INSCRITES A LA CO[TE]

DÉSIGNATION DES EMPRUNTS	NOMBRE d'obligations émises	NOMBRE d'obligations en circulation	NOMBRE de tirages annuels	NOMBRE total des lo[ts] para[ï]
Lots d'Autriche 5 % 1860...........	400.000	157.400	2	100
Suez 5 %.......................	333.333	157.793	4	101
Ville de Paris — 1865..........	600.000	384.600	4	84
Ville de Paris — 1869..........	753.623	79.790	4	60
Ville de Paris — 1871..........	1.296.300	1.009.680	4	352
Ville de Paris — 1875..........	600.000	433.336	4	195
Ville de Paris — 1876..........	258.066	224.401	4	51
Ville de Paris — 1892..........	688.236	663.106	4	135
Ville de Paris — 1894-96.......	448.000	429.142	4	84
Ville de Paris — 1898..........	689.672	654.210	4	200
Ville de Paris — 1899..........	412.500	404.690	4	132
Ville de Paris — 1904..........	386.363	381.736	4	50
Ville de Paris — 1905..........	263.157	256.232	2	105
Communales 1879..............	1.000.000	753.690	6	318
Foncières 1879................	1.800.000	1.366.720	6	600
Communales 1880..............	1.000.000	173.200	6	318
Foncières 1885................	1.000.000	973.249	6	318
Communales 1891..............	1.000.000	935.116	6	138
Communales 1892..............	500.000	436.805	4	152
Foncières 1895................	500.000	478.810	4	224
Communales 1899..............	500.000	487.123	6	210
Foncières 1903................	600.000	598.260	4	56
Communales 1906..............	1.200.000	908.688	6	665
Amiens 1871..................	72.500	35.153	2	65
Lyon 1880....................	685.076	96.120	2	45
Marseille 1877................	259.462	96.032	2	30
Roubaix-Tourcoing 1860........	60.000	14.408	2	105
Bons fonciers — 1887.........	230.000	221.274	1	12
Bons fonciers — 1888.........	150.000	147.272	1	8
Bons de l'exposition 1889	1.200.000	1.189.503	1	202
Bons de la presse.............	500.000	488.800	1	300
Congo 1888...................	796.875	756.200	6	150
Panama, obligations et bons........	2.000.000	1.993.229	6	326
Totaux généraux........	21.983.161	17.277.063	126	6.377

rançaise et les valeurs à lots (*)　　　(*) Vol. 2, page 205

FFICIELLE AU COMMENCEMENT DE 1907

MONTANT annuel les lots	LOT principal	REVENU brut annuel	COURS au 31 déc. 1900	VALEUR totale des obligations en circulation	Amortissement final	VALEUR des lots par obligation en circulation	REVENU % d'après le cours au 31 décembre
francs	francs	fr. c.	francs	millions de francs		fr. c.	
2.500.000	750.000	62 50	1.680	264.4	1917	15 88	8 72
1.000.000	150.000	25 00	600	94.8	1918	6 32	4 16
1.140.000	150.000	20 00	534	205.2	1928	2 97	3 74
1.000.000	200.000	12 00	450	35.9	1909	12 50	2 66
1.500.000	100.000	12 00	408	412.5	1946	1 48	2 94
900.000	100.000	20 00	538	232.9	1950	2 07	3 71
700.000	100.000	20 00	538	120.7	1949	2 23	3 71
800.000	100.000	10 00	372	299.9	1973	1 42	2 68
056.000	100.000	10 00	370	163.8	1973	1 60	2 68
1.200.000	200.000	10 00	428	276.7	1973	1 83	2 36
600.000	100.000	10 00	408	166.1	1978	1 48	2 46
700.000	200.000	12 50	426	164.1	1979	1 83	2 94
400.000	100.000	11 00	378	97.0	1910	1 56	2 91
1.200.000	100.000	13 00	474	350.9	1939	1 65	2 73
2.100.000	100.000	15 00	500	673.4	1939	1 59	3 00
1.200.000	100.000	15 00	498	86.3	1940	6 95	3 01
1.200.000	100.000	13 00	466	452.6	1980	1 23	2 99
210.000	100.000	12 00	392	366.6	1966	0 86	3 06
800.000	100.000	13 00	468	200.3	1967	1 69	2 83
800.000	100.000	14 00	468	224.1	1970	1 66	2 99
1.050.000	150.000	13 00	464	226.0	1974	2 16	2 80
1.300.000	150.000	16 00	496	296.0	1978	2 17	3 03
2.100.000	200.000	16 00	590	454.3	1976	2 40	3 00
50.000	25.000	4 00	114	4.1	1921	1 38	3 50
60.000	50.000	3 00	104	10.0	1913	0 62	2 88
300.000	100.000	12 00	402	38.9	1917	3 12	2 98
24.000	5.000	»	50	0.7	1915	1 71	»
112.000	100.000	»	71	15.7	1963	0 50	»
148.000	100.000	»	71	10.5	1963	0 73	»
32.000	10.000	»	8	8.9	1964	0 02	»
50.000	10.000	»	14	6.8	1961	0 10	»
512.000	150.000	»	82	62.0	1987	0 67	»
3.350.000	500.000	»	115	230.2	1985	1 70	»
31.221.000		392 00	12.871	6.167.3			

TABLEAU IV

Annexe de l'étude : les Vale[urs]

SITUATION DES SOCIÉTÉS DE CRÉDIT DONT 1[...]

DÉNOMINATION des SOCIÉTÉS	NOMBRE de TITRES	CAPITAL VERSÉ	REVEN[U] du DERNIER[S] exerci[ce]
		francs	fr.
Banque de France	182,500	182,500,000	154,63
Banque d'escompte	128,980	32,245,000	12,5
Banque de Paris	125,000	62,500,000	40,0
Banque transatlantique	50,000	12,500,000	15,6
Compagnie algérienne	30,000	15,000,000	27,5
Comptoir d'escompte	160,000	80,000,000	48,0
Crédit algérien	16,000	8,000,000	20,0
Crédit foncier d'Algérie	120,000	15,000,000	7,7
Crédit foncier colonial	24,000	7,200,000	»
Crédit foncier de France	310,000	155,000,000	62,0
Crédit industriel	120,000	15,000,000	13,4
Société marseillaise	80,000	20,000,000	15,5
Crédit lyonnais	400,000	100,000,000	17,5
Crédit mobilier	80,000	40,000,000	12,5
Dépôts et comptes courants	160,000	20,000,000	15,0
Société générale	240,000	60,000,000	12,5
Banque commerciale	30,000	15,000,000	16,4
Banque franco-égyptienne	37,000	18,500,000	30,0
Banque maritime	60,000	15,000,000	12,5
Banque parisienne	50,000	25,000,000	16,0
Banque russe et française	20,000	10,000,000	32,5
Caisse centrale	25,000	6,250,000	2,0
Banque des pays autrichiens	200,000	100,000,000	22,5
Banque d'Égypte	48,000	12,000,000	7,5
Banque hypothécaire d'Espagne	100,000	20,000,000	12,0
Pays Hongrois	40,000	20,000,000	25,0
Banque du Mexique	200,000	40,000,000	16,8
Banque ottomane	500,000	125,000,000	12,50
Banque de Roumanie	50,000	10,000,000	10,0
Crédit foncier d'Autriche	120,000	24,000,000	25,0
Crédit foncier égyptien	160,000	40,000,000	5,0
Crédit foncier canadien	50,000	12,500,000	6,0
Crédit foncier hongrois	97,000	48,500,000	15,0
Crédit mobilier espagnol	95,000	»	»,0
Banque d'Algérie	40,000	40,000,000	84,20
Banque de la Guadeloupe	6,000	3,000,000	62,5
Banque de la Guyane	1,200	600,000	85,1
Banque de la Martinique	6,000	3,000,000	60,0
Banque de la Réunion	6,000	3,000,000	12,5
Banque de l'Indo-Chine	16,000	8,000,000	11,0
Banque de consignations	14,000	7,000,000	15,0
Banque d'Haïti	20,000	10,000,000	25,0
Caisse Lécuyer	24,000	12,000,000	28,2
Sous-comptoir des entrepreneurs	10,000	6,000,000	14,0
Comptoir Naud	55,000	5,500,000	6,7
Banque de reports	25,000	12,500,000	12,5
TOTAUX		1,476,295,000	

...mobilières en France (mai 1888) (*)   (*) Vol. 2, page 230
...TITRES SONT COTÉS A LA BOURSE DE PARIS

TOTAL DES INTÉRÊTS et dividendes payés	COURS ACTUEL	VALEURS DES TITRES au cours actuel	PLUS-VALUE sur le CAPITAL VERSÉ	MOINS-VALUE sur le CAPITAL VERSÉ
francs	francs	francs	francs	francs
39,219,975	3,500	638,750,000	456,250,000	»
1,612,250	460	27,085,800	»	6,159,200
5,000,000	750	93,750,000	31,250,000	»
750,000	470	11,000,000	»	1,500,000
825,000	425	12,750,000	»	2,250,000
7,680,000	1,040	166,400,000	86,400,000	»
320,000	510	8,160,000	160,000	»
927,828	500	15,000,000	»	»
»	240	960,000	»	6,240,000
18,320,000	1,880	427,800,000	272,800,000	»
1,579,200	600	27,000,000	12,000,000	»
1,236,800	520	21,600,000	1,600,000	»
7,000,000	680	132,000,000	32,000,000	»
1,000,000	810	24,800,000	»	15,200,000
2,400,000	600	86,000,000	16,000,000	»
3,000,000	450	48,000,000	»	12,000,000
450,000	300	9,000,000	»	6,000,000
1,110,000	540	19,980,000	1,480,000	»
750,000	380	7,800,000	»	7,200,000
750,000	850	17,500,000	»	7,500,000
650,000	500	10,000,000	»	»
412,250	630	7,000,000	750,000	»
1,500,000	425	85,000,000	»	15,000,000
360,000	460	10,080,000	»	1,920,000
1,200,000	645	24,450,000	4,500,000	»
1,000,000	460	18,400,000	»	1,600,000
3,176,000	650	52,000,000	12,000,000	»
6,250,000	600	126,000,000	»	»
500,000	700	12,000,000	2,000,000	»
3,000,000	765	55,800,000	31,800,000	»
800,000	460	33,600,000	»	6,400,000
800,000	480	11,500,000	»	1,000,000
1,455,000	510	49,470,000	970,000	»
»	180	»	»	»
2,368,320	1,600	64,000,000	24,000,000	»
375,000	680	4,080,000	1,080,000	»
102,050	1,050	1,260,000	860,000	»
360,000	850	5,100,000	2,100,000	»
75,000	500	3,000,000	»	»
176,000	800	12,800,000	4,800,000	»
210,000	450	6,300,000	»	700,000
500,000	620	12,400,000	2,400,000	»
678,000	500	12,000,000	»	»
700,000	230	11,500,000	6,500,000	»
371,250	125	6,875,000	1,375,000	»
312,500	470	11,750,000	»	750,000
113,764,443		2,390,590,800	1,004,875,000	90,419,200

ANNEXES DE L'ÉTUDE :

Une nouvelle évaluation du capital et du revenu des valeurs mobilières en France (1)

NOTE I

Les émissions publiques en France et en Europe de 1871 à 1892.

De 1871 à 1885, le total des émissions publiques en Europe se serait élevé à 100 milliards 459 millions, se décomposant comme suit :

Emprunts d'États et de villes : 52 milliards 787 millions ;

Établissements de crédit et de sociétés industrielles : 47 milliards 672 millions.

Dans ce total, la France serait décomptée pour 20 milliards 589 millions : emprunts d'États et de villes, 8 milliards 425 millions ; établissements de crédit, chemins de fer, sociétés industrielles, 12 milliards 163 millions.

Les détails les plus complets sur ces souscriptions et émissions ont été donnés dans le *Moniteur des intérêts matériels* de M. de Laveleye et reproduits par le *Bulletin de statistique et de législation comparée du ministère des finances* (2).

De 1885 à 1892, le total des émissions faites en Europe se chiffrerait par 50 milliards, sur lesquels 7 milliards concernent la France.

Voici le chiffre d'ensemble de cette statistique :

	Émissions en France millions de francs	Émissions totales en Europe millions de francs
1871 à 1885	20.589	100.459
1886.	1.118	6.708
1887.	1.119	4.996
1888.	1.686	7.859
1889.	712	12 678
1890.	344	8.147
1891.	1.578	7.558
1892.	303	2.510
	27.449	150.905

(1) Voir *Supra*, page 243.
(2) Tome 20, pages 281 à 299.

Nous ne donnons ces totaux qu'à titre de document et sous réserves. Pour avoir des résultats absolument exacts, il faudrait tenir compte des remboursements par anticipation, des conversions d'emprunts ayant, comme contre-partie, l'émission d'un nouvel emprunt.

NOTE II

Les capitaux français à l'étranger.

Autriche. — « Sans parler du mouvement commercial, dont les chiffres sont naturellement variables, on peut évaluer, sans la moindre exagération, à 1,270 millions de florins, ou 2 milliards 510 millions de francs, les valeurs de bourse austro-hongroises qui sont classées dans les portefeuilles français. Ce chiffre est plutôt inférieur à la réalité. Il comprend 600 millions de florins en titres de rentes, 480 en obligations, 163 millions en actions et 27 millions en valeurs diverses, telles que lots et titres d'assurances. Or, si l'on prend pour base de calcul un revenu moyen de 4 1/2 %, la somme d'intérêts que l'épargne française en retire annuellement s'élève, en chiffres ronds, à 125 millions de francs. C'est à peu près la douzième partie du revenu total que procure aux capitalistes français leur portefeuille de titres.

« Ce n'est pas tout. En thèse générale, l'acquisition des valeurs austro-hongroises par l'épargne française date d'une époque où les prix d'achat étaient extrêmement avantageux. Les rentes et la plupart des valeurs à revenu fixe ont émigré à des cours qui représentaient environ 60 % de leur valeur nominale. Il y a donc lieu d'ajouter au chiffre du revenu indiqué ci-dessus le montant des remboursements au pair, ainsi que l'augmentation du capital engagé représentée par les cours actuels.

« Quant aux fonds qui ont été placés dans des entreprises par actions, ils ont eu, il est vrai, des fortunes plus diverses. Mais, pour ceux-là également, le plateau penche visiblement du côté du gain. Il est, en effet, un assez grand nombre de ces entreprises franco-autrichiennes dont les actions sont cotées fort au-dessus du pair, tandis que nous n'en voyons qu'une seule dont le capital social (10 millions de francs) ait entièrement disparu, et deux autres qui n'ont pas donné les résultats attendus, savoir : une compagnie internationale de chemin de fer dont les dividendes sont un peu maigres, et une société minière et métallurgique dont la situation sans être compromise, semble un peu précaire. En ce qui concerne deux établissements de crédit qui avaient été fondés en 1881 à l'aide de capitaux français, l'un à Vienne, l'autre dans les pays hongrois, ils ont remboursé intégralement aux actionnaires, lors de la liquidation, le capital engagé (1). »

Italie. — En 1888-1889, le gouvernement italien a envoyé, à Paris, pour le service de ses divers emprunts :

(1) Correspondance austro-hongroise du 1er novembre 1892.

32

Dettes	Maisons	Sommes payées
5 %	de Rothschild frères	112.100.019 15
3 %	d°	1.142.615 74
Obligations Savone	d°	150.982 71
Obligations Toscane.	d°	1.955.974 02
Obligations Livournais	d°	3.421.250 88
Obligations Pistoïa	d°	10 10
5 % romain 1857.	d°	8.145.450 00
5 % romain 1860-66	d°	2.957.635 97
Obligations Victor-Emman., 1863.	Crédit industriel . .	3.405.462 61
Obligations Canal Cavour	d°	546.386 97
Dette Blount	Société générale . .	1.616.403 11

134.775.191 26

En 1890-1891, le gouvernement a envoyé à :

MM. de Rothschild, pour le payement de la rente	fr.	c.
5 %	96.277.336 04	
Au Crédit industriel et commercial pour payements divers	4.263.600 69	
A la Société générale.	2.111.584 16	
Totaux.	102.652.520 89	

Avec les sommes nécessitées par le service des obligations Savone, Toscane, Livournais, 5 % romain 1857 et 1866, les sommes payées en France, en 1891, par le gouvernement italien s'élèvent, en chiffres ronds, à 120 millions.

Capitalisés à 4 1/2, ces 120 millions représenteraient une valeur de 2 milliards 666 millions, correspondant au chiffre de titres divers italiens que posséderait la France.

Il est nécessaire de faire observer que par suite des cours du change, grand nombre de porteurs étrangers ont pu faire recevoir leurs coupons en France : il y aurait, de ce chef, un certain nombre de millions à déduire des 2 milliards 666 millions que nous indiquons.

Du reste, à l'occasion du change décennal des titres de rente italienne démunis de coupons, le gouvernement italien reconnut l'opportunité de dresser une statistique de la quantité de titres de rentes qui pouvaient circuler à l'étranger.

Jusqu'alors, cette statistique pouvait être faite approximativement en calculant le montant des remises faites semestriellement par le gouvernement italien à ses correspondants étrangers pour le payement des coupons : les fluctuations du change et l'agio sur l'or ont rendu ces évaluations fort difficiles, car grand nombre d'Italiens, pour bénéficier de cet agio, faisaient encaisser leurs coupons à Paris, Londres ou Berlin.

Or, d'après les renseignements qui ont été recueillis au 30 juin 1892, 584,803 titres de rente 5 % italienne, représentant en tout 93,258,900 fr. de rente, auraient été échangés, c'est à peu près comme nombre de titres le quart et comme somme le tiers du total.

Cette répartition serait ainsi établie par pays :

PAYS	NOMBRE de TITRES	VALEURS en RENTES	PAYS	NOMBRE de TITRES	VALEURS en RENTES
		francs			francs
France.........	269.859	43.459.415	Afrique française.	132	15.260
Allemagne......	213.474	32.818.970	Russie..........	16	3.820
Angleterre.....	53.308	10.052.220	Espagne.........	15	2.625
Autriche-Hongrie.	17.940	3.332.750	Portugal........	14	2.425
Hollande........	21.021	2.462.306	Turquie.........	63	1.640
Suisse..........	7.442	886.840	Roumanie	9	1.600
Belgique.......	1.214	137.280	Amérique du Nord	17	1.295
Danemark.......	124	58.325	Amérique du Sud.	19	445
Bavière	134	21.655	Egypte..........	3	20

La France tiendrait donc le premier rang ; viendraient ensuite l'Allemagne, l'Angleterre et l'Autriche-Hongrie.

Les 43 1/2 millions de rente italienne que posséderait la France représenteraient, aux cours actuels, un capital de 950 millions environ. Mais à ces chiffres, il conviendrait d'ajouter le montant des obligations de chemins de fer italiens et valeurs diverses, telles que les rentes pontificales, obligations sardes 1863, canal Cavour, etc., pour le service desquelles le gouvernement italien fait des remises semestrielles à la Société générale et au Crédit industriel et commercial chargés de payer les coupons en France.

Pendant l'année 1890-1891, les payements effectués, de ce chef, par le Crédit industriel et commercial se seraient élevés à 4,263,600 fr. 69 et par la Société générale à 2,111,584 fr. 16, soit en tout 6,375,184 fr. 85 de rentes. En réduisant ce chiffre à 5 millions de rentes, pour tenir compte des valeurs pouvant appartenir à des étrangers et des sommes comprises pour les amortissements, ce serait, y compris la rente italienne, 48 1/2 millions de rentes diverses de ce pays que nous posséderions en France, soit pour un capital de 1 milliard 50 millions environ. En ajoutant le montant des emprunts pontificaux qui représentent, capitalisés à 4 1/2 %, près de 250 millions, ce serait au maximum 1,300 millions de valeurs italiennes que posséderait la France. Ces chiffres nous semblent un minimum (1).

Russie. — A l'exception des lots russes 1864-1866, dont la cote à la bourse de Paris et la publication des tirages sont interdites par la loi de 1836 sur les loteries ; à l'exception aussi de plusieurs valeurs russes qui se négocient sur le marché en banque, telles que les obligations Koslow-Voronège, Orel-Griasi, 4 1/2 russe Nicolas, 4 0/0 russe Nicolas 1890, actions et obligations des chemins de fer russes, obligations de la Banque centrale du crédit foncier de Russie, tous les autres fonds russes sont cotés et se négocient à la bourse de Paris.

Le capital nominal des divers emprunts russes inscrits à la cote s'élève à 8 milliards 422 millions.

(1) Rapports officiels de la commission de vigilance sur l'administration de la dette publique, publiés annuellement par le gouvernement italien.

Dans le tableau qui suit, nous indiquons le détail des emprunts, le capital nominal, le prix d'émission, les cours actuels (février 1893) ; le nombre de titres amortis fin 1891.

DÉTAIL DES EMPRUNTS	CAPITAL NOMINAL	PRIX D'ÉMISSION	TITRES AMORTIS
	millions de francs		francs
5 % 1882....................	160.0	77 %	»
4 % 1867 1re émission.........	300.0	61 1/2 %	18.082.500
4 % 1869 2e émission........	277.7	63 1/2 %	15.905.000
			roubles
5 % 1878 Orient...........	1.200.0	divers	21.359.900
5 % 1879 Orient...........	1.200.0	--	18.966.600
			francs
4 % 1880....................	600.0	...	15.089.500
6 % 1883....................	200.0	--	
4 % 1889 (or)...........	500.0	86.45 %	2.187.500 (1er déc. 91).
4 % 1890 —.............	350.0	93 %	1.576.000 »
4 % 1890 —.............	300.0	divers	512.500 »
4 % 1890 —.............	41.8	89.75 %	176.000
4 % consolidé 1er...........	700.0	89.75	2.425.000 (oct. 91).
4 % — 2e...........	1.242.0	91 1/2 %	4.325.000 »
4 % — 3e...........	320.0	97.65 %	1.100.000 »
3 % 1891 (or)...........	500.0	79.75	
4 % 1890 (intérieur)........	300.0		400.000 (nov. 91).
3 % transcaucasien...........	212.6		10.335.000 »
Total........	8.424.1		

En décomposant ces divers emprunts, sans parler de ceux qui se négocient en banque et qui sont très répandus dans les portefeuilles français, on peut très facilement se rendre compte du montant des valeurs russes appartenant à nos rentiers. Les 4 % 1867, 1869, 1880, de même que les rentes 4 % or 1889 et 1890, et les 4 % consolidé ont été presque exclusivement et entièrement souscrits en France. Toutes ces rentes se négocient aux environs du pair ; on peut donc, pour la facilité des calculs, les décompter d'après leur capital nominal. Ces seuls emprunts s'élèvent au total de 5 milliards 140 millions, sur lesquels 61 millions environ ont été amortis. Mais nous possédons de fortes parties d'emprunt d'Orient, de 4 % intérieur et de 3 % transcaucasien ; quant à l'emprunt 3 % 1891, au capital nominal de 500 millions, 200 millions ont été placés en France ; le solde de l'emprunt se trouve dans les caisses du gouvernement russe. En ne tenant aucun compte de ces divers emprunts, on voit que c'est au minimum 5 milliards de valeurs russes qui se trouvent dans les portefeuilles français.

Espagne. — La France a prêté à l'Espagne des sommes considérables. Rente 4 % extérieure, rente 4 % intérieure, dette 2 % amortissable, dette 2 % extérieure amortissable, obligations hypothécaires de Cuba 6 % 1886, obligations hypothécaires de Cuba 5 % 1890, sont cotées officiellement à la bourse de Paris. La dette espagnole extérieure 4 % représente un capital nominal de près de 2 milliards exigeant un service annuel d'intérêts de 79 millions environ. La dette intérieure se chiffre, en capital nominal, à 1,935 millions, et, en intérêts annuels, à 77 millions. Sans parler des obligations de Cuba, la dette publique de l'Espagne, au 1er janvier 1890, s'élevait, en capital nominal, à 6 milliards 207 millions exigeant un service annuel d'intérêts de 233 millions.

Ce n'est pas tout.

Les compagnies des chemins de fer andalous, Asturies-Galice-Léon, Badajoz, Madrid-Cacérès, Est de l'Espagne, Nord de l'Espagne, Lerida à Reus, Madrid-Saragosse-Alicante, Ouest et Sud de l'Espagne, Limarès à Alméria, Porto-Rico, Zafra à Huelva, Séville-Xérès-Cadix, Valence à Liria, etc., ont été constituées avec des capitaux français et sont, en réalité, des compagnies françaises ayant leur siège social à Madrid. L'Espagne a environ 9,000 kilomètres de chemins de fer en exploitation : les épargnes de nos rentiers ont fourni la presque totalité des fonds nécessaires à leur construction.

Nous avons, à la cote officielle de la bourse de Paris, près de 4 millions d'obligations de ces compagnies et près d'un million d'actions. Que représentent, aux cours d'émission, ces diverses valeurs. Plus de 2 milliards. Le capital-actions des seules compagnies des chemins de fer andalous, Nord de l'Espagne, Lerida-Reus et Madrid-Saragosse représente, au prix d'émission, 428 millions.

Quant aux obligations des compagnies de chemins de fer espagnols cotées à la bourse de Paris, leur nombre, avons-nous dit, s'élève à environ 4 millions de titres, remboursables à 500 fr. l'un, soit au total a 2 milliards, et valant, soit au prix d'émission, soit au cours actuel, de 1,200 à 1,500 millions.

Est-ce tout ?

Nous nous sommes intéressés dans grand nombre de sociétés de crédit et compagnies industrielles espagnoles : nos capitalistes détiennent la majeure partie de leurs actions et obligations. On trouve à la cote officielle : la Banque hypothécaire d'Espagne, la Banque générale de Madrid, le Crédit mobilier espagnol, les actions et obligations du Gaz de Madrid, les mines d'Aguas-Tenidas, d'Aguilas, d'Escombrera-Bleyberg, les tabacs des Philippines. Sur le marché en banque, se négocient, en outre, plusieurs valeurs espagnoles de chemins de fer, mines, assurances, etc. En s'en tenant seulement aux titres de rente, actions et obligations de chemins de fer de la Péninsule que nos capitalistes possèdent, nous estimons que l'ensemble des placements que nous avons effectués en Espagne dépasse 2 1/2 milliards, si même il n'atteint 3 milliards, pouvant se décomposer comme suit : 1 milliard en rentes ou fonds espagnols garantis par l'Etat, 1,500 millions à 2 milliards en actions et obligations de chemins de fer et valeurs industrielles.

Ces divers placements rapportent, en moyenne, 5 %, car ils n'ont pas tous été effectués alors que les valeurs espagnoles se cotaient à leurs plus hauts cours : ce serait donc 125 à 150 millions de francs par an que percevraient de ce chef nos capitalistes français.

Les compagnies des chemins de fer andalous, Nord de l'Espagne et Saragosse ont à payer, en France, annuellement, près de 67 millions par an, comme intérêts et amortissement de leurs titres :

		millions de francs
Andalous	. . . .	7.5
Nord de l'Espagne	. . . .	31.0
Saragosse	. . . .	26.5
	Total.	68.0

NOTE III

Impôts perçus sur les valeurs mobilières.

Droits de timbre sur les valeurs étrangères. — Voici quel a été le montant des droits de timbre perçus, de 1880 à 1889, sur les valeurs étrangères [fonds d'État (1), sociétés et villes (2)] :

		francs	francs
1880	Fonds d'État.	833.500	
	Sociétés et villes.	1.255.200	2.138.700
1881	Fonds d'État.	2.208.900	
	Sociétés et villes.	1.453.200	3.662.100
1882	Fonds d'État	2.074.700	
	Sociétés et villes.	1.612.800	3.687.500
1883	Fonds d'État.	553.000	
	Sociétés et villes.	1.648.800	2.201.800
1884	Fonds d'État.	1.026.800	
	Sociétés et villes.	1.674.000	2.700.800
1885	Fonds d'État.	1.753.600	
	Sociétés et villes.	1.642.800	3.396.400
1886	Fonds d'État	967.900	
	Sociétés et villes.	1.819.000	2.786.900
1887	Fonds d'État.	1.222.500	
	Sociétés et villes.	1.835.000	3.057.500
1888	Fonds d'État.	2.122.800	
	Sociétés et villes.	1.716.000	3.838.800
1889	Fonds d'État. 4	3.379.100	
	Sociétés et villes.	1.723.000	5.102.100

Les valeurs sur lesquelles ont été assis les droits de timbre par abonnement perçus, de 1880 à 1889, sur les titres des sociétés et villes étrangères, se fixent aux chiffres ci-après :

(1) Droits au comptant.
(2) Droits par abonnement.

Années	Valeurs	Années	Valeurs
	francs		francs
1880	2.178.997.000	1885	3.217.368.000
1881	2.404.329.000	1886	3.373.085.000
1882	2.790.429.000	1887	3.694.913.000
1883	3.094.023.000	1888	3.499.072.000
1884	3.206.768.000	1889	3.529.561.000

Droits de transmission sur les titres des sociétés françaises et étrangères. — Voici quelle a été l'importance des valeurs sur lesquelles les droits perçus sur les titres des sociétés françaises et étrangères ont été assis depuis 1869, par période quinquennale :

Années	Valeurs	Années	Valeurs
	francs		francs
1869	8.173.418.748	1884	16.813.013.469
1874	9.373.913.126	1889	17.662.914.538
1879	12.700.011.106	1890	18.533.915.403

Droits de mutations entre vifs, à titre gratuit et par décès, perçus sur les valeurs mobilières françaises et étrangères. — Le tableau ci-après fait connaître le montant des droits de mutations entre vifs, à titre gratuit et par décès, perçus depuis 1869 par période quinquennale sur les valeurs mobilières françaises et étrangères :

		francs	francs
1869	Fonds d'État français.	5.622.539 (1)	
	Valeurs étrangères.	1.502.406	7.124.945
1874	Fonds d'État français et étrangers . . .	7.844.430	
	Valeurs françaises et étrangères. . . .	8.607.441	16.451.871
1879	Fonds d'État français et étrangers. . .	15.565.421	
	Valeurs françaises et étrangères. . . .	15.895.823	31.488.244
1884	Fonds d'État français et étrangers. . .	10.996.509	
	Valeurs françaises et étrangères. . . .	17.556.661	28.553.170
1889	Fonds d'État français et étrangers. . .	16.691.923	
	Valeurs françaises et étrangères. . . .	25.760.383	42.452.306
1890	Fonds d'État français et étrangers. . .	17.795.459	
	Valeurs françaises et étrangères. . . .	31.180.474	48.975.933

Droits de timbre perçus sur les bordereaux des agents de change. — Les droits de timbre perçus de 1869 à 1890, par période quinquennale, sur les bordereaux des agents de change et des courtiers, sont les suivants :

Années	Droits	Années	Droits
	francs		francs
1869.	516.000	1884.	753.600
1874.	778.800	1889.	761.000
1879.	1.029.600	1890.	760.000

(1) En 1869, les droits de donation et de succession perçus sur les valeurs des sociétés françaises ont été confondus avec les droits afférents aux autres biens meubles.

TABLEAU V   LES TITRES DES SO

NOMS DES SOCIÉTÉS	NOMBRE DE TITRES	CAPITAL VERSÉ	REVENU DU dernier exerci (1891)
		millions de francs	fr. c.
Banque de France.................	182.500	182.5	165 69
Banque d'escompte	50.000	25.0	12 50
Banque de Paris.................	125.000	62.5	30 00
Banque transatlantique............	40.000	10.0	12 50
Compagnie algérienne.............	30.000	15.0	27 51
Comptoir national d'escompte.......	150.000	75.0	12 50
Crédit algérien.................	16.000	4.0	20 00
Crédit foncier d'Algérie...........	60.000	15.0	12 50
Crédit foncier de France...........	341.000	170.5	60 00
Crédit industriel et commercial......	120.000	15.0	15 61
Société marseillaise.............	60.000	15.0	26 05
Crédit lyonnais.............	400.000	100.0	30 00
Crédit mobilier.............	60.000	30.0	»
Société générale.............	240.000	60.0	13 02
Banque commerciale.............	16.000	8.0	»
Banque maritime.............	60.000	15.0	»
Banque parisienne.............	50.000	25.0	»
Banque russe et française...........	40.000	20.0	»
Banque des Pays autrichiens........	200.000	100.0	22 50
Banque hypothécaire d'Espagne.....	100.000	20.0	15 00
Banque du Mexique.............	200.000	40.0	20 32
Banque ottomane.............	500.000	125.0	17 50
Crédit foncier d'Autriche............	120.000	24.0	32 50
Crédit foncier égyptien............	160.000	20.0	6 00
Crédit foncier canadien.............	50.000	6.2	8 05
Crédit foncier hongrois.............	97.000	24.25	18 65
Crédit mobilier espagnol.............	95.000	»	»
Banque de l'Algérie.................	40.000	40.0	64 17
Banque de la Guadeloupe............	6.000	3.0	95 00
Banque de la Guyane.............	1.200	0.6	110 00
Banque de la Martinique............	6.000	3.0	112 00
Banque de la Réunion.............	6.000	3.0	35 50
Banque de l'Indo-Chine.	16.000	2.0	20 00
Banque des consignations............	14.000	3 5	»
Banque d'Haïti.............	20.000	5.0	38 50
Caisse Lécuyer.............	24.000	12.0	13 27
Sous-comptoir des entrepreneurs.....	50.000	5.0	14 00
Comptoir Naud.............	51.600	5.16	6 50
Totaux		1.289.26	

SOCIÉTÉS DE CRÉDIT

TOTAL DES INTÉRÊTS ET DIVIDENDES	COURS 31 DÉCEMBRE 1892	VALEUR DES TITRES AU 31 DÉCEMBRE 1892	PLUS-VALUE SUR LE CAPITAL VERSÉ	MOINS-VALUE SUR LE CAPITAL VERSÉ
francs	fr. c.	francs	francs	francs
30.220.175	3.900 00	711.750.000	629.250.000	»
625.000	150 00	7.500.000	»	17.500.000
3.750.000	842 50	86.312.000	17.812.000	»
500.000	419 00	6.765.000	»	3.240.000
825.000	480 00	14.400.000	»	600.000
1.875.000	490 00	73.500.000	»	1.500.000
320.000	772 50	8.352.000	4.352.000	»
750.000	420 00	10.200.000	»	4.800.000
31.460.000	1.000 00	341.000.000	170.500.000	»
1.875.000	650 00	21.000.000	6.000.000	»
1.562.400	675 00	25.000.000	10.500.000	»
4.000.000	757 50	253.000.000	103.000.000	»
»	130 00	7.800.000	»	24.200.000
2.124.800	469 00	62.560.000	»	7.440.000
»	300 00	4.980.000	»	3.040.000
»	370 00	7.200.000	»	7.800.000
»	356 00	17.500.000	»	7.500.000
»	280 00	11.200.000	»	8.800.000
4.590.000	490 00	98.000.000	»	2.000.000
1.600.000	500 00	20.000.000	»	»
1.164.000	635 00	47.000.000	7.000.000	»
4.750.000	574 00	162.000.000	37.000.000	»
4.900.000	1.095 00	95.400.000	71.400.000	»
960.000	470 00	16.200.000	»	4.800.000
400.000	480 00	5.250.000	»	1.000.000
1.804.200	650 00	38.800.000	14.550.000	»
»	70 00	6.650.000	»	»
1.566.800	1.050 00	42.000.000	2.000.000	»
575.000	1.225 00	7.350.000	4.350.000	»
132.000	900 00	1.080.000	480.000	»
672.000	810 00	4.860.000	1.860.000	»
213.000	550 00	3.300.000	300.000	»
320.000	720 00	5.520.000	3.520.000	»
»	322 50	4.655.000	1.155.000	»
770.000	716 00	9.320.000	4.320.000	»
3.848.480	500 00	12.000.000	»	»
700.000	191 00	9.550.000	4.550.000	»
336.400	135 00	6.966.000	1.806.000	»
4.363.255		2.199.395.000	995.705.000	92.220.000

TABLEAU VI   LES VALEURS HOUILLÈRES DU NORD ET DU PAS-DE-CALAIS

NOMS DES COMPAGNIES	NOMBRE D'ACTIONS OU PARTS	COURS ACTUEL	VALEUR AU COURS ACTUEL	REVENU DE 1891	REVENU TOTAL
		francs	francs	fr. c.	francs
Aniche	3,600	11,800	42.480.000	951 81	8.423.716
Anzin	28.800 1/100	4,570	131.616.000	243 00	6.998.400
Bully-Grenay	18.000	3,160	56.700.00	125 00	2.250.000
Bruay	3.000	13,750	41.250.000	800 00	2.400.000
Carvin	3.945	1,350	5.325.750	80 00	315.000
Courrières	20.000 1/10	4.500	90.000.000	210 00	4.200.000
Crespin-Anzin	8.000	225	1.800.000	» 00	»
Douchy	3.744	3.500	13.104.000	255 00	954.720
Bourges	1.800	9,150	16.470.000	336 00	804.800
Drocourt	3.500	4.650	16.275.000	75 00	262.500
Escarpelle	6.000	2.350	14.100.000	30 00	180.000
Ferfay	3.500	725	2.537.500	35 00	122.500
Fivebnelle	5.000	300	1.500.000	» 00	»
Lens	3.000	28.500	85.500.000	1.100 00	3.800.000
Liévin	2.916	10.200	29.743.000	350 00	1.020.600
Marles 30 %	800	14.000	11.200.000	1.222 91	978.328
— 70 %	1.600	17.500	28.000.000	1.162 88	1.860.608
Meurchin	4.000	4.800	19.200.000	350 00	1.400.000
Ostricourt	6.000	400	2.400.000	»	»
Thivincelles	5.000	60	300.000	»	»
Vicoigne-Nœux	4.000	19.800	77.200.000	1.000 00	4.000.000
Totaux			686.702.450		34.273.772

TABLEAU VII — LES VALEURS D'ASSURANCES CONTRE L'INCENDIE

NOMS DES COMPAGNIES	NOMBRE des actions	PRIX nominal (francs)	TOTAL (millions de francs)	VERSEMENTS effectués (francs)	TOTAL (millions de francs)	PRIX effectif à débourser par action (cours 15 fév. 1903) (francs)	TOTAL (millions de francs)	REVENU du dernier exercice (1891) (francs)	TOTAL (millions de francs)
Assurances générales	2.000	1.000	2.0	1.000	2.0	32.250	64.5	1.300	2.6
Le Phénix	4.000	1.000	4.0	1.000	4.0	9.000	36.0	286	1.114
La Nationale	2.000	5.000	10.0	1.250	2.5	29.000	58.0	1.056	2.112
L'Union	2.000	5.000	10.0	1.250	2.5	16.600	33.2	656	1.25
Le Soleil	12.000	500	6.0	500	6.0	5.000	60.0	180	2.16
La France	2.000	5.000	10.0	1.250	2.5	14.500	29.0	500	1.0
L'Urbaine	5.000	1.000	5.0	250	1.25	5.250	26.25	180	0.900
La Providence	2.000	2.500	5.0	625	1.25	8.865	16.7	320	0.640
Le Nord	2.000	1.000	2.0	250	0.5	3.000	6.0	80	0.160
L'Aigle	4.000	500	2.0	125	0.5	6.100	23.4	230	0.920
La Paternelle	6.000	1.000	6.0	400	2.4	4.725	28.35	160	0.960
La Confiance	20.000	500	10.0	200	4.0	285	5.7	7.5	0.150
L'Abeille	12.000	1.000	12.0	253	3.0	1.775	21.8	50	0.600
Caisse générale agricole	25.000	500	12.0	125	3.0	42	1.008	»	»
Le Monde	40.000	500	20.0	200	8.0	245	9.8	»	»
La Foncière	80.000	500	40.0	125	10.0	180	14.4	9.16	0.65
La Métropole	40.000	500	20.0	250	10.0	70	2.8	»	»
La Clémentine	24.000	500	12.0	187 50	4.5	75	1.6	»	»
Totaux	283.000		188.0		67.9		439.2		15.2

TABLEAU VIII   LES VALEURS D'ASSURANCES SUR LA VIE

COMPAGNIES	NOMBRE des actions	PRIX nominal (francs)	TOTAL (millions de francs)	VERSEMENTS effectués (francs)	TOTAL (millions de francs)	PRIX effectif à débourser par action (cours 15 fév. 1903) (francs)	TOTAL (millions de francs)	REVENU du dernier exercice (1891) (fr. c.)	TOTAL (francs)
Assurances générales	2.000	1.500	3.0	1.500	3.0	75.000	150.0	1.800 00	3.600.000
L'Union (1)	2.000	5.000	10.0	50 rente A		5.000	11.0	175 00	350.000
La Nationale (1)	3.000	5.000	15.0	50 rente A		85.000	15.0	864 00	2.692.000
Le Phénix	800	5.000	4.0	1.000	0.8	32.000	2.56	1.000 00	800.000
La Caisse paternelle	40.000	500	20.0	125	5.0	118	4.72	5 00	200.000
La Caisse des familles	12.000	500	6.0	100	1.2	5	0.0		
Le Monde	40.000	500	20.0	125	5.0	245	9.8	10 00	400.000
L'Urbaine (2)	12.000	1.000	12.0	1.000	12.0	2.075	24.9	78 40	940.800
Le Soleil	12.000	1.000	12.0	250	3.0	335	4.02	10 10	123.000
L'Aigle	24.000	500	12.0	500	12.0	250	6.0	10 10	240.000
La Confiance	6.000	1.000	6.0	250	1.6	290	1.74	10 00	60.000
Le Patrimoine	6.000	1.000	6.0	250	1.25	55	0.275		
L'Abeille	4.000	1.000	4.0	250	1.0	450	1.8	15 00	60.000
La France	10.000	1.000	10.0	250	2.5	380	3.8		
La Foncière	40.000	1.000	40.0	250	10.0	150	6.0	8 16	326.400
Le Nord	3.000	1.000	3.0	250	0.75	200	0.6		
La Providence	12.000	1.000	12.0	250	3.0	115	1.38		
Totaux	227.800		194.0		62.9		333.6		3.685.200

(1) Il n'a été fait aucun appel de fonds sur les actions de la compagnie l'Urbaine ni sur celles de la Nationale. Sur chaque action il a été simplement fait un dépôt de 30 fr. Rente A., qui représentent pour les 3.000 actions de la compagnie l'Union, 100.000 fr. Rente A., et pour les 3.000 actions de la Nationale, 150.000 fr. Rente A.

(2) Toutes les actions de l'Urbaine ne sont pas libérées entièrement, il y en a un certain nombre qui sont libérées seulement à 200 fr.

TABLEAU IX — LES VALEURS D'ASSURANCES CONTRE LES ACCIDENTS

COMPAGNIES	NOMBRE des actions	PRIX nominal		VERSEMENTS effectués		PRIX effectif à débourser par action (cours 15 fév. 1993)		REVENU du dernier exercice (1891)	TOTAL
		francs	TOTAL millions	francs	TOTAL millions	francs	TOTAL millions	francs	francs
Le Soleil...............	20.000	500	10.0	125	2.5	865	7.1	12.96	259.200
Le Secours.............	20.000	500	10.0	125	2.5	225	4.5	»	»
L'Urbaine.............	24.000	500	12.0	125	3.0	890	9.36	15.00	360.000
Le Patrimoine.........	10.000	500	5.0	125	1.25	130	1.3	»	»
La Caisse des familles...	6.000	500	3.0	125	0.75	65	0.39	»	»
L'Abeille	8.000	500	4.0	125	1.0	235	1.88	7.00	56.000
La Providence.........	10.000	500	5.0	125	1.25	200	2.0	»	»
Totaux.............	98.000		43.0		12.2		26.5		675.200

TABLEAU X — LES VALEURS D'ASSURANCES MARITIMES

COMPAGNIES	NOMBRE des actions	PRIX nominal	TOTAL	VERSEMENTS effectués	TOTAL	PRIX effectif à débourser par action (cours 15 fév. 1892)	TOTAL	REVENU du dernier exercice (1891)	TOTAL
		francs	millions	francs	millions	francs	millions	francs	francs
Assurances générales............	400	12.500	5.0	5.000	2.0	6.850	2.54	125 00	50.000
La Sécurité...................	300	5.000	1.5	1.250	0.375	700	0.21	»	»
L'Océan.....................	200	5.000	1.0	1.050	0.25	1.050	0.21	76 80	15.360
Le Lloyd français.............	2.400	5.000	12.0	1.875	4.5	425	1.02	»	»
La Mélusine..................	400	5.000	2.0	1.250	0.5	4.900	1.96	350 00	140.000
La Réunion..................	1.200	3.500	4.2	875	1.05	450	0.54	»	»
Le Comptoir maritime.........	500	6.000	3.0	1.750	1.05	2.125	1.275	125 00	75.000
La Prévoyance...............	400	6.000	2.4	1.250	5	4.500	1.8	300 00	120.000
Totaux............	5.800		30.7		10.225		9.5		400.850

TABLEAU XI — LES VALEURS D'ASSURANCES CONTRE LA GRÊLE

COMPAGNIES	NOMBRE des actions	PRIX nominal	TOTAL	VERSE-MENTS effectués	TOTAL	PRIX effectif à débourser par action (cours 15 fév. 1892)	TOTAL	REVENU du dernier exercice (1891)	TOTAL
		francs	millions	francs	millions	francs	millions	francs	francs
L'Abeille	16.000	500	8.0	100	1.6	290	4.64	20 00	320.000

TABLEAU XII — RÉCAPITULATION DES VALEURS D'ASSURANCES

OBJET DES ASSURANCES	CAPITAL VERSÉ	VALEUR ACTUELLE	REVENU DE 1891
	millions de francs	millions de francs	millions de francs
Assurances contre l'incendie	67.9	439.1	15.2
Assurances sur la vie	62.0	26.5	9.6
Assurances contre les accidents	12.2	333.6	0.6
Assurances maritimes	1.6	9.5	0.4
Assurances contre la grêle	10.2	4.6	0.3
Totaux	153.9	813.4	26.1

Annexes de l'étude :

TABLEAU XIII. RÉPARTITION DES ACTIONS DE CAPIT[...]
AU 31 DÉCEMBRE DES ANNÉ[...]

ANNÉES	CONSTATATIONS	EST
1860	Total des actions..	681.029
	Au porteur..	497.817
	Nominatives..	183.212
	Nombre de certificats..................................	2.253
	Moyenne d'actions par certificat....................	21
1870	Total des actions..	801.471
	Au porteur..	573.811
	Nominatives..	227.661
	Nombre de certificats..................................	11.617
	Moyenne d'actions par certificat....................	30
1880	Total des actions..	789.615
	Au porteur..	561.316
	Nominatives..	228.369
	Nombre de certificats..................................	12.955
	Moyenne d'actions par certificat....................	18
1890	Total des actions..	797.725
	Au porteur..	542.814
	Nominatives..	254.911
	Nombre de certificats..................................	16.784
	Moyenne d'actions par certificat....................	15
1895	Total des actions..	790.338
	Au porteur..	530.461
	Nominatives..	259.877
	Nombre de certificats..................................	19.279
	Moyenne d'actions par certificat....................	13

RÉCAPITULATION GÉNÉRALE [...]

	1870
Nombre total d'actions...............................	2.548.6[...]
Au porteur..	1.592.46[...]
Nominatives..	956.15[...]
Nombre total des certificats.........................	26.35[...]
Moyenne d'actions par certificat...................	28.3[...]

Morcellement des valeurs mobiliéres (*).

DES CHEMINS DE FER FRANÇAIS
1860, 1870, 1880, 1890, 1895.

(*) Vol. 2, page 294.

MIDI	NORD	LYON	ORLÉANS	OUEST
238.334	525.000	692.933	294.532	300.000
33.965	226.141	275.689	149.885	87.259
1.656	8.726	»	6.876	1.847
20.61	25.91	»	26	47.24
250.000	523.418	800.000	483.049	297.028
30.285	287.783	367.190	313.060	89.465
3.083	14.086	17.236	14.881	3.693
16.31	20.43	21 $\frac{1}{3}$	21	24.22
247.475	519.796	800.000	562.885	289.306
75.763	297.522	350.463	293.204	97.086
4.420	16.087	19.753	16.660	5.870
17.14	19.72	17 $\frac{1}{3}$	17	16.64
243.361	514.431	800.000	535.933	278.412
93.403	293.752	367.641	300.320	112.777
6.762	16.619	23.745	19.299	9.894
13.81	17.67	15 $\frac{1}{2}$	16	11.40
240.417	510.850	800.000	519.066	271.388
79.965	283.937	370.879	280.199	117.247
7.946	19.415	27.514	20.621	11.170
11.32	14.62	13 $\frac{1}{2}$	14	10.50

ACTIONS DE CAPITAL NON AMORTIES

1870	1880	1890	1895
3.027.307	2.989.777	2.914.951	2.872.182
1.691.874	1.637.831	1.492.147	1.474.078
1.335.433	1.342.946	1.422.804	1.408.104
64.496	74.744	93.103	105.945
20.55	17.69	14.87	12.82

Tableau XIV.

RÉPARTITION DES ACTIONS [

AU 31 DÉCEMBRE DES ANNÉ[

ANNÉES	CONSTATATIONS	EST
1860	Total des actions..	2.183
	Au porteur..	1.613
	Nominatives..	570
	Nombre de certificats................................	67
	Moyenne d'actions par certificat.....................	10
1870	Total des actions......................................	10.188
	Au porteur..	6.453
	Nominatives..	3.735
	Nombre de certificats................................	646
	Moyenne d'actions par certificat.....................	7
1880	Total des actions......................................	22.684
	Au porteur..	13.302
	Nominatives..	9.382
	Nombre de certificats................................	1.625
	Moyenne d'actions par certificat.....................	6
1890	Total des actions......................................	41.185
	Au porteur..	21.317
	Nominatives..	19.869
	Nombre de certificats................................	3.838
	Moyenne d'actions par certificat.....................	5
1893	Total des actions......................................	53.339
	Au porteur..	27.798
	Nominatives..	25.841
	Nombre de certificats................................	5.869
	Moyenne d'actions par certificat.....................	5

RÉCAPITULATION GÉNÉRA[

	1860
Nombre total d'actions.......................................	7.651
Au porteur...	3.650
Nominatives...	4.001
Nombre total des certificats.................................	509
Moyenne d'actions par certificat...........................	9

JOUISSANCE DES CHEMINS DE FER FRANÇAIS

..., 1870, 1880, 1890, 1805.

MIDI	NORD	ORLÉANS	OUEST
»	»	5.468	»
»	»	2.037	»
»	»	3.431	»
»	»	452	»
»	»	8	»
»	1.582	16.951	2.972
»	859	6.718	2.146
»	728	10.235	826
»	133	1.496	107
»	5.43	7	7.72
2.525	5.206	37.115	10.694
2.009	2.306	15.630	7.457
516	2.899	21.485	3.237
246	624	2.391	688
2.09	4.64	7	4.70
6.639	10.569	64.067	21.688
4.207	4.467	26.496	13.739
2.432	6.102	37.571	7.849
865	1.299	6.199	2.394
2.81	4.69	6	3.28
4.583	14.150	80.934	28.612
2.267	6.173	35.844	17.936
3.316	7.977	45.086	10.876
1.319	1.987	8.102	3.298
2.51	4.01	5	8.24

...ES ACTIONS DE JOUISSANCE

1870	1880	1890	1895
31.693	78.223	144.049	186.818
16.174	40.704	70.226	93.922
5.519	37.519	73.823	92.896
2.281	6.574	14.595	20.075
6.78	4.88	4.35	4.95

TABLEAU XV   RÉPARTITION DES OBLIGATION

AU 31 DÉCEMBRE DES ANNÉE

ANNÉES	CONSTATATIONS	EST
1860	Total des obligations............................	798.902
	Au porteur.....................................	437.316
	Nominatives...................................	361.686
	Nombre de certificats..........................	15.538
	Moyenne d'obligations par certificat.............	23
1870	Total des obligations............................	1.633.442
	Au porteur.....................................	646.280
	Nominatives...................................	987.162
	Nombre de certificats..........................	40.206
	Moyenne d'obligations par certificat.............	25
1880	Total des obligations............................	2.368.306
	Au porteur.....................................	907.363
	Nominatives...................................	1.460.943
	Nombre de certificats..........................	86.995
	Moyenne d'obligations par certificat.............	27
1890	Total des obligations............................	3.677.407
	Au porteur.....................................	1.112.169
	Nominatives...................................	2.565.238
	Nombre de certificats..........................	90.246
	Moyenne d'obligations par certificats............	28 5
1895	Total des obligations............................	3.925.791
	Au porteur.....................................	1.095.813
	Nominatives...................................	2.829.983
	Nombre de certificats..........................	101.653
	Moyenne d'obligations par certificat.............	28

RÉCAPITULATION GÉNÉRAL

	1860
Nombre total d'obligations............................	6.967.040
Au porteur.....................................	3.354.195
Nominatives...................................	3.592.536
Nombre total des certificats.........................	65.833
Moyenne d'obligations par certificats................	42

...E CHEMINS DE FER FRANÇAIS

...70, 1870, 1880, 1890, 1895.

MIDI	NORD	LYON	ORLÉANS	OUEST
53.762	677.606	2.124.276	1.536.690	1.271.905
349.069	346.668	933.291	698.413	610.438
298.693	331.938	1.190.985	838.177	661.467
6.590	11.320	»	25.445	7.030
32.10	29.32	».	32	94.09
1.748.689	1.304.451	6.557.727	2.854.684	2.738.255
885.534	513.803	2.434.256	871.345	1.210.096
833.055	790.648	4.123.471	1.883.339	1.528.159
28.109	24.156	128.496	63.585	25.607
30.34	32.73	32	29	69.68
2.529.086	2.351.314	8.963.523	3.308.655	3.433.298
1.142.415	798.930	3.108.302	1.050.392	1.469.570
1.346.671	1.552.384	5.855.221	2.258.263	1.963.728
59.930	42.384	182.629	77.831	42.923
33.87	36.62	32	30	46.75
3.189.685	3.012.689	10.860.576	4.423.179	4.280.986
1.198.109	773.017	3.188.811	1.102.320	1.499.236
2.018.576	2.239.622	7.661.704	3.320.859	2.790.750
56.681	58.430	229.620	84.339 (A) / 16.692 (N)	96.309
35.43	38.33	33. 1/2	31 (A) / 42 (N)	28.83
3.198.600	3.242.723	10.592.259	4.723.287	4.513.912
1.387.365	789.338	3.124.730	1.129.003	1.440.022
1.069.235	2.453.385	7.467.529	3.594.284	3.073.890
60.717	66.449	240.914	82.335 (A) / 36.332 (N)	107.689
34.07	37.55	31	31 (A) / 38 (N)	23.54

...S OBLIGATIONS

1870	1880	1890	1895
16.837.148	22.954.182	29.361.471	30.106.577
6.971.314	8.476.972	8.774.662	8.618.471
9.995.834	14.477.210	20.986.809	21.488.106
310.238	442.696	631.707	686.090
34.79	34.20	33.91	32.59

Annexes de l'étude : le Capital et le revenu des valeurs mobilières en France (*)

TABLEAU XVI   I. — VALEURS ADMISES

A LA COTE OFFICIELLE DE LA BOURSE DE PARIS

VALEURS	NOMBRE DE TITRES en circulation au 31 décembre 1902	CAPITAL NOMINAL	CAPITAL au COURS du 31 décembre 1902
§ 1er. — VALEURS FRANÇAISES			
Rentes sur l'Etat			
		francs	francs
Rente 3 %.................	»	22.166.666.500	22.078.000.000
Rente 3 % amortissable..........	»	3.762.089.500	3.771.496.000
	»	25.928.756.000	25.849.496.000
Bons du Trésor			
Obligations du Trésor...........	»	100.000.000	100.000.000
Emprunts de colonies et protectorats			
Algérie 3 % 1902.................	82.327	16.163.500	15.452.300
Colonie de la Guadeloupe 3 ½ 1898	2.259	1.129.500	1.070.760
Colonie de la Guadeloupe 3 ½ 1901	3.315	1.667.500	1.473.460
Indo-Chine { Emprunt 3 ½ 1899.	108.860	54.430.000	54.647.700
Indo-Chine { Emprunt 3 ½ 1901.	155.000	77.500.000	69.285.000
Madagascar-Emprunt 2 ½ 1897...	57.447	28.723.500	24.343.160
Martinique-Emprunt 3 ½ % 1899..	2.922	1.461.000	1.366.800
Annam et Tonkin 2 ½ 1896.....	808.900	86.890.000	73.161.380
Tunisie { Emprunt 3 % 1892.....	387.536	193.768.000	191.830.320
Tunisie { Emprunt 3 % 1902.....	11.660	5.830.000	5.509.350
	1.630.046	467.463.000	438.129.220
Ville de Paris			
Emprunt 1865.................	425.032	212.516.000	238.442.950
Emprunt 1869.................	195.722	78.288.800	87.977.000
Emprunt 1871.................	1.059.710	423.884.000	438.190.080
Emprunt 1875.................	447.146	223.572.500	253.631.210
Emprunt 1876.................	231.553	115.776.500	131.232.660
Emprunt 1892.................	575.637	230.254.800	219.893.330
Emprunt 1894-1896..............	438.693	175.477.200	166.703.840
Emprunt 1898.................	672.620	336.310.000	279.809.920
Emprunt 1899.................	412.500	206.250.000	163.887.500
	4.458.612	2.002.320.800	1.983.667.990
Emprunts de départements et de villes			
I. — DÉPARTEMENTS			
Aude 3,44 % 1898..............	7.263	3.750.000	3.609.710
Constantine 3 ½ 1897...........	6.305	5.806.000	6.284.770
Dordogne 3 % 1897.............	12.372	6.186.000	5.629.260
Haute-Garonne 3,30 % 1888......	3.111	1.555.000	1.508.810
Jura 3,40 % 1896..............	6.506	3.253.000	3.220.470
Loire 3 % 1897...............	8.732	4.366.000	4.235.020

(*) Voir *supra* page 345.

VALEURS	NOMBRE de TITRES en circulation au 31 décembre 1902	CAPITAL NOMINAL	CAPITAL au cours du 31 décembre 1902
	francs	francs	francs
Nord { 3 % 1870	30.932	3.093.200	3.510.780
3 ½ % 1891	4.921	2.460.500	2.460.600
Sarthe 3 ½ % 1891	5.853	2.926.500	2.807.240
2. — VILLES			
Amiens 4 % 1871	42.932	4.293 200	5.044.510
Armentières 3 ½ % 1886	4.586	2.293.000	2.279.240
Beauvais 3 ½ % 1895	3.356	1.678.000	1.688.070
Besançon 3 ½ % 1893	8.448	4.224.000	4.240.900
Blida 3 ½ 1895	2.081	1.040.000	1.009.290
Blois 3.10 % 1896	3.778	1.889.000	1.881.440
Bône 3 ½ 1895	1.921	960.000	931.680
Bordeaux { 1891	39.205	19.602.500	20.190.570
1891 3 ½	11.790	5.895.000	5.989.320
Cannes 4 % 1881	2.026	2.026.000	2.078.670
Castres 3.40 % 1897	5.748	2.874.000	2.851.000
Châtellerault 3 ½ % 1901	320	160.000	160.000
Chaumont { 3 % 1898	1.530	765.000	765.000
3 ½ % 1902	860	430.000	430.000
Cognac 3 ½ 1896	4.893	2.446.500	2.490.640
Constantine 3.30 % 1895	5.319	5.319.000	5.393 470
Grasse 3 ½ % 1896	2.230	1.115.000	1.103.860
Hyères 3 ½ % 1892	1.523	761.500	753.880
Lyon 3 % 1880	180.047	18.004.700	18.644.840
Marseille { 3 % 1877	127.910	51.164.000	51.899.480
3 ½ % 1890	19.246	9.623.000	9.340.770
Montpellier 3 ½ % 1894	1.951	975.500	975.500
Nîmes 3 % 1897	15.796	7.898 000	7.708.460
Niort 3.00 % 1891	2.519	1.259.500	1.269.570
Nouméa 5 % 1892	3.615	1.757.500	1.817.250
Noyon 3 ½ % 1892	2.225	1.112.500	1.081.350
Périgueux 3 ½ 1893	6.731	3.365.500	3.365.500
Roubaix 3.60 % 1893	1.869	934.500	934.500
Roubaix - Tourcoing { 1860	20.912	1.046.600	1.061.280
3.40 % 1893	11.658	5.829.000	5.782.370
Saint-Nazaire 3 ½ 1894	4.980	2.490.000	2.490.000
Souk-Ahras 4 ½ % 1895	1.737	868.500	878.050
Troyes 3.60 % 1891	11.609	5.804.500	5.827.720
Vienne 3 ½ % 1893	4.978	2.489.000	2.489.000
Chambre de comm⁻ᵉ de S¹-Dizier 3 ½ % 1900	2.530	253.000	253.000
	653.541	208.435.200	210.319.290

Assurances

VALEURS	NOMBRE	CAPITAL NOMINAL	CAPITAL
L'Abeille { Grêle	16.000	1.600.000	5.520.000
Incendie	12.000	3.000.000	24.120.000
L'Aigle { Incendie	4.000	2.000.000	21.000.000
Vie	6.000	3.000.000	600.000
Assurances { Incendie	2.000	2.000.000	61.800.000
générales { Maritimes	400	2.000.000	2.920.000
Vie	4.000	3.000.000	124.000.000
Caisse paternelle Vie	16.667	5.000.100	2.200.000
Capitalisation	10.000	1.250.000	1.100.040

VALEURS	NOMBRE de TITRES en circulation au 31 décembre 1902	CAPITAL NOMINAL	CAPITAL au cours du 31 décembre 1902
		francs	francs
Confiance { Incendie	20.000	4.000.000	12.200.000
Vie	6.000	1.500.000	690.000
Foncière { Incendie	80.000	10.000.000	21.200.000
Transports	50.000	6.250.000	8.500.000
Vie	20.000	5.000.000	3.400.000
Franco { Incendie	2.000	2.500.000	18.000.000
Vie	10.000	2.500.000	5.250.000
Métropole	40.000	2.400.000	2.900.000
Monde { Incendie	12.000	2.400.000	2.640.000
Vie	10.000	2.500.000	2.000.000
Nationale { Incendie	4.000	2.500.000	48.800.000
Vie	3.000		82.500.000
Nord { Incendie	2.000	600.000	6.200.000
Vie	3.000	750.000	1.260.000
Paternelle Incendie	6.000	2.400.000	18.330.000
Patrimoine Vie	5.000	1.250.000	375.000
Phénix { Incendie	4.000	4.000.000	44.000.000
Vie	800	1.000.000	27.000.000
Préservatrice Accidents	5.000	1.250.000	9.475.000
Prévoyance Accidents	4.000	2.000.000	12.000.000
Providence { Accidents	10.000	1.250.000	5.150.000
Obligations	4.550	2.275.000	2.002.000
Incendie	2.000	1.250.000	14.000.000
Vie	12.000	1.500.000	840.000
Secours Accidents	20.000	1.500.000	3.100.000
Soleil { Incendie	12.000	6.000.000	46.800.000
Vie	12.000	3.000.000	2.640.000
Union { Incendie	2.000	2.500.000	28.700.000
Vie	2.000		10.700.000
Urbaine (L') { Actions	24.000	3.000.000	11.640.000
et la Seine { Obligations	4.080	2.040.000	2.031.850
Urbaine { Incendie	5.000	1.250.000	19.475.000
Vie	3.407	3.107.000	5.612.500
	8.593	1.718.600	5.800.300
	479.497	108.240.700	779.061.050

Crédit foncier

Actions	400.000	200.000.000	300.000.000
Obligations communales 1879	804.325	402.162.500	390.901.900
Obligations foncières 1879	1.447.868	723.934.000	726.829.700
Obligations communales 1880	810.244	405.122.000	407.147.600
Obligations foncières 1883	1.626.627	813.313.500	750.688.300
Obligations foncières 1885	979.497	489.748.500	473.097.000
Obligations communales 1891	765.871	382.348.400	382.368.400
Obligations communales 1892	445.780	222.890.000	213.082.808
Obligations foncières 1895	489.016	244.508.000	234.483.100
Obligations communales 1896	497.103	248.551.500	236.372.400
Bons 1887	223.163	22.316.300	11.158.160
Bons 1888	147.910	14.791.000	7.247.500
Banque hypothécaire 1880	95.827	95.827.000	55.388.000
Banque hypothécaire 1881	92.840	46.420.000	42.288.600
	9.016.071	4.311.932.700	4.231.688.500

VALEURS	NOMBRE de TITRES en circulation au 31 décembre 1902	CAPITAL NOMINAL	CAPITAL au COURS du 31 décembre 1903
		francs	francs

Banques et institutions de crédit

VALEURS			
Banque de l'Afrique occidentale...	3.000	1.500.000	1.875.000
Banque de l'Algérie...........	40.000	20.000.000	39.200.000
Banque coloniale de la Guadeloupe	6.000	3.000.000	1.920.000
Banque coloniale de la Guyane....	1.200	600.000	1.650.000
Banque coloniale de la Martinique	6.000	3.000.000	3.000.000
Banque coloniale de la Réunion...	6.000	3.000.000	2.400.000
Banque commerciale et industrielle	10.000	5.000.000	3.350.000
Banque de consignations.........	8.000	2.000.000	600.000
Banque des fonds publics et des valeurs industrielles...........	6.000	3.000.000	1.788.000
Banque française pour le commerce et l'industrie...............	80.000	20.000.000	17.600.000
Banque de France................	182.500	182.500.000	688.937.500
Banque nationale d'Haïti........	20.000	5.000.000	8.200.000
Banque de l'Indo-Chine.........	48.000	6.000.000	28.800.000
Banque de Paris.................	125.000	62.500.000	136.750.000
Banque parisienne { Actions	40.000	20.000.000	22.000.000
{ 1/30 parts de fondateur........	20.000		210.000
Banque régionale du Nord.......	16.000	4.000.000	4.000.000
Banque spéciale des valeurs industrielles..................	200.000	20.000.000	8.200.000
Banque suisse et française......	20.000	10.000.000	9.680.000
Banque transatlantique..........	40.000	10.000.000	1.440.000
Caisse Lecuyer.................	24.000	6.000.000	10.800.000
Compagnie algérienne...........	60.000	25.000.000	34.250.000
Compagnie foncière de France....	50.000	25.000.000	2.600.000
Compagnie foncière et immobilière de la ville d'Alger..........	25.000	2.500.000	2.500.000
Comptoir national d'escompte de Paris { Actions....	300.000	150.000.000	176.700.000
{ Parts fondateur....	60.000		1.470.000
Comptoir Naud..................	51.600	6.160.000	7.998.000
Crédit algérien................	16.000	8.000.000	14.400.000
Crédit foncier et agricole d'Algérie	60.000	15.000.000	12.600.000
Crédit foncier colonial { Actions	24.000	12.000.000	684.000
{ Obligations 420..	28.217	11.851.140	5.840.920
{ Obligations 350..	11.150	3.902.500	1.873.200
Crédit industriel et commercial..	160.000	20.000.000	37.280.000
Société marseillaise de crédit industriel....................	60.000	30.000.000	46.800.000
Crédit lyonnais................	500.000	250.000.000	542.500.000
Société foncière lyonnaise { Actions........	100.000	50.000.000	34.500.000
{ Obligations....	56.579	28.289.500	25.347.395
Société française de banque et de dépôts..................	24.000	12.000.000	13.944.000
Société française de reports et dépôts......................	25.000	12.500.000	10.000.000
Société générale	320.000	80.000.000	118.720.000
Sous-comptoir des entrepreneurs.	50.000	5.000.000	15.400.000
La Fourmi immobilière	17.600	1.760.000	1.760.000

VALEURS	NOMBRE de TITRES en circulation au 31 décembre 1902	CAPITAL NOMINAL	CAPITAL au cours du 31 décembre 1902
		francs	francs
Immeubles de France { Actions	3o.ooo	15.000.000	969.000
Obligations 400.....	112.2o3	44.881.200	13.016.5go
Obligations 475.....	45.089	21.417.275	6.177.200
Société immobilière { Actions....	70.454	35.227.000	37.340.620
marseillaise { Obligat.500	22.620	11.310.000	9.636.120
Rente foncière................	40.000	20.000.000	6.200.000
Société civile Lérouville à Sedan..	14.602	7.301.000	8.673.5go
Société civile Annuites Nord......	118.6gg	59.349.600	54.838.935
Société civile Orléans à Châlons..	11.6gg	20.849.500	26.603.960
	3.386.212	1.370.398.615	2.207.864.030

Canaux

VALEURS	NOMBRE de TITRES	CAPITAL NOMINAL	CAPITAL au cours
Canaux Ourcq et Saint-Denis.....	13.o62	6.526.000	6.969.760
Canal Saint-Martin............	2.2g3	2.176.060	2.293.000
Pierrelatte..................	12.000	6.000.000	120.000
Suez { Actions................	210.6og	105.254.500	823.090.200
Actions de jouissance....	12.88g		42.920.370
Parts de fondateur......	100.000		172.000.000
Bons de coupons........	390.655	35.205.050	37.112.250
Obligations 5 %........	194.785	97.3g2.500	125.636.320
Obligations 3 % 1re serie..	67.28g	33.644.500	33.442.680
Obligations 3 % 2e serie..	235.819	117.9og.500	116.730.400
Société civile..........	84.507	42.253.500	250.683.250
	1.323.798	444.362.210	1.610.878.189

Chemins de fer (grandes compagnies)

VALEURS	NOMBRE de TITRES	CAPITAL NOMINAL	CAPITAL au cours
Est { Actions................	5o4.894	252.447.000	476.619.930
Actions de jouissance.......	79.106		34.648.420
Obligations 5 %........	3o5.968	152.984.000	202.244.840
Obligations 3 % anciennes..	1.905.275	952.637.500	879.284.410
Obligations 3 % nouvelles..	1.963.657	981.728.500	914.573.240
Obligations 2 ½ %......	106.940	53.470.000	45.656.440
Est Ardennes................	383.821	191.910.500	189.012.040
Est Strasbourg à Bâle........	3.2og	1.604.500	2.024.870
Est Dieuze..................	4.823	2.411.500	2.175.170
Est Montereau à Troyes........	2.177	2.177.000	2.786.560
Est Moselotte...............	2.2o7	1.128.500	1.015.650
Lyon { Actions................	800.000	400.000.000	1.136.000.000
Fusion ancienne........	4.819.821	2.4og.910.500	2.286.435.6go
Fusion nouvelle........	4.761.220	2.380.610.000	2.319.918.820
2 ½ %...............	283.759	141.879.500	118.895.020
5 %................	10.33o	10.330.000	13.274.050
3 %................	2o5.6o3	102.801.500	95.348.3go
Lyon Bessèges à Alais...........	18.790	9.395.000	8.549.450
Lyon Bourbonnais..............	279.099	139.549.500	130.479.780
Lyon Dauphiné...............	147.317	73.658.500	68.649.730
Lyon Dombes et Sud-Est ancien..	34.876	17.435.000	15.970.460
Lyon Dombes et Sud-Est nouveau,	37.383	18.6g1.500	17.168.790
Lyon Genève 1855..............	72.160	36.080.000	33.806.960
Lyon Genève 1857..............	45.026	22.513.000	21.004.620

VALEURS	NOMBRE de TITRES en circulation au 31 décembre 1902	CAPITAL NOMINAL	CAPITAL au COURS du 31 décembre 1902
		francs	francs
Lyon Méditerranée { 5%........	64.641	32.320.500	41.693.440
1852-1855 ...	219.863	109.901.500	102.538.100
Lyon { 4%....	89.439	55.899.375	59.007.380
Rhône-et-Loire { 3%........	51.447	25.723.500	23.922.850
Lyon Saint-Étienne à Lyon......	1.478	1.478.000	2.010.080
Lyon Emmanuel 1862...........	82.704	41.352.000	38.167.900
Midi { Actions................	234.881	117.440.500	291.722.200
Actions de jouissance....	16.119		9.426.700
Obligations 3% anciennes.	2.512.969	1.256.484.500	1.172.928.300
Obligations 3% nouvelles.	629.053	314.526.200	293.463.220
Obligations 2 ½ %........	190.106	95.053.000	79.664.410
Nord { Actions	504.496	201.798.400	928.272.640
Actions de jouissance....	29.504		28.603.080
Obligations 3% anciennes	2.927.903	1.463.951.500	1.389.290.000
Obligations 3% nouvelles.	328.917	164.458.500	155.742.200
Obligations 2 ½ %........	142.726	71.363.000	61.871.720
Nord Lille à Béthune...........	26.286	13.133.000	12.029.820
Nord Nord-Est Obligations.......	141.103	70.551.500	66.260.130
Nord Picardie et Flandres........	39.032	19.516.000	18.149.880
Nord Nord-Belges...........	108.289	54.144.500	54.415.100
Orléans { Actions...............	487.106	243.552.500	728.222.000
Actions de jouissance..	112.895		120.232.370
Obligations 4% 1848...	10.198	12.747.500	13.094.200
— 3% anciennes	3.302.344	1.651.172.000	1.656.229.610
— 3% nouvelles	1.286.692	643.346.000	600.885.160
— 2 ½ %...	441.635	220.817.500	185.155.470
Orléans Grand-Central 1855.......	264.616	127.808.000	118.905.670
Orléans Orsay.................	774	387.000	389.320
Ouest { Actions............	257.306	128.653.000	241.610.330
Actions de jouissance....	42.694		21.517.770
Obligations 3% anciennes	3.241.006	1.620.503.000	1.513.549.800
Obligations 3% nouvelles	1.343.350	671.675.000	624.321.900
Obligations 2 ½ %....	326.629	163.314.500	136.367.500
Obligations 5% 1853-1854	252	316.000	323.800
Obligations 5% 1855.....	294	367.500	368.970
Obligations 4%.....	1.183	478.200	604.610
Ouest Havre { 1845-1847........	3.424	3.424.000	4.862.170
1848..............	1.153	1.153.000	1.527.720
Ouest Rouen { 1845...........	761	761.000	950.490
1847-1849-1851....	7.302	7.302.000	9.288.140
	36.229.994	17.961.720.475	19.612.199.370

Chemins de fer et tramways (autres compagnies)

Aïn-Thisy à Mascara............	4.405	2.202.500	2.013.090
Méchéria à Aïn-Sefra............	21.953	10.976.500	10.032.520
Modzbah à Méchéria............	4.979	2.489.500	2.275.403
Mostaganem à Tiaret............	62.764	31.377.000	28.678.678
Arpajon { Actions...............	10.000	5.000.000	5.000.000
Obligations............	6.089	3.044.500	2.192.040
Bois de Boulogne Obligations.....	3.925	1.177.500	918.450
Bône Guelma { Actions...........	58.186	29.093.000	42.063.480
Obligations......	377.964	188.982.000	173.863.440

VALEURS	NOMBRE de TITRES en circulation au 31 décembre 1902	CAPITAL NOMINAL	CAPITAL au cours du 31 décembre 1902
		francs	francs
Régionaux des Bouches-du-Rhône { Actions....	13.926	6.963.000	8.238.850
{ Obligations.	19.034	9.517.000	8.089.450
Brésiliens { Actions.............	20.000	10.000.000	10.000.000
{ Obligations 1887.....	14.872	7.436.000	6.978.540
{ Obligations 1895.....	9.411	4.705.500	3.764.400
Caen à la mer { Actions.........	3.945	1.972.500	1.972.500
{ Obligations 3 %.	5.890	2.945.000	2.444.350
Camargue { Actions.........	4.000	2.000.000	2.280.000
{ Obligations........	15.287	7.643.500	6.466.400
Colonies françaises { Actions.....	4.709	2.354.500	2.919.580
{ Obligations.	8.581	4.290.500	3.672.570
Croix-Rousse { Actions.........	3.443	1.721.500	1.721.500
{ Obligations......	1.600	800.000	688.000
Dakar à Saint-Louis.... ...	10.004	5.002.000	7.803.100
Départementaux { Actions.............	60.000	15.000.000	25.440.000
{ Obligations (jaunes).	18.490	9.245.000	8.283.620
{ Obligations (bleues).	53.808	26.904.000	24.218.600
{ Obligations (rouges).	101.867	50.933.500	46.840.150
Drôme { Actions...............	9.000	4.500.000	3.060.000
{ Obligations...........	10.864	5.432.000	4.508.560
Économiques { Actions.........	60.000	10.000.000	15.600.000
{ Obligations.....	167.874	83.937.000	74.708.930
Économiques du Nord { Actions.........	23.236	11.618.000	4.647.200
{ Obligations 4 %..	17.170	8.585.000	8.001.220
{ Obligations 3 %..	6.753	3.376.500	3.038.850
Est-Algérien { Actions..........	49.610	24.805.000	35.719.200
{ Obligations.....	489.609	244.804.000	225.220.140
Est de Lyon { Actions privilégiées	10.800	5.400.000	5.400.000
{ Actions ordinaires..	7.000	3.500.000	3.500.000
{ Obligations........	16.276	8.138.000	5.859.360
Éthiopiens { Actions libérées....	20.580	10.290.000	5.556.600
{ Actions non libérées	15.420	3.855.000	2.081.700
{ Obligations 1re série	51.177	25.588.500	16.606.180
{ Obligations 2e série.	25.934	12.967.000	
Grande ceinture Obligations.....	149.481	74.740.500	70.704.613
Hérault...............	10.000	5.000.000	560.000
— Titres privilégiés........	10.000	5.000.000	2.900.000
Landes	20.000	9.000.000	10.600.000
Médoc { Actions.....	20.000	10.000.000	3.500.000
{ Obligations...........	37.251	18.625.500	14.155.380
Métropolitain de Paris { Actions libérées..	185.223	46.305.750	113.356.480
{ — non libérées	14.777	1.847.125	7.122.510
Meusienne de chemins de fer { Actions........	7.836	3.918.000	3.952.000
{ Obligations	8.258	4.129.000	3.509.650
Miramas à Port-de-Bouc { Actions	900	450.000	360.000
Nogentais { Actions	20.000	10.000.000	7.400.000
{ Obligations 5 %.....	1.592	398.000	
{ Obligations 3 %.....	2.390	1.195.000	1.174.770
Ouest-Algérien { Actions.....	33.053	16.526.500	20.955.600
{ Obligations....	180.816	90.408.500	82.271.280
Pierrefitte Cauterets et Luz { Actions......	5.800	2.900.000	29.000.000
{ Obligations....	4.896	2.448.000	1.968.400
Réunion Obligations..	147.640	73.820.000	68.504.960
Saint-Étienne Rive-de-Gier	12.000	6.000.000	3.696.000

VALEURS	NOMBRE de TITRES en circulation au 31 décembre 1902	CAPITAL NOMINAL	CAPITAL au cours du 31 décembre 1902
		francs	francs
Santa-Fé { Actions............	20.000	10.000.000	200.000
Obligations 5 %......	165.000	82.500.000	46.365.000
Obligations 4 ½ %....	10.000	5.000.000	4.955.000
Saône-et-Loire { Actions............	2.000	1.400.000	1.414.000
Obligations.....	1.925	962.500	950.950
Sud de la France { Actions.........	49.142	24.571.000	10.663.810
Obligations...	245.832	122.916.000	105.707.760
Sud-Ouest { Actions.........	8.000	4.000.000	4.000.000
Obligations........	5.490	2.745.000	2.717.550
Tramways d'Angers............	8.500	4.250.000	3.825.000
Tramways et omnibus de Bordeaux { Actions.........	99.612	24.903.000	12.940.560
Obligations.....	12.000	6.000.000	5.532.000
Tramways français { Actions....	64.000	32.000.000	34.816.000
Obligations	59.798	29.899.000	29.719.600
Tramways Nice et littoral { Actions........	30.000	15.000.000	15.060.000
Obligations.....	5.000	2.500.000	2.245.000
Tramways d'Oran...............	8.000	4.000.000	2.944.000
Générale parisienne de tramways { Actions.........	101.210	25.302.500	18.926.270
Actions de jouiss.	18.790		1.033.450
Tramways de l'Est Parisien........	62.060	31.030.000	6.702.480
— électriques Nord Parisien	28.000	7.000.000	11.340.000
— rive gauche de Paris....	120.000	12.000.000	2.700.000
— Roubaix-Tourcoing......	6.000	3.000.000	3.888.000
— de Rouen.............	24.509	12.254.500	13.945.620
Tramways Paris à Saint-Germain { Actions.........	6.000	3.000.000	540.000
Obligations........	5.253	2.626.500	1.418.310
Tramways Paris et Seine { Actions........	26.745	13.372.500	12.008.500
— de jouissance	2.165		199.180
Tramways des Deux-Sèvres { Actions privilégiées	6.200	3.100.000	2.015.000
Actions ordinaires.	2.800	1.400.000	56.000
Obligations......	10.000	5.000.000	3.000.000
Omnium lyonnais...............	200.000	20.000.000	9.000.000
Tramways de l'Ouest Parisien....	16.000	8.000.000	6.520.000
Ind. Paris Ch. de fer et Tramways { libérées.	100.000	25.000.000	21.550.000
non libérées.....	100.000	6.250.000	4.550.000
parts bénéficiaires	25.000		4.000.000
Vénézuéliens { Actions..........	6.000	3.000.000	
Obligations......	44.568	22.284.000	1.515.310
Voies ferrées du Dauphiné { Actions..........	6.000	3.000.000	480.000
J.J.	2.430	1.215.000	911.250
A.O.............	3.943	1.971.500	1.474.680
Wassy à Saint-Dizier { Actions..........	2.068	1.034.000	688.650
Obligations.....	2.799	1.399.500	923.670
Indo-Chine et Yunnan { Actions......	25.000	3.125.000	2.900.000
Obligations.....	177.359	88.675.000	76.792.550
	4.688.327	1.969.970.875	1.785.087.244

Docks

VALEURS	NOMBRE de TITRES en circulation au 31 décembre 1902	CAPITAL NOMINAL	CAPITAL au cours du 31 décembre 1902
Docks-entrepôts du Havre { Actions......	9.259	4.629.500	8.703.460
— jouissance	741		292.635
Obligations 3 %	18.986	9.493.000	8.543.700

VALEURS	NOMBRE de TITRES en circulation au 31 décembre 1902	CAPITAL NOMINAL	CAPITAL au cours du 31 décembre 1902
		francs	francs
Docks-entrepôts { Actions.......	74.749	37.374.500	25.564.165
de Marseille { — jouissance	3.251		32.510
{ Obligations 3 %	52.269	26.134.500	22.266.695
Docks-entrepôts { Actions......	10.000	2.500.000	865.000
de Rouen { Obligations 4 %	4.164	2.082.000	2.102.820
Entrepôts { Actions....	60.000	80.000.000	35.700.000
et magasins génér{ Act. Jouiss.	1.000		100.000
de Paris { Oblig. 4 %	48.066	24.053.000	24.321.400
Parc de Bercy.............	6.000	1.500.000	4.660.000
	288.485	137.746.500	143.142.335

Eaux

VALEURS	NOMBRE	CAPITAL NOMINAL	CAPITAL au cours
Compagnie { Actions...........	72.524	36.262.000	146.135.860
{ — de jouissance.	7.476		10.616.920
générale { Obligations 3 %	85.837	42.918.500	39.742.530
des eaux { — 4 %	25.298	12.649.000	12.883.006
{ — 4 %	18.386	9.193.000	9.614.755
Eaux { Actions...........	22.460	2.246.000	8.310.200
de la { Actions de jouissance	2.640		652.780
Banlieue { Obl.3 ¾ % janv.-juil.	6.039	3.019.500	3.019.495
{ Obl.3 ¾ % avril-oct.	6.000	3.000.000	2.964.000
Eaux { Actions.......	3.141	1.570.500	1.099.350
de la Bourboule { Obligations 5%	4.972	2.486.000	2.510.860
Eaux { Actions.......	80.000	40.000.000	30.400.000
pour l'Etranger { Obligations 4 %	61.789	30.894.500	30.709.135
Lyonnaise { Actions..........	36.000	18.000.000	19.620.000
des eaux { Obligations 4 %	26.570	13.285.000	13.285.000
Eaux minérales { Actions........	24.000	4.800.000	6.600.000
et bains de mer { Obligat. 4 ½ %	6.999	3.499.500	3.648.495
Eaux de Vals Actions........	36.000	3.499.500	9.320.000
Eaux minérales de Vichy. Actions..	4.500	2.250.000	184.500
Etablissement thermal de Vichy...	32.000	12.000.000	50.208.000
Eaux et électricité { Actions....	6.000	3.000.000	3.090.000
de l'Indo-Chine { Obligations..	5.000	2.500.000	2.500.000
{	6.000	3.000.000	2.856.000
Urbaine d'eau { Actions........	25.000	2.500.000	1.125.000
et d'électricité { Oblig. 300 4 %.	1.782	856.400	244.180
{ Oblig. 500 4 %.	3.000	1.500.000	1.439.250
	609.313	254.429.400	412.578.265

Électricité

VALEURS	NOMBRE	CAPITAL NOMINAL	CAPITAL au cours
Eclairage électrique............	8.000	4.000.000	3.160.000
Cie continentale { Actions........	20.000	10.000.000	14.000.000
Edison { parts de fond..	14.000		1.918.000
Compagnie { Actions	30.000	15.000.000	12.450.000
générale { Oblig. 4 % J.J.....	9.277	4.638.500	4.443.600
d'électricité { Oblig. 4 % A.O....	19.301	9.650.500	9.090.700
{ Actions........	12.000	6.000.000	11.760.000
Secteur { Oblig. 1.000 5 %.....	2.500	2.500.000	2.660.000
de la place { Oblig. 500 5 %.....	1.167	583.500	583.500
Clichy { Oblig. 4 ½ %......	2.197	1.098.500	1.687.500
{ Oblig. 4 ½ % 2°...	6.000	3.000.000	2.970.000

VALEURS	NOMBRE de TITRES en circulation au 31 décembre 1902	CAPITAL NOMINAL	CAPITAL au cours du 31 décembre 1902
		francs	francs
Secteur (Actions..............	18.000	9.000.000	1.800.000
de la) Obligations 5 %...	16.658	8.329.000	6.413.850
rive gauche) Obligations 5 % 2e	4.000	2.000.000	1.300.000
de Paris (Obligations 5 % 3e	2.000	1.000.000	650.000
Société d'applications industrielles	10.000	5.000.000	4.490.000
Société d'éclairage et de force par l'électricité..............	20.000	10.000.000	9.500.000
Société générale électrique industrielle..............	25.000	12.500.000	14.750.000
Société havraise (Actions....	18.600	4.650.000	6.610.000
d'énergie électrique (Act. jouiss.	1.400		140.000
Soc. industrielle (Actions.....	40.000	10.000.000	10.000.000
d'énergie électrique (Part bénéf.	10.000		750.000
Forces motrices (Actions........	50.000	25.000.000	22.450.000
du Rhône) Parts fondateur	6.000		3.030.000
(Obligations 4 %	53.191	26.599.500	26.382.700
Maison Bréguet (Actions..........	8.000	4.000.000	3.056.000
(Obligations 4 ½ %	1.790	895.000	848.460
Société Gramme..............	4.600	2.300.000	2.484.000
Travaux d'éclairage et de force...	6.000	3.000.000	1.530.000
Le Triphasé (Actions..........	12.000	6.000.000	6.000.000
(Obligations 4 ½ %	12.000	6.000.000	5.916.000
L'Union électrique..............	8.000	4.000.000	1.480.000
Haute-Marne 4 % 1889..........	9.780	2.895.000	
Électricité et automobiles Mors...	4.000	2.000.000	3.380.000
Procédés (Actions............	80.000	40.000.000	60.660.000
Thomson-) Obligations 5 %....	16.894	8.447.000	8.682.160
Houston (Obligations 4 %....	40.000	20.000.000	19.280.000
Cie générale (Actions..........	300.000	30.000.000	5.700.000
de traction (Obligations.......	22.622	11.811.000	6.451.900
Cie industrielle (Actions.......	10.000	5.000.000	9.300.000
de traction (parts de fond...	4.000		2.900.000
(Actions..........	9.600	2.400.000	666.400
Cables) Obligat. 3 ½ %.....	52.321	26.160.500	15.539.830
télégraphiques) — 4 % (Australie)..	8.459	4.229.500	3.798.090
(— 4 % (Câble Trans.)	39.208	19.604.000	16.869.440
Société industrielle (Actions....	60.000	18.000.000	18.660.000
des téléphones (Oblig. 4 %.	20.000	10.000.000	9.900.000
	1.118.785	393.896.500	362.971.620

Filatures

VALEURS	NOMBRE	CAPITAL NOMINAL	CAPITAL
Industrie linière..............	18.000	9.000.000	13.500.000
Industries textiles Léon Allart....	20.000	10.000.000	8.400.000
	38.000	19.000.000	21.900.000

Gaz

VALEURS	NOMBRE	CAPITAL NOMINAL	CAPITAL
Gaz acétylène..............	50.000	5.000.000	13.450.000
Gaz de Beauvais Actions..........	1.000	500.000	480.000
Gaz de Bordeaux. Actions de jouiss.	6.000		7.080.000

VALEURS		NOMBRE de TITRES en circulation au 31 décembre 1902	CAPITAL NOMINAL	CAPITAL au cours du 31 décembre 1902
			francs	francs
Gaz central Lebon et Cie	Actions	26.000	13.000.000	36.114.000
	Obligations 5 %	17.130	8.565.000	8.976.120
	Obligations 4 %	84.410	42.205.000	43.655.580
	Obligations 3 %	42.710	21.355.000	18.963.240
Gaz et eaux	Actions	20.000	10.000.000	10.600.000
	Obligation 3 %	36.869	18.434.500	18.250.150
Gaz pour la France et l'Etranger	Actions	40.000	20.000.000	24.000.000
	Oblig. 4 %	43.973	21.986.500	22.272.330
Compagnie française d'éclairage et de chauffage par le gaz. Actions		21.400	10.700.000	17.997.400
Cie française et conti-nentale d'éclairage	Actions	20.000	10.000.000	6.300.000
	Oblig. 4 %	9.662	2.865.600	2.774.800
Fusion des gaz. Actions		8.000	4.000.000	2.232.000
Gaz général	Actions	12.000	6.000.000	1.500.000
	Obligations 5 %	12.941	3.882.300	3.804.650
	Obligations 4 %	11.400	3.420.000	3.068.600
Gaz d'huile		1.000	600.000	340.000
Gaz de Marseille. Actions de jouiss.		38.000		19.620.000
Gaz et électricité de Melun	Actions	3.400	1.700.000	1.471.000
	Oblig. 4 ½ %	500	250.000	250.000
Gaz de Mulhouse	Actions	1.174	687.000	1.972.740
	Actions de jouissance	2.826	706.500	3.249.900
	Obligations 4 %	9.370	4.686.000	4.769.960
Gaz du Nord et de l'Est		15.850	7.925.000	9.494.160
Gaz Parisien	Actions	56.508	14.127.000	44.368.780
	Actions de jouissance	279.492		143.938.380
	Obligations 4 %	120.745	60.372.500	62.002.660
Union des gaz	Actions	50.000	25.000.000	52.250.000
	Obligations 4 ½ % 1888	6.569	3.284.500	3.448.720
	Obligations 4 ½ % 1892	4.862	2.431.000	2.528.240
	Obligations 4 % 1896	9.453	4.726.500	4.764.310
	Obligations 4 % 1900-1903	25.446	12.723.000	12.901.120
	Obligations 3 ½ %	13.670	6.835.000	6.561.600
Gaz de Versailles	Actions	2.838	709.500	3.575.880
	Actions de jouiss.	5.162		5.213.620
Eclairage des villes et fabrication des compteurs	Actions	14.000	7.000.000	7.420.000
	Oblig. 5 %	11.791	3.637.300	2.652.980
	Obl. 4 ½ %	9.908	4.954.000	4.597.310
		1.143.949	363.967.700	639.089.160

Forges et fonderies

Aciéries de France	Actions	20.000	10.000.000	13.690.000
	Parts de fondateur	16.000		1.204.000
	Obligations 4 %	16.289	8.144.500	8.177.080
Aciéries de Longwy		40.000	20.000.000	35.200.000
Aciéries de Micheville		22.000	11.000.000	16.500.000
Aciéries de Trignac	Actions	24.000	12.000.000	7.080.000
	Obligations 5 %	10.837	5.418.500	5.497.650
Ateliers et chantiers de la Loire	Actions	20.000	10.000.000	19.800.000
	Oblig. 4 %	17.350	8.675.000	8.701.750
Chantiers et ateliers de la Gironde		6.600	3.300.000	4.118.400
Chantiers et ateliers de St-Nazaire (Penhoët)	Actions	2.000	500.000	500.000
	Obligat.	5.900	2.950.000	2.531.100

VALEURS	NOMBRE de TITRES en circulation au 31 décembre 1902	CAPITAL NOMINAL	CAPITAL au cours du 31 décembre 1902
		francs	francs
Compagnie générale (Actions ...	60.000	6.000.000	8.700.000
de construction (Obligat ...	11.490	5.745.000	5.124.540
Constructions de Levallois-Perret.	22.500	2.250.000	1.011.250
Constructions de machines et de matériel de chemins de fer....	16.000	8.000.000	6.400.000
Société française de constructions mécaniques (Anc. Etabl. Cail)..	48.000	12.000.000	7.050.000
Constructions mécaniques du Midi de la Russie................	8.000	4.000.000	1.184.000
Schneider et Cᵉ..............	76.000	27.000.000	128.176.000
Dylo (Actions...........	21.000	10.500.000	8.926.000
et Bacalan (Obligations 4 %....	17.646	8.822.500	7.728.510
Electro· (Actions..........	30.000	15.000.000	8.550.000
métallurgie (Obligations 4 %....	7.643	3.821.500	3.317.070
Etablissements (Actions........	70.500	7.050.000	3.789.370
Decauville (Bons au porteur	35.000		262.500
aîné (Obligations 4 %	4.777	2.388.500	1.743.600
Tréfileries du Havre............	50.000	6.000.000	2.812.000
Fonderie Lazare Weiller Oblig. 4 %	6.473	3.236.500	2.071.360
Etabliss. Lazare Weiller Oblig. 4 %	9.785	4.892.500	3.150.770
(Actions...........	24.000	12.000.000	7.968.000
Fives-Lille (Obligations 6 %....	2.781	1.112.400	1.307.070
(Obligations 4 %....	25.000	12.500.000	12.650.000
Forges d'Alais.............	18.000	9.000.000	4.284.000
Châtillon-Commentry (Actions...	37.000	18.500.000	37.555.000
Neuves-Maisons (Obligat.	30.000	15.000.000	14.940.000
Commentry (Actions........	21.431	10.715.500	17.787.730
Fourchambault (Act. de jouiss..	7.072		2.652.000
Decazeville			
Forges et aciéries Nord et Est....	24.000	12.000.000	36.960.000
Forges et chantiers (Actions....	26.000	13.000.000	20.540.000
de la Méditerranée (Oblig. 4 %..	6.265	3.132.500	3.289.120
Forges (Actions.........	7.730	3.865.000	3.633.100
et fonderies (4 ½ % Oblig. J. B	6.942	3.471.000	3.269.680
de Montataire (4 ½ % Oblig. A. C	3.900	1.965.000	1.898.190
Hauts fourneaux de la Chiers....	6.000	3.000.000	4.110.000
Hauts fourneaux forges et aciéries de la marine...............	40.000	20.000.000	49.440.000
Hauts fourneaux (Actions	20.000	10.000.000	20.400.000
forges et aciéries (Obligations..	14.700	7.350.000	7.462.900
Denain Anzin			
Hauts fourneaux de Pauillac....	10.000	5.000.000	4.900.000
Hauts fourneaux (Actions.....	22.000	11.000.000	13.200.000
forges et aciéries (4 % Obligat..	11.220	5.610.000	5.049.000
de Pompey			
Hauts fourneaux (Actions.....	32.000	16.000.000	18.240.000
forges et aciéries (Obligations..	24.730	12.365.000	11.202.700
en Russie			
Cᵉ française (Actions	50.000	25.000.000	21.900.000
des métaux (Obligations 4 %...	32.471	16.235.500	16.008.200
Société métallurgique de l'Ariège.	12.000	6.000.000	4.560.000
Société (Actions.........	8.000	4.000.000	4.000.000
métallurgique (Parts bénéficⁿᵉˢ	50.000		50.000
de Montbard			
Oural Volga (Actions..........	50.000	25.000.000	1.500.000
(Obligations 4 %....	35.034	17.517.000	3.853.750
	1.353.095	618.033.400	576.971.900

VALEURS	NOMBRE de TITRES en circulation au 31 décembre 1902	CAPITAL NOMINAL	CAPITAL au cours du 31 décembre 1902
		francs	francs

Houillères et mines

VALEURS	NOMBRE de TITRES en circulation au 31 décembre 1902	CAPITAL NOMINAL	CAPITAL au cours du 31 décembre 1902
Charbonnages { Actions.........	16.000	4.000.000	16.960.000
du Tonkin { Obligations 5 %.	8.990	4.450.000	4.574.000
Houillères d'Ahun.............	32.000	4.000.000	3.952.000
Dombrowa { Actions...........	12.000	6.000.000	11.820.000
{ Obligations 4 %.....	7.655	3.827.500	3.875.340
Epinac......................	2.400	3.600.000	3.216.000
Haute-Loire	5.200	2.600.000	3.900.000
Mines { Actions........	80.000	8.000.000	21.040.000
de la { Obligations 5 %....	1.146	1.146.000	1.403.850
Loire { Obligations 4 %....	8.818	4.409.000	4.373.730
Montrambert.................	80.000	10.000.000	72.400.000
Rive-de-Gier.................	80.000	16.000.000	1.320.000
Saint-Etienne................	80.000	8.000.000	36.080.000
Aguilas { Actions........	60.000	15.000.000	8.580.000
{ Bons Hypothécaires 4 %	20.700	2.070.000	2.059.650
Algérie- { (Omnium)...........	15.000	7.500.000	6.600.000
Tunisie { Obligations	14.624	7.312.000	6.607.790
Béthune.....................	17.000	3.400.000	61.625.000
Boléo { Actions...........	24.000	12.000.000	26.040.000
{ Parts de fondateur......	9.200		3.588.000
{ Obligations 4 ½ %...	7.154	3.577.000	3.623.500
Campagnac...................	3.500	3.500.000	5.425.000
Carmaux	23.200	6.960.000	37.375.200
Carvin { Actions...........	3.370	1.685.000	7.077.000
{ 1/5...............	2.875	287.000	1.286.120
Courrières...................	60.000	6.000.000	148.200.000
Dourges { Actions...........	1.230	1.230.000	23.620.000
{ 1/100............	57.000	570.000	13.680.000
{ Obligations..........	5.960	2.980.000	2.980.000
Escombrera - Bleyberg...........	20.000	7.000.000	12.900.000
Graissessac..................	17.925	3.585.000	6.363.880
Grand'Combe.................	26.500	6.375.000	34.680.000
Lens. — Parts...............	300.000	3.000.000	192.000.000
Ligny-les-Aires...............	9.000	4.500.000	3.915.000
Marles. — Parts..............	16.000		29.760.000
Kanguet.....................	8.000	4.000.000	4.000.000
Krivoï-Rog	14.000	7.000.000	14.770.100
Laurium.....................	32.600	16.300.000	10.260.000
Laurium. — Parts de fondateur...	5.760		57.600
Malfidano { Actions...........	16.820	4.205.000	7.501.720
{ Actions de jouissance	33.180		7.465.500
{ Obligations	6.000	3.000.000	2.784.000
Mokta El Hadid { lib......	34.313	17.156.500	28.273.910
{ non lib.	5.687	2.274.800	3.980.900
Mines d'or et exploration	125.000	12.500.000	13.000.000
Le Nickel { Actions...........	60.000	15.000.000	26.700.000
{ Obligations 4 %......	12.748	6.374.000	6.405.870
Pénarroya	60.000	15.000.000	58.400.000
Pontgibaud..................	13.100	3.930.000	3.013.000
Puertollano..................	4.000	2.000.000	4.660.000
Saint-Elie	8.000	4.000.000	680.000

VALEURS	NOMBRE de TITRES en circulation au 31 décembre 1902	CAPITAL NOMINAL	CAPITAL au COURS du 31 décembre 1902
		francs	francs
Sels gemmes et { Actions	40.000	20.000.000	18.000.000
houilles de Russie { Oblig. 4 %..	21.060	10.530.500	9.582.300
Vicoigne et Nœux..............	4.000	2.400.000	89.600.000
	1.631.625	320.234.800	1.136.033.960

Phosphates, engrais, produits chimiques

VALEURS	NOMBRE de TITRES	CAPITAL NOMINAL	CAPITAL au COURS
Phosphates { Actions...........	50.000	5.000.000	8.500.000
du Dyr { Obligations 4 ½ %.	4.380	2.190.000	2.080.500
Phosphates { Actions......	36.000	18.000.000	21.060.000
et chemins de fer { P. bénéf....	14.400		3.096.000
de Gafsa { Obl. 5 % ...	5.000	2.500.000	2.680.000
Société centrale de dynamite......	40.000	20.000.000	22.600.000
Société générale { Act. de jouiss.	8.000		3.520.000
de dynamite { Obligations ...	2.017	1.008.500	978.240
Etablissements { Actions	10.000	5.000.000	5.600.000
Malétra { Obligations 5 %	7.207	3.603.500	3.747.640
{ Obligat. 4 ½ %	2.525	1.262.500	1.262.500
Glaces et produits chimiques de Saint-Gobain.................	4.600	18.400.000	147.384.000
Matières colorantes { Actions lib.	5.899	2.869.600	2.125.620
de Saint-Denis { Act. non-lib.	11.601	3.190.275	3.422.290
Matières plastiques.............	3.000	1.500.000	504.000
L'Oyonnithe....................	76.000	2.500.000	2.250.000
Produits chimiques et explosifs (Société franco-russe).........	35.000	3.500.000	1.155.000
Produits chimiques { Actions	7.150	715.000	2.466.750
de { Act. jouiss.	7.850		2.276.500
Saint-Denis { Oblig. 4 %	2.582	1.291.000	593.880
Ancienne compagnie Richer.....	28.000	8.400.000	31.640.000
Anc. maisons Tornoix et Guinon...	7.000	3.500.000	5.138.000
Soc. chimiq. des usines du Rhône	30.000	3.000.000	1.320.000
	347.211	108.920.375	270.300.900

Ports

VALEURS	NOMBRE de TITRES	CAPITAL NOMINAL	CAPITAL au COURS
Appontement public { Actions....	7.200	3.600.000	4.320.000
de Pauillac { Oblig. 3 %	11.639	5.819.500	4.078.650
Société maritime { Actions......	4.000	2.000.000	2.000.000
de Pauillac { Obligat. 3 %..	9.495	4.747.500	3.560.620
Cⁱᵉ des ports de Tunis { Act. Jouis.	5.000		3.000.000
Sousse et Sfax { Oblig. 4 %	14.218	7.109.000	7.194.300
	52.552	23.276.000	24.148.570

Transports

VALEURS	NOMBRE de TITRES	CAPITAL NOMINAL	CAPITAL au COURS
Bateaux { Actions............	20.000	10.000.000	4.040.000
parisiens { Parts bénéficiaires..	6.000		504.000
{ Obligations 4 %.....	3.837	1.161.100	1.143.420
Chargeurs { Actions...........	25.000	12.500.000	17.600.000
réunis { Parts fondateur.....	16.000		1.552.000
{ Obligations........	49.374	24.687.000	24.341.350

VALEURS	NOMBRE de TITRES en circulation au 31 décembre 1902	CAPITAL NOMINAL	CAPITAL au cours du 31 décembre 1902
		francs	francs
Compagnie générale (Actions ...	32.800	16.400.000	11.152.000
de navigation (Oblig. 4 %.	7.652	3.826.000	3.833.650
Havraise péninsulaire...........	10.000	5.000.000	6.600.000
Messageries (Actions..........	120.000	60.000.000	30.240.000
maritimes (Obligations 3 ½ %	144.450	72.225.000	60.669.000
	13.550	6.775.000	9.010.750
Omnibus { Actions............ Actions de jouissance. Obligations 4 %.... Obligations 3 ½ %...	20.450		5.419.250
	112.590	56.295.000	55.609.460
	7.273	3.636.500	3.483.767
Navale de l'Ouest.............	2.660	1.325.000	1.325.000
	80.000	40.000.000	11.040.000
Transatlantique { Actions........ Obligations 3 % Obligat. Valéry	304.176	152.088.000	76.044.000
	3.228	1.614.000	1.317.020
Transports maritimes à vapeur...	18.000	9.000.000	10.260.000
Transports de liquides Actions...	24.000	2.400.000	2.400.000
Comp. paris. de voitures (Actions	18.000	5.400.000	3.294.000
l'« Urbaine » (Oblig..	34.720	10.416.000	7.464.800
	57.862	28.931.000	16.953.560
Voitures { Actions........ Actions de jouissance.. Obligations 3 ½ %...	27.138		1.044.810
	54.684	27.342.000	24.060.960
Voitures pour le service des chemins de fer...............	1.600	800.000	1.560.000
Wagons-citernes	6.000	600.000	30.000
	1.220.934	552.371.000	392.052.797

Valeurs diverses

VALEURS	NOMBRE	CAPITAL NOMINAL	CAPITAL cours
Agence Havas...	17.000	8.500.000	8.653.000
Annuaire (Actions..........	30.000	7.500.000	24.120.000
Didot-Bottin (Parts de fondateur	6.000		3.654.000
Ardoisières (Actions..........	32.000	8.000.000	7.520.000
de l'Anjou (Obligations 4 %...	11.363	5.681.500	4.772.460
Bénédictine..............	5.000	2.500.000	32.100.000
Blanchisserie de Courcelles.....	12.500	1.250.000	812.500
Blanchiss. et teinturerie de Thaon.	1.400	3.500.000	11.200.000
Briqueterie de Vaugirard........	13.000	6.500.000	910.000
Carrières (Actions............	7.000	3.500.000	3.444.000
de (Parts de fondateur...	2.550		318.750
l'Ouest (Obligations 4 ½ %...	6.472	3.236.000	3.197.172
Carrières et scieries de Bourgogne	5.100	2.550.000	1.530.000
Caves et producteurs réunis de Roquefort...............	26.000	6.500.000	6.500.000
Chalets de commodité..........	12.000	1.200.000	850.000
Chalets de nécessité	3.668	1.100.400	3.004.090
Chameroy...............	2.521	1.260.500	1.056.300
Chaussures « Incroyable »......	14.150	1.415.000	1.839.500
Ciments français..........	20.000	10.000.000	11.180.000
Ciments de laitier de Donjeux....	1.200	600.000	600.000
Ciments Portland du Boulonnais..	10.000	5.000.000	3.500.000
Cirages français...........	16.000	8.000.000	8.240.000
Société du (Actions de jouis.	8.375	1.172.500	1.428.750
Cirque d'Hiver (	375		15.000
Compteurs et matériel (Actions	28.000	7.000.000	43.400.000
d'usines à gaz. (Oblig. 4 %	9.674	4.837.000	4.924.060

VALEURS	NOMBRE de TITRES en circulation au 31 décembre 1902	CAPITAL NOMINAL	CAPITAL au cours du 31 décembre 1902
		francs	francs
Cie agricole de la Crau { Actions...	12.000	6.000.000	180.000
{ Oblig. 4 %	4.336	2.167.500	2.659.125
Économiste français............	2.000	200.000	1.100.000
Émeris et { Actions...	4.600	2.300.000	1.035.000
produits à polir { Obligations 3 %	1.521	760.500	752.890
Établissements { Actions........	9.023	4.611.500	16.060.950
Duval { Obligations 4 %	8.752	4.376.000	4.600.000
Établissements Jules Jaluzot...	25.000	625.000	625.000
Établissements Jacques Leclaire..	10.000	1.000.000	760.000
Établissements Orosdi-Back......	100.000	10.000.000	14.700.000
Établissements J. Voirin........	5.500	2.750.000	2.750.000
Exposition de 1889 Bons à lots....	1.197.311	29.932.770	8.081.850
Figaro.....................	19.200	1.200.000	6.720.000
Glace hygiénique..............	20.625	2.062.500	2.206.870
Glacières de Paris.............	6.272	3.136.000	4.390.400
Grande distillerie Cusenier.......	20.000	10.000.000	11.280.000
Grand Hôtel { Actions........	40.000	4.000.000	8.440.000
{ Obligations 4 %	6.358	2.679.000	2.303.940
Grands moulins { Actions........	24.000	12.000.000	3.348.000
{ Parts bénéf...	4.000		63.000
de Corbeil { Obligat. 4 ½ %	7.790	3.895.000	3.466.550
{ Obligat. 4 %	9.790	4.895.000	4.111.800
Hôtel Continental.............	13.000	6.500.000	4.355.000
Huileries du { Actions........	4.300	2.150.000	2.150.000
Sahel-Tunisien { Parts........	4.000		500.000
Imprimerie { Actions........	3.458	1.729.000	829.920
Paul Dupont { Actions de jouiss.	742		37.100
{ Obligations 4 %	2.627	1.313.500	985.120
Imprimerie Chaix.............	10.000	3.000.000	10.480.000
Incandescence par le Gaz (Auer)...	20.000	2.000.000	10.080.000
Industrie en France et à l'étranger	24.000	12.000.000	4.800.000
Jardin { Actions........	3.000	1.500.000	510.000
d'Acclimatation { Obligations 3 %	6.610	3.305.000	1.255.900
{ Obligations 4 %	9.273	4.636.500	1.759.550
Jumelles de théâtre...........	7.000	700.000	217.000
Laiterie { Actions......	19.895	9.947.500	3.272.730
(Société générale) { Obligat. 3 %	4.805	1.441.500	1.393.460
Laiterie des fermiers réunis Obligations 3 %..................	6.110	2.444.000	1.784.120
Librairies-imprimeries réunies....	10.000	3.000.000	1.600.000
Lits { Actions.........	10.000	6.000.000	15.200.000
militaires { Obligations 4 %	20.268	12.160.800	12.343.210
Littoral de la Méditerranée......	20.000	2.000.000	400.000
Maison Durst Wild frères.......	6.000	2.400.000	2.400.000
Matériel agricole { Actions......	5.000	2.500.000	2.725.000
et industriel { Obligat. 5 %	4.993	1.497.900	1.632.850
Matériel de chemins de fer......	7.000	3.500.000	3.325.000
Le Matin { Actions...........	10.000	1.000.000	3.800.000
{ Parts fondateur......	30.000		6.750.000
Musée { Actions............	2.000	1.000.000	1.150.000
Grévin { Parts bénéficiaires....	2.000		910.000
Nouveaux { Actions......	29.600	14.800.000	14.800.000
quartiers de Paris { Obligat. 3 %	23.680	11.840.000	10.135.040
Nouvelles galeries { Actions.....	70.000	35.000.000	52.500.000
réunies { Obligat. 4 %	24.000	12.000.000	10.728.000

VALEURS	NOMBRE de TITRES en circulation au 31 décembre 1902	CAPITAL NOMINAL	CAPITAL au COURS du 31 décembre 1902
		francs	francs
Papeteries { Actions............	12.000	6.000.000	5.400.000
Gouraud { Obligations 5 %....	4.090	2.045.000	2.065.450
Paris-France { Actions..........	34.000	17.000.000	25.585.000
{ Obligations......	10.233	5.116.500	5.198.380
Petit Journal....................	50.000	25.000.000	25.500.000
Petit Parisien { Actions.........	12.000	3.000.000	11.700.000
{ Parts bénéfic.....	35.000		27.440.000
Manufacture française de porte-plumes Actions............	6.200	3.100.000	2.914.000
Presse. — Bons..................	491.400	9.828.000	5.651.100
Printemps (Jaluzot et Cie)....	70.121	35.060.500	43.475.020
Procédés Raoul Pictet.........	6.000	1.360.000	630.000
Raffinerie et { Actions.........	64.000	32.000.000	59.840.000
sucrerie Say { Obligations 4 %..	57.343	28.671.500	29.359.825
Salines { Actions........	16.000	3.000.000	4.665.000
de l'Est { Obligations.........	3.899	2.436.875	2.378.390
Salins du Midi Actions de jouiss...	14.076		12.697.120
La Soie { Actions............	6.000	6.000.000	6.000.000
{ Obligations........	5.211	2.605.500	2.683.670
Soie de Chardonnet Actions......	16.000	2.000.000	3.500.000
Stéarinerie Frédéric Fournier...	85.000	8.500.000	21.165.000
Anciennes sucreries de Fives-Lille Actions............	24.000	6.000.000	4.584.000
Taxes municipales............	5.875	2.937.500	2.767.130
Temps { Actions............	1.800	900.000	936.000
{ Actions de jouissance...	2.200		1.640.000
Tour Eiffel { Actions de jouiss...	10.200		610.000
{ Parts bénéficiaires.	10.200		581.400
Usine Cliff....................	3.200	1.600.000	2.668.800
	3.365.833	672.810.745	782.012.005

Valeurs en liquidation

VALEURS	NOMBRE	CAPITAL NOMINAL	CAPITAL
Banque française de l'Afrique du Sud............	400.000	40.000.000	26.400.000
Banque internationale de Paris....	80.000	40.000.000	22.400.000
Compagnie { Actions......	60.000	30.000.000	2.520.000
franco-algérienne { Obligations...	104.224	10.422.400	9.901.280
Crédit mobilier Actions.....	60.000	30.000.000	4.365.000
Cie française d'entreprises militaires et civiles..............	14.000	140.000	350.000
{ Actions...........	600.000	300.000.000	1.500.000
{ Parts de fondateur.....	9.000		342.000
{ Obligations 500 5 %...	247.350	123.675.000	14.222.620
{ Obligations 500 3 %...	590.950	295.475.000	23.047.050
Panama { Obligations 500 4 %...	472.147	236.073.500	20.656.430
{ — 2 à 1.000 1re série.	445.675	222.837.500	31.642.925
{ — 2 à 1.000 2e série.	251.884	125.942.000	16.876.230
{ — 2 à 1.000 3e série.	88.724	44.362.000	12.332.630
{ Obligations à lots 1888.	846.332	423.166.000	112.138.990
{ Bons à lots 1888......	511.179	53.673.795	56.740.869
Anciens établissements Cail......	20.000	10.000.000	605.000
Aguas Tenidas................	20.000	10.000.000	320.000
	4.821.465	1.995.767.195	356.201.024

VALEURS	NOMBRE de TITRES en circulation au 31 décembre 1902	CAPITAL NOMINAL	CAPITAL au COURS du 31 décembre 1902

§ II. — VALEURS ÉTRANGÈRES

Fonds d'Etat russes

		francs	francs
5 % 1822		115.350.000	158.606.250
4 % 1867-1869	871.100	512.971.500	521.948.500
4 % 1880	662.000	664.219.500	674.939.670
4 % 1889	833.920	485.100.000	496.742.400
4 % 1890 2°	339.796	349.275.000	357.808.320
4 % 1890 3°	334.972	292.300.000	299.022.900
4 % 1890 4°	25.720	39.162.500	40.180.780
4 % 1893 5°	171.467	176.037.500	179.688.480
4 % 1894 6°	493.464	446.750.000	400.822.625
Consolidé 4 % 1re série	688.308	680.125.000	697.468.190
4 % 2° série	951.115	1.206.742.000	1.238.720.660
4 % 3° série	215.870	310.925.000	319.164.510
4 % 1901	479.120	424.000.000	449.016.000
3 % 1891	924.612	481.925.000	428.503.625
3 % 1894	279.420	161.475.000	142.905.375
3 % 1896	460.000	400.000.000	349.600.000
3 ½ % 1894	384.016	392.387.500	384.539.750
Intérieur 4 ½ % 1re	158.000	193.131.000	198.924.930
4 % 1894	1.361.920	2.987.000.000	2.950.000.000
Donetz 4 %	53.524	26.762.000	26.360.570
Dvinsk-Vitebsk 4 %	143.968	71.984.000	73.361.700
Koursk 4 % 1889	159.308	166.009.300	169.369.880
4 % 1891	54.159	27.079.500	27.079.500
Orel Griasi 4 % 1889	58.430	57.808.500	58.697.800
Riga Dwinsk 4 %	55.790	34.378.000	34.034.220
4 % Grande société ch. de fer russes	56.124	112.248.000	117.860.400
Transcaucasien 3 %	178.086	198.059.000	178.806.305
4 %	46.558	23.279.000	23.884.250
Lettre de gage 3 ½ % B. Noblesse	984.000	389.835.000	374.241.600
	11.294.836	11.323.318.800	11.304.089.500

Autres fonds d'Etat étrangers

Angleterre consolidés 2 ½ % 1853		793.400.000	760.165.000
2 ¾ % 1888		15.000.000.000	14.100.000.000
Argentin 6 % 1881	15.062	7.631.000	7.380.380
5 % 1881	15.500	35.050.000	32.246.000
5 % 1886	157.250	183.202.500	186.499.630
6 % 1891 Consolidation	174.970	186.772.000	192.375.160
4 % 1896 Rescision	58.296	233.912.500	174.264.810
4 % 1900	177.480	88.740.000	65.223.900
Autriche Dette 5 % 1868 (argent et papier)	2.750.000	3.830.000.000	3.940.000.000
Rente 4 % or		1.310.765.500	1.361.885.350
Emprunt 5 % 1860 Lots	200.600	210.630.000	323.969.000
Domaniales	194.700	58.410.000	63.082.800
Bahia 5 % 1888	32.290	16.145.000	15.240.880
Belgique 2 ½ %		219.969.600	194.664.240
3 % 1re série	276.465	391.763.800	400.382.600
3 % 2° série	1.391.674	2.033.689.500	2.048.841.520
3 % 3° série	99.000	207.561.500	210.882.480

VALEURS	NOMBRE de TITRES en circulation au 31 décembre 1902	CAPITAL NOMINAL	CAPITAL au COURS du 31 décembre 1902
		francs	francs
Berne { 3 % 1895............	95.641	47.821.000	46.386.370
3 % 1897............	100.000	50.000.000	47.700.000
3 ½ % 1899........	30.000	15.000.000	15.450.000
3 ½ % 1900.........	40.000	20.000.000	20.600.000
Brésil { 4 ½ % 1883.........	25.500	82.328.400	68.332.370
4 ½ % 1888.........	30.000	121.647.100	101.187.960
4 % 1889.............	112.000	463.382.600	354.487.890
5 % 1898 Funding......	170.000	120.630.400	122.731.080
Bulgarie { 6 % 1896........	58.090	29.045.000	25.850.050
5 % or 1902......	172.000	106.000.000	101.124.090
Canada { 4 % garanti......		158.760.000	164.816.600
4 % non garanti........		246.800.000	242.109.000
Cap de Bonne-Espérance 4 ½ % 1878		11.300.000	11.300.000
Chine { 4 % or 1895........	656.000	359.282.500	376.090.980
5 % or 1898........	213.000	112.500.000	110.306.250
Congo { Obligations de 100 francs	686.476	68.647.600	58.360.370
4 % amortissable 1901..	100.000	50.000.000	48.800.000
Danemark { 3 ½ % 1886.......		80.508.180	80.165.340
3 % or 1894......		105.000.000	99.487.600
3 % 1897.........	132.500	94.500.000	90.966.250
3 ½ % amortiss. 1900	18.000	16.240.000	16.646.000
3 ½ or 1901.........	46.430	43.001.000	43.861.920
Égypte { Dette unifiée...........	1.268.570	1.399.299.000	1.522.437.310
Daïra Sanieh 1890......	168.722	146.651.000	153.470.270
Dette privil. 3 ½ % 1890.	498.370	734.839.500	708.642.120
Domaniales 4 ½ %....	15.560	69.181.455	62.684.890
3 % garanti 1885......	9.240	204.543.300	201.476.150
Espagne Extérieure 4 % estampillée	201.811	1.039.746.300	907.178.050
Espirito Santo 5 % 1894.......	32.585	16.292.500	12.645.220
États-Unis d'Amérique consol. 4 %		242.767.000	286.000.000
Finlande { 3 ½ % 1889........	33.072	38.589.645	36.087.880
3 ½ % 1895........	22.600	17.106.500	16.549.570
3 % 1898.........	68.800	53.412.500	46.789.350
3 ½ % amortis. 1901.	41.000	24.777.000	23.847.860
Fribourg { 3 % 1892........	33.225	16.612.500	15.717.420
3 ½ % 1899.......	23.688	11.844.000	11.891.380
Grisons 3 % 1897.............	20.000	10.000.000	9.160.000
Haïti { 1875............	63.658	16.097.400	13.414.500
1896.............	94.420	47.210.000	37.059.850
Hellénique { 5 % 1881......	122.000	101.669.000	45.141.030
5 % 1884......	121.000	88.921.000	39.303.090
4 % 1887......	75.000	131.142.500	62.686.120
2 ½ % or 1898..	60.237	150.592.500	141.256.500
Hollande { 3 % 1844......		266.700.000	261.366.000
3 % 1896-1898......	204.960	902.980.000	884.920.000
Honduras...........	207.509	62.252.700	2.075.090
Hongrie { 4 % or.........	675.000	1.705.000.000	1.781.726.000
3 % or 1895........	21.650	46.443.500	41.706.350
Italie { Rente 5 %.........		7.698.121.000	8.314.046.000
Rente 3 %.........		160.101.450	115.273.000
Victor-Emmanuel 1863....	233.677	116.838.500	86.226.810
Pontifical 1866...........	64.352	32.176.000	32.266.450
Minas Geraës 5 % 1897.....	119.188	59.594.000	51.370.000

VALEURS	NOMBRE de TITRES en circulation au 31 décembre 1902	CAPITAL NOMINAL	CAPITAL au cours du 31 décembre 1902
		francs	francs
Norvège — 3 % 1880	12.500	40.915.200	88.863.880
3 % 1888	26.600	88.202.770	79.126.830
3 ½ 1891	56.461	51.884.780	52.633.850
3 ½ 1895	22.980	13.010.800	13.883.000
3 % 1896	34.220	33.734.000	32.619.570
3 ½ 1898	51.182	25.591.000	25.821.320
3 ½ 1900	62.000	44.451.000	45.606.730
3 ½ 1902	73.200	50.600.000	51.400.200
Bons hypoth. 4 % 1900	27.482	13.751.000	14.373.100
Bons hypoth. 3 ½ 1902	55.416	27.708.000	27.818.830
Portugal — Dette 3 % Ext. 1re série	1.043.179	626.805.400	321.361.300
4 % 1890 2e série	60.322	30.161.030	18.398.200
4 ½ 1888-1889 3e série	477.517	238.758.600	155.198.000
Obl. Tabacs 4 ½ % 1891	300.000	205.416.000	211.166.600
Québec — 4 ½ % 1880	18.661	9.330.500	10.096.600
4 % 1888	4.795	18.239.500	19.138.000
3 % 1894	55.264	27.632.000	28.733.960
Roumanie — 5 % 1881 à 1888	285.000	325.955.000	316.176.350
5 % 1892-1893	113.326	114.607.000	114.377.780
4 % 1890	211.270	235.094.500	210.409.680
4 % 1891	92.400	110.507.000	99.189.030
4 % 1896	69.300	84.877.000	73.248.850
4 % 1898	162.900	176.839.500	151.814.130
Bons du Trésor	120.000	175.000.000	176.605.000
Serbie 4 % amortissable 1895	415.832	347.770.000	278.216.000
Suède — 3 % 1888	17.000	37.020.000	35.250.000
3 % 1894	14.992	25.000.000	24.750.000
3 ½ 1890	47.000	43.288.700	41.130.640
3 ½ 1895	112.300	129.880.800	133.694.830
3 ½ 1899	49.500	50.000.000	51.300.000
1900	9.900	50.400.000	54.180.000
3 ½ 1889	12.471	17.469.000	18.429.800
3 ½ % 1892	5.000	5.000.000	5.195.000
3 ½ % 1894	20.000	20.000.000	20.650.000
Suisse — Rente 3 % des ch. de fer	33.733	69.333.000	71.586.300
3 % 1897	24.248	24.248.000	24.793.580
3 ½ % 1899-1902	250.000	250.000.500	258.375.000
Rente 1900 Chem. de fer	100.000	75.000.000	84.000.000
Dette convertie B	115.000	101.456.000	58.185.000
Dette convertie C	430.000	635.185.000	205.165.000
Dette convertie D	700.000	1.014.111.500	298.656.000
Ottomane Consolidation (?)	142.450	95.450.000	90.868.400
Priorité 4 %	165.362	165.931.000	165.931.700
Turquie — Douanes 4 %	310.910	195.455.000	187.056.450
Tribut d'Egypte 4 % 1891	23.046	149.791.820	153.162.140
Priorité Tombac 4 %	24.335	19.977.500	19.258.340
4 % 1894	77.003	38.501.500	38.116.480
Tribut d'Egypte 3 ½ % 1891	47.617	198.277.600	202.243.180
Ottoman 5 % 1896	103.609	71.855.000	75.016.600
Uruguay 3 ½ %	129.850	494.146.000	296.487.900
	19.419.892	50.079.883.400	47.486.596.630

VALEURS	NOMBRE de TITRES en circulation au 31 décembre 1902	CAPITAL NOMINAL	CAPITAL au cours du 31 décembre 1902
		francs	francs

Assurances et banques

VALEURS	NOMBRE	CAPITAL	CAPITAL
Phénix autrichien à Vienne	30.000	6.300.000	4.110.000
Phénix espagnol.	60.000	12.000.000	26.620.000
Banque des Pays Autrichiens	200.000	84.000.000	87.000.000
Banque de crédit foncier central d'Autriche	20.000	8.400.000	19.700.000
Banque hypoth. d'Espagne.	100.000	20.000.000	26.000.000
Banque commerciale italienne. . . .	88.000	60.000.000	61.952.000
Banque nationale du Mexique	200.000	100.000..00	121.260.300
Banque ottomane.	500.000	125.000.000	174.000.000
Banque République Sud-Africaine.	100.000	25.000.000	35.400.000
Banque hypoth. Suède Obligations	84.260	42.130.000	44.278.630
Crédit foncier d'Autriche.	120.000	24.000.000	118.200.000
Crédit { Actions.	100.000	20.000.000	41.920.000
foncier { Obligations 4 %.	74.778	37.762.800	38.323.725
égyptien { Obligations 3 ½ %. . . .	197.766	98.877.500	101.250.660
Crédit foncier { Actions.	50.000	6.250.000	6.150.000
franco-canadien { Obligations 3 %. .	28.437	14.218.500	12.114.160
{ Obligat. 3.40 %	53.220	26.610.000	26.066.620
Crédit foncier { Actions.	200.000	50.000.000	103.200.000
hongrois { Obligations.	98.770	49.385.000	48.891.150
Crédit mobilier espagnol en liqui-dation. Actions de jouissance. . .	95.000		1.000.000
Société alsacienne de banque	30.000	9.000.000	8.400.000
	2.490.220	818.933.800	1.105.676.845

Chemins de fer

VALEURS	NOMBRE	CAPITAL	CAPITAL
Andalous { Actions	69.300	34.650.000	13.513.500
{ 1re série.	276.214	138.107.000	77.882.350
{ 2e série.	99.337	49.668.500	28.062.270
Autrichiens { Actions.	519.152	259.576.000	383.134.170
{ Actions de jouiss. . .	39.848		3.979.400
{ Oblig. 3 % 1re hyp.	636.399	318.199.500	298.789.330
{ Oblig. 3 % 2e hyp.	147.403	73.701.500	67.436.870
{ Oblig. 3 % 4e hyp.	188.462	94.226.000	84.897.635
{ Oblig. 3e série A . . .	383.315	191.657.500	177.474.840
{ Obligations 3 %. . . .	128.839	64.419.500	67.769.310
Beïra-Alta { Actions.	20.000	10.000.000	490.000
{ Obligations.	121.117	60.558.500	13.383.430
Cacérès { Actions	50.000	25.000.000	1.775.000
{ Obligations.	140.510	69.601.000	16.861.200
Congo supérieur.	100.000	25.000.000	26.200.000
Damas- { Oblig. à revenu variable	99.028	49.514.000	18.221.150
Hamah { Obligations 4 % priv. . .	88.435	44.217.500	35.108.690

VALEURS	NOMBRE de TITRES en circulation au 31 décembre 1902	CAPITAL NOMINAL	CAPITAL au COURS du 31 décembre 1902
		francs	francs
Est Egyptien...................	12.318	6.208.800	5.643.100
Lombards (Actions............	728.196	364.098.000	67.722.220
Lombards (Actions de jouissance	16.697		
Lombards (Obligations 3 %	3.800.474	1.900.237.000	1.200.949.780
Lombards (Obligations 4 %	161.833	80.916.500	77.518.000
Méridionaux...................	405.940	202.970.000	276.851.080
Nitrate Railways..............	95.228	23.807.000	18.093.320
Nord de l'Espagne (Actions.........	490.000	245.000.000	100.450.000
Nord de l'Espagne (Obligations 1re série	590.180	295.090.000	201.251.380
Nord de l'Espagne (Obligations 2e série	222.477	111.238.500	73.751.130
Nord de l'Espagne (Obligations 3e série	45.241	22.620.500	15.472.420
Nord de l'Espagne (Obligations 4e série	45.587	22.793.500	15.317.250
Nord de l'Espagne (Obligations 5e série	92.334	46.167.000	30.886.720
Nord de l'Espagne (Pampelune.......	192.141	96.070.500	63.698.670
Nord de l'Espagne (Barcelone.......	204.910	102.455.000	68.837.490
Nord de l'Espagne (Ségovie Médina....	19.736	9.868.000	6.316.520
Nord de l'Espagne (Asturies 1re série...	228.277	114.138.500	75.331.410
Nord de l'Espagne (Asturies 2e série...	92.121	46.060.500	30.031.440
Nord de l'Espagne (Asturies 3e série...	55.411	27.705.500	18.063.985
Nord de l'Espagne (Lérida Reus.......	44.019	22.009.500	14.086.080
Est de l'Espagne...............	33.355	16.677.500	11.474.120
Orientaux.....................	100.000	40.000.000	32.500.000
Ouest de l'Espagne Obligations...	79.751	38.375.500	4.067.800
Portugais (Actions.	69.297	34.648.500	7.414.780
Portugais (Actions de jouissance.........	703		
Portugais (Obligations à revenu fixe 3 %	388.948	194.474.000	143.182.860
Portugais (Obligations à revenu fixe 4 %	31.337	15.668.600	15.855.180
Portugais (Obligat. à revenu variable 3 %	362.828	181.414.000	56.782.680
Portugais (Obligat. à revenu variable 4 %	63.844	31.922.000	12.896.490
Cie russe française de chem. de fer	96.545	9.654.000	15.833.880
Salonique Constantinople........	316.015	158.007.500	93.540.440
Sao Paulo et Rio Grande........	49.745	24.872.500	19.798.610
Saragosse (Actions..........	496.938	248.469.000	166.474.280
Saragosse (Obligations 1re hyp...	1.074.840	537.240.000	419.047.200
Saragosse (Obligations 2e hyp...	133.101	66.550.500	50.844.680
Saragosse (Obligations 3e hyp...	64.737	32.368.500	24.729.630
Saragosse (Cordoue à Séville Obl.	42.030	21.015.000	15.719.220
Saragosse (Badajoz Obligations..	61.843	30.921.500	33.395.220
Smyrne à Cassaba (Obligations 1894.....	112.243	56.121.500	51.531.780
Smyrne à Cassaba (Obligations 1895.....	139.170	69.585.000	55.628.830
Sud de l'Espagne (Actions......	20.000	10.000.000	2.760.000
Sud de l'Espagne (Obligations...	95.816	47.908.000	19.642.280
	14.471.195	7.113.443.800	4.927.028.075

Valeurs diverses

Société hellénique (Actions ...	10.000	5.000.000	150.000
du canal de Corinthe (Obligations	46.667	23.333.500	1.166.680
Gaz et eaux de Tunis (Actions............	6.000	3.000.000	4.800.000
Gaz et eaux de Tunis (Obligations Janv. Juill.	3.382	1.691.000	1.691.000
Gaz et eaux de Tunis (Obligations Avril Oct..	7.000	3.500.000	3.500.000

VALEURS	NOMBRE de TITRES en circulation au 31 décembre 1902	CAPITAL NOMINAL	CAPITAL au cours du 31 décembre 1902
		francs	francs
Madrilène { Actions	8.000	4.000.000	6.480.000
d'Electricité { Obligations	23.381	11.690.500	11.374.860
Thomson-Houston Méditerranée	20.000	10.000.000	7.400.000
Cotonniero St-Etienne du Rouvray	8.000	4.000.000	2.850.000
Gaz belge	23.355	11.677.500	18.637.300
Gaz { Actions ordinaires	40.026	20.013.000	2.761.800
de Madrid { — privilégiées	9.200	4.600.000	1.656.000
{ — de jouissance	5.866		129.050
{ Obligations	58.894	29.447.000	23.852.050
Gaz de Turin	40.000	10.000.000	22.000.000
Constructions de locomotives (Société russe)	28.000	14.000.000	13.580.000
Industrie { Action ordinaire	30.000	15.000.000	15.000.000
minière et { Action privil	20.000	10.000.000	11.120.000
métallurgique { Obligations	27.546	13.773.000	13.222.080
en Russie			
Usines de Briansk	120.875	32.233.735	36.987.750
Charbonnages { Actions	28.000	2.800.000	2.336.000
de Rykowski { Obligations	19.243	9.621.500	7.985.840
Héraclée	20.000	10.000.000	3.800.000
Routchenko	32.000	16.000.000	16.000.000
Nicopol-Marioupol	36.000	18.000.000	5.616.000
Rio Tinto Cᵉ { préférence	325.000	40.625.000	50.375.000
{ ordinaire	325.000	40.625.000	346.125.000
Russie { Actions	25.000	12.500.000	3.375.000
méridionale { Obligations	25.253	12.627.500	7.964.690
Société générale { Actions	60.000	12.600.000	12.600.000
hongroise { Obligations	23.788	11.894.000	12.155.670
de charbonnages			
Sosnowice { Actions	52.020	26.000.000	84.240.000
{ Obligations	37.292	18.646.000	19.168.100
Trifail { Actions	70.000	10.290.000	28.210.000
{ Obligations	26.901	13.450.500	13.696.190
Treasury Gold Mines	135.000	13.500.000	21.330.000
Lagunas Nitrate	120.000	15.000.000	6.000.000
Port de Beyrouth Obligations 4 %	15.000	7.500.000	4.500.000
Port de Salonique Obligations 5 %	9.697	4.848.500	3.927.285
Sucreries et { Actions	225.000	22.500.000	40.500.000
raffineries { parts de fond	38.600		11.773.000
d'Egypte { Obligations	64.000	31.000.000	32.640.000
Tabacs ottomans	200.000	40.000.000	72.200.000
Tabacs des Philippines	45.000	22.500.000	33.300.000
Tabacs de Portugal	100.000	25.000.000	61.000.000
Télégraphes du Nord	150.000	37.500.000	10.200.000
Lautaro Nitrate	110.000	13.750.000	14.465.000
Union espagnole des explosifs	50.000	25.000.000	48.500.000
Wagons-lits { Actions ordinaires	140.000	35.000.000	38.080.000
{ Actions privilég	60.000	15.000.000	17.220.000
{ Obligations	88.776	44.388.000	42.612.480
	3.192.742	836.124.235	1.269.243.825

VALEURS	NOMBRE de TITRES en circulation au 31 décembre 1902	CAPITAL NOMINAL	CAPITAL au COURS du 31 décembre 1902
RÉCAPITULATION			
Valeurs françaises		francs	francs
1 Rentes françaises.......................	»	25.928.756.000	25.849.495.000
2 Obligations du Trésor...................	»	100.000.000	100.000.000
3 Colonies et protectorats...............	1.630.046	467.463.000	438.129.200
4 Ville de Paris..........................	4.458.612	2.002.329.800	1.983.668.000
5 Départements et villes................	653.541	208.435.200	210.319.300
6 Assurances..............................	479.497	108.240.700	729.061.600
7 Crédit foncier de France..............	9.016.071	4.311.932.700	4.231.033.600
8 Banques et sociétés de crédit.........	3.336.212	1.370.398.600	2.267.864.000
9 Canaux...................................	1.323.798	444.362.200	1.010.878.200
10 Est, Lyon, Midi, Nord, Orléans, Ouest......	36.229.994	17.961.720.500	19.612.199.400
11 Autres chemins de fer et tramways........	4.688.327	1.969.970.900	1.786.087.200
12 Docks...................................	288.485	137.746.500	133.142.300
13 Eaux.....................................	609.313	254.429.400	412.578.300
14 Électricité.............................	1.118.785	393.896.500	362.971.600
15 Filatures...............................	38.000	19.000.00.	21.900.000
16 Gaz......................................	1.143.949	363.967.700	639.089.200
17 Forges et fonderies....................	1.353.095	518.033.400	676.971.900
18 Houillères et mines....................	1.631.625	320.234.800	1.136.634.000
19 Phosphates, engrais, produits chimiques....	347.211	106.929.400	270.300.900
20 Ports...................................	52.552	23.276.000	24.148.600
21 Transports..............................	1.220.934	552.371.600	392.062.800
22 Valeurs diverses........................	3.305.833	672.810.700	782.612.000
23 Valeur en liquidation (Panama, etc.)......	4.821.465	1.995.767.200	356.261.000
	77.797.346	63.132.063.800	64.026.798.000
Valeurs étrangères			
24 Fonds d'État { Russie.......................	11.294.836	11.323.318.800	11.304.689.100
25 Autres pays...................	19.419.802	50.079.883.400	47.486.696.500
26 Sociétés { Banques........................	2.490.220	818.933.800	1.105.576.900
27 Chemins de fer	14.471.195	7.113.443.800	4.927.028.000
28 Divers	3.192.742	836.124.200	1.269.243.800
	50.868.795	70.171.704.000	66.093.134.300
TOTAL GÉNÉRAL..........	128.666.140	130.303.767.800	130.119.932.300

TABLEAU XVII. VALEURS SE NÉGOCIANT SUR LE MARCHÉ EN BANQUE

(Les cours inscrits en italiques indiquent, à défaut de cours au 31 décembre 1902, les derniers cours cotés)

NOMBRE de TITRES	VALEUR NOMINALE du TITRE	CAPITAL NOMINAL	DÉSIGNATION DES VALEURS	COURS du 31 DÉCEMBRE 1902	CAPITAL VÉNAL au 31 DÉCEMBRE 1902
	francs	francs		fr. c.	francs
			§ 1er. — VALEURS SE NÉGOCIANT AU COMPTANT ET A TERME		
			Fonds d'État, villes, départements.		
	Pair.	186.050.000	Brésil 5 % 1903	82 70	168.591.550
	Pair.	40.000.000	Mexicain intérieur 5 %	38 80	15.620.000
425.000	100	42.500.000	Madrid (Ville de) 1868 Obligations	50 00	21.250.000
1.980.000	400	792.000.000	Chemins ottomans (Lots turcs)	120 00	237.600.000
		1.060.550.000			440.961.550
			Métallurgie et fabriques de machines.		
79.999	500	39.999.500	Kertch (Société des usines métallurgiques et mines de)	46 00	3.679.954
50.000	500	25.000.000	Volga-Vichera (Société minière et métallurgique de)	65 00	3.250.000
		64.999.500			6.929.954
			Mines de charbons, cuivre, fer, zinc, plomb, argent, diamants.		
360.000	200	72.000.000	Alpines (Société minière et métallurgique des Alpes autrichiennes)	400 00	144.000.000
375.000	50	18.750.000	Cape Copper Company Limited	63 00	28.625.000
800.000	62	50.000.000	De Beers { Actions de préférence	494 00	395.200.000
1.000.000	62	62.500.000	(Consol. Mines Limited) { Actions ordinaires	576 00	576.000.000
250.000	25	6.250.000	Frank Smith Diamond Estates and Exploration Company Limited	104 00	26.000.000
	120	62.500.000	Harpener (Mines de Charbon de Harpen)	1.230 00	109.375.250

Mines d'or et sociétés d'exploration.

Mines d'or et sociétés d'exploration	Nombre d'actions	Valeur	Capital	Cours	Capitalisation
Bechuanaland (Exploration Company Limited)	400.000	25	10.000.000	49.00	19.600.000
Buffelsdoorn (Estate and Gold Mining Company Limited)	550.000	25	18.750.000	28.00	15.400.000
Champ d'Or (French Gold Mining Company Limited)	135.000	25	3.375.000	23.00	3.005.000
Chartered (British South Africa Company)	6.000.000	25	125.000.000	94.00	470.000.000
Charterland Goldfields Limited	600.000	25	12.500.000	18.00	9.000.000
Durban Roodepoort Deep Limited	850.000	25	8.750.000	88.00	30.800.000
East Rand Proprietary Mines Limited	1.000.000	25	25.000.000	219.00	219.000.000
Ferreira Gold Mining Company Limited	90.000	25	2.250.000	618.00	51.440.000
French Rand Gold Mining Company Limited	660.000	25	14.000.000	92.00	51.520.000
French South African (Development Company Limited)	600.000	25	16.000.000	11.00	6.600.000
Geduld Proprietary Mines Limited	400.000	25	8.750.000	197.00	78.800.000
Geldenhuis Deep Limited	850.000	25	6.000.000	299.00	104.650.000
Geldenhuis Estate and Gold Mining Company Limited	200.000	25	7.500.000	178.00	35.600.000
Goch Gold Mines Limited (New)	800.000	25	25.000.000	192.00	20.600.000
Gœrz (A.) and Company, Limited	1.000.000	125	37.500.000	84.00	84.000.000
Gordon Horse-Shoe Estates Company Limited (The)	300.000	25	50.000.000	229.00	68.700.000
Gold Fields (Consol. Goldfields of South Africa Limited)	500.000	25	12.500.000	210.00	420.000.000
Gold Trust Limited (The South African)	2.750.000	25	68.750.000	202.00	101.000.000
Johannesburg Consolidated Investment Company Limited	800.000	25	20.000.000	258.00	258.000.000
Kleinfontein Company Limited (New)	400.000	25	10.000.000	56.00	41.800.000
Lancaster Gold Mining Company Limited	300.000	25	7.500.000	72.00	36.800.000
Lancaster West Gold Mining Company Limited	500.000	25	12.500.000	62.00	18.600.000
Langlaagte Estates and Gold Mining Company Limited	800.000	25	20.000.000	110.00	55.000.000
Main Reef Mines (Consolidated Main Reef Mines and Estates)	290.000	25	7.250.000	60.00	48.000.000
May Consolidated Gold Mining Company Limited	1.110.000	25	27.750.000	120.00	84.800.000
Mossamedes (Compagnie de)	1.000.000	25	25.000.000	17.00	17.000.000
Mozambique (Compagnie de)	1.500.000	21	37.500.000	40.00	40.000.000
Oceana Consolidated Company Limited (The)	300.000	25	75.000.000	68.00	87.000.000
Primrose Gold Mining Company Limited (New)	8.000.000	6¼	12.250.000	106.00	31.800.000
Randfontein Estates Gold Mining Witwatersrand Company Limited	1.960.000	25	10.000.000	88.00	264.000.000
Rand Mines Limited	200.000	125	23.750.000	291.00	570.000.000
Rip (Gold Mining Company Limited (New))	950.000	26	68.750.000	41.00	16.400.000
Robinson Deep Gold Mining Company Limited	550.000	25	15.000.000	143.00	135.850.000
Robinson Gold Mining Company Limited	600.000	25	8.125.000	287.00	157.850.000
Robinson Randfontein Gold Mining Company Limited	325.000	25	10.625.000	40.00	24.000.000
Roodepoort Central Deep Limited	525.000	25		65.00	21.125.000
Rose Deep Limited				214.00	108.722.000
			374.150.000		1.344.756.250

NOMBRE de TITRES	VALEUR NOMINALE du TITRE	CAPITAL NOMINAL	DÉSIGNATION DES VALEURS	COURS du 31 DÉCEMBRE 1902	CAPITAL VÉNAL au 31 DÉCEMBRE 1902
	francs	francs		fr. c.	francs
1.100.000	25	27.500.000	Shoba Gold Mining Company Limited........	35 00	38.500.000
3.000.000	25	75.000.000	Simmer and Jack Proprietary Mines Limited....	50 00	150.000.000
300.000	25	7.500.000	Steyn Estate Gold Mines Limited.........	98 00	29.400.000
800.000	25	20.000.000	Transvaal Consolidated Land and Exploration Company Limited...	148 00	118.400.000
300.000	25	7.500.000	Transvaal Gold Fields Limited (The)....	74 00	22.200.000
400.000	25	10.000.000	Village Main Reef Gold Mining Company Limited.	232 00	92.800.000
80.000	25	2.000.000	Wimmer Gold Mining Company Limited........	356 00	28.480.000
160.000	25	4.000.000	Western Kleinfontein Limited.........	28 00	4.480.000
600.000	25	15.000.000	Zambeze (Compagnie du).........	21 00	12.600.000
		1.021.625.000			4.254.666.000
			Chemins de fer.		
2.282.000	600	1.141.000.000	Chemins Italiens 3 %. Obligations.........	350 00	793.700.000
120.000	500	60.000.000	Salonique-Monastir Obligations.........	300 00	36.000.000
		1.201.000.000			834.700.000
			Valeurs diverses.		
80.000	250	20.000.000	Mozi Hir (Société anonyme des pétroles de)......	203 00	16.240.000
650.000	100	65.000.000	Panama (Compagnie nouvelle du canal de)......	88 00	57.200.000
700.000	25	17.500.000	Spies Petroleum Company Limited (The)......	8 00	5.600.000
		102.500.000			79.040.000

§ 2. — VALEURS SE NÉGOCIANT EXCLUSIVEMENT A TERME

NOMBRE de TITRES	VALEUR NOMINALE du TITRE	CAPITAL NOMINAL	DÉSIGNATION DES VALEURS	COURS du 31 DÉCEMBRE 1902	CAPITAL VÉNAL au 31 DÉCEMBRE 1902
300.000	Pair.	60.000.000	Hongrois 3 ½ % 1897........	92 00	55.200.000
1.000.000	25	7.500.000	Cassinga Concessions Limited (The)......	12 00	6.000.000
	25	50.000.000	Henderson's Transvaal Estates Limited......		

Fonds d'État, villes, départements.

Hongrois 4 % 1902 (change fixe de 1 fr. 05 la couronne)	108.000	Pair.	1.087.470.000	89 70	975.461.687
Italien 3 ½ %	72.924	Pair.	»	101 60	»
Florence 3 %		500	54.000.000	64 50	6.850.000
Haïti 5 % Bons de coupons		60	4.345.740	46 00	3.854.734
Naples 5 %		100	86.963.310	95 50	83.040.420
Saint-Domingue, réclamation franco-américaine 4 %		500	21.250.000	75 00	3.187.500
Venezuela 6 % intérieur		Pair.	65.000.000	25 00	16.250.000
Lots d'Autriche { 1854	200.000	625	125.000.000	860 00	172.000.000
1858	420.000	250	105.000.000	385 00	161.700.000
1864	400.000	250	100.000.000	390 00	156.000.000
Lots de la Banque nationale de Grèce (hypothèques) 3 %	181.791	400	72.716.400	430 00	78.170.130
Bons à lots de l'exposition de 1889 à Paris	1.200.000	25	35.000.000	6 50	71.800.000
Lots du Crédit foncier égyptien 3 %	400.000	250	100.000.000	269 00	107.600.000
Lots de la Croix-Blanche hollandaise	350.000	20	7.000.000	17 00	6.950.000
Lots de la Croix-Rouge { autrichienne	600.000	25	15.000.000	52 50	31.500.000
hongroise	600.000	25	15.000.000	25 00	19.800.000
italienne	800.000	12 ½	10.000.000	35 00	800.000.000
Lots russes 2 % { 1864	1.000.000	400	400.000.000	700 00	700.000.000
1866	1.000.000	400	400.000.000	87 50	28.875.000
Lots serbes 2 %	386.000	100	38.600.000	110 50	202.057.000
Anvers 1887	1.834.000	100	183.400.000	109 50	315.455.000
Bruxelles 1886	2.890.000	100	289.400.000	459 00	25.245.000
Christiania 3 %	55.000	500	27.500.000	38 00	15.200.000
Fribourg 1861	400.000	15	6.000.000	16 00	4.320.000
Fribourg 1878	270.000	10	2.700.000	99 00	8.210.000
Liège 1853	90.000	80	90.000.000	96 00	80.853.600
Liège 1887	462.225	100	462.225.000	54 00	20.400.000
Milan 1861	400.000	45	18.000.000	13 00	9.750.000
Milan 1866	750.000	10	7.500.000	30 50	3.812.500
Neuchâtel	125.000	10	1.250.000	33 00	12.870.000
Venise 1869	390.000	80	11.700.000	505 00	15.150.000
Zurich 3 ½ 1894	80.000	500	15.000.000	111 00	25.975.000
Département du Nord 3 %	225.000	100	22.500.000		
			3.307.737.360		4.117.147.371

Assurances et banques.

Abeille { Vie, libérées de 250 francs	4.000	1.000	4.000.000	600 00	bel 2.400.000
Accidents, libérées de 125 francs	8.000	500	6.000.000	398 00	bel 8.184.000
Confiance Vie, libérées de 250 francs	6.000	1.000	6.000.000	115 00	bel 690.000

NOMBRE de TITRES	VALEUR NOMINALE du TITRE	CAPITAL NOMINAL	DÉSIGNATION DES VALEURS	COURS du 31 DÉCEMBRE 1902	CAPITAL VÉNAL au 31 DÉCEMBRE 1902
	francs	francs		fr. c.	francs
80.000	100	8.000.000	Fondiaria { Incendie................................... net	115 00	9.200.000
100.000	250	25.000.000	Vie, libérées de 125 lire........ net	110 00	11.000.000
8.000	500	3.000.000	la Paix. Ancienne-Caisse générale des Familles (Accidents), libérées de 125 francs.......... net	80 00	480.000
3.000	1.000	3.000.000	Nord Vie, libérées de 250 francs........ net	410 00	1.230.000
10.000	500	5.000.000	Patrimoine Accidents, libérées de 125 francs...... net	290 00	2.900.000
20.000	300	6.000.000	Secours Accidents, libérées de 75 francs... net	150 00	3.000.000
20.000	500	10.000.000	Soleil Securitas, Accidents, libérées de 125 francs.. net	530 00	10.600.000
6.000	Sans valeur nominale	»	Banque nationale d'Haïti, Paris................	170 00	1.200.000
30.000	Sans valeur nominale	»	Banque nationale du Mexique. Paris......	380 00	11.400.000
20.000	Sans valeur nominale	»	Banque parisienne 1/25e part.................	13 25	265.000
20.000	500	10.000.000	Banque privée. Lyon-Marseille.............	408 00	8.160.000
20.000	100	2.000.000	Exploration et de banque (Compagnie lyonnaise (?))..	90 00	1.800.000
60.000	Sans valeur nominale	»	Comptoir national d'escompte. Paris.........	26 00	1.560.000
200.000	500	100.000.000	Crédit foncier de Santa-Fé...............	32 50	6.500.000
		186.000.000			75.569.000

Chemins de fer et transports.

NOMBRE de TITRES	VALEUR NOMINALE du TITRE	CAPITAL NOMINAL	DÉSIGNATION DES VALEURS	COURS du 31 DÉCEMBRE 1902	CAPITAL VÉNAL au 31 DÉCEMBRE 1902
4.100	500	2.050.000	Algériens (Société de chemins de fer)............	100 00	410.000
2.450	500	1.225.000	Armateurs nantais (Société des)...........	395 00	967.750
7.250	500	3.625.000	Auxiliaire des chemins de fer (Compagnie) et travaux publics........	69 00	500.250
16.000	100	1.600.000	Beaujolais (Chemins de fer du)...........	100 00	1.600.000
6.000	100	600.000	Bois-de-Boulogne (Compagnie du chemin de fer du)...	39 00	234.000
6.500	100	650.000	Bois-de-Boulogne (Compagnie du chemin de fer du) privilégiées......	50 00	325.000
24.000	»	»	Bois-de-Boulogne (Compagnie du chemin de fer du) Délégations de dividendes.................	9 00	216.000
50.000	100	5.000.000	Hongrie (Société anonyme de tramways, d'éclairage et d'entreprise électrique) priv......	26 00	1.300.000
27.000	100	2.7?0.000	Méditerranée-Marche.............	35 00	945.000
30.000	100	3.000.000	Messageries françaises du Madagascar....	61 00	
22.500	Sans valeur nominale	»	Traction (Compagnie générale des Parts de fondateur)...		

Désignation	Nombre	Valeur nominale	Capital	Cours	Valeur totale
Tramways Royal	31.000	500	6.000.000	»	»
Tramways électriques et de voies ferrées (Société française)	20.000	100	2.000.000	6 00	120.000
Tramways Lorient	17.500	100	1.750.000	»	»
Tramways Lourdes	17.500	100	1.750.000	10 00	175.000
Tramways réunis Actions privilégiées	20.000	125	2.500.000	72 00	1.440.000
Tramways Tours	45.000	100	4.500.000	14 00	630.000
Tramways Vanves à Paris et extensions (Compagnie de traction électrique)	42.000	100	4.200.000	»	»
Tramways Versailles à Maule (Compagnie française du tramway à vapeur)	3.000	500	1.500.000	3 50	147.000
Automobiles Decauville (Société des voitures)	10.000	100	1.000.000	125 00	384.000
Voitures électromobiles	Actions	10.000	100	1.000.000	30 00	300.000
(Compagnie française de)	Parts	5.000	Sans valeur nominale	»	28 00	280.000
Voituriers français	Parts	6.200	500	3.100.000	25 00	125.000
(Société des)	3e et 4e émissions				625 00	3.870.000
Voituriers	1er et 2e émissions				575 00	»
de Saint-Nazaire	3e émission	6.800	500	3.400.000	450 00	2.860.000
					350 00	»
			57.700.000		27.939.500

Eclairage, électricité, gaz et eaux.

Désignation	Nombre	Valeur nominale	Capital	Cours	Valeur totale
Appareillage électrique Grivolas	10.000	100	1.000.000	180 00	1.800.000
Bec Auer pour l'Europe du Nord	40.000	25	1.000.000	11 00	440.000
Electricité (Compagnie internationale)	10.000	500	5.000.000	150 00	1.500.000
Electricité Limogas (privilégiées)	2.000	500	1.000.000	412 00	824.000
Hydro-électrique roussillonnaise (Société)	4.000	500	2.000.000	573 00	2.292.000
Secteur de la Rive gauche (parts)	12.000	Sans valeur nominale	»	4 00	48.000
Gaz franco-belge	6.450	500	3.225.000	412 00	2.694.480
Gaz de Lisbonne (Compagnies réunies gaz et électricité)	124.000	250	31.000.000	135 00	16.740.000
Gaz de Maubeuge	2.700	100	270.000	70 00	189.000
Eaux gazeuses et minérales (Société parisienne)	46.000	100	4.600.000	1 00	46.000
Eaux de la Bourbonie	3.600	500	1.800.000	385 00	1.386.000
Eaux	Actions	9.000	100	900.000	290 00	2.600.000
de Calais	Actions de jouissance	»	»	»	»	»
Eaux de Fougues	2.400	500	1.200.000	380 00	912.000
Eaux du Royal	4.000	500	2.000.000	70 00	280.000
			54.846.000		31.750.480

Métallurgie et fabriques de machines.

Désignation	Nombre	Valeur nominale	Capital	Cours	Valeur totale
Ateliers Burton	12.000	100	1.200.000	125 00	1.500.000
Basse-Indre (Forges et aciéries de)	8.021	350	2.807.350	232 00	1.860.872
Bi-métal (Compagnie française du)	20.000	100	2.000.000	70 00	1.600.000

NOMBRE de TITRES	VALEUR NOMINALE du TITRE	CAPITAL NOMINAL	DÉSIGNATION DES VALEURS	COURS du 31 DÉCEMBRE 1902	CAPITAL VÉNAL au 31 DÉCEMBRE 1902
	francs	francs		fr. c.	francs
30.000	100	3.000.000	Bouhey (Usines)	44 50	1.335.000
20.000	1.000	20.000.000	Chantiers de Nikolaïeff	85 00	1.700.000
6.000	500	3.000.000	Chiers (Hauts fourneaux de la)	300 00	1.800.000
24.000	500	12.000.000	Constructions mécaniques { Actions du Midi de la Russie { 1/10e Part de fondateurs	149 00	3.576.000
3.000	Sans valeur nominale	"		82 00	246.000
36.000	662	23.832.000	Dniéprovienne (Société métallurgique)	1.815 00	65.340.000
24.000	500	12.000.000	Donetz (Forges et aciéries du)	781 00	18.744.000
16.000	500	8.000.000	Haut Volga (Ateliers de Twer)	112 50	1.800.000
12.650	500	6.300.000	Iluta-Bankowa { Actions (Forges et aciéries de) { Actions de jouissance	3.625 00	45.675.000
20.000	500	10.000.000	John Cockerill	1.685 00	33.700.000
18.000	Sans valeur nominale	"	Kama { Parts (Forges et aciéries de la) { Petites parts	925 00	16.660.000
38.000	Sans valeur nominale	"		125 00	2.100.000
15.000	100	3.501.000	Malaga (Hauts fourneaux, forges et aciéries de)	60 00	
26.000	500	13.000.000	Marcinelle et Couillet (Société anonyme de)	240 00	6.240.000
34.000	100	3.400.000	Moteurs à gaz et des constructions mécaniques (Compagnie française des)	"	
25.000	Sans valeur nominale	10.000.000	Ongrée-Marihaye (Société anonyme d')	167 50	5.695.000
42.440	2.0	10.610.000	Platine (Compagnie industrielle du)	1.040 00	26.600.000
8.000	1.000	8.000.000	Providence (Forges de la)	212 00	8.997.280
32.000	500	16.000.000	Sambre-et-Moselle (Société anonyme métallurgique)	1.750 00	14.000.000
6.000	1.000	6.000.000	Sarrebruck (Forges de)	175 00	5.600.000
20.000	1.000	20.000.000	Taganrog (Société métallurgique)	7.125 00	42.750.000
3.200	500	1.600.000	Tubes à Laurroit (Société française pour la fabrication des)	290 00	5.800.000
25.000	500	12.500.000	Usines franco-russes (Anciens établissements Baird)	960 00	3.072.000
24.000	250	6.000.000	Verchny-Dniéprovsk { Actions (Compagnie métallurgique de) { Parts	319 00	7.975.000
20.000	Sans valeur nominale	"		6 00	144.000
3.600		1.800.000	Viroux-Molhain (Forges du)	2 00	40.000
25.000	100	2.500.000	Wattelar-Francq (Usines)	969 00	1.328.400
				30 00	750.000
		219.049.350			397.848.552

Mines de charbon, cuivre, fer, zinc, plomb argent, diamants.

Désignation	Nombre	Valeur nominale	Capital	Cours	Valeur
Azbestorit et des mines du Nord (Société de)		Sans valeur nominale			
Baku-karastan (Société anonyme russe d'industrie des mines de)		Sans valeur nominale			
Caucase (Société industrielle et métallurgique du)	10.000	500	5.000.000	250 00	2.500.000
Charbonnages (Compagnie générale des)	20.000	500	10.000.000	255 00	2.500.000
Czeladz (Société anonyme des mines de)	6.500	500	3.250.000	170 00	3.400.000
Doubovaia Balka (Mines de la)	5.000	500	2.050.000	2.525 00	16.542.500
Ekaterinovka (Société d'industrie minière d')	15.000	497	7.455.000	1.130 00	5.650.000
Elands Drift Diamond	800.000	25	7.500.000	58 00	870.000
Forques (Mines de houille de)	6.000	500	3.030.000	58 00	17.400.000
Guelendjik { Actions	22.500	100	2.250.000	108 00	643.000
(Ciments de) { Parts	18.86u	Sans valeur nominale	»	67 00	1.507.500
Joltaia Ricka (Krivoï-Rog) [Société minière]	60.000	100	6.000.000	17 00	320.620
Kassandra (Société anonyme ottomane des mines de) privilégiés	20.000	100	2.000.000	75 00	4.500.000
Kassandra (Société anonyme ottomane des mines de). Actions ordinaires	20.000	100	2.000.000	110 00	2.200.000
Kinta { Actions	8.400	100	840.000	90 00	1.800.000
(Etains de) { Parts	12.000	»	»	390 00	3.275.000
Makewka (Société houillère et métallurgique dans le Donetz)	25.000	Sans valeur nominale	12.500.000	612 00	7.344.0.0 0
Mines et minerais	24.000	100	2.400.000	75 00	1.875.000
New Emeralds	140.000	25	3.500.000	35 00	880.000
Omnium franco-belge	3.500	1.000	3.500.000	700 00	350.000
Osor (Société des mines)	32.000	25	800.000	10 00	2.450.000
Podouenko (Charbonnages)	17.000	100	1.700.000	65 00	320.000
Podolienko (Charbonnages). Parts	8.500	Sans valeur nominale	»	13 50	1.105.000
Pontgibaud (Mines et fonderies de)	13.100	300	3.930.000	230 00	1.247.500
Prokhorov (Charbonnages)	16.000	500	8.000.000	40 00	3.013.000
Rakhmanovka Krivoï Rog (fer)	12.000	500	6.000.000	140 00	630.000
Russian Collieries Company Limited ord. (Maximoff)	360.000	25	9.000.000	15 00	2.280.000
Silésie { Actions de priorité	62.991	360			5.460.000
(Zinc de) { Actions anciennes	35.829		28.234.800	1.850 00	57.916.350
The Vladaagtie French Coal Mining Company Limited	25.000	100	2.500.000	60 00	1.500.000
Vieille-Montagne (Zinc de la) 1/10e	112.500	80	9.000.000	575 00	61.687.500
			163.859.800		382.797.970

Mines d'or et sociétés d'explorations.

Associated Northern Blocks (W. A.) Limited	850.000	25	8.700.000	91 00	81.850.000
Crown Reef	120.000	25	3.000.000	674 00	56.880.000
Fraser River (en liquidation)	300.000	25	7.500.000	6 75	2.025.000
Henry Nourse	125.000	25	3.125.000	255 00	28.975.000

NOMBRE de TITRES	VALEUR NOMINALE du TITRE	CAPITAL NOMINAL	DÉSIGNATION DES VALEURS	COURS du 31 DÉCEMBRE 1902	CAPITAL VÉNAL au 31 DÉCEMBRE 1902
	francs	francs		fr. c.	francs
250.000	25	6.250.000	Ivory Coast Goldfields Limited	25 75	6.437.500
50.000	25	1.250.000	Inhilce	145 00	7.250.000
750.000	25	18.750.000	Langlaate Deep	75 00	56.250.000
120.000	25	3.000.000	Luabo	6 00	720.000
100.000	25	2.500.000	Meyer and Charlton	133 00	13.300.000
240.000	25	6.000.000	Monte Rosa	6 25	1.500.000
10.000	500	5.000.000	Placer « Enfin »	25 00	250.000
165.000	25	4.125.000	Princess Estate	46 00	7.590.000
200.000	25	5.000.000	Rebecca	1 25	250.000
8.000	Sans valeur nominale	»	Saint-Élie. Parts	58 00	464.000
125.000	25	3.125.000	Sing Hill Limited	25 00	3.125.000
300.000	50	15.000.000	South Mount Lyell Mining Company Limited	5 50	1.650.000
350.000	25	8.750.000	Taquah and Abosso	53 00	18.550.000
20.000	100	2.000.000	Uruguay Actions	60 00	1.200.000
75.000	Sans valeur nominale	»	(Mines d'or de l') Parts	11 00	825.000
240.000	25	6.000.000	West Rand Mines (New)	59 00	14.160.000
450.000	25	11.250.000	Windsor Gold Mines Limited	51 00	22.950.000
8.000	500	4.000.000	Zancudo (Compagnie unifiée de)	850 00	6.800.000
		124.875.000			282.401.500

Journaux, librairie, publicité.

NOMBRE de TITRES	VALEUR NOMINALE du TITRE	CAPITAL NOMINAL	DÉSIGNATION DES VALEURS	COURS du 31 DÉCEMBRE 1902	CAPITAL VÉNAL au 31 DÉCEMBRE 1902
4.400	500	2.200.000	Annales politiques et littéraires	582 00	2.560.800
5.000	500	2.500.000	Bonnard-Bidault	44 00	220.000
2.000	Sans valeur nominale	»	Cote de la bourse et de la banque. Paris	150 50	301.000
20.000	100	2.000.000	Éditions littéraires et artistiques (Société d') [Ollendorff]	125 00	2.500.000
12.400	500	6.200.000	Mame (Alfred) et fils (Maison) { Actions	475 00	5.890.000
6.200	Sans valeur nominale	»	Parts	»	»
15.500	100	1.550.000	La Mode nationale	20 50	317.750
5.000	Sans valeur nominale	»	Le Petit marseillais. Paris	1.500 00	7.500.000
1.800	500	900.000	Le Temps { Actions ordinaires	625 00	1.250.000
»	»	»	Actions de jouissance	»	»
		15.350.000			20.539.550

Valeurs diverses.

Désignation	Capital	Valeur nominale	Nombre		
Biscuits Olibet (Société des)	…	…	…		
Brasseries et Glacières Zulaica	4.200.000	100	…		
Café-restaurant américain	2.200.000	100	…		
Casinos de Royan	1.500.000	500	110 000		
Candrélienne (La) [Blanchiment, teintures et apprêts]	2.650.000	250	585.000		
Cercle international de Vichy (Compagnie propriétaire)	500.000	500	325 000		
Chalets de nécessité (300 francs remb.)	1.000	500	420.000	1.112.566	
Chalets de commodité (Compagnie nouvelle des)	3.250.000	500	70 000	4.920.000	
Château-d'eau de Paris (Compagnie foncière du)	3.000.000	100	125 000	840.000	
Chaussures françaises (Société générale des)	1.200.000	250	135 000	1.500.000	
Chaussures « Incroyable »	3.000.000	100	700 000	4.375.000	
Cliff (Usine)	3.500.000	100	48 000	2.025.000	
Colombian India Rubber Exp. Company Limited (ord.)	1.500.000	500	250 000	2.556.800	
Cotonnière de l'Indo-Chine	1.600.000	100	275 000	9.600.000	
Cotonnière … Actions	200.000	25	25 000	1.250.000	
Russo-française { Parts …	5.000.000	500		5.500.000	
Dynamite française (Société générale pour la fabrication de la)	2.500.000	500		300.000	
	10.000.000	Sans valeur nominale			
Dynamite fusion (Nobel)	12.000.000	500	420 000	3.360.000	
Dynamite russe. Paris	8.000.000		130 000	3.380.000	
Dynamite du Transvaal. Anciennes et nouvelles	26.000.000	100	45 000	450.000	
Eerste Fabricken Distillery	10.000.000	Sans valeur nominale	28 50	25.660.000	
Elektron Russe	900.000.000	25	24 000	12.000.000	
Etablissements Porcher	500.000.000	25	230 000	2.300.000	
Etablissements Poullier-Longhaye	10.000	500	77 50	775.000	
Glycérine (Syndicat international des producteurs de)	14.500	100	165 000	3.720.000	
Grévin { Actions	8.000	500	78 00	447.408	
(Musée) { Parts de fondateurs	5.736	Sans valeur nominale	685 00	1.170.000	
Grosnyi { Actions privilégiées	2.000		150 00	800.000	
(Pétroles de) { Actions ordinaires	2.000	Sans valeur nominale	212 00	8.892.000	
Haute Sangha (La)	16.000	500	96 00	504.000	
Ikenga	16.000	Sans valeur nominale	118 00	1.770.000	
Immobilière d'Algérie { Actions	4.500	100	235 00	4.282.500	
(Société) { Parts	2.000	500	930 00	1.860.000	
Jumelles de théâtre { Actions	24.000	Sans valeur nominale	60 00	440.000	
(Société générale des) { Parts	7.000	100	28 00	198.000	
Kong (Compagnie française de)	2.000	500	10 00	20.000	
Kosiroma (Manufactures de lin et décoton). Act. privilégiées	2.650.000	500	625 00	25.625.000	
	10.000.000	500	200 00	4.000.000	
Locomte et Déprés (Etablissements)	1.800.000	100			
Lumière North American Company Limited	5.000.000	25	20 00	4.000.000	
Monaco (Cercle de)	200.000	500	3.965 00	237.900.000	
Moulins de Corbeil. Paris	60.000	Sans valeur nominale	20 00	80.000	

NOMBRE de TITRES	VALEUR NOMINALE du TITRE	CAPITAL NOMINAL	DÉSIGNATION DES VALEURS	COURS du 31 DÉCEMBRE 1902	CAPITAL VÉNAL au 31 DÉCEMBRE 1902
	francs	francs		fr. c.	francs
20.000	100	2.000.000	Omnium colonial { Actions......	100 00	2.000.000
20.000	Sans valeur nominale	"	{ Parts......	25 00	460.000
1.600	500	800.000	Palais de glace français { Actions......	400 00	640.000
10.000	Sans valeur nominale	"	{ Parts......	11 00	110.000
13.235	100	1.323.500	Pétroles et de forages artésiens { Actions......	250 00	3.308.750
500	Sans valeur nominale	"	(Société française des) { Parts......	1.495 00	712.500
26.666	100	2.666.600	Phonographes, cinématographes et appareils de précision (Compagnie générale)......	114 00	3.039.924
60.000	100	6.000.000	Pierre de verre Garchey......	5 75	363.000
30.000	100	3.000.000	Plaques Lumière......	622 00	18.660.000
48.000	100	4.800.000	Platrières réunies du bassin de Paris......	89 00	1.873.000
50.000	100	5.000.000	Pont sur la Manche......	10 00	500.000
7.520	500	3.760.000	Produits chimiques de Marseille Lestaque......	300 00	2.256.000
7.150	100	715.000	Produits chimiques { Actions ordinaires......	120 00	858.000
2.850	100	285.000	de Saint-Denis { Actions de jouissance......	290 00	2.276.500
6.500	100	2.750.000	Roumanche (Société électro-chimique de la)......	298 00	1.639.000
65.000	100	6.500.000	Saint-Raphaël Quinquina (Société du)......	60 50	3.932.500
18.000	600	9.000.000	Sucreries et raffineries { Cap........	440 00	7.920.000
18.000	Sans valeur nominale	"	{ Ordinaires...... en Roumanie	55 00	954.000
8.000	500	4.000.000	Sud-Russe (Société pour la fabrication et la vente de la soude)......	625 00	5.016.000
35.000	100	3.500.000	Tavernes Pousset et Royale réunies......	102 00	8.570.000
8.000	Sans valeur nominale	"	Terrains d'Arles, Parts......	10 00	80.000
40.000	100	4.000.000	Transports électriques de l'Exposition......	5 00	200.000
6.000	500	3.000.000	Verreries de l'Ancre réunies......	400 00	2.400.000
4.800	500	2.400.000	Verreries de Fresnes-sur-Escaut......	500 00	2.400.000
		246.646.100			205.346.882

Chemins de fer et transports divers.

(Obligations)

Désignation	Nombre	Nominal	Capital	Cours	Montant
Algériens (Société de chemins de fer) 3 %	2.496	500	1.248.000	495 00	1.230.520
Autrichien (Chemins de fer locaux exploités par l'État) 4 %	10.000	400	4.000.000	618 00	4.180.000
Auxiliaire des chemins de fer (Compagnie) 5 %	35.693	200	7.138.600	142 00	5.068.506
Beaujolais 3 % (Chemins de fer du)	4.155	500	2.077.500	415 00	1.724.325
Guillaume-Luxembourg 3 %	152.550	500	76.275.000	478 00	72.918.900
Hostein (Établissements) 5 %	10.000	101	1.000.000	50 00	500.000
Kozlof-Voronège-Rostof	80.276	617 ½	18.688.080	627 00	18.970.512
Livournais. Série C et D 3 %	300.000	500	150.000.000	540 00	102.000.000
Méridionales 3 %	1.643.718	500	821.859.000	341 00	560.597.838
Messageries françaises de Madagascar 5 %	5.000	500	2.500.000	480 00	2.150.000
Porto-Rico (3 % ncts. 1re hyp.	12.000	500	6.000.000	240 00	4.080.000
(Chemins de fer de) estampillées	107.849	500	53.994.000	31 00	1.342.079
Romains 3 %	762.721	500	381.460.500	360 00	274.651.560
Riazan Ouralsk 4 % 1894	150.000	500	75.000.000	468 00	73.200.000
Russes (grande société des chemins de fer) 4 % Nicolas 1888	18.880	2.500	47.200.000	2.380 00	44.934.400
Russes (grande société des chemins de fer) 4 % Nicolas 1880	25.000	2.500	62.500.000	2.387 50	59.687.500
Séville Xérès Obligations roses	12.835	300	3.650.000	233 00	2.990.555
Obligations grises	87.165	300	26.149.500	182 50	15.907.612
Obligations jaunes	80.000	300	24.000.000	181 50	14.520.000
Turin-Savone-Acqui 3 %	23.410	500	11.765.000	337 60	7.889.170
Traction électrique sur les canaux du Nord 4 ½ %	5.000	500	2.500.000	175 00	2.375.000
Vladicaucase 4 % 1894	100.000	500	50.000.000	98 00	9.800.000
Voiliers français (Société des), hypoth. 5 %	4.400	500	2.200.000	500 00	2.200.000
			1.831.650.180		1.282.828.377

NOMBRE de TITRES	VALEUR NOMINALE du TITRE	CAPITAL NOMINAL	DÉSIGNATION DES VALEURS	COURS au 31 DÉCEMBRE 1902	CAPITAL VÉNAL au 31 DÉCEMBRE 1902
			Eau, gaz, électricité, métallurgie.	fr. c.	francs
6.250	500	3.125.000	Eaux de Barcelone 4 %............................	456 00	2.850.000
1.000	500	500.000	Eaux de la Bourboule 3 %.........................	420 00	420.000
4.182	500	2.066.000	Eaux de Châtel-Guyon 4 %........................	274 00	1.132.168
2.000	500	1.000.000	Eaux de Pougues 4 %.............................	444 00	888.000
3.000	500	1.500.000	Eaux de Royat 5 %..............................	255 00	765.000
1.000	500	500.000	Hydro-électrique roussillonnaise 5 %.............	475 00	475.000
6.450	500	3.225.000	Gaz franco-belge 5 %...........................	500 00	3.225.000
40.000	500	20.000.000	Gaz de Lisbonne 4 % (Compagnies réunies gaz et électricité).................	435 00	17.400.000
7.358	490	3.605.420	Gaz de Maubeuge...............................	310 00	2.280.980
8.000	500	4.000.000	Constructions mécaniques du Midi de la Russie 4 ½ %...	270 00	2.160.000
12.000	500	6.000.000	Donetz (Forges et aciéries du) 4 ½ %.............	509 00	6.108.000
21.333	500	10.666.500	Donetz-Jourievka (Société métallurgique), 1er hyp. 4 ½ %.	415 00	8.853.195
4.000	150	600.000	Métallurgique du Périgord 5 %...................	150 00	600.000
2.500	250	625.000	du Périgord 4 ½ %.............................	230 00	575.000
2.900	500	1.450.000	Moteurs à gaz et des constructions mécaniques (Compagnie française des) 5 %.........	500 00	1.450.000
22.248	125	5.620.000	Compagnie nationale d'électricité (anciennement Système Ferranti) 5 %.....	35 00	778.680
8.000	500	4.000.000	Vershny Dniéprovak 4 ½ %.......................	46 00	368.000
		68.682.920			50.329.023

Obligations diverses.

Désignation	Nombre	Coupure	Capital nominal	Cours	Capital au cours
Bernot frères, 5 % 1896	2.000	100	200.000	103 00	206.000
Biscuit Olibet (Société des) 4 ½ %	10.000	100	1.000.000	91 50	916.000
Chalets de commodité 5 % (Compagnie nouvelle des)	1.200	300	360.000	280 00	336.000
Chaussures « Incroyable » 5 %	5.000	100	500.000	91 00	455.000
Cirages français (Société générale des) 5 %	4.000	Coupures div.	2.000.000	510 00	2.040.000
Crédit foncier mutuel de Russie 3,80 %	5.000	397 ½	227.766.400	396 00	227.680.465
Czeladz (Mines de) 4 %	5.000	500	2.500.000	503 00	2.513.000
De Dion, Bouton et Cie 4 %	5.000	600	2.595.000	400 00	2.090.000
Dynamite française 4 % (Société générale pour la fabrication de la)	2.595	500	1.297.500	123 00	1.102.875
Ekaterinovka (Société d'industrie minière d') 4 %	4.150	500	2.075.000	480 00	1.092.000
Etablissements Porcher 4 ½ %	6.000	100	600.000	80 00	380.000
Grands travaux de Marseille 3 ½ %	2.685	500	1.342.500	455 00	1.216.375
Hôtel du Palais (Société de l') [Biarritz] 4 %	3.000	500	1.500.000	485 00	1.455.000
Jardin d'acclimatation 4 %	10.000	500	5.000.000	190 00	1.900.000
Lecomte et Déprès (Etablissements) 5 %	2.000	500	1.000.000	500 00	1.000.000
Makeyka (Société houillère et métallurgique dans le Donetz) 4 %	28.000	500	14.000.000	203 00	5.664.000
Monaco (Cercle de) 4 %	80.000	300	24.000.000	315 00	25.200.000
Papeteries de Ballancourt (Société des) 4 %	1.200	500	600.000	160 00	552.000
Papeteries du Limousin (Société générale des) 4 ½ %) net.	20.000	100	2.000.000	79 00	1.580.000
Prokhorow (Charbonnages de 4 ½ %	20.000	500	10.000.000	86 00	1.720.000
Rio-Tinto 4 %	180.000	500	90.000.000	508 00	93.540.000
Santa-Fé (Crédit foncier de) 5 %	100.000	100	10.000.000	74 00	7.400.000
Sucreries et raffineries en Roumanie 4 ½ %	6.000	500	8.000.000	406 00	2.536.000
Tuileries mécaniques du Berry (Société des) 5 %	5.000	250	1.250.000	210 00	1.650.000
Urikany 5 %	12.000	250	8.000.000	251 00	3.012.000
Verreries de l'Ancre réunies (Les) 4 ½ %	2.000	500	1.000.000	482 50	965.000
			408.691.400		386.331.715

TABLEAU XVIII.   Annexe de l'étude : les Valeurs

VALEURS MOBILIÈRES NÉGOCIABLES

STATISTIQUE PAR CATÉGORIES

VALEURS	CAPITAL NOMINAL			
	1902	1904	1906	1908
	millions de francs	millions de francs	millions de francs	millions de francs
I. — Valeurs françaises				
Rentes françaises............	26.929	26.934	26.851	25.516
Obligations du Trésor........	109	321	253	173
Colonies et protectorats.....	467	669	750	841
Ville de Paris..............	2.002	2.022	2.177	2.102
Départements et villes......	208	194	180	161
Assurances.................	108	108	107	115
Crédit Foncier.............	4.312	4.340	4.644	4.772
Banques et sociétés de crédit.	10.370	1.367	1.746	1.691
Canaux....................	444	501	625	629
Est, Lyon, Midi, Nord, Orléans Ouest	17.962	17.976	17.821	18.227
Autres ch. de fer et tramways	1.970	2.121	2.347	2.523
Docks.....................	138	139	136	135
Eaux......................	254	252	240	244
Électricité	894	898	498	575
Filatures	19	19	21	21
Gaz.......................	354	333	357	461
Forges et fonderies.........	518	543	572	599
Houillères.................	320	167	119	120
Mines métalliques..........		180	200	204
Phosphates, engrais, produits chimiques................	107	78	135	145
Ports.....................	23	89	76	96
Transports	552	478	479	523
Valeurs diverses........ (1)	2.669	593	618	642
Total.........	60.132	59.670	59.847	60.382
II. — Valeurs étrangères				
Fonds (Russie	11.323	11.953	13.005	13.135
d'État (Autres pays........	50.080	50.297	50.343	49.679
Assurances, Banques........	819	1.008	1.642	2.163
Chemins de fer.............	7.113	7.253	7.541	8.189
Valeurs diverses...........	836	898	1.063	1.150
Total.............	70.172	71.409	73.595	74.312
Total général.......	130.304	130.079	133.442	134.694

(1) Y compris les valeurs en liquidation (Panama, etc.).
On remarque que, fin 1908, le capital nominal des fonds d'État (divers) est en diminution consolidés 4 % des États-Unis qui y figuraient pour 584 millions.

mobilières en France (*) (*) Vol. 2, page 405

AU MARCHÉ OFFICIEL DE PARIS

31 DÉCEMBRE 1902, 1904, 1906, 1908.

CAPITAL AU COURS DU 31 DÉCEMBRE				PROPORTION DE CHAQUE GROUPE	
1902	1904	1906	1908	1908	
millions de francs	millions de francs	millions de francs	millions de francs	%	% sur l'ensemble
26.850	25.371	24.659	24.749	37 70	
100	321	256	174	0 27	
438	513	658	762	1 16	
1.984	1.973	2.079	2.009	3 16	
210	192	178	160	0 26	
729	729	703	748	1 16	
4.231	4.211	4.447	4.623	7 05	
2.267	2.440	2.102	3.091	4 70	
1.610	1.953	2.008	1.949	2 98	
19.612	19.017	18.268	18.813	28 60	
1.786	2.016	2.201	2.412	3 70	
133	137	136	138	0 22	
413	402	404	405	0 61	49 25
363	378	519	660	1 00	
22	22	27	29	0 05	
639	577	580	524	0 80	
677	799	947	979	1 40	
1.136	959	999	1.072	1 60	
	877	528	457	0 70	
270	308	449	469	0 71	
74	50	107	128	0 21	
392	389	445	421	0 60	
1.139	856	979	973	1 40	
64.027	63.931	64.679	65.738	100 00	
11.305	10.675	9.980	11.069	16 38	
47.487	47.234	47.296	45.560	67 25	
1.105	1.459	2.503	2.971	4 39	
4.927	5.227	5.900	6.042	8 94	50 75
1.269	1.615	2.088	2.002	2 98	
66.093	66.110	67.773	67.645	100 00	
130.120	130.101	132.451	133.383		100 00

84 millions sur 1906. Cette diminution a pour cause principale le retrait de la cote des

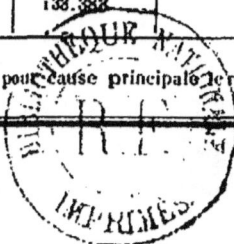

TABLE MÉTHODIQUE

DU

LES FINANCES CONTEMPORAINES

(2ᵉ volume de l'Épargne française
et les valeurs mobilières.)

FORTUNE MOBILIÈRE DE LA FRANCE

Pages

1. — Le développement de la fortune mobilière et de l'épargne française de 1871 à 1881 3

2. — Les placements de l'épargne en 1886 19

3. — Ce qu'on appelle la féodalité financière 25

4. — La France se ruine-t-elle? 52

5. — La légende des riches et des gros héritages. Les successions en 1902, 1903 et 1904 123

6. — La répartition départementale des valeurs négociables comprises dans les déclarations de successions de 1902. 131

7. — Richesse ou pauvreté sociale? La diffusion et le morcellement des fortunes 149

8. — Les successions déclarées en 1907 154

9. — La thésaurisation française 158

10. — L'épargne française 174

11. — Les six milliards de valeurs à lots de la petite épargne française 204

12. — Un discours du prince de Bulow à propos de la situation financière de la France 211

STATISTIQUES FRANÇAISES
DES VALEURS MOBILIÈRES

1. — Les valeurs mobilières en France (mai 1888) 219

2. — Une nouvelle évaluation du capital et du revenu des valeurs mobilières en France (avril 1893) 243

3. — Le morcellement des valeurs mobilières. Les salaires. La part du capital et du travail (juin 1896). 294

4. — Le capital et le revenu des valeurs mobilières en France. 345

5. — L'épargne française et son développement annuel. A combien s'élèvent actuellement les placements de l'épargne française en titres mobiliers ? 368

6. — Les valeurs mobilières en France au 31 décembre 1908. 404

STATISTIQUE INTERNATIONALE
DES VALEURS MOBILIÈRES

1. — Utilité générale d'une statistique internationale des valeurs mobilières. 419

2. — Les bases d'une statistique internationale. 423

3. — Coup d'œil rétrospectif sur les résultats obtenus. 439

4. — État actuel de la statistique internationale. 444

AMORTISSEMENTS ET REMBOURSEMENTS

Les amortissements et les remboursements de valeurs mobilières dans le cours du siècle et la difficulté des emplois et remplois de capitaux. 457

DOCUMENTS ANNEXES

Tableaux et notes.

Tableau I. — Les valeurs sud-africaines sur le marché en banque à terme. 486
(Annexe de l'étude : Les mines d'or et les pertes de l'épargne française.)

Tableau II. — Indices économiques, commerciaux, industriels et financiers sur l'état de la France en 1875, 1880, 1885, 1890, 1895, 1900. 488
(Annexe de l'étude : La France se ruine-t-elle ?)

Tableau III. — Les valeurs à lots inscrites à la cote officielle des agents de change au commencement de l'année 1907. . 492
(Annexe de l'étude : La petite épargne française et les valeurs à lots.)

Tableau IV. — Situation des sociétés de crédit dont les titres sont cotés à la bourse de Paris (1888). 494
(Annexe de l'étude : Les valeurs mobilières en France (mai 1888).)

Tableau V. — Les titres des sociétés de crédit. 501

T . . . — Les valeurs houillères du Nord et du Pas-de-Calais 506

Tableau VII. — Les valeurs d'assurances contre l'incendie. 507

Tableau VIII. — Les valeurs d'assurances sur la vie. . . . 508

Tableau IX. — Les valeurs d'assurances contre les accidents. 509

Tableau X. — Les valeurs d'assurances maritimes. 510

Tableau XI. — Les valeurs d'assurances contre la grêle. . . 511

Tableau XII. — Valeurs d'assurances : Récapitulation. . . 511
(Annexes de l'étude : Nouvelle évaluation du capital et du revenu des valeurs mobilières en France.)

Tableau XIII. — Répartition des actions de capital des chemins de fer français, fin 1860, 1870, 1880, 1890, 1895. . . . 512

Tableau XIV. — Répartition des actions de jouissance des chemins de fer français, fin 1860, 1870, 1880, 1890, 1895. . . 514

Tableau XV. — Répartition des obligations des chemins de fer français, fin 1860, 1870, 1880, 1890, 1895. 516
(Annexes de l'étude : Le morcellement des valeurs mobilières.)

Tableau XVI. — Valeurs admises à la cote officielle de la bourse de Paris (31 décembre 1902). 518

Tableau XVII. — Valeurs se négociant sur le marché en banque (31 décembre 1902). 512
(Annexes de l'étude : Le capital et le revenu des valeurs mobilières en France.)

TABLEAU XVIII. — Valeurs mobilières négociables au marché officiel de la bourse de Paris. Statistique par catégorie
   fin 1902, 1904, 1906, 1908 556

(Annexe de l'étude : Les valeurs mobilières en France au
   31 décembre 1908.)

NOTE I. — Les émissions publiques en France et en Europe
   de 1871 à 1892 496

NOTE II. — Les capitaux français à l'étranger : Autriche,
   Italie, Russie, Espagne 497

NOTE III. — Impôts perçus sur les valeurs mobilières 502

(Annexes de l'étude : Nouvelle évaluation du capital et du revenu
   des valeurs mobilières en France.)

TABLE ANALYTIQUE

DES

DEUX VOLUMES CONSACRÉS A L'ÉPARGNE FRANÇAISE ET LES VALEURS MOBILIÈRES

(TOMES VI ET VII DES FINANCES CONTEMPORAINES)

Les chiffres gras indiquent les volumes.
Les chiffres ordinaires indiquent les pages.

A

ADAM SMITH : **2**. 379.

AGUESSEAU (le chancelier d') : **2**. 291.

AMELIN : **2**. 221, 250.

AMORTISSEMENTS ET REMBOURSEMENTS : **2**. 457 (les amortissements et remboursements de valeurs mobilières dans le cours du siècle, difficulté des emplois et remplois de capitaux).

ANDRÉ : **1**. 302, 312.

ANDRIEUX : **1**. 276.

ARNAUNÉ : **1**. 389.

AUBRY (Maurice) : **1**. 343.

AUDIFFRET (le marquis d') : **2**, 299, 302.

AYEN (le duc d') : **2**. 221, 250.

AYNARD (Edouard) : **2**. 321, 341.

B

BAGUENAULT ET Cⁱᵉ : **1**. IV.

BALLUE : **2**. 238.

BANQUES : **1**. 106 (les banques de dépôts).

BARING FRÈRES : **1**. IV, 321.

BARTHOU (Louis) : **1**. 364.

BASTIAT : **1**. 3, 4, 9 ; **2**. 339.

BEAUREGARD : **2**. 328, 336.

BELBŒUF (la marquise de) : **1**. 347.

BÉNAC : **1**. 388.

BENOIST (Charles) : **1**. 429.

BESSON (Emmanuel) : **2**. 68.

BINEAU : **1**. IV.

BISMARCK (le prince de) : **1**. 291 ; **2**. 211, 213.

BLEICHRŒDER : **1**. 330.

BLOCK (Maurice) : **2**. 221, 245, 250.

BLONDEL : **1**. 347, 352.

BOITEAU (Paul) : **1**. VIII ; **2**. 299, 303.

BOITELLE : **1**. 313.

BONNEMAIN : **1**. 347.

BONNET (Victor) : **1**. VII, VIII ; **2**. 246, 249, 358.

BONTOUX : **1**. 276.

BOTMILIAU (le vicomte de) : **1**. 237.

BOULANGER (Ernest) : **2**. 111, 232, 255, 256, 257, 258, 303, 304.

BOURGEOIS (Léon) : **1**. 364.

BOUTIN : **2**. 257.

BRELAY : **1**. 15.

BROGLIO (di) : 2. 168.

BUCHANAN : 1. 409.

BUFFET (Louis) : 2. 259.

BULOW (le prince de) : 2. 211.

BUSSIERRE (le baron Ed. de) : 1. 343.

BUSSIERRE (Paul de) : 1. 354.

C

CAHEN (Georges) : 1. 429, 430.

CAILLAUX (Eugène) : 1. 244.

CAILLAUX (Joseph) : 1. 132, 400; 2. 211.

CAISSES D'ÉPARGNE : 1. 201 (utilité d'une statistique internationale), 203 (fonctionnement de quelques caisses d'épargne étrangères), 208 (l'armée de l'épargne française).

CAPITALISTE : 1. 3 (qu'est-ce qu'un capitaliste ?).

CARNOT : 2. 23.

CASIMIR-PÉRIER (Jean): 2. 307.

CHAPERON : 2. 152.

CHEMINS DE FER. — Voir *Valeurs mobilières*.

CHEVALIER (Michel). — Voir *Michel Chevalier*.

CHEVALLIER (Emile) : 2. 328, 336.

CHEYSSON : 1. 116, 119, 217; 2. 50, 181, 294, 325, 336, 423, 433.

CHÔMAGE : 1. 429 (rapport de la commission extraparlementaire des crises économiques et du chômage).

CHRISTIANS : 2. 439.

CHRISTOPHLE (Albert) : 1. 245, 312.

CLAUDE-LAFONTAINE : 2. 80.

CODDEN : 2. 294.

COCHUT : 1. VII; 2. 245, 250, 285.

COLBERT : 1. 375; 2. 200.

COMMANDEMENTS DU RENTIER (les) : 2. 203.

CONSEILS D'ADMINISTRATION DES SOCIÉTÉS (les) : 1. 66.

CORVETTO : 1. 100.

COSTE (Adolphe) : 2. 65, 250, 268, 330.

COTE DE LA BOURSE : 1. 86 (la cote officielle et la cote en banque.

COUPAT : 1. 429.

COURCELLE-SENEUIL : 1. VII.

COURTOIS : 1. VII; 2. 309.

COUSIN : 1. 388.

CRISES ET LIQUIDATIONS :

1. — Crise de 1875-1877 : les luttes financières, 221; — les procédés financiers de la Turquie, 224; — valeurs françaises et valeurs étrangères, 231; — commission tunisienne, commission turque, 236; — la question d'Orient et la baisse de la bourse, 240; — l'effondrement des chemins de fer d'intérêt local, 244; = crise de 1878-1880 : la bourse et la transmission des pouvoirs présidentiels, 248; — la panique de la bourse, 251; — la crise de la bourse et les capitaux disponibles, 255; = crise de 1882 : le krach de l'Union générale et la crise de spéculation, 259; — vers la fin de la crise, le nouveau ministère, M. Léon Say, ministre des finances, l'intervention de la haute banque, 271; — reconstitution nécessaire du marché, 277; — son inaction, 280; — son relèvement, 284; = crise de 1887 : un cyclone, krach à New-York, dissolution du parlement allemand, bruits de guerre, 290; = crise de 1889 (chute de la Société des métaux et du Comptoir d'escompte) : la solidarité financière et la loi sur les sociétés, 297; — chute du Comptoir d'escompte, 300; — la contagion de la peur, 316; = crise de 1890 (chute de la maison Baring et des valeurs argentines) : le marché de Paris et les disponibilités de l'épargne française, 321; — chute de la maison Ba-

ring brothers, 325; — les valeurs argentines, 333; = crise de 1891 (chute de la Société de dépôts et de comptes courants), 339; = crise de 1895 : la situation du marché, ses dangers, 355; — la fièvre des mines d'or, 358; — la crise du marché et les projets fiscaux, 361; — la liquidation de la crise, 367; — la crise est-elle finie? 371; — les enseignements de la crise, mesures à prendre pour l'avenir, 374; = crise de 1904 : les mesures de prophylaxie financière du 20 février, 378; = les mines d'or et les pertes de l'épargne, 381; = crise américaine et mondiale de 1907-1908: crise, liquidation, reprise, 391; — trusts et trusts, 395; — les mesures du gouvernement des États-Unis en présence de la crise américaine, 408; — décroissance de la crise, 412; — vers la fin de la crise, 419; — fin prochaine de la crise, 425; — les crises économiques et le chômage : le rapport de la commission extraparlementaire, 429.

CUCHEVAL-CLARIGNY : 2. 285.

D

DAMMARTIN : 1. 317.
DAUPHIN : 2. 23.
DECROIX : 2. 259.
DELAHANTE : 1. 343.
DELATOUR (Albert) : 2. 138.
DELAY (de) : 2. 250.
DELESSERT et cie : 1. IV.
DELOMBRE (Paul) : 2. 111, 301, 327.
DEMACHY : 1. 269.
DÉPÔTS : 1. 106 (les banques de dépôts), 131 (les dépôts à l'étranger de titres et de fonds).
DESCHANEL (Paul) : 2. 339.

DOCUMENTS ANNEXES (tableaux et notes), 2. 483, 557.
DONON (Armand) : 1. 302, 340, 343.
DONON (Pierre) : 1. 343.
DORIZON 1. 389.
DOUMER : 1. 366, 367.
DUTILLEUL : 1. 302.

E

EICHTAL (Ad. d') : 1. VII, VIII.
EMISSION : 1. 62 (comment se fait une émission).
ÉPARGNE : 2. 174 (l'épargne française), 201 (les six milliards de valeur à lots de la petite épargne française), 368 (l'épargne française et son développement annuel).
   Voir : Caisses d'épargne, Fortune mobilière de la France, Successions, Valeurs mobilières.
ÉTAT : 1. 167 (les profits des actionnaires des sociétés et ceux de l'État).
ÉTRANGER : 1. 131 (les dépôts de titres et de fonds à l'étranger), 144 (placements étrangers et placements à l'étranger).

F

FALCONNET : 2. 291.
FÉDER : 1. 276.
FÉLIX-FAURE : 2. 344.
FÉODALITÉ FINANCIÈRE : 2. 25 (ce qu'on appelle ainsi).
FERRY (Jules) : 2. 96.
FONTAINE (Arthur) : 1. 6, 429.
FORTUNE MOBILIÈRE DE LA FRANCE : 2. — Le développement de la fortune mobilière et de l'épargne française de 1871 à 1884, 3; — les placements de l'épargne en 1886, 19; — ce qu'on appelle la féodalité financière, 25; — la

France se ruine-t-elle? 52; — la légende des riches et des gros héritages, les successions en 1902, 1903, 1904, 123; — la répartition départementale des valeurs mobilières négociables comprises dans les déclarations de successions de 1902, 131; — richesse ou pauvreté sociale, la diffusion et le morcellement des fortunes, 149; — les successions déclarées en 1907, 154; — la thésaurisation française, 158; — l'épargne française, 174; — les six milliards de valeurs à lots de l'épargne française, 204.

Voir : *Valeurs mobilières*.

FOULD (Achille) : 1. 343.

FOURNIER DE FLAIX : 2. 250.

FOVILLE (Alfred de) : 1. 389; 2. 160, 164, 180, 221, 242, 250, 263, 267, 272, 328, 330, 332, 336, 347, 360, 436, 458.

FRÉDÉRIC PASSY : 1. 3, 15, 217; 2. 171, 204, 325, 341, 344.

FREYCINET (de) : 2. 4.

G

GAMBETTA : 1. 275; 2. 96.

GARNIER (Joseph) : 1. VII.

GAUTIER (Ed.) : 1. 343, 351.

GAUTIER : 2. 335.

GERMAIN (Henri) : 1. 104; 2. 111.

GERMINY (de) : 1. V.

GIBBS : 1. 330.

GIFFEN (sir Robert) : 2. 436.

GIRARDIN (Émile de) : 2. 168, 245, 247, 250.

GIROD : 1. 303.

GOMOT : 1. 343.

GOUDCHAUX : 2. 245, 250.

GOULD : 1. 398.

GRANDJEAN : 2. 195.

GRÉVY (Jules) : 1. 248.

GROS-HARTMANN : 1. 343.

GROUSSIER : 1. 429.

QUERLE (de) : 1. 343.

QUESDE : 2. 339.

GUILLAIN : 2. 103, 112, 339.

GUILLAUME (Louis) : 2. 423.

GUYOT : 2. 49.

GUYOT (Yves). — Voir *Yves Guyot*.

H

HEINE : 1. 302, 303.

HENDRICKS : 2. 423, 426, 439.

HENNEBIQUE : 2. 114.

HENROTTE FILS ET Cᵉ : 2. 80.

HENTSCH : 1. 303.

HEURTEAU : 1. 429.

HOPE ET Cᵉ : 1. IV.

HOSKIER ET Cᵉ : 2. 467.

HOTTINGUER ET Cᵉ : 1. IV, 302, 303, 312.

I

INTÉRÊT : 1. 111 (l'abaissement du taux de l'intérêt, causes, avantages, inconvénients).

Voir *Placements financiers*.

J

JAURÈS : 2. 149, 339.

JOUBERT : 1. 269, 302.

JUGLAR : 1. 414, 421, 423.

JURASCHEK (de) : 2. 436.

K

KELETI : 2. 226.

KIAER : 2. 423, 429, 439.

L

LA CHAMBRE (Charles) : 1. 354.

LAFITTE (Jacques) : 1. 9, 115; 2. 291.

LA FONTAINE : 2. 173, 200.

LAURENT (Edmond) : 1. 429, 430.

LAURIER (Clément) : 1. v.
LEHIDEUX ET Cⁱᵉ : 2. 80.
LÉON SAY : 1. IX, 4, 15, 99, 100, 271,
272, 274, 275, 277, 360, 378, 396,
405, 412; 2. 4, 49, 89, 90, 109, 113,
114, 159, 171, 199, 225, 227, 249,
254, 267, 271, 282, 285, 286, 287,
289, 292, 340, 359, 367, 404.
LEROY-BEAULIEU (Paul) : 1. XI, 76;
2. 210, 267, 271, 285, 302, 303.
LESSEPS (Charles de) : 1. 343.
LESSEPS (Ferdinand de) : 1. 46.
LE TRÉSOR DE LA ROCQUE : 2. 250.
LÉVASSEUR : 1. 3, 4, 11, 151; 2. 96,
97, 245, 250, 294, 327, 330, 335,
341, 436.
LIOTARD-VOGT : 2. 269.
LYON-CAEN : 1. 132; 2. 194.

M

MAC-MAHON (le maréchal de) : 1.
248, 380.
MAGNE : 2. 248, 359.
MAGNIN : 1. 302, 343.
MALLET : 1. 302.
MARCH (Léon) : 1. 429.
MARSILLY : 1. 347.
MARTIN (Edmond) : 1. 389.
MARTINET ET Cⁱᵉ : 2. 80.
MATHIEU-BODET : 2. 113.
MERCET : 1. 346, 387, 388, 389; 2.
191.
MICHAU : 1. 312.
MICHEL CHEVALIER : 1. 3, 4; 2. 292,
344.
MILLERAND : 2. 66.
MINES D'OR : 1. 381 (les pertes de
l'épargne française).
MIRÈS : 1. IV, V, VII, IX.
MOLINARI (de) : 2. 292.
MOLLIEN : 1. 99.
MONCHICOURT : 1. 316.
MONOPOLES : 1. 72 (les monopoles
concédés en France à diverses
sociétés par actions).

MONROE : 1. 333.
MONY : 2. 221, 250.
MOREAU : 1. 269, 270.
MOREAU (Edmond) : 1. 346.
MORGAN ET Cⁱᵉ : 1. v, 330, 379.
MORON : 2. 336.
MOUSTIER (le marquis de) : 1. 237.

N

NAVARRE : 1. 389.
NEUMANN-SPALLART (de) : 2. 100.
NIBENIUS : 2. 378.
NICOLAY (Anders) : 2. 423.
NICOLAY (Edmond) : 2. 423, 428, 439.

O

OFFROY, GUIARD ET Cⁱᵉ : 2. 80.
OLANESCO : 2. 423 439.
OLLIVIER (Emile) : 1. 379.
OPTIONS EN BOURSE (les) : 1. 58.
OVEREND, GURNEY ET Cⁱᵉ : 1. 325.

P

PAGÉS DU PORT : 2. 283.
PALLAIN (Georges) : 1. 12, 429; 2.
212.
PARTICIPATIONS FINANCIÈRES (les) :
1. 53.
PARTS DE FONDATEUR (les) : 1. 45.
PASCAUD : 2. 325.
PAUL (S⁹) : 1. 115.
PEGHOUX (Ad.) : 1. 343.
PELLETAN : 2. 93, 113, 255.
PEREIRE : 1. v.
PEYTRAL : 2. 249.
PICARD (Alfred) : 1. 429.
PICARD (Ernest) : 2. 108.
PICQUENARD : 1. 429.
PIERSON : 2. 423, 439.
PILAT : 2. 423.
PLACEMENTS FINANCIERS : 1. 32 et
118 (choix et difficulté de ces pla-

cements), 144 (placements étrangers et placements à l'étranger).

POINCARÉ (Raymond) : **1**. 400; **2**.
253.

POIRRIER : **1**. 389.

POISSON (le baron) : **1**. 343, 351.

POUSSIELGUE : **2**. 245, 250.

POUYER-QUERTIER : **2**. 108.

PROUDHON : **1**. VII; **2**. 339.

R

RAFFALOVICH (Arthur) : **2**. 414, 431,
436.

RAUCHBERG : **2**. 423, 439.

REINACH (Jacques de) : **1**. 260.

RENAUD : **2**. 103, 122.

RENOUARD : **2**. 80.

RENTIER : **1**. 185 (le métier de rentier) ; **2**. 203 (les commandements
du rentier).

REY : **2**. 325.

RIBOT : **1**. 356, 365; **2**. 58, 173.

ROCHE (Jules) : **2**. 92, 113, 152.

ROOSEVELT : **1**. 498.

ROSSI : **2**. 324.

ROTHSCHILD FRÈRES : **1**. IV, 59, 269,
275, 302, 303, 328, 330.

ROUSSEAU : **2**. 191.

ROUSSY (de) : **2**. 108.

ROUVIER : **1**. 302, 328, 339, 346, 381 ;
2. 93, 94, 101, 102, 112, 302, 318.

ROY : **2**. 108.

S

SAINT-DIDIER : **1**. 347.

SALEFRANQUE (Léon) : **2**. 73.

SAUTTER : **1**. 312,

SAY (Jean-Baptiste) : **2**. 207, 245,
250.

SAY (Léon). — Voir *Léon Say*.

SCHARLING : **2**. 423, 439.

SCHMOLLER : **2**. 423, 426.

SCIAMA : **2**. 250.

SELIGMANN : **2**. 212.

SIEGFRIED (Jacques) : **1**. 374, 384,
414, 421, 423, 429.

SIEGFRIED (Jules) : **2**. 344.

SOCIÉTÉS : **1**. 66 (les conseils d'administration), 72 (les monopoles
concédés en France à diverses
sociétés par actions), 167 (les
projets des actionnaires des sociétés et ceux de l'État).

SOUBEYRAN (de) : **1**. 302, 312, 346.

STANLEY JEVONS : **1**. 422.

STERN (A.-J.) : **1**. 303.

STOURM : **2**. 298, 359.

STRAUSS : **1**. 429.

STRINGHER : **2**. 423, 428, 439.

SUCCESSIONS : **2**. 123 (la légende des
riches et des gros héritages), 131
(la répartition départementale des
valeurs mobilières négociables
comprises dans les déclarations
de successions de 1902), 154 (les
successions déclarées en 1907).

T

TEDESCO : **1**. VII.

THÉRY (Ed.) : **2**. 436.

THÉSAURISATION : **2**. 158 (la thésaurisation française).

THIBAUDEAU : **1**. IV.

THIERS : **1**. 99, 100, 249, 365, 380;
2. 153, 181, 292, 367.

TIRARD : **2**. 273.

TROÏNITSKY : **2**. 423.

TURGOT : **1**. 110; **2**. 201, 379.

U

UZÈS (la duchesse d') : **1**. 347.

V

VACHER (le docteur) : **2**. 221, 250.

VALEURS MOBILIÈRES :
1. — Les différences de cours

entre valeurs similaires, 23 ; — les valeurs au-dessus du pair, 29 ; — le revenu minimum garanti des actions de chemins de fer français, 34 ; — titres au porteur, nominatifs ou mixtes, 40 ; — les parts de fondateur, 45 ; — les obligations à intérêts progressifs, 174 ; — les porteurs de valeurs mobilières et le *Bulletin annexe au Journal officiel*, 192 ; — l'effondrement des chemins de fer d'intérêt local, 244.

2. — La répartition départementale des valeurs mobilières négociables comprises dans les déclarations de successions de 1902, 131 ; — les six milliards de valeurs à lots de la petite épargne française, 204 ; — les valeurs mobilières en France (mai 1888), 219 ; — une nouvelle évaluation du capital et du revenu des valeurs mobilières en France (avril 1893), 243 ; — le morcellement des valeurs mobilières, les salaires, la part du capital et du travail, 294 ; — le capital et le revenu des valeurs mobilières en France (décembre 1903), 345 ; — l'épargne française et son développement annuel, 368 ; — les valeurs mobilières, en France (décembre 1908), 404 ; — utilité générale

d'une statistique internationale des valeurs mobilières, 419 ; — les bases d'une statistique internationale, 423 ; — coup d'œil rétrospectif sur les résultats obtenus, 439 ; — état actuel de la statistique internationale, 414 ; — amortissements et remboursements des valeurs mobilières dans le cours du siècle, difficulté des emplois et remplois de capitaux, 457.

VALLÉ : 1. 388 ; 2. 191.
VARROY : 1. 271.
VAVASSEUR : 1. 69.
VEILLARD : 1. 317.
VERNEUIL (de) : 2. 405.
VIDAL (Emmanuel) : 2. 192.
VIGNES : 2. 250.
VILLAIN : 1. 429.
VILLEY (Edmond) : 2. 328, 336.
VITU (Auguste) : 1. VII, VIII ; 2. 246, 303.
VUALFART : 1. 291.

W

WILSON (sir) : 1. 375.
WOLOWSKI : 2. 221, 242, 250.

Y

YVES GUYOT : 2. 112, 221, 242, 250.
YVO-BOSCH : 1. 312.

Paris — Imp. PAUL DUPONT, 4, rue du Bouloi (CI.). — 1307-11-1910.

www.ingramcontent.com/pod-product-compliance
Lightning Source LLC
Chambersburg PA
CBHW031342210326

41599CB00019B/2619